JOSEF HOFFMANN

1870–1956

Fortschritt durch Schönheit

Das Handbuch zum Werk

JOSEF HOFFMANN

1870–1956

Fortschritt durch Schönheit

Das Handbuch zum Werk

Herausgegeben von
Christoph Thun-Hohenstein
Matthias Boeckl
Rainald Franz
Christian Witt-Dörring

Birkhäuser
Basel

Emil Orlik, Porträt
Josef Hoffmann, 1903
Farbholzschnitt
MAK, KI 13740-2-1

Inhalt

Christoph Thun-Hohenstein
Generaldirektor, MAK

Hoffmanns Traum einer Qualitätsgesellschaft

Yoichi R. Okamoto,
Josef Hoffmann, 1954
MAK, KI 13740-5

Das vorliegende Handbuch zum Werk Josef Hoffmanns beleuchtet das facettenreiche Schaffen eines über sechs Jahrzehnte tätigen Vielgestalters. In diesem Text möchte ich den umgekehrten Weg beschreiten und Hoffmann auf das Wesentliche reduzieren: Was ist – von herausragenden Bauten wie dem Sanatorium Purkersdorf und dem Palais Stoclet abgesehen – das wichtigste kulturelle Erbe des Gestaltungsgenies, intuitiven Lehrers und geschickten Netzwerkers Josef Hoffmann?

Die Antwort lässt sich aus dem Untertitel *Fortschritt durch Schönheit* ableiten: Hoffmanns bleibende Errungenschaft – und damit ein wesentlicher Baustein der Wiener Moderne – ist der Glaube an die lebensverbessernde, ja den Menschen heilende Kraft von Schönheit. Zusammen mit Koloman Moser künstlerischer Gründer der Wiener Werkstätte im Jahr 1903, war Hoffmann deren *spiritus rector* bis zu ihrer Auflösung 1932. Ihr Programm war das Konzentrat von Hoffmanns künstlerisch-kultureller Philosophie. Was er davor schuf, war im Kern eine Vorwegnahme seiner Grundideen zur Wiener Werkstätte; was er nach ihrem Ende in die Welt setzte, war noch immer und zeit seines Lebens den Idealen der Wiener Werkstätte verpflichtet. Ist Hoffmanns Werk deshalb eindimensional? Lässt es genuine künstlerische Entwicklung vermissen? Beides ist schon deshalb zu verneinen, weil die Wiener Werkstätte nicht nur aus Josef Hoffmann bestand, sondern seine Entwürfe mit dem Schaffen anderer Gestalter der WW wie Moser und später Peche sowie von Künstlerinnen der WW eng verwoben bzw. in fruchtbarem Austausch standen. Beide Fragen gehen aber auch an den besonderen Qualitäten Hoffmanns vorbei: Unbändige Lust an der Gestaltung, die im ganzen Werk Hoffmanns spürbar ist, verbindet sich mit unerschütterlichem Reformdrang, über angewandte Schönheit positiv auf das Leben der

Menschen einzuwirken. Dafür steht ihm eine fast unendliche Palette künstlerischer Ausdrucksmöglichkeiten zur Verfügung, die er frei von Routine mit feinstem Schliff zu nützen weiß. So sind – als naheliegendes Beispiel – zahlreiche Entwürfe Hoffmanns von Fauna und vor allem Flora inspiriert und vermögen uns auf gänzlich unsentimentale Weise durch künstlerisch gestaltete Schönheit von Natur zu berühren.

Tatsache ist freilich, dass Hoffmanns Werk nicht immer gleiche Relevanz eingeräumt wurde, sondern es vor allem in seinen letzten Lebensjahrzehnten als überholt und lebensfern galt. Welche Ironie menschlicher Zivilisation, dass es heute, in der dritten Dekade des 21. Jahrhunderts, als moderner gelten muss als je zuvor! Sogar doppelte Ironie, weil Hoffmann in einer Zeit gegen die Verwerfungen industrieller Massenproduktion ankämpfte, in der die gravierenden ökologischen Fehlentwicklungen der auf fossile Brennstoffe gebauten Industrialisierung und die dadurch verursachte Erderwärmung noch kein großes Thema waren. Schon eher die sozialen Auswirkungen menschenunwürdiger Arbeit in den riesigen Fabrikshallen, der Hoffmann das Ideal handwerklicher Fertigung entgegenstellte.

Heute sieht die Welt anders aus: Wenn wir 2021 Corona hoffentlich endgültig in den Griff bekommen, werden die Konturen der Klima-Moderne mit aller Deutlichkeit zutage treten. Wir haben bereits die letzten beiden Jahrzehnte in einer neuen Moderne gelebt, die ich als Digitale Moderne bezeichnet habe, da ihre treibende Kraft die Digitalisierung war. Eine Moderne bedeutet, dass wir gefordert sind, grundlegende Weichenstellungen für die Zukunft vorzunehmen. Alle digitalen Innovationen werden der Menschheit nichts nützen, wenn wir den Klimawandel und die damit verbundene ökologische Gesamtkrise nicht bewältigen. Daher müssen wir unsere Digitale Moderne zu einer ökologisch und sozial nachhaltigen Klima-Moderne weiterentwickeln. Der Übergang von der Digitalen Moderne zur Klima-Moderne bedeutet eine klare Fokusverschiebung. Künftig geht es nicht mehr um die Durchsetzung digitaler Innovationen um jeden Preis, sondern um die Sicherung der langfristigen Lebensqualität der Menschheit und anderer Spezies in Zeiten rasanten Klimawandels und dramatischen Verlusts von Ökosystemen und Biodiversität. Die Notwendigkeit einer radikalen Abkehr von der bisherigen, auf fossile Brennstoffe setzenden Industrialisierung bezweifelt mittlerweile kaum jemand mehr; die entscheidenden Fragen sind: Wie schaffen wir die Große Transformation und wie wollen wir die Klima-Moderne gestalten?

Da können wir, so scheint mir, aus dem Wirken Josef Hoffmanns und der von ihm (trotz aller finanziellen Probleme) heißgeliebten Wiener Werkstätte, deren Archiv das MAK bewahrt, allerhand lernen. Die WW – als Essenz von Hoffmanns künstlerisch-kultureller Philosophie – setzte sich für Nachhaltigkeit, handwerkliche Qualität und Langlebigkeit der Erzeugnisse, lokale Produktion und soziale Verantwortung ein – Werte, die *mutatis mutandis* auch in der Klima-Moderne höchste Bedeutung haben. So wie sich die Wiener Werkstätte als Reformprogramm verstand, das über künstlerisch gestaltete hochwertige Gebrauchsgegenstände Schönheit in den Alltag der Menschen bringen sollte, ist die Klima-Moderne ein Reformprogramm mit dem Ziel, Fortschritt durch Klimaschönheit* zu erzielen. Der von mir geprägte Begriff der Klimaschönheit meint den Anspruch einer Gesellschaft, durch ökologisch und sozial zukunftsfähige Wirtschaft und Lebensstile und in Wertschätzung anderer Spezies und der Ökosysteme eine dauerhafte Balance zur Erde herzustellen und damit die Erderwärmung im Sinne des Pariser Abkommens zu begrenzen. Beide – Hoffmanns in der Wiener Werkstätte perfektionierte Idee von Fortschritt durch Schönheit und das heutige Ziel von Fortschritt durch Klimaschönheit – teilen die Vision einer Qualitätsgesellschaft, die statt auf Massenkonsum-Wegwerfartikel lieber auf qualitativ hochwertige und langlebige Erzeugnisse setzt. Beide Reformprogramme wollen Menschen für eine grundlegend neue zivilisatorische Haltung gewinnen.

Ob wir je aus der Geschichte lernen können und werden, sei dahingestellt. Aus unserem kulturellen Erbe können aber wir jede Menge Erkenntnisse ableiten, die uns helfen, die Zukunft zu gestalten. Das vorliegende Handbuch ist – ebenso wie die gleichbetitelte große MAK-Ausstellung – der Versuch, das Wirken eines reformbeseelten Ästheten und Gestaltungsgenies vor uns auszubreiten und neue Zugänge zu unserem Leben anzuregen.

Um den Traum einer nachhaltigen Qualitätsgesellschaft zu verwirklichen, braucht es eine Avantgarde von DesignerInnen, ArchitektInnen und KünstlerInnen, die imstande sind, der Kunst zu bleibender gesellschaftspolitischer Relevanz zu verhelfen. Josef Hoffmann war eine ihrer herausragenden Persönlichkeiten. Es zeichnet ihn aus, dass er nie zu träumen aufgehört hat. Und vielleicht ist die Zeit für die Erfüllung seines Traums einer zukunftsfähigen Qualitätsgesellschaft jetzt reif. Es wäre ihm und uns zu wünschen. ■

* Siehe dazu meinen im Juni 2020 publizierten Essay *KLIMASCHÖNHEIT: Die Kunst, Fortschritt neu zu gestalten* https://www.mak.at/jart/prj3/mak-resp/images/img-db/1591494770590.pdf

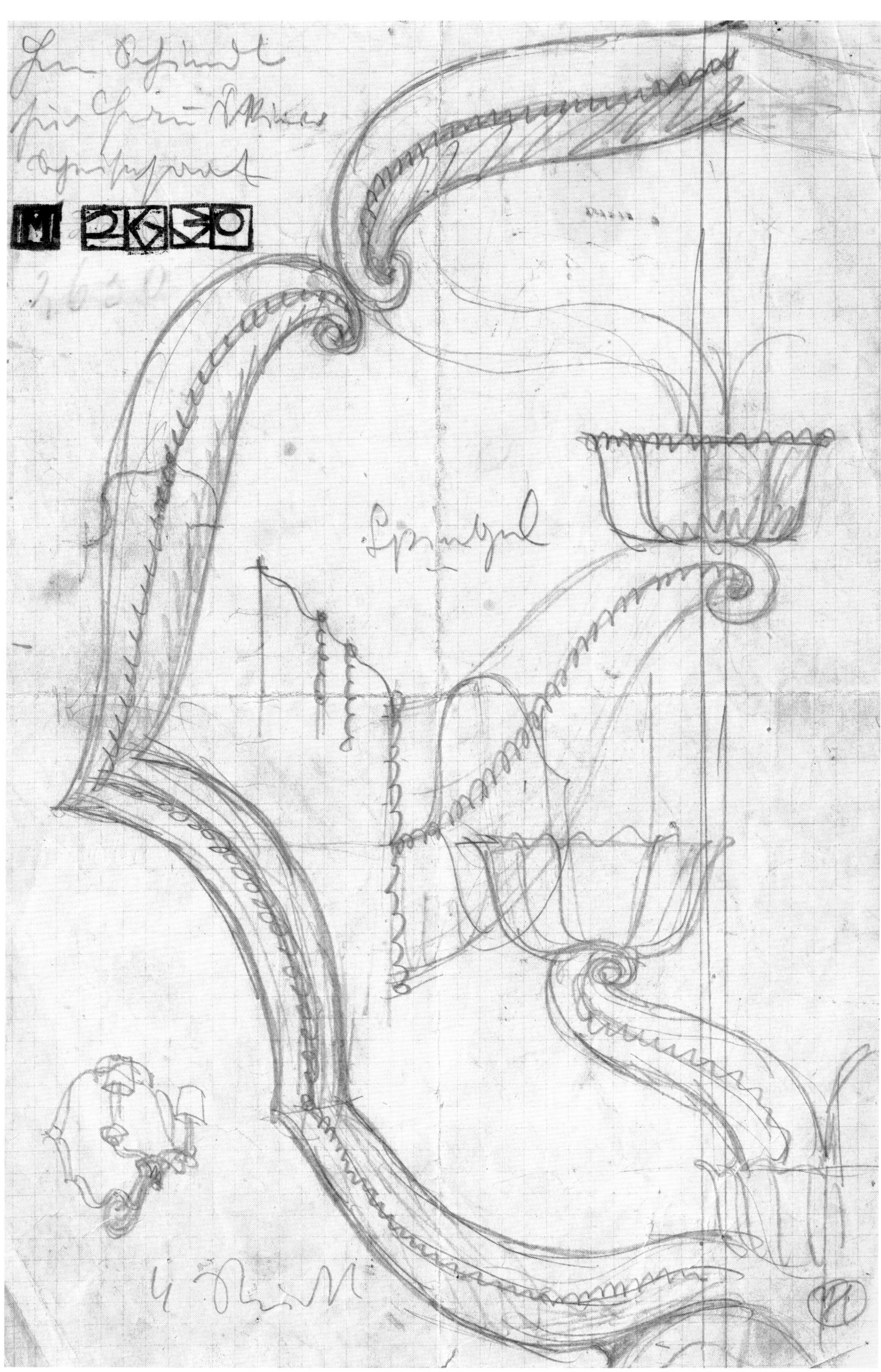

Christian Witt-Dörring, Matthias Boeckl, Rainald Franz

150 Jahre Josef Hoffmann

Das Gesamtwerk im Rückblick

Über keinen österreichischen Architekten und Designer des 20. Jahrhunderts war die Meinung von Zeitgenossen wie von der Nachwelt mehr gespalten als über Josef Hoffmann. Noch zu dessen Lebzeiten, 1945, würdigt ihn Fritz Wotruba kritisch neben Adolf Loos und Oskar Kokoschka als eine der drei prägnanten und prägenden Persönlichkeiten der österreichischen Kunst um 1900:

> „[…] Hoffmann, ein ebenso verwöhnter wie oft mißverstandener Baukünstler, hat eine nicht unbeträchtliche Wirkung auf die Welt der Mode und des Geschmacks ausgeübt. Er war rasch berühmt und wurde ebenso rasch bekämpft. Seine gefährliche Doppelbegabung, die zwischen Ernst und Spielerei hin und her schwankte, brachte diesen anmutigen Künstler in einen Verruf, der zum Teil unverdient ist; die Saat, die er ausgestreut hat, gedeiht jedoch, obwohl er fast vergessen ist, auch heute noch."[1]

Den Spuren, die dieses 60-jährige kreative Leben hinterlassen hat, geht das vorliegende Buch in über 40 Fachbeiträgen nach. Hoffmanns Arbeit hat im Laufe der Jahre eine unterschiedliche Wertschätzung und Interpretation erfahren. Von Beginn an steht die Auseinandersetzung mit seinen Hervorbringungen – von der größten bis zur kleinsten Dimension – sowie deren Beurteilung im Kontext der modernen Stilfindung beziehungsweise einer modernen Gesellschaft.[2] Deren formale Interpretation ist das große Thema der westlichen Kunstwelt bis weit über die erste Hälfte des 20. Jahrhunderts hinaus. Erst in den späten 1970er Jahren, mit der Neuinterpretation des Funktionsbegriffs im Zuge der aufkommenden Postmoderne, erfährt Hoffmanns Werk durch das Abgehen vom kunsthistorischen Dogma der rein linearen stilgeschichtlichen Entwicklung und der unterschiedliche Möglichkeiten ausschließenden Moderne-Definition eine neue Würdigung.

Es gibt eine ideologische Konstante in Josef Hoffmanns Schaffen, die sich wie ein roter Faden durch sein ganzes Werk zieht. Gestützt auf den von der englischen Arts & Crafts-Bewegung übernommenen Glauben an die heilende soziale und wirtschaftliche Kraft der Schönheit, ist sie geprägt vom Primat des individuellen künstlerischen Ausdrucks. Hoffmann hat keinen Unterschied zwischen hoher und niederer Kunst, zwischen bildender und angewandter Kunst akzeptiert und bekam damit die Aufgabe übertragen, den menschlichen Alltag mittels seines Werks zu missionieren. Im Rahmen der Wiener Secession sollte daraus ein moderner österreichischer und bürgerlicher Stil geschaffen werden. Ein halbes Jahrhundert bis zu seinem Tod blieb Hoffmann dieser Überzeugung treu. Ihre künstlerisch formale Umsetzung wurde weder von gesellschaftlichen, wirtschaftlichen noch politischen Entwicklungen beeinflusst. Er verschloss sich daher in der Folge einem vom Bauhaus ausgehenden internationalen modernen Stil. Ein Umstand, den Hoffmann, wenn auch aus unterschiedlichen Motiven, kurioserweise mit seinen Gegenspielern Adolf Loos und Josef Frank teilt.

Hoffmanns Immunität gegenüber den gesellschaftlichen und wirtschaftlichen Realitäten und Veränderungen macht Dagobert Peche 1922 in seinem Manuskript zur Reform der Wiener Werkstätte „Der brennende Dornbusch" zum bestimmenden Thema.

> „Vorläufig sei nur gesagt, als das Allerwichtigste, womit ja für einen hellsehenden Menschen vorweg alles begreiflich wird, daß diese Art der Fundierung oder besser Führung der Wiener Werkstätte absolut verankert ist im Wesen der Hoffmann'schen Kunst, welche ich egoistisch nenne. Wenn man dies als solches erkennt, und dies ist eigentlich schon möglich durch das

<
JH, Entwurf für die Wandleuchter und Spiegel im Speisezimmer der Villa Skywa-Primavesi, 1914/15
MAK, KI 12112-30

> Ansehen der Produkte dieser Kunst in ihrer Höchstleistung […], wenn man durch das Betrachten dieser Hoffmann'schen Kunst also zu dem Resultate der egoistischen Kunst kommt, so schließt diese Erkenntnis selbstredend alle Notwendigkeiten und Möglichkeiten ein, diese Kunst zu machen und sichtbar werden zu lassen. […] Um zu dieser klaren Erkenntnis zu kommen, daß die Werke Josef Hoffmanns der egoistischen Kunst angehören, daß sich also der Träger selbst zu einer egoistischen Weltanschauung bekennt (eine Sache die im Grund gar keine Weltanschauung ist, weil sie keine wirkliche Beziehung zu den mitgeschaffenen Wesen hat, weil sie nur auf sich selbst beruht, zu dem eigensten Zwecke ‚ich' gemacht ist und deshalb in der Welt keine Rolle spielt) […]."[3]

Hoffmanns Festhalten an der Einheit von Kunst und Funktion in Form des Gesamtkunstwerks polarisierte ebenso wie seine Preisgabe der anfänglich erstrittenen einfachen, ornamentlosen Form zu Gunsten der Entwicklung eines spezifischen modernen Wiener Ornaments. Ähnlich wirkte sein Talent, Konstruktion und individuelle künstlerische Aussage nicht gegeneinander auszuspielen, sondern zu einer von ungewohnten Proportionen bestimmten neuen Ästhetik zu führen. Polarisierend war schließlich auch seine Bevorzugung der handwerklichen Luxusproduktion gegenüber dem industriell gefertigten Massenprodukt. Dennoch besitzt sein Werk das Potenzial, für die nächste Generation zum Ausgangspunkt einer weiterführenden Synthese von gegensätzlichem Gedankengut zu werden. Als Zeuge dafür soll noch einmal Peche zu Wort kommen:

> „Ich für meinen Teil halte die Idee und die Ausführung dieser Idee [die WW als Kultur-Kaufhaus des 20. Jahrhunderts; Anm.d.A.] hoch, das schulde ich dem Geiste eines Josef Hoffmann, denn wenn ich auf dieser Welt irgendjemand etwas wirklich schulde, so bin ich dem Geiste dieses künstlerischen Titanen verpflichtet. Denn er war der erste, der die Erde durchbrochen hat, er war der erste, der den Blitz gesandt, ihm und seinem Geiste bin ich verpflichtet, denn wo würde ich wohl stehen, wär er nicht vor mir gewesen? Darum, aber auch weil ich von diesem allen durchdrungen bin, will ich in mir das Feuer sichern."[4]

Unzweifelhaft ist, dass Hoffmann nach Otto Wagner der modernen Form in Wien zum Durchbruch verholfen hat. Sie war für ihn nicht Selbstzweck, sondern Ausgangspunkt für das freie Walten der individuellen künstlerischen Phantasie. Die Anonymität der stilgerechten Form hat er durch die Schönheit in ihrer subjektiven Qualität ersetzt.

Josef Hoffmann, der auf Vorschlag seines akademischen Lehrers Otto Wagner 1899 die Leitung einer Fachklasse für Architektur an der Wiener Kunstgewerbeschule übernahm, konnte an der führenden Designschule des Landes diese Botschaft über fast vier Jahrzehnte hinweg mehreren Generationen von Schülerinnen und Schülern vermitteln. Gemeinsam mit Kolo Moser, Alfred Roller, Felician von Myrbach und anderen Künstlern der Wiener Secession transformierte er die ursprünglich für die Ausstattungsbedürfnisse der Ringstraßenära konzipierte Gewerbeschule zu einem Labor der Moderne, an dem die individuelle Kreativität erstmals an die Stelle verbindlicher Stilnormen und Spezialisierungen trat. Diese revolutionäre Befreiung der „Eigenart", wie Hoffmann die individuelle künstlerische Identität nannte, konnte sich ab nun in einem unbegrenzten Kosmos an freien Formen ungehindert mit jeder Aufgabe einer umfassenden identitätsstiftenden Umweltgestaltung entfalten, von der Einrichtung über das Haus und den Garten bis zum Städtebau. Einige seiner Schüler lehrten ihrerseits jahrzehntelang an der „Angewandten" und tradierten die Ideale der Moderne über alle Regimewechsel hinweg erfolgreich bis in die 1960er Jahre.

Hoffmann ausstellen?

Dieses Buch erscheint anlässlich der ersten umfassenden Museumsretrospektive des Gesamtwerks Hoffmanns, präsentiert im Wiener MAK 2021. Das Medium Ausstellung wirft dabei Fragen auf. Denn Hoffmann selbst war der Erfinder der gattungsübergreifenden modernen Kunstausstellung auf Basis eines einheitlichen ästhetischen Ideals. Ab 1900 wurde es in Form der neuartigen „Raumkunst" ein ums andere Mal erfolgreich als Beispiel einer umfassenden künstlerischen Lebensreform präsentiert. Eine dokumentarische Schau über Josef Hoffmann darf daher keinesfalls als ästhetisches Ereignis inszeniert oder gar als konkurrierendes Parallelkunstwerk inszeniert werden – zumal auch unsere heutigen Rezeptionsgewohnheiten von Ausstellungen im Medienzeitalter sowie begrenzte Ressourcen dies verbieten würden. Waren sämtliche Ausstellungen der Secession und die *Kunstschau* als kuratierte Verkaufsausstellungen – also als kommerzielle Unternehmen – angelegt, so nimmt eine museale Josef Hoffmann-Retrospektive heute einen öffentlichen Bildungsauftrag wahr. Gezeigt werden soll einerseits eine Werkchronologie und andererseits eine Einführung in die spezifischen, seinerzeit revolutionären Arbeitsweisen dieses Künstlers als Kernreaktor seiner Erfindungen und Wirkungen bis heute. Die große Ausstellungshalle des MAK in Wien wurde 1906–09 nicht von einem Secessionisten, sondern von Ludwig Baumann errichtet, dessen sanfter Neobarock vom damaligen Regime favorisiert wurde. Ihr großes Raumangebot von 1600 m^2 im Erdgeschoss und 1100 m^2 im Obergeschoss sowie die idealen Proportionen von rund 40 x 40 m dienten fortan der Präsentation von 1:1-Interieurs, etwa bei den berühmten Frühjahrs- und Herbstausstellungen des Museums. Aber auch die *Kunstschau* von 1920 und die *Werkbundausstellung* von 1930 fanden in diesen Räumen statt. Beide wurden von Hoffmann gestaltet. Das MAK zeigte auch zwei Jubiläumsausstellungen zu Hoffmanns Œuvre, nämlich jene zum 60. Geburtstag 1930 und die zum 70. Geburtstag 1940/41. Als Referenz an diese Tradition des Hauses werden in der Retrospektive von 2021 auch etliche jener großformatigen Fototafeln gezeigt, aus denen damals die frugalen Jubiläums-Würdigungen bestanden. Wertvolle Zeitdokumente wie diese geben uns Hinweise, wie Hoffmann selbst sein Werk wahrgenommen sehen wollte. Sie sind in unserem Ausstellungskonzept in ein konzentrisches System integriert, innerhalb dessen die Besucher frei tangential und radial navigieren können (Entwurf: Gregor Eichinger). Die äußere Schale wird von einer textilen Raumhülle mit essenziellen biografischen und Werk-Informationen in chronologischer Folge gebildet. Sie begleitet die ringförmige äußere Raumzone der Ausstellungshalle, die anhand von kunstgewerblichen Gegenständen aller Art, von Fotos und Plänen, Zeichnungen und Modellen Hoffmanns sechs Jahrzehnte überspannendes künstlerisches Œuvre mit Hauptwerken aus zahlreichen nationalen und internationalen Sammlungen nachzeichnet. An mehreren Stellen gelangt man von hier aus radial in den Mittelraum, der in einigen Kernthemen der Entwurfsarbeit Hoffmanns sowie einer exemplarischen 1:1-Rekonstruktion seines berühmten *Boudoir d'une grande vedette* von 1937 fundamentale Arbeitsweisen der Moderne in Architektur und Design erklärt. Zu diesen Kernthemen gehört etwa die ideale Verbindung einer individualkreativen Entwurfsarbeit mit der ebenso individuellen Ausführung durch einen begabten Handwerker. Oder Hoffmanns sehr weit gehender Versuch, das Gesamtkunstideal im Sanatorium Westend in Purkersdorf und im legendären Palais Stoclet in Brüssel zu verwirklichen. Ferner die serielle Designstrategie als künstlerische Antwort auf die Industrialisierung und die Verbreitung all dieser erzmodernen Kunsterfindungen durch neue Kunstgewerbe-Organisationen sowie viele *Raumkunst*-Präsentationen.

Es entspricht dem künstlerischen Denken Hoffmanns in endlosen kreativen Variationen und Alternativen, dass es nicht *einen*, sondern *mehrere* ideale Wege durch diese Schau gibt. Die Besucher können in einen kreativen Kosmos eintauchen und frei in diesem navigieren, von der organisierenden Zeitachse zum exemplarischen Designlabor und wieder zurück. Die profunde innere Vernetzung der Formen und Werke Hoffmanns, die zahllose Vor- und Rückgriffe, Parallelen und Wiederholungen zeigt, kann nur in dieser Matrix und nicht in einer linearen Abfolge anschaulich gemacht werden. Dies versinnbildlicht auch die tiefe humane und emanzipatorische Dimension des Œuvres von Josef Hoffmann: Wir dürfen selbst bestimmen, wer wir sind, und wir dürfen bei der Darstellung unserer Individualität alles nutzen, was schön ist – egal, ob es gestern oder heute erfunden wurde. Und egal, in welcher Dimension zwischen Architektur und Zigarettendose.

Die Hoffmann-Forschung: gestern – heute – morgen

„Die Kunstgeschichte wird ihn noch besonders zu würdigen haben." Mit diesem Schluss-Satz hat der Architekt und Kulturjournalist Armand Weiser (1877–1933), Schriftleiter von *Österreichs Bau und Werkkunst*, der Zeitschrift der Zentralvereinigung der Architekten, Josef Hoffmann in der von ihm verfassten Monografie gewürdigt, die 1930 in der Reihe „Meister der Baukunst" erschien. Es war dies bereits die zweite, nun mehrsprachige Monografie nach dem schon 1927 publizierten Buch des Hoffmann-Assistenten Leopold Kleiner.[5] Sechzigjährig stand Hoffmann 1930 auf dem Gipfel seines Ruhmes, war ein international bekannter Architekt, der etwa auf der *Triennale* in Monza neben Frank Lloyd Wright, Ludwig Mies van der Rohe und Le Corbusier mit einer Einzelpräsentation gewürdigt wurde und in der internationalen Architektenjury zur Errichtung des Völkerbundpalastes in Genf saß. Hoffmanns Werk, schon bald nach dem Zweiten Weltkrieg in Vergessenheit geraten, ist im Zuge der Neubewertung der Kunst in Wien um 1900 ab den 1960er Jahren wiederentdeckt worden.[6] Ein Jahr vor Josef Hoffmanns Tod hatte das damalige Österreichische Museum für angewandte Kunst den Nachlass der Wiener Werkstätte und damit auch einen einige tausend Zeichnungen umfassenden Bestand des Architekten erworben. Der Wiener Avantgarde-Mentor und Autor Günther Feuerstein schrieb 1964 über Josef Hoffmann und die Wiener Werkstätte[7] – ein deutliches Zeichen für das wieder erwachende Interesse der jungen Wiener Architekten an seinem Werk. Das führte zu den ersten umfassenden Darstellungen in Buchform: der designorientierten von Daniele Baroni und Antonio d'Auria *Josef Hoffmann e la Wiener Werkstätte* von 1981 und der dem architektonischen Werk gewidmeten Monografie von Eduard Sekler aus dem Jahre 1982, nach wie vor das anerkannte Standardwerk. Die Großausstellung *Traum und Wirklichkeit* im Wiener Künsterhaus (1985) und die im MAK organisierte Schau *Josef Hoffmann. Ornament zwischen Hoffnung und Verbrechen* (1987) machten das Werk Hoffmanns einer breiten Öffentlichkeit wieder zugänglich.[8] Symposien wie *Ornament und Askese* (1985), hier vor allem der Beitrag Peter Gorsens, lieferten auch das wissenschaftliche Unterfutter zu einer Analyse der Bedeutung Josef Hoffmanns für seine Schaffenszeit und neue Ansätze in der Postmoderne.[9] Aus dieser Neubewertung Josef Hoffmanns heraus ist auch das Engagement des MAK Wien und der Mährischen Galerie Brno zu verstehen, die für das seit 2005 bestehende Josef Hoffmann Museum in Brtnice/Tschechien ein dichtes Ausstellungsprogramm abwickeln. Dieses Engagement hat zu neuen Publikationen wie der Reedition der *Selbstbiographie* Josef Hoffmanns (2009) geführt. In den 2000er Jahren waren es die Ausstellungen zur Wiener Werkstätte *Der Preis der Schönheit* (MAK, Wien 2003) und die Wanderausstellung *Le Desir de la Beauté* (BOZAR, Brüssel 2006), die Josef Hoffmanns gestalterische Arbeit einer vertiefenden Betrachtung unterzogen, während Jindřich Vybíral in seinem Band *Junge Meister* ausdrücklich auf den Antagonismus bzw. die Synthese von Heimatstil und Großstadtmondänität im Werk Hoffmanns fokussierte und die mährischen „Vorgebirgsarchitekturen" des Architekten ins Zentrum seiner Betrachtungen stellte.[10] Die Ausstellung *Josef Hoffmann. Interiors 1902–1913* (Neue Galerie, New York 2006) konzentrierte sich auf die Interieurs jenes Zeitraums. „Space as a framework of action that is defined by human beings and serves them, or as an aesthetic Gesamtkunstwerk that conditions them?" So lautete die Frage.[11] Die Ausstellungen/Publikationen *Wege der Moderne. Josef Hoffmann – Adolf Loos und die Folgen* (MAK, Wien 2014/15) und die 2017/18 in der Neuen Galerie New York gezeigte *Wiener Werkstätte 1903–1932: The Luxury of Beauty* haben ein neues Bild Josef Hoffmanns im Konzert seiner Zeitgenossen zu etablieren begonnen.

Das vorliegende Buch füllt viele Lücken der Hoffmann-Forschung. Es beleuchtet das bislang weniger bekannte Spätwerk mit gleicher Intensität wie die revolutionäre Frühphase. Es wertet in neuen Forschungen weit mehr Archivbestände aus als bisher bekannt waren. Es dokumentiert erstmals detailliert Hoffmanns Aktivitäten im Schatten der Diktaturen der 1930er Jahre. Und es vernetzt sein Schaffen durch Beiträge aus verschiedensten Blickwinkeln innerhalb seiner Zeit, deren Umstände und der internationalen Avantgarde. Ein Desideratum für zukünftige Auseinandersetzungen mit dem Werk Hoffmanns wäre etwa, auch im Lichte der neuen Funde, eine Neubearbeitung und Ergänzung des Werkverzeichnisses von Eduard Sekler von 1982.[12] Die enorme Anzahl bisher unbekannter eigener Schriften und Manuskripte sowie Zeitungsartikel, die nun neu erschlossen werden konnten, legt die Publikation eines Bandes „Gesammelte Schriften" mit editorischer Einordnung nahe. Dem Vorurteil der Theorieferne Josef Hoffmanns ist zu begegnen wie auch der Idee, er hätte wenig hinterlassen, was es mit den wortgewaltigen Invektiven eines Adolf Loos oder den fundamentalen Schriften seines Lehrers Otto Wagner aufnehmen könnte. Hoffmanns Theoriebildung erfolgte oft „im Konzert" mit ihm vertrauten AutorInnen wie Berta Zuckerkandl-Szeps, was eine eigene Untersuchung dieser Kreativ-Beziehungen rechtfertigen würde. Berühmt ist Josef Hoffmanns Ausspruch aus einem RAVAG-Interview dazu: „Es gibt zwei Arten von Künstlern: die einen, die eine Sache vernunftmäßig aufbauen und systematisch entwickeln, und die anderen, denen etwas einfällt – ich bin mehr für die Einfallenden." So wäre auch eine ästhetische Theorie zu entwickeln, die Hoffmanns Arbeit besser erklärt als die bisher dominierenden Ornamenttheorien. Sie sollte jene sozialen Funktionen des in individueller Kreativität entstandenen Schönen analysieren, an die Hoffmann glaubte und die eben nicht nur den oberen Gesellschaftsschichten zugute kommen sollten. Weitere vertiefende Betrachtungen verdienen Hoffmanns Arbeiten in allen Bereichen des kunsthandwerklichen Entwurfs, wo er etwa in der Keramik und in der Glasgestaltung für die Kunstgewerbeschule, aber auch im Möbel mit Koloman Moser Bahnbrechendes geleistet hat. Auch dem internationalen Einfluss des Werkes Josef Hoffmanns auf Architektur und Design bis in die Postmoderne könnte in seinen vielgestaltigen Erscheinungsweisen noch konsequenter als bisher nachgespürt werden. Als ersten Schritt bietet dieses Buch viel Material für ein neues Bild von Leben und Werk Josef Hoffmanns. ■

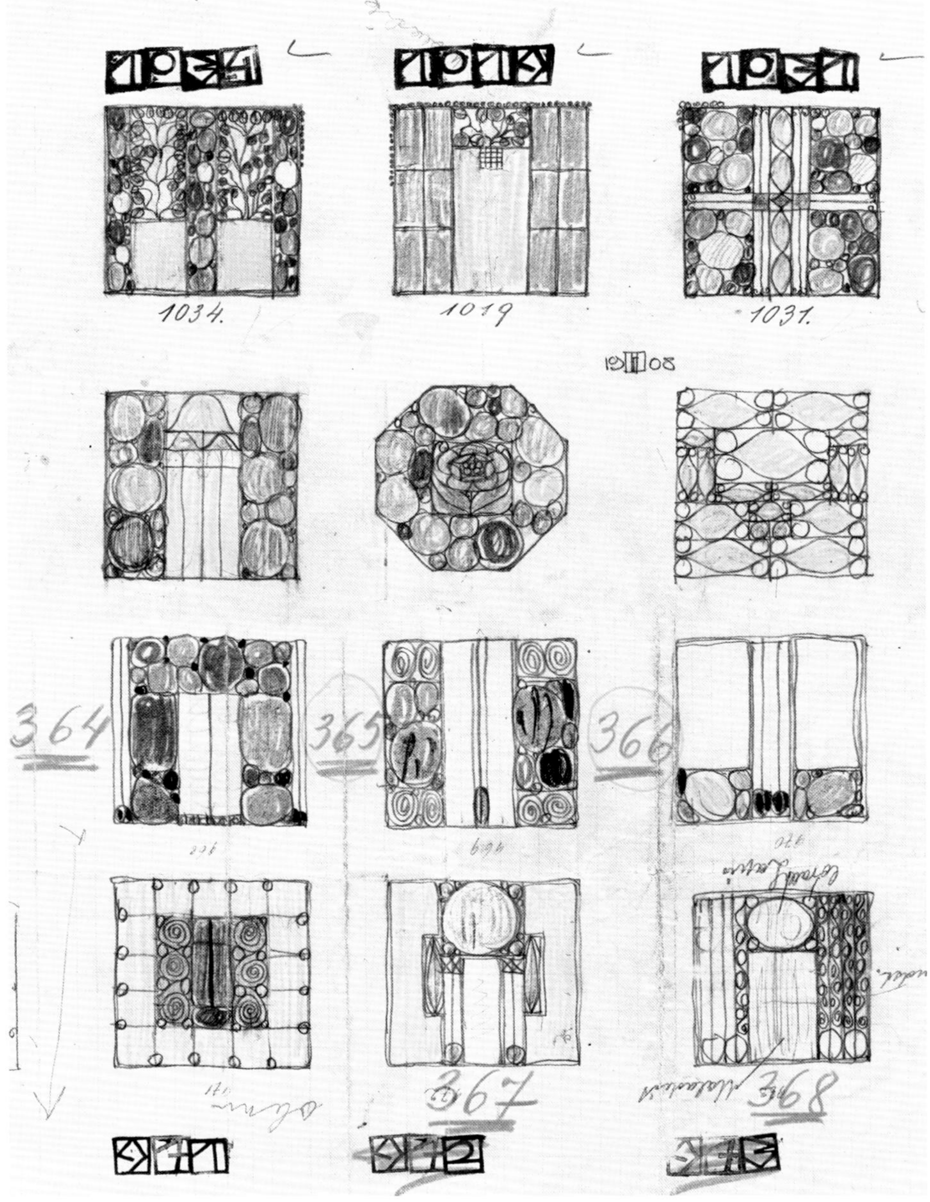

JH, Entwurf für 12 Broschen für die Wiener Werkstätte, 1905–08
MAK, KI 12144-45

1 Fritz Wotruba: Überlegungen. Gedanken zur Kunst, Zürich 1945, 49.
2 Christoph Thun-Hohenstein/Matthias Boeckl/Christian Witt-Dörring (Hg.): Wege der Moderne. Josef Hoffmann – Adolf Loos und die Folgen, Basel 2015.
3 Dagobert Peche: Der brennende Dornbusch (1922), in: Peter Noever (Hg.): Die Überwindung der Utilität. Dagobert Peche und die Wiener Werkstätte, Ostfildern 1998, 169–191: 180 f.
4 Ebd., 187.
5 Armand Weiser: Josef Hoffmann, Reihe „Meister der Baukunst", Genf 1930. Leopold Kleiner: Einleitung, in: Josef Hoffmann, Reihe „Neue Werkkunst", Berlin 1927.
6 An dieser Wiederentdeckung war das damalige Österreichische Museum für angewandte Kunst entscheidend beteiligt. Direktor Wilhelm Mrazek organisierte nach der Inventarisierung des 1955 erworbenen Archivs der Wiener Werkstätte im Museum 1967 mit dem Bundesministerium für Unterricht die Ausstellung *Die Wiener Werkstätte: modernes Kunsthandwerk von 1903–1932*, die Objekte nach Entwurf Josef Hoffmanns erstmals wieder im Museum zeigte.
7 Günther Feuerstein: Josef Hoffmann und die Wiener Werkstätte, in: Der Aufbau. Fachschrift der Stadtbaudirektion 19 (1964), 177 ff.
8 Die Ausstellung des MAK, eine der ersten in der Direktion Peter Noever, konnte lediglich die Bestände des Museums und der Universität für angewandte Kunst zu Josef Hoffmann präsentieren und zeigte die Notwendigkeit umfassender Erforschung des Werkes auf.
9 Peter Gorsen: Josef Hoffmann. Zur Modernität eines konservativen Baumeisters, in: Alfred Pfabigan (Hg.): Ornament und Askese im Zeitgeist des Wien der Jahrhundertwende, Wien 1985, 57–68.
10 Jindřich Vybíral: Labyrinth der Großstadt und Paradies der Heimat: Josef Hoffmann, in: Ders.: Junge Meister. Architekten aus der Schule Otto Wagners in Mähren und Schlesien, Wien 2007, 225–261.
11 Christian Witt-Dörring (Hg.): Josef Hoffmann. Interiors 1902–1913, München 2006, 12.
12 Witt-Dörring arbeitet seit über zehn Jahren an der revidierten Fassung der Publikation von Eduard Sekler, bis zu dessen Tod (2017) auch in Zusammenarbeit mit Sekler.

1870
1900

Studenten der Höheren Staatsgewerbeschule in Brünn 1889
Josef Hoffmann stehend ganz rechts
Josef Hoffmann Museum, Brtnice

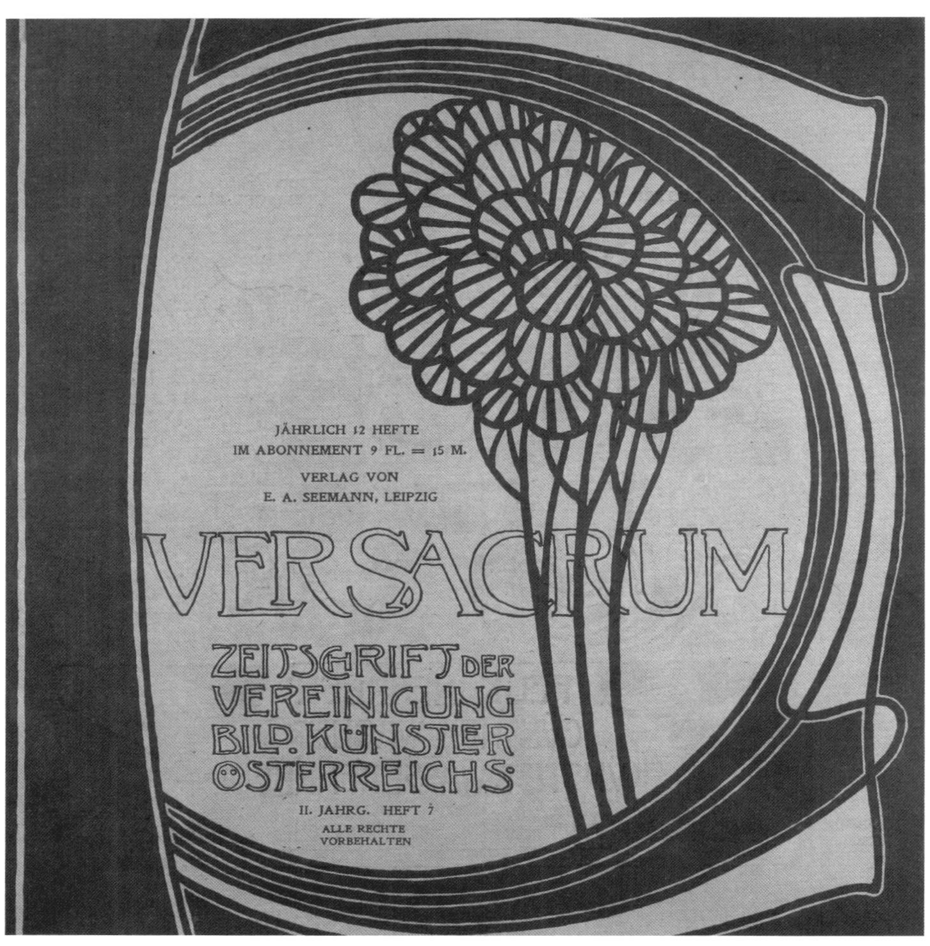

Abb. 1 JH, Deckblatt für *Ver Sacrum*, 1899, Heft 7

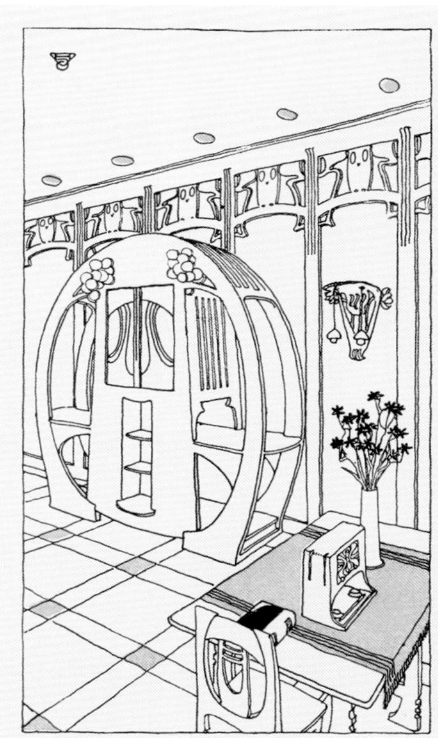

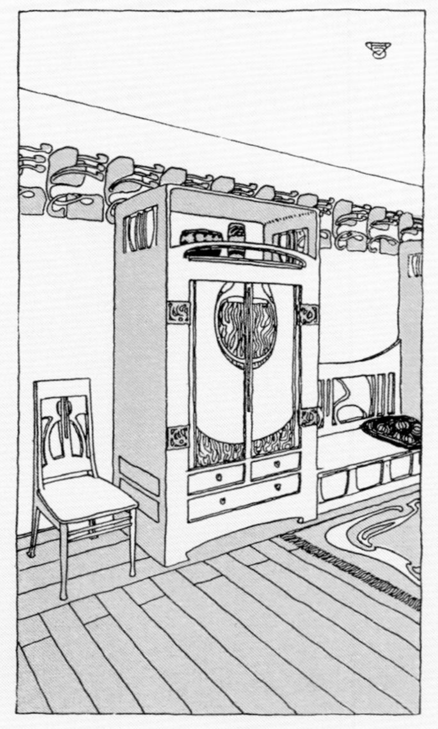

Abb. 2 JH, Entwürfe für Innenräume, 1899
DI (1) 1899, T. 32

Abb. 3 JH, Entwurf für ein Studierzimmer, 1898
DI (1) 1899, T. 2

Abb. 4 JH, Schreibtisch für Paul Wittgensteins Landhaus Bergerhöhe, 1899
Eichenholz, grün gebeizt, Messing, Kupfer
Privatbesitz

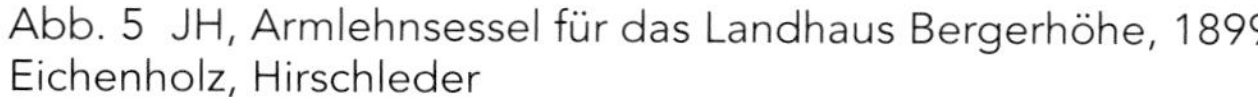

Abb. 5 JH, Armlehnsessel für das Landhaus Bergerhöhe, 1899
Eichenholz, Hirschleder
Privatbesitz

Abb. 6 JH, Armlehnsessel für das Landhaus Bergerhöhe, 1899
Eichenholz, braun gebeizt
Privatbesitz

Abb. 7 JH, Schrank für das Ver Sacrum-Zimmer, III. Ausstellung der Secession, 1898
Erlenholz, schwarz gebeizt (ursprünglich grün), Kupfer
MAK, H 2062

Abb. 8 JH, Wettbewerbsprojekt für einen Ausstellungspavillon der Stadt Wien zur Jubiläumsausstellung 1898, 1897
DK (2) 1898, 208

Abb. 9 JH, Eigenes Briefpapier, 1899
Belvedere, Wien, NL Hans Ankwicz-Kleehoven
© Christian Witt-Dörring

Abb. 10 JH, Wiener Künstler-Postkarte *Stilistisches XXXIII/10*, 1898
MAK, WWPK 268-1

Abb. 11 JH, Landhaus Bergerhöhe, Hohenberg, Schlafnische, 1899
VS (3) 5 1900, 81

Abb. 12 JH, Geschäftsniederlage „Apollo", Wien, 1899
Der Architekt 1899, 44

Abb. 13 JH, Fischglas, ausgeführt von Meyr's Neffe, Adolf bei Winterberg für E. Bakalowits & Söhne, Wien, 1899 Holz, Messing, optisch geblasenes Glas
Sammlung Dr. E. Ploil, LHG-1984-22

Abb. 14 JH, Salonkasten, ausgeführt von Portois & Fix, Wien, VIII. Ausstellung der Secession, 1900
Zerigotti- u. Zedernpyramidenholz, Synaigunde xylektypomartig behandelt (auf Faserwirkung geätzt)
bel etage Kunsthandel GmbH

Abb. 15 JH, Kleine Anrichte für ein Speisezimmer, ausgeführt von Anton Pospischil, Winterausstellung 1899 im ÖMKI
Nussbaumholz, Kupfer, Spiegel, Glas
bel etage Kunsthandel GmbH

Abb. 16 JH, Forstamt und Wohnhaus für das Forstpersonal der Wittgenstein'schen Forstverwaltung, Hohenberg, 1900
Der Architekt (VII) 1901, T. 47

Abb. 17 JH, Entwurf für die Halle eines Landhauses, 1899
MAK, KI 10439-6

Abb. 18 JH, Entwurf eines Mährischen Landhauses, 1899
MAK, KI 10439-4

Abb. 19 JH, Gestaltung des Raumes der Wiener Kunstgewerbeschule, Grand Palais, Weltausstellung Paris, 1900
MAK, KI 7401-4

Josef Hoffmann 1870 1900

Das Geburtshaus Josef Hoffmanns in Pirnitz (Brtnice)
Foto vor 1930
Josef Hoffmann Museum, Brtnice

1870
Josef Franz Maria Hoffmann wird am 15. Dezember in dem kleinen mährischen Städtchen Pirnitz (Brtnice) als drittes von sechs Kindern geboren. Sein Vater, Josef Franz Karl, ist Mitbesitzer der Kattunerzeugung in der örtlichen Textilmanufaktur der Fürsten Collalto, die auch das Schloss Pirnitz besitzen, sowie Bürgermeister des Ortes. Die lebendige Tradition der mährischen Volkskunst, die fruchtbare Landschaft und ein fast biedermeierlich anmutendes Familienleben sind die stärksten Impulse einer Kindheit, die Hoffmanns späteres Leben – wie er in seiner *Selbstbiographie* berichtet – entscheidend geprägt hat.

1879
Besuch des Gymnasiums in Iglau (Jihlava), an dem auch der aus Brünn (Brno) stammende Adolf Loos Mitschüler ist. Nach dem Wunsch des Vaters soll Hoffmann eine juristische Karriere im Staatsdienst anstreben. Traumatisiert vom autoritären Schulsystem erwacht sein Interesse für Kunst und Architektur, er besucht mit dem Sohn des Ortsbaumeisters die Baustellen der Umgebung, um bei der Arbeit mitzuhelfen. Endlich, nach familiären Auseinandersetzungen, kann er 1887 nach Brünn an die Bauabteilung der Höheren Staatsgewerbeschule gehen, wo er 1888/89 wiederum auf Adolf Loos trifft. Nach der Matura arbeitet er 1891 als Baupraktikant am Militärbauamt in Würzburg und bewirbt sich nach einem Praxisjahr an der Akademie in Wien.

1892
Beginn des Studiums an der Akademie der bildenden Künste in Wien in der „Spezialschule für Architektur" des damals im Zenit seiner Karriere stehenden Ringstraßenarchitekten Carl Freiherr von Hasenauer. Als dieser 1894 stirbt, übernimmt Otto Wagner die Klasse und revolutioniert mit fortschrittlichen Programmen und Problemstellungen der entstehenden Großstadt das Lehrprogramm. In seinem dritten Studienjahr wählt Hoffmann als Diplomarbeit das Thema *Insel des Friedens / Forum Orbis – Insula Pacis* – ein internationaler Kongresspalast von gewaltigen Ausmaßen –, was ihm eine Auszeichnung und den „Rompreis" einträgt. Immer wieder weist Hoffmann auf den großen Einfluss hin, den Otto Wagner auf seine Arbeit genommen hat und bleibt zeit seines Lebens ein großer Verehrer seines Lehrers. Auch nach dem Studium bleibt er in engem Kontakt mit den Kollegen der Wagner-Schule und des Architektur büros von Otto Wagner, darunter Joseph Maria Olbrich, Franz Krásný, Jan Kotěra, Franz und Hubert Gessner, Max Fabiani sowie Rudolph Michael Schindler.

1895–1896
Der „Siebener-Club" junger Künstler in Wien etabliert sich. Der Freundeskreis um Josef Hoffmann, darunter Künstler und Architekten wie Olbrich, Koloman Moser, Maximilian Kurzweil, Max Fabiani, diskutiert in den Extrazimmern der Wiener Cafés und kann als das avantgardistische Forum der heftig geführten Kunst- und Architekturdebatte in Wien

Studenten der Höheren Staatsgewerbeschule in Brünn (Brno), 1889
Josef Hoffmann stehend ganz rechts, Adolf Loos ganz links
Josef Hoffmann Museum, Brtnice

Josef Hoffmann zeichnend während seiner Italienreise, 1896
Josef Hoffmann Museum, Brtnice

um 1900 betrachtet werden. Otto Wagners Privatatelier wird der Gruppe zum Anlaufpunkt. Nach Joseph Maria Olbrich, wie er aus Mähren gebürtig und Lieblingsschüler Otto Wagners, bereist Hoffmann mit dem Romstipendium der Akademie Italien. Die Route – an Hand der noch erhaltenen Reiseskizzen rekonstruierbar – führt ihn über Venedig und Rom nach Neapel und schließlich nach Capri. Er beschreibt die anonyme Architektur der Insel, die visuellen Qualitäten der schlichten, weißen Bauernhäuser und sieht sie als Inspirationsquelle, um ausgeglichene gesellschaftliche Zustände auszudrücken, charakteristisch für die Landschaft und deren Bewohner.

1897

Wieder in Wien, beginnt Hoffmanns Mitarbeit im Atelier Otto Wagners, der mit Entwurf und Ausführung der Wiener Stadtbahn befasst ist. Darüber hinaus entstehen Entwürfe für den Ausstellungspavillon der Stadt Wien zur *Kaiserjubiläumsausstellung 1898*, mit dem Studienkollegen Franz Krásný erarbeitet er Wettbewerbsentwürfe für den Neubau des Böhmischen Volkstheaters in Pilsen und die Gewerbebank in Prag, Projekte, die ebenso wie sein Aufsatz „Architektonisches von der Insel Capri – Ein Beitrag für malerische Architekturempfindungen" in der Fachzeitschrift *Der Architekt* publiziert werden. In dieses Jahr fällt auch die Gründung der Vereinigung bildender Künstler Österreichs Secession. Hier werden die avantgardistischen Kräfte der Stadt in einem Verein gebündelt und die moderne künstlerische Topografie Wiens entscheidend geprägt. Josef Hoffmann ist Gründungsmitglied und entwirft eine erste Ausstellungshalle für den Künstlerverein. Der programmatische Entwurf Olbrichs für das letztendlich realisierte Ausstellungsgebäude der Vereinigung lässt Hoffmann architektonischen Spielraum für das Innere, das er als Gestalter der Räume, die im Zusammenhang mit dem Gesamtkunstwerkkonzept des „Ver Sacrum" stehen, mitverantwortet.

Architektonisches aus der österreichischen Riviera.

Lage und Lebensgewohnheiten bestimmen die Bauweise der Menschen auch dort, wo kaum eines vielgewandten Architekten Hand jemals beim Erbauen mit im Spiele war.

Jene architektonischen Scenerien, die der Besucher der österreichischen Riviera in den so überaus malerischen Orten findet, sind frei von übercivilisiertem Kunstverständnisse und doch in ihrer ursprünglichen Natürlichkeit von so großem Reiz, dass es wohl der Mühe wert ist, sich mit diesen Kindern naiver, volksthümlicher Kunst ein wenig zu befassen.

Dass in nachfolgender Beschreibung nicht die modernen Villen von Abbazia gemeint sind, brauche ich nicht zu erwähnen, denn diese sind leider fast durchwegs (eine lobenswerte Ausnahme bilden dortselbst die Bestrebungen des Architekten Karl Seidl) von einer unglaublichen Geschmacklosigkeit, welche theilweise durch die bahnhofartigen Hôtelbauten und die Curanlagen der Südbahn beeinflusst, theilweise aber auch durch den Mangel an tüchtigen Kräften bedingt ist.

Man muss auch bekennen, dass dies umso bedauerlicher ist, als gerade in einer durch die Natur so sehr bevorzugten Gegend, die so reich an baulichen Traditionen wäre, sich leicht, zumal hier wie in den meisten Bädern, die pecuniären Verhältnisse keine ungünstigen sind, vieles Gute und Schöne hätte machen lassen. — Nun aber sieht Abbazia, abgesehen von den natürlichen Reizen, einem großen Bahnhof gleich, und uns können daher nur die übriggebliebenen Reste alter Baulichkeiten interessieren.

Voloska, Ica, Lovrana, Montenize und alle die um Abbazia liegenden Orte bergen noch eine Fülle der interessantesten Häusermotive, welche nicht nur von den dort gerne weilenden Malern, sondern auch von Architekten, namentlich solchen, die sich mit Villenbauten abgeben, aufgesucht werden sollten.

Der Zeit nach gehören die meisten dieser malerischen Gebäude in die letzten 200 Jahre und charakterisieren sich vor allem durch die Wahl vieler freier Motive, wie Loggien, Freitreppen, Arcaden u. s. f., was durch die Lebensweise der dortigen Menschen, die gerne im Schatten und doch im Freien sich aufhalten, begründet ist.

Ein fast immer originelles Bild bietet der Kamin, der stets in der Außenmauer angelegt ist und oft erkerartig hervortritt.

Außer Säulen, welche aber meist von früheren Bauten herrühren, findet man beinahe keine einzig ausgesprochene Architekturform, wie Gesimse, Pilaster u. dgl.

Die Fenster sind einfach mit glatten Steinumrahmungen eingefasst und nur hie und da von einem simaartigen Glied bekrönt.

Unterhalb ihnen ragen zumeist weit ausladende Consolen aus der Mauer hervor, die zur Aufnahme eines Brettes oder einer Wäschestange bestimmt sind. Das Dach ist sehr flach, weit ausladend und mit Coppis gedeckt. Die geputzten Mauerflächen sind ohne jegliche Decorierung.

Der große Reiz der dicht neben-, an- und übereinander gebauten Häuser liegt in der großen Mannigfaltigkeit der Motive, worauf man aus den beigedruckten Beispielen schließen kann.

Bemerkenswert ist auch, dass durch das Benützen jeglicher Zufälligkeit und jeder aus der Nothwendigkeit entspringenden Form die Schablone vollständig ausgeschlossen ist. Man findet beinahe keine zwei Häuser von gleicher Anlage und gleicher äußerer Gestaltung.

Hätte der Istrianer mehr Vorliebe für Reinlichkeit und stünde nicht jeder dieser Bauten beinahe vor dem Verfall, man könnte sich kein angenehmeres Wohnen denken als hier. Letzterer Umstand, die Unreinlichkeit und Zerrissenheit, ist allerdings von ungemein malerischem Reiz; jedoch würde dieser auch bei geordneter ähnlicher Anlage nicht verloren gehen, wenn, da ja eine Benützung ähnlicher Motive mehr oder weniger nur für Villen und Landhäuser gedacht sein kann, natürliche Baumgruppen und weinumrankte Perguli das Bild angenehm unterbrechen und beleben würden.

Diese Erläuterungen und Bilder seien vor allem den Villenerbauern in südlicheren Gegenden warm ans Herz gelegt, doch mögen dieselben auch sonst befruchtend und anregend wirken!

Hoffmann.

JH, „Architektonisches aus der österreichischen Riviera"
Der Architekt (I) 1895, 37

Josef Hoffmann im Atelier Koloman Mosers auf dem von ihm entworfenen Sitzmöbel, Wien, 1898
Privatbesitz, Wien

1898

Die englische Arts & Crafts-Bewegung und der belgisch-französische Art Nouveau-Stil beeinflussen Hoffmann bei der Einrichtung des „Ver Sacrum"-Zimmers in der Secession ebenso wie des „Viribus Unitis"-Zimmers der Vereinigung auf der *Kaiserjubiläumsausstellung* und bei den gleichzeitig entstehenden Einrichtungen für Kolo Moser und den Maler Ernst Stöhr. Stilisierte Ornamente, vor allem die charakteristischen Palmettenformen, prägen das Aussehen der Möbel und die prinzipiellen Erwägungen über Materialgerechtigkeit, die es etwa verbieten, Holz so zu beizen, dass es die Farbe anderer Holzsorten imitiert und somit als Kopie zu gelten hätte. Die Ehrlichkeit verlange nach Grau, Blau oder Grün und keineswegs nach Brauntönen, schreibt Hoffmann in seinem programmatischen Text „Moderne Möbel". Hoffmann gestaltet die III. Ausstellung der Secession, die Max Klinger gewidmet ist, und etabliert sich als wirkungsvoller Präsentator von Kunst. Erste Ehe mit Anna Hladik.

1899

Hoffmann ist weiterhin maßgeblich an der Gestaltung der für das Wiener Kulturleben so wichtigen Ausstellungen der Wiener Secession beteiligt und findet Kontakt zu potenziellen Auftraggebern. Zu den ersten Aufträgen gehören die Einrichtung und das Portal des Wiener Stadtlokals der Seifen- und Kerzenfabrik „Apollo" und die Adaptierung des Landhauses „Bergerhöhe" in Hohenberg, Niederösterreich, für den Industriellen Paul Wittgenstein, der Hoffmann zeit seines Lebens als Bauherr, Mäzen und Freund die Treue hält. Der erst 29-jährige Hoffmann und Koloman Moser werden auf Vorschlag von Otto Wagner als Professoren an die Wiener Kunstgewerbeschule berufen. Bis zu seiner Emeritierung im Jahr 1936 unterrichtet Hoffmann eine Fachklasse für Architektur, ab den 1920er Jahren auch eine Klasse für Metall- und Emailarbeiten und Kunstgewerbe. Die Bindung der Secessionisten Hoffmann und Moser an die renommierte Schule, die mit Felician Freiherr von Myrbach auch einen neuen Leiter aus dem Kreise der Vereinigung erhalten hat, wird stürmisch als Sieg der „modernen Künstler" über die „alte Richtung" gefeiert (Ludwig Hevesi in *Ver Sacrum*, April 1899).

1900

Anlässlich der Weltausstellung in Paris gestaltet Hoffmann im Grand Palais Räume der Wiener Kunstgewerbeschule und der Secession und zeigt ein Speisezimmer nach eigenem Entwurf. Im Raum der Kunstgewerbeschule, der im kurviliearen Stil gehalten ist, werden bereits erste Schülerarbeiten aus der Fachklasse Hoffmanns präsentiert. Weitere Ausstellungen von Schülerarbeiten finden 1901 in Prag, 1903 im Wiener Kunstgewerbemusuem, 1904 auf der Weltausstellung in St. Louis und bis zur Emeritierung Hoffmanns im Rahmen zahlreicher weiterer nationaler und internationaler Kunstschauen statt. Studienreise nach England, um das Werkstättenprinzip der „Guild of Handicraft" in London kennenzulernen. Hoffmann interessiert sich für die Möbel C.R. Ashbees und lädt über Vermittlung seines späteren Geschäftspartners Fritz Waerndorfer die schottischen Reformkünstler Charles Rennie Mackintosh und dessen Frau Margaret Macdonald, Frances Macdonald und James Herbert MacNair (die „Glasgow Four") ein, für die VIII. Secessionsausstellung einen schottischen Raum einzurichten, der in seiner Strenge und starken individuellen Aussage Begeisterung unter den Wiener Künstlern hervorrufen und als Bestätigung der secessionistischen Ideale gelten sollte. Zeitgleich mit den Vorbereitungen zur VIII. Ausstellung beschäftigt Hoffmann das Projekt einer Villen- bzw. Künstlerkolonie auf der Hohen Warte und er wird – nach dem Abgang von Joseph M. Olbrich nach Darmstadt – mit der Planung der Häuser für die Maler Carl Moll und Kolo-man Moser, den Fotografen Hugo Henneberg und den Kunstsammler Victor Spitzer beauftragt. Geburt von Hoffmanns Sohn Wolfgang. ■

Koloman Moser, Alfred Roller, Josef Hoffmann vor dem Café Museum, Wien, 1900
Josef Hoffmann Museum, Brtnice

Karikatur, Josef Hoffmann und Koloman Moser
VS (4) 3 1901, 61

Abb. 1 JH, Reiseskizze aus Amalfi, Häusergruppe an der Stadtmauer, 1895
Kupferstichkabinett der Akademie der bildenden Künste Wien, HZ 26297

Rainald Franz

Es war nicht leicht, den eigentlichen Sinn des Bauens zu erraten

Josef Hoffmanns Studienjahre an der Wiener Akademie

Im Alter von 22 Jahren zog Josef Hoffmann, Absolvent der Bauabteilung der Höheren Staatsgewerbeschule Brünn und Baupraktikant des Militärbauamtes in Würzburg, aus der mährischen Provinz in die Haupt- und Residenzstadt Wien, um sein Studium der Architektur an der Akademie der bildenden Künste aufzunehmen. 1892 wurden an beiden Architekturschulen der Akademie insgesamt 24 neue Studenten aufgenommen. Der erhaltene Akademieausweis Josef Hoffmanns weist ihn als Schüler des Leiters der Spezialschule und damaligen Rektors der Akademie Carl von Hasenauer (1833–1894) aus. Der Ringstraßenarchitekt stand damals im Zenit seiner Karriere, betreute die Fertigstellung der von ihm mit Gottfried Semper begonnenen zentralen Gebäude des Kaiserforums, das Hofburgtheater (ab 1874–88) und die Neue Hofburg (1880–1923).[1] Josef Hoffmann selbst schildert seine Anfänge an der Akademie so:

> „Ich wurde in der Klasse von Baron Hasenauer aufgenommen und nach einer kurzen Begrüßung mir selbst überlassen. Hasenauer baute damals gerade das Burgtheater und die Hofburg und hatte mit diesen monumentalen Bauten so viel zu tun, daß wir ihn selber kaum zu Gesicht bekamen. Sein Assistent, ein alter Herr, versuchte zwar, uns Schüler bei den ihnen vorgeschriebenen Aufgaben wach zu erhalten. Trotzdem gab etlichen von uns der persönliche Drang, den Dingen näher zu kommen, einigen Halt. Es war nicht leicht, über den Wust von unzähligen Motiven hauptsächlich der Hochrenaissance hinwegzufinden und den eigentlichen Sinn des Bauens zu erraten."[2]

Das damalige Curriculum des Architekturstudiums sah in der Stilkopie die Grundlage allen weiteren Entwerfens. Das Studium historischer Baustile bis ins Detail der Ordnungen sollte die Grundlagen für das Verständnis der Architektur legen und wurde durch den von Hoffmann zitierten Assistenten Hasenauers Bruno Gruber vermittelt, ohne dass die Studenten davon besonders beeindruckt schienen: „Instinktiv wollten wir vom Kopieren alter Stile loskommen und unbedingt zu einer aus Zweck und Schönheit gestalteten Form gelangen."[3]

Die für die Spätzeit des Historismus typische Erfahrung der Disparität zwischen vermittelten Lehrinhalten und der eigenen Suche nach neuen Lösungen in der Gestaltung verband Josef Hoffmann mit gleichgesinnten Studenten: Schon 1894 hatte er sich mit Koloman Moser und den Malern Adolf Karpellus, Leo Kainradl und Maximilian Kurzweil im „Siebener-Club" zusammengefunden. Eine lockere Kaffeehausrunde, bestehend aus Studenten der Akademie und der Kunstgewerbeschule, traf sich regelmäßig im Blauen Freihaus oder im Café Sperl in der Wiener Gumpendorferstraße. Weitere Mitglieder waren Joseph Maria Olbrich und Friedrich Pilz, während Jan Kotěra, Max Fabiani und Joseph Urban nur unregelmäßig erschienen. Für Maximilian Kurzweil gestaltete Hoffmann dessen Ateliereinrichtung und mit Kolo Moser sollte ihn eine enge Freundschaft und Partnerschaft in kommenden Projekten verbinden. Neben der „Hagengesellschaft" bildete der Siebener-Club die zweite „Vorfeldorganisation", die, über das Künstlerhaus, in der Vereinigung bildender Künstler Österreichs – Secession" aufgehen sollte.[4]

Nichtsdestotrotz absolvierte Josef Hoffmann das Studienprogramm in der Hasenauer-Klasse offenbar gewissenhaft. Ein Zeugnis vom 22. Juli 1894 bescheinigte dem Studenten „lobenswerter Fleiß, besonders reiche Begabung" und den Entwurf der geforderten Studienarbeiten, einer Villa, eines Schlosses, eines Mietshauses und eines Palastes. Hoffmann erhielt die vorgesehen Auszeichnungen, 1893 den Gundel-Preis, 1894 den Spezialschulpreis, die Goldene Füger-Medaille und den Rosenbaum-Preis.[5] Das Ableben Carl von Hasenauers im Jänner 1894 erzwang die Neubesetzung der Leitung der Spezialschule. Für Hasenauers Nachfolge suchte man einen auf dem Boden der Antike stehenden Vertreter der klassischen Renaissance mit Talent, Können, Lehrbefähigung. Für Otto Wagner sprach, dass er es verstehe, „die Bedürfnisse des heutigen Lebens sowie die Verwendung moderner Baumaterialien und Konstruktionen mit den künstlerischen Erfordernissen in Einklang zu bringen".[6] Schon am 16. Juli 1894 wurde Otto Wagner zum ordentlichen Professor ernannt. Seine Übernahme der „Specialschule für Architektur" hatte anfangs wenig von revolutionärem Umbruch an sich. Der etablierte Architekt Oberbaurat Otto Wagner mit großem Atelier, in seiner Jugend ein ausgeprägter Vertreter des Historismus, wirtschaftlich erfolgreich, begann gerade Wien seinen Stempel aufzudrücken, war er doch im selben Jahr auch als künstlerischer Beirat eingesetzt worden, um die einheitliche architektonische Ausgestaltung der Stadt-

Abb. 2 JH, Postkarte an Koloman Moser mit Architekturstudie, 5.6.1897
Kunsthandel Widder, Wien

bahn zu übernehmen. Wagner erklärte in seiner Antrittsvorlesung an der Akademie der bildenden Künste im Oktober 1894 das Schulprinzip der École des Beaux Arts in Paris zum Vorbild, nach dem Semper'schen Motto „Artis sola domina necessitatis". Er förderte einerseits die Imagination seiner Schüler durch die Vergabe von Fantasieprojekten nach deren Wahl als Abschlussarbeiten und andererseits deren praktische Erfahrung durch die Mitarbeit an seinen Bauprojekten in seinem Privatatelier. Die Ausbildung Otto Wagners sensibilisierte seine Studenten auch für die allen seinen Projekten eigene, bewusste Integration der Innendekoration, von der Wandgestaltung bis zum Möbelentwurf. Damjan Prelovšek hat darauf hingewiesen, dass es erst die Lehre an der Akademie war, die Wagner zum Theoretiker werden ließ: Wagner begann sich erst dann mit der Theorie intensiv zu beschäftigen, als er sich durch seine pädagogische Tätigkeit zur Erläuterung der eigenen Auffassung der architektonischen Kunst gezwungen sah. Entscheidend war hier seine Inspiration durch die Semper'sche Bekleidungstheorie, mit deren Hilfe er mit seinen fortschrittlichen Zeitgenossen in Westeuropa Schritt halten wollte.[7] Eduard Sekler und Josef Hoffmann selbst haben eindringlich das „Erweckungserlebnis" dargestellt, das der Antritt Wagners für Hoffmann dargestellt haben muss. In Hoffmanns *Selbstbiographie* heißt es:

> „Nun hatten wir endlich eine starke Persönlichkeit unter uns, die, voll von Ideen, eigene Wege ging und uns für alles Neue und Notwendige zu begeistern vermochte. Wir bewunderten die palastartigen Wohnbauten Wagners, die, nicht nur was Konstruktion und solide Bauweise anlangt, mustergültig waren, sondern in der freien Verwendung alter Formen, überraschende Wirkungen hervorbrachten und unter den herkömmlichen Bauten jener Zeit sofort durch ihre Qualität und Eigenart auffielen.
> Sein reizvolles Wohn- und Atelierhaus am Rennweg mit den beiden flankierenden Wohnhäusern imponierte uns besonders, und wir waren unserem nunmehrigen Lehrer und Meister begeisterte Schüler. Er hatte die Gewohnheit, täglich unsere Arbeit zu

Abb. 3, 4 JH, Projekt *Forum Orbis – Insula Pacis*, 1895
Seitenansicht, Hauptfassade
Der Architekt (I) 1895

Abb. 5 JH, aquarellierte Reiseskizzen aus Anacapri, 1895
National Gallery Prague, K 17672-74

lenken und uns durch seine ganz enormen technischen Kenntnisse auf die wichtigsten Elemente des Bauens immer wieder aufmerksam zu machen. Er war stets anregend und in der Art seiner Wiener Sprechweise von einem natürlichen Zauber. Unser kleiner Kreis hatte sich bald um ihn gruppiert, und wir waren auch außer der Schule, wenn auch nur nachmittags beim täglichen Kaffee im Heinrichshof, in ständigem Kontakt. Da war die Möglichkeit gegeben, sich über alle künstlerischen Probleme zu informieren."[8]

Unter Wagner beendete Hoffmann sein Studium im Sommer 1895 mit dem Diplom und dem Entwurf für das
34 utopische Bauwerk *Forum Orbis – Insula Pacis*, eine der ersten Abschlussarbeiten unter der Leitung Wagners. Hoffmann imaginierte hier einen Vorgänger des heutigen Palastes der Vereinten Nationen, ein wuchtiges, kuppelförmiges Gebäude, das auf einer mehr als ein Kilometer langen Kunstinsel entstehen sollte.[9] Eduard Sekler bemerkte, Hoffmann hätte für dieses Bauwerk auch an der Pariser École des Beaux Arts Anerkennung gefunden und machte zugleich auf dessen Abhängigkeit von den frühen Projekten Wagners aufmerksam: den idealen Museumsbezirk *Artibus* oder den Wettbewerbsentwurf für das ungarische Parlament, beide vom Anfang der 1880er Jahre.[10] Gestaltung, Gliederung und Rhythmisierung der Baukörper in Josef Hoffmanns Projekt *Forum Orbis – Insula Pacis* wurden in der frühen Wagner-Schule zum Vorbild – etwa für die zwei Jahre später entstandene Diplomarbeit seines Mitschülers und Kollegen im Siebener-Club Jan Kotěra (1871–1923)[11] und die Planung einer neuen Wiener Akademie der bildenden Künste 1897–98 im Atelier Otto Wagners. Dabei sind die von Josef Hoffmann für das Diplom gewählten architektonischen Formen noch gänzlich dem historistischen Kanon verpflichtet. Wagners Begeisterung für Hoffmanns Lösung und das Staatsreisestipendium, der sogenannte Rompreis, welchen Wagner für Hoffmann sicherstellte, beweisen, was der Lehrer bei seinem Schüler Josef Hoffmann am meisten schätzte: hohe zeichnerische Fertigkeit und Beherrschung des klassischen Formenrepertoires.

Im November 1895 reiste Josef Hoffmann nach Italien,
15 für „ein volles Jahr Studien an den berühmten Stätten jahrhundertealter Architektur",[12] über Verona, Venedig, und Florenz bis Rom, Neapel, Capri und Palermo.

> „Alle Eindrücke waren vorerst übermächtig, zumal die Rese der antiken Baudenkmäler hatten eine niederschmetternde Wirkung auf mich unmündigen Jünger der Baukunst. Da aber die Schule Otto Wagners uns davor bewahren sollte, einer blinden Stilnachahmung zum Opfer zu fallen, [...] mußte [es] wohl von selbst dazu kommen, daß mich die simple, aber besonders eigenartige italienische Bauweise, wie sie vor allem auf dem Lande [...] üblich war, tiefer berührte, indem sie unserem Bestreben, dem Zweck und Material gerecht zu formen, viel mehr zu sagen hatte."[13]

Beeindruckt war der junge Architekt nicht nur von der klassischen Architektur und Kunst, sondern auch von den bodenständigen Bauten der Campagna und auf Capri. Der „Volksarchitektur" widmete er zwei Aufsätze, die 1895 und
1897 in der Zeitschrift der Wagner-Schule *Der Architekt* mit 6 S. 29
Skizzen von der Hand Hoffmanns erschienen. Es sind Reiseskizzen aus Istrien und Italien sowie der erste eigene Entwurf einer mediterranen Villa. Sie enthalten programmatische Feststellungen, die Hoffmann allerdings erst Jahre später umzusetzen vermochte. In „Architektonisches von der Insel Capri" 1897 fordert Hoffmann einen wirklich brauchbaren Typus eines modernen Landhauses, ein Dauerthema Hoffmanns durch seine Karriere. Auch das konstante Interesse an volkstümlicher Kultur findet sich schon manifestiert und die Aussage, „[...] auch bei uns wird einmal die Stunde schlagen, wo man die Tapete, die Deckenmalerei wie die Möbel und Nutzgegenstände nicht beim Händler, sondern beim Künstler bestellen wird",[14] deutet Zeitgefühle an, die in der Secession und später in der Wiener Werkstätte ihre Umsetzung finden sollten. Doch auch die Antike kam nicht zu kurz und die Auseinandersetzung mit der klassischen Architektursprache erhielt hier einen bedeutenden Impuls, der in seinem weiteren Schaffen nachwirken sollte:

> „Die Begegnung mit dem ersten historischen Tempel war allerdings ein noch bedeutenderes Erlebnis. Die starken kurzen Säulen mit den weitausragenden Kapitälen, die beinahe aneinanderstießen, um den Architrav richtig zu stützen, die selbstverständliche Dreieckform des Tympanons mit seinem aus der ursprünglichen Holzkonstruktion übernommenen, jetzt aber im Stein verewigten Formenvokabular, hatten ihre aufreizende, anregende Wirkung. Ich hatte schließlich gefühlsmäßig erkannt, daß die monumentale Architektur ihre eigenen Gesetze haben muß und daß bei besonderen Gelegenheiten eine besondere Formensprache angebracht sei."[15]

Josef Hoffmann fasst seine Reiseeindrücke aus Italien so zusammen: „Ich hatte glückliche Tage, ja Feste dieser Art erlebt und in Capri und Anacapri für die anspruchslose naturgemäße Bauart ebenfalls unzählige Eindrücke sammeln können."[16] ■

1 Richard Kurdiovsky: Carl von Hasenauer (1833–1894), phil. Diss. Wien 2008.
2 Peter Noever/Marek Pokorný (Hg.): Josef Hoffmann. Selbstbiographie, Ostfildern 2009, 19.
3 Ebd., 20.
4 Oskar Pausch: Gründung und Baugeschichte der Wiener Secession: Mit Erstedition des Protokollbuchs von Alfred Roller, Wien 2006; Eduard F. Sekler: Josef Hoffmann. Das architektonische Werk, Salzburg/Wien 1982, 17.
5 Sekler ebd., 12.
6 Walter Wagner: Die Geschichte der Akademie der bildenden Künste in Wien, Wien 1967, 252.
7 Damjan Prelovšek: Josef Hoffmann und die Wagner Schule, Sammelband der Beiträge aus der Konferenz vom 29. Juni 2002, die in Zusammenarbeit mit der Stadt Pirnitz zum 10. Gründungsjubiläum der Josef Hoffmann-Gesellschaft veranstaltet wurde, Brtnice 2002, 10. Siehe Gottfried Semper: Der Stil in den technischen und tektonischen Künsten, oder praktische Ästhetik, Bd. 1: Textile Kunst, Frankfurt 1860, Bd. 2: Tektonik, Stereometrie, Metallotechnik, München 1863; siehe auch: Damjan Prelovšek: Josef Plečnik 1872–1957, Salzburg/Wien 1992, 12–16.
8 Noever/Pokorný (Hg.) 2009, 20 (wie Anm. 2).
9 Abgedruckt in: Der Architekt (I) 1895, 53, 55, T. 93–94.
10 Sekler 1982, 13–15 (wie Anm. 4).
11 Aus der Wagner Schule, in: Der Architekt, Supplement 2, 1898, 18–19.
12 Noever/Pokorný (Hg.) 2009, 20 (wie Anm. 2).
13 Ebd., 21.
14 Josef Hoffmann: Architektonisches von der Insel Capri, in: Der Architekt (III) 1897, 13.
15 Noever/Pokorný (Hg.) 2009, 21 (wie Anm. 2).
16 Ebd.

Ein Beitrag für malerische Architekturempfindungen.

Vom Architekten Josef Hoffmann.

Die Insel Capri ist allen Italienreisenden ans Herz gewachsen. Ihre herrliche, meerumspielte Lage gegenüber dem Golfe von Neapel, ihre abgeschlossene Naturschönheit in Bergen und Grotten, die merkwürdige Freundlichkeit und zufriedene Heiterkeit seiner Bewohner und, was mich besonders reizte, die fast durchwegs noch reine, volksthümliche Bauweise macht sie jedem lieb und unvergesslich.

Dort stimmt der malerisch bewegte Baugedanke in seiner glatten Einfachheit, frei von künstlicher Überhäufung mit schlechten Decorationen, noch herzerfrischend in die glühende Landschaft und spricht für jedermann eine offene, verständige Sprache. Die blendend weißen Wände mit, des übermäßigen Lichtes wegen, kleinen, tiefen Fenstern umschließen den Raum (fast immer nur einen). Diesen deckt die gemauerte flache Kuppel oder Tonne.

Eine geräumige Freitreppe mit Vorplatz und Weinpergola führt zu demselben durch den Hof, und rings in malerischer, vielen Schatten bietender Gruppierung setzen die größeren und kleineren Nutzräume an und bilden immer ein ganzes, abgeschlossenes, einheitliches Bild, welches sich in seiner lichten Farbe und einfachen Silhouette klar und deutlich vom blauen Himmel oder dunkeln Hintergrunde der Berge abhebt.

Hier ist noch Gott sei Dank die Bauspeculation nicht eingedrungen, und Villen neueren Ursprungs, wie z. B. die des Malers Allers, behalten jene vortrefflichen Eigenheiten bei und gliedern sich dankbar in die reizende Gesammtheit.

Das Beispiel von Volkskunst, wie solche thatsächlich hier in diesen einfachen Landhäusern besteht, ist auf jedes unbefangene Gemüth von großer Wirkung und lässt uns immer mehr fühlen, wie sehr wir bei uns zu Hause daran Mangel leiden.

So ist es nach meiner Meinung bis jetzt gewiss noch nicht gelungen, auch nur einen wirklich brauchbaren Typus eines modernen Landhauses für unsere Verhältnisse, unser Klima, unsere Umgebung zu schaffen, trotz der übergroßen Anzahl neuerer Villenanlagen.

Das Beispiel Capris und einiger anderer Orte, die ich noch später zu beschreiben mir vorbehalte, soll aber nicht zur Nachahmung dieser Bauweise führen, sondern es soll nur den Zweck haben, in uns einen anheimelnden Wohngedanken zu wecken, der nicht in Verdecorierung des schlechten Baugerippes mit lächerlichen, fabriksmäßig hergestellten Cementgussornamenten, oder in aufoctroierten Schweizer- und Giebelhausarchitekturen besteht, sondern in einer einfachen, dem Individuum angepassten, verständnis- und stimmungsvollen Gruppierung, gleichmäßiger, natürlicher Farbe und, wo es der Reichthum gestattet, in lieber weniger, aber dafür von wirklicher Künstlerhand stammender Plastik.

Die Natur, namentlich unsere, ist ohnehin reich an Gestaltung, Mannigfaltigkeit in den Baumgattungen, an Farbe und Formen, so dass die einfachen geraden oder decent gekrümmten Linien unserer Bauten mit derselben glücklich contrastieren werden. Nie aber kann man jene vielspitzigen, vielgiebeligen Schwindelarchitekturen als zu unserer Landschaft passend bezeichnen.

Die Silhouettierung möge man lieber in richtiger Terrain- und Platzausnützung und in stilvoller Umgebung der Gärten und Villenstraßen zu suchen trachten.

Wo die Landschaft farblos und öde erscheint, da mag auch die Malerei ein gewichtiges Wort mitsprechen, sonst aber sollte sie lieber mit den Innenräumen vorlieb nehmen, wo ihrer noch genug der Aufgaben ungelöst warten.

Hoffentlich wird auch bei uns einmal die Stunde schlagen, wo man die Tapete, die Deckenmalerei, wie die Möbel und Nutzgegenstände nicht beim Händler, sondern beim Künstler bestellen wird.

England geht uns hierin weit voran, doch sollte sein zumeist an mittelalterliche Formen sich anlehnender Geschmack nicht auch für uns der maßgebende sein, sondern wir sollten Englands Interesse für Kunstgewerbe und also Kunst im allgemeinen erkennen und auch bei uns wachzurufen suchen, aber unsere Kunstformen immer und immer wieder in unserem eigenen Wesen zu suchen trachten und endlich die hindernden Schranken veralteter Stilduselei kräftig von uns stoßen.

Die Tempelhalle am Teich zu Madura in Süd-Indien.

(Tafel 32.)

Vom Architekten M. Heider.

Die Baukunst der Bewohner von Hindostan hat zwei Quellen, die zugleich die Anknüpfungspunkte an die Baukunst des europäischen Orients bilden. Während aber die Baukunst des Islam mit der Religion Mohammeds möglichst unverändert übernommen wurde und sich in Indien ihrer ursprünglichen Reinheit, und damit den alten Bauwerken Persiens und Cairos sich näherte, hat sich die alexandrinisch-hellenistische Architektur mit altpersischen Elementen versetzt und ist nur in den alten Denkmalen von Kaschmir noch klar zu erkennen, wo dorische und korinthische Capitäle gefunden wurden.

Je mehr man aber gegen Süden wandert, desto blasser und undeutlicher wird die Erinnerung an das alte classische Schema und desto mehr treten die localen Einflüsse in den Bauwerken zutage. Überall aber ist an den nicht mohammedanischen Bauten das tektonische Princip rein erhalten, welches die Tempelhallen aus dem Unterbau, Säulen, horizontalen Gesimsen und der ganz nach griechischer Art gebildeten Tempeldecke zusammensetzt. Und so wunderlich und phantastisch auch diese reich geschmückten Elemente aussehen mögen, so erzeugt die einfache Composition des Ganzen doch immerhin Effecte, die uns manchmal, vielleicht ketzerischer Weise, bedauern lässt, dass das alte Griechenthum nicht mit einem kleinen Bruchtheil indischer Phantasie bereichert war. Wer die Mannigfaltigkeit indischer Säulen kennt und damit die ungeheure Anzahl von möglichen geschmackvollen Ausbildungen der verticalen Stütze ahnt, der wird sicher auch bedauern, dass unsere Baukunst noch immer auf die fünf alten Ordnungen von der »Ordine dorica bis zur Ordine composita« der italienischen Unterweisungen beschränkt, man möchte beinahe sagen borniert ist.

Die alte Bevölkerung der Südspitze von Indien ist dravidischen Ursprunges, verschieden von den Ariern des Nordens und den Malagen des Ostens. Es ist ein fast schwarzes Volk von guter künstlerischer Anlage, allerdings ohne den großen Sinn der Mongolen, aber voll der träumerischen Phantasie des Orients und einer Liebe zur Durchführung zeitraubender und schwieriger Arbeiten, die weniger den künstlerischen Effect als das Prunken mit der aufgewendeten Mühe zum Ziele hat.

Abb. 6 JH, Architektonisches von der Insel Capri

Der Architekt (III) 1897, 13

VER SACRUM.

SIR · EDWARD · BVRNE · JONES ·

17 · JVNI · 18 · 98 ·

EINER · DER · EDELSTEN · KVNSTLER VNSERER · ZEIT · ER · FAND · DIE · EWIGEN · QVELLEN · WIEDER · AVF · VND · SCHÖPFTE · AVS · IHNEN · NEVE · LABE · ER · BEHERRSCHTE · DEN · STOFF · VND · GESTALTETE · DESSEN · SEELE · DER · WELT · DER · SINNE · FRAGTE · ER · DEN · SINN · DER · WELT · AB · TREV · VND · REIN · WAR · SEINE · KVNST · DARVM · WIRD · SIE · WAHR · BLEIBEN · ER · WAR · EIN · ECHTER · DARVM · WIRD · ER · DAVERN ·

DIE · VEREINIGVNG · BILD · KVNSTLER · OESTERREICHS · TRAVERT · VM · IHR · AVSWÄRTIGES · MITGLIED ·

Abb. 1 Nachruf auf das korrespondierende Mitglied der Secession Sir Edward Burne-Jones. Text von Ludwig Hevesi und Schriftbild von Joseph M. Olbrich
VS (1) 8 1898, 1

Christian Witt-Dörring

Protestantischer Materialismus trifft auf katholische Gefühlswelt

Das englische Vorbild

In einem im November 1928 höchstwahrscheinlich aus Anlass des 25-jährigen Bestandes der Wiener Werkstätte entstandenen Manuskript geht Hoffmann auf die Anfänge des Wiener Kunstfrühlings um 1900 ein.

> 1 „Dreißig Jahre dauert jetzt die moderne Bewegung in Österreich. Eine Gruppe junger Künstler um Otto Wagner geschart wollte angeregt durch die englische Gesellschaft The Art Workers Guild mit der üblichen Verwendung vergangener Stile brechen und versuchte der neuen Zeit entsprechend für alle notwendigen Gegenstände neue Formen zu finden.“[1]

Damit nennt Hoffmann verkürzt eine der wichtigsten Inspirationsquellen für die Entwicklung einer eigenständigen österreichischen Moderne. Auch für Hermann Bahr, einen der literarischen Mitstreiter der jungen Secessionisten, steht die englische Arts & Crafts-Bewegung vorbildhaft an vorderster Stelle im Kampf gegen eine unzeitgemäße, rein kommerziell ausgerichtete und den individuellen künstlerischen Ausdruck unterdrückende Kunstlandschaft. In seiner begeisterten Würdigung der I. Ausstellung der Secession, die das Wiener Publikum unter anderem zum ersten Mal mit der als vorbildhaft empfundenen westeuropäischen Moderne vertraut machen sollte, geht er insbesondere auf Hoffmanns Ver Sacrum-Zimmer ein. Er sieht darin einen gelungenen, wenn auch plakativen Anfang auf dem Weg zu einer zeitgemäßen Wohnkultur in Wien. Er fordert als nächsten Schritt, nachdem man sich die in der westlichen Welt bereits in die Tat umgesetzten Ideologien der Moderne zu eigen gemacht hat, diese lokal zu interpretieren und daraus „unseren österreichischen Stil im Wohnen [zu] schaffen“.[2]

Bahr nennt drei, in unterschiedlichen Kulturkreisen entwickelte Überlegungen, die es gilt anzunehmen. An erster Stelle steht für ihn der Gedanke von Morris. Er fasst ihn zusammen mit dem Verlangen, dass die ganze Umgebung des Menschen schön sei, und schließt daraus, dass der Handwerker zum Künstler werden soll. Seine zweite Überlegung gilt der materialgerechten Verarbeitung, die den Amerikanern zu verdanken sei und dazu führen müsse, dass der Künstler zum Handwerker wird. Die dritte und letzte Überlegung verbindet Bahr mit dem Pariser Galeriebesitzer und Inneneinrichter Siegfried Bing und dem belgischen Architekten Henry van de Velde. Sie fordern, dass sich alle einzelnen Bestandteile eines Raumes harmonisch aufeinander beziehen müssen. Daraus entsteht das Konzept des Gesamtkunstwerks. Bahr bringt in diesem Zusammenhang das Sinnbild vom Orchester ins Spiel, indem er die Rolle des den Innenraum gestaltenden Architekten mit jener des Dirigenten vergleicht.

Fast gleichzeitig mit der Gründung der Secession erhält das k.k. Österreichische Museum für Kunst und Industrie einen neuen Direktor. Es ist der anglophile ehemalige Direktor des Handelsmuseums Arthur von Scala. Mit seiner ersten Weihnachtsausstellung, die am 16. November 1897 eröffnet, macht er klar, was er unter der Vorbildfunktion eines Kunstgewerbemuseums am Ende des 19. Jahrhunderts versteht. Die Stilkopie hat ausgedient und die Vorbilder stammen nun vor allem aus dem angelsächsischen Kulturbereich. So zeigt 2 3
er unter anderem zeitgenössische Objekte aus England und Amerika sowie Sitzmöbel nach Entwürfen von Chippendale und Sheraton. Damit löst Scala nicht nur im eigenen Haus in der Institution des Kunstgewerbevereins, sondern auch unter den zeitgenössischen Künstlern der Secession eine heftige Diskussion über den „englischen Stil“ aus. Sie steht stellvertretend für die notwendig gewordene Suche nach zeitgemäßen Lösungen in einer allgegenwärtigen gesellschaftlichen und künstlerischen Aufbruchsstimmung. Anhand dieser Diskussion lasst sich bereits die zukünftige Lagerbildung ablesen, in die die Wiener Moderne nach Otto Wagner zerfällt – nämlich in das Lager der Secessionisten und in jenes um Adolf Loos.

So greifen sowohl die Secessionisten als auch Loos das Thema mit unterschiedlicher Akzentsetzung unverzüglich auf. Noch im ersten Heft von *Ver Sacrum* berichtet Franz Servaes über die Weihnachtsausstellung und sieht diese als ein erstes positives Anzeichen für die Zukunft der neuen Direktion. Als positiv wird angesehen, dass es sich bei den englischen und amerikanischen Produkten um Zeugen eines selbständig entwickelten nationalen Stils und Geschmacks handelt. Gleichzeitig warnt er „nicht mehr nachmachen, selbst erfinden, selbst machen, das ist die Lehre, die wir aus dieser Anregung nehmen“.[3] In dasselbe Horn stößt Hermann Bahr, erweitert das Thema jedoch im Rahmen einer imaginären Unterhaltung zwischen unterschiedlichen Parteien unter anderem um die grundsätzliche Frage nach der Berech-

Abb. 2 Drehbares Bücherregal, London, Weihnachtsausstellung 1897 im ÖMKI
MAK, KI 7268-2

Abb. 3 Armlehnsessel der Firma Collinson & Lock, London, Weihnachtsausstellung 1897 im ÖMKI
MAK, KI 7268-4

tigung eines verordneten Geschmacks.[4] Nicht schwer kann darin die Position von Adolf Loos erkannt werden, der sich von Anfang an vehement gegen die Erfindung eines modernen Stils wehrt. Loos selbst nimmt zur Weihnachtsausstellung bereits am 18. Dezember 1897 Stellung. Er fasst die Meinung der Mitbürger über die neue Ausstellungspolitik Scalas zusammen, indem er die Einführung des modernen Stils, den Anglizismus und das Praktische im Gebrauchsgegenstand nennt. All dies lässt er gelten, sieht aber eine andere Dimension als viel wichtiger an. Für ihn hat Scala „den bürgerlichen hausrat entdeckt".[5] Die ausgestellten Reproduktionen von Chippendale-, Sheraton- und Hepplewhite-Möbeln sind für Loos Ausdruck einer in England seit dem 18. Jahrhundert existierenden Tradition einer eigenständigen bürgerlichen Konsumkultur, die es in Österreich nicht gab und nicht gibt. Der von ihm dafür erbrachte Beweis ist die in Österreich praktizierte Wiederverwendung der im Rahmen der höfisch-aristokratischen Gesellschaft entwickelten alten Stile. Sie steht im eklatanten Widerspruch zu einem modernen, demokratisch orientierten bürgerlichen Selbstverständnis des modernen Menschen, dem sowohl die Secessionisten als auch Loos einen ihm adäquaten formalen Ausdruck bieten beziehungsweise ermöglichen wollen.

Bereits die dritte Winterausstellung (Eröffnung am 21. November 1899) des k.k. Österreichischen Museums für Kunst und Industrie unter Scala zeigt die Auswirkungen der westeuropäischen Vorbilder auf die heimische Kunstgewerbeproduktion hinsichtlich eines Abgehens von den Formen des Historismus. In seinem Bericht über die Ausstellung, die er mit *Der englische Stil* betitelt, lobt Bahr die Fortschritte, die die heimischen Produzenten in Bezug auf den Geschmack und die Feinheit der Ausführung der Objekte gemacht haben.[6] 4 6 S. 49 Gleichzeitig kritisiert er jedoch mit Ausnahme der beiden von Hoffmann und Joseph Maria Olbrich entworfenen Zimmer, dass die ausgestellten Arbeiten die ausländischen Produkte kopierten, anstatt sich an ihnen zu inspirieren. Für ihn besteht kein Unterschied, ob man Stile oder andere Kulturen kopiert. Der Gedanke, die Erneuerung der heimischen Kunst durch einen zeitgenössischen künstlerischen Individualismus, wie ihn die Secessionisten fordern, zu erreichen, wird durch Scalas Ausstellungspolitik nicht unterstützt. Das Museum sieht sich weiterhin in der Rolle eines Vorbilderproduzenten für das heimische Gewerbe. Zugleich mit der administrativen Loslösung der Kunstgewerbeschule unter deren neuen Direktor Felician Frh. von Myrbach und einem großteils mit Secessionisten erneuerten Lehrkörper, zu dem unter anderen Hoffmann, Koloman Moser und Alfred Roller zählen, kommt es zu einem inhaltlichen Zerwürfnis zwischen den beiden Instituten. Erst mit dem Ende der Ära Scala 1909 finden die Secessionisten unter dem neuen Direktor Eduard Leisching wieder eine Heimat im Österreichischen Museum. So kann Hoffmann eine Reihe seiner besten Ausstellungsgestaltungen realisieren und das Museum kauft erste Objekte der Wiener Werkstätte für seine Sammlung an.

Eine chronologische Analyse der Erwerbungen der wichtigsten theoretischen Schriften von John Ruskin, William Morris und Walter Crane durch die Bibliothek des Österreichischen Museums, der Schaltstelle für die österreichische Kunstgewerbereform in den 1860er Jahren, gibt wichtigen Aufschluss über die Rezeption der für die englische Arts & Crafts-Bewegung spezifischen Werte in Wien. Es handelt sich hier vor allem um den bei Ruskin und Morris angesprochenen Aspekt der „Freude an der Arbeit", der im Rahmen der Kunstgewerbereform nur rudimentär in Erscheinung tritt, für die Ideologie der Arts & Crafts-Bewegung jedoch identitätsstiftend ist. Ruskins frühe Werke wie *The Seven Lamps of Architecture* (1849) und *The Stones of Venice* (1851–53) werden erst 1890 beziehungsweise 1887 erworben.[7] Ihr Ankauf hängt sicherlich unmittelbar mit der Ernennung Jakob von Falkes zum Direktor (1885–95) des Museums zusammen. Er ist schließlich der erste, der gedankliche Schritte aus der formalen Sackgasse des Historismus unternimmt und die in England bereits seit Pugin formulierte Einheit des Entwurfs- und Ausführungsprozesses als unumgängliche Notwendigkeit einer qualitätsvollen kunstgewerblichen Produktion fordert.[8] Ab 1895 finden, nachdem bereits ab 1879 von Walter Crane illustrierte Bücher angekauft wurden,[9] auch Ruskins und William Morris'[10] theoretische Schriften Aufnahme in die Bibliothek des Museums. Es kann kein Zufall sein, dass dieses verstärkte Zurkenntnisnehmen der englischen Arts & Crafts-Literatur zeitlich mit der Gründung der Künstlervereinigung „Siebener-Club" (1895) und der Wiener Secession (1897) zusammenfällt. Ab 1898 erscheinen die ersten deut-

Abb. 4 Joseph Maria Olbrich, Interieur, ausgeführt von August Ungethüm; Winterausstellung 1899 im ÖMKI
MAK, KI 7391-5

schen Übersetzungen von Büchern der obigen Autoren und werden zumeist sofort nach Erscheinen angekauft.[11] Gleichzeitig wird auch die amerikanische Arts & Crafts-Bewegung in Wien bewusst aufgenommen. So erwirbt das Museum im Jahr 1900 die von der Roycroft Press in East Aurora, N.Y. gedruckten Werke *The King of the Golden River* von Ruskin und *Maud* von Tennyson. Neben den theoretischen Schriften zur Arts & Crafts-Ideologie ist es die englische Kunstzeitschrift *The Studio*, die nicht nur im offiziellen Organ der Wiener Secession *Ver Sacrum* als vorbildhafte Informationsquelle genannt ist,[12] sondern auch in einigen Wiener Kaffeehäusern aufliegt. ■

1 Manuskript: Österreichisches Kunstgewerbe Oktober 1928; MAK, KI 23506-7-1.
2 Hermann Bahr: Kunstgewerbe, in: Ders.: Secession, Wien 1900, 35 f.
3 Franz Servaes: Lieber spät als nie!, in: Ver Sacrum (1) 1 1898, 25.
4 Bahr: Der englische Stil, in: Ver Sacrum (1) 7 1898, 3 f.
5 Adolf Loos: Weihnachtsausstellung im Österreichischen Museum [1897], in: Franz Glück (Hg.): Adolf Loos. Sämtliche Schriften 1, Wien 1962, 144–152: 144.
6 Bahr 1900, 182–187 (wie Anm. 2).
7 Folgende andere Bücher von John Ruskin wurden ebenfalls von der Bibliothek angekauft [in Klammern das Jahr der Ausgabe]: Examples etc. illustrative of the Stones of Venice (1851) – Ankauf 1878; Giotto (1854) – Ankauf 1887; The Elements of Perspective (1859) – Ankauf 1864; St. Mark's Rest (1877–79) – Ankauf 1885; The Laws of Fiesole (1882) – Ankauf 1883; Val d'Arno (1890) – Ankauf 1890; The King of the Golden River (1900) – Ankauf 1900; Ausgewählte Werke (1900) – Ankauf 1900; Grundlagen des Zeichnens (1901) – Ankauf 1901; Das Adlernest (1901) – Ankauf 1901.
8 Jacob von Falke: Ästhetik des Kunstgewerbes, Stuttgart 1883, 61 f.: „Der Zweck also ist es, der zuerst die Form schafft, die allgemeine Form der Gattung. Aber es giebt, auch außer dem Willen des Künstlers, Momente, die zur Gestaltung, oder, sagen wir lieber, zur Ausgestaltung der Form mitwirken, d.h. zu ihrer Spezialisierung, um noch nicht zu sagen, zu ihrer Individualisierung. Das ist das Material, aus welchem der Gegenstand geschaffen wird, und die Technik, durch welche er entsteht. Aber das Material steht dem Zwecke gegenüber erst in zweiter Linie und die Technik in dritter, denn die Wahl des Materials hängt wiederum von der Zweckmäßigkeit ab, und die Wahl der Technik vom Material. Der Künstler ist unfrei gegenüber dem Zwecke; er ist an die allgemeine Form gebunden, welche der Gebrauch vorschreibt. [...] Am letzten Ende ist somit der Gegenstand des Kunstgewerbes das Resultat aller drei Factoren, des Zweckes, des Materials und der Technik, wozu denn als vierter Factor, jenen dreien zusammen entgegengesetzt, die Idee, die Absicht des Künstlers hinzutritt."
9 Walter Crane: The Baby's Opera (1877) – Ankauf 1879; The Baby's Bouquet (1878) – Ankauf 1879 und 1895; Columbia's Courtship (o.A.) – Ankauf 1895; The Quiver of Love (1876) – Ankauf 1895; A Romance of the three R's (1886) – Ankauf 1895; Baby's own Aesop (1887) – Ankauf 1895; Legends of Lionel (1887) – Ankauf 1895; Flora's Feast (1892) – Ankauf 1895; Household Stories Grimm (1893) – Ankauf 1895; Spensers Faerie Queene (1894–97) – Ankauf 1897; A Floral Fantasy in an Old English Garden (1898) – Ankauf 1899. The claims of decorative art (1892) – Ankauf 1895; Of the decorative illustration of books old and new (1896) – Ankauf 1896; The Bases of Design (1898) – Ankauf 1899; W.G. Paulson Townsend (preface by W. Crane): Embroidery or the Craft of the needle (1899) – Ankauf 1899; Line and Form (1900) – Ankauf 1900; P.G. Konody: The Art of Walter Crane (1902) – Ankauf 1902; Ideals in Art (1905) – Ankauf 1905; An Artists Reminiscences (1907) – Ankauf 1907.
10 Interessanterweise werden die Schriften von Morris erst bei Erscheinen der deutschsprachigen Ausgabe angekauft.
11 John Ruskin (wie Anm. 7). William Morris: Die Kunst und die Schönheit der Erde (1901), Kunstgewerbliches Sendschreiben (1901), Kunsthoffnungen und Kunstsorgen (1901), Ein Paar Winke über das Kunstzeichnen (1902).
12 Ver Sacrum (1) 2 1898, 24; (1) 4 1898, 24.

Abb. 5 Margaret Thompson, Entwürfe zu Initialen; Ausstellung von Arbeiten englischer Kunstgewerbe- u. Fachschulen 1898 im ÖMKI
MAK, KI 7332-45

Abb. 1 JH, Entwurf für den Secessionspavillon, Mai 1897

Theatermuseum Wien, Nachlass Alfred Roller, TM 1598

Rainald Franz

Durch die Ernennung hochgeehrt …

Josef Hoffmann und die Gründung der Vereinigung bildender Künstler Österreichs – Secession

„Durch die Ernennung hochgeehrt, erlaube ich mir hiermit meinen Beitritt zur Vereinigung bildender Künstler Österreichs anzuzeigen. Hochachtungsvoll Josef Hoffmann." Mit diesem Schreiben trat Josef Hoffmann am 27. Jänner 1897 auf Vorschlag des Arbeitsausschusses der Künstlervereinigung bei, die sich im Wiener Künstlerhaus konstituiert hatte.[1] Der junge Architekt, gerade von seiner durch das Staatsstipendium finanzierten Italienreise zurückgekehrt und jüngst Mitarbeiter im Privatatelier Otto Wagners sowie Mitglied der „Genossenschaft bildender Künstler Wiens, Künstlerhaus" geworden, setzte damit einen für seine ganze weitere Karriere entscheidenden Schritt: Er bekannte sich zur Erneuerung und Internationalisierung in allen Bereichen der Kunst, Architektur und des Kunstgewerbes. Zu diesem Zeitpunkt glaubten die Secessionisten noch an eine Reform des von der Ringstraßenkunst Wiens und deren Protagonisten geprägten Künstlerhauses von innen heraus.[2] Neuere Forschungen und Publikationen zur Vorgeschichte des *Ver Sacrum* ließen auch die Rolle, die Josef Hoffmann in dieser Umbruchszeit spielte, klarer werden.[3] Er selbst beschreibt das 1897 so:

> „Es hatte sich vieles entwickelt, Wagner hatte große Aufträge für die Stadt zu bewältigen, und beim Ausbau der eben im Entstehen begriffenen Stadtbahn fand ich kurze Zeit gleich Arbeit in dem epochemachenden Atelier Otto Wagners. Die Zusammenkünfte mit den befreundeten Malern, Architekten und Bildhauern begannen immer mehr neue Wege zu weisen, und die Unzufriedenheit mit dem Wiener Kunstleben, das immer mehr zu verflachen schien, brachte uns bald mit all den revolutionären Kräften in Berührung, die eine Änderung der bestehenden Möglichkeiten anstrebten und durch die inzwischen uns bekannt gewordenen Fortschritte in aller Welt angeeifert wurden. Klimt, Moll, Engelhart, Krämer, Wagner, Olbrich wollten von dem gewohnten Ausstellungswesen im Künstlerhaus nichts mehr wissen […]."[4]

Der Austausch im Siebener-Club, mit den Kollegen und dem Lehrer Otto Wagner an der Akademie und später in dessen Atelier ließen Josef Hoffmann zu einem wichtigen Protagonisten des Neubeginns und zu einem „Netzwerker" in der Künstlervereinigung werden.[5] Die Secession eröffnete dem 27-Jährigen die Möglichkeit, sich in allen Bereichen der angewandten Kunst und Architektur zu erproben, und sie sollte ihm auch den Weg zur Professur an der Kunstgewerbeschule ebnen.[6] Die endlich am 24. Mai 1897 aus dem Künstlerhaus aufgrund unüberwindbarer Meinungsunterschiede ausgetretene Gruppe der vierzig Secessionisten – allesamt arrivierte Künstler in ihren Dreißigern bis Fünfzigern, Bildhauer, Maler und Architekten aus allen Gegenden der Monarchie – einte das Bestreben, sich vom Provinzialismus zu befreien, das Verhältnis zur Kunst neu zu bewerten und einen Austausch der Ideen und Meinungen mit den progressivsten europäischen Künstlern zu fördern. Von innerhalb des Künstlerhauses traten wichtige Kräfte hinzu: Obwohl er erst im Oktober 1899 der Secession beitrat, beteiligte sich Otto Wagner als Mitglied des Architektenclubs im Künstlerhaus intensiv an der Theoriebildung der „Jungen" in den Bereichen Architektur und Kunstgewerbe und er beeinflusste direkt und indirekt durch seine Schüler Josef Hoffmann und Joseph Maria Olbrich die Architektur des Secessionsgebäudes in dessen Entwicklung.[7] Den im Herbst 1896 im Rahmen der ersten Gründungsgespräche zu den künftigen Secessionisten gestoßenen Gustav Klimt, der am 3. April 1897 zum Präsidenten der Vereinigung bildender Künstler Österreichs gewählt wurde, verbanden mit Josef Hoffmann von Anfang an gemeinsame Interessen an der Flächen- und Raumgestaltung, deren Wirkungen sie in der Grafik und Raumkunst der Secession erproben konnten.[8]

Hoffmanns Architekturplanungen in der Gründungsphase der Secession

Erste Überlegungen für einen eigenen Ausstellungsbau hatten die „Jungen" im Künstlerhaus schon im Herbst 1896 angestellt.[9] Am 10. Jänner 1897 hatte das vorbereitende *Comité der Vereinigung bildender Künstler Österreichs* ein Bauansuchen an das Innenministerium gestellt.[10] Darin bittet man um ein Grundstück für die Errichtung eines „künstlerisch vornehm durchgeführten Pavillons zu Ausstellungszwecken" auf dem Gelände des ehemaligen Exerzierplatzes der Franz Josephs-Kaserne, nahe der Wollzeile.[11] In die Planung dieses Vorläufers des späteren Secessionsgebäudes waren mit ersten Skizzen der aus Brünn stammende Schriftführer Alfred Roller, später Lehrerkollege Josef Hoffmanns an der Kunstgewerbeschule, sowie der Studienkollege und Freund Joseph Maria Olbrich eingebunden. Der Wagner-Schüler

Zimmern ein ausgesucht interessantes Bild der Aussenwelt erhält; man wird es dann nicht mehr verstehen, dass man einst die durchsichtigen Fensterscheiben ohne Wahl überall anbrachte.

Es gibt also ein Radicalmittel, das ein neues Haus unter allen Umständen aus dem Schablonencharakter herausheben muss: man bringe nur Licht und Luft auf verschiedenen Wegen ins Haus — und die ästhetische Wirkung wird nicht ausbleiben.

Man schaffe die durchsichtigen Fenster mindestens zur Hälfte ab und ersetze das Öffnen der Fenster durch Luft-Accumulatoren.

Selbstverständlich kann eigentlich nur das freistehende, nach allen Seiten gegliederte Einzelhaus einen Anspruch auf architektonischen Wert erheben. Aber auch das Grossstadthaus könnte durch eine Revolution im Fensterarrangement ein künstlerisches Ansehen bekommen.

Jedenfalls müsste es bei allen Neubauten modern werden, Licht und Luft auf verschiedenen Wegen ins Haus zu führen.

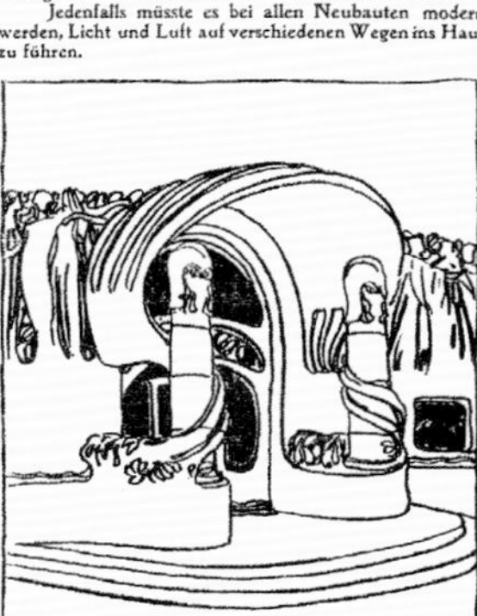

STUDIEN ZUR DECORATIVEN AUSGESTALTUNG EINES HAUSEINGANGES VON JOSEF HOFFMANN.

Abb. 2 JH, Studie zur decorativen Ausgestaltung eines Hauseinganges
VS (I) 7 1898, 16

Abb. 3 JH, Architektonische Studie
VS (I) 7 1898, 23

und spätere Präsident der Secession Otto Schönthal hat die wichtige Rolle des Ateliers Wagner bei der Planung des Secessionsgebäudes hervorgehoben. Er spricht von der „Gründung der Secession, die vom Atelier Wagner aus ihren Weg nahm. Alle Vorbereitungen wurden bis ins kleinste Detail streng vertraulich durchgeführt und erst als Alles gesichert war trat man hervor."[12] Von der Arbeit im Atelier Wagner beurlaubt, zeichnete Schönthal für Olbrich die Einreichpläne für das Haus der Secession, korrigiert von Olbrich und Baumeister Anton Krasny, „den Hoffmann für die Bauausführung so interessiert hatte, dass auch er als Mitverschworener galt. Und Wagner ist über allen Vorbereitungen mit seinem Rat und vielleicht der größten Begeisterung dabeigewesen."[13] Josef Hoffmann war schon zu diesem Zeitpunkt in die Planungen für das neue Secessionsgebäude involviert. 1896 hatte er mit seinem Kollegen aus der Wagner-Schule Franz Krásný (1865–1947) mit einem Projekt an der Ausschreibung für den Neubau eines Theaters in Pilsen teilgenommen. Ihr Entwurf erhielt damals eine der beiden höchsten Auszeichnungen. Gemeinsam mit Krásný nahm Hoffmann 1897 dann auch am Wettbewerb für die Errichtung der Gewerbebank in Prag teil.[14] Der ursprüngliche Ausstellungspavillon bei der Wollzeile, mit Entwurf von Olbrichs Hand, wurde auch am 23. März 1897 im Wiener Stadtrat behandelt.[15] Von Josef Hoffmann sind Fassadenentwürfe und Grundrisse zum Gebäude bekannt, die er auf der Rückseite eines Textblattes 1
Ende Mai 1897 anfertigte.[16] Alle Skizzen entsprangen einer „secessionsinternen" Ausschreibung der Pavillonplanung, zu der auch Josef Hoffmann aufgefordert wurde, noch bevor er ordentliches Mitglied der Vereinigung geworden war.[17] In seinem Entwurf kommt die Vorderfront des Pavillons ohne seitliche Pylonen aus, an deren Stelle zwei Bäume erscheinen. Die Grundideen der Planung – Bogen mit vegetabiler Begrenzung – sollte Josef Hoffmann 1900 wieder in den Planungen für die Geschäftsniederlage der „Apollo"- 12 S. 23
Kerzenfabrik in Wien und den Saal der Kunstgewerbeschule 19 S. 27
im Österreichischen Pavillon auf der Pariser Weltausstellung anwenden.[18]

Josef Hoffmanns Grafiken für die Anfänge der Secession

Am 21. Juli 1897 fassten die Gründungsmitglieder der Vereinigung bildender Künstler Österreichs in einer Versammlung den Beschluss, ein eigenes Vereinsorgan unter dem 1 S. 18
Titel *Ver Sacrum* herauszugeben. *Ver Sacrum* als erste moderne Kunstzeitschrift in Österreich wurde zum Experimentierfeld für die Ideen der in der Secession versammelten Künstler, oft noch bevor diese Ideen in den Ausstellungen auch räumlich Form annehmen konnten, auch für den in derselben Sitzung beigetretenen Josef Hoffmann. Als höchst aktives Mitglied des Arbeitsausschusses, war er entscheidend am Erfolg des neuen Konzeptes beteiligt, nämlich als Gestalter der noch vor der Errichtung eines eigenen Ausstellungsgebäudes 1897 edierten Zeitschrift *Ver Sacrum*, dem „Leit- und Musterorgan des modernen Schaffens".[19] Die grafisch-künstlerische Komponente hatte in allen sechs bis 1903 erschienenen Jahrgängen der erstmals im Jänner 1898 edierten Publikation das gleiche Gewicht wie die kunsttheoretischen und literarischen Texte, die in *Ver Sacrum* veröffentlicht wurden. Eine künstlerische Redaktion bestand neben der literarischen. Bis zum Erlöschen der Zeitschrift 1903 korrespondierte deren grafische Gestaltung mit jener der Secessions-Ausstellungskataloge.

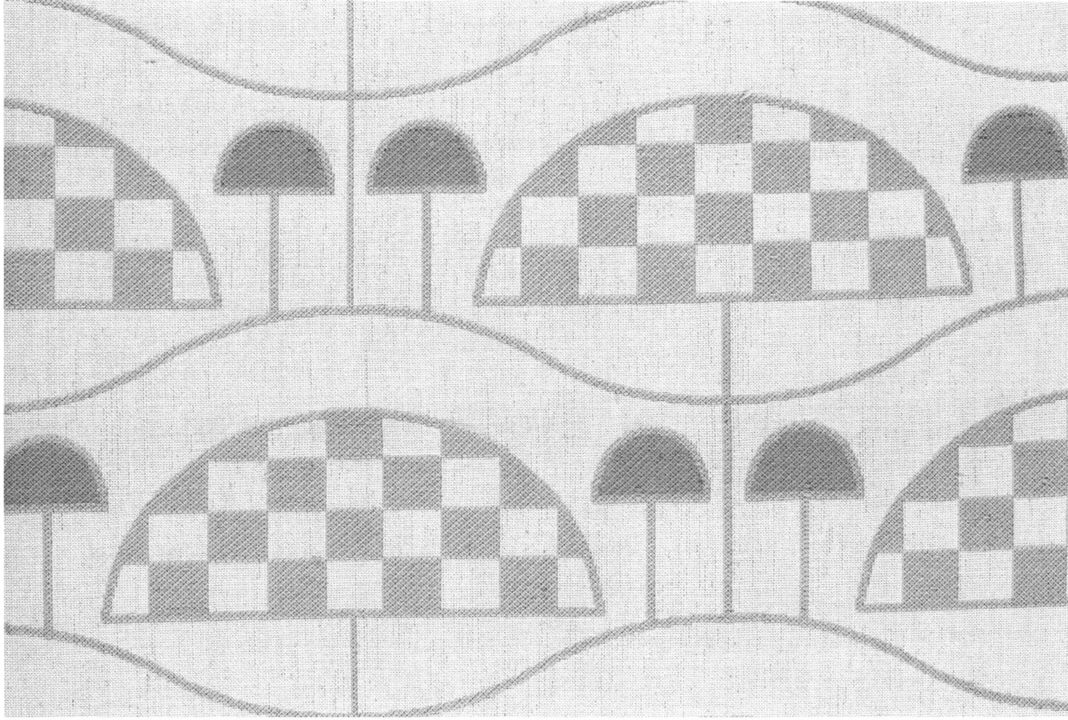

Abb. 4 JH, Webstoff *Ver Sacrum Hügl*, ausgeführt von J. Backhausen & Söhne (Dessin Nr. 4347), 1902
Backhausen Archiv, BA05663

Schon im ersten Heft von *Ver Sacrum* (Jänner 1898)
heben sich die Talente, die den Duktus durch ihre abstrahierende Flächenkunst prägen werden, von den mehr natu-
3 ralistischen Künstlern ab, allen voran Josef Hoffmann, Joseph
Maria Olbrich und Koloman Moser. Hoffmann schafft für die
ersten Nummern von *Ver Sacrum* und den Katalog der
I. Secessionsausstellung im Gartenbaugebäude Vignetten
und Architekturstudien, ganz im Geschmack des strengen
8 S. 22 architektonischen Stils der Wagner-Schule, die den in Entstehung befindlichen Stadtbahnstationen nahestehen und
seine Prägung durch antikische Details belegen, etwa mit
Herme und Zierleiste für *Ver Sacrum* (VS (I) 7 1898, [26]), sie
aber auch im Falle der *Studien zur decorativen Ausgestaltung* 2
eines Hauseinganges (VS (I) 7 1898, [16]) einen Weg in den
vom französischen Art Nouveau geprägten, an Formen der
Natur orientierten Architekturzugang weisen. Die grafische
Linie wurde fortan für Hoffmann auch für die räumliche Gestaltung zum Leitmotiv, das Spiel zwischen Fläche und Räum-
lichkeit in und auf das Gebäude der Secession übertragen.
Die Gründung der Secession sollte für Josef Hoffmann zum
Ausgangspunkt seiner die folgende Karriere bestimmenden
„multimedialen" Entwurfstätigkeit werden. ■

1 Die Beitrittserklärung findet sich im Nachlass Alfred Rollers, der im Wiener Theatermuseum verwaltet wird. Publiziert in: Oskar Pausch: Gründung und Baugeschichte der Wiener Secession. Mit Erstedition des Protokollbuchs Alfred Roller, Wien 2006, 151 f.

2 Marian Bisanz-Prakken: Der „Heilige Frühling" der Wiener Secession, Secession und Ver Sacrum – Anfänge und Programmatik, in: Ders.: Heiliger Frühling, Gustav Klimt und die Anfänge der Wiener Secession 1895–1905, Wien 1998, 13: „Die allerersten Gespräche über die Gründung einer neuen Vereinigung innerhalb der ‚Genossenschaft' im Künstlerhaus fanden im Herbst 1896 zwischen Vertretern der Hagengesellschaft und des Siebener-Clubs sowie mit weiteren Mitgliedern des Künstlerhauses statt." Laut Pausch ebd., 26, „wollte tatsächlich nur ein Teil der Reform willigen den Bruch, Gemäßigte aber, wie Klimt Hellmer und Otto Wagner rieten zu einer separaten Vereinigung unter dem Dach des Künstlerhauses". Siehe dazu auch: Hans Ankwicz-Kleehoven: Die Anfänge der Secession, in: Alte und Moderne Kunst (5) 6/7 1960, 6 ff.

3 Pausch 2006 (wie Anm. 1), Bisanz-Prakken 1998; Agnes Husslein-Arco/Alfred Weidinger (Hg.): Gustav Klimt / Josef Hoffmann, Pioniere der Moderne, München u.a. 2011.

4 Peter Noever/Marek Pokorný (Hg.): Josef Hoffmann. Selbstbiographie, Ostfildern 2009, 21.

5 Gerd Pichler: Der Siebener-Club, in: Rudolf Leopold/Gerd Pichler (Hg.): Koloman Moser 1868–1918. Ausst.-Kat. Leopold Museum Wien, München 2007, 38–47 auf Seite 42–45 in dieser Publikation.

6 Rainald Franz: Muster für die Metropole, in: Marek Pokorný/Miroslav Ambroz (Hg.): Die Wiener Secession und die Moderne 1900–1925, Kunstgewerbe und Fotografien in den Böhmischen Ländern, Brünn 2005, 32.

7 Pausch 2006, 36 (wie Anm. 1).

8 Rainald Franz: Gustav Klimt und Josef Hoffmann als Reformer der grafischen Künste in der Gründungsphase von Secession und Wiener Werkstätte, in: Husslein-Arco/Weidinger (Hg.) 2011, 38–49 (wie Anm. 3).

9 Katalog der II. Kunstausstellung der Vereinigung bildender Künstler Österreichs, Wien 1898, 3.

10 Abgedruckt bei Pausch 2006, Anhang A, 168 (wie Anm. 1).

11 Die nach 1848 errichtete Defensionskaserne wurde erst im Zuge der Fertigstellung der Ringstraße um die Jahrhundertwende geschleift. Sie befand sich westlich der Ringstraße im heutigen Stubenviertel.

12 Otto Kapfinger/Adolf Krischanitz: Die Wiener Secession. Das Haus: Entstehung, Geschichte, Erneuerung. Wien/Graz/Köln 1986, 137, Fn 17.

13 Ebd.

14 Eduard F. Sekler: Josef Hoffmann. Das architektonische Werk, Salzburg/Wien 1982, 27. Hoffmanns Entwürfe zu *Pecuniis Potestas* (Gewerbebank) in: Der Architekt (III) 1897, 21, T. 42, zu *Ars Arti* (Böhmisches Volkstheater) in: ebd., 9, 10, T. 17, 18.

15 Archiv der Stadt Wien, Q 12-143908/1897; Pausch 2006, 14 (wie Anm. 1).

16 Abgebildet in Pausch 2006, 132 (wie Anm. 1).

17 Zur Raumkunst Josef Hoffmanns in der Secession vgl. den Beitrag auf Seite 46–51 in dieser Publikation. Pausch 2006, 16, 64 (wie Anm. 1). Zum ausgeführten Secessionsbau zuletzt: Angelina Pötschner: The Secession Building. A Viennese Modernist Manifesto, in: Coup de Fouet 28 2016, 16–23.

18 Die Zeichnungen, u.a. *Artibus* dazu in: Ver Sacrum (1), 7 1898, [21]; zum Apollo Kerzengeschäft siehe Sekler 1982, WV 31, 258; zur Pariser Weltausstellung siehe ebd. WV 38, 261.

19 Ludwig Hevesi: Ver Sacrum, in: Ders.: Acht Jahre Secession (März 1897–Juni 1905), Wien 1906, 36.

Abb. 1 JH, Bett mit Nachtkästchen und Truhe aus einer Einrichtung für das Atelierhaus Ernst Stöhrs in St. Johann am Wocheinersee (SLO), um 1898
Nadelholz, ehemals grün gebeizt
MAK, H 2708

Christian Witt-Dörring

Die Raumkunst

Vom Brettlstil zum Wiener Stil 1898–1900

Anlässlich der Eröffnung der I. Ausstellung der Secession am 25. März 1898 in den Gartenbausälen tritt Josef Hoffmann zum ersten Mal als selbständiger Architekt öffentlich in Erscheinung. Zusammen mit Joseph Maria Olbrich ist er für die architektonische und dekorative Gestaltung der Aus-
4 stellung verantwortlich. Es ist der erste Schritt der Secessionisten auf dem Weg zu einem eigenständigen, österreichischen, modernen künstlerischen Ausdruck. Anfänglich ist man noch abhängig von bereits im westlichen Europa und hier vor allem in England und Belgien entwickelten Vorbildern. Diese liegen nicht nur im theoretischen, sondern auch im formalen Bereich. Einerseits sieht man im getreuen Kopieren der alten Stile, wie sie schon Otto Wagner seit den 1880er Jahren kritisiert, eine den zeitgenössischen gesellschaftlichen sowie technologischen Entwicklungen unzeitgemäße Ausdrucksform. Andererseits sieht man in der Maschinenarbeit einen Hauptschuldigen für die ästhetische sowie soziale Verrohung der Zeit. Als Gegenmittel wird dabei dem individuellen künstlerischen Ausdruck in handwerklicher Umsetzung heilende Wirkung zugesprochen. Dementsprechend müssen sämtliche Aspekte des menschlichen Alltags einer inhaltlichen wie formalen Neubewertung unterzogen werden. Es stellt sich daher ein Gesamtgestaltungsanspruch, der in Zusammenhang mit dem künstlerisch gestalteten Gegenstand die Schaffung eines Gesamtkunstwerks zum Ziel hat. Voraussetzung für dieses Gedankengebäude ist die von William Morris geforderte Einheit der Künste, die keinen hierarchischen Unterschied mehr zwischen den sogenannten hohen und niederen Künsten kennt. Die angewandten oder dekorativen Künste sind somit ein gleichberechtigter Partner der bildenden Künste in der Realisierung des Gesamtkunstwerks, das im Bereich der Innenraumgestaltung als Raumkunst seine spezifisch wienerische Ausformung findet.

Nicht ein privater Wohnraum, sondern die ephemere Welt der Ausstellungsgestaltung ist das Experimentierfeld, auf dem Hoffmann seine neuen Ideen realisieren kann. Neben dem Mittelsaal gestaltet Hoffmann das Ausstellungssekre-
7 S. 21 tariat, das sogenannte Ver Sacrum-Zimmer. Es bietet, wie
2 Ludwig Hevesi so treffend bemerkt, „ein Gesamtbild moderner Zimmereinrichtung".[1] Aus einfachsten Weichholzbrettern sind Möbel und Wand- beziehungsweise Deckengliederung gearbeitet, blau gebeizt und mit Kupferbeschlägen belegt. Sie geben den Arbeiten der ersten beiden Jahre des Wiener Kunstfrühlings ihre zeitgenössische stilistische Bezeichnung „Brettlstil".[2] Formale Hauptakzente dieses Stils sind neben
einfachsten Materialien, wie zum Beispiel Brettern aus Fich- 1
ten- oder Erlenholz, eine dezidiert kontrastreiche und starke Farbgebung und vor allem die gekrümmte, kurvenförmige Linie, die im Gegensatz zu ihren französischen und belgischen Schöpfern, nie räumlich, sondern immer nur in ihrer flachen Ausformung zum Einsatz kommt. Es ist eine Ästhetik, die den Betrachter nicht in Ruhe lässt, sondern dessen subjektive Reaktion einfordert. Sie schreit nach Individualität, wie sie der gute Geschmack der etablierten Gesellschaft verabscheut. Um von einem harmoniebedürftigen, dem Neuen misstrauisch gegenüberstehenden Publikum wahrgenommen zu werden, gehört die Provokation zur gängigen Marketingstrategie. Als solche wird sie von der jungen Künstlergeneration um 1900 eingesetzt und auch von Adolf Loos in Bezug auf die Möblierung des Ver Sacrum-Zimmers verstanden.

> „Obwohl ich mich mit den Möbeln in keiner Weise für einverstanden erklären kann, so ist andrerseits wieder zu bedenken, dass bei unseren versumpften Verhältnissen nur dann eine Erweckung der Geister gelingen konnte, wenn man recht laut und recht grell in das Horn stiess."[3]

Etwas mehr als sechs Monate nach der ersten Ausstellung der Secession eröffnet am 18. Oktober 1898 die anlässlich des 50-jährigen Regierungsjubiläums Kaiser Franz Josefs I. organisierte Kaiserjubiläumsausstellung im Pratergelände. Höchstwahrscheinlich auf Vermittlung seines Lehrers Otto Wagner, der selbst mit der Einrichtung des Schlafzimmers und Badezimmers seiner Wohnung in der Köstlergasse auf der Ausstellung vertreten ist, erhält Hoffmann den Auftrag,
einen Raum für die Präsentation des Prachtbandes *Viribus* 3 5
Unitis. Das Buch vom Kaiser zu gestalten. Während der Entwurf für den Einband des Buches sowie dessen Vorsatzpapier und einige Vignetten von Hoffmann stammen, steuert sein Künstlerkollege Koloman Moser ganzseitige allegorische Illustrationen bei. Wiederum schafft Hoffmann mit Hilfe von über die Wände senkrecht gespannten Stoffbahnen und in Verbindung mit an den Wänden stehenden Ausstellungsbehelfen einen ganzheitlichen Raumeindruck; diesmal in den Farben Weiß und Grün.

≡VER SACRUM-ZIMMER.≡
ENTWORFEN VON JOSEF
HOFFMANN. O. M.

Abb. 3 JH, Einband zu *Viribus Unitis. Das Buch vom Kaiser*, 1898
MAK, BI 31441

Abb. 2 JH, Ver Sacrum-Zimmer, I. Ausstellung der Secession in den Gartenbausälen, 1898
VS (1) 5/6 1898, 7

Man kann sich heute nur schwer eine Vorstellung über die starke Farbigkeit früher secessionistischer Innenräume machen. Gegenüber den bis dahin entweder in Braun- und Schwarztönen oder weiß-gold gehaltenen Räumen kam dies einer Revolution gleich. Ähnlich einer Werbefläche für die beginnende Moderne muss Otto Wagners bunt verflieste Fassade des Miethauses Linke Wienzeile 40 auf das zeitgenössische Publikum gewirkt haben.[4] Heute vermögen höchstens aquarellierte Innenraumentwürfe einen Eindruck dieser ehemals bunten Welt zu vermitteln. Die auf der großporigen Oberfläche der Nadelhölzer aufgebrachten bunten Beizen haben sich im Laufe der Jahre durch Lichteinwirkung ver-
1 flüchtigt. So kann zum Beispiel an einer um 1898 von Hoffmann für seinen Malerkollegen Ernst Stöhr entworfenen Einrichtung nur mehr an den, dem Sonnenlicht abgewandten Stellen die ursprüngliche grüne Beize erlebt werden. Diese ungewohnte Farbigkeit der Möbel widerspricht nicht der immer wieder geforderten Ehrlichkeit in der adäquaten Verarbeitung eines Materials. Eine Forderung, die sich notwendigerweise aus der Kritik an dem uneingeschränkten Einsatz von Ersatztechniken und Ersatzmaterialien im Zuge der Massenproduktion ergibt. So schreibt Hoffmann in seinem programmatischen Artikel zur Geschmackskultur seiner Zeit:

> „[…] Lediglich solche und viele andere Empfindungen – wie etwa auch die Bemalung und das Beizen, letzteres nur in Tönen, welche kein anderes Holz imitiren, ersteres wo eine andere Färbung ausgeschlossen ist, z.B. das reine Weiß."[5]

Nach diesen ersten Erfahrungen und Reaktionen auf seine Arbeiten ist das Jahr 1899 ausschlaggebend für Hoffmanns weitere Karriere und Entwicklung. Am 1. Mai wird er mit erst 28 Jahren zum Professor an der Fachklasse für Architektur der Kunstgewerbeschule ernannt.[6] Seine Ernennung ist Teil des grundsätzlichen Reform- und Reorganisationsprozesses der Kunstgewerbeschule, der auch für Koloman Moser die Ernennung zum Professor der Fachklasse für Malerei mit sich bringt. Eine der treibenden Kräfte bei der Verbalisierung und Durchsetzung dieser Reform ist Otto Wagner, der die bis dahin getätigte und geförderte Praxis der Stilkopie und Verwissenschaftlichung der Kunst als realitätsfern und der zeitgenössischen künstlerischen Entwicklung entgegengesetzt ansieht. Er spricht einzig dem individuellen künstlerischen Ausdruck, wie ihn die Moderne fordert, die Fähigkeit zu, den Weg in die Zukunft zu weisen. Er schlägt daher unter anderem die Berufung von vier neuen Professoren vor, ohne jedoch konkrete Namen zu nennen. Aus der Beschreibung ihres künstlerischen Profils kann jedoch leicht abgeleitet werden, dass es sich wohl um die beiden Architekten und Mitarbeiter in seinem Atelier Joseph Maria Olbrich und Josef Hoffmann handelt. Wagner beruft sich dabei auf ihre im Rahmen der Secession erbrachten künstlerischen Leistungen und darauf, dass beide

> „eine ausgesprochene ‚Individualität' [haben], eine Eigenschaft, auf welche ich um so grösseren Wert lege, weil ihre Werke dadurch localen Charakter erhalten, sich also nicht auf fremdes Gebiet verirren. Alle sind sich des Fehlers, den die Ausländer machen (Fehlen des Structiven) ziemlich bewusst."[7]

Mit dieser Kritik spricht Wagner die kurvilineare, französisch-belgische Spielart des Jugendstils an. Sie beruft sich auf die nationalen Wurzeln des französischen Régence-Stils der Zeit Ludwig XV.

Seine neue Rolle als Professor an der Kunstgewerbeschule
sowie seine regelmäßigen Aktivitäten im Rahmen der Seces-
sions-Ausstellungen verhelfen Hoffmann zu einer öffentlichen
Präsenz, die sich auf erste private Aufträge auswirkt und es
ihm erlaubt, eine nach eigenen Entwürfen eingerichtete Wohnung nur wenige Schritte von der Secession entfernt, in Wien
7 8 6., Magdalenenstraße 12 zu beziehen. Stilistisch gehören
diese Wohnungseinrichtungen[8] noch dem Brettlstil an. Die
gekurvte Linie findet sich meist nur mehr in dekorativen Elementen, während die Möbel selbst die gerade, zu einfachen
geometrischen Körpern zusammengesetzte Linie bevorzugen.
Die Korpusmöbel werden von Hoffmann meist als Teil der
Wandgestaltung und als aneinandergereihte Einzelglieder
eines Ganzen interpretiert. Sie besitzen als Einzelmöbel sowie
als Raum definierende und gliedernde Elemente eine struk-
turell und tektonisch klare Sprache. Die einzige noch heute
in ihrer Gesamtheit erhaltene Einrichtung aus dieser Schaf-
9 fensphase ist Teil des für Paul Wittgenstein, den Bruder Karl
Wittgensteins und Direktor des Eisenwerks in St. Aegyd, NÖ,
4 5 6 S. 20 adaptierten Bauernhauses zum Landhaus „Bergerhöhe“. Es
ist Hoffmanns letzter Auftrag, den er im Brettlstil und der damit verbundenen starken Farbigkeit realisiert. So ist das
Wohnzimmer zum Beispiel aus grün gebeiztem Nadelholz
und der Eingangsflur mit Stiegenhaus in Rot gehalten. Ende
1899 signiert Hoffmann die Wandvertäfelung des Wohn-
10 zimmers, ähnlich einem Gemälde mit „JH 99“. Damit tätigt
Hoffmann eine programmatische Aussage, die die Innenraumgestaltung als Raumkunst zum ebenbürtigen Partner in
die Reihe der Künste stellt. Im selben Jahr, in dem Adolf Loos
in *Ver Sacrum* publiziert und vorschlägt, das Sitzungszimmer
der Secession einzurichten, jedoch von Hoffmann abgewiesen

Abb. 4 JH, Mittelsaal der V. Ausstellung der Secession, 1899
DI (1) 1900, 25

Abb. 5 JH, Viribus Unitis-Raum, Jubiläumsausstellung im Pratergelände, 1898
Wand und Decke weiß mit grünen Streifen, Felder aus gemustertem Cretonne, Möbel und Holzverkleidungen aus grün gebeiztem Erlenholz
DK (2) 1898, 206

Abb. 6 JH, Speisezimmer, ausgeführt von Anton Pospischil, Winterausstellung 1899 im ÖMKI
MAK, KI 7391-4

wird,[9] signiert auch Loos Einrichtungsgegenstände – die Speisezimmereinrichtung für Eugen Stössler – mit seinen Initialen „AL". Symptomatisch scheint mir Loos' Signatur des Buffets für ein zu diesem Zeitpunkt noch mögliches friedliches, jedoch alternatives Nebeneinander der beiden, die Wiener Moderne in zweiter Generation weiterentwickelnden Protagonisten. Fortan steht aber Loos' Maxime: „Vor allem aber empfindet der moderne mensch die verquickung der kunst mit dem gebrauchsgegenstande als die stärkste erniedrigung, die man ihr antun kann"[10] im krassen Gegensatz zu Hoffmann.

Das für die am 21. November 1899 im k.k. Österreichischen Museum für Kunst und Industrie eröffnete Winterausstellung von Josef Hoffmann entworfene und von der Wiener
6 Tischlerei Anton Pospischil ausgeführte Speisezimmer
15 S. 25 markiert einen klaren stilistischen Wechsel im Œuvre Hoffmanns, der für seine weitere formal-ästhetische Entwicklung richtungsweisend wird. Die gekurvte Linie hat ausgedient. Das Brett tritt nun beim Korpusmöbel nicht mehr als selbständiges ästhetisches Konstruktionselement in Erscheinung. Es ist nur mehr Mittel zum Zweck, um einen geschlossenen stereometrischen Körper zu ermöglichen. Das bedeutet, dass auch die Materialität des Weichholzbrettes keinen ästhetischen Wert mehr darstellt, sondern nur mehr als Träger einer teureren Furnier dient beziehungsweise farbig lackiert wird. Damit haben Hoffmann und die Secessionisten nach nur zwei Jahren sich von ihren ausländischen Vorbildern emanzipiert und zu einem eigenständigen modernen österreichischen Stil gefunden. Bereits ein Jahr später, am 3. November 1900, treten die Secessionisten anlässlich der Eröffnung ihrer VIII. Ausstellung, die ausschließlich dem modernen Kunstgewerbe gewidmet ist, in den Wettstreit mit ihren internationalen Künstlerkollegen. ■

Abb. 7, 8 JH, Eigenes Wohnzimmer, Wien 6., Magdalenenstraße 12, um 1900
DK (7) 1901, 113

Abb. 9 JH, Wohnraum im Landhaus Bergerhöhe, 1899
Courtesy of the Michael Huey and Christian Witt-Dörring Photo Archive

Abb. 10 JH-Signatur auf der Wandvertäfelung des Wohnraums im Landhaus Bergerhöhe, 1899
© Paul Salzer

1 Ludwig Hevesi: Acht Jahre Secession, Wien 1906, 14.
2 Ebd.
3 Adolf Loos: Ein Wiener Architekt, in: Dekorative Kunst (II) 1898, 227.
4 Hermann Bahr: Kunstgewerbe, in: Ders.: Secession, Wien 1900, 35.
5 Josef Hoffmann: Einfache Möbel, in: Das Interieur (2) 1901, 203.
6 Standesausweis im Archiv der UaK.
7 Gedrucktes Protokoll der Sitzung vom 30.1.1899; MAK, Zl. 259/1899, 6.
8 Atelier für Max Kurzweil, Kanzlei Dr. Walter Brix, Villa Gustav Pollak, Wohnung Dr. Gustav Pollak.
9 Eduard F. Sekler: Josef Hoffmann. Das architektonische Werk, Salzburg/Wien 1982, 30.
10 Adolf Loos: Kulturentartung [1908], in: Franz Glück (Hg.): Adolf Loos. Sämtliche Schriften 1, Wien/München 1962, 271–275: 274.

Abb. 1 JH, Wohnhaus für Ing. Alexander Brauner auf der Hohen Warte, Wien, 1905/06
Dachgeschoss
MAK, WWF 102-106-1

Matthias Boeckl

Von der Lebensreform zum bürgerlichen Alltag

Die Villenkolonie auf der Hohen Warte

Ursprünglich als „Künstler"-Kolonie geplant, erprobte die später euphemistisch „Villen"-Kolonie[1] genannte Häusergruppe auf der Hohen Warte praktische Realisierungsstrategien für das Gesamtkunstwerk-Ideal. Ihre Grundkonzeption war damit auch ein Beitrag zur internationalen Lebensreformbewegung. Die Anlage liegt auf einer Hügelkuppe im Wohn- und Gartenbezirk Döbling im Westen Wiens. Bestehend aus einem Doppelhaus und sechs benachbarten freistehenden Einfamilienhäusern, wurde sie zwischen 1900 und 1911 errichtet.[2] Es waren die ersten Wohnhäuser, die der 30-jährige Josef Hoffmann in Wien planen konnte. Mit der Realisierung und deren ausführlicher Publikation in großzügigen Fotoreportagen der neuartigen Architektur- und Interieurmagazine[3] legte Hoffmann ein solides Fundament für seine Karriere als bevorzugter Planer von Häusern und Wohnungen für eine wohlhabende und kunstbegeisterte Kindergeneration erfolgreicher Gründerzeit-Unternehmer. Eduard Sekler hat dieses Milieu treffend beschrieben:

> „Dieser Gruppe von Menschen ermöglichte es die großbürgerliche finanzielle Unabhängigkeit, sich ganz einem Ideal der Selbstverwirklichung durch kulturelle Verfeinerungen zu widmen. Dabei wurden die Künste unentbehrliche Requisiten, um jene avantgardistische Exklusivität zu erreichen, aus der sich dann eine geistige Überlegenheit ableiten ließ – sei es dem banausischen Kleinbürgertum, sei es dem traditionalistischen alten Adel gegenüber."[4]

Diese Selbstverwirklichung ließ sich ideal im freistehenden suburbanen Einfamilienhaus mit eigenem Garten ausleben. Der neue Bautyp war im 19. Jahrhundert mit der Industrialisierung, der rapiden Urbanisierung und dem Anwachsen der bürgerlichen Klasse als leistbare Kleinform der frei in der Landschaft positionierten herrschaftlichen Villa mit Park entstanden. Die Kunstrevolution um 1900 nutzte ihn als Demonstrationsmedium ihrer Vorstellung einer individualistischen, kunstsinnigen und sinnstiftenden Lebensweise. Hoffmanns Häuser auf der Hohen Warte erfüllten diese Modell-Funktion besonders wirkungsvoll: Auf die „Entdeckung" dieser Bauten und Gärten durch das damals in Wien lebende junge belgische Magnaten-Ehepaar Adolphe Stoclet und Suzanne Stoclet-Stevens anlässlich eines Spaziergangs auf der Hohen Warte 1904 folgte postwendend Hoffmanns Beauftragung mit seinem architektonischen Hauptwerk, dem Palais Stoclet in Brüssel.

Vision Künstler-Stadt

Der Beginn des Unternehmens wurde von Ludwig Hevesi 1899 als Künstlerfantasie der verschworenen Rebellengruppe beschrieben:

> „Kein Wunder, daß sich die Bruderschaft nachgerade eine Art Form auferlegen will [...]. Ein altes Kloster zu mieten und darin gemeinsam zu hausen. Oder sich ‚in den Höhlen des Bisamberges' einzunisten, die dazu freilich erst gegraben werden müßten."[5]

Die Vision einer mönchischen Lebensgemeinschaft von Künstlern entspricht jener pseudoreligiösen Rhetorik der zwei Jahre zuvor gegründeten Secession, die auch in Slogans wie dem „Heiligen Frühling" und den sakralisierenden Inszenierungen von Ausstellungen und Bauten zum Ausdruck kam. Gemeinsam mit dem eigenen Ausstellungshaus sowie Eigenmedien wie der Zeitschrift *Ver Sacrum* sollte schrittweise eine komplette ideale Gegenwelt nach künstlerischen Kriterien entstehen. Die humane Natur des Ästhetischen sollte dabei automatisch für ausgeglichene Sozialverhältnisse sorgen. Diese ästhetisch-soziale Vision der Secessionisten ist in William Morris' 1890 erschienenem utopischen Zukunftsroman *News from Nowhere (or An Epoch of Rest)* präfiguriert und wird auch im *Arbeitsprogramm* der Wiener Werkstätte zitiert:

> „Die [Werkstätte] soll uns auf heimischem Boden, mitten im frohen Lärm des Handwerks einen Ruhepunkt schaffen u. dem willkommen sein, der sich zu Ruskin und Morris bekennt. Wir appellieren an alle, denen eine Kultur in diesem Sinne wertvoll erscheint."[6]

Das Ideal einer monastischen Gemeinschaft innovativer Künstler auf der Suche nach alternativen Lebens- und Produktionsweisen wurzelt nicht nur in der englischen Arts & Crafts-Bewegung, sondern auch in der Romantik. Schon 1810 hatte die Wiener Malergruppe des Lukasbundes das Kloster Sant'Isidoro in Rom bezogen, um dort gemeinsam zu arbeiten und die mittelalterliche Kunst Italiens zu studieren. Bis 1900 entstanden zahlreiche weitere Künstlerkolonien,

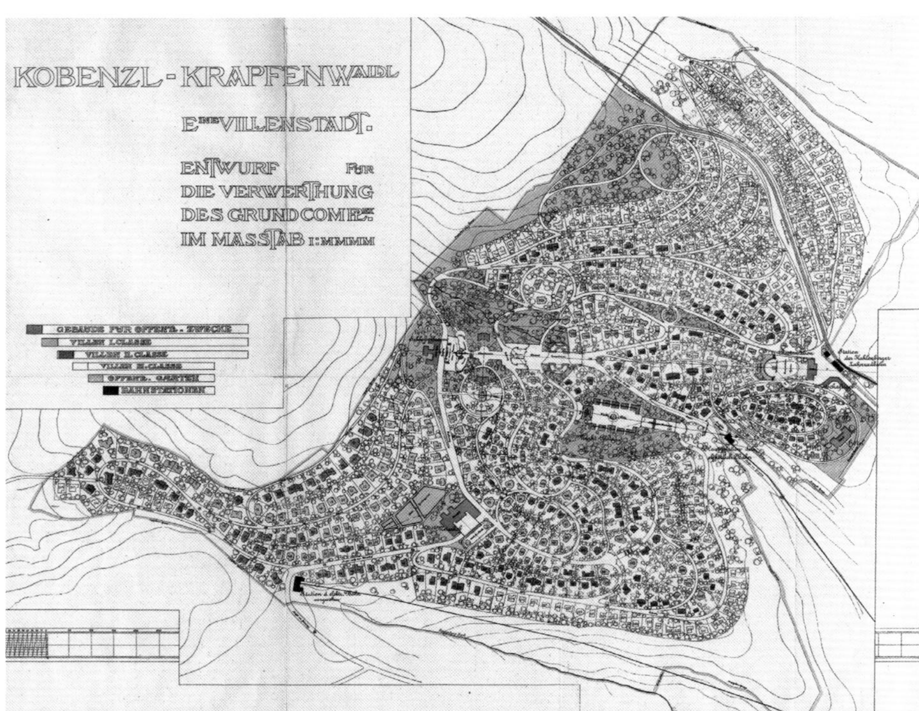

Abb. 2 Joseph Maria Olbrich, Entwurf für eine Villenstadt auf dem Gelände des Kobenzl-Krapfenwaldl bei Wien, 1896
Wienbibliothek im Rathaus, Druckschriftensammlung

in denen allerdings der Gottesglaube durch ein (ebenso religiöses) Naturerlebnis ersetzt wurde: Dazu gehören etwa die Künstlerkolonien von Barbizon, Szolnok, Worpswede und Dachau. Das ideale Lebensmodell zivilisationskritischer Ursprungssucher war demnach in Wien um 1900 schon lange bekannt. So wäre es überraschend gewesen, wenn die jüngste revolutionäre Künstlergruppe nach ihrem Auszug aus der etablierten Institution des Wiener Künstlerhauses und der Errichtung ihres eigenen Ausstellungshauses nicht ebenfalls eine exklusive Lebensgemeinschaft angestrebt hätte. Nach der Eröffnung der I. Ausstellung der Secession am 26. März 1898 forderte Olbrich

> „ein weites und leeres und freies Feld, um hier unsere Welt zu schaffen, mit einem Tempel der Arbeit in einem Haine, für Kunst und Kunsthandwerk, und rings den Hütten für unser Leben, in welchen dann unser Geist die ganze Anlage wie jeden Stuhl und Topf beherrsche".[7]

Der Hauptgrund für die Nicht-Realisierung dieses – ursprünglich für den Wiener Villenbezirk Hietzing vorgesehenen – Projekts war just der durchschlagende Erfolg der ersten Auftritte der Secession. Denn auf Betreiben Otto Wagners sowie des fortschrittlichen Sektionschefs und Unterrichtsministers Wilhelm von Hartel (1896–1905) erfolgte eine sofortige Institutionalisierung der Wiener Kunstrevolution in Form der Berufungen von Josef Hoffmann und Kolo Moser 1899 als Professoren an die staatliche Kunstgewerbeschule.

Von der Utopie zur Marktrealität

Durch die Lehrverpflichtungen und die Ateliers an der Kunstgewerbeschule[8] hatte sich der angestrebte „Tempel der Arbeit" für die wichtigsten Protagonisten der Bewegung schon vor seiner konkreten Planung erübrigt. Zudem war das Künstlerkolonie-Projekt durch die Berufung Joseph Maria Olbrichs nach Darmstadt – ebenfalls 1899 – gleich zu Beginn seines Hauptmotors beraubt worden. Da auch keine Initiative der Stadtverwaltung und kein unternehmerisches Interesse eines kommerziellen oder gemeinnützigen Bauträgers in Sicht war – wie etwa 1892 bei der Gründung der Familienhäuser-Colonie Nymphenburg-Gern des Baumeisters Jakob Heilmann in München, der die Häuser gezielt Künstlern der Dachauer Malerkolonie und der Akademie anbot –, zerfiel das Vorhaben rasch in eine Handvoll Wohnhäuser, die direkt von den Künstlern als unabhängige Bauherren errichtet wurden. Zudem hatte in Wien die einheitliche Planung suburbaner (Garten-)Siedlungen durch private Bauträger oder durch Widmungen der Stadtverwaltung – im Gegensatz etwa zu Berlin, wo der findige Unternehmer Johann Anton Wilhelm von Carstenn schon ab 1865 nach eigenem Plan die Villenkolonie Lichterfelde errichtet hatte – kaum Tradition. In Wien war dieses städtebauliche Modell nur durch den Cottage-Verein um den Ringstraßenarchitekten Heinrich von Ferstel und den Baukünstler Carl von Borkowski bekannt, der ab 1872 ein suburbanes „Villen"-Quartier (die Bautypen sind eigentlich Ein- und Mehrfamilienhäuser) am Fuß der Türkenschanze nach strengen gemeinschaftlichen Regeln errichtet hatte. Die Bauten sollten „in ihrer Gesamtheit einen angenehmen, den Charakter von Stadt und Land auf's Trefflichste vermittelnden, völlig einzigartigen und doch einheitlichen Eindruck" bieten.[9] Gewerbliche Aktivitäten waren in dem ausschließlich Wohnzwecken gewidmeten Gebiet strikt untersagt.

Trotz des Verlustes der ursprünglich städtebaulich-gesellschaftlichen Dimension entstand auf der Hohen Warte ein modellhaftes Referenzprojekt für die Ziele der modernen Bewegung, das nun nicht mehr ausschließlich auf Künstlerbedürfnisse zugeschnitten war: Im Mittelpunkt stand das identitätsstiftende Leben in einer ästhetisierten Umwelt aus kunstvoll gestalteten Interieurs und Gärten, die schon durch ihre suburbane Lage eine Abgrenzung von Konventionen signalisierte. Die gemeinsame Arbeit etwa in einem Atelierhaus, wie Olbrich es in Darmstadt errichtete, stand nicht mehr zur Debatte, da die Bedürfnisse der ersten Künstler-Bauherren (Maler-, Kunstgewerbe- und Fotoateliers) technisch zu verschiedenartig waren, kein Gemeinschaftshaus erforderten und leicht in den einzelnen Wohnhäusern zu bewältigen waren.[10] Die späteren Bauherren waren wiederum keine Künstler, sodass es keinen Bedarf für irgendwelche

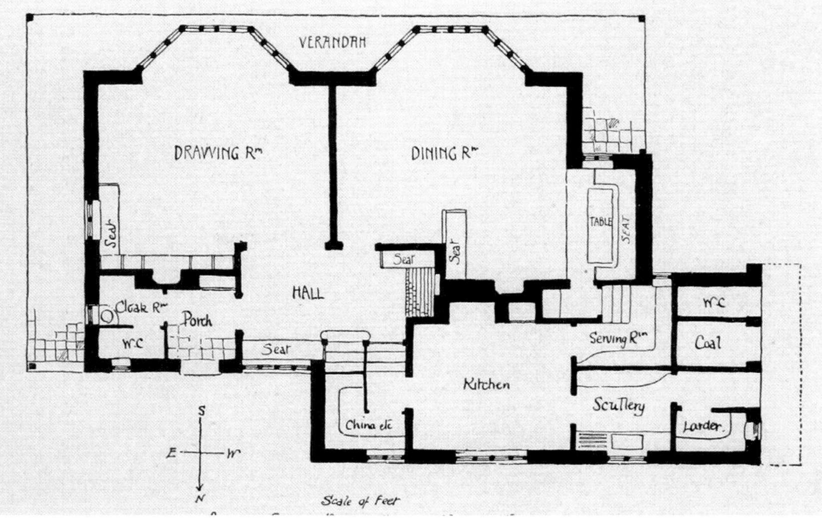

Abb. 3, 4 M. H. Baillie Scott, *An Artist's House*, 1897
Dachatelier und Erdgeschoss-Grundriss
The Studio 1897, 28–35

gemeinsamen Einrichtungen gab und damit ein zentrales Merkmal kollektiver Lebensweisen in Siedlungen oder Kolonien entfiel. So entstand auf der Hohen Warte gleichsam ein „Bourgeois-Bohémien"-Hybrid.

Planerwechsel von Olbrich zu Hoffmann

Schon die Bauherren der ersten Stunde auf der Hohen Warte waren nicht ausschließlich professionelle Künstler. Zum Freundeskreis der Secessionisten stießen zwei Persönlichkeiten, die sich einerseits pionierhaft mit dem fortschrittlichsten künstlerischen Medium – der Fotografie – beschäftigten, andererseits aber auch bürgerlichen Berufen nachgingen und über Finanzmittel verfügten: Dr. Friedrich Victor Spitzer (1854–1922) war ein Erbe von Zuckerfabriken und auch Dr. Hugo Henneberg (1863–1918) lebte in gutbürgerlichen Verhältnissen.[11] Mit dabei war anfangs auch der begeisterte Moderne-Sammler und steirische Industrielle Carl von Reininghaus, der aber bald wieder ausstieg. Aus den eigenen Reihen der Secession entschlossen sich nur Carl Moll und Koloman Moser dazu, beim nunmehrigen Projekt einer Handvoll modellhafter moderner Einfamilienhäuser mitzumachen. Moll war zu diesem Zeitpunkt bereits Besitzer eines Hauses mit Garten in prominenter innerstädtischer Lage: 1895, im Jahre seiner Verehelichung mit Anna Schindler-Bergen, der Witwe seines Lehrers Emil Jakob Schindler, war es vom innovativen Wiener Bauunternehmer Julius Mayreder in der Theresianumgasse 6 in Nachbarschaft der beiden Rothschild-Paläste errichtet worden.[12] Kolo Moser wiederum verfügte als Professor an der Kunstgewerbeschule offensichtlich über ausreichende Kredit-Bonität für ein kleines Hausbauprojekt.[13] Just der spätere Planer Josef Hoffmann, ebenfalls Professor, blieb in seiner Mietwohnung in der Magdalenenstraße in Wien-Mariahilf,[14] die er 1899 eingerichtet hatte. Vielleicht zog er es aus privaten Gründen vor, ein weniger öffentliches Leben zu führen als es inmitten der angestrebten Künstlerkolonie möglich gewesen wäre. Im Gegensatz zu den meisten anderen prominenten Otto Wagner-Schülern[15] verzichtete Hoffmann, der bis zu seinem Tod in innerstädtischen Mietwohnungen leben sollte, darauf, seine künstlerische Haltung in einem selbstgeplanten Einfamilienhaus zur Schau zu stellen.[16]

Joseph Maria Olbrich hatte 1897/98 das Ausstellungshaus der Secession errichtet und 1899 mit dem Haus des Dichters und Jung-Wien-Unterstützers Hermann Bahr in Wien-Hietzing viel Begeisterung für die Bauaufgabe eines Künstlerhauses gezeigt. Außerdem hatte er die Einrichtung einer Stadtwohnung für Friedrich Victor Spitzer, einen späteren Bauherrn in der Villenkolonie geplant und als Referenzprojekt auf der Hohen Warte die Villa des Weinhändlers Alfred Stifft umgebaut. Zur gartenstadtähnlichen Siedlungsplanung hatte er bereits 1896 mit dem Projekt für eine Villenstadt Kobenzl- 2
Krapfenwaldl Erfahrung gesammelt.[17] Wenn er nicht im Juli 1899 vom gleichaltrigen, seit 1892 regierenden und reformkunstbegeisterten Großherzog Ernst Ludwig von Hessen und bei Rhein nach Darmstadt berufen worden wäre – just um dort die gleiche, allerdings viel größer angelegte und von Olbrich schon lange ersehnte Bauaufgabe einer Künstlerkolonie zu realisieren –, wäre er wohl ebenfalls auf die Hohe Warte gezogen, so wie er sich 1900 auf der Mathildenhöhe im selbstgeplanten Haus niederließ. Nach eigener Aussage hatte er bereits 1899 Studien für den „Freundort" angefertigt, wie er das Wiener Künstlerkolonie-Projekt taufte. Moll hingegen berichtet nur von einer „schönen Mappe mit dem Aufdruck ‚Freundort' und leeren Blättern", die Olbrich bei seinem Wien-Besuch (wohl im Herbst 1899) präsentiert habe, was neben der nunmehr definitiv werdenden Ansiedlung Olbrichs in Darmstadt mit ein Grund für den Planerwechsel zu Hoffmann war.[18]

Doppelhaus Moser-Moll, 1900/01

Das Scheitern des Künstlerkolonie-Projekts führte dazu, dass die nunmehrige „Villenkolonie" keiner gesamtheitlichen Planung folgte, sondern in mehreren Phasen über einen Zeitraum von zehn Jahren hinweg entstand. Es waren jene entscheidenden Jahre im frühen Œuvre Josef Hoffmanns, in denen sich eine stürmische Entwicklung vom kurvilinearen Stil über das englische Vorbild und die von Eduard Sekler so genannte „puristische Phase" bis hin zum Beginn der klassizierenden Phase beim Haus Ast vollzog, dem letzten Bau auf der Hohen Warte. So entstand hier ein beeindruckendes Konzentrat von Hoffmanns Vorstellungen zur modernen Lebensweise in Haus und Garten. Nur wenige andere derart

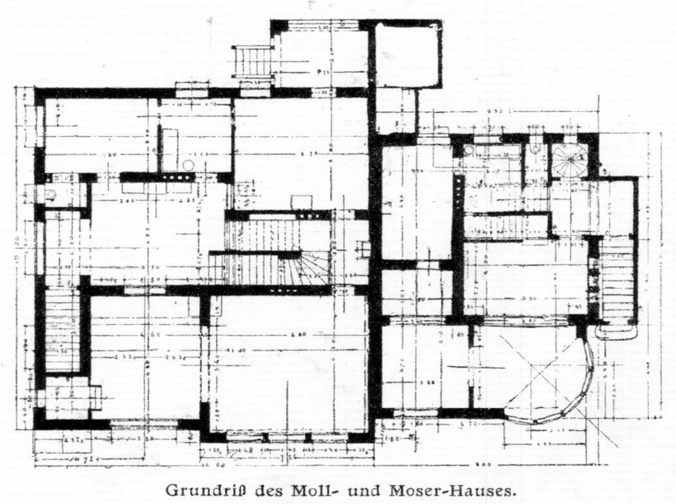

Abb. 5, 6 JH, Doppelwohnhaus Kolo Moser und Carl Moll auf der Hohen Warte, Wien, 1900/01 Gartenansicht und Erdgeschoss Grundriss
Der Architekt 1908, T. 85 und 1903, T. 91

programmatische suburbane Wohn-Ensembles der frühen Moderne konnten in dieser Dichte und Qualität realisiert werden – etwa Olbrichs Künstlerkolonie Mathildenhöhe in Darmstadt (1900–08), die Bauten von Frank Lloyd Wright in Oak Park zu Chicago (1889–1909) und die Gartenstadt-Künstlerkolonie Hohenhagen des Mäzens Karl-Ernst Osthaus (ab 1909).

In der ersten Bauphase der Hohen Warte (1900–02) blieb Hoffmann mit zwei in gutbürgerlichen Verhältnissen lebenden Secessionskünstlern als Bauherren und zwei Fotografen, die regelmäßig in der Secession ausstellten, noch am ehesten dem ursprünglichen Ideal einer Künstlerkolonie verbunden. Das erste Projekt, das Doppelhaus Moser-Moll, zeigt in Typus und Details eine starke Bindung an das englische Vorbild: Die Grundrisse sind frei nach funktionalen Erfordernissen entwickelt, die Haushälfte Moser besitzt einen Drawing-Room-artigen Ecksalon mit polygonalem Erkerfenster und die Obergeschosse sind in Fassaden mit nicht-konstruktiven, der „Stimmung" wegen in den Verputz eingefügten Fachwerkelementen ausgeführt. Hoffmann hatte sie kurz zuvor erstmals im Personalwohnhaus der Wittgenstein'schen Forstverwaltung in Hohenberg erprobt, sie wurden zu dieser Zeit aber auch von Olbrich und Max Fabiani verwendet.[19] Fachwerkmotive gehörten in Österreich schon seit den 1870er Jahren zum Repertoire der von gebildeten Städtern erbauten Landvillen und waren – da es im östlichen Landesteil keine diesbezügliche Bautradition gab – klar als kosmopolitische
Anspielung auf das englische Landhaus zu verstehen. Wegen der mittelalterlichen Provenienz dieses Motivs wurde es in der englischen Arts & Crafts-Bewegung hingegen eher als Symbol einer künstlerischen Rückbesinnung auf alte Handwerkstraditionen verwendet, wie es etwa Hugh Baillie Scotts
Entwurf für das *Haus eines Künstlers* beweist, das 1897 in 3 4
der auch in Wien vielgelesenen Zeitschrift *The Studio* ausführlich publiziert wurde.[20] Baillie Scotts Haus zeigt Fachwerkfassaden und ein hohes Dachatelier, wie es sich ähnlich auch im Hausteil Moser findet. Hoffmann plante für das Haus Moll auch die Einrichtung zweier Räume (in den anderen Räumen verwendete Moll seine eigenen alten Möbel), während Koloman Moser seine Einrichtung selbst entwarf.

Das Doppelhaus Moser-Moll, für das Hoffmann auch die 5 6
Gartenanlagen gestaltete,[21] blieb wohl das einzige Haus auf der Hohen Warte, um das sich der Alltag einer Künstlerkolonie mit täglichen gegenseitigen Besuchen und Kunstdebatten entfalten konnte. Moll berichtet:

> „Mein Nachbar Kolo Moser und ich waren Wand an Wand und nicht nur der Bequemlichkeit, auch der Übereinstimmung unseres Denkens danke ich den anregenden Verkehr, der Jahre dauerte. Moser lebte mit Mutter und Geschwistern zusammen, wenn um 9 Uhr abends die alte Frau zu Bett ging, sprang er über den Zaun, und bei Schnaps und Cigaretten wurde fast täglich bis elf geplaudert. Erst seine Heirat entfremdete ihn uns und sich selbst."[22]

Solche Spontanbesuche sowie zahlreiche gegenseitige Einladungen, Vernetzungen mit dem Umfeld der Secessionisten und Beherbergungen ausländischer Künstler, die von der Secession eingeladen worden waren,[23] ersetzten auf der Hohen Warte die Gemeinschaftsarbeit im Atelierhaus, die dem Idealbild einer wahren Künstlerkolonie entsprochen hätte.

Häuser Henneberg und Spitzer, 1901–03

Die beiden nächsten Häuser konnten bereits auf die Erfahrungen des Doppelhauses Moser-Moll zurückblicken, reprä- 7 8 9 10
sentierten als freistehende Einfamilienhäuser aber etwas an- 11 12 13
dere Bautypen und wurden für Klienten errichtet, die nicht ausschließlich künstlerischen Beschäftigungen nachgingen.[24] Die Parzelle des phantasievollen Hauses Henneberg grenzt

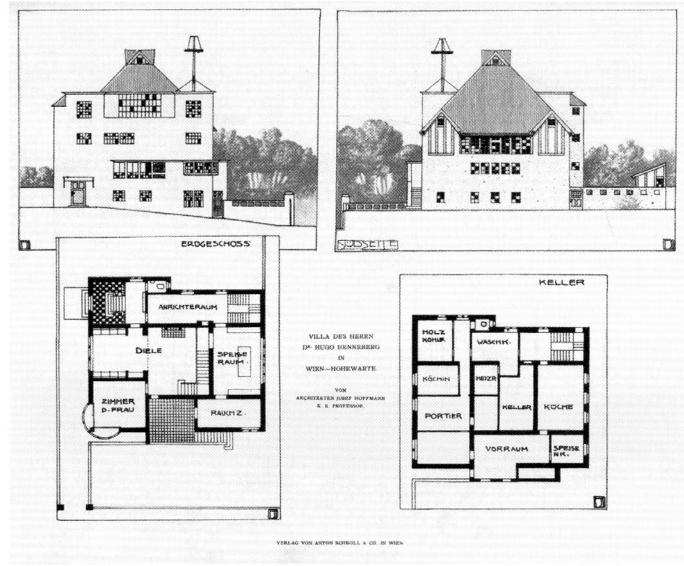

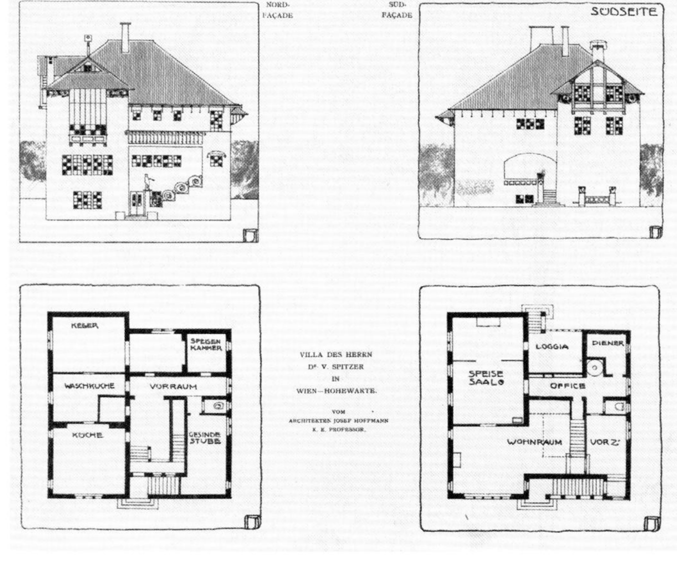

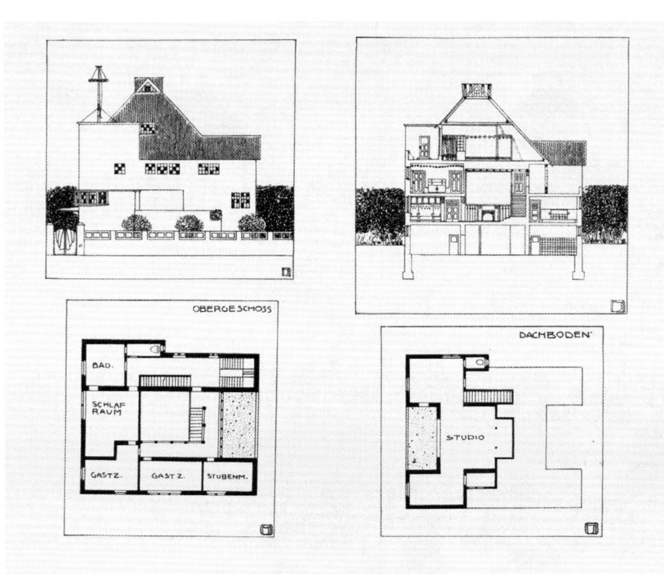

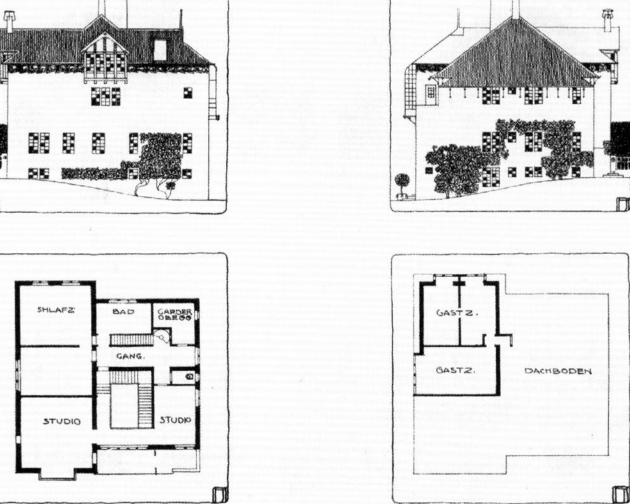

Abb. 7–12 JH, Wohnhäuser Dr. Hugo Henneberg und Dr. Friedrich Victor Spitzer auf der Hohen Warte, Wien, 1900–02, Ansichten und Grundrisse

Der Architekt 1903, T. 90 (Fotos), 1901, T. 50–51 (Pläne)

Abb. 13 JH, Wohnhaus Dr. Henneberg, 1900/01 Dachatelier
DI (4) 1903, 148

nicht direkt an das Haus Moser-Moll, während jene des Hauses Spitzer unmittelbar an der Parzelle von Kolo Moser anschließt. In diesen Projekten ging Hoffmann mehrere Schritte weiter auf seinem Weg zu immer radikaleren formalen Reduktionen, die gleichzeitig immer mehr Bereiche der Umweltgestaltung zu durchdringen begannen und letztlich – was die konsequente Anwendung der „Nullform" des Quadrats betrifft – im drei Jahre später errichteten Sanatorium Purkersdorf kulminierten. Eduard Sekler zitiert dazu Hoffmann selbst:

> „Rückblickend erklärte er seine damalige Entscheidung dahingehend, daß er besonders ‚am Quadrat an sich und an der Verwendung von Schwarz und Weiß' interessiert gewesen sei, ‚weil diese klaren Elemente niemals in früheren Stilen erschienen sind'."[25]

Dieses ergänzungsbedürftige[26] kunsthistorische Argument ist ein starkes Understatement. Es scheint vor allem mehr der damaligen Abgrenzungsrhetorik der Avantgarde gegenüber dem Historismus zu entspringen als den weit über interne Kunstdebatten hinauswirkenden kulturellen Folgen der Entdeckung der elementaren abstrakten Welt. Denn mit diesen unendlich variierbaren Mitteln konnten theoretisch (in unbeabsichtigter Analogie zur kritisierten Industrieproduktion) unendlich viele neue kulturelle „Identitäten" konstruiert werden – ein Potenzial, auf das Charles R. Mackintosh, Joseph M. Olbrich, Kolo Moser und Josef Hoffmann 1900/01 auf intuitivem Weg stießen. Die „Theorien" dazu wurden erst später geschrieben.[27]

Im Haus Henneberg nutzt Hoffmann jedoch noch eine breitere Palette der „Stimmungsproduktion", in der sowohl klassische Elemente wie die teilsymmetrischen Baukörper der „toskanischen Villa" mit Kranzgesims im Sinne Otto Wagners verwendet werden als auch „englische" wie das nichtkonstruktive Fachwerk, der Runderker, offene Kamine, ein Dachatelier und erstmals eine zweigeschossige Halle als Zentrum des Hauses. Die angestrebte Einheit von Innen und Außen als Errungenschaft der modernen Bewegung – „ein Haus, dessen Äußeres auch schon sein Inneres verraten müßte"[28] – tritt in diesem Projekt besonders klar hervor: Die zeitgenössischen Publikationen der Interieurs der Häuser Henneberg und Spitzer präsentieren auf über 60 Seiten auch Grundrisse mit eingezeichneten Möbeln und Bodenfliesen.[29]

Beim Haus Spitzer – unmittelbarer Nachbar des Doppelhauses Moser-Moll – reduziert Hoffmann die Gestaltungsmittel:

> „Während beim Haus Henneberg der Gesamteindruck, den der Baukörper hinterläßt, darunter leidet, daß der Architekt in der Zusammenfügung der Motive des Guten zuviel getan hat, ist das etwa ein halbes Jahr später entstandene Haus Dr. Spitzer wesentlich ruhiger und einheitlicher gehalten. Die Kompositionselemente aller Fassaden gehören bei diesem Bau derselben Familie an, und ihr Einsatz erfolgt zwar nicht weniger effektvoll als beim Haus Henneberg, dafür aber sparsamer."[30]

Die vier späten Häuser

Die übrigen Häuser der „Villenkolonie" entstanden erst mit zeitlichem Abstand, zeigen weniger starke innere Zusammenhänge als die drei ersten Häuser und repräsentieren bereits neue Phasen im stürmisch sich entfaltenden Frühwerk Hoffmanns und seiner raschen Abfolge immer neuer Ausdrucksweisen. Das Haus für Alexander Brauner (1905/06), 14 15 16 17
das Wohnhaus Helene Hochstetter (1906/07), das zweite 18 19 20 21
Haus Moll (1906/07) und die Villa Eduard Ast (1909–11) sind außerdem bereits im Zusammenhang mit der 1903 gegründeten Wiener Werkstätte zu sehen, die wesentlich an diesen Projekten mitwirkte. Die drei 1905/06 entworfenen Häuser übersetzen das fünf Jahre vorher „entdeckte" Quadratmotiv ins Dreidimensionale (die Baukörper nähern sich zusehends einem würfelartigen Eindruck an) und sind mit zeittypischen Zeltdächern gedeckt. So entstand eine elementare Geometrie aus Kubus und Pyramide, die den Purismus der Jahre 1903–05 mit seinem Höhepunkt des Sanatorium Purkersdorf in eine neue, spielerische Phase überleitete. Weitere vier
Jahre später entwarf Hoffmann das Wohnhaus für seinen 19 20 21
langjährigen professionellen Partner, den Baumeister und Eisenbeton-Pionier Eduard Ast. Dieses Haus gehört mit seinen stark plastischen Dekorelementen und klassizierenden Motiven wieder einer neuen Werkphase an, in der Hoffmann das Motivrepertoire weiter anreicherte und mit klassischen sowie vernakulären Traditionen verband.[31] Beispielhaft stehen

Abb. 14 JH, Wohnhaus Ing. Brauner, 1905/06
MAK, WWF-102-103-1

Abb. 15–18 JH, Wohnhaus Helene Hochstetter (oben) und zweites Wohnhaus Carl Moll (unten), 1906/07
MAK, WWF-104-202-1, 104-203-1, 104-215-1-1 und 104-214-1

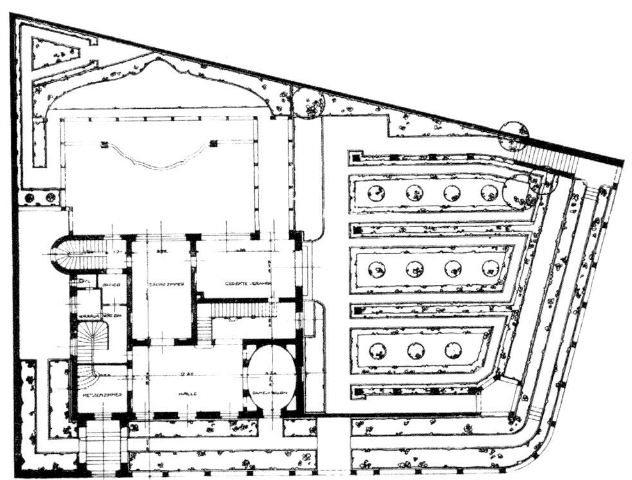

Abb. 19, 20 JH, Villa Eduard Ast, Wien, 1909–11
Straßenseite und Grundriss
Der Architekt 1911, T. 47, 56

dafür das Landhaus Primavesi, die Villa Skywa-Primavesi und das Österreich-Haus auf der Kölner Werkbundausstellung 1914.

So entwickelte sich die ursprünglich als idealistisches Künstlerprojekt begonnene Häusergruppe immer mehr zu einer losen Gruppierung gutbürgerlicher moderner Wohnbauten, deren Individualität und Privatheit keinem förmlich institutionalisierten gemeinsamen Künstlerleben dienen wollte. Das Fehlen von Gemeinschaftseinrichtungen, gewidmeten Entwicklungsflächen und einem Masterplan unterscheidet diese Häuser sowohl von tatsächlichen Künstlerkolonien (etwa der Mathildenhöhe in Darmstadt) als auch von großen Reformsiedlungen wie Dresden-Hellerau (errichtet ab 1909), die formal und ideologisch stark von der englischen Gartenstadtbewegung beeinflusst waren.[32] In Österreich konnte dieser systemkritische, künstlerisch inspirierte Reformstädtebau vor dem Ersten Weltkrieg nicht Fuß fassen, weil die Verhältnisse gleichzeitig zu konservativ und zu fortschrittlich waren: zu konservativ, weil nur wenige potente Unternehmer wie Max Todesco, Heinrich Liebig, Josef Werndl, Arthur Krupp oder Hugo Bunzl an echten Sozialreformen interessiert waren,[33] und zu fortschrittlich, weil jene Künstler und Architekten, die solche Reformkolonien hätten planen können, unmittelbar nach ihren ersten öffentlichen Auftritten vom bestehenden System in Form von Professuren und offiziellen Beratungsfunktionen nachhaltig „absorbiert" worden waren. Die Lebensreform im Maßstab sozialer Siedlungsprojekte und großer Gartenstädte für tausende Bewohner begann in Wien erst nach 1918 mit der Schülergeneration von Heinrich Tessenow, der auf Initiative von Josef Hoffmann und Alfred Roller von 1913 bis 1919 an der Wiener Kunstgewerbeschule lehrte.[34] ■

1 Im strengen Sinne handelt es sich nicht um Villen, sondern um Einfamilienhäuser, und mangels Masterplan nicht um eine Kolonie, sondern um eine lose Häusergruppe.

2 Gerd Pichler: Die Künstlerkolonie auf der Hohen Warte in Wien, in: Christian Philipsen/Thomas Bauer-Friedrich/Wolfgang Büche (Hg.): Gustav Klimt & Hugo Henneberg, Ausst.-Kat. Kunstmuseum Moritzburg Halle/Saale, Köln 2018, 137–146. Markus Kristan: Josef Hoffmann. Villenkolonie Hohe Warte, Wien 2004. Architekturhistorische Analysen der sieben Häuser, in: Eduard F. Sekler, Josef Hoffmann. Das architektonische Werk, Salzburg/Wien 1982, 45–58 sowie WV 52 und 53 (Haus Moser-Moll), 54 (Haus Henneberg), 63 (Haus Spitzer), 101 (Haus Brauner), 111 (Haus Hochstetter), 112 (Zweites Haus Moll) und 134 (Haus Ast).

3 Große Artikel über die Häuser erschienen u.a. in der vom Hansen-Schüler Ferdinand Fellner von Feldegg seit 1895 redigierten Zeitschrift *Der Architekt*, zentrales Sprachrohr der modernen Bewegung in Wien, in der von Alexander Koch seit 1890 in Darmstadt verlegten *Innendekoration*, in dem seit 1893 in London erscheinenden einflussreichen Medium: *The Studio: An Illustrated Magazine of Fine and Applied Art* sowie in den 1900 von Ludwig Abels gegründeten und vom späteren Otto Wagner- und Joseph M. Olbrich-Biografen Joseph August Lux herausgegebenen *Wiener Monatsheften für angewandte Kunst – Das Interieur*. Lux gründete 1904 in Anspielung auf die Ideale der Villenkolonie die Zeitschrift *Hohe Warte. Illustrierte Halbmonatsschrift für die künstlerischen, geistigen und wirtschaftlichen Interessen der städtischen Kultur*.

4 Sekler 1982, 41 (wie Anm. 2).

5 Ludwig Hevesi: Acht Jahre Secession, Wien 1906, 54.

6 Arbeitsprogramm der Wiener Werkstätte, Wien 1905.

7 Hermann Bahr 1900 und 1901 über die Secession, zit. n. Kristan 2004, 13 (wie Anm. 2).

8 Josef Hoffmann betrieb sein privates Architekturbüro in Diensträumen an der Kunstgewerbeschule und leitete zudem ab 1903 das Baubüro der Wiener Werkstätte in der Neustiftgasse. Außerdem plante er bereits 1900/01 einen großen Zubau zu Heinrich von Ferstels Kunstgewerbeschule für Ateliers und Werkstätten; vgl. auch den Beitrag über Hoffmanns Lehrtätigkeit in diesem Buch.

9 Aus den Statuten des Wiener Cottage Vereins von 1873; siehe<cottageverein.at/2016/historisches>.

10 Etwa das Dachgeschoss-Fotoatelier von Hugo Henneberg mit Dunkelkammer, vgl. Astrid Mahler: Liebhaberei der Millionäre. Der Wiener Camera-Club um 1900, Photoinstitut Bonartes Wien, Salzburg 2019, 40–41.

11 Friedrich Victor Spitzer und Hugo Henneberg waren Mitglieder des Camera-Clubs, vgl. ebd.

12 Kristan 2004, 11 (wie Anm. 2).

13 Christian Witt-Dörring: Koloman Moser – ein Multitalent der Wiener Moderne, in: Ders./Christoph Thun-Hohenstein/Elisabeth Schmuttermeier (Hg.): Koloman Moser. Universalkünstler zwischen Gustav Klimt und Josef Hoffmann, Ausst.-Kat. MAK Wien/Basel 2019, 18–80.

14 Sekler 1982, WV 28 (wie Anm. 2).

15 Jan Kotěra, die Gebrüder Gessner, Leopold Bauer und viele weitere Wagner-Schüler bauten schon vor dem Ersten Weltkrieg ihre eigenen Villen.

16 Zu Hoffmanns Privatwohnungen vgl. Michael Huey: Art Itself, in: Christian Witt-Dörring: Josef Hoffmann. Interiors 1902–1913, Neue Galerie New York, München 2006, 74–97.

17 Markus Kristan/Eva Ottillinger: „Kapriziös und praktisch zugleich". Die Wohn- und Geschäftshäuser der Wiener Zeit, in: Ralf Beil/Regina Stephan (Hg.): Joseph Maria Olbrich 1867–1908. Architekt und Gestalter der frühen Moderne, Ostfildern 2010, 116–135, sowie Sandra Wagner-Conzelmann: „Eine Stadt müssen wir erbauen, eine ganze Stadt!" Siedlungsplanung im Werk von J. M. Olbrich, in: ebd., 204–223.

18 Brief an Moll vom 26.5.1900; Autobiografie Molls, zit. n. Kristan 2004, 18–19 (wie Anm. 2).

Abb. 21 JH, Gartenansichten Villa Ast, 1909–11, und Haus Spitzer (r.), 1900–02
MBF (12) 1913, 3

19 Sekler 1982, 44 (wie Anm. 2); M. Fabiani, Villa Baumann, Anton-Langer-Gasse 3, Hietzing, 1898.

20 M. H. Baillie Scott: An Artist's House, in: The Studio 1897, 28–37. Sekler nennt weiters auch das Haus Rowantreehill von J. Salmon & Son, das 1900 in der Zeitschrift *Dekorative Kunst* abgebildet war, als mögliche Anregung für Hoffmann.

21 Hoffmanns Gartenmöbel sind auf Carl Molls Bild *Das Haus des Künstlers auf der Hohen Warte*, 1904, zu sehen, das sich in der Prager Nationalgalerie befindet. – Vgl. auch den Beitrag von Anette Freytag im vorliegenden Band.

22 Zit. n. Kristan 2004, 19 (wie Anm. 2).

23 Frdl. Information von Monika Faber, 18.6.2020.

24 Monika Faber: Hugo Henneberg – Meister des fotografischen Stimmungsbildes, in: Gustav Klimt & Hugo Henneberg 2018, 177–194.

25 Sekler 1982, 54 (wie Anm. 2).

26 Bereits in der italienischen Frührenaissance, die Josef Frank 1910 in seiner Dissertation über Alberti für sich entdeckte, wurden häufig Quadrat- und Schwarz-Weiß-Muster verwendet; siehe Tano Bojankin/Christopher Long/Iris Meder (Hg.): Josef Frank. Schriften, Wien 2012, Band 1: Veröffentlichte Schriften 1910–1930, 47–115.

27 1911 beschreibt Kandinsky die „konstruktiven Bestrebungen in der Malerei", aber auch die Schwierigkeit einer Theoriebildung aus dem aktuellen praktischen Schaffen heraus: „Aus der Charakteristik unserer heutigen Harmonie folgt von selbst, daß es zu unserer Zeit weniger als je möglich ist, eine vollkommen fertige Theorie zu bauen […]." Wassily Kandinsky: Über das Geistige in der Kunst. Insbesondere in der Malerei, München 1912[3], 96.

28 Hoffmann, zit. n. Sekler 1982, 45 (wie Anm. 2).

29 Vgl. dazu den Beitrag Seite 154–169 in dieser Publikation.

30 Sekler 1982, 49–51 (wie Anm. 2).

31 Zum Haus Ast ergänzt Otto Kapfinger, dem ich für diese Analyse danke: „Die äußere Erscheinung der Villa Ast zeigt Hoffmanns Spiel mit der autonomen Fläche, mit der Hülle des Mauerkörpers, in einer nächsten Dimension. Er transformiert ehemals tektonische Elemente – Säulenkannelur, Gesimsprofil – in reliefhafte Bekleidungen des Volumens. Wir sehen Außenwände in fugenlos applizierte Betonschichten gehüllt, die Kannelur zum flachen, reliefhaften Kleid ausgewalzt, bekrönt von einem überschäumend darübergestrickten ‚Gesimse' aus durchbrochener Stein-Spitze – eine sullivaneske Ornamentation nicht *auf*, sondern *aus* dem Material, und als Drittes: üppig körperhaft geflochtene Beton-Bordüren, welche die Fenster etagenhoch bekränzen, zusammenfassen. Wagners ‚Pomp und Tafelwerk', aus ephemerer Festdekoration zum dauerhaften Alltag gewandelt, in Purkersdorf noch papierleicht hingetupft, wird da in einer nächsten Volte Hoffmanns zum rätselhaften Kunst-Stein-Werk: Dekor wird Substanz, Kommentar zur Sache an sich."

32 Einen zeitgenössischen Überblick bietet Hans Kampffmeyer: Gartenstadt und Baukunst, in: Moderne Bauformen (VII) 3 1908, 89–112, mit zahlreichen Realisierungsbeispielen (Ludwig Bopp: Gronauer Wald in Bergisch-Gladbach; Robert Friedrich Schmohl: Krupp-Kolonie Altenhof bei Essen; Richard Barry Parker, Raymond Unwin, Robert Bennett & Wilson Bidwell sowie Geoffry Lucas: Gartenstadt Letchworth bei London; Parker & Unwin: Arbeiterhäuser New Earswick bei York; ein „amerikanisches Industriedorf" der National Cash Register Company; William Alexander Harvey: Bournville, Birmingham; William Owen: Port Sunlight, bei Liverpool).

33 Diese Industriellen errichteten bei ihren Fabriken große Arbeitersiedlungen mit zentralen Sozialeinrichtungen: Todesco ab 1846 in Marienthal, Liebig ab 1868 in Reichenberg/Liberec, Werndl ab 1875 in Steyr, Krupp ab 1880 in Berndorf und Bunzl ab 1919 in Pernitz/Ortmann.

34 Matthias Boeckl: Von der Kunstrevolution zur Lebensreform. Heinrich Tessenow und die Integrationsstrategien der Wiener Moderne, in: Bernadette Reinhold/Eva Kernbauer (Hg.): Zwischenräume Zwischentöne. Wiener Moderne, Gegenwartskunst, Sammlungspraxis. Festschrift für Patrick Werkner, Wien und Berlin/Boston 2018, 142–149.

1901
1906

Friedrich V. Spitzer, Josef Hoffmann, 1903
MAK, WWF 137-1-2

Abb. 1 JH, Schränkchen für Fotografien aus dem Salon der Wohnung Dr. Hugo Koller, ausgeführt von W. Müller, 1900/01
Palisander- und Ahornholz, Alpacca
The Art Institute of Chicago, 1992.93
© bpk / The Art Institute of Chicago / Art Resource, NY

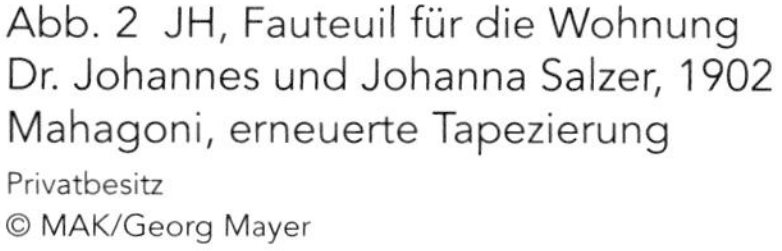

Abb. 2 JH, Fauteuil für die Wohnung Dr. Johannes und Johanna Salzer, 1902
Mahagoni, erneuerte Tapezierung
Privatbesitz
© MAK/Georg Mayer

Abb. 3 JH, Fauteuil für das Arbeitszimmer Gustav Pollaks, ausgeführt von Portois & Fix, 1901/02
Palisander mit Zerigotti Marketerie, Messing, erneuerte Tapezierung
Oscar Graf Gallery – London
© Jacques Pépion, Paris

Abb. 4 JH, Sportpreis, ausgeführt von Würbel & Czokally, Wien, 1902
Silber, Malachit
Privatbesitz
© MAK/Georg Mayer

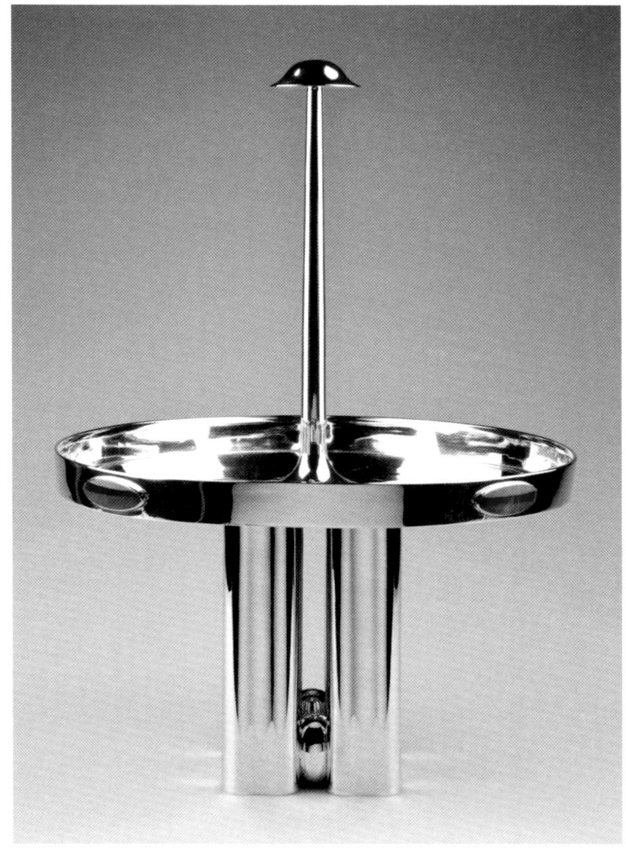

Abb. 5 JH, Tafelaufsatz für Dr. Hermann Wittgenstein, ausgeführt von der Wiener Werkstätte, 1905
Silber, Achat
MAK, GO 2011
© MAK/Katrin Wißkirchen

Abb. 6 JH, Kerzenleuchter, 1902
Alpacca, Halbedelsteine
GALERIE BEI DER ALBERTINA · ZETTER

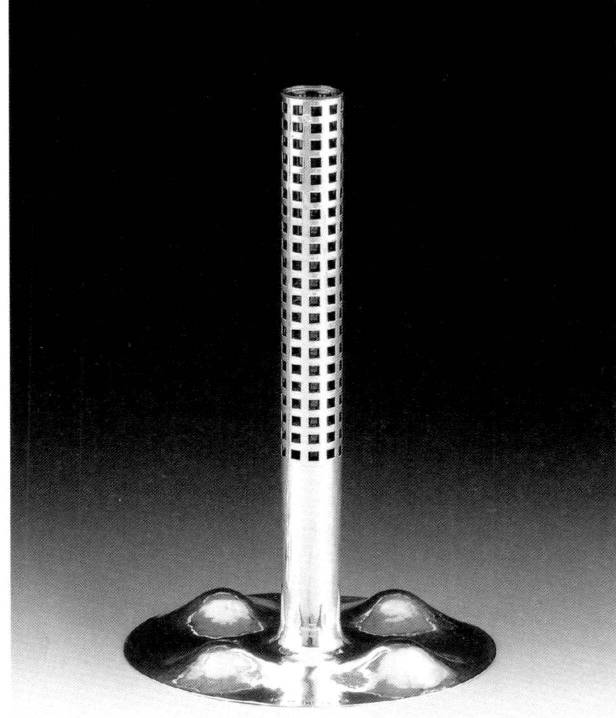

Abb. 7 JH, Vase, ausgeführt von der Wiener Werkstätte, 1905
Silber
GALERIE BEI DER ALBERTINA · ZETTER

<
Abb. 8 JH, Gewerkschaftshotel der Poldihütte, Kladno, Böhmen, 1903
Die Kunst (10) 1904, 23

>
Abb. 10 Carl Moll, *Mein Wohnzimmer* (Anna Moll am Schreibtisch), 1903
Wien Museum, 77880

>
Abb. 11 Carl Moll, *Das Haus des Künstlers auf der Hohen Warte*, um 1905
National Gallery Prague, 11263

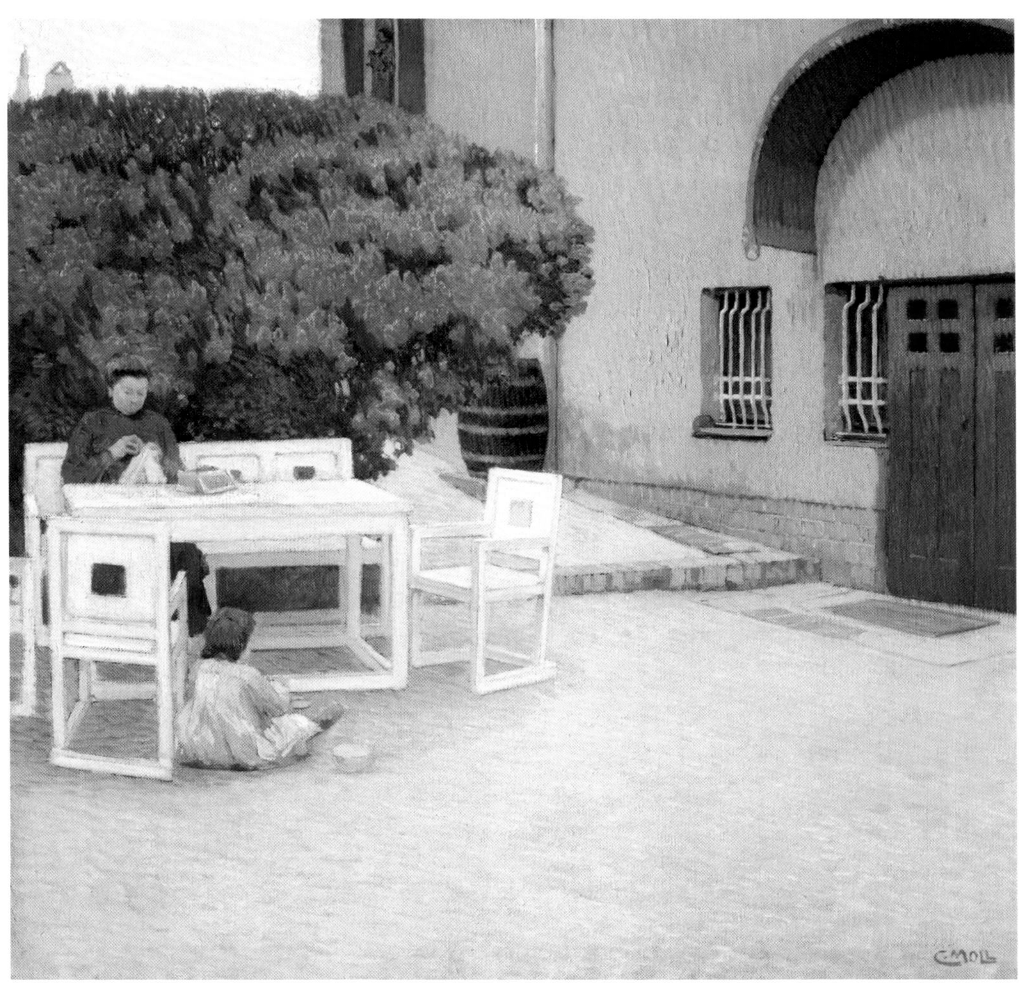

<
Abb. 9 JH, Wohnhaus Dr. Richard Beer-Hofmann, Wien, 1905/06
MAK, WWF 104-184-1

Abb. 12 JH, Tee- u. Kaffeeservice, ausgeführt von Alexander Sturm, 1902
Silber, Ebenholz
Privatbesitz
© MAK/Georg Mayer

Abb. 13 JH, Teeservice, ausgeführt von der Wiener Werkstätte, 1903
Silber, Koralle, Ebenholz
MAK, GO 2005
© MAK/Katrin Wißkirchen

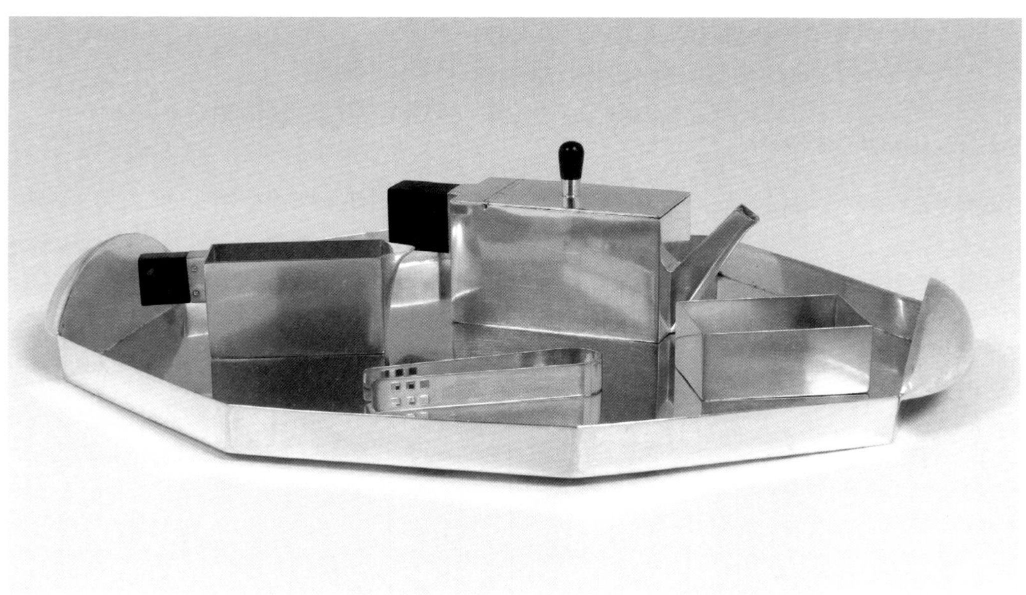

Abb. 14 JH, Mokkaservice, ausgeführt von der Wiener Werkstätte, 1904
Alpacca, versilbert; Ebenholz
Privatbesitz

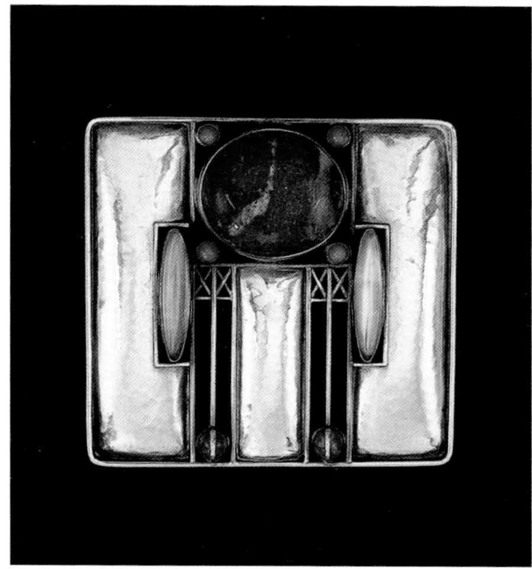

Abb. 15 JH, Brosche, ausgeführt von der Wiener Werkstätte, 1905
Silber, vergoldet; Koralle, Lapislazuli, Mondstein
GALERIE BEI DER ALBERTINA · ZETTER

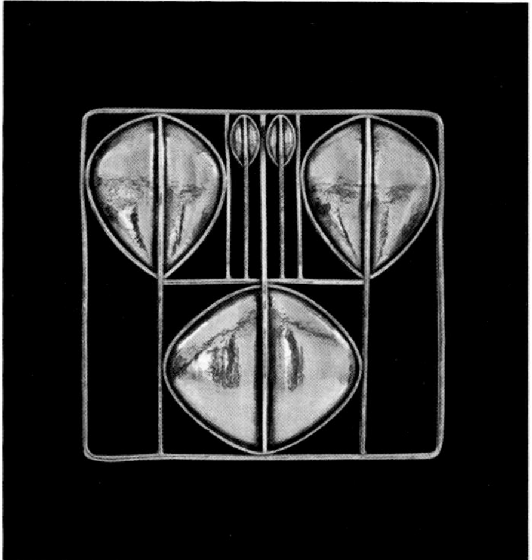

Abb. 16 Brosche aus dem Besitz von Emilie und Gertrude Flöge, ausgeführt von der Wiener Werkstätte, 1905
Silber und Gold
Privatbesitz, courtesy Klimt-Foundation, Wien

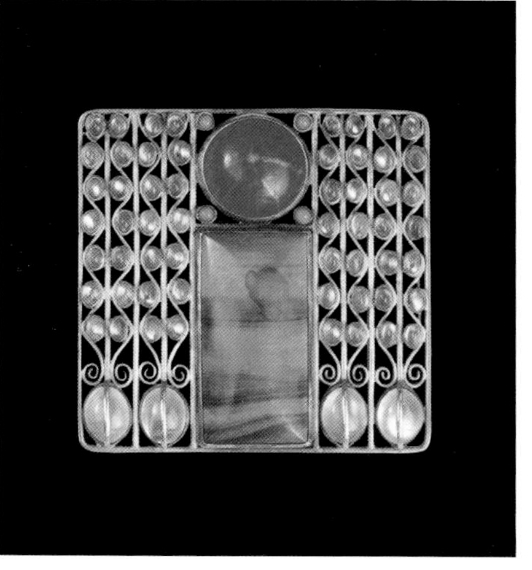

Abb. 17 JH, Brosche, ausgeführt von der Wiener Werkstätte, 1905
Silber, Koralle, Lapislazuli, Malachit und Mondstein
GALERIE BEI DER ALBERTINA · ZETTER

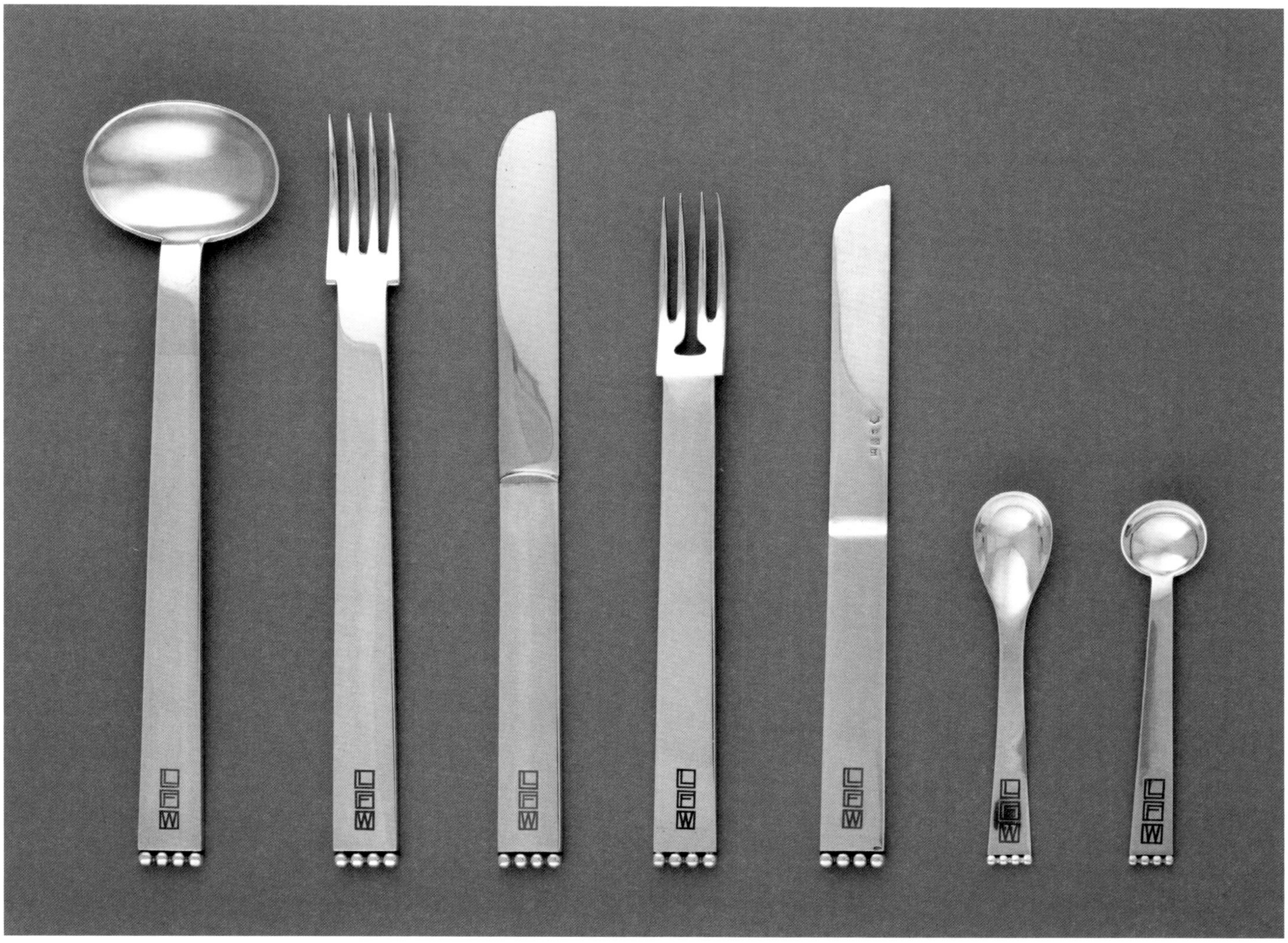

Abb. 18 JH, Teile eines Tafelbestecks für Fritz und Lili Waerndorfer, ausgeführt von der Wiener Werkstätte, 1903
Silber, Niello
MAK, GO 2009
© MAK/Aslan Kudrnofsky

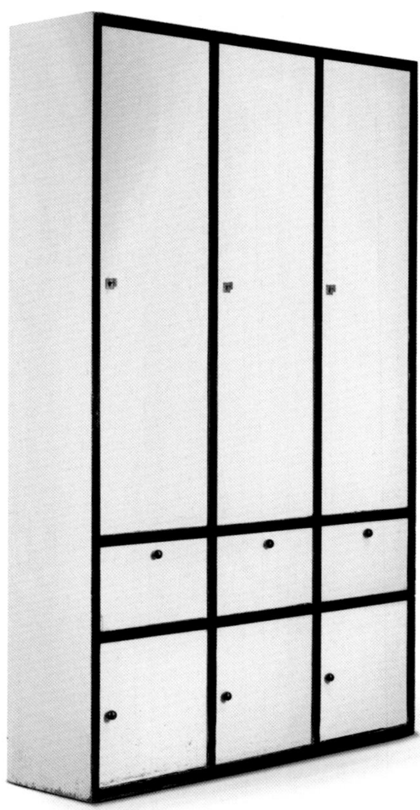

Abb. 19 JH, Kasten für den Büroraum des Modesalons der Schwestern Flöge, ausgeführt von der Wiener Werkstätte, 1904
Nadelholz, weiß und schwarz lackiert
Galerie Yves Macaux – Brussels

Abb. 20 JH, Kasten für das Kinderzimmer der Berliner Wohnung Jerome und Margaret Stonborough-Wittgenstein, ausgeführt von der Wiener Werkstätte, 1905
Holz, weiß lackiert; Pakfong
Galerie Yves Macaux – Brussels

Abb. 21 JH, Küchenkredenz für die Wohnung Dr. Hermann und Lyda Wittgenstein, ausgeführt von der Wiener Werkstätte, 1905/06
Nadelholz, weiß-blau lackiert; Marmor
GALERIE BEI DER ALBERTINA · ZETTER

Abb. 23 JH, Blumenständer, ausgeführt von der Wiener Werkstätte, um 1905
Eisen, weiß lackiert
Sammlung Dr. E. Ploil

Abb. 22 JH, Uhr, ausgeführt von der Wiener Werkstätte, 1904
Zinkblech, weiß lackiert
Sammlung Dr. E. Ploil

Abb. 24 JH, Blumenkorb, ausgeführt von der Wiener Werkstätte, 1906
Zinkblech, weiß lackiert
Sammlung Dr. E. Ploil

Abb. 25 JH, Sanatorium Westend, Purkersdorf, 1904, Ostfassade mit Abgang zum Park
MAK, WWF 102-83-1

Abb. 26 JH, Westfassade mit Wagenzufahrt
MAK, WWF 102-99-3

Abb. 27 JH, Sanatorium Westend, Purkersdorf, 1904, Eingangshalle
DKuD (18) 1906, 427

Abb. 31 JH, Senftiegel, ausgeführt
von Alexander Sturm, 1902
Silber, Citrin
Privatbesitz
© MAK/Georg Mayer

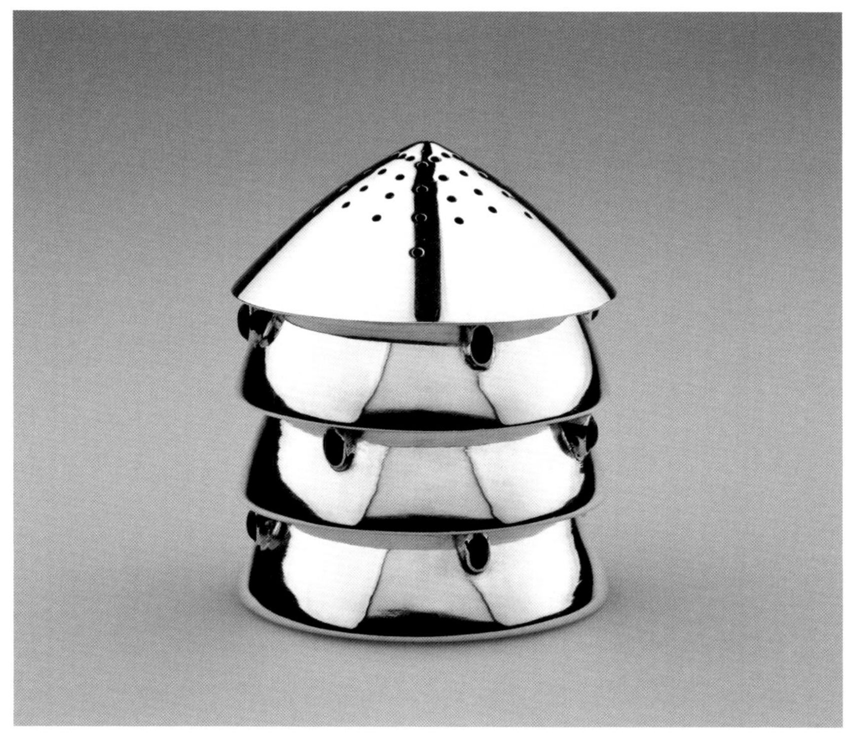

Abb. 32 JH, Pfeffer-Paprikabüchse, ausgeführt
von der Wiener Werkstätte, 1903
Silber, Karneol
MAK, GO 2108
© MAK/Katrin Wißkirchen

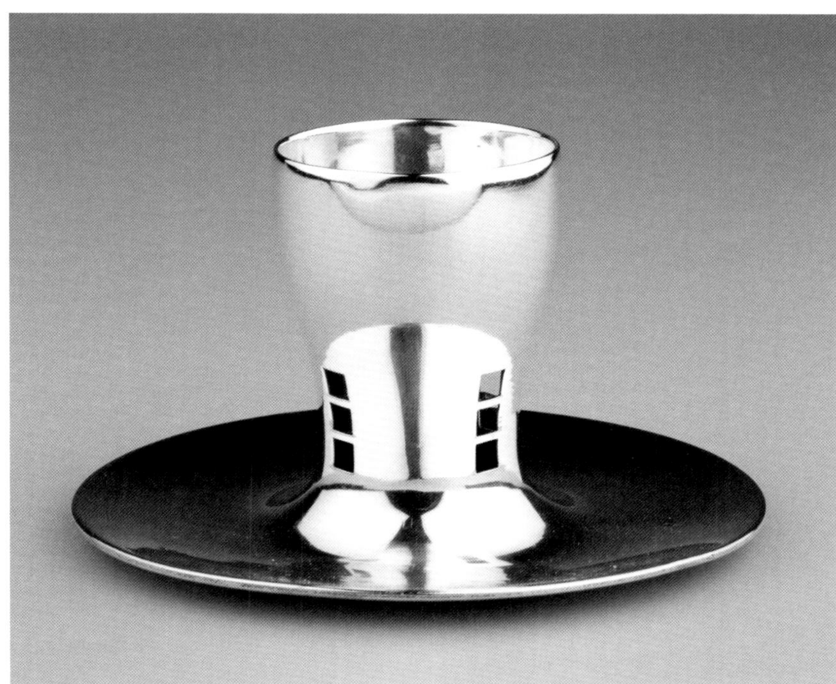

>
Abb. 33 JH, Eierbecher, ausgeführt
von der Wiener Werkstätte, 1904
Silber
MAK, GO 2057
© MAK/Katrin Wißkirchen

<
Abb. 28 JH, Schreibtisch für den Atelierraum von Magda Mautner
v. Markhof, ausgeführt von der Wiener Werkstätte, 1905/06
Nussbaumholz auf Mahagoni gebeizt, erneuerte Lederbespannung
GALERIE BEI DER ALBERTINA · ZETTER
© MAK/Georg Mayer

<
Abb. 29, 30 JH, Armlehnsessel für das Wohnzimmer von
Magda Mautner v. Markhof, 1902
Nussbaumholz auf Mahagoni gebeizt, erneuerte Lederbespannung
GALERIE BEI DER ALBERTINA · ZETTER
© MAK/Georg Mayer

Abb. 34 JH, Schmuckkassette, ausgeführt von der Wiener Werkstätte, 1904
Schwedische Birke, Mahagoni, Ebenholz
MAK, H 1182
© MAK/Georg Mayer

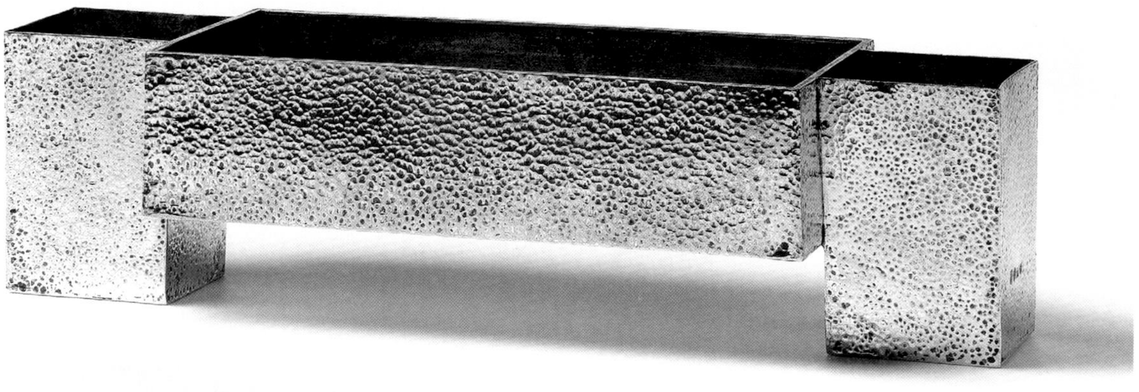

Abb. 35 JH, Jardiniere, ausgeführt von der Wiener Werkstätte, 1904
Alpacca, versilbert
Leopold Museum – Privatstiftung, Wien, 4604
© MAK/Georg Mayer

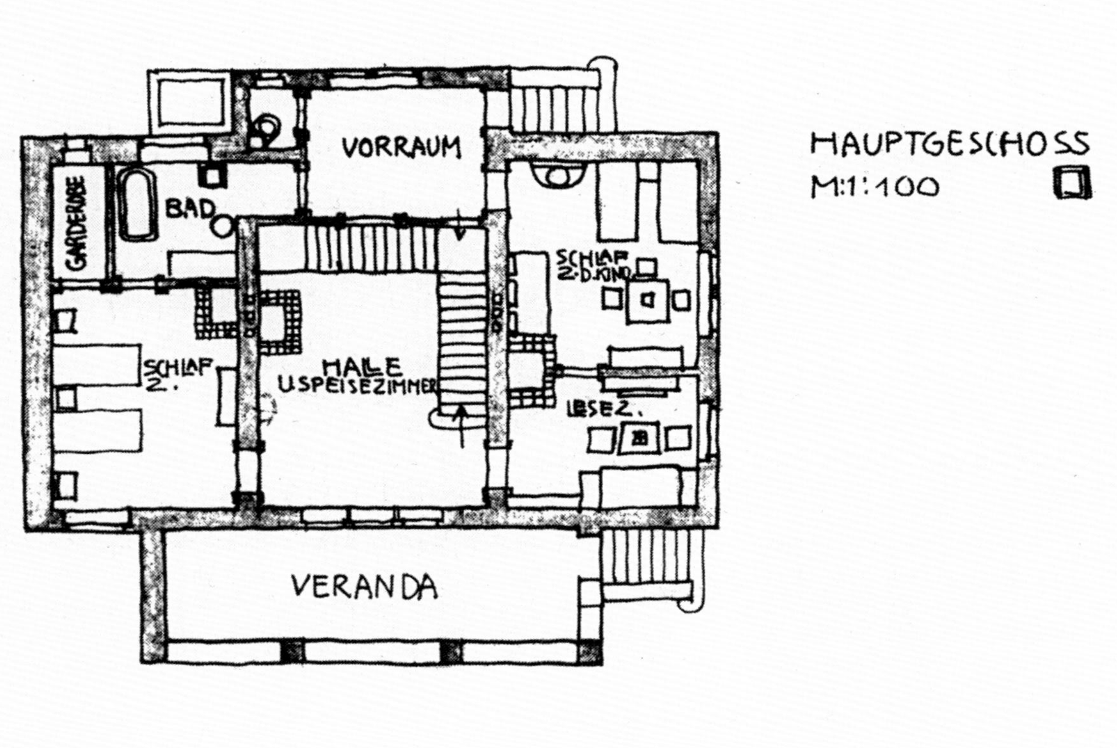

Abb. 36 JH, Landhaus Knips in Seeboden am Millstättersee, 1905
Entwurf für die Gartenfassade und Grundriss des Hauptgeschosses
E. Sekler, Josef Hoffmann, 56, 283

Abb. 37 JH, Tisch für das Wohnzimmer der Wohnung Dr. Hermann und Lyda Wittgenstein, ausgeführt von der Wiener Werkstätte, 1905
Eichenholz, schwarz gebeizt, die Poren weiß eingerieben; Marmor
MAK, H 2082
© MAK/Georg Mayer

Abb. 38 JH, Tisch für das Wohnzimmer der Wohnung Dr. Salzer, 1902
Ahornholz, braun gebeizt; Marmor
MAK, H 2079
© Wolfgang Woessner/MAK

Abb. 39 JH, Tisch, ausgeführt von der Wiener Werkstätte, 1905
Eichenholz, schwarz gebeizt, die Poren weiß eingerieben; Ahornholz
Galerie Yves Macaux – Brussels
© Photo Studio Philippe de Formanoir/Paso Doble

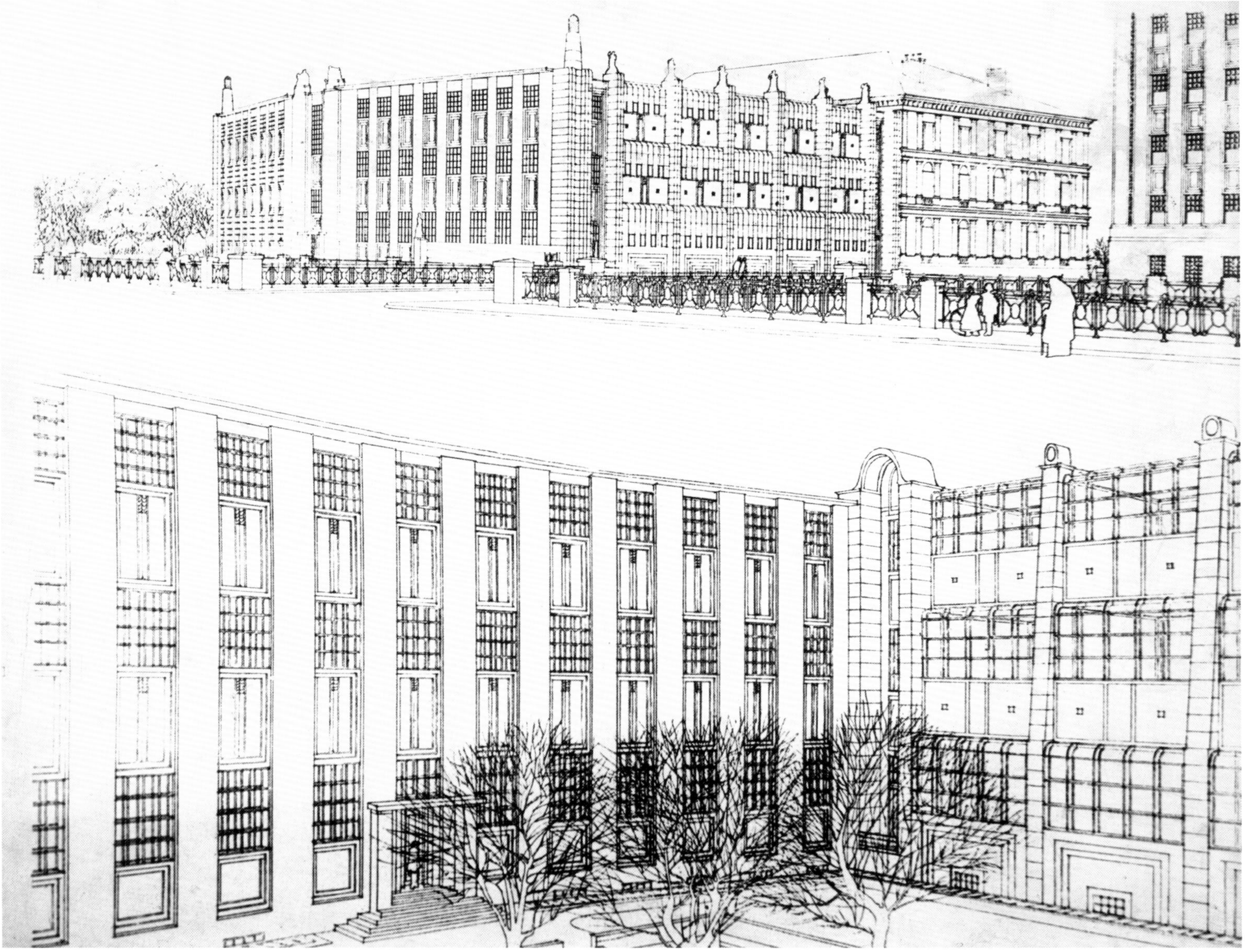

Abb. 40 JH, Projekt Ausbau der Kunstgewerbeschule, Wien, 1905/06
Straßen- und Hofansicht
MAK, KI 8951-39

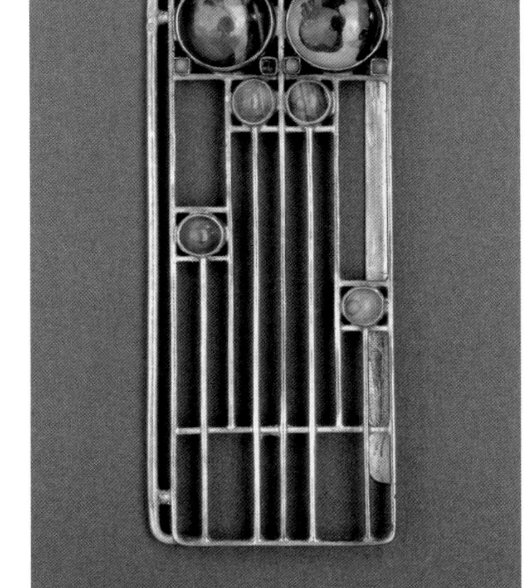

Abb. 41 JH, Schließe, ausgeführt von der Wiener Werkstätte (Karl Ponocny), 1904/05
Silber, Opal, Malachit und Koralle
MAK, BJ 1302

Josef Hoffmann 1901 1906

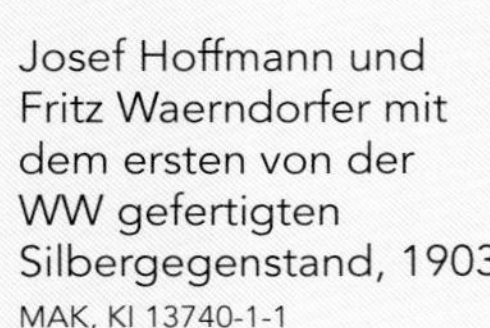

Josef Hoffmann und Fritz Waerndorfer mit dem ersten von der WW gefertigten Silbergegenstand, 1903
MAK, KI 13740-1-1

Karikatur von Carl König auf Josef Hoffmann im Kampf mit Pallas Athene gegen Lineal und Zirkel, aus der Mappe, die dem Architekten J. M. Olbrich von seinen Freunden zur Erinnerung an den Bau des Secessionsgebäudes überreicht wurde.
VS (4) 3 1901, 50

1901
Entwurf und Bau des Forstamts der Wittgenstein'schen Forstverwaltung (für Karl Wittgenstein) und des Wohnhauses für die Forstbeamten in Hohenberg. Die ersten Wohnhäuser auf der Hohen Warte, das Doppelhaus Moser-Moll sowie das Haus Henneberg, werden fertiggestellt und dokumentieren erstmals das lebensreformerisch orientierte Anliegen Josef Hoffmanns, zu einer umfassenden Einheit von Haus, Einrichtung und Gartengestaltung als idealer Bau- und Wohnform zu gelangen. Er führt zahlreiche Aufträge für Wohnungseinrichtungen aus, u. a. für Helene Hochstetter, Magda Mautner-Markhof, Hugo Koller und Gustav Pollak. Sie werden unter Mitarbeit seines Schülers Franz Messner und weiterer junger Architekten seines Bauateliers an der Kunstgewerbeschule geplant.

1902
XIV. Secessionsausstellung: Josef Hoffmann übernimmt die künstlerische Gesamtleitung und die Raumgestaltung. Zentrum der Ausstellung ist die polychrome Beethovenstatue Max Klingers, um die herum andere Secessionskünstler, u. a. Gustav Klimt mit dem berühmten Beethovenfries, das Ideal eines Gesamtkunstwerks im Dienste der Heroisierung einer Künstlerpersönlichkeit modellhaft verwirklichen. Die für die Entwicklung einer abstrakten, konstruktiven Richtung innerhalb der österreichischen Kunst wichtigen Supraportenreliefs Hoffmanns markieren in diesem Ensemble dessen Abkehr von den organisch-kurvilinearen zugunsten der elementar-geometrischen Formen im Entwurf für Architektur und Kunsthandwerk. Im selben Jahr entstehen das Speisezimmer für Fritz Waerndorfer und die Einrichtung der Wohnung für Dr. Johannes Salzer, den Schwiegersohn Karl Wittgensteins.

1903
In dieses Jahr fällt die Gründung der „Wiener Werkstätte". Josef Hoffmann und Koloman Moser übernehmen die künstlerische Leitung, der Industrielle Fritz Waerndorfer betreibt als Financier die kaufmännische Leitung. Die ursprünglich nur als Silberwerkstätte geplante Genossenschaft bezieht mit drei geschulten Handwerkern eine kleine Wohnung in der Wiener Heumühlgasse 6. Für Sonja Knips richtet Josef Hoffmann in der Gumpendorferstraße eine Wohnung im strengen Frühstil der WW ein. Im selben Jahr entsteht ein Sommer- und Bootshaus für die Familie Knips in Seeboden am Millstätter See.

Als weiteres großes Bauvorhaben realisiert Hoffmann das Gewerkschaftshotel der Stahlhütte Poldi in Kladen (Kladno), Böhmen, die bis 1898 im Besitz Karl Wittgensteins war. Für die Familie Wittgenstein stellt Hoffmann die evangelische Waldkirche mit Pfarrhaus in St. Aegyd in Niederösterreich fertig.

1904
Die Wiener Werkstätte erweitert sich und übersiedelt: In einem Fabriksgebäude in der Neustiftgasse 32–34 werden Ateliers für Metall- und Edelmetallarbeit, Lederarbeit, Buchbinderei, Tischlerei und Lackiererei sowie Büros und Verkaufsräume von Josef Hoffmann eingerichtet. Am Beginn ist dem Werkstättenbetrieb auch ein Baubüro angegliedert, das Hoffmann leitet. Hauptanliegen der Werkstätte ist, neben der handwerklichen Produktion von Einzelobjekten höchster Qualität im Bemühen, eine der Zeit entsprechende Formensprache zu entwickeln, auch für die Herstellung kompletter Innenausstattungen, die vom Möbel bis zur Kuchengabel alles dem Gestaltungswillen der Gründer unterwerfen. Der Betrieb existiert bis ins Jahr 1932. Bau des Sanatorium Westend in Purkersdorf bei Wien, einer der programmatischen Höhepunkte im architektonischen Werk Hoffmanns. Das luxuriöse Kurhaus für Victor Zuckerkandl, den Schwager der Kunstkritikerin und Förderin der Secession Berta Zuckerkandl-Szeps, ist durch die Klarheit der formalen Disposition, die radikale Einfachheit seines kubischen Zuschnitts und die innovative Eisenbetonkonstruktion ein Schlüsselwerk der modernen Architektur Österreichs.

Gustav Klimt, Fritz Waerndorfer, Josef Hoffmann und Koloman Moser im Garten der Villa Waerndorfer, 1903
MAK, KI 13740-1-3

Von links: Josef Hoffmann, Max Reinhardt, Anna Moll, Gustav Klimt (sichtbar) im Garten der Villa Moll, Hohe Warte, 1905
Fotografie von Moritz Nähr
MAK, KI 13740-1-2

Neben dem Gebäude entwirft Hoffmann gemeinsam mit Koloman Moser die gesamte Innenausstattung sowie alle technischen und dekorativen Elemente, die von der Wiener Werkstätte ausführt werden. Ebenfalls mit Kolo Moser wird der Modesalon Flöge, den Emilie Flöge, „Lebensmensch" Gustav Klimts, gemeinsam mit ihren Schwestern Helene (Witwe nach Gustav Klimts Bruder Ernst) und Pauline in der Mariahilfer Straße 1a eröffnet, ausgestattet. Für Gustav Klimt selbst richtet Hoffmann dessen Atelier in der Josefstädter Straße 21 ein.

1905

Hoffmann beschäftigt sich vor allem in Wien mit weiteren Villenbauten, die gestalterische Ideen der englischen Arts & Crafts-Bewegung, die elementargeometrische Ausdrucksweise und neue Interpretationen der klassischen Formsprache verbinden: Wohnhaus und Inneneinrichtung für Alexander Brauner auf der Hohen Warte und Wohnhaus für den Dichter Richard Beer-Hofmann in der Hasenauerstraße. Josef Hoffmann reist nach Belgien und schließt mit Adolphe Stoclet, den er bei dessen Wienaufenthalt kennengelernt hat, den Vertrag über die Errichtung eines Palais am Stadtrand von Brüssel ab. Begegnungen mit Constantin Meunier und George Minne. Austritt der sogenannten „Klimt-Gruppe", darunter auch Josef Hoffmann, aus der Secession wegen unüberwindlicher Gegensätze in Zusammenhang mit der ideologischen Umsetzung der Einheit der Künste und somit dem Ideal des Gesamtkunstwerks.

1905–1911

Errichtung des Palais Stoclet in Brüssel. Hoffmann entwirft das Wohnhaus, die komplette Innenausstattung, Gartenanlagen sowie alle Nebengebäude. Der dreigeschossige Bau mit dem charakteristischen Turm wird in eine homogene Haut aus Marmorplatten gekleidet, die an den Kanten mit reliefierten Metallprofilen gefasst sind. Die Innenräume sind als sorgfältig abgestimmte Folge von Eindrücken konzipiert und kulminieren in der zentralen, offenen, zweigeschossigen Halle. Künstler wie Gustav Klimt (Mosaikfries im Speisezimmer), George Minne (Marmorbrunnen), Carl Otto Czeschka (Glasfenster), Michael Powolny (Keramik), Leopold Forstner (Mosaike), Franz Metzner (Skulpturen) beteiligen sich an der aufwendigen Ausstattung des Stadthauses im Sinne der Gesamtkunstwerk-Idee, das bis heute nahezu unverändert erhalten ist. Der Großauftrag finanziert die Erweiterung der Produktion in der Wiener Werkstätte. Für Karl Wittgenstein realisiert Hoffmann den Umbau und die Einrichtung des Jagdhauses Hochreith bei Hohenberg in Niederösterreich und für Hermann Wittgenstein eine Wohnungseinrichtung in Wien; beide Arbeiten entstehen 1905/06. ■

Vorraum zum Atelier Gustav Klimts in der Josefstädter Straße 21
Einrichtung Josef Hoffmann, 1904
MAK, KI 13740-14

Abb. 1 Wilhelm Schmidt (Entwurf), Ausstellungsschrank, Abteilung der Wiener Kunstgewerbeschule auf der Pariser Weltausstellung, 1900
MAK, KI 7401-3

Matthias Boeckl

Im Labor der Moderne

Josef Hoffmanns Fachklasse für Architektur an der Wiener Kunstgewerbeschule 1899–1918

Die Kritik an mangelndem Praxisbezug und am historischen Formenvokabular, das man an der Wiener Kunstgewerbeschule nach Vorbildern der Museumssammlungen erlernte, begann bereits in den 1880er Jahren und intensivierte sich stetig.[1] Mit der Berufung von Otto Wagner 1894 an die Wiener Akademie der bildenden Künste und 1898 in das Kuratorium des k.k. Österreichischen Museums für Kunst und Industrie begann die Modernisierung dieser Institutionen. Im Kuratorium sorgte Wagner 1899 dafür, dass die Pensionierungswelle der seit den 1860er Jahren amtierenden Gründungsprofessoren der Kunstgewerbeschule für die Wende zur Moderne genutzt wurde und schlug vier seiner Schüler als Nachfolgekandidaten für den Architekturprofessor Josef von Storck vor.[2] Mit der darauffolgenden Berufung des 28-jährigen Josef Hoffmann, der die Staatsgewerbeschule in Brünn sowie die Meisterschulen von Carl von Hasenauer und Otto Wagner in Wien erfolgreich absolviert hatte, als Leiter einer der drei Fachklassen für Architektur nahm die Modernisierung der Designer- und Architektenausbildung Fahrt auf. Kurz davor und danach wurden mit Felician von Myrbach, Alfred Roller und Koloman Moser weitere junge Secessionisten als Professoren an die Kunstgewerbeschule berufen, womit die Wiener Kunstrevolution des „Heiligen Frühlings" bereits unmittelbar nach ihrem Erstauftritt staatlich institutionalisiert war. Mit der Berufung von Heinrich Tessenow 1913 und jener von Oskar Strnad 1914 wurde an der Architekturabteilung der Wiener Kunstgewerbeschule der Generationswechsel von der Gründerzeit zur Moderne abgeschlossen.

Künstler-Eigenart und Einheit der Künste

In der Architekturfachklasse von Hoffmanns Vorgänger Josef von Storck war jahrzehntelang die exakte Reproduktion historischer Formen und deren Anwendung auf den Möbelbau im Mittelpunkt gestanden. Diese Klasse existierte 1899 allerdings nur mehr auf dem Papier, da sich der Ornamentzeichner Storck auf den Unterricht im *Special-Atelier für das Spitzenmusterzeichnen* zurückgezogen hatte. In seiner alten Architekturklasse saßen vor Hoffmanns Amtsantritt 1899 nur mehr zwei Schüler.[3] Aber schon im Schuljahr 1900/01 waren es 14 Schülerinnen und Schüler, die Hoffmann allerdings von anderen Abteilungen übernehmen musste und noch nicht selbst unter den Bewerbern ausgewählt hatte. Acht von ihnen absolvierten aber noch im gleichen Schuljahr und verließen die Klasse.[4] Obwohl sie nur ein Jahr bei Hoffmann studiert hatten, wirkte sich dessen Einfluss dennoch aus – etwa bei Gustav Siegel, der schon seit 1897 an der Schule war, bei Hoffmann 1901 absolvierte und auf dessen Empfehlung beim innovativen Bugholz-Möbelhersteller Jakob & Josef Kohn als Chefdesigner angestellt wurde.[5] – Von den übrigen sechs Schülerinnen und Schülern des ersten Jahres setzten nur Max Benirschke und Johann Scharfen ihr Studium bei Hoffmann fort.[6] Gemeinsam mit den im Herbst von Hoffmann nun selbst aufgenommenen Schülern Karl Bräuer, Fritz Dietl, Mauritius Herrgesell, Adolf Holub, Julius von Kalmar, Johann Stubner, Carl Witzmann und neun weiteren war im Schuljahr 1901/02 die erste kompakte Gruppe junger Künstler entstanden, die im Sinne Otto Wagners von einem seiner eigenen Schüler vollständig im Geist der Moderne ausgebildet werden konnte.[7] Schon während ihres Studiums wirkten diese Eleven als „Nachwuchspersonal" an zahlreichen Veranstaltungen der Bewegung intensiv mit. Und bereits nach wenigen Jahren konnten die Secessionisten an der Kunstgewerbeschule die moderne Revolution der Kunstausbildung durch Berufungen eigener Absolventen, insbesondere von ehemaligen Schülern Hoffmanns, langfristig absichern: Otto Prutscher etwa lehrte 1909–39 und 1944–46 über drei Jahrzehnte lang an der „Angewandten"; Carl Witzmann mit Kriegsunterbrechung (1908–15, 1918–45) und Eduard Josef Wimmer-Wisgrill (1912–23 und 1925–55) ebenso wie Otto Niedermoser als Assistent und dann als Professor (ab 1923 bzw. 1936–73) wirkten rund 40 Jahre am Stubenring.[8]

Bei seinem Amtsantritt änderte Hoffmann sofort und radikal die Lehrinhalte und -methoden von Storcks. Alles war auf Befreiung und Freilegung der individuellen „Eigenart" angelegt: Das Studium historischer Formen wurde ersatzlos gestrichen (weiterhin fand es in den allgemeinen Klassen sowie in Lehrveranstaltungen parallel zum Fachklassenunterricht statt) und die Studierenden konnten ihre Arbeitsthemen, die sich nun keineswegs mehr auf Möbel beschränkten, innerhalb eines gesteckten Rahmens relativ frei wählen. Mit der Absage an jede „Arbeitsteilung" zwischen Spezialisten

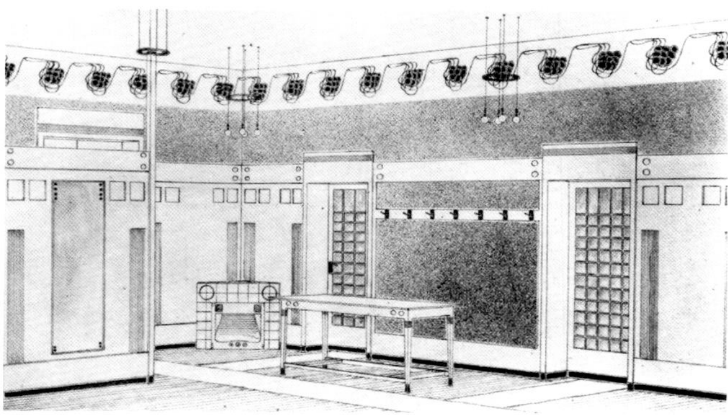

Abb. 2, 3, 4 Ausstellung der Fachklasse Josef Hoffmann in Prag, 1901, Kamin (Entwurf: Gisela von Falke, Ausführung: L. & C. Hardtmuth, Franz Messner), Salonschrank (Entwurf: Emil Holzinger, Ausführung: G. Gilgen), Schneidersalon (Entwurfszeichnung von Carl Witzmann)
MAK, KI 7425-84, -32, -28

für „angewandte" und „freie" Kunst – bei der Architektur zwischen Bauplanung und Inneneinrichtung – setzte Hoffmann eine Grundforderung der Moderne im Handstreich um: Die Einheit der Künste aus dem Geist der Zeit war schon Programm der Secession und wurde nun mit Langzeitfolgen auch auf die Kunstausbildung angewendet. Eine akademische Fernwirkung dieser Revolution war die finale Überwindung der gründerzeitlichen Hierarchie der Künste durch das *Upgrading* der Kunstgewerbeschule zur Hochschule im Jahr 1941, also vom sekundären zum tertiären Bildungssektor, gleichrangig mit der Akademie der bildenden Künste und der Technischen Hochschule. Damit wurde ein altes Problem ehemaliger Studierender einer Architekturklasse der Kunstgewerbeschule saniert: Da diese „nur" Absolventen einer Sekundar-Schulstufe waren und somit keine akademische (ab 1937 auch keine berufsrechtliche) Befugnis als Architekten erworben hatten, setzten viele von ihnen vor 1941 ihr Studium an einer Meisterschule der Akademie der bildenden Künste fort.[9]

Mitten im Leben

Wie anders und pulsierend vital Hoffmanns Unterricht im Vergleich zu jenem seiner beiden weiterhin amtierenden Architekten-Kollegen aus der Gründergeneration der Kunstgewerbeschule war,[10] zeigt ein Vergleich ihrer Berichte über das Schuljahr 1906/07. Hermann Herdtles Schüler arbeiteten

> „Entwürfe zu einfachem Mobiliar profaner und kirchlicher Art, zu Anordnungen ganzer Innenräume (Wohnräume und Geschäftslokalitäten) sowie auch für einfache architektonische Objekte aus. Nebstbei wurden von den meisten Schülern Skizzen nach Sammlungs-Gegenständen sowie perspektivische Aufnahmen aus dem Österr. Museum und aus Kirchen ausgeführt."

Von diesen traditionellen Aufnahmen historischer Objekte im benachbarten Museum ist bei Hoffmann nicht mehr die Rede. Seine Architekturklasse steht mitten im urbanen Alltagsleben und gestaltet dieses sichtbar mit:

> „Es wurden Entwürfe für Vorsatzpapiere, Stoffmuster, Druckmuster, Tapeten, Plakate, Möbel, Innenräume, kleinere und größere Bauten verfertigt. Auch wurden viele Entwürfe theils von Firmen, theils von Privaten zur Ausführung gekauft. Bei den vom Verlag Koch ‚Kunst und Dekoration' ausgeschriebenen Concurrenzen hat die Schule fast die meisten Preise davongetragen. Ferner wurden in der Schule die Decorations- u. Kostümentwürfe für einige Stücke der Volksbühne verfertigt, ebenso hatte die Schule die sehr dankenswerte Möglichkeit, durch die Übergabe der vollständigen Inszenierung der Volksfeste im Dreherpark und in Pechlarn ihre Fertigkeit zu üben und für einen bestimmten Zweck alle Kräfte anzuspannen. Dies gilt hauptsächlichst für die Inszenierung und Costümierung der Pantomime ‚Tänzerin und Marionette' und des Lustspiels ‚Balder', welch letzteres im Verein mit der Schule Professor Česchka durchgeführt wurde. Eine kleine Ausstellung von Schülerarbeiten, die im Berliner Kunstgewerbeverein im letzten Spätsommer veranstaltet wurde, hatte allseits die Aufmerksamkeit auf die Leistungen der Schule gelenkt, auch wurde diese in vielen Kunstzeitschriften publizirt und besprochen. In letzter Zeit wurde im Einvernehmen mit dem Eisenbahnministerium der Versuch gemacht, die Frage der Arbeitercolonien durch die Schule zu studieren, um eventuelle Verschönerungen und Verbesserungen auf diesem allzu wichtigen Gebiet vorschlagen zu können."[11]

Mit dieser beeindruckenden Breite an Schüleraktivitäten in allen Bereichen des modernen Lebens und allen Produkt-

phasen vom Entwurf über die Herstellung bis zum Gebrauch wurde auch ein egalitäres Grundideal der Moderne realisiert. Hoffmann bearbeitete in seinem Labor der Moderne einige entscheidende Schauplätze des Wandels: Die Arbeit an sozialen Wohnbauprojekten für Eisenbahner entkräftet schon in dieser frühen Phase den Elitarismus-Vorwurf vieler Gegner der Secessionisten und beweist die Relevanz des Ästhetischen gerade im Alltag der Arbeiterschicht. Die gemeinsame tatkräftige Mitwirkung der Kunstgewerbeschule an einem urbanen Open-Air-Theaterprojekt in Wien, für das die Schüler die Kostüme und Bühnenbilder nicht nur entwarfen, sondern auch selbst herstellten und als Schauspieler nutzten,[12] zeugt von modernem Teamgeist und ist ein anschauliches Dokument des Einheitsideals der Moderne: Deren Verständnis umfassender Umweltgestaltung kennt weder Gattungs- noch Funktionsgrenzen. Letztlich beweisen auch die Ankäufe von Schülerentwürfen sowie die vielen Ausstellungen und Publikationen eine starke Marktnachfrage für moderne Gestaltungsstrategien und das Zeitgemäße dieser Konzepte.

Abb. 5, 6, 7 Ausstellungen der Fachklasse Josef Hoffmann im ÖMKI, Ausstellungsansichten (1903) und Hausentwurf von Fritz Zeymer (1906)
MAK, KI 7557-7, -9, 7652-30

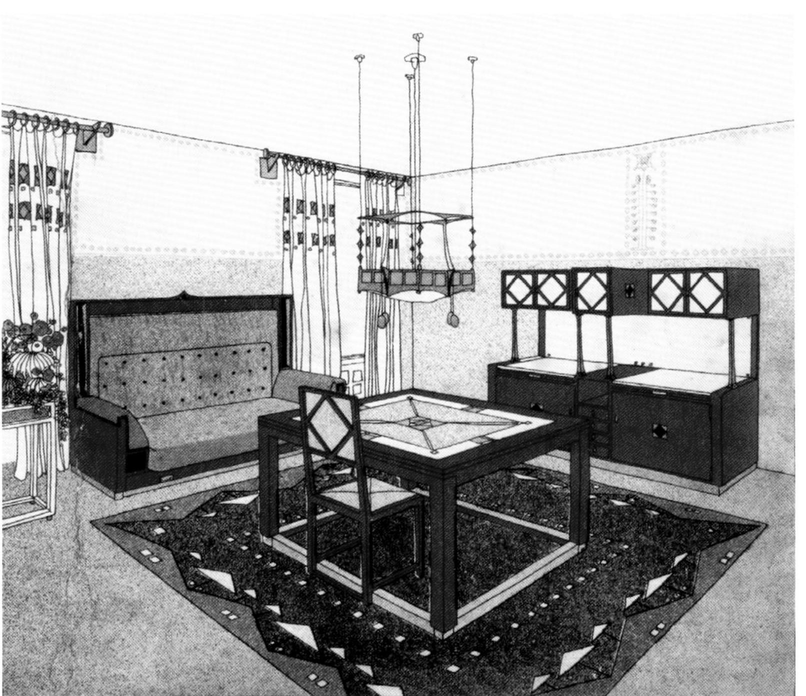

Abb. 8, 9 Ausstellung der Fachklasse Josef Hoffmann auf der Weltausstellung St. Louis, 1904, Entwürfe für ein Schlafzimmer (Alois Hollmann) und ein Wohnzimmer (Max Benirschke)
MAK, KI 14171-12-2 und -1-4

PERSONEN-VERZEICHNIS

DER JUNGE KÖNIG	HR. STROHOFER
DIE TÄNZERIN	FRL. GRETE WIESENTHAL
DER KANZLER	HR. FELIX TIETZE
DER HOFMARSCHALL	HR. LEON AMAAR
DER HANSWURST	HR. MORITZ JUNG
DIE SECHS WÜRDENTRÄGER	HR. EMANUEL MARGOLD HR. ANTON HAFERL HR. REINHOLD THIEDE HR. RUDOLF BÖTTGER HR. RUDOLF HÜBER HR. VICTOR WASCHNITIUS
DIF SECHS HOFDAMEN	FRL. MARIE BERNATZIK FRL. NELLY ATLAS BARONESSE ENGERTH FRL. LISL V. WOLTER FRL. ELLA KENDE BARONESSE MAR. WIESER
DIE VIER EDELKNABEN	HR. FRANZ DELAVILLA HR. FELIX HEUBERGER HR. HANS BOLEK BARON FRITZ WIESER
SECHS BAUERN	HR. ALFRED GERSTENBRAND HR. ADOLF HOLUB HR. ALFRED BISCHOF HR. FRITZ ZEYMER HR. RUDOLF GUSSENBAUER HR. ANTON KLING
SECHS BÄUERINNEN	FRL. HELENE BERNATZIK FRL. LILITH LANG BARONESSE BEATR. WIESER FRL. BERTHA WIESENTHAL FRL. HILDA WIESENTHAL FRL. WIESENTHAL
DER HIRT	HR. ERWIN LANG
ZWEI SCHARFRICHTER	BARON WOLFGANG WIESER HR. DR. FRANZ EXNER
DIE BAUERNKINDER	

□ DER JUNGE KÖNIG und die TÄNZERIN treten, Arm in Arm, auf. Er streichelt und küßt ihre Hände, dann ihre Arme, dann will er sie küssen. Sie wirft den Kopf zurück und sieht ihn strafend an. Er ist gekränkt und erzürnt und beruft sich auf seine Königswürde. In diesem Augenblick ertönt von Ferne eine Hirtenflöte. Die Tänzerin läßt ihn los und lauscht, ergriffen und wie verloren. Die Flöte verstummt, die Tänzerin steht eine Weile sinnend da, dann erwacht sie wie aus einem Traum und küßt den König leidenschaftlich: Er nickt befriedigt, klatscht in die Hände, und es zieht der HOFSTAAT auf, voran Pagen, dann der Kanzler, ein kleines dürres Männchen, der Hofmarschall, groß und stark, die Würdenträger und Hofdamen. Zwei Lakaien tragen den Thronsessel herbei, auf den sich der König niederläßt. Er erklärt der Versammlung, daß er der Tänzerin seine Huld geschenkt hat, und winkt den Lakaien, einen zweiten Thronsessel herzutragen. Das geschieht und die Tänzerin will sich hocherfreut, kindisch in die Hände klatschend, darauf setzen, nimmt dem König schon das Szepter aus der Hand, als dieser etwas erstaunt mit dem Ausdruck "Wie kann Dir so was einfallen!" es ihr wieder wegnimmt, sie vom Thronsessel weist und ihr erklärt, daß er leer bleiben wird; sie dürfte zu seinen Füßen sich niederlassen, was sie dann auch tut, die herabhängende Hand des Königs zärtlich küssend. Die Hofleute zeigen darüber Beruhigung und Befriedigung.

□ Der König wird aufmerksam darauf, daß an der anderen Seite des Planes Leute aus dem Volke aufgetreten sind, bunt und lustig gekleidet, noch mit den Zeichen ihrer Beschäftigung in der Hand: mit Gras in der aufgebundenen Schürze und Sichel die Frauen, die Männer mit aufgestreiften Hemdärmeln, alle aber in froher Erwartung von etwas Kommendem, wobei sie dem Hofstaat nur flüchtige Blicke zuwerfen, die Mädchen knixen und wenden sich rasch ab. Der König befiehlt dem Hofmarschall nachzufragen, was das Volk hat; der Hof-

Abb. 10 Die Tänzerin und die Marionette, Gartenfest in Weigl's Dreherpark, 6.–7.6.1907, Programmheft zur Pantomime, Besetzungsliste mit Hoffmann-SchülerInnen
Theatermuseum Wien
© KHM-Museumsverband

Internationale Präsenz

Von Anfang an beteiligten sich Hoffmann und seine Klasse intensiv an großen offiziellen Ausstellungsprojekten. Außerdem präsentierte man fast jedes Jahr eigene Klassenausstellungen im In- und Ausland. Als Miterfinder der „modernen Medienstrategie" der Präsentation von 1:1-Modellen[13] und deren intensiver publizistischer Verwertung in den zahlreichen neugegründeten illustrierten Fach- und Publikumszeitschriften setzte Hoffmann neue Maßstäbe. Dies begann schon 1900 mit seiner Gestaltung des Raums der Kunstgewerbeschule auf der Pariser Weltausstellung, die etwa für Hoffmanns Schüler Carl Witzmann ein Erweckungserlebnis darstellte:

> „Seine Arbeiten waren revolutionär, die Zeit war eine Sturm- und Drangzeit für die hohe und angewandte Kunst. Besonders eine seiner ersten Arbeiten, die Gestaltung des Raumes für angewandte Kunst für die Weltausstellung in Paris 1900, gab dem ganzen damaligen formalen Schaffen einen gewaltigen Stoß, brachte das formale Empfinden in ganz neue Bahnen."[14]

Abb. 11 Fritz Zeymer, Landhausentwurf, wohl 1908 bei einer Schulausstellung in London gezeigt
Kunsthandel Widder, Wien

Aus Hoffmanns eigener Klasse waren auf dieser Präsentation bereits erste Schülerarbeiten zu sehen, etwa ein Aus- 1
stellungsschrank von Wilhelm Schmidt.

Bis 1914 folgten auf diesen spektakulären internationalen
Erstauftritt zahlreiche weitere – in der Regel von Hoffmann
selbst gestaltete – Ausstellungen der Kunstgewerbeschule
sowie Präsentationen seiner Fachklasse für Architektur. Einige
der erfolgreichsten Einzelausstellungen und Beteiligungen
vor dem Ersten Weltkrieg sind gut dokumentierbar. Die erste
Schau in Prag bestritt Hoffmann 1901 gemeinsam mit seinem
Kollegen aus der Wagner-Schule Jan Kotěra, der – ebenfalls 2 3 4
1899 – zum Professor an der Prager Kunstgewerbeschule
ernannt worden war. Die Zwischenbilanz der beiden einflussreichen Wagner-Schüler nach nur eineinhalb Jahren Lehrtätigkeit zeigte bei Hoffmanns Studierenden bereits unübersehbare Spuren seines Wirkens: Der Blumendekor auf den Fliesen eines *Kamins* von Gisela von Falke ist bereits klar abstrahiert und nicht mehr historisierend oder realistisch gestaltet, ein *Salonschrank* von Emil Holzinger zeigt das typisch Wagner'sche Kranzgesims, ein *Damenschlafzimmer* von Wilhelm Schmidt erinnert mit seinem kurvilinearen Blumendekor an die Pariser Präsentation des Vorjahres und der *Schneidersalon-Entwurf* von Carl Witzmann verwendet bereits ausführlich das von Hoffmann soeben für Design und Architektur entdeckte Quadratmotiv.

Weitere Präsentationen der Hoffmann-Klasse fanden 1903 im benachbarten Kunstgewerbemuseum, 1904 auf der Weltausstellung in St. Louis, 1906 erneut im Wiener Museum, 1907 im Kunstgewerbeverein zu Berlin[15], 1908 in London und 1912 wieder in Wien statt. Damit belegen sie eine bemerkenswerte nationale und internationale Präsenz der Schule.

Die Schulausstellung 1903 zeigt bereits deutlich, dass 5 6 7
die Hoffmann-Klasse die frühere Beschränkung auf Innenarchitektur schon weit hinter sich gelassen hatte und nun bereits komplett durchgearbeitete Modelle von Einfamilienhäusern samt Gartengestaltung (etwa von Fritz Zeymer) präsentieren konnte. In St. Louis zeigte die Fachklasse eine große Serie spektakulärer Farbperspektiven von Innen-

Abb. 12 Maria Strauss-Likarz, Modebild, Wiener Werkstätte, Postkarte Nr. 769, 1912
MAK, KI 8873-149

>
Abb. 13 Otto Prutscher, Vitrinenschrank im Raum für einen Kunstliebhaber, Kunstschau Wien 1908
MAK, H 3985

räumen, in denen das Quadratmotiv an Böden, Decken und Wänden dominierte.[16] Beim „Heimspiel" der Schule 1906 im Wiener Kunstgewerbemuseum konnte die Hoffmann-Klasse bereits vollständig ausgeführte Einrichtungen zeigen, beispielsweise ein *Schlafzimmer* von Fritz Zeymer, das mit seinen klaren Flächen wie eine direkte Umsetzung seiner Entwürfe von St. Louis wirkt. Auch im Jahr 1908 konnte man einige Entwürfe auf der Schulausstellung in London zeigen.[17] Auf der berühmten Wiener *Kunstschau* der Klimt-Gruppe im gleichen Jahr, deren Bauten ja Hoffmann entworfen hatte, war die Kunstgewerbeschule – im Gegensatz zur Wiener Werkstätte – nicht mit einer eigenen Präsentation vertreten. Hier konnte Hoffmann jedoch Arbeiten seiner nunmehr selbständig arbeitenden ersten Absolventen zeigen, darunter
13 den bekannt gewordenen *Vitrinenschrank für eine Glassammlung* von Otto Prutscher. Die Frühjahrsausstellung österreichischer Kunstgewerbe samt Ausstellung der Kunstgewerbeschule 1912 schließlich, die bereits in den großen
14 Sälen des 1909 von Ludwig Baumann errichteten Zubaus zum Wiener Kunstgewerbemuseum gezeigt wurde, präsentierte sowohl Arbeiten von aktuellen Hoffmann-Schülern als auch von Absolventen, darunter ein Landhausmodell von Carl Witzmann sowie komplette Innenräume von Adolf Holub, Otto Prutscher und Eduard Josef Wimmer-Wisgrill, Möbel von Josef Zotti und einen Empfangssalon von Hoffmann selbst.

Architektinnen und Designerinnen[18]

In Österreich gab es den vollen Zugang zum Architektenberuf für Frauen erst ab 1919, als sämtliche Hochschulen begannen, auch weibliche Studierende zuzulassen. Dennoch existierten schon vorher inoffizielle Möglichkeiten für Frauen, den Beruf zu erlernen, wenn auch nicht an einer Hochschule, so doch in einer berufsbildenden höheren Schule. Denn bis zur 2. Ziviltechnikerverordnung von März 1937 war der Titel „Architekt" keine geschützte Berufsbezeichnung, weshalb sich im Grunde jedermann so nennen, Bauentwürfe produ-

Abb. 14 Frühjahrsausstellung österreichischer Kunstgewerbe und Ausstellung der Kunstgewerbeschule im ÖMKI, Saal XX, Wien, 1912
MAK, KI 7835-17

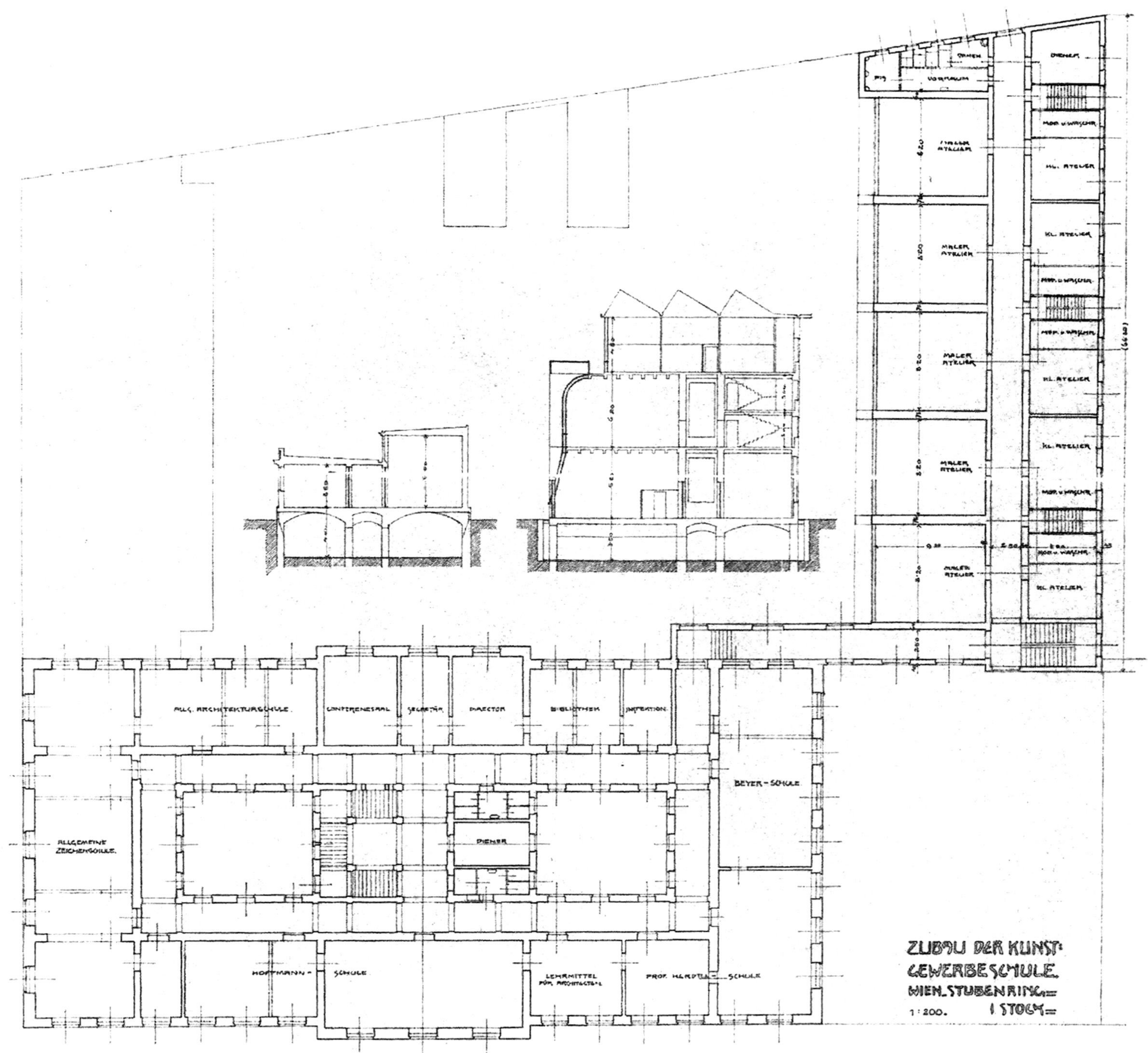

Abb. 15 JH, Entwurf eines Zubaus zur Kunstgewerbeschule, Wien, 1901, Grundriss 1. Obergeschoss, Schnitte

ÖStA, AVA, Unterricht 29.550, 1901

Professor Josef Hoffmann

überreicht im Eilschritt sein Projekt für die neue Kunstgewerbe-Schule, damit ihm niemand zuvorkommt.

Abb. 16 „Professor Josef Hoffmann überreicht im Eilschritt sein Projekt für die neue Kunstgewerbeschule, damit ihm niemand zuvorkommt", Karikatur in *Figaro*, Wien, 27.7.1907, 431

ÖNB

Abb. 17, 18 Entwürfe für Flächengestaltungen aus der Fachklasse Hoffmann von Johann Stubner, Jutta Sika und Franz Burian
Die Fläche I 1903, 82, 6

zieren und sie von befugten Ausführenden bei den Baubehörden einreichen lassen konnte. Dies ermöglichte Architektinnen wie Margarete Lihotzky, die an der Wiener Kunstgewerbeschule studiert hatten, eine Berufspraxis mit dem Schwerpunkt der Innenarchitektur. Die Schule hatte bereits lange vor 1900 Frauen in die Architekturklassen aufgenommen, die dort in der Regel Möbel- und Dekorationsentwurf lernten. In Josef Hoffmanns Klasse, an der üblicherweise zwischen 15 und 20 Studierende lernten, stieg der Frauenanteil zwischen 1899 und 1918 kontinuierlich an: Waren es im ersten Jahr Hoffmanns nur zwei Frauen, so fanden sich – auch kriegsbedingt – im Schuljahr 1917/18 nicht weniger als 17 Schülerinnen in seiner Architekturklasse. Vor Kriegsbeginn hatte ihr Anteil zwischen fünf und 36 Prozent der Studierenden betragen. Durch die Einberufungen schnellte er während des Krieges auf die Bandbreite von 40 bis 85 Prozent. Die Schülerinnen bearbeiteten bei Hoffmann von Anfang an die gleichen Entwurfsprogramme wie die Schüler, beschränkten sich wie diese keineswegs auf Innenarchitektur und ihre
12 17 18 Arbeiten wurden gleichberechtigt ausgestellt und publiziert.
Viele von ihnen spezialisierten sich allerdings in der Folge auf kunstgewerbliche Techniken, die sie im Rahmen der Wiener Werkstätte oder als freie Künstlerinnen praktizierten.[19]

Ein Glashaus für Künstler

Eine zentrale Vision der modernen Bewegung war die kol-
lektive Arbeit an gemeinsamen Projekten in Werkstatt und 15
Atelier. Die Werkstatt war das Sinnbild einer Basisdemokratie der Künstler und Handwerker *in nucleo*. Hier wollten die Avantgardisten höchste Handwerksqualität und „ehrliche" Materialtreue erreichen sowie selbstlos Seite an Seite mit einfachen, aber gleichberechtigten Werkleuten arbeiten. Sobald die Secessionisten Roller, Myrbach, Moser und Hoffmann an der Wiener Kunstgewerbeschule installiert waren, sollten die räumlichen Voraussetzungen für die Realisierung dieses Ideals in Form neuer Ateliers und Werkstätten geschaffen werden. Das 1873/74 vom Ringstraßenarchitekten Heinrich von Ferstel errichtete Schulgebäude bot dafür schon lange keinen Platz mehr und war im Grunde von Anfang an zu klein geplant worden. So entwarf Josef Hoffmann zwischen 1901 und 1909 für den durch die Wienfluss-Regulierung entstandenen Bauplatz hinter der Schule mehrere avancierte Ausbauprojekte, die allerdings – so wie die alternativen Planungen vor 1918 von Ludwig Baumann, Oskar Beyer, Ernst Pliwa / Richard Greiffenhagen, Eduard Zotter und Heinrich Tessenow – allesamt am zähen Widerstand der Aufsichtsbehörde scheiterten.[20]

Unter den Ausbauprojekten von Hoffmann zeigt das erste aus dem Jahre 1901 die innovativste, lauterste und kompromissloseste Lösung für die idealistischen Ziele der Secessionisten. Ohne jede repräsentative Gestik schlägt Hoffmann zwei asketische Werktrakte vor, die im rechten Winkel rückseitig an Ferstels Sichtziegelbau andocken. Insbesondere der südliche Flügel mit seinen nordseitig in große gebogene Glasflächen gehüllten zweigeschossigen Ateliers entspricht – etwa im Vergleich zu Charles R. Mackintoshs *Glasgow School of Art* (1897–1909), J. M. Olbrichs *Ernst-Ludwig-Atelierhaus* in Darmstadt (1899–1901) und Henry van de Veldes *Kunstschule Weimar* (1904–11) – dem neuesten Stand avantgardistischer Bauten für die Kunst. Doch auch seine 1905 und 1908 erarbeiteten Zubauprojekte blieben Entwurf.[21]

Der Erste Weltkrieg

Ein letztes starkes Lebenszeichen vor dem Ende der Monarchie gab die Hoffmann-Klasse mit Entwürfen für kriegsbedingte Bauaufgaben. Da schon im Herbst 1914 absehbar war, dass die private Bautätigkeit sowie diesbezügliche Themenausstellungen fast vollständig zum Erliegen kommen würden, hielt die Kunstgewerbeschule Ausschau nach anderen Möglichkeiten, öffentlich auf ihre Leistungen aufmerksam zu machen. Gut geeignet war dafür etwa die Publikation
19 20 *Einfacher Hausrat* des Kunstgewerbemuseums,[22] zu der aus
der Hoffmann-Klasse u.a. Karl Hagenauer und Richard Diller einige konzise Möbelentwürfe beitrugen. Außerdem kooperierte man mit dem k.k. Gewerbeförderungs-Amt unter Adolf Vetter, der später als erster Chef die österreichischen Bundestheater leiten sollte,[23] „in der Absicht, dazu beizutragen, daß die Erinnerung an den großen Krieg und an die Männer, die darin den Tod erlitten, in würdiger Weise gepflegt und der Nachwelt überliefert werde".[24] Für die Kunstgewerbeschule koordinierte Oskar Strnad dieses Entwurfsprogramm, an dem sich neben dessen eigener Klasse auch die Abteilungen von Franz Barwig, Josef Breitner, Anton Hanak, Josef Hoffmann, Rudolf von Larisch, Robert Obsieger, Michael Powolny, Marie Schmid und Heinrich Tessenow beteiligten. Von den 130 publizierten Entwürfen[25] stammten nicht weniger als 36 aus der Hoffmann-Klasse, während die beiden anderen Architekturklassen unter Strnad und Tessenow 13 bzw. 10 beisteuerten. Strnad selbst lieferte 22 Projekte. Die Projekte der Hoffmann-Klasse stammten von Artur Berger, Moritz Blumann, Mathilde Flögl, Wilhelm Foltin, Franz Hudec,
Rudolf Jirasko, Josef Mata, Maria Strauss-Likarz und Gustav 21 22
Tejcka. – Viele von Hoffmanns Schülerinnen und Schülern aus der Zeit vor 1918 trugen in der jungen Ersten Republik wesentliche Impulse zu Architektur und Design bei und einige von ihnen konnten seine ästhetischen Strategien durch ihre eigene Lehrtätigkeit an der Kunstgewerbeschule über weitere dramatische historische Zäsuren hinweg bis in die 1960er Jahre tradieren. ■

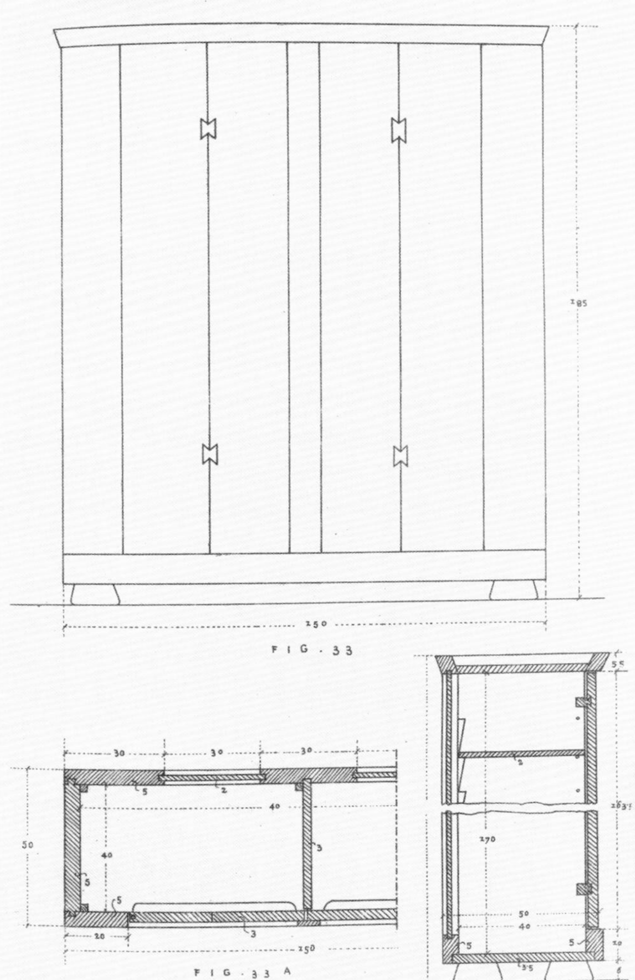

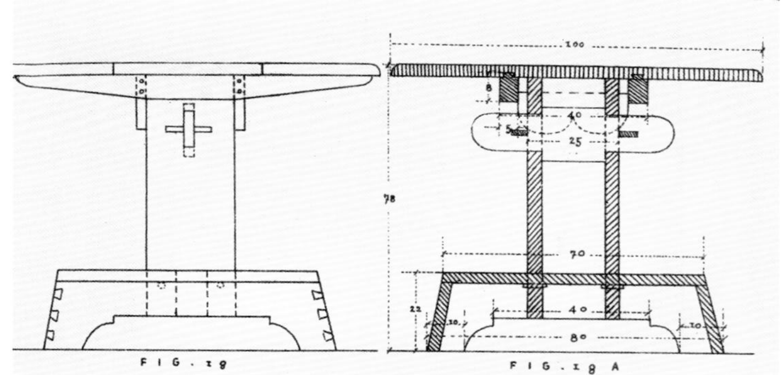

Abb. 19, 20 Karl Hagenauer (Fachklasse Hoffmann), Entwürfe für einen Kleiderkasten und einen Tisch, 1916
Einfacher Hausrat, 1916

DENKMAL
(106).

Eine Parkanlage als Denkmal, mit gezogenen und gestutzten Hecken, mit einem Wasserbecken und einer Springbrunnenfigur. Größe 40×40, mittlere Säule 2 m im Durchmesser, Höhe 15 m.

Entwurf:
Schule Hoffmann: WILHELM FOLTIN, aus Innsbruck.

Abb. 21 Wilhelm Foltin (Fachklasse Hoffmann), Denkmal, 1915
Soldatengräber und Kriegsdenkmale, Wien 1915, 280, T. 106

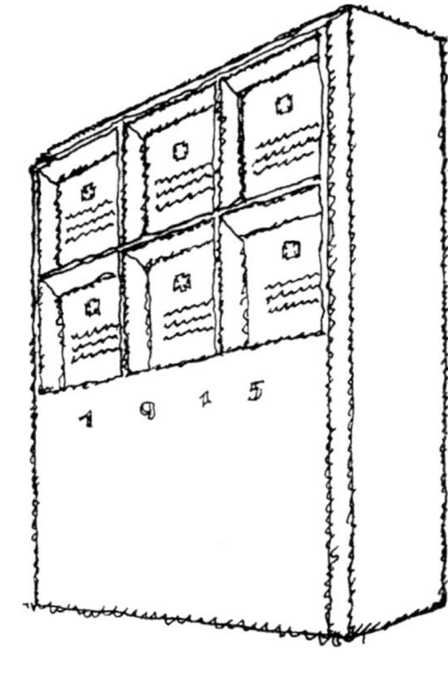

Abb. 22 JH, Entwurf für ein Kriegerdenkmal, 1915
Soldatengräber und Kriegsdenkmale, Wien 1915

1 „Es ist, als ob dem schüler zu gunsten eines starren dogmas die ihm eigene seele aus dem körper hinausgezeichnet, -korrigiert, -konstruiert, -modelliert, und -doziert worden wäre. [...] Das dogma, an dem diese schule zugrunde gehen muß, ist die ansicht, daß unser kunsthandwerk von oben herab, von den ateliers aus reformiert werden soll. Revolutionen aber kommen immer von unten. Und dieses ‚unten' ist die werkstatt. Bei uns herrscht noch die ansicht, daß nur dem der entwurf eines stuhles zugetraut werden kann, der die fünf säulenordnungen in- und auswendig kennt. Ich glaube, ein solcher mann müßte vor allem andern etwas vom sitzen verstehen." Adolf Loos: Schulausstellung der kunstgewerbeschule (30. Oktober 1897), in: Franz Glück (Hg.): Adolf Loos. Sämtliche Schriften 1, 139–143: 141 f.

2 Matthias Boeckl: Baukunst aus Reformgeist. Die Architekturschule der Angewandten, in: Gerald Bast/Anja Seipenbusch-Hufschmied/Patrick Werkner (Hg.): 150 Jahre Universität für angewandte Kunst in Wien. Ästhetik der Veränderung, Berlin 2017, 44–65: 48.

3 Ausweis über die Frequenz der Kunstgewerbeschule [...] des Schuljahres 1899/1900; UaK, Kunstsammlung und Archiv, Zl. 285/1899 und 1175/ 1900.

4 Schülerkatalog Hoffmann 1900/01; UaK, Kunstsammlung und Archiv.

5 Kohn lieferte einige der bekanntesten modernen Möbeltypen und arbeitete mit den renommiertesten Designern der Wiener Moderne zusammen – etwa mit Otto Wagner beim Depeschenbüro *Die Zeit* und mit Adolf Loos beim *Café Museum-Sessel*.

6 Schülerkatalog Hoffmann 1901/02; UaK, Kunstsammlung und Archiv.

7 Hoffmann scheint im ersten Jahr, in dem er allein über die Aufnahme in seine Klasse entschied, noch keine Frauen aufgenommen zu haben.

8 Prutscher leitete den *Offenen Entwurfszeichensaal für Gewerbetreibende*, Witzmann den Kurs *Allgemeine Formenlehre* an der allgemeinen Abteilung, einen weiteren *Entwurfszeichensaal für Gewerbetreibende* (1918–23) sowie die *Werkstätte für Tischlerei und Möbelbau* (1923–49), Niedermoser zuletzt die *Meisterklasse für Innenarchitektur, Industrie und Handwerksentwurf* und Wimmer-Wisgrill die *Modeklasse*.

9 Etwa Ernst Anton Plischke, der 1919–23 bei Oskar Strnad studierte und danach 1926 die Meisterschule Peter Behrens an der Akademie der bildenden Künste mit Diplom abschloss.

10 Oskar Beyer, zeitweise suppliert von Hans Schlechta, wirkte bis 1909, Hermann Herdtle sogar bis 1913.

11 Jahresberichte Herdtle und Hoffmann 1906/07; UaK, Kunstsammlung und Archiv.

12 Die Besetzungsliste verrät, dass etwa Hoffmanns Schüler Emanuel Margold, Fritz Zeymer, Hans Bolek und Adolf Holub sowie die Czeschka-Schüler Franz Karl Delavilla und Moritz Jung in verschiedenen Rollen als Schauspieler mitwirkten: *Die Tänzerin und die Marionette. Pantomime*, Gartenfest in Weigl's Dreher Park (Meidling), 6. und 7.6.1907, Programmheft, Wien 1907 – Einige der Einstudierungen der Dreher-Bühne nutzten Hoffmann und seine Schüler auch auf der Kunstschau-Bühne 1908.

13 Für die Kunstschau 1908 entwarf Hoffmann beispielsweise ein komplettes Landhaus samt Interieurs. – Vgl. Sabine Forsthuber: Moderne Raumkunst. Wiener Ausstellungsbauten von 1898 bis 1914, Wien 1991.

14 Oberbaurat Prof. Dr. Josef Hoffmann ein Siebziger. Geburtstagsbesuch bei dem Gründer der „Wiener Werkstätte, in: Neues Wiener Tagblatt, Wien, 13.12.1940, 7. – Dank für diesen und viele weitere Quellenhinweise an Markus Kristan.

15 Angeführt in Hoffmanns Jahresbericht 1906/07.

16 Die Entwürfe stammten u. a. von Petru Balan, Max Benirschke, Alois Hollmann, Adolf Holub und Carl Witzmann.

17 Etwa das bislang anonyme *Projekt eines Landhauses* aus den Sammlungen des MAK, KI 7696-49-1.

18 Barbara Doser: Das Frauenkunststudium in Österreich 1870–1935, phil. Diss., Innsbruck 1988, 111–167, sowie Sabine Plakolm: Beruf: „Frau Architekt". Zur Ausbildung der ersten Architektinnen in Wien, in: Marcel Bois/Bernadette Reinhold (Hg.): Margarete Schütte-Lihotzky. Architektur. Politik. Geschlecht. Neue Perspektiven auf Leben und Werk, Wien-Basel 2019, 38–51.

19 Die 40 Schülerinnen der Fachklasse Hoffmann zwischen 1899 und 1918 waren Martha Alber, Elisabeth Birnbacher, Ida Burian, Charlotte Calm, Anna Ehrenfest, Gisela von Falke, Beatrix Foltin, Mathilde Flögl, Charlotte Fochler, Olga Freund, Olga Fricke, Helene Geiringer, Paula Greischer, Valerie Klier, Ernestine Kopriva, Valentine Kovacic, Rosa Krenn, Hedwig Landesmann-Hirsch, Friederike Lazar-Löw, Maria Strauss Likarz, Editha Mautner von Markhof, Margarete von Noé, Camilla Peyrer, Angela Piotrowska-Wittmann, Felice Rix, Stephanie Robitschek, Juliana Rysavy, Irene Schaschl-Schuster, Elisabeth Schmeja, Hilda Schmid-Jesser, Ulrike Schreiber, Erika Schuller-Paulas, Maria Trinkl, Else Unger-Holzinger, Marie Vogl, Gertrud Weinberger, Regine Weinfeld, Hedwig Marie Weinstein, Anna Wirth und Dr. Friederike Wurmfeld; siehe Schülerlisten; UaK, Kunstsammlung und Archiv.

20 Otto Kapfinger/Matthias Boeckl: Abgelehnt: Nicht ausgeführt. Die Bau- und Projektgeschichte der Hochschule für angewandte Kunst in Wien 1873–1993, Wien 1993.

21 Erst 1960 konnte von den Architekten Max Fellerer, Eugen Wörle und Karl Schwanzer ein nüchterner siebengeschossiger Zubau zur nunmehrigen Hochschule für angewandte Kunst samt Bildhaueratelier realisiert werden, der 2018 vom Architektenteam Riepl-Kaufmann-Bammer gemeinsam mit einem um 1900 errichteten ehemaligen Amtsgebäude gleich jenseits des Wienflusses saniert wurde. 2020 schloss die „Angewandte" ihr mittlerweile über hundertjähriges Raumerweiterungsprogramm durch Anmietung größerer Flächen u.a. im nahe gelegenen Postsparkassengebäude ab, das Josef Hoffmanns Lehrer Otto Wagner 1903–12 errichtet hatte.

22 Einfacher Hausrat, hg. vom Kunstgewerbemuseum, Ausst.-Kat., Wien 1916.

23 Adolf Vetters Sohn Hans Adolf Vetter studierte an der Kunstgewerbeschule bei Strnad und Tessenow, war Assistent Strnads, amtierte 1936/37 kurzfristig als Hoffmann-Nachfolger und gab 1933–36 für die Zentralvereinigung der Architekten das progressive Architekturmagazin *profil* heraus.

24 Adolf Vetter: Vorwort, in: Soldatengräber und Kriegsdenkmale, hg. vom k.k. Gewerbeförderungs-Amte, Wien 1915, 5.

25 Ebd., 34–335.

Abb. 1 JH, Sessel aus dem Speisesaal des Sanatorium Westend, Purkersdorf (Modell Nr. 322 von J. & J. Kohn), 1904
MAK, H 2189-1/1969, Schenkung Bundeskammer der gewerblichen Wirtschaft

Sebastian Hackenschmidt, Wolfgang Thillmann

System-Entwürfe

Zur Kooperation Josef Hoffmanns mit der Firma J. & J. Kohn

Nicht erst im Zuge der Wiener Moderne um 1900, sondern bereits Mitte der 1870er Jahre hatte das renommierte Bugholzmöbel-Unternehmen J. & J. Kohn damit begonnen, seine Angebotspalette entscheidend zu erweitern: Neben einfachen Konsumsesseln, die als „gewöhnliche Fabrikswaare" den größten Teil ihres Umsatzvolumens ausmachten,[1] wurden Möbeltypen entwickelt, durch die man sich von den Gebrüdern Thonet als Impulsgeber auf dem Gebiet der Restaurant- und Kaffeehausbestuhlung absetzen konnte. Mit den sogenannten „Salonmöbeln" für den großbürgerlichen Ge-
2 schmack verfolgte Kohn

> „eine neue Richtung, welche die ausschließliche Herrschaft des Rundstabs beseitigen und auch die Herstellung von Stilmöbeln aus kantigen, mit Fräsungen, Gravuren und Bildhauerarbeiten decorirten gebogenen Stäben in den Kreis der Fabrication ziehen sollte".[2]

Dass sich die Firma im letzten Viertel des 19. Jahrhunderts vermehrt den aufwendig gestalteten Luxus-Bugholzmöbeln in verschiedenen Stilarten – „Barock, Renaissance, Gothik"[3] – zuwandte, lässt eine entsprechende Nachfrage vermuten, der sich auch Thonet nicht ganz entziehen konnte: Ab 1883 waren dort – allerdings nur vereinzelt – Salonmöbel im Angebot, war man sich doch bewusst, dass die aufwendig dekorierten Möbel dem Gedanken einer materialgerechten Serienfertigung von Bugholzmöbeln zuwiderliefen. Zudem waren diese Möbel bei weitem nicht so profitabel wie die traditionellen Bugholzprodukte, da sie lediglich in geringen Stückzahlen verkauft wurden.

Während also Thonet mit einfachen und kostengünstigen Sesselmodellen vor allem den Massenbedarf befriedigte, baute Kohn das Segment der Luxusmöbel für die Salons des Ringstraßen-Großbürgertums weiter aus. Bereits auf der Welt-
3 ausstellung in Antwerpen 1885 hatte das Unternehmen erstmals auch einen vom Architekten durchgestalteten Raum präsentiert: Der Rauchsalon von Nikolaus Hofmann, Dozent für Fachzeichnen am Technologischen Gewerbemuseum in Wien, demonstrierte „in einer künstlerisch sehr gelungenen Weise, dass die Technik des gebogenen Holzes auch künstlerischen Forderungen dienstbar gemacht werden könne".[4]

Aufgrund dieser frühen Hinwendung zu Luxusmöbeln und künstlerisch konzipierten Einrichtungen war das Unternehmen Kohn prädestiniert, die Produktion der anspruchsvollen Möblierungen zu übernehmen, die von den secessionistischen Raumkünstlern der Jahrhundertwende verlangt wurden. Doch wie bei den Salonmöbeln war auch hier mit keinem großen Absatz zu rechnen: Möbel und ganze Einrichtungen wurden oft nur für kurzlebige Ausstellungen oder einen einzigen Auftrag hergestellt. Zudem wurde die Produktion dadurch erheblich verteuert, dass die Bugholz-Avantgarde sich des von J. & J. Kohn entwickelten Verfahrens bei der Verwendung rechteckiger Holzquerschnitte mit der
Möglichkeit von nahezu rechtwinkligen Biegungen bediente. 7

Von dem Hoffmann-Schüler Gustav Siegel (1880–1970) – der knapp vor der Jahrhundertwende ins Entwurfsbüro von J. & J. Kohn eintrat – konnte der Möbelhistoriker und Architekt Karl Mang seinerzeit noch in Erfahrung bringen, dass das Unternehmen zu dieser Zeit sich auch „laufend von Josef Hoffmann beraten" ließ.[5] Siegel selbst war angestellt worden, um den Stand der Firma Kohn auf der Pariser Weltausstellung 1900 zu entwerfen und er konzipierte auch in den folgenden Jahren die Firmenstände für verschiedene Ausstellungen. Vier Zeichnungen, die 1901 in der Zeitschrift *Innendekoration* veröffentlich wurden – eine davon mit dem Monogramm GS signiert –, vermitteln einen guten Eindruck von der neuen Formensprache, der sich die Firma mit Siegels Anstellung
verpflichtet hatte. 5

Christian Witt-Dörring hat indes auf eine 1905 in der Zeitschrift *Hohe Warte* erschienene Anzeige der Firma Kohn aufmerksam gemacht, in der ein „System-Entwurf Professor Josef Hoffmanns" beworben wurde. Im Vordergrund der Abbildung ist dabei ein Möbel zu erkennen, das bereits als Entwurf von Koloman Moser veröffentlicht und auf der *Winterausstellung* des Österreichischen Museums für Kunst
und Industrie 1901/02 gezeigt worden war: 6

> „Es stellt sich daher die Frage, ob dieses ‚neue System' für Sitz- und Korpusmöbel, das aus geschlossenen Bugholzrahmen und mit für Hoffmann so typischen Kufen besteht, tatsächlich von ihm entworfen wurde und von Moser lediglich als passendes Rahmensystem für seine eigenen Entwürfe Verwendung fand. Das System könnte auch als Zusammenarbeit der beiden Entwerfer entstanden sein. Es ist eine Tatsache, dass beide eng an der Gestaltung der Fassade des Berliner Verkaufslokals von J. & J. Kohn zusammengearbeitet haben."[6]

Abb. 2 Salongarnitur Nr. 405 (Ende 19. Jh.) aus dem Katalog der Firma J. & J. Kohn von 1906
Archiv Thillmann

Abb. 3 Nikolaus Hofmann, Rauchsalon für J. & J. Kohn auf der Weltausstellung in Antwerpen, 1885
Mittheilungen des Technologischen Gewerbe-Museums, Section für Holz-Industrie, Wien (VI) 71, 15. Nov. 1885, 165

Damit sind zugleich viele Probleme benannt, die bei der Zuschreibung von Bugholzmöbeln an Josef Hoffmann berücksichtigt werden müssen – nicht nur hinsichtlich der engen Zusammenarbeit mit Moser, sondern auch was die spärlichen und oft widersprüchlichen Informationen in den zeitgenössischen Publikationen angeht, auf die wir in Ermangelung
11 von eindeutigen Angaben in den Katalogen der Produzenten und Aussteller sowie eigener Aufzeichnungen der Entwerfer heute angewiesen sind. Es ist inzwischen üblich geworden, aus den seinerzeit erstveröffentlichten Bildern von Inneneinrichtungen und Ausstellungskojen den Schluss zu ziehen, auch alle in dem Raum enthaltenen Möbel dem Architekten zuzuschreiben, wenn dieser als einziger Urheber genannt oder bekannt ist. Denkbar ist auch, dass Josef Hoffmann – um wieder auf ihn Bezug zu nehmen – für die Möblierung eines von ihm gestalteten Interieurs auf existierende Modelle der Firma Kohn, mit der er regelmäßig zusammenarbeite, zurückgriff. Für das im Oktober 1907 in Wien eröffnete „Cabaret Fledermaus" dienten etwa schwarz-weiß lackierte Bugholzsessel aus der Produktion der Firma Kohn als Sitzgelegenheit, die Ludwig Hevesi in einer zeitgenössischen Kritik als „ange-
12 nehme Sessel von neuer Form" beschrieb: „Echter Hoffmann."[7]

So „neu" waren die Formen allerdings nicht, denn der von Hoffmann verwendete Sessel war 1906 im Katalog der Firma Kohn als Teil der Garnitur Nr. 728 publiziert worden – und die zugehörige Fauteuilvariante hatte schon im Frühjahr 1906 in einem Saal der *Esposizione internazionale del Sem-*
10 *pione* in Mailand als Besucherstuhl gedient.[8] Damit soll nicht gesagt sein, dass diese Möbel nicht von Hoffmann entworfen worden sind, aber ein gesicherter Nachweis lässt sich nicht führen. Die Bugholzmöbel, die Josef Hoffmann in seinem *Kleinen Landhaus* auf der *Kunstschau* in Wien 1908 präsentierte, können ihm dagegen verlässlich zugeschrieben werden: „Die Firma Jakob und Joseph Kohn bringt namentlich Ideen von Joseph [sic] Hoffmann", schrieb Joseph August Lux in einer ausführlichen Besprechung der Schau.[9] Zu diesen Möbeln gehörte auch die der Garnitur Nr. 728 sehr ähnliche Garnitur Nr. 729: Darf man nun aus der engen formalen Verwandtschaft der beiden Garnituren – allen voran anhand der für Hoffmanns Möbel charakteristischen Ausprägung der Kufen – den Rückschluss auf die Urheberschaft der *Fleder-*
13 *maus-Garnitur* ziehen?

In der Sekundärliteratur ist auch der Versuch unternommen worden, die *Fledermaus-Garnitur* Gustav Siegel zuzuschreiben.[10] Die Autoren berufen sich dabei vor allem auf die Angaben von Karl Mang – und begeben sich auf dünnes Eis: Denn während Mang den Armlehnsessel Nr. 728/F, der später auch in das Programm der Firma Thonet übernommen wurde, in einer von ihm 1969 zusammengestellten Publikation noch mit dem Vermerk „wahrscheinlich von Architekt Siegel" versah,[11] taxierte er den Sessel Nr. 728 in seinem Buch *Thonet Bugholzmöbel* von 1982 doch wieder als Hoffmann-Entwurf.[12] Natürlich scheint es verlockend, über die Rolle Siegels im Entwurfsbüro von J. & J. Kohn zu mutmaßen: Hatte er als eine Art technischer Leiter überwiegend praktische oder koordinative Aufgaben wahrzunehmen? Oblag es ihm, die Ideen seines Lehrers Josef Hoffmann umzusetzen und den Interessen des Unternehmens anzupassen? Oder war er als „der Mann des gebogenen Holzes" – wie er von Hevesi seinerzeit bezeichnet worden war[13] – vielmehr selbst für einen Großteil der Entwürfe für Bugholzmöbel mit „secessionistischem Einschlag" verantwortlich, derer Hoffmann sich in seinen eigenen Interieurs lediglich zu bedienen brauchte? Die Antwort muss offen bleiben, doch scheint es keineswegs abwegig anzunehmen, dass Hoffmann als vielbeschäftigter Architekt kein großes Interesse daran hatte, seine ästhetischen Vorstellungen von Bugholzmöblierungen selbst auf die technischen und kommerziellen Notwendigkeiten der Produzenten abzustimmen: Dies könnte die Aufgabe des Zeichenbüros gewesen sein, zumal dort sein Schüler tätig war.

Dafür kann die sogenannte *Purkersdorf-Garnitur* als Beispiel dienen: Der Sessel, der für die Ausstattung des Speisesaals und die verglaste Veranda des 1904 eröffneten Sanatorium Purkersdorf Westend verwendet wurde, ist mit ziemlicher Sicherheit ein Entwurf Hoffmanns. Doch es ist zweifel- 18
haft, ob dies auch für den Rest der Garnitur gilt, da der Sessel über bemerkenswerte technische Details verfügt, die sich bei Fauteuil und Canapé nicht finden. Die Hinterbeine des 9
Sessels sind rechteckig, doch im Bereich der Rückenlehne wird der Querschnitt rund, wobei dieser sich bis zum oberen Rücklehnbogen hin extrem verjüngt. Bei Fauteuil und Canapé, die in Purkersdorf nicht zum Einsatz kamen, haben Beine, Rückenlehne und Rückenbogen dagegen einen durchgehend runden Querschnitt. Um eine übereinstimmende Garnitur zu

Abb. 4 Trumeau-Spiegel und Konsoltisch Nr. 1145 aus dem Supplement zum Katalog der Firma J. & J. Kohn von 1902
Archiv Thillmann

Abb. 5 Gustav Siegel, Entwurf für eine Schlafzimmereinrichtung der Firma J. & J. Kohn
ID (12) 1901, 102

ergeben, mussten zudem alle drei Sitzmöbel eine identische Höhe erhalten – was dazu führte, dass der weitere und tiefere Fauteuil, verstärkt noch durch die breitere, doppelreihig gelochte Sperrholzplatte in der Rückenlehne und die gepolsterten Armauflagen, schwer und gedrungen wirkt. Gleiches gilt für das Canapé. Wie in zahlreichen anderen Fällen liegt auch hier die Vermutung nahe, dass ein einzeln entworfenes Möbel vom Entwurfsbüro der Firma – nicht aber vom eigentlichen Entwerfer selbst – zu einer vollständigen Garnitur ausgearbeitet wurde. Zur Stabilisierung seines Sessels hatte Hoffmann die mit der Zarge und den Beinen verschraubte kugelförmige Verstärkung eingeführt – eine ästhetische Lösung, die nicht nur für die gesamte *Purkersdorf-Garnitur*, sondern später auch für weitere Modelle übernommen wurde. Aber auch diese Kugeln stellen keine Garantie bei der Zuschreibung der Urheberschaft dar.

Selbst wenn im Rahmen dieses Beitrags nicht alle infrage kommenden Modelle auf ihre Urheberschaft hin diskutiert werden können, so steht die enge Verbindung von Josef Hoffmann und der Firma J. & J. Kohn doch außer Zweifel. Was aber könnte den Architekten überhaupt daran gereizt haben, als Entwerfer für dieses Industrieunternehmen tätig zu sein und über „System-Entwürfe" und Einrichtungskonzepte hinaus auch einzelne Bugholzmöbel zu entwickeln? Als für den Speisesaal des Sanatoriums eine größere Menge gleicher Sitzgelegenheiten benötigt wurden und es aus wirtschaftlichen Gründen vorteilhaft schien, neben den handwerklich in der Tischlerei der Wiener Werkstätte hergestellten Möbeln auch industriell produzierte Serienmöbel in das Gesamtkunstwerk miteinzubeziehen, mag es nahegelegen sein, mit Kohn zu kooperieren: Hoffmann hatte bei der Umsetzung seines System-Entwurfs aus geschlossenen Bugholzrahmen ja schon gute Erfahrungen gemacht. Dass es beim Sanatorium aber nicht nur um wirtschaftliche Belange ging, machen die Fauteuils, von der Korbwaren-Fabrikation Prag-Rudniker nach Entwurf von Kolo Moser produziert, begreiflich, die für die Halle in nur vergleichsweise geringen Stückzahlen benötigt wurden. Für Hoffmann und Moser dürfte es bei der Zusammenarbeit mit Kohn und Prag-Rudniker also nicht zuletzt darum gegangen sein, die Herausforderung einer Serienfertigung von zeitgemäßen Einrichtungsgegenständen anzunehmen.

Abb. 6 Werbeanzeige der Firma J. & J. Kohn
Hohe Warte, Supplement zu (2) 19/20 1905/06, 2

Abb. 7 Schlafzimmereinrichtung der Firma J. & J. Kohn auf der Winterausstellung des ÖMKI, Wien, 1901/02
MAK, KI 7480

An die Stelle der Hand sei zumeist die Maschine, an die des Handwerkers der Geschäftsmann getreten, hatten die beiden Entwerfer in dem 1904 publizierten *Arbeitsprogramm der Wiener Werkstätte* zeitdiagnostisch vermerkt – dessen ungeachtet aber eine Werkstätte für die Erzeugung kunstgewerblicher Gegenstände in handwerklicher Arbeit in „innigem Kontakt zwischen Publikum, Entwerfer und Handwerker" gegründet.[14] Auch wenn die „Productiv-Genossenschaft von Kunsthandwerkern in Wien", die den Gründern der WW vorschwebte, zuvorderst die „Anfertigung von Gegenständen aller Art des Kunsthandwerks nach künstlerischen, von Genossenschaftsmitgliedern hergestellten Entwürfen"[15] ins Auge fasste, so räumten Hoffmann und Moser am Schluss ihres *Arbeitsprogramms* doch die Möglichkeit ein, entsprechende Artikel auch für die industrielle Produktion zu entwerfen:

> „Es sei noch gestattet, darauf aufmerksam zu machen, dass auch wir uns bewusst sind, dass unter gewissen Umständen mit Hilfe von Maschinen ein erträglicher Massenartikel geschaffen werden kann; derselbe muss dann aber unbedingt das Gepräge der Fabrikation tragen."[16]

Obwohl sie davon überzeugt waren, dass vor allem die handwerkliche Qualitätsarbeit zu fördern sei, trugen Hoffmann und Moser dem Gedanken einer hochwertigen Massenherstellung – der seinen Fluchtpunkt im heutigen Industrial Design hatte[17] – in ihrem Manifest Rechnung. Und in der Kooperation mit Möbelfirmen wie J. & J. Kohn und Prag-Rudniker versuchten die Künstler aus dem Umfeld der Wiener Werkstätte diesem geradezu utopischen Ideal ausgezeichneter Industrieproduktion auch in der Praxis näherzukommen.

In einem 1911 gehaltenen Vortrag über seine Arbeit vertrat Hoffmann die Meinung, nichts habe der „modernen Bewegung mehr geschadet"[18] als die Annahme der Industrie, moderne Formen einfach nachahmen zu können; es bestehe aber ein Unterschied zwischen den bereits wissenschaftlich erforschten und deshalb nachkonstruierbaren Stilen und den noch „in der Entwicklung" begriffenen Formen: Hoffmann spielte dabei wohl auf die Schwierigkeiten an, etablierte Firmen dafür zu gewinnen, sich in Zusammenarbeit mit entwerfenden Künstlern gänzlich der Entwicklung einer neuen Formensprache zu verpflichten:

> „Glücklicherweise verfügen wir heute in Wien über vier oder fünf solche Betriebe und darin besteht der Grund, warum wir behaupten konnten, daß unsere Bestrebungen vorwärts gehen und sich zu entwickeln scheinen."[19]

Ob Hoffmann die Firma Kohn – die parallel zu ihrer „secessionistischen" Arbeit noch immer anachronistische Möbel für den Zeitgeschmack produzierte – zu diesen Betrieben

Abb. 8 JH, Speisesaal im Sanatorium Westend, Purkersdorf, 1904
MAK, WWF-102-97-2

zählte, sei dahingestellt. Fraglos ist indes, dass seine künstlerischen Entwürfe für Kohn das oben zitierte „Gepräge der Fabrikation" besaßen. Mit der Bugholztechnologie stand Hoffmann ein materialtechnologisches Verfahren zur Verfügung, mit dessen Hilfe künstlerisch hochwertige Produkte in industriellem Maßstab hergestellt werden konnten. Und nur in einem Großbetrieb mit entsprechender maschineller Ausstattung konnten die charakteristischen Formen größere Stückzahlen erreichen.

Hoffmanns und Mosers Bemühungen um eine kostengünstige und dennoch qualitätvolle Bugholz- bzw. Korbmöbelproduktion in Serienfertigung wurden jedenfalls anerkannt. So schrieb der Kritiker Joseph August Lux in seiner bereits erwähnten Kunstschau-Besprechung:

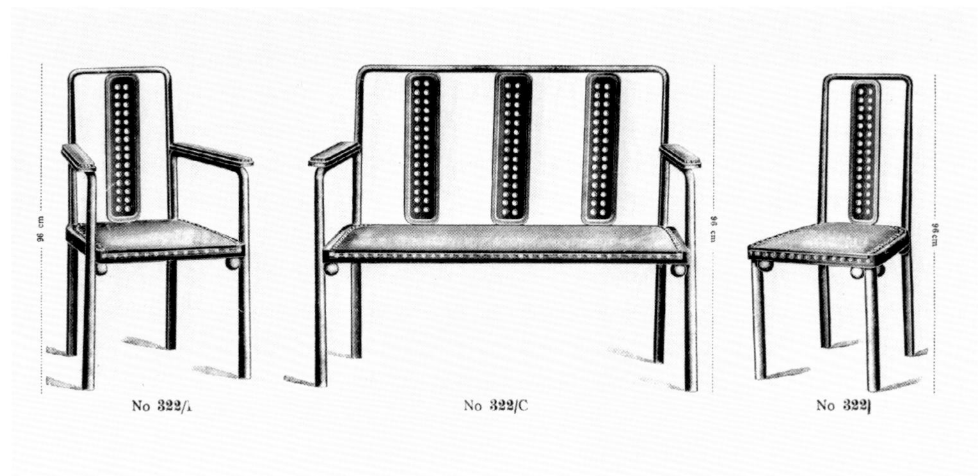

Abb. 9 Salongarnitur Nr. 322 „Purkersdorf" im Katalog der Firma J. & J. Kohn von 1906
Archiv Thillmann

Abb. 10 Fauteuil der sog. „Fledermaus"-Garnitur (Modell Nr. 728/F von J. & J. Kohn) als Besucherstuhl in der Sala del Tirolo im Österreichischen Pavillon auf der Esposizione internazionale del Sempione in Mailand, 1906
Archiv Thillmann

Abb. 11 Der sog. „Fledermaus"-Sessel (Modell Nr. 738 von J. & J. Kohn) im Zuschauerraum von Josef Hoffmanns Cabaret Fledermaus, Wien, 1907
DKuD (22) 1908, 158

„Der Künstler soll auch mit der Maschine denken. In der zur Gänze industrialisierten Möbelfabrikation ist es am deutlichsten der Fall. Die Firma Jakob und Joseph Kohn bringt namentlich Ideen von Joseph [sic] Hoffmann in den Handel, die den höchsten Anforderungen des guten Geschmacks und der Eleganz gerecht werden. Auch die Prag-Rudnikger-Korbwarenfabrikation [sic] tut das Äußerste, ihre Erzeugnisse auf der Höhe des guten Geschmacks zu halten."[20]

Eine weitere Kritik der *Kunstschau* zog dagegen ausführlich Bilanz über die künstlerische Entwicklung der Bugholzmöbelindustrie unter Josef Hoffmanns Aufsicht:

„Es ist eine bekannte Tatsache, daß die Aktiengesellschaft Jacob und Josef Kohn es war, welche die Bugholzmöbeltechnik, die bis dahin nur in wenig schönen Massenartikeln bekannt war, auf eine ungeahnte Höhe gebracht hat [...]. Die Art, wie die künstlerischen Entwürfe (Professor Josef Hoffmann) ins Werk gesetzt wurden, mag als Beweis dafür dienen, daß die moderne Industrie dadurch, daß sie ihre eigene Sprache spricht, auch in ihrem Wesen künstlerisch wirken kann."[21]

Der Versuch, die Qualität der Massenproduktion im Zusammenspiel von Kunst und Industrie zu heben, gehörte in der Tat zu den vordinglichsten gestalterischen Aufgaben der Zeit um 1900 und hatte 1907 zur Gründung des Deutschen Werkbunds geführt. Den in obiger Kritik geschilderten Weg sollte Hoffmann als Gründungsmitglied des Deutschen Werkbunds – und 1912 auch des Österreichischen Werkbunds –
noch einige Jahre weiterverfolgen. Mit einem eigens ge- 14
stalteten Ausstellungsraum und einer Vielzahl einzelner einfallsreicher Sesselmodelle gelang es ihm, auf der *Werkbundausstellung* in Köln 1914 nochmals einen letzten künstlerischen Höhepunkt in der Kooperation mit dem Industrieunternehmen J. & J. Kohn zu setzen. ■

Abb.12 JH (zugeschrieben), Sog. „Fledermaus"-Sessel (Modell Nr. 728 von J. & J. Kohn), Wien, 1905/06
Schenkung von Stefan und Paul Asenbaum
MAK, H 2870
© MAK/Georg Mayer

Abb. 13 JH, Salon mit der Garnitur 729 von J. & J. Kohn im Obergeschoss des Kleinen Landhauses auf der Kunstschau Wien 1908
MBF (VII) 1908, 374

Abb. 14 JH, Ausstellungsraum von J. & J. Kohn auf der Deutschen Werkbundausstellung in Köln, 1914
Österreichische Werkkultur, Wien 1916, 30

1 Vgl. Denkschrift der Firma Jacob & Josef Kohn zur Weltausstellung zu Philadelphia 1876, dt. engl. frz., 14, <digital.hagley.org> (Hagley ID: AVD_2003_255_05_025) [Juli 2020].

2 Vgl. Jacob & Josef Kohn. Fabriken für gebogene Möbel. Wien, in: Die Gross-Industrie Österreichs, Jubiläumsbuch der Industrie anlässlich des fünfzigjährigen Regierungsjubiläums Kaiser Franz Josefs, Wien 1898, Bd. 3, 320–322: 321.

3 Ebd.

4 Die Holz-Industrie auf der internationalen Ausstellung in Antwerpen, in: Mittheilungen des Technologischen Gewerbe-Museums, Section für Holz-Industrie (VI) 71, Wien 15.11.1885, 161–164: 163.

5 Karl Mang: Thonet Bugholzmöbel. Von der handwerklichen Produktion zur industriellen Fertigung, Wien 1982, 104.

6 Christian Witt-Dörring: Bent-wood production and the Viennese avant-garde: The Thonet and Kohn firms 1899–1914, in: Derek E. Ostergard: Bent Wood and Metal Furniture 1850–1946, New York 1987, 95–120: 110. Zur Zuschreibung der Vitrine an Koloman Moser vgl. Kunst und Kunsthandwerk (5) 1, 1902, 4.

7 Ebd.; Ludwig Hevesi: Altkunst – Neukunst, Wien 1894–1908, Wien 1909, 243.

8 Vgl. Giovanni Renzi: Il mobile moderno, Mailand 2008, 164 ff.

9 Vgl. Joseph August Lux: Kunstschau – Wien 1908, in: Markus Kristan (Hg.): Kunstschau Wien 1908, Weitra 2016, 185–200: 196.

10 Vgl. Renzi 2008 (wie Anm. 8) und Graham Dry: The development of the bent-wood furniture industry 1869–1914, in: Ostergard 1987, 53–93: 89, FN 41 u. 42 (wie Anm. 6).

11 Vgl. Das Haus Thonet, Frankenberg 1969, o. S.

12 Vgl. Mang 1982, 107 (wie Anm. 5).

13 Ludwig Hevesi: Acht Jahre Secession, Wien 1906, 336.

14 Arbeitsprogramm der Wiener Werkstätte, in: Hohe Warte 1904/5, 268.

15 Vgl. Handelsregister Wien, Reg. der Genossenschaft Bd. VIII, 124.

16 Arbeitsprogramm 1904/05 (wie Anm. 14).

17 Vgl. Julius Posener: Zwischen Kunst und Industrie: Der Deutsche Werkbund, in: Lucius Burckhardt (Hg.): Der Werkbund in Deutschland, Österreich und der Schweiz. Form ohne Ornament, Stuttgart 1978, 7–15: 7.

18 „Es musste der Industrie klar werden, daß sie vorerst die Äpfel reif werden lassen müsse." Josef Hoffmann: Meine Arbeit (Vortrag, 1911), in: Eduard F. Sekler (Hg.): Josef Hoffmann. Das architektonische Werk, Salzburg/Wien 1982, 487–491: 488.

19 Ebd.

20 Lux 1908, 196 (wie Anm. 9).

21 Die Bilanz der Kunstschau, in: Kristan 2016, 201–203: 203 (wie Anm. 9).

Abb. 1 JH, Bibliotheksstiege für Karl Wittgenstein, ausgeführt von der Wiener Werkstätte, 1905
Eichenholz, schwarz gebeizt, die Poren gelb eingerieben; Messing
Privatbesitz
© MAK/Georg Mayer

Christian Witt-Dörring

Vom Kunstobjekt zur Normware

Die Wiener Werkstätte 1903–1918

„Der Hoff ist der einzige, der ebenso eine neue Bluse wie ein neues Staatsgebäude zusammenbringt."[1]

Die Wiener Werkstätte entsteht zu einem Zeitpunkt, als die Secession ihre ersten Jahre der Rebellion bereits hinter sich hat und zu einer ernstzunehmenden Erneuerungskraft im heimischen Kulturbetrieb geworden ist. Gleichzeitig findet sie ihre Werte von einem selbstbewussten Großbürgertum angenommen, das sich von dem Vorbild aristokratischer Lebensmuster zu lösen beginnt und eigener Repräsentationsmuster bedarf. Das ästhetische Konzept der Wiener Werkstätte ermöglicht es dem Großbürgertum, ähnlich der Hofgesellschaft des 17. und 18. Jahrhunderts, in der Öffentlichkeit als eigenständige kulturtragende Gesellschaftsschicht wahrgenommen zu werden. Es ist eine kleine eingeschworene Gesellschaft von Künstlern und miteinander verwandten, befreundeten oder durch wirtschaftliche Interessen verbundenen, vorwiegend kapitalkräftigen jüdischen Familien, die das Projekt des Wiener Kunstfrühlings mit ihren Aufträgen unterstützt. Die Vertreter dieser Familien sind, nachdem der jüdischen Bevölkerung Österreich-Ungarns erst 1867 die vollen Bürgerrechte gewährt wurden, meistens in zweiter Generation an die christliche Kultur Wiens assimiliert. Ihrem Wunsch nach Integration kommt unter anderem die programmatische Suche der Secession nach einem modernen österreichischen Stil entgegen. Dieser österreichische Stil ist nicht als Ausdruck nationalistischer beziehungsweise deutschnationaler Tendenzen, wie sie da und dort im multinationalen österreichisch-ungarischen Kaiserreich dieser Zeit akut sind, zu lesen. Er bedeutet hingegen die Betonung der unverwechselbaren individuellen künstlerischen Aussage, die der Formenwelt des Historismus von Seiten der Secessionisten abgesprochen wird. Dieser österreichische Stil, der sich am Weltmarkt als „Wiener Stil" behaupten wird, besitzt für die assimilierte jüdische Bevölkerung das Potenzial eines nicht national definierten Zugehörigkeitsgefühls.

Die Wiener Werkstätte und Josef Hoffmann stehen beinahe als Synonym für einander. Für die Werte und den Erhalt der Wiener Werkstätte kämpft Hoffmann fast sein ganzes Leben lang. Es ist ein Kampf gegen den schlechten Geschmack und minderwertige Ausführung, gegen die Vorherrschaft der maschinellen Produktion und das Diktat des Handels bezüglich der verfügbaren Produktpalette. Die WW steht für ein nachhaltiges, handwerklich gefertigtes, identitätsstiftendes, lokales Produkt individueller künstlerischer Aussage – Werte, die ab den 1850er Jahren von der Arts & Crafts-Bewegung in England gegen die negativen Auswirkungen der industriellen Revolution ins Feld geführt werden. Sie basieren auf den sozialkritischen und ästhetischen Reformbestrebungen eines John Ruskin und William Morris. Sie fordern eine Rückkehr zu vorindustriellen handwerklichen Fertigungsmethoden und versprechen sich davon eine Genesung der geschmacklichen und sozialen Verrohung der Zeit. Erstere ist das Ergebnis einer durch kostengünstige Ersatzmaterialien und -techniken geförderten Alles-ist-möglich-Mentalität. Sie überschwemmt die Märkte mit billiger, nach kurzlebigen Moden als umsatzsteigernde Stimulanz verlangender, maschineller Massenproduktion. Zweitere hat die unmenschlichen und freudlosen Lebensbedingungen des Industrieproletariats zum Thema. Im Zuge der arbeitsteiligen industriellen Fertigung ist der Handwerker zum Arbeiter mutiert. Ihm soll durch eine Rückkehr zur handwerklichen Fertigung die Freude an der Arbeit und somit auch seine Würde wiedergegeben werden. Dies verlangt nach der Wiederherstellung der vorindustriellen Einheit des Entwurfs- und Ausführungsprozesses. Der Handwerker begleitet dabei sein Werk vom Konzept bis zur Endfertigung. Logische Konsequenz dieses Gedankengebäudes ist die Forderung nach der Einheit der Künste, wie sie im Mittelalter selbstverständlich war. Die etablierte hierarchische Trennung von bildender und angewandter Kunst ist wieder aufgehoben. Formal lehnt sich die englische Arts & Crafts-Bewegung in groben Zügen bis zum Ende des 19. Jahrhunderts auch an die Formensprache des Mittelalters an.

Es ist das große Verdienst der Secession, zu deren Gründungsmitgliedern die Protagonisten der Wiener Werkstätte Josef Hoffmann und Koloman Moser zählen, der Arts & Crafts-Ideologie ein halbes Jahrhundert nach deren Entstehen eine moderne zeitgenössische Wiener Form gegeben zu haben. Die Mitglieder der Secession fordern die Entwicklung eines eigenständigen modernen, österreichischen und bürgerlichen Stils. Als moderne Alternative zu den unzeitgemäßen und als international austauschbar empfundenen Formen des Historismus sehen sie den individuellen künstlerischen Ausdruck. Er soll es ermöglichen, dass sich der moderne Mensch als Individuum manifestieren kann. Angelehnt an die Arts & Crafts-Bewegung übernehmen die

Abb. 3 JH, Buffet in weißem Ahorn mit Kupferbeschlägen, und Koloman Moser, Eckschrank *Die verwunschenen Prinzessinnen*, VIII. Ausstellung der Secession, 1900
ID (12) 1901, 32

Abb. 2 JH, Gestaltung von Saal V der VIII. Ausstellung der Secession, 1900
Künstlerhausarchiv

Secessionisten das Credo von der Einheit der Künste, das aus dem Glauben an die Erlösung des Menschen durch die Kunst schöpft und an die damit in direktem Zusammenhang stehende Konsequenz, die Realität der Trennung von Kunst und Leben aufzuheben. Der Künstler übernimmt so die Verantwortung für die Gestaltung des Alltags. Damit soll unter anderem garantiert werden, dass über Vermittlung des künstlerischen Entwurfs wieder Schönheit in diesen Alltag Einkehr findet und ihn dadurch wieder lebenswert macht. Manifest wird dies im Ideal des Gesamtkunstwerks.

Von Anbeginn an präsentieren die Secessionisten in ihren
2 3 4 Ausstellungen die angewandte Kunst (Kunstgewerbe) gleich-
berechtigt neben den bildenden Künsten. Die Architekten Joseph Maria Olbrich und Josef Hoffmann liefern zusammen mit dem Maler Koloman Moser Entwürfe für das moderne Wiener Kunstgewerbe, leiten ihre Realisierung durch heimische Produzenten in die Wege und setzen im Rahmen von Ausstellungen einen Erziehungsprozess für Konsumenten wie Produzenten in Gang. Die Präsentation von Kunstgewerbe im Rahmen einer Kunstausstellung im Gegensatz zu einer Gewerbeausstellung stellt damals ein vollkommenes Novum dar. Dementsprechend programmatisch muss der Entschluss der Secessionisten verstanden werden, dass sie ihre am 3. November 1900 eröffnete VIII. Ausstellung ausschließlich dem internationalen und heimischen Kunstgewerbe widmen. Eingeladen ist das Who is Who der internationalen Kunstgewerbeavantgarde: angefangen von Julius Meier-Graefes Pariser Kunsthaus La Maison Moderne über die Kopenhagener Porzellan-Manufaktur Bing & Grøndahl, die französischen Keramiker Pierre Adrien Dalpayrat, Ernest Chaplet und Auguste Delaherche, den Kunstgewerbler Maurice Dufrène sowie den Belgier Henry van de Velde, weiters Charles R. Ashbees Londoner Guild of Handicraft, die Schotten Frances und Herbert MacNair bis zu Charles R. Mackintosh und dessen Gemahlin Margaret Macdonald Mackintosh. Die Ausstellung kann gleichsam als eine Art Rechenschaftsbericht der Secessionisten angesehen werden, inwieweit sie ihrem Ziel, der Entwicklung eines eigenständigen modernen österreichischen Stils, nahegekommen sind. Bereits während der Ausstellungsvorbereitungen kommt es zwischen Meier-Graefe und Hoffmann zu einem inhaltlich argumentierten formalästhetischen Schlagabtausch in Bezug auf Van de Veldes kurvilinearen Entwurf für die Präsentation des Kunsthauses La Maison Moderne. Er macht das Ausmaß der Wiener Emanzipation von ihren ausländischen Inspirationsquellen deutlich.

> „Der Entwurf scheint mir in jeder Hinsicht verfehlt und unausführbar […]. Ich kann absolut nicht zulassen, dass gegen die Holzfaser gesündigt wird. Der Herr, der den Entwurf verfaßte, hat abgesehen von den unerhört festlichen Linien, betrachten sie gefälligst, wie die Kurven von den geraden Flächen gestrichen werden, keine Ahnung von Construktion. Das ist das, was wir bei uns als falsche Secession wie Gift fürchten. Obiger Entwurf könnte nur richtig in gebogenem Holz ausgeführt werden […]. Betrachten Sie ferner die Vitrinen, was für gebogenes Glas da gewünscht ist. Man muß staunen, daß man so etwas erfinden kann […]. Ihren Entwurf aus gewöhnlichem Holz heraussägen zu lassen, wie eine Laubsägearbeit, fällt mir gar nicht im Schlaf ein […]. Die Zeit der falschen Curven ist bei uns Gott sei Dank schon vorüber und wir haben vor allem volle Achtung vor dem Material."[2]

Die Präsentation der Arbeiten von La Maison Moderne
wird schließlich von Koloman Moser realisiert, während Hoff- 2 3 4
mann den Großteil der übrigen Ausstellungsgestaltung übernimmt. Hoffmann ist es auch, der Charles Rennie Mackintosh und Margaret Macdonald anlässlich eines persönlichen Besuchs Fritz Waerndorfers in Glasgow zur Teilnahme an der
Ausstellung eingeladen hat.[3] Ihr Raum, den der Kunstkritiker 5
und Verteidiger der Secessionisten Ludwig Hevesi als „jenseits von Gut und Böse" bezeichnet,[4] spielt für die weitere Entwicklung Hoffmanns eine wichtige Rolle, nicht so sehr in Bezug auf formalästhetische Details als vielmehr in Bezug

Abb. 5 Arbeiten von Charles R. Mackintosh und Margaret Macdonald Mackintosh, VIII. Ausstellung der Secession, 1900
ID (12), 1901, 36

Abb. 4 JH, Kamin, VIII. Ausstellung der Secession, 1900
ID (12), 1901, 33

auf einen grundsätzlichen Umgang mit Raum und Farbgebung. Es ist eine völlig neue Sinnlichkeit, mit der Hoffmann hier konfrontiert ist. Sie wird ihn zu seinen frühen Interieurs der Jahre 1901/02, die er für die Villen auf der Hohen Warte und das Speisezimmer der Villa Waerndorfer schafft, inspirieren und schließlich Mackintoshs Meinung zur möglichen Gründung einer Wiener Werkstätte einholen.

Die Auseinandersetzung mit Meier-Graefe über grundsätzliche Gedanken zum modernen Stil mag Hoffmann dazu bewogen haben, seinen beziehungsweise den Wiener Stand-
6 punkt noch deutlicher in seinem Artikel „Einfache Möbel"
zu argumentieren.[5] Der Zusammenhang ist nicht von der Hand zu weisen, da Hoffmann gleich zu Beginn anmerkt, dass erste Skizzen dazu bereits ein Jahr zuvor entstanden sind und er die von ihm für den Katalog der VIII. Ausstellung gezeichneten Vignetten als Buchschmuck seines Artikels erneut verwendet. Der Text liest sich über weite Strecken wie das Evangelium einer neuen Heilsbotschaft für die zu bekehrenden Massen. Der ungleiche Kampf, den es zu führen gilt, entsteht aus der „Pflicht, die Wenigen, die sich uns zuwenden, glücklich zu machen. Sie dürfen um keinen Preis getäuscht werden. Sie müssen fühlen, dass wir unser Leben geopfert haben, um sie zu erfreuen, sie müssen unsere Priesterwürde ahnen und an unsere aufrichtige Begeisterung glauben."[6] Es ist das Credo der Arts & Crafts-Bewegung, das aus diesen Worten spricht. Der sich für die leidende Menschheit aufopfernde Künstler wird zum Retter der Welt.
Stellvertretend für diesen wird die Secession 1902 Ludwig 7
van Beethoven in der XIV. Ausstellung, der sogenannten Beethovenausstellung, ein Denkmal in Form eines gesamtkünstlerischen Ausstellungskonzepts der Secessions-Mitglieder setzen. Hoffmann entwirft dafür die Raumgestaltung und

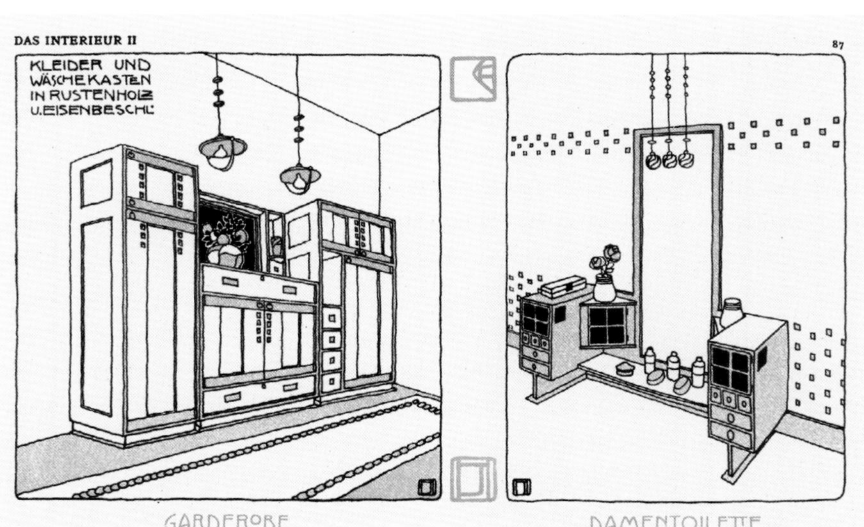

Abb. 6 JH, Entwürfe für Garderobe und Damentoilette. Illustration zu Hoffmanns Artikel „Einfache Möbel"
DI (2) 1901, T. 87

Abb. 7 JH, Hauptraum der XIV. Ausstellung der Secession mit Max Klingers Beethoven-Skulptur, 1902
DKuD (10) 1902, 483

unter anderen gestaltet Gustav Klimt für den linken Seitensaal seinen Beethovenfries, der ebenfalls die Rettung der
8 9 10 leidenden Menschen durch die Künste zum Inhalt hat.

Durch seine Raumgestaltungen für die Ausstellungen der Secession und die dort präsentierten kunstgewerblichen Gegenstände nach eigenen Entwürfen erreicht Hoffmann ein Publikum, aus dem im Laufe der Jahre seine wichtigsten und wirtschaftlich potentesten Mäzene und Kunden stammen sollten. Die für Hoffmann und das Wiener Kunstgewerbe schicksalhafteste Begegnung im Rahmen der Secession ist jedoch jene mit dem finanziell potenten Textilindustriellen Fritz Waerndorfer.

In einem Brief an Josef Hoffmann vom 23. Dezember 1902 drückt Fritz Waerndorfer seine ganze Bewunderung und Dankbarkeit für die ihm durch Moser und Hoffmann eröffnete Welt der Kunst aus. „Du wenn ich mir so meine Sachen manchmal anschau kommt's mir vor, wie wenn die ganze Secession nur für mich gegründet worden wäre. Meine zwei Freunde resp. Wiener Spezis [Hoffmann und Moser] habe ich durch die Secession. Du hast mich nach Glasgow geschickt, – von Minne hätte ich doch keinen Dunst ohne euch – kurz, ich komme mir vor wie ein an Eurem Fett gemästetes Schwein. Macht aber nix."[7] Waerndorfer muss sich endgültig am Virus des Wiener Kunstfrühlings anlässlich des Besuchs der VIII. Secessionsausstellung im Jahr 1900 angesteckt ha-
18 19 20 S. 160 ben. Zwei Jahre später beginnt er Hoffmann, Moser und Mackintosh mit der Einrichtung von Räumen in seinem Haus zu beauftragen. Im Laufe dieses Projekts findet er für Hoffmann die überschwänglichen Worte „Du Prachtmensch und Ausbund an Geschmack und Anständigkeit"[8] und es reift die von Hoffmann und Moser ventilierte Idee der Gründung eines Unternehmens, das kunstgewerbliche Gegenstände in höchster handwerklicher Qualität nach künstlerischen Entwürfen unabhängig vom Zwischenhandel herstellt. Diese Initiative unterbreitet Waerndorfer Mackintosh, um dessen Meinung dazu einzuholen. Dieser antwortet enthusiastisch, wie Waerndorfer an Hoffmann schreibt:

> „Ich hege die aller grösste Sympathie mit Ihrer ‚jüngsten' Idee und halte sie einfach für glänzend, und will Ihnen ganz genau Alles sagen, was ich darüber denke. Wenn Hoffmann und Moser und der Rest einen genügend grossen Kreis von Bewunderern haben, die mehr als bloss bewundern, und direct mithelfen wollen, – durch ihre Unterstützung und ihren Einfluss – dann werden Sie, je früher Sie die Werkstätten gründen, desto früher ein herrliches Ideal erreichen. Moser hat mit seiner Absicht, vorläufig nur Bestelltes auszuführen vollkommen Recht. Wenn man mit Ihrem Programm einen künstlerischen Erfolg erringen will (und der künstlerische Erfolg muss Ihr erster Gedanke sein) so muss jeder Gegenstand, den Sie aus der Hand geben, eine ausgesprochene Marke von Individualität, Schönheit und exactester Ausführung tragen. Ihr Ziel muss von allem Anfang an das sein, dass jeder Gegenstand, den Sie erzeugen für einen bestimmten Zweck und Platz gemacht wird. Später, wenn Ihre Hände und Ihre Position durch die hohe Qualität Ihres Products und durch finanzielle Erfolge gekräftigt sind, dann können Sie kühn in das volle Licht der Welt hinaustreten, den Fabrikshandel auf seinem eigenen Grund und Boden angreifen und das grösste Werk, das in diesem Jahrhundert vollbracht werden kann, können Sie vollbringen: nämlich die Erzeugung aller Gebrauchsgegenstände in herrlicher Form und zu einem solchen Preise, dass sie in dem Kaufsbereich des Aermsten liegen, und in solchen Mengen, dass der gewöhnliche Mann auf der Strasse gezwungen ist, sie zu kaufen, weil er nichts Anderes bekommt, und weil er bald nichts Anderes wird kaufen wollen."[9]

Abb. 8 JH, Portal mit geometrischer Komposition als Supraporte; rechter Seitensaal der XIV. Ausstellung der Secession, 1902
DKuD (10) 1902, 490

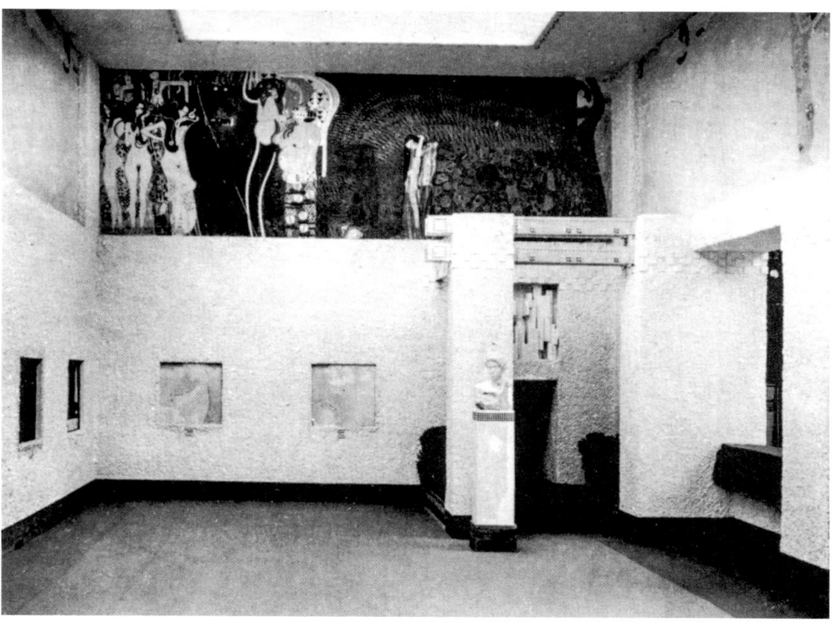

Abb. 9 JH, Linker Seitensaal der XIV. Ausstellung der Secession mit Gustav Klimts Beethovenfries, 1902
DKuD (10) 1902, 479

Im Mai 1903 gründen Moser, Hoffmann und Waerndorfer schließlich die „Wiener Werkstätte Productivgenossenschaft von Kunsthandwerkern in Wien". Ihr künstlerisches Ziel basiert auf dem von der Wiener Secession erarbeiteten Ideal des Gesamtkunstwerks. Seine Realisierung war bis dahin nur unter schwierigsten Arbeitsbedingungen möglich, ihm stand die grundsätzliche Unvereinbarkeit von Gewerbetreibenden und Künstlern entgegen. Bis in die 1930er Jahre lässt Hoffmann keine Gelegenheit aus, um vor dem Händler zu warnen.[10] Im direkten Kontakt zwischen Künstler und Handwerker war man nun befähigt, von der Architektur über sämtliche Aspekte der Inneneinrichtung, der Mode, bis hin zu Postkarten den künstlerisch durchgestalteten Alltag in einer handwerklich überzeugenden Qualität kompromisslos in die Tat umzusetzen. Unter dem Primat der Realisierung des individuellen künstlerischen Ausdrucks entsteht so bis zur Liquidierung der WW 1932 das Kaleidoskop einer unverwechselbaren, sich immer wieder erneuernden Produktkultur. Gleichzeitig verhindert jedoch das Diktat der künstlerischen Autorität die Realisierung des von der Arts & Crafts-Bewegung im Mittelalter angesiedelten Ideals der Gleichstellung von Handwerker und Künstler.

Man beginnt mit einer eigenen Metallwerkstätte, wofür eine kleine Wohnung in Wien 4., Heumühlgasse 6 angemietet wird. Höchstwahrscheinlich steht diese Materialverarbeitung zu Beginn des allgemeinen Werkstättenbetriebs, da
4 S. 65 sich Hoffmann ab 1902 zum ersten Mal verstärkt mit Entwür-
12 S. 68 fen für Silbergegenstände, die er von den Firmen Würbel &
11 Czokally und Alexander Sturm ausführen lässt, auseinandersetzt. Ein Jahr später, im Mai 1904 erhält die Wiener Werkstätte Gewerbescheine für das Buchbinder-, Anstreicher-, Lackierer- und das Tischlergewerbe und übersiedelt in ein eigenes, viel größeres Werkstättengebäude in Wien 7., Neustiftgasse 32–34, das auch die Möglichkeit für Verkaufs- und Büroräume eröffnet. Die identitätsstiftende Wertschätzung für den individuellen künstlerischen Entwurf sowie der hochwertigen handwerklichen Ausführung gibt man Ausdruck, indem jedes Objekt sowohl vom Entwerfer als auch vom Handwerker und mit der Schutzmarke der Werkstätte signiert wird. Dafür entwirft Moser die Punzen mit den entsprechenden Monogrammen. Sie werden gemeinsam mit dem von Hoffmann erstellten *Arbeitsprogramm* der Werkstätte 1905 veröffentlicht. Letzteres basiert in Teilen auf dem bereits 1901 publizierten und oben erwähnten Text Hoffmanns über „Einfache Möbel", in dem er unter anderem auf das unbedingt notwendige Signieren hinweist.[11]

Es ist bezeichnend, dass sich Hoffmann und Moser, die beide des Englischen nicht mächtig waren, mit ihrer Idee via Waerndorfer an Mackintosh und nicht an Ashbee, den ebenfalls in der VIII. Secessionsausstellung vertretenen Begründer der Guild of Handicraft, wenden. In Mackintosh erkennen sie die verwandte künstlerische Seele, die der Überzeugungskraft des künstlerischen Entwurfs den Vorrang vor den moralischen Werten einer Sozialutopie lässt. Dieser Überzeugung werden selbst wirtschaftliche Überlegungen bis zur Selbstaufgabe untergeordnet.[12] In diesem Sinne ist Waerndorfers Rolle als Ermöglicher des Idealprojekts Wiener Werkstätte bis jetzt vollkommen unterschätzt. Er ist nicht nur Geldgeber, sondern vor allem Manager, Botschafter und Verteidiger der Bewegung beziehungsweise Akquisiteur von Aufträgen, um einen Weiterbetrieb zu garantieren. Waerndorfers uneingeschränkter Glauben an das Genie Hoffmanns oszilliert ständig zwischen den Extremen: „...kann ich mir das leisten oder bin ich es der Welt schuldig, mir das leisten zu müssen". Daraus entwickelt sich bereits 1906, nur drei Jahre nach Gründung der Wiener Werkstätte, ein zäher wirtschaftlicher Überlebenskampf, der klar werden lässt, dass ein ausschließlich vom Mäzenatentum abhängiger Wirtschaftskörper nicht überleben kann. Schuld an der katastrophalen finanziellen Situation der WW ist vor allem der Auftrag
für den Bau und die Ausstattung des Palais Stoclet in Brüssel, S. 118
den Waerndorfer für eine Pauschalsumme von 500.000 Kronen zu realisieren übernommen hat, sowie ab 1907 die Übernahme des Cabaret Fledermaus durch Waerndorfer und dessen Ausstattung durch die WW. Die drastisch verschlechterte finanzielle Situation veranlasst Waerndorfer ohne Mosers Wissen dessen Frau Editha Anfang 1907 um eine mögliche finanzielle Unterstützung der Wiener Werkstätte anzusprechen, was schließlich zu Mosers Ausscheiden aus der Werkstätte führt.[14] Moser selbst nimmt in diesem Zusammenhang

Abb. 10 JH, Supraporte, linker und rechter Seitensaal der XIV. Ausstellung der Secession, 1902
DKuD (10) 1902, 486

am 20. Februar 1907 in einem Brief an Hoffmann auf die unhaltbare Finanzgebarung der Werkstätte und die andauernde Unsicherheit um deren Fortbestand Bezug, wenn er schreibt:

„Ich habe und werde Fritz [Waerndorfer] nie einen Vorwurf machen – ich habe jedoch die felsenfeste Überzeugung daß es so wie bis jetzt nie und nimmer eine gesunde Basis erreichen kann. Wie – dazu bin ich zu wenig Kaufmann – und so kolossal ich dich schätze – so muß ich dir doch auch sagen – vom Geschäfte verstehst du nichts. Nun sind da Entwurfskünstler die nichts verstehen und ein begeisterter Kunstfreund der vom Kaufmann auch sehr weit entfernt ist – das finde ich hoffnungslos. Mir ist die W.W. nachgerade ein Alp geworden. Immer der Gedanke daß Fritz einfach zusperrt und die Menschheit dann unbedingt der falschen = unrichtigen Thätigkeit der Entwerfenden = die Schuld geben muß, daß die Stellung die man vor Beginn der W.W. gehabt auch nicht einmal die mehr möglich – Wie da Rat schaffen – ich weiß es nicht."[15]

Obwohl Waerndorfer ab 1910 realisiert, dass in Zukunft die Ausführung unikaler, im Entstehungsprozess aufwendiger künstlerischer Entwürfe wirtschaftlich nicht mehr vertretbar ist und die Werkstätte daher vermehrt auf Entwürfe (Postkarten, Kleider- u. Dekorstoffe) setzt, die vervielfältigt in Produktion gehen können, verschlimmert sich die finanzielle Situation der Werkstätte dramatisch weiter. 1911, im siebenten Baujahr des Palais Stoclet, ist noch immer kein Ende des Auftrags in Sicht und der Bauherr weigert sich, weitere Finanzmittel zuzuschießen. Waerndorfer und Hoffmann sehen das Ende der Werkstätte gekommen und suchen nach Lösungen. Wie aus einem Brief Waerndorfers an Carl Otto Czeschka vom 11. Mai 1911 hervorgeht, handelt es sich dabei um diametral entgegengesetzte Ansichten.

„Mein Standpunkt ist heute dass man die Schwierigkeit am ehesten durch Billigkeit der Erzeugnisse überwindet, daher plädiere ich stark für Massenartikel, die wir nicht selbst herstellen, die nur in der Zeichnung besser sind als andere Massenartikel, aber nicht mehr kosten. Dies bedeutet allerdings ein starkes, wenn nicht völliges Aufgeben der ursprünglichen WW-Qualitätsprinzipien. Dagegen spricht die Schwierigkeit, in Massenartikeln etwas halbwegs Anständiges und auch besseres zu erzeugen, als schon erzeugt wird; dafür spricht, dass man mit billigen Massenartikeln in die breite Schicht der Käufer dringen kann, Hoffmann sagt: nur mehr ganz kostbarste Sachen machen. Dagegen spricht, dass die reichen Leute gerade die unverständigsten sind und heute nur Werte kaufen. Sie kaufen alte Bilder in der sicheren Überzeugung, dass sie daran Geld verdienen werden, und kostbare Steine für Schmuck ebenso als Wertobjekte."[16]

Hoffmann seinerseits schickt einen flehenden Bettelbrief an Stoclet, den er mit den folgenden Sätzen endet.

„Ich bitte Sie, lieber Herr Stoklet überzeugt zu sein, daß mir nichts peinlicher ist, als dieses Schreiben und daß ich Ihnen trotzdem aus künstlerischen Gründen ungeheuer dankbar bin. Ich kann mir nichts Schöneres denken, als ein solches Werk zu vollenden, nun helfen Sie mir doch und suchen Sie eine Möglichkeit, eine Lösung zu finden. Muß denn alles im Leben mit einem Mißton enden? Können wir nicht wie menschlich uns vertrauen und glauben? Ich flehe Sie an das Mögliche zu thun was auch ich für die Vollendung Ihres Hauses zu thun gedenk."[17]

Stoclet reagiert gegenüber Waerndorfer mit völligem Unverständnis auf Hoffmanns Brief. Er geht nicht auf dessen emotionale Rechtfertigungsversuche ein, sondern bezieht sich auf Fakten und verlangt nach einer Erklärung der offensichtlichen Ungereimtheiten in Hoffmanns Kalkulation, die sich auf eine Gesamtsumme von 1,254.366,90 Kronen beläuft.[18]

Im Zuge von Unstimmigkeiten zwischen Hoffmann und Waerndorfer bezüglich eines Hausprojekts für Paul Poiret wird 18 S. 192
1912 das von Hoffmann bis dahin in der WW geleitete Baubüro aufgelöst.[19] 9 10 S. 339 Er verlegt es in die Kunstgewerbeschule, was Moser im Lichte der immer gravierenderen finanziellen Situation der Werkstätte zu der Bemerkung veranlasst:

„WW liegt seit Jahren in Agonie. Hoffmann hat – endlich – sein Baubüro in die Schule verlegt und steht dadurch nicht in solcher Abhängigkeit von der WW. Wenn's noch eine Weile fortgegangen wäre, so hätt' er höchstens Vogelhäusl für'n Naschmarkt noch machen können."[20]

Nachdem Waerndorfer den Großteil seines Privatvermögens mit seinem Engagement für die Werkstätte verloren hat, wird er Ende März 1914 gezwungen, aus der WW auszutreten, und neue Geldgeber, die sich in der Hauptsache aus Hoffmanns Kundschaft zusammensetzen, treten an seine Stelle.[21] Aus Anlass der durch den Abgang Waerndorfers als

Abb. 11 JH, Drei Sportpreise, ausgeführt von Würbel & Czokally, Wien, 1902
VS (5) 1902, 328

Hauptfinancier notwendig gewordenen Liquidierung der Wiener Werkstätte und deren sofortiger Neugründung 1914 wird auch ein neuer, auf zehn Jahre beschränkter Vertrag zwischen der Wiener Werkstätte und Hoffmann aufgesetzt. Darin wird unter anderem bestimmt, dass Hoffmann für Aufträge an die WW durch sein Architekturatelier kein Honorar beanspruchen kann.[22] Die neue Geschäftsführung reagiert auf die Zeichen der Zeit und erlangt im September 1914 die Gewerbeberechtigung für die fabrikmäßige Erzeugung von Gürtler-, Bronze-, Chinasilber- und Metallgalanteriewaren sowie den fabrikmäßigen Betrieb des Gold-, Silber- und Juwelenarbeitergewerbes und des Modistengewerbes.[23]

Noch kurz vor Ausbruch des Ersten Weltkriegs wird am
34 S. 198 16. Mai 1914 die Werkbundausstellung Köln eröffnet. Hoffmann entwirft dafür das Österreichische Haus und die Wiener Werkstätte ist unter anderen im ebenfalls von Hoffmann gestalteten Empfangsraum mit ihren Produkten präsent. Während der Ausstellung entbrennt zwischen Henry van de Velde und Hermann Muthesius eine Auseinandersetzung bezüglich der Typisierungsfrage. Sie hinterfragt die gesellschaftspolitische Existenzberechtigung des handgefertigten individuellen künstlerischen Luxusprodukts versus einer typisierten
30 31 S. 197 Massenware. 1915 übernimmt der Industrielle und Bankier Otto Primavesi, für den Hoffmann bereits 1913/14 ein Landhaus in Winkelsdorf/Kouty nad Desnou, Mähren, erbaute 32 S. 198
und einrichtete, die Geschäftsführung der Werkstätte. Inzwischen beeinträchtigt die im Laufe des Ersten Weltkriegs sich verschärfende Mangelsituation in Bezug auf Materialien und Arbeitskräfte naturgemäß auch die Produktion der WW. Nachdem ein Großteil der Handwerker zum Kriegsdienst einrücken muss, entscheidet die Geschäftsführung 1916, eine Künstlerwerkstätte einzurichten, in der Künstler und Künstlerinnen ihre eigenen Entwürfe meistens aus Ton, Papier und Holz ausführen können.

In diesen Jahren der Mangelwirtschaft kommt unverhoffte Hilfe von Seiten der k.k. Ministerien des Äußeren und des Handels sowie des k.k. Kriegspressequartiers. Um sich auf neutralem Boden als Kulturnation propagandistisch präsentieren zu können, drängen sie die Werkstätte 1917 zur Gründung einer Filiale in Zürich und zur Organisation von Kunstausstellungen in Kopenhagen, Stockholm und Amsterdam. 5 6 S. 221
Zugleich mit vermehrtem Augenmerk auf eine qualitativ entsprechende Massenware beteiligt sich die Werkstätte im letzten Kriegsjahr zum ersten Mal an der Leipziger Mustermesse. Damit ist ein Wendepunkt erreicht, der die Kunstausstellung als Präsentationsmedium der Werkstätte zwar nicht ablöst, aber gleichberechtigt neben die Mustermesse stellt. ■

1 Brief Fritz Waerndorfers an Carl Otto Czeschka vom 27.10.1910, in: Heinz Spielmann: Carl Otto Czeschka. Ein Wiener Künstler in Hamburg, Göttingen 2019, 180.
2 Briefkonzept Josef Hoffmann an Julius Meier-Graefe im Archiv der Secession. Zit.n. Sabine Forsthuber: Moderne Raumkunst, Wien 1991, 52.
3 Eduard F. Sekler: Josef Hoffmann. Das architektonische Werk, Residenz, Salzburg/Wien 1982, 39.
4 Ludwig Hevesi: Aus der Sezession 15.11.1900, in: Ders.: Acht Jahre Secession, Wien 1906, 292.
5 Josef Hoffmann: Einfache Möbel, in: Das Interieur (2) 1901, 193–208, Tfl. 83–91.
6 Ebd., 199f.
7 UaK, Kunstsammlung und Archiv, 3996.
8 Ebd.
9 Brief Waerndorfer an Hoffmann vom 17.3.1903; UaK, Kunstsammlung und Archiv, 3999.
10 „Da der Händler heute den Haupteinfluß auf die Produktion nimmt und nur bei wenigen Ausnahmen den Qualitätsgedanken in irgendeiner Form gelten läßt, sondern seinen eigenen verdorbenen Geschmack folgend immer wieder die unglaublichsten Dinge hervorbringt, in Glas, Porzellan Bronze, Leder und Holz, Bein in Stickereien, Webereien und den tausend anderen Materialien die wertlosesten und übelsten Gegenstände verlangt, muß entweder er oder der Konsument erzogen werden. Der Konsument ist heute total verdorben und fällt meist auf den jeweiligen Schund unbedingt zu seinem Schaden herein." Undat. Manuskript Josef Hoffmanns zum Thema „Maschine gegen Handarbeit"; MAK, KI 23506.
11 Hoffmann 1901, 204 (wie Anm. 5).
12 Waerndorfer verlässt, nachdem er fast sein gesamtes Vermögen durch seine Investition in die Wiener Werkstätte verloren hat, 1914 Wien und emigriert in die USA. Siehe auch Christian Witt-Dörring: Palais Stoclet, in: Wiener Werkstätte 1903–1932. The Luxury of Beauty, München/London/New York 2017, 368–409.
13 500.000 Kronen im Jahr 1910 entspricht in etwa der heutigen Kaufkraft von 3 Mill. EURO; siehe <eurologisch.at/docroot/waehrungsrechner/>.
14 Elisabeth Schmuttermeier: The Wiener Werkstätte, in: Christian Witt-Dörring (Hg.): Koloman Moser. Designing Modern Vienna 1897–1907, München 2013, 344.
15 Stiftung Sammlung Kamm, Zug.
16 Spielmann 2019, 190 (wie Anm. 1).
17 Undat., kurz vor dem 28.7.1911 geschriebener Brief Hoffmanns an Stoclet.
18 Brief A. Stoclets an Waerndorfer vom 28.7.1911.
19 Bericht über die Gründe der Loslösung des Baubüros der WW von der WW; Stiftung Sammlung Kamm, Zug.
20 Brief Mosers vom 17.10.1913 an Carl O. Czeschka, in: Spielmann 2019, 287 (wie Anm. 1).
21 Peter Noever (Hg.): Yearning for Beauty. The Wiener Werkstätte and the Stoclet House, Ostfildern 2006, 226ff.
22 Vertragsentwurf zwischen der WW G.m.b.H und Prof. J. Hoffmann vom 1. April 1914; Stiftung Sammlung Kamm, Zug.
23 Noever (Hg.) 2006 , 230f. (wie Anm. 21).

Abb. 1 JH, Speisesaal im Sanatorium Westend, Purkersdorf, 1904
Blick Richtung Musikzimmer
MAK, WWF-102-87-1

Otto Kapfinger

Anatomie der Läuterung

Konstruktion als gestaltbildender Faktor beim Sanatorium Purkersdorf

Schon 1901 konzipierte Josef Hoffmann als Erweiterung der Kunstgewerbeschule einen dreigeschossigen Ateliertrakt mit Plattenbalkendecken in Eisenbeton und einer kaskadenartigen Glasfassade entlang der Nordfront. Auch ein zweites, viel größer angelegtes Projekt für die Kunstgewerbeschule
15 S. 88 von 1904/05 ist bautechnisch ähnlich avanciert. Wäre eines
40 S. 79 dieser Projekte gebaut worden, würde es zu den Inkunabeln der Baukunst am Beginn des 20. Jahrhunderts in Europa zählen.[1]

Zum Sanatorium gibt es Entwurfszeichnungen von 1903 – das Projekt entwickelt sich über zwei, drei Stufen bis zur endgültigen Fassung 1904. In den ersten Skizzen ist das Volumen 41 m lang, 12 m breit und hat zwei Hauptetagen über dem aus dem Terrain herausgehobenen Souterrain. Die Zimmerbreiten betragen 4,5 m. Die Außenmauern und die den zentralen Korridor fassenden Innenmauern sind jeweils 45 cm stark; alle Mauern stehen in den Etagen übereinander; ein großes Walmdach mit Holzdachstuhl sitzt obendrauf: alles damals problemlos baubar und auch in der inneren Raumgliederung konventionell.[2]

1904 wandelt sich das Ganze radikal – in Maßen und Dimensionen. Bei gleicher Länge vergrößert sich das Volumen auf eine Breite von 18 m. Weiters kommt ein drittes Stockwerk mit Apartments dazu, und in diesem neuen Oberstock springt die Außenmauer auf zwei Dritteln der Gebäudelänge um zwei Meter zurück, weil die ostseitigen Zimmer eine vorgelagerte Terrasse bekommen. Im Stock darunter gibt es nun den berühmten Speisesaal – 22 m lang, über 7 m breit. Im gartenseitigen Drittel der Decke des 3,8 m hohen Raumes steht nun aber oben drüber die vorhin erwähnte, 45 cm starke Außenmauer. Ein Saal dieser Dimension mit asymmetrischer Deckenbelastung wäre nach gültiger Bauordnung in üblicher Ziegelbauweise mit Tramdecken nicht erlaubt gewesen. Man hätte alle sechs Meter eine Aussteifung mit Querwänden vorsehen müssen. Noch dazu hätte die Erhöhung um ein Stockwerk – wäre sie mit einem steilen Walmdach ausgeführt worden – das Volumen proportional aus dem Gleichgewicht gebracht und wäre auch im Kontext mit den Bauten rundum und nach geltender Widmung höhenmäßig nicht genehmigt worden.

Wir können mangels Quellen nicht nachvollziehen, was den Ausschlag gab: die Suche des Architekten nach einer Technologie, die ein neues Raumkonzept im gegebenen Rahmen kostengünstig ermöglichte oder der Kontakt mit dem in Wien damals in Sachen Eisenbetonbauweise rasant aufstrebenden und im Secessionskreis präsenten Firmenchef Eduard Ast oder auch – wahrscheinlicher – die Wünsche des Bauherrn, welche eine originäre Kombination/Integration von Raumkonzept und Baumethode erforderten.

Aus dieser Wende vom angedachten Ziegelbau zu einem in Volumen, Nutzung und Raumcharakter viel anspruchsvolleren Gebäude wird sinnfällig: Hoffmanns großartiger „Wurf" wurde erst möglich durch die Umdeutung des Baugefüges in Eisenbeton – mit einem entsprechenden, nach innen ins Hauszentrum entwässerten Flachdach! Die oft beschriebene Plattenbalkendecke im Speisesaal etwa, womit erstmals außerhalb des Industrie- und Gewerbebaus die neue Technologie in einem repräsentativen Rahmen prägend gezeigt wird, ist die logische Folge aus den vorhin umrissenen Parametern: Ein 22 m langer, 55 cm breiter und 40 cm hoher „Unterzug" unterstützt an der Gartenseite des Saales exakt die im Stock darüber verlaufende Außenmauer. Allerdings leistet sich Hoffmann die gestalterische Freiheit (und Sinnhaftigkeit), zugunsten der optischen Ausgewogenheit und Symmetrie des Raumcharakters diesen mächtigen Betonbalken in Richtung der Innenwand des Saales identisch zu wiederholen – obwohl dort kein vergleichbarer Lastanfall von oben gegeben ist.[3] Weiters gestaltet er – in den Rezensionen bisher wenig beachtet – einen Rhythmuswechsel bei den statisch nötigen Querrippen: Nur jede zweite hat ein Profil wie die Hauptträger, samt der eingetieften „Schatten-Nut" an der Unterseite, die andern sind nur halb so breit.

Die maßliche Koordination dieser kassettenartigen, eine sture Rasterung mit variierten Maschenweiten und Dimensionen subtil übersteigenden Raum-Decke ist zudem akkurat in Konkordanz mit den Türachsen vom Korridor her wie auch
mit Türen, Fenstern (und Mauerpartien) der gartenseitig an- 1
schließenden Veranda. Unter dem Eindruck der ganz geordneten Regelmäßigkeit des Raumes vibriert kaum merklich eine systemische Elastizität: An der ganzen Decke gibt es kein exaktes Quadratmaß, auch die Abstände der Querbalken variieren im Bereich von Zentimetern, ordnen sich der Übereinstimmung mit Tür- und Fensterachsen unter und

Abb. 2 JH, Sanatorium Westend, Purkersdorf, Entwurfsperspektive, Westseite, 1903/04
Tusche mit Graphitspuren
Privatbesitz

nicht zuletzt: Die doppelten Querbalken binden an der Gartenwand strikt nur auf massiven, raumhohen Wandpartien ein, während die schlanken Querbalken stets auf die „fragmentierten", statisch „fragileren" Wandpartien bei Türen und Fenstern auftreffen.[4]

Eduard Ast & Co. Betonbau-Unternehmung

Wie schon angedeutet, war beim Sanatorium die Beteiligung der Firma Eduard Ast & Co. entscheidend. Sie war sowohl für die statische Berechnung und behördlich genehmigbare Dimensionierung der neuen Technologie verantwortlich als auch für die konkrete Ausführung. Ihre Rolle geriet im Verlauf der architekturwissenschaftlichen Rezeption ins Hintertreffen, weil seit Jahrzehnten alle Dokumente der Einreichplanung aus dem Bauarchiv der Gemeinde Purkersdorf verschwunden sind und weil außerdem kein Firmenarchiv von Ast & Co. für Recherchen zur Verfügung steht.

Wir können nur vermuten, wann und wie der als Bauingenieur ausgebildete Eduard Ast (1868–1945) mit dem zwei Jahre jüngeren Hoffmann in Kontakt kam. Die Anfang 1898 gegründete Firma „Ing. Ed. Ast – J. Chaillys Nachfolger" führte einerseits Werkhof und Belegschaft einer in Wien-Döbling ansässigen Baufirma weiter, andererseits übernahm Eduard die von seinem Vater Ing. Wilhelm Ast, Baudirektor im Stab der Kaiser Ferdinands-Nordbahn und Gutsbesitzer, erworbene Lizenz zur Verwendung der Betonbau-Patente „System Hennebique" und hatte damals deren Alleinvertretung für Österreich.[5]

Eine der ersten eigenständigen Bauführungen von Ast war 1898 die Fertigung der inneren Wandschalen bei den Stadtbahnstationen von Otto Wagner am Karlsplatz – in Sichtweite der Baustelle der Secession. Joseph M. Olbrich war als Wagners Mitarbeiter mit Details auch am Entwurf der Karlsplatz-Pavillons beteiligt. 1900–04 realisierte Ast mit Julius Mayreder einige Primärstufen der Betontechnik im Wiener Hochbau: das Herrnhuter-Haus am Neuen Markt (Ast-Betondecken), den Büro- und Werkstattbau der Firma Hutter&Schrantz in Gumpendorf (Straßenfassade gestockter Beton, Hoftrakt reiner Skelettbau) sowie das Haus Bognergasse 5 (Betonfassade bis zum 1. Stock). Mayreder zählte zu den ersten Mitgliedern der Secession, hatte 1894 für Carl Moll ein Atelierhaus errichtet und war ursprünglich neben Olbrich, Hoffmann und Friedrich Ohmann als Teilnehmer eines internen Wettbewerbs für den Secessionsbau vorgesehen. Schon 1899 realisierte Ast in der Planung von Gustav Orglmeister den ersten mehrgeschossigen Betonskelettbau für die Druckerei Gistel & Cie. in der Münzgasse. Am 5. Dezember 1899 präsentierte er im Saal des Österreichischen Ingenieur- und Architektenvereins für die Elite der lokalen Fachwelt eine heute noch lesenswerte Einführung in das System Hennebique. 1902 publizierte die Firma ein Referenzbuch mit drei Dutzend ausgeführten Beispielen im Tief- und Brückenbau, im Industrie- sowie Wohn-Geschäftsbau.[6]

Zur Ausführung einer Heilanstalt mit Wasserkuren und elektromechanischen Behandlungen hatte die Firma Ast & Co. überdies eine spezielle Expertise. Zwischen 1899 und 1902 realisierte sie in Wien fünf Städtische Badeanstalten sowie in Baden bei Wien, in der Planung der Architekten Krauss & Tölk, das Städtische Kurhaus, dessen Ausstattung mit jener in Purkersdorf fast identisch war. Der 80 m lange, dreigeschossige Bau im Badener Kurpark (in den 1960er Jahren abgerissen) war äußerlich dem lokalen Ambiente und der Klientel „angepasst" in neobarocke Fassaden gekleidet. Doch innen zeigte Ast & Co. bei den Decken- und Stiegenkonstruktionen wie bei den in die Böden eingesenkten Wasserwannen avancierte Anwendungen der Systeme Monier und Hennebique.[7] 1905 entwarf Hoffmann für die Firma ein
als „Logo" bzw. als Planstempel nutzbares Signet, dessen 11
Entwürfe sich in der Sammlung des MAK erhalten haben.[8]

Während der Planung und Ausführung des Sanatorium Purkersdorf 1903–05 war Ast & Co. auch an folgenden Projekten beteiligt: mit Krauss & Tölk beim Zacherlhaus von Josef Plečnik am Wildpretmarkt (Betonskelett der Laden- und Mezzanin-Etage, Betonstruktur der Dachpartie), am ersten Bauabschnitt der Postsparkasse von Otto Wagner (Betondecken; Souterrain für Tresore und Poststelle als Betongerippe), 1905 an dem von Leopold Simony geplanten Haus der großen Druckerei Rohrer im Zentrum von Brünn mit erstmaliger Anwendung spiralbewehrter Betonsäulen in der Monarchie.[9]

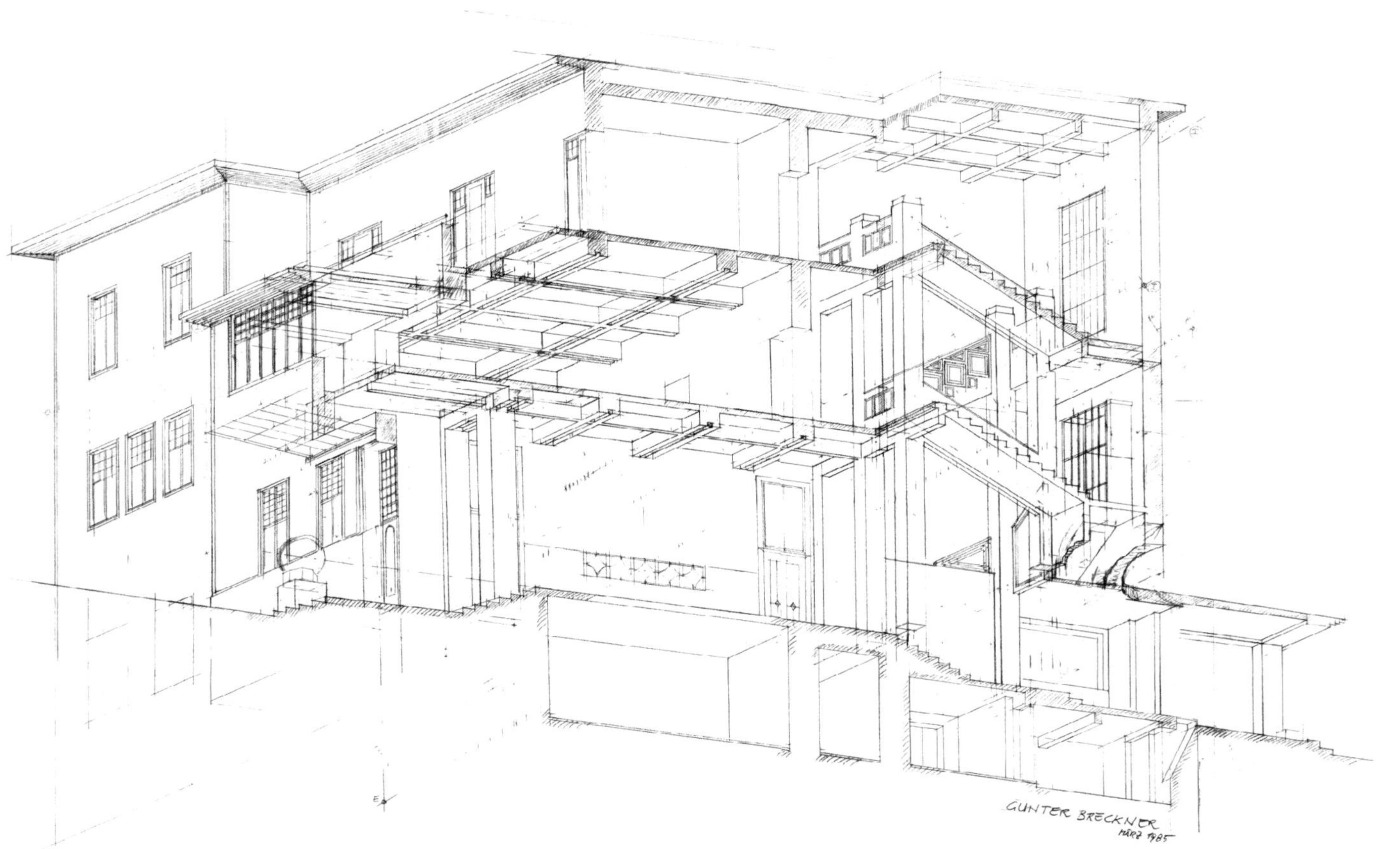

Abb. 3 Gunter Breckner, Axonometrischer Schnitt durch die Mittelachse, 1985
Bleistift auf Papier

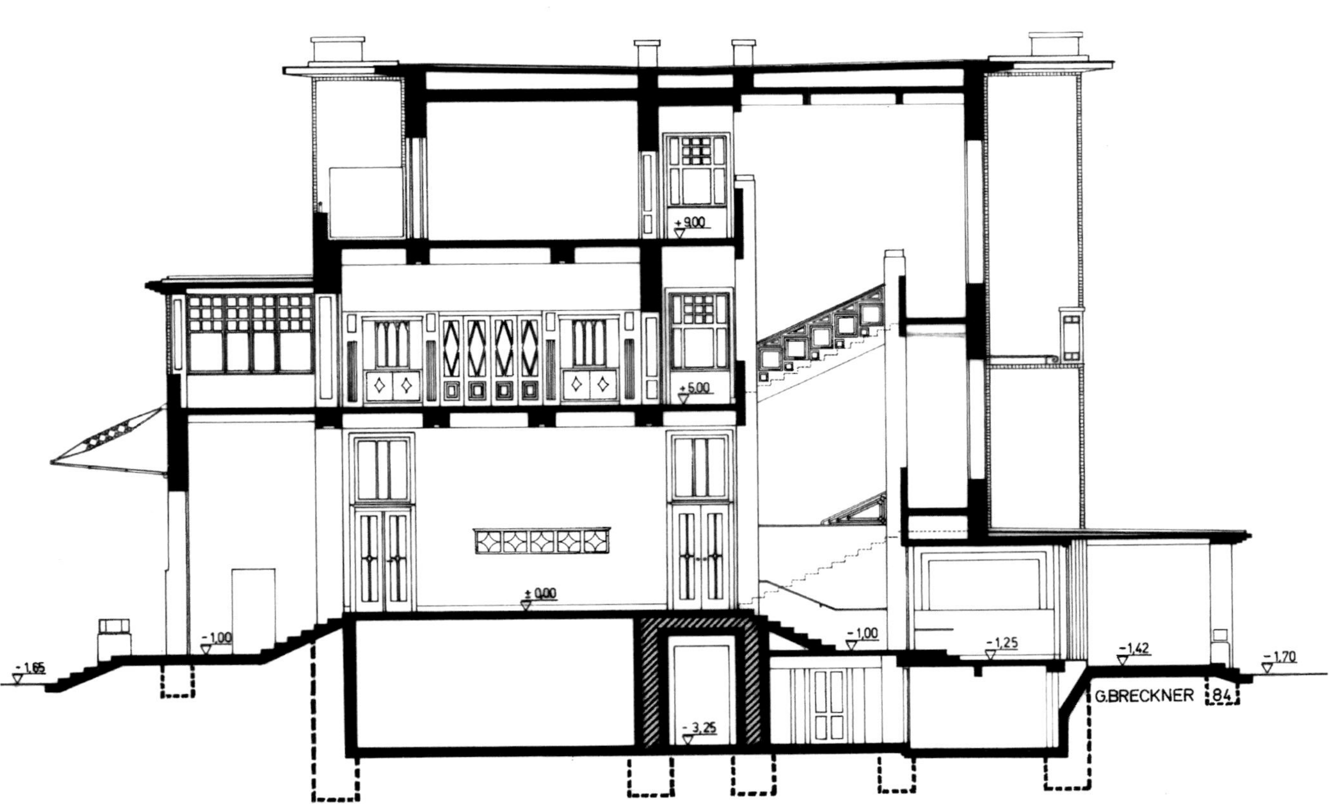

Abb. 4 Gunter Breckner, Querschnitt durch die Mittelachse,
Rekonstruktion des Originalzustandes, 1982

Tektonik und Ästhetik

Von den Rhythmen der Speisesaaldecke abgesehen führt Hoffmann in Purkersdorf die straffe Ökonomie der Ast'schen Tragwerke im ganzen Haus zu feinjustierten Variationen. Zunächst ist schon bei den aufgehenden Ziegelmauern Differenzierung spürbar. Vom 80 cm-Maß der Außenmauern in Keller und Erdgeschoss verjüngt sich die Wand der Ostfassade im 1. Stock auf 65 cm – hier sind über die Speisesaaldecke große Lasten einzubinden und abzutragen –, während sich die Stärke der Westfassade und der Korridorwände auf 45 cm reduziert – hier sind kleinere Deckenspannweiten und mehr aussteifende Querwände gegeben, die Außenmauern der Westfassade stehen im 1. und 2. Stock übereinander – die Gästezimmer haben da keine Terrassen.

Interessant ist die Deckenteilung des Musikzimmers, das
8 südlich an den Speisesaal anschließt. Hier entfallen die einfachen Querbalken; zwei die Längsträger querende Doppelbalken sind so gesetzt, dass in den Raumecken vier quadratische Deckenfelder entstehen – und zwischen ihnen ein doppelt großes Feld. Dies hat in dem relativ kleinen Raum nicht nur optisch entspannende Gründe, sondern auch statische Logik. Denn im Stock darüber entfällt die Terrasse, die Außenmauern stehen übereinander, dafür gibt es in Querrichtung oben drüber eine Zimmer-Trennwand, die unten nun exakt vom saalseitigen Querbalken getragen wird. Durch die Spreizwirkung der massiven Mauerecke ist die statische Situation dieses Endzimmers zusätzlich begünstigt. Und so kann Hoffmann hier die vorhin angesprochene Regel brechen und den breiten End-Querbalken über der Fensteröffnung einklinken lassen – natürlich genau in deren Mittelachse.

Es lohnt sich, diese Sachverhalte genau anzusehen und zu analysieren: Hoffmann erweist sich in Purkersdorf nicht bloß als der vielgefeierte (und auch gescholtene) Virtuose der schönen Oberfläche, des grafisch-ornamentalen Ausdrucks – hier eben am Höhepunkt seiner puristisch-geometrischen Phase –, sondern er zeigt sich als souveräner Konstrukteur, der die von Eduard Ast (mit Kompagnon Ing. Hugo Gröger) gerade erst in großen Formaten und im mehrgeschossigen Industriebau beherrschte Technik in einem neuartigen Rahmen „vorführt" und sie als Körperbau, als Anatomie eines komplexen Baugefüges in feinnerviger Modularität ausfächert.[10]

An der Eingangshalle mit dem Stiegenhaus ist das Spiel von Geometrie und Tektonik noch komplexer als im Speise-
27 S 73 saal. Aus dem hohen, gartenseitigen Foyer steigt der Raum über drei Etagen hinauf bis unters Dach. Erstmals wird eine solche vertikale Struktur aus Eisenbeton bewusst zum ästhetischen Ereignis geführt, zur skulpturalen Wirkung reiner Formen. Die Böden aus schwarz-weißen Fliesen im Schachbrettmuster suggerieren die vollkommene Kontrolle über das dreidimensional entfaltete Gitter – einschließlich der Sequenz der sechs Pfeiler, der konkordant reliefierten Stiegenwangen und der regelmäßig gekreuzten Deckenbalken. Die Geometrie ist aber auch da mit Dissonanzen aufgelockert. So sind die Pfeiler im Bereich des Foyers gegenüber jenen der Stiege etwas breiter. Warum? Weil im Foyer viel mehr Gewicht von oben kommt. Im Stiegenhaus hingegen tragen die vorderen Pfeiler nur die einseitig anschließenden Etagendecken mit, und das nächste Pfeilerpaar stützt überhaupt nur die Treppenläufe – alle vier enden oben frei mit Aufsätzen für Blumenschmuck. Vom Foyer her verengt sich wie gesagt der Raum um 80 cm, und auch dazu ist das Pfeilermaß abgestimmt.

Entgegen mancher Beschreibungen stimmt auch die Geometrie des Fliesenbodens mit jener der Deckenbalken und der Pfeilerachsen nicht überein. Es gibt aus guten Gründen kleine Verschiebungen. So treffen die Längsbalken einerseits axial auf die gangseitigen Stiegenhauspfeiler – in Konkordanz mit dem Fliesenboden –, andererseits aber innenbündig auf die etwas breiter gestellten Foyerpfeiler. Der Boden der Foyerhalle ist in fünf Felder geteilt, die Struktur der Decke hat in Längsrichtung nur vier Felder und auch in der Querrichtung weicht ihre Geometrie von jener des Bodenmusters ab.

Die Doppelbalken der Foyerdecke entsprechen nur teilweise den Positionen der Balken im Speisesaal darüber: Die beiden äußeren unterfangen von oben kommende Mauerlasten, die beiden inneren bringen Konflikte zwischen dem Regelmaß ihrer Abstände und der symmetrischen Fassung der raumhohen Türöffnungen zu einem optisch stimmigen, 7
maßlich aber nicht „100-prozentig korrekten" Ausgleich. Bei gleicher Breite sind diese Balken viel höher als jene im Saal, was statisch die größeren Lasten spiegelt, optisch auch die Raumhöhe im Foyer berücksichtigt. So sind auch die Einkerbungen der Unterseiten hier breiter und tiefer als oben. Diese das Tragwerk „auflockernde" Schatten-Nutung hat auch funktionelle Gründe. Schon in die Betonschalungen wurden Leisten eingelegt, um in diese Kerben die Elektroleitungen für die in den Kerben befestigten Hängelampen einzubetten. Beim Finish der Betonflächen mit Feinputz wurden diese Leitungen oder Verrohrungen abgedeckt.

Wir könnten solche gestalterischen Fein- und Freiheiten innerhalb der Regelmäßigkeit des Ganzen an vielen Ecken weiterverfolgen. Sie sind typisch für die Reibung zwischen den Geometrien eines *Entwurfskonzepts* – ohne Materialstärken – und den Fakten und Zwängen baulicher Umsetzung: ein Phänomen, das vom „Triglyphen-Konflikt" der griechischen Tempel bekannt ist und sich bis zum ominösen „Mauervorsprung" am Haus Wittgenstein in Wien heraufzieht.[11]

Je näher man hinsieht, umso mehr zeigt sich, dass der Sanatoriumsbau eine leicht unterschätzte materialtechnische Logik hat: eine damals experimentelle Wirklichkeit mit speziellen Widerstandsmomenten, die Hoffmann dann in seiner Detailkunst (mit Kolo Moser) zu dezidiert nicht-konstruktivistischer Eleganz, zu Leichtigkeit und neuartigem Ausdruck
bringt. Eine isometrische Schnitt-Zeichnung durch die Haupt- 3
achse des Sanatoriums, 1985 erstellt von Gunter Breckner im Nachtrag zu seiner Diplomarbeit, welche wesentlich zur Rettung des Baus und zur Revitalisierung 1994 beigetragen hat, vermittelt wie im Röntgenblick diese Kohärenz von Struktur und Raumgestalt.[12]

Autonomie der Fläche – Freiheit der Ornamentik

In Purkersdorf ist Hoffmann, mit Kolo Moser und der Wiener Werkstätte, 1904/05 so „nahe" an Loos wie sonst nie wieder. Wir wenden uns von den Innenräumen nach außen und prüfen anhand der Fassaden, wieweit diese Behauptung auch da haltbar wäre. Die minimalistische Putzhaut des Volumens, Mitte der 1990er Jahre hervorragend rekonstruiert, ist fugenlos in der damals fortschrittlichen Technik des Quetschputzes 9 10
mit Kalkmörtel aufgebracht. Im Streiflicht wirkt die Gebäudehülle wie eine vom Wind gekräuselte Wasserfläche. Es ist die aus der Hand der Maurer mittels Kelle und Quetschbrett in rhythmischem Auftrag entstandene Spur der Materialisie-

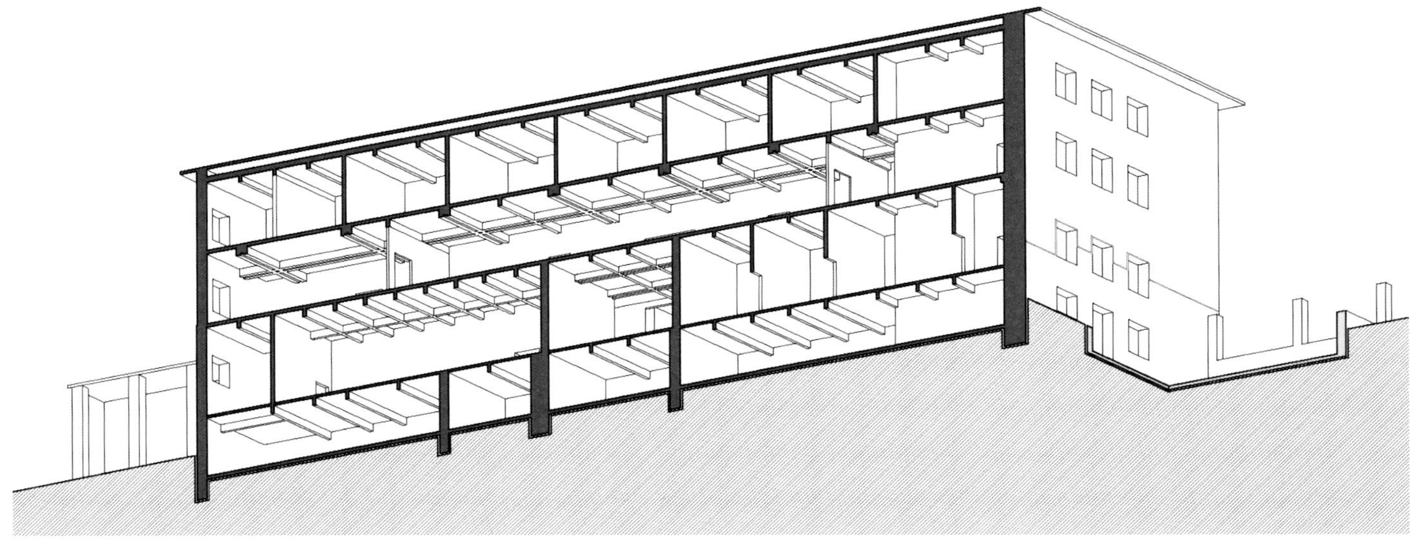

Abb. 5 Manuel Kainz, Axonometrischer Längsschnitt, Sequenz der Räume und Differenzierung der Deckenstrukturen in Eisenbeton, digitale Rekonstruktion 2020
© Manuel Kainz

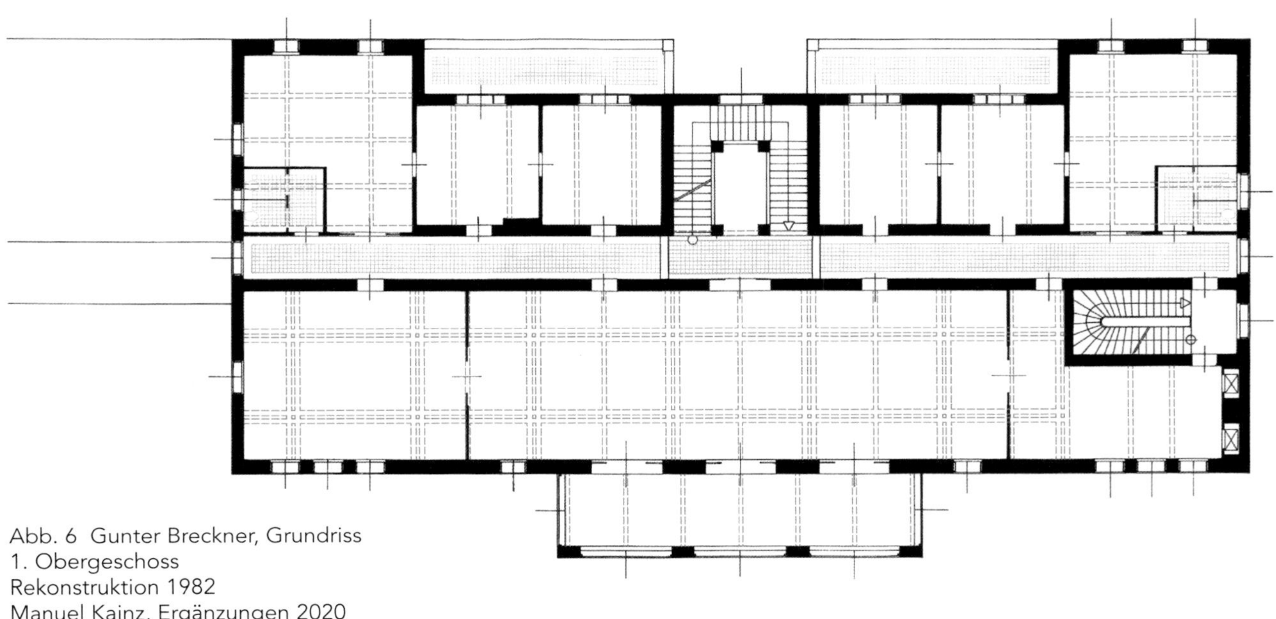

Abb. 6 Gunter Breckner, Grundriss
1. Obergeschoss
Rekonstruktion 1982
Manuel Kainz, Ergänzungen 2020
(Rot die Balkenlagen der Decke über dem Obergeschoss)
© Gunter Breckner, Manuel Kainz

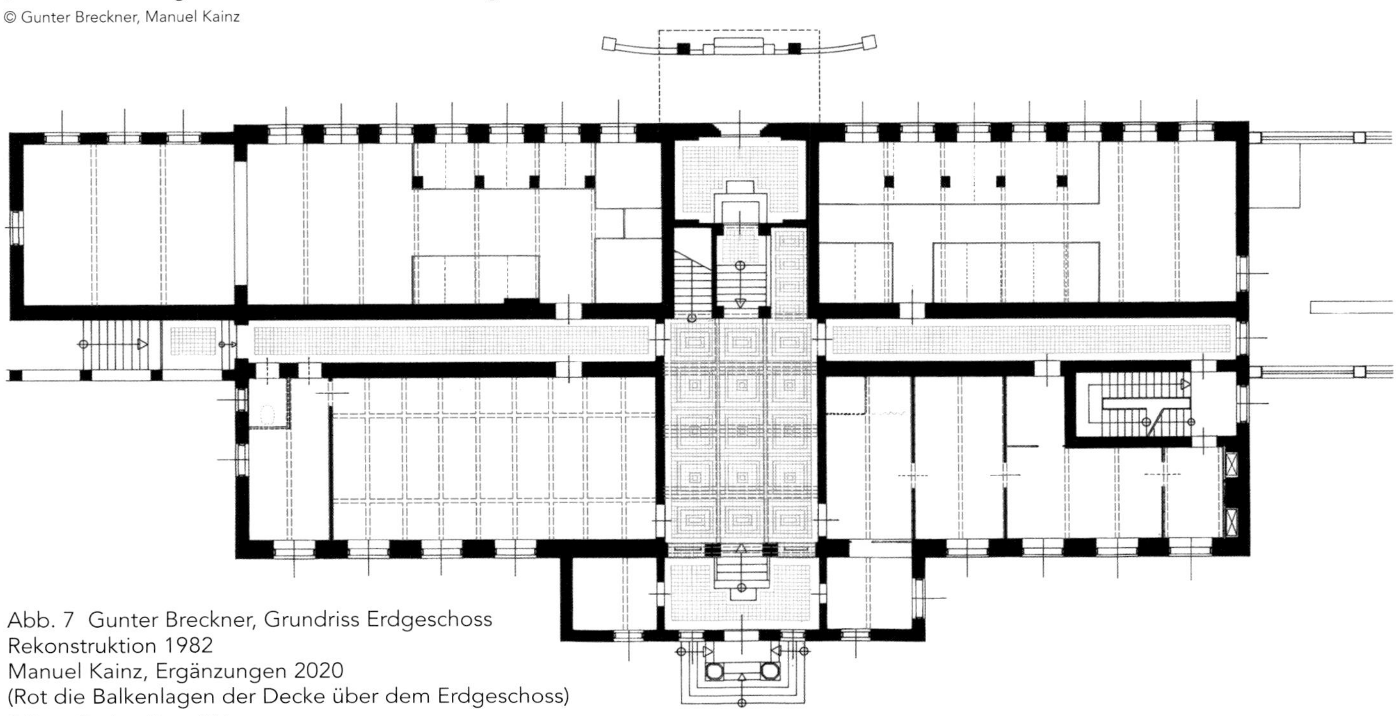

Abb. 7 Gunter Breckner, Grundriss Erdgeschoss
Rekonstruktion 1982
Manuel Kainz, Ergänzungen 2020
(Rot die Balkenlagen der Decke über dem Erdgeschoss)
© Gunter Breckner, Manuel Kainz

rung, ein struktureller „Schmuck" der sonst glatten Oberfläche – ohne jede dazwischengeschobene Formtradition, ohne jede kunstträchtige Design-Geste, befreit von aller imitierten Tektonik, wie sie die historistischen Verputzfassaden charakterisiert hatten. Und die Kombination dieser Verputzhaut mit der geometrisch strikten, optisch flimmernden Technik der blau-weißen Fliesenbänder um alle Kanten ist technisch *und* formal kohärent.[13]

In Fortführung der inneren Strukturen nutzt Hoffmann die Betontechnik auch bei den exponierten Partien der Fassaden-Ziegelwände. Wie es innen keine gemauerten Bögen gibt, so sind auch die Überlager aller Öffnungen der Außenwände gerade, mit Eisen armierte Betonstürze. Dementsprechend folgt Hoffmanns Tilgung tradierter Fassadendetails der Logik, dass alle Teile der Außenwand, die physisch exponiert, d.h. dem Regenwasser und dem Zugriff von Erosion und Nutzung ausgesetzt sind, mit der im Wagner-Umkreis entwickelten Technik der hochfesten Wandfliesen „armiert" werden. Alle übliche Fassaden-Syntax ist damit verschwunden. Im traditionellen Formenkanon, selbst noch bei schlichtesten Putzfassaden des Biedermeier, waren die rahmenden, wetterschützenden Fenster-, Tür- und Eckendetails als Transformation historischen Steinwerks (Verdachungen, Gesimse, Mauerbänke, Gewände, Pilaster) plastisch in Putz durchgebildet. Hoffmann reduziert all das auf die Fassung mit Bändern aus glasierten, mit Pressfugen verlegten Fliesen – bündig mit der lapidaren Verputzhaut. Auch der Dachvorsprung entspricht formal der technischen Novität der armierten Betonplatte. Anders als bei Wagner, dessen Vordächer mit Kassettierungen noch die Rhythmen von Sparren spüren lassen, anders auch als Loos, der am Haus Goldman & Salatsch die mit Reibputz geglättete Fassade mit einem klassisch profilierten Gesims abschließt, zeigt die Untersicht der Auskragung in Purkersdorf die statisch logische, flächig gestufte Verjüngung der Betonplatte von der Mauer zum Dachrand.[14]

Das Muster der Verputzhaut und das Blau-Weiß der
9 10 Fliesen evozieren unter anderem das Element *Wasser*: das Schachbrettmuster als geometrisierte Form der Wellenbewegung. Und Wasser spielt im Sanatorium, einer *Wasserheilanstalt*, eine zentrale Rolle. Hoffmann kooperiert bei diesem ersten Großprojekt der Wiener Werkstätte bis in die Möbel- und Detailausstattung mit Kolo Moser. Und es war Moser, der um 1900 die vegetabile Formenergie des Jugendstils über seine reziproken Muster und Flächenteilungen abstrahierte – in die orthogonale Geometrie der puristischen, der „konstruktiven" Phase der Secession. Moser begann mit vexierenden Bändern und Schachbrettmustern im grafischen Milieu. Mit solchen Bordüren oder Vignetten markierte, definierte er Flächen unterschiedlicher Bedeutung.[15] Schachbrett-Lineamente haben diese energetische, mehrdeutige Emblematik. Einerseits sind sie seit jeher apotropäische Symbole. Sie signalisieren *Ende, Grenze, Halt, Abwehr, Achtung.* Ihre Anwendung reicht über Jahrtausende von der heraldischen und militärischen bis zur musikalischen und sportlichen Sphäre. Andererseits wirkt ihre vexierende Erscheinung auch anti-perspektivisch: Hierarchien von vorne und hinten, von Figur und Grund werden aufgehoben, das Muster strahlt nach mehreren Richtungen, vernäht/verstärkt exponierte Kanten – oder es integriert Gegensätze ähnlich dem Yin-Yang-Signet. Bei der XVIII. Ausstellung der Secession säumt Moser mit solchen Leisten alle Raumkanten. So wirken die Wände selbst schon auratisch, entstofflicht – als ideale Passepartouts für Klimts Bilder.

Hoffmann agierte in dieser Phase mit Moser simultan – und machte das quadrierte Netz zur allgegenwärtigen Grundlage seines Entwerfens. In Purkersdorf kam etwas dazu, was ihn aber von einer ganz anderen Seite in seiner Passion als Meister un-tektonischer, ornamentfreudiger Flächenkunst stimulierte: Von 1899 an hatten die Wiener Pioniere des Eisenbetons in Vorträgen und Schriften unter anderem eine Eigenschaft der neuen Technik propagiert: der Kunststein aus Naturmaterial – eine Verbindung sichtbarer Druckmasse und unsichtbarer Armierung gegen Zugkräfte – entkräftet die notorischen Probleme der festen Verbindung vertikaler und horizontaler Elemente bzw. disperser, bis dahin nur aufwendig kombinierbarer Baustoffe: Stein, Ziegel, Holz, Eisen. Alle konstruktive Syntax und formale Grammatik der Baukunst hatte sich aus diesen Herausforderungen des Zusammenfügens von Heterogenem entwickelt: Pfeiler und Säulen fußten unten mit Basen in Sockelpartien, empfingen über spezielle Gelenke, Kapitelle, von oben die Lasten und Schubkräfte von Balken und Decken. All das wurde nun durch die homogene Strukturalität des armierten Betons hinfällig. Von nun an konnten fugenlos gegossene Monolithe kontinuierlich kraftschlüssige Gefüge über mehrere Etagen aufrichten, konnten Schrägen oder Wölbungen in einem Zug sich mit Vertikalen oder Horizontalen verbinden.[16]

Rationeller Skelettbau dieser Art war ein von „akademischen" Form-Problemen befreiter, formgenealogisch unabhängiger Monolith aus „reinen" Flächen. Hoffmann, der auf seinen mediterranen Studienreisen Renaissance oder Barock wenig goutierte, hatte dort an anonymen ländlichen Bauten sein Ideal für künftiges Schaffen entdeckt: die Freiheit von allem historischen Form-Ballast. Und die Eisenbetontechnik erlaubte, ja konstituierte nun in technisch neuer Art genau solche Freiheiten.[17]

Ein Skelettbau (innen) wie das Sanatorium hatte als „architektonische Orte" nur mehr die Kanten der egalisierten Flächen. Hoffmann und Ast erreichten da den Nullpunkt konstruktiv-formaler Rhetorik. Die Flächen sind nun autonom, die Kanten sind das freigelegte Nachglühen einer verschwundenen, abgeschüttelten Sprachlichkeit. Und Hoffmann – wie Moser auf Buchseiten oder am Möbelrand – gibt den stummen Kanten mit begleitenden Linien im Schachbrettmodus den diskreten Kommentar: Es gibt keine Hierarchie mehr zwischen Stütze und Fläche, zwischen Oben und Unten, Druck und Zug, Tragen und Lasten; die Darstellung von Konstruktivität wird obsolet, es bleiben aber autonome Flächen, frei gemacht für Hoffmanns ureigenstes Kunstwollen: Schmuck, flächendeckende Muster, ornamentale Virulenz, freudige Farbigkeit…

Im Kurhaus, das als Programm die heilende Beruhigung, Reinigung, Befreiung aus den nervösen Komplexitäten der Großstadt bietet, steht freilich im Innenraum analog die Purifizierung, die absolute Entspannung einer fast durchsichtig gewordenen Materialität im Zentrum – am deutlichsten in der Eingangshalle, wo die schwarz-weißen Lineamente frei und gelöst in alle Richtungen über die weißen Flächen wandern, über alle Tektonik wie zarte Ameisenspuren hinwegziehen. Im Saal ist es eine Spur beredter, weil Hoffmann da die Kanten der Betonbalken mit farbigen Blattmustern berankt: Der naturhaft stilisierte Schmuck gibt hier den stofflich dichten, lakonischen Fakten die dialektische Säumung – ein feiner, letzter Gruß von den vegetabilen Linien-Wucherungen des Ver Sacrum. Am Außenbau, wo elementare Kräfte angreifen, schiebt Hoffmann die begleitenden Säume direkt an und über alle Baukanten und materialisiert diese Profile in einem der ältesten und dauerhaftesten der vom Menschen kultivierten Naturstoffe – in hochgebrannter, glasierter Keramik.

Abb. 8 JH, Musikzimmer im Sanatorium Westend, Purkersdorf, 1904
MAK, WWF-102-98-1

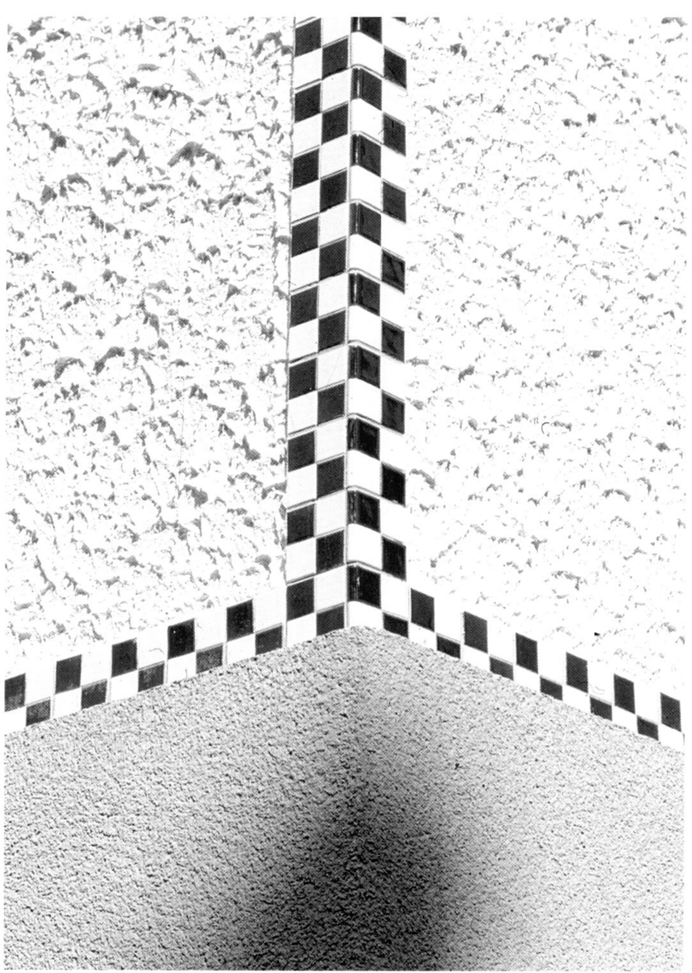

Abb. 9, 10 JH, Sanatorium Westend, Purkersdorf, Wiederherstellung des Fassadenputzes und der Flieseneinrahmung, 1996

Es lässt sich sagen, dass diese Transformierung der Baugestalt in pure, von Schachbrett-Ornamentbändern an ihren Kanten geschiedene bzw. „vernähte" Flächen Hoffmanns Antwort auf die Moser'schen Interieurs der XVIII. Secessionsausstellung darstellt. Meine Lektüre geht dahin, dass Hoffmann wie auch Moser die Säumung der raumgebenden Flächen als *Nähte* behandelt, als *Vernähungen*, die auf textile Muster verweisen und damit verbunden auf Flechtwerke und Bordüren, welche seit jeher die technischen und formalen Anlässe der Ornamentik bieten und ausagieren. Hoffmann/Moser bringen so eine andere Lektüre von Gottfried Sempers theoretischen Schriften als Wagner oder Loos. Hoffmann sucht dann – in seinem Schmuck- und Formtrieb – immer diese Stöße und Ränder, um sie technisch und formal als Schmucklinien seiner Gestalten zu behandeln, auszuzeichnen.[18]

Hoffmann hatte eine erstklassische bautechnische Ausbildung, eine Grundlage „in state of the art" durch die Staatsgewerbeschule in Brünn, neben der Wiener Gewerbeschule wohl die beste Schulung dieser Art weitum. Seine Jahrgangskollegen in Brünn waren: Adolf Loos, Hubert Gessner, Leopold Bauer, Alois Ludwig. Sein gestalterischer Eros galt aber nie der Forcierung des Konstruktiven, der demonstrativen „Ausreizung" oder dem Vorantreiben solcher Aspekte. Konstruktion war für ihn selbstverständliches „Handwerk" auf bestmöglichem Niveau, die Basis für sein anders gelagertes Kunstwollen: für das unentwegt variierte Spielerische, für das bühnenhaft ausformulierte Setting von Räumen, für die zur Schönheit des Objekthaften verdichteten Geräte und Mobiliars. Selbst ein so einmaliger Kenner wie Eduard Sekler ließ sich durch ein etwas rätselhaftes Blatt in den Vorentwürfen des Sanatoriums verleiten, Hoffmanns Anliegen da als „radikale Ausreizung der Stahlbetontechnik" zu interpretieren und „im Erdgeschoß weitgehend durchlaufende Bandfenster" als „Vorgriff" auf die spätere Moderne zu deuten. Diese Skizze imaginiert aber nicht ein 20 m langes Bandfenster, sondern ist bloß die Andeutung einer langen Veranda. Ihr dünnes, seichtes Dach wird an den Seiten getragen von massiven Wänden, links und rechts von quadrierten Rankgerüsten gerahmt, wobei die in der Fassade dahinter vorgesehenen Fenster und Türöffnungen schlicht nicht eingezeichnet sind. Die oft beschworene Vorwegnahme von Kompositionsprinzipen des De Stijl oder des Bauhauses ist so nicht haltbar.[19]

Wie hier doch gezeigt, sind die Motive von Hoffmann/Moser andere, die Autonomie *ihrer* Flächenkompositionen kommt von wo anders und geht wo andershin. Die Abstraktion der Flächen und ihre von Tektonik „befreite", sozusagen „grafische und ornamentierte" (wie Loos spottete) Vernähung kommt bei Hoffmann von außen an die Baufigur oder Objektgestalt, die so in allen Maßstäben diesen Schatullencharakter anklingen lässt. Das Autonom-Werden der Raumflächen bei Frank Lloyd Wright, das Auflösen der Raumkanten bei den Wagner-Schülern und dann bei De Stijl ist von innen her motiviert – vom Wunsch nach statischer Befreiung der Fassade durch die Trennung (ein Nach-innen-Nehmen) des Tragwerks von der Haut, die so zur „transparenten" Mem-

Abb. 11 JH, Entwurf für das Monogrammlogo des Bauunternehmers Eduard Ast & Co, um 1905/10
MAK, KI 8857/2

bran werden kann. Und im Kontrast zu Otto Wagners „maskuliner" Tektonik, in der die Konstruktion, die „stützende Linie", eindeutig das „Tafelwerk der ausfachenden Flächen" dominiert, pflegt Hoffmann diese – wenn man so sagen kann – „feminine", gleitende *Verstrickung* aller Formgestalten.

Umgekehrt realisiert Wagner in der Postsparkasse *seine* Version der rahmenden Lineamente und nutzt das Motiv dort ausführlich bei den in poliertem Gipsputz ausgeführten Innenwänden, bedeckt auch die glatten Hoffassaden mit schwarz-weißen Fliesen – und nimmt diese Details mit bis zu den Fassaden an seinem letzten urbanen Wohnhaus in der Neustiftgasse.

Hoffmann zieht aus der neuen, monolithischen Konsistenz des Eisenbetons – im Lichte des hier gedrängt Ausgeführten erklärbar – ganz andere Schlüsse als der große Auguste Perret. Der zeitgleich in Paris wirkende Betonbau-Pionier versuchte ein Leben lang, die historische Syntax von Tragen und Lasten, von Säule, Pfeiler und Balken in eine dem neuen Baustoff adäquate Neuform zu fassen – auch das mit faszinierenden Ergebnissen, doch konträr zu Hoffmanns in Purkersdorf auf den Punkt gebrachten Schlüssen. Es ist da kein Widerspruch, wenn Hoffmann diese „Stufe" rasch hinter sich lässt und dann auch wieder klassizistische Motive pflegt, diese aber nie mehr ernsthaft struktiv oder pathetisch vorbringt, sondern als Spielmaterial seiner individuellen, vom Alltag des Konstruktiven freigesetzten Ornamentation von Flächenwerten. Wie das im Extremfall geht, zeigt er – nicht zuletzt mit Eduard Ast selbst als Bauherrn und Ausführendem – kaum fünf Jahre nach Purkersdorf bei der Außengestaltung von dessen Villa in Döbling.[20] ■

1 Otto Kapfinger/Matthias Boeckl: Abgelehnt: Nicht Ausgeführt. Die Bau- und Projektgeschichte der Hochschule für angewandte Kunst in Wien 1873–1993, Wien 1993, 19–25, 74–79.

2 Sechs Blätter der Vorentwürfe bringt Eduard F. Sekler in: Josef Hoffmann. Das architektonische Werk, Salzburg/Wien 1982, 67–72 und WV 84, 286–289; zusätzliche sieben in: Galerie Metropol (Hg.): Josef Hoffmann. Sanatorium Purkersdorf. Documentation by Gunter Breckner, New York 1985.

3 Planliche Rekonstruktion des Originalzustands: Gunter Breckner, Dipl. TU Wien, 1980–82; Wiedergabe in: Galerie Metropol 1985; zur Revitalisierung 1993–95 (unter Federführung von Architekt Sepp Müller) erstellten Vasko+Partner mit Bohrkernproben ein statisches Gutachten; Kopien davon im Archiv-Bestand des BDA Landeskonservatoriat Niederösterreich, Krems a.d. Donau; der ostseitige Längsbalken im Speisesaal ist intensiv mit Eisen armiert, der gleich starke westseitige Balken nur minimal.

4 Erstellt aufgrund der erwähnten Baudokumentation von Gunter Breckner, mit zahlreichen Bildbeigaben publiziert in: Steine sprechen (XXIV/1) 79, Wien 1985, 20–37; eine von ihm 1985 gezeichnete Schnitt-Axonometrie erstmals publiziert in: Klaus AG (Hg.): Hoffmann-Bau. Purkersdorf bei Wien, Purkersdorf 1995, 20. Weiters: Darstellung der Decken in der Einreichplanung zu einer nicht ausgeführten Revitalisierung durch Architekturbüro Hlaweniczka+Partner 1993, Kopien der Grundrisse 1:100 im Archiv Gunter Breckner.

5 Kerstin Barnick-Braun (Red.): Eduard Ast & Co. Das Hundert-Jahre-Buch 1898–1998, Wien/Graz 1998; weiters: Die Bauunternehmung Ed. Ast & Co. Ingenieure, Wien u.a. 1926.

6 Eduard Ast & Co. Ingenieure, Concessionaires du Système Hennebique. Unternehmung für Beton-Bau, Monier-Bau, Wasserkraftanlagen, Wien 1902; erweit. 1904; aktualisiert 1906. Eduard Ast: Das System Hennebique (Vortrag), in: Zeitschrift des Österreichischen Ingenieur- und Architekten-Vereins (LII) 13, 30.3.1900, 209–214.

7 Bade- und Heilanstalt der Stadt Baden bei Wien, in: Wiener Bauindustrie-Zeitung (XXI) 33, 13.5.1904, 257–261.

8 Handzeichnung 6,2 x 6,2 cm; MAK, KI 8857-3.

9 Druckereigebäude des Herrn Rudolf M. Rohrer in Brünn, in: Der Bautechniker (XXVI) 9, 2.3.1906, 169–173.

10 Analyse aufgrund der zitierten Literatur, der Rekonstruktionspläne von Gunter Breckner, der v.a. in MAK – Archiv der Wiener Werkstätte vorhandenen Originalfotos, aktuelle Ergänzungen durch Manuel Kainz mit dem Autor, Begehungen 29.7. 2020.

11 Vgl. Jan Turnovský: Die Poetik eines Mauervorsprungs, Braunschweig/Wiesbaden 1987.

12 Konstruktionszeichnung in Bleistift auf Transparentpapier, 50 x 76 cm; Version in Tusche auf Transparent, Plandruck 70 x 100 cm; Archiv G. Breckner.

13 Bundesdenkmalamt (Hg.): Putzfassaden in Europa um 1900. Studien zur Technologie, Restaurierung, Wien 1999.

14 Siehe auch Otto Kapfinger: Dionysus spricht durch Apollo. Zum Quellgrund des Gesamtkunstwerks bei Olbrich, Hoffmann, Moser, in: Christoph Thun-Hohenstein/Christian Witt-Dörring/Elisabeth Schmuttermeier (Hg.): Koloman Moser Universalkünstler, Wien/Basel 2019, 100–109.

15 Siehe dazu Rainald Franz: Die Secession unter Dach und Fach, in: ebd., 162–186.

16 Wichtigster Theoretiker und Publizist in der Beton-Pionierzeit war Univ.Doz. Dr.Ing. Fritz v. Emperger, er redigierte ab 1900 die vierteljährlich erscheinende, internationale Zeitschrift *Beton und Eisen. Le Béton armé. Concrete-Steel*, in der auch weitere Berichte von/über Ed. Ast & Co. erschienen. Siehe dazu auch Alfred Pauser: Eisenbeton 1850–1950. Idee, Versuch, Bemessung, Realisierung. Unter Berücksichtigung des Hochbaus in Österreich, Wien 1994.

17 Sätze Hoffmanns aus seinem Bericht „Architektonisches aus der österreichischen Riviera" lesen sich wie ein Stenogramm für das Sanatorium: „Außer Säulen, welche aber meist von früheren Bauten herrühren, findet man beinahe keine einzig ausgesprochene Architekturform, wie Gesimse, Pilaster u. dgl. Die Fenster sind einfach mit glatten Steinumrahmungen eingefaßt […] das Dach ist sehr flach, weit ausladend […] die geputzten Mauerflächen sind ohne jegliche Decorierung." Publiziert in: Der Architekt (1), Wien 1895, 37.

18 Siehe dazu auch Leslie Topp: Architecture and Truth in Fin-de-Siecle Vienna, Cambridge 2004. Gemma Blackshaw/Leslie Topp (Hg.): Madness & Modernity. Kunst und Wahn in Wien um 1900, Wien 2009. Karin Thun-Hohenstein: Josef Hoffmann – Sanatorium Purkersdorf (1904–1905), Dipl. Universität Wien, 2012; Lil Helle Thomas: Stimmung in der Architektur der Wiener Moderne. Josef Hoffmann und Adolf Loos, Wien/Köln/Weimar 2017 (rund 100 Seiten zum Sanatorium Purkersdorf).

19 Sekler 1982, 70–72 (wie Anm. 2). Fassade und zugehöriger Grundriss zusammengesehen, erklärt sich die riesige horizontale Öffnung, das „Fensterband", als vor das Gebäude gestellte, zum Garten offene Veranda, überdacht mit flachem Holz- oder Metalldach, das ausgeführt sicher dicker geworden wäre, als der einfache Strich der Frontalansicht am Plan.

20 Sekler, ebd., 134–142 und WV 134, 332–336. Weiteres siehe Anm. 31 im Beitrag „Hohe Warte" Seite 61 in dieser Publikation.

1907
1910

Palais Stoclet, Brüssel

Abb. 1 JH, Etagere für die Wohnhalle der Villa Eduard Ast, 1910
Marketerie aus Makassar-Ebenholz und Buchsbaumholz
Galerie Yves Macaux – Brussels
© Photo Studio Philippe de Formanoir / Paso Doble

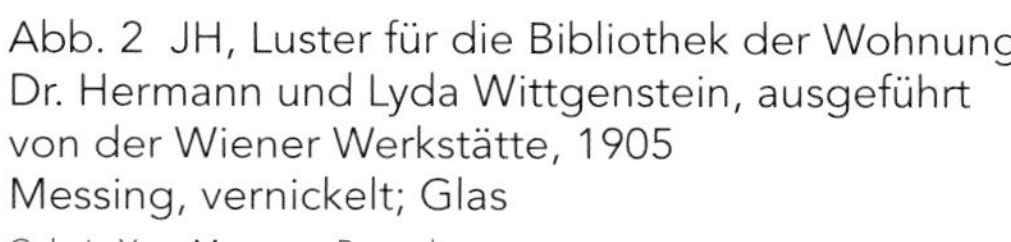

Abb. 2 JH, Luster für die Bibliothek der Wohnung Dr. Hermann und Lyda Wittgenstein, ausgeführt von der Wiener Werkstätte, 1905
Messing, vernickelt; Glas
Galerie Yves Macaux – Brussels
© Photo Studio Philippe de Formanoir/Paso Doble

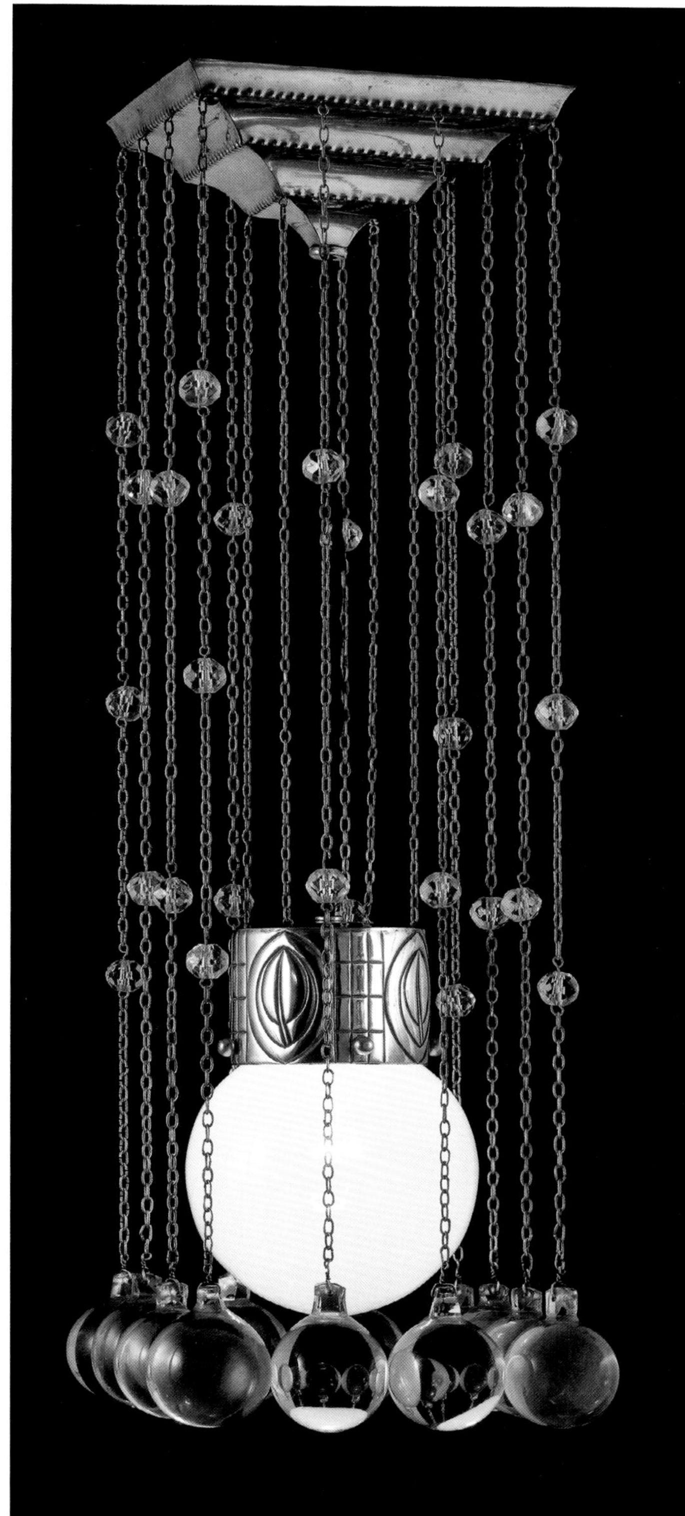

Abb. 3 JH, Deckenbeleuchtung für die Halle des Palais Stoclet, ausgeführt von der Wiener Werkstätte, 1908
Galerie Yves Macaux – Brussels
© Photo Studio Philippe de Formanoir/Paso Doble

Abb. 4a, b JH, Ausstellungsgebäude Kunstschau Wien 1908
Der Architekt XIV, 161; MBF (7) 1908, 363

Abb. 5 JH, Elektrischer Samowar aus einem Tee- und Kaffeeservice, ausgeführt von der Wiener Werkstätte, 1909
Silber, Elfenbein
Privatbesitz
© MAK/Georg Mayer

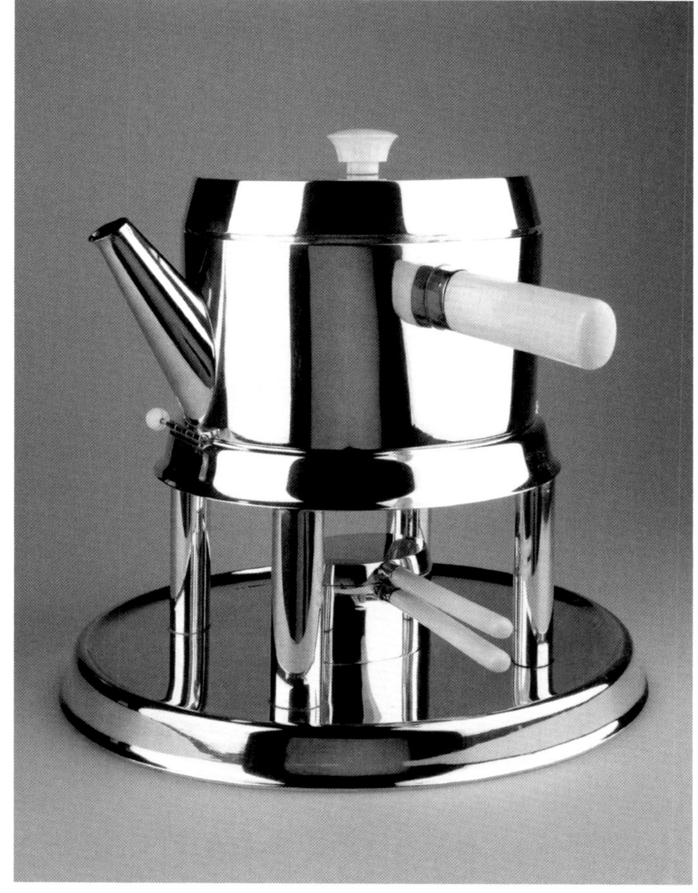

Abb. 6 JH, Samowar aus dem Besitz von Dr. Hermann und Lyda Wittgenstein, ausgeführt von der Wiener Werkstätte, 1909
Silber, Elfenbein
MAK, GO 2010
© MAK/Katrin Wißkirchen

Abb. 7 JH, Essig/Öl-Karaffe, ausgeführt von der Wiener Werkstätte, 1909
Silber, Malachit, Glas
bel etage Kunsthandel GmbH

Abb. 8 JH, Vase, ausgeführt von der Wiener Werkstätte, 1909
Silber
MAK, WI 970
© MAK/Georg Mayer

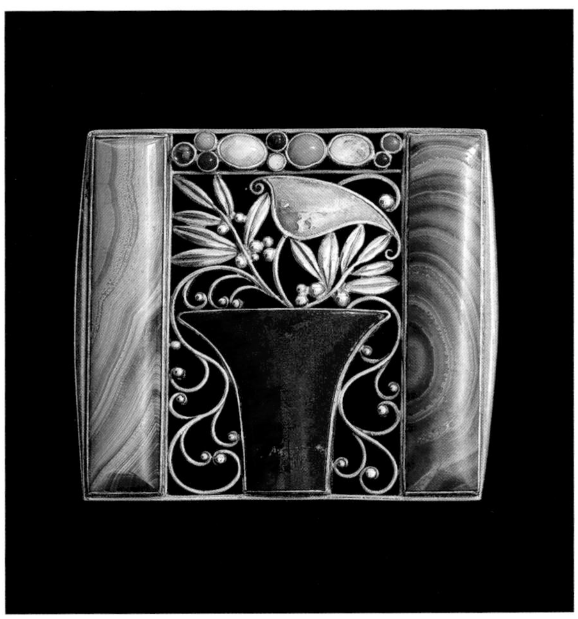

Abb. 9 JH, Brosche, ausgeführt
von der Wiener Werkstätte, 1909
Silber, vergoldet; Koralle, Lapislazuli,
Malachit und Opal
GALERIE BEI DER ALBERTINA · ZETTER

Abb. 10 JH, Brosche, ausgeführt von
Eugen Pflaumer, 1908–10
Silber, vergoldet; Achat, Amethyst, Blutstein,
Jaspis, Türkis, Mondstein und Koralle
Privatbesitz

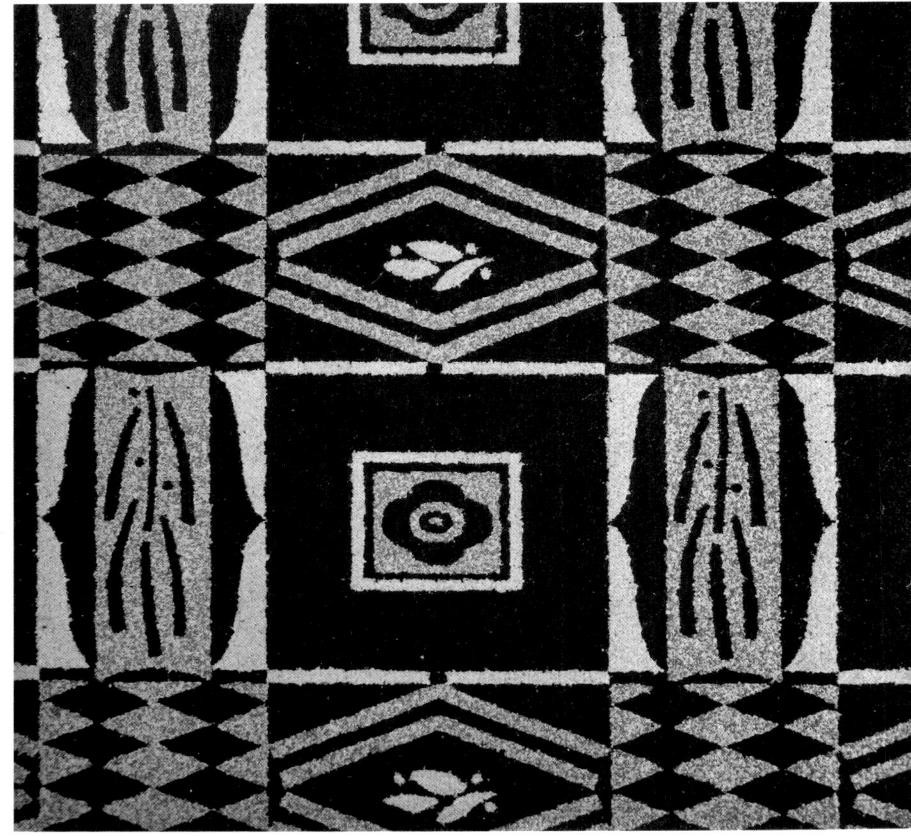

Abb. 11 JH, Linoleum-Musterplatte, Dessin Nr. 1402,
1. Österr. Linoleumfabrik, Triest, 1910
Technisches Museum Wien, 60581/12

Abb. 12 JH, Linoleum-Musterplatte, Inlaid II,
Delmenhorster Linoleumfabrik, 1910
Stadtmuseum Delmenhorst (D)

Abb. 13 JH, Wandvitrine aus dem Treppenaufgang der Villa Ast, 1910
Makassar-Ebenholz, Messing, Glas
THE OTTO SCHOENTHAL COLLECTION
© Aslan Kudrnofsky/MAK

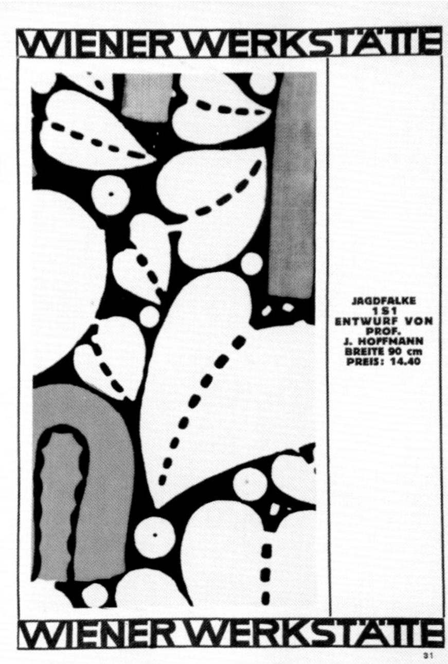

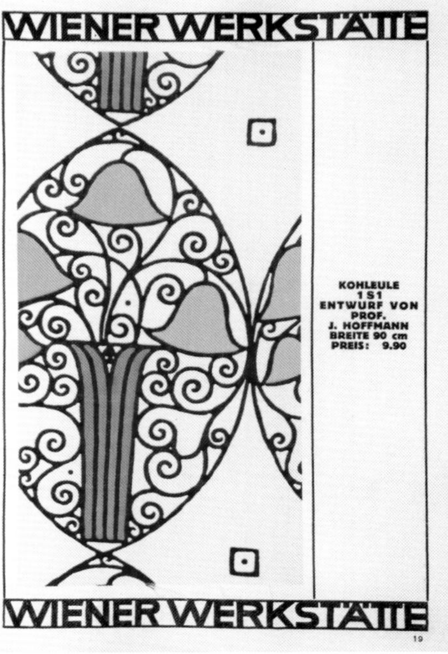

Abb. 14 JH, Stoff *Jagdfalke* auf Musterkarte der Wiener Werkstätte, 1910/11
Seide, bedruckt
MAK, T 10621-31
© MAK/Nathan Murrell

Abb. 15 JH, Stoff *Kohleule* auf Musterkarte der Wiener Werkstätte, 1910–15
Seide, bedruckt
MAK, T 10621-19
© MAK/Nathan Murrell

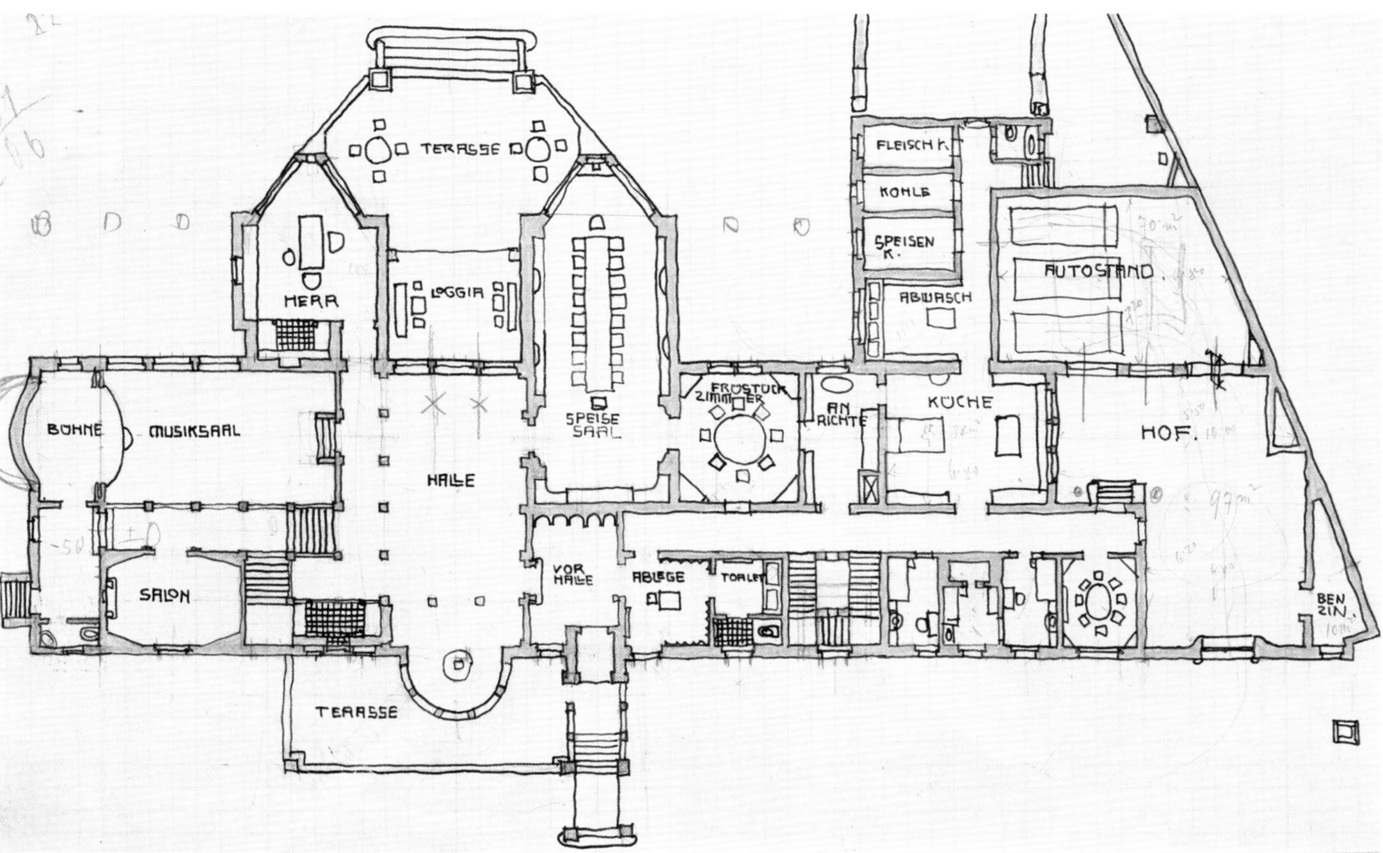
TERASSE
HERR
LOGGIA
SPEISE SAAL
FRÜSTÜCK ZIMMER
AN RICHTE
KÜCHE
HOF.
BÜHNE
MUSIKSAAL
HALLE
SALON
VOR HALLE
ABLEGE
TOILET
TERASSE
FLEISCH K.
KOHLE
SPEISEN K.
ABWASCH
AUTOSTAND
BEN ZIN.

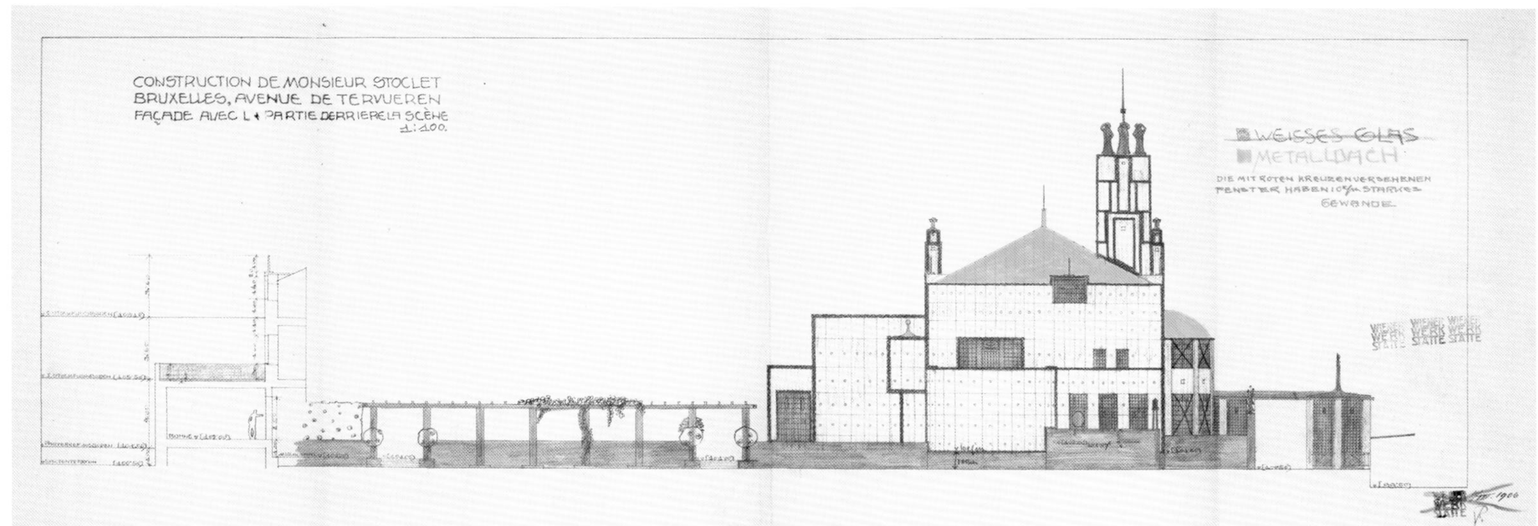

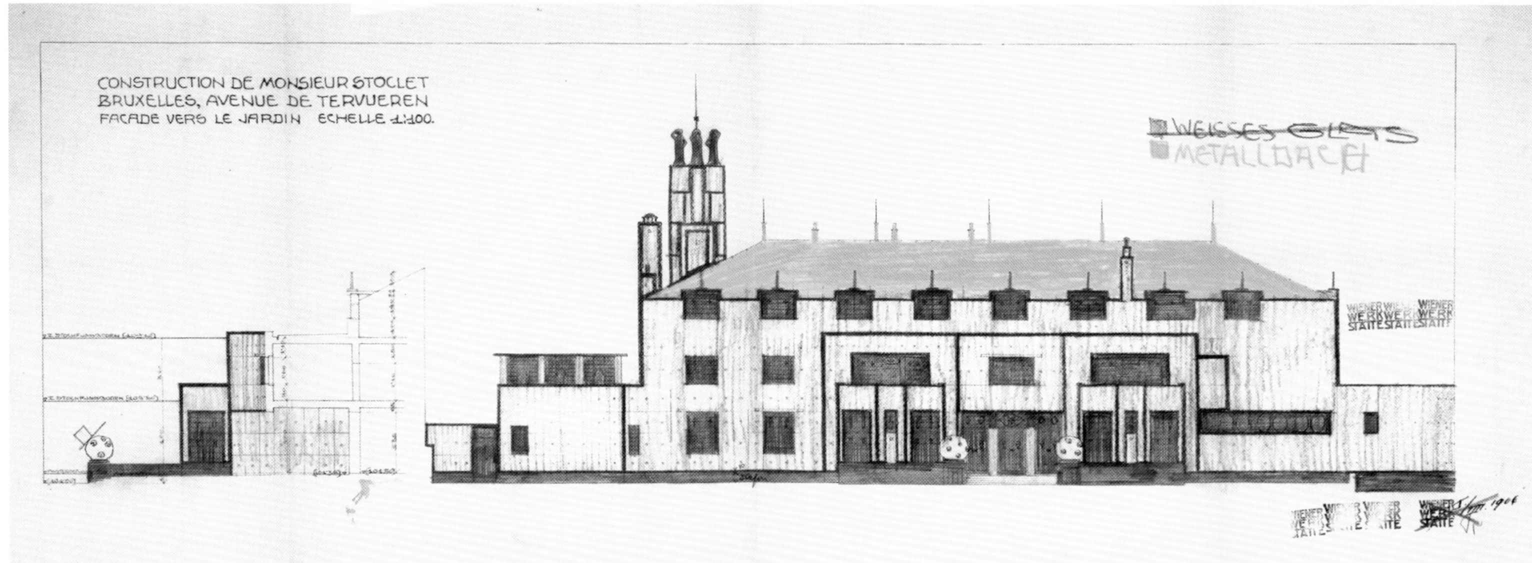

Abb. 19, 20 JH, Palais Stoclet, 1905–11, Ostansicht und Südansicht (Gartenseite) mit Korrekturen (Fassaden aus weißem Glas gestrichen, Metalldach), 1. August 1906
MAK

<
Abb. 16, 17 JH, Palais Stoclet, 1905–11
Modellansicht und Gartenperspektive, vor Sommer 1906
MAK

Abb. 18 JH, Palais Stoclet, 1905–11
Grundriss Erdgeschoss, vor Sommer 1906
National Gallery Prague, K 17736

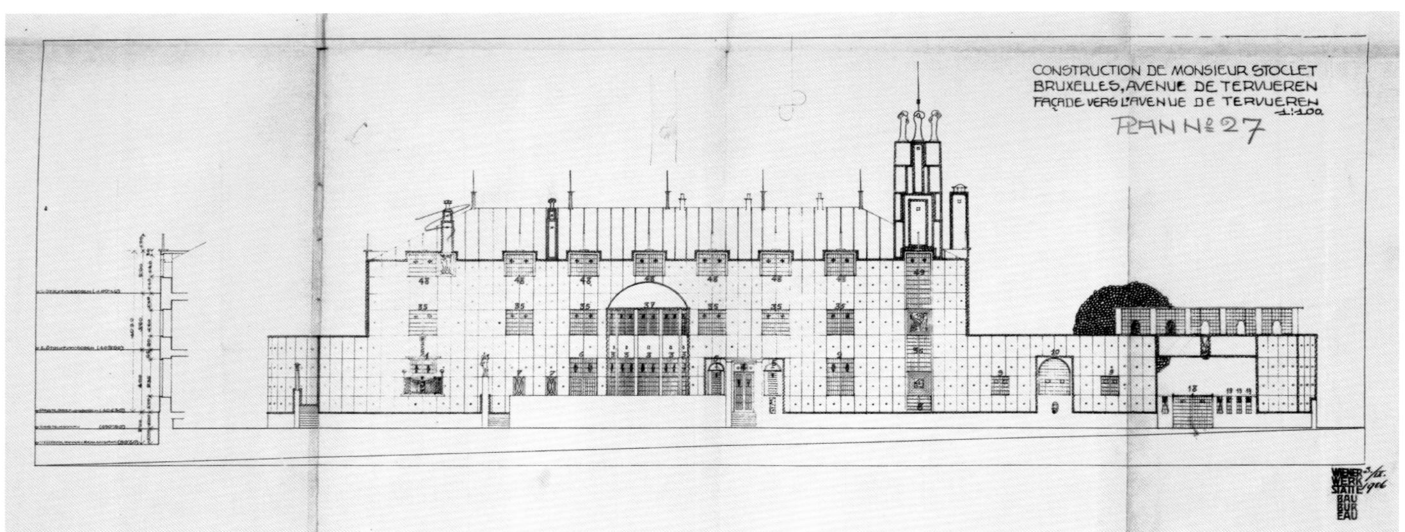

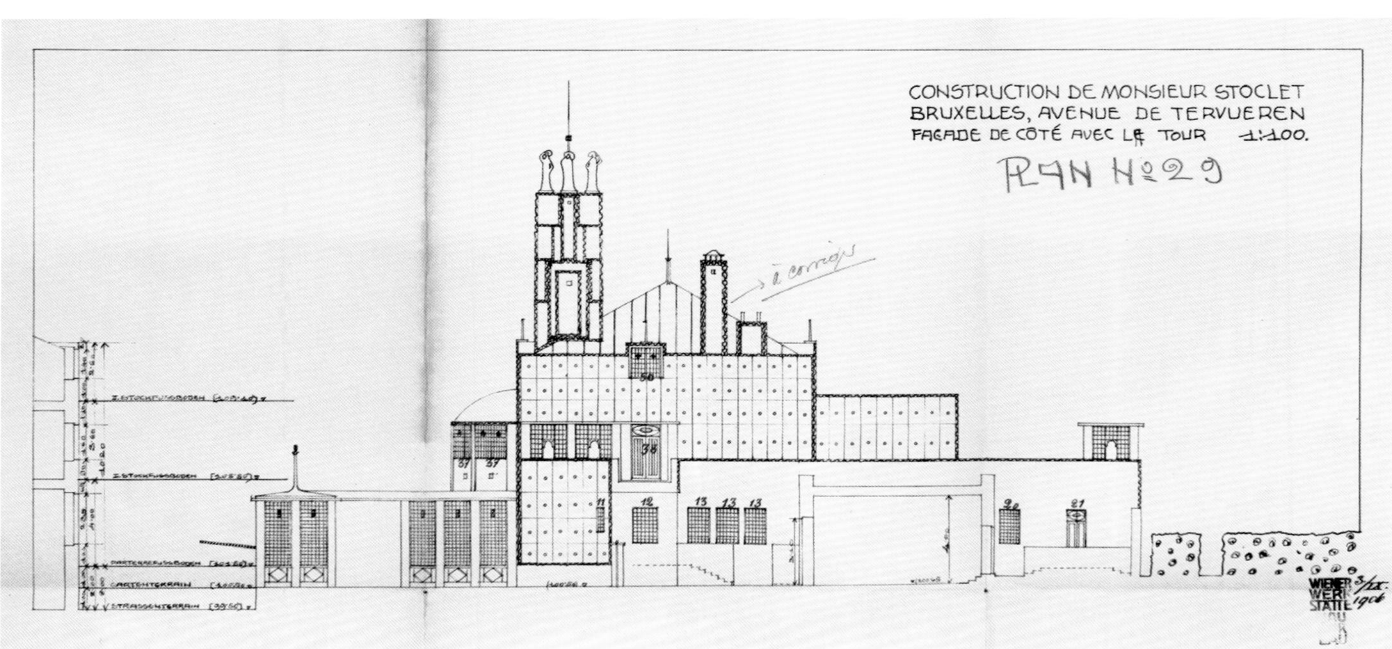

Abb. 21, 22 JH, Palais Stoclet, 1905–11
Nordansicht (Straßenseite) und Westansicht (Garagenhof), Fassaden mit angedeutetem Bolzenbeschlag, 3. September 1906
MAK

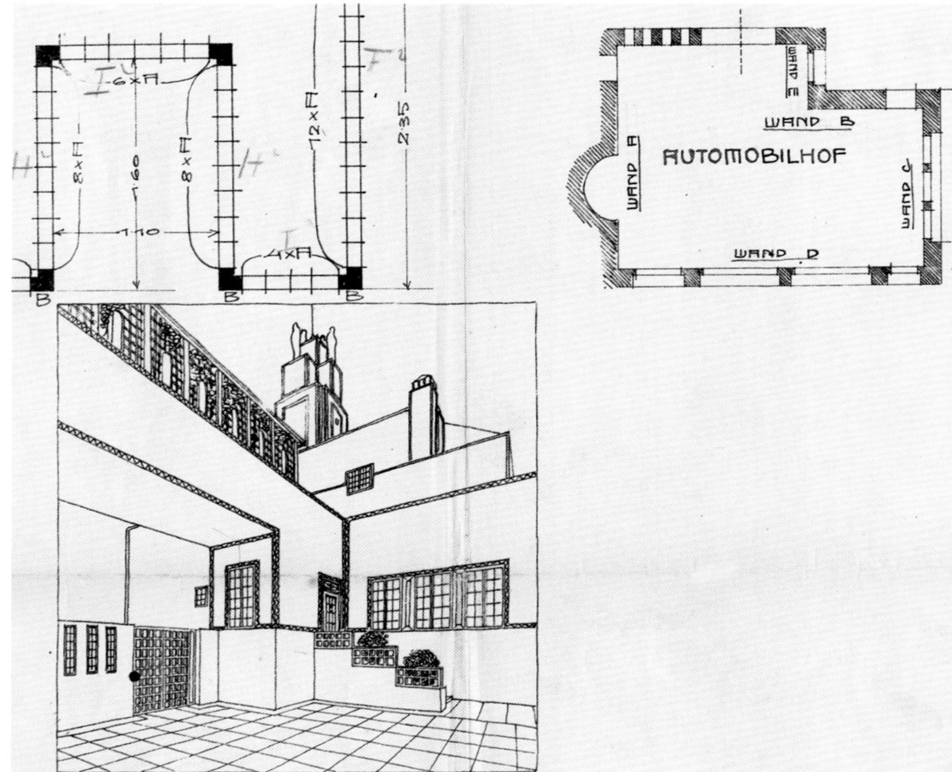

Abb. 23 JH, Palais Stoclet, 1905–11
Automobilhof, Perspektive und Grundriss, 1906
MAK

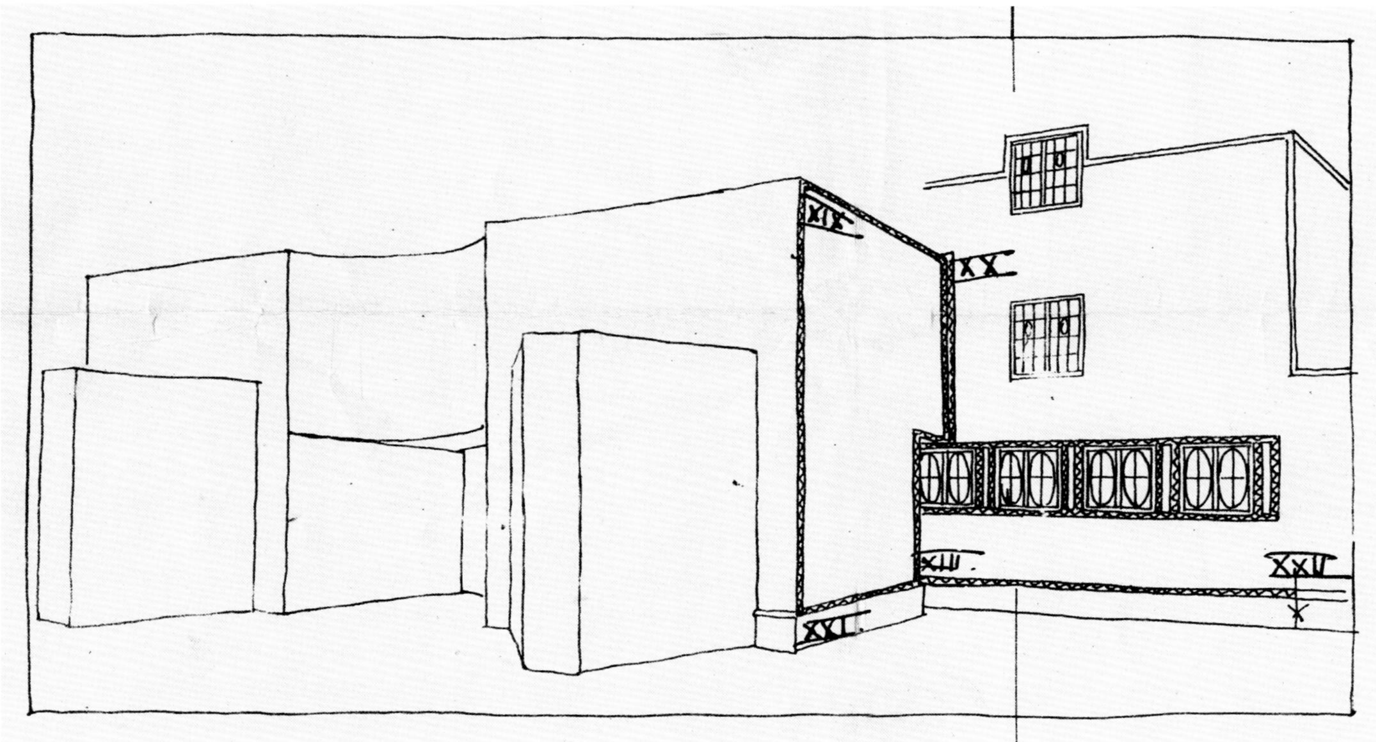

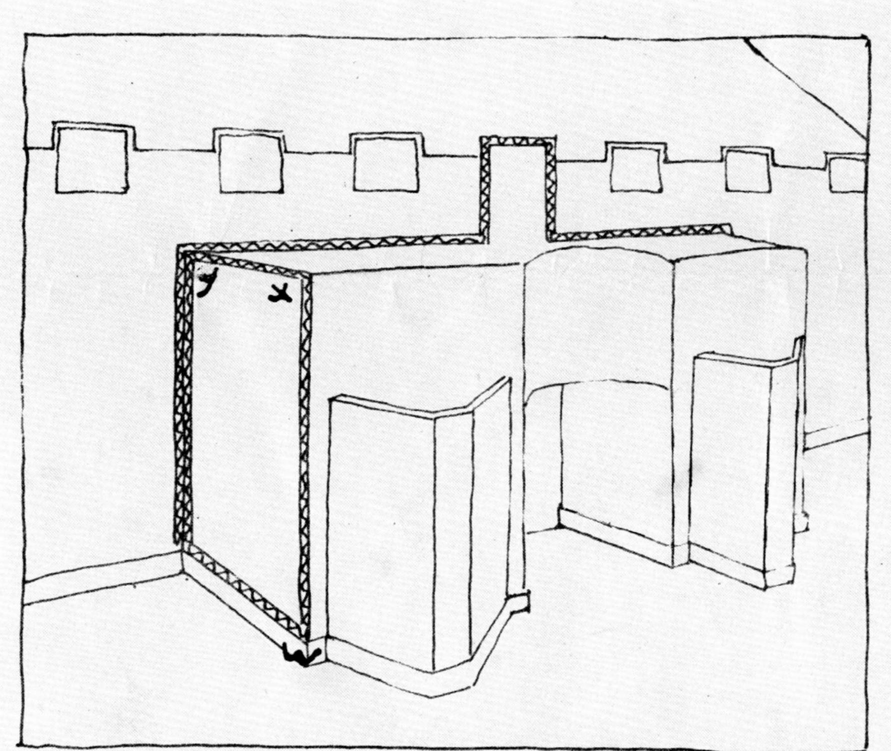

Abb. 24, 25 JH, Palais Stoclet, 1905–11 Südfassade (Gartenseite) mit Standerkern, Metallprofile in Treibarbeit als Rahmung der Fassaden aus weißem norwegischem Marmor, 1906
MAK

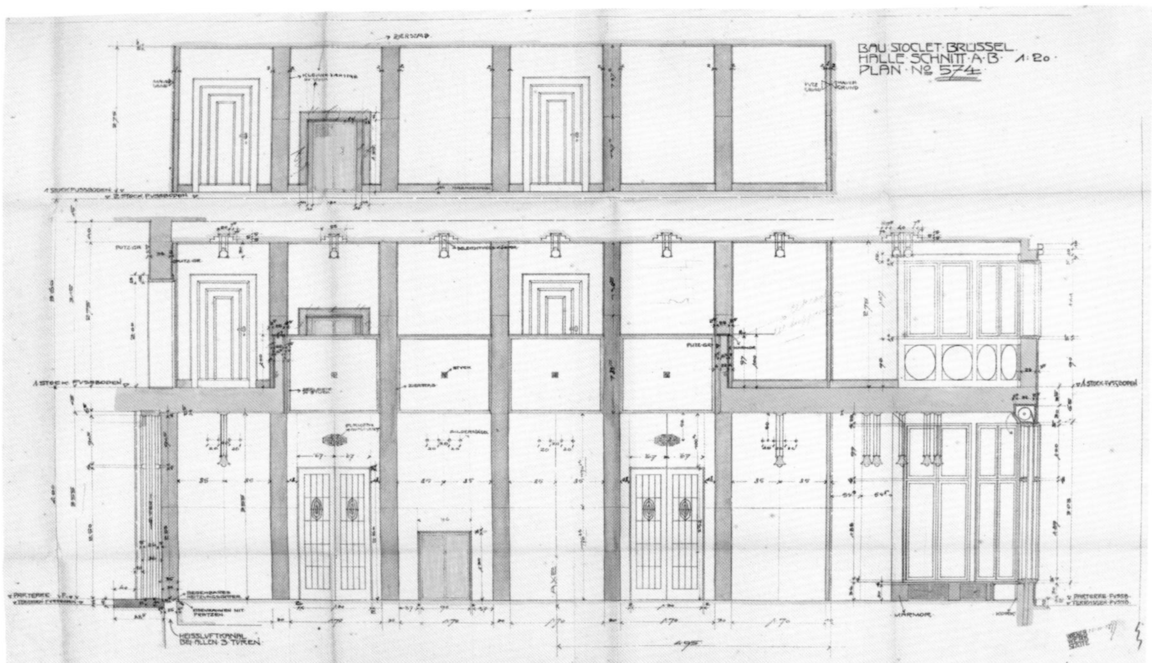

Abb. 26 JH, Palais Stoclet Halle Schnitt A–B gegen das Vestibül und den Speisesaal, Baubüro der Wiener Werkstätte, 1908
MAK

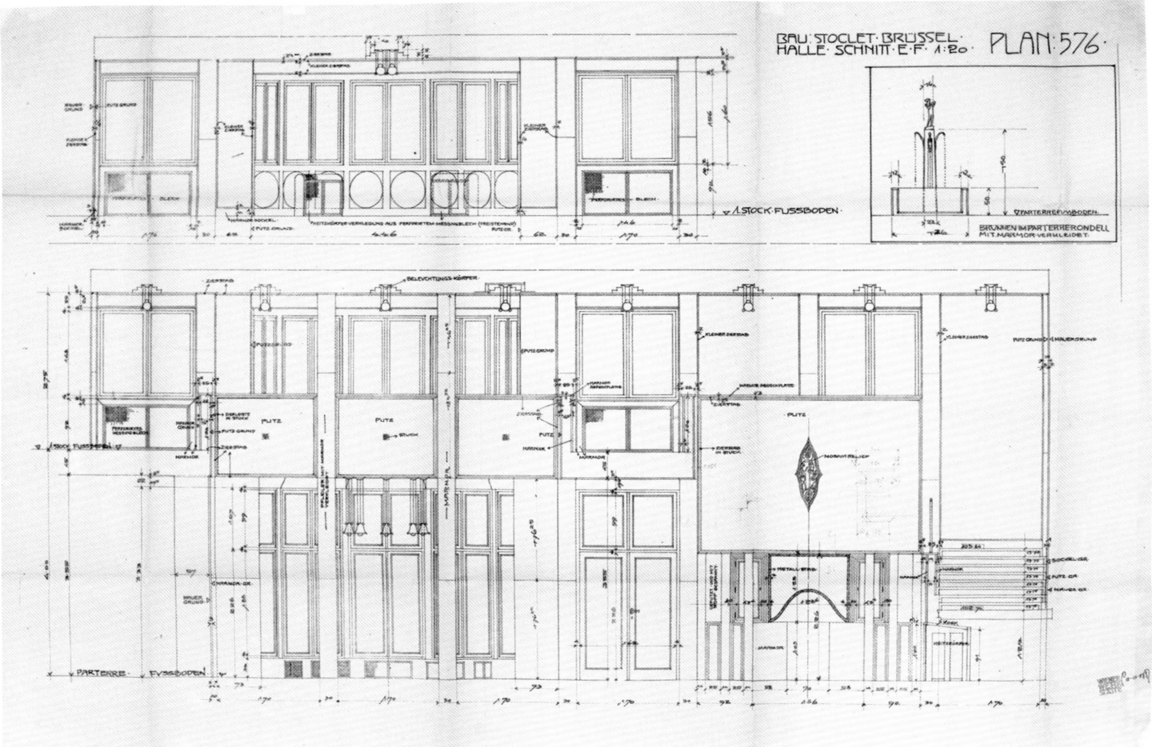

Abb. 27 JH, Halle Schnitt E–F gegen die Straße und den Brunnenerker, 1908
MAK

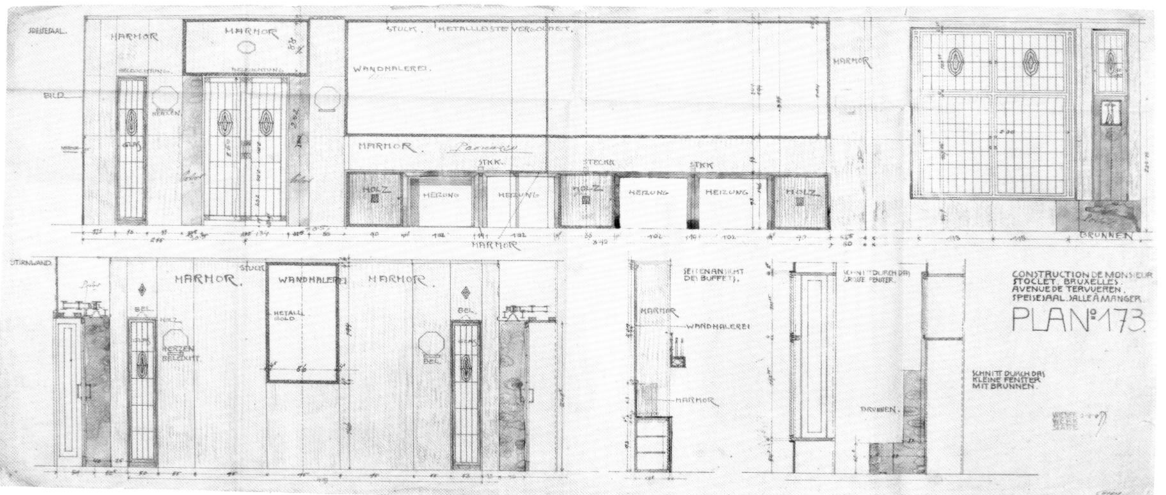

Abb. 28 JH, Wandabwicklung und Schnitt durch den Brunnenerker des Speisesaals, 1907
MAK

>
Abb. 29 JH, Palais Stoclet, 1905–11, Wohnhalle mit Brunnenerker
MBF (13) 1914, 15

>
Abb. 30 JH, Speisesaal mit dem Mosaikfries von Gustav Klimt
MBF (13) 1914, T. 4

Abb. 31 JH, Entwurf für einen Druckstoff, Dessin Nr. 6703, ausgeführt von Backhausen & Söhne für die Wiener Werkstätte, 1908
Backhausen Archiv, BA05647

Abb. 32 JH, Entwurf für einen Webstoff für Backhausen & Söhne und die Wiener Werkstätte, 1909
Backhausen Archiv, BA03722

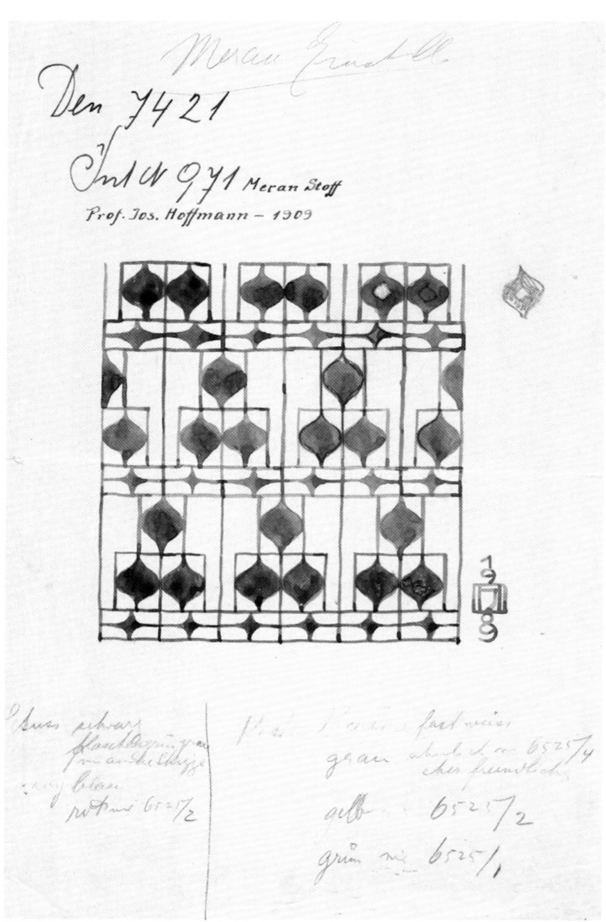

Abb. 33 JH, Entwurf für einen Druckstoff Dessin Nr. 7421, ausgeführt von Backhausen & Söhne für die Wiener Werkstätte, 1909
Backhausen Archiv, BA05644

Abb. 34 JH, Wiener-Werkstätte-Postkarte Nr. 67, Cabaret Fledermaus, Barraum, 1907
MAK, WWPKE 1-1

Abb. 35 JH, Entwurf für eine universelle Dekorleiste für Plakat und Programmhefte des Cabaret Fledermaus, 1908
MAK, WWE 252

Abb. 36 JH, Wiener-Werkstätte-Postkarte Nr. 75, Cabaret Fledermaus, Theatersaal, 1907
MAK, KI 13748-15

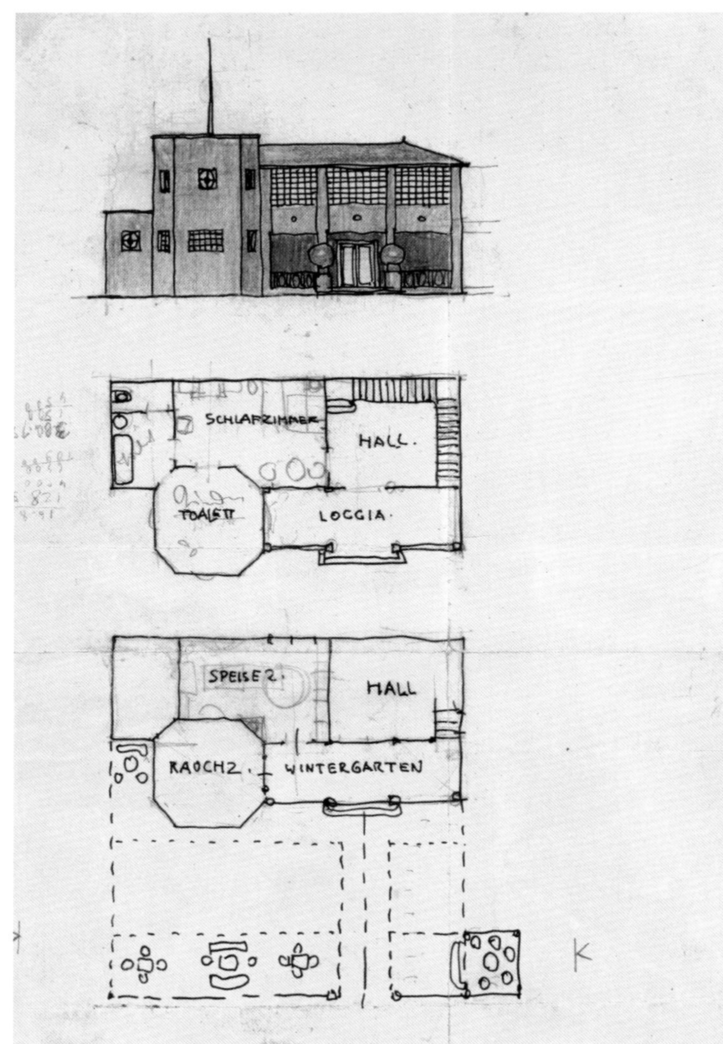

Abb. 38 JH, Kleines Landhaus auf der Kunstschau Wien 1908, Innenansicht
MBF (7) 1908, 370

Abb. 37 JH, Entwurf für das Kleine Landhaus auf der Kunstschau Wien 1908
Stiftung Sammlung Kamm, Zug, K.Z. 2039

Abb. 39 JH, Raum der Wiener Werkstätte, Kunstschau Wien 1908
MAK, WWF 103-172-1

Abb. 40 JH, Verkaufslokal der Wiener Werkstätte am Graben, 1907
MAK, WWF 103-177-1

Josef Hoffmann

1907 1910

JH, Polsterdessin, Schlafzimmer der Dame, Villa Prof. Pickler, 1909
MAK, WWE 178-1

1906–1907

Parallel zum Palais Stoclet plant Hoffmann das Wohnhaus für Helene Hochstetter und das zweite Wohnhaus für Carl Moll auf der Hohen Warte. Im Jahr 1907 zieht sich Koloman Moser nach Streitigkeiten über die Finanzgebarung Fritz Waerndorfers und in der Überzeugung, dass das Geschäftsmodell der WW keine wirtschaftliche Überlebenschance hat, aus der Wiener Werkstätte zurück, um sich ganz der Malerei zu widmen. Der Hoffmann-Schüler Eduard Wimmer-Wisgrill stößt zur WW und baut die Modeabteilung auf, die er über viele Jahre hinweg erfolgreich leitet. Gründung des Cabaret Fledermaus, eines Nachtclubs in der Wiener Johannesgasse/Kärntner Straße, der der „Kultur der Unterhaltung" dienen sollte. Die Bar mit Bühne und Zuschauerraum stattet Hoffmann gemeinsam mit Künstlern wie Gustav Klimt, Oskar Kokoschka, Bertold Löffler und Emil Orlik komplett aus. Dichter wie Peter Altenberg, Egon Friedell oder Alfred Polgar lesen dort aus ihren Werken, die Geschwister Wiesenthal tanzen und der Barmixer kommt eigens aus Amerika. Einrichtung des Stadtgeschäfts der WW am Graben. Der junge Schweizer Architekt Charles-Édouard Jeanneret (aka Le Corbusier) besucht Josef Hoffmann in dessen Atelier. Einer Einladung zur Mitarbeit bei Hoffmann kommt er nicht nach, zeichnet jedoch in seinen Reisenotizen das fertiggestellte Cabaret Fledermaus. Hoffmann wird Mitbegründer und Vorstandsmitglied des Deutschen Werkbunds. Speisezimmereinrichtung für Sonja Knips, Geschäftslokal für den Verlag der k.k. Hof- und Staatsdruckerei in der Seilerstätte 24 / Johannesgasse 19.

1908

Auf dem Areal des heutigen Konzerthauses in Wien findet die von der Klimt-Gruppe nach ihrem Austritt aus der Secession als umfassende Präsentation ihrer künstlerischen Weltanschauung geplante *Kunstschau 1908* statt, für die Hoffmann das temporäre Ausstellungsgebäude sowie einige Innenräume und ein Modell-Landhaus samt Einrichtung entwirft. Auf der Kunstschau werden unter anderen auch die Arbeiten Oskar Kokoschkas zum ersten Mal der Öffentlichkeit präsentiert. Treffen mit dem Pariser Modeschöpfer Paul Poiret in Wien. Joseph Maria Olbrich, Schöpfer des Wiener Secessionsgebäu-

JH, Verlagshaus der k. k. Hof- und Staatsdruckerei, Wien, 1907
MAK, WWF 104-216-1

JH, Interieur des Geschäftslokals der k. k. Hof- und Staatsdruckerei, Wien, 1907
MAK, WWF 104-218-1

JH, Villa Prof. Pickler, Budapest, 1909
MAK, WWF 104-230-1

JH, Wiener-Werkstätte-Postkarte Nr. 74, Cabaret Fledermaus, 1908
MAK, KI-13748-15

des und der Künstlerkolonie Mathildenhöhe in Darmstadt, stirbt in Düsseldorf.

1909–1910

Das Transportable Jagdhaus für Alexander Pazzani wird nahe Wien errichtet. Für dieses Holzhaus verwendet Hoffmann erstmals eine Fertigteilbauweise. Für den Industriellen Heinrich Böhler stattet er dessen Landhaus in Baden aus und errichtet einen Gartenpavillon. Das letzte und größte der Wohnhäuser auf der Hohen Warte, die Villa des Bauunternehmers Eduard Ast, wird in einer teils klassizierenden Formensprache errichtet. Adolf Loos hält 1909 erstmals den Vortrag *Ornament und Verbrechen* in Berlin, der erst 1913 auf Französisch veröffentlicht wird. In Budapest realisiert Hoffmann den Umbau und die Neueinrichtung einer Villa für Prof. Pickler. Erste Kontakte zum Olmützer Großindustriellen und Bankier Otto Primavesi, vermittelt durch den befreudeten Bildhauer Anton Hanak. Für Otto Primavesi wird Hoffmann in der Folge ein Landhaus im mährischen Winkelsdorf/Kouty nad Desnou bauen sowie für dessen Cousin Robert eine Villa in Wien. Wie viele der Auftraggeber Hoffmanns hat auch Primavesi beste Kontakte zu den modernen Wiener Künstlern. So lässt er seine Frau und Tochter von Gustav Klimt porträtieren. Der Österreichische Werkbund wird gegründet. Josef Hoffmann beginnt sich intensiv mit Entwürfen für Glas auseinanderzusetzen, eine langfristige Zusammenarbeit mit den Glasverlegern J. & L. Lobmeyr beginnt. ■

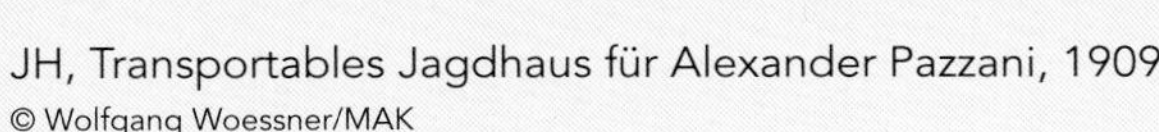

JH, Transportables Jagdhaus für Alexander Pazzani, 1909
© Wolfgang Woessner/MAK

Abb. 1 JH, Palais Stoclet, Brüssel, 1905–11, Straßenfassade an der Avenue de Tervueren, bald nach Baufertigstellung
Bildarchiv Foto Marburg, FN 1061761

Matthias Boeckl

Zwischen Fläche und Raum

A(rchi)tektonische Erfindungen im Palais Stoclet

Die Architektur des Palais Stoclet ist „anders als alle Gebäude überhaupt, die einem in den Sinn kommen".[1] In vielfacher Hinsicht blieb sie ein singuläres Phänomen ihrer Zeit – etwa in der kompromisslosen künstlerischen Durchdringung jedes Details eines sehr großen Wohnhauses mit rund 1500 m² Nutzfläche auf drei Ebenen und durchgestalteten Gartenanlagen auf fast 4000 m², in der revolutionär atektonischen „Eigenart" von Hoffmanns Entwurfsmethode, aber auch in der generellen Ambiguität dieses Projekts, die eindeutige Zuordnungen zu bekannten Bautypen, Stilen oder Inhalten systematisch verhindert. Dazu kam der höchst private Charakter des repräsentativen Wohnhauses eines Sammlers, spezialisiert „auf das Archaische und Exotische"[2] antiker Kunst, seiner ebenso kunstsinnigen Pariser Ehefrau und ihrer drei Kinder. Drittens erwies sich auch die zeithistorische Situation, in der das Haus entstand, als unwiederholbar, da das gesellschaftliche System, dem es entsprang, schon drei Jahre nach Vollendung des Gebäudes mit dem Ausbruch des Ersten Weltkriegs unterging. Danach verhinderten die widrigen politischen Verhältnisse der Nachkriegszeit jahrzehntelang eine breite Diskussion und Rezeption im internationalen Architekturdiskurs. Ambivalent auf mehreren Ebenen ist auch die unwiederholbare Konstellation mit einem Architekten und Designer, dessen einzige Entwurfsstrategie in unbegrenzter individueller Kreativität bestand, sowie einem Bauherrn, der trotz massiver Überschreitungen aller Zeit- und Finanzplanungen des Projekts unerschütterlich und unbeirrbar an die Relevanz dieser industriekritischen künstlerischen Haltung glaubte, obwohl sein Vermögen just auf großindustriellen globalen Aktivitäten basierte.

Die Ambiguitäten beginnen schon bei der Bauaufgabe an sich. Diese repräsentiert den relativ seltenen Bautyp eines „größeren freistehenden Stadthauses"[3], das bürgerliche Elemente (Erwerbsarbeit in der nahen Stadt, daher suburbane Lage) mit adeligen Bautraditionen verbindet (repräsentativer Wohnsitz auf ausgedehntem eigenem Landbesitz). Dem Bauherrn schwebte für seine Lebensweise als Manager, Kunstfreund und Familienvater von Anfang an – und erst recht seit seiner Entdeckung von Hoffmanns Villen auf der Hohen Warte in Wien – ein bewohnbares Kunstwerk aus Haus und Garten am Stadtrand vor. Welche Lösungsmöglichkeiten standen um 1900 für diesen speziellen Bedarf zur Verfügung? Die mit der Industrialisierung neu aufgestiegenen Schichten fanden damals ihre gesellschaftliche Rolle in den allermeisten Fällen durch Aneignung traditioneller Repräsentationsmuster, erwarben ehemalige Adelssitze oder bauten in historisierenden Stilen neu.[4] Nur wenige Tycoons der Gründerzeit, vor allem auch ihre Kinder, wagten einen „eigenartigen" Ausdruck ihrer individuellen Lebensweisen.[5] Im Falle von Adolphe Stoclet scheint dieser Wunsch unter anderem auch auf eine gewisse Distanzierung von seinem Vater zurückzugehen, der Adolphes Ehe mit der Tochter des Pariser Kunsthändlers Arthur Stevens und Nichte zweier Maler skeptisch gegenübergestanden sein soll. In Brüssel hätte der berühmte Art Nouveau-Pionier Victor Horta, dessen aufsehenerregende Stadtwohnhäuser *Tassel*, *Horta*, *van Eetvelde* und *Solvay* ab 1892 gebaut wurden und dem Kunstfreund Adolphe Stoclet zweifellos bekannt waren, dessen individuellen Ausdruckswunsch auf hohem künstlerischem Niveau erfüllen können. Da Stoclet jedoch zum Zeitpunkt seines Hausbauwunsches um 1903 mit einem langjährigen Aufenthalt in Wien rechnete, war die Architektenwahl auf Josef Hoffmann gefallen, bevor ihn 1904 der Tod seines Vaters Victor Stoclet nach Brüssel zurückrief.

Dass diese Entscheidung auch nach der Rückübersiedlung Stoclets aufrecht blieb, bezeugt seinen tiefen Glauben an Hoffmann. Dieser bestärkte den Bauherrn weiterhin, sich von traditionellen Repräsentationsmustern abzuwenden, was zunächst eine radikale Absage an historisierende Stilformen bedeutete und weiters auch an all jene Bautypen, die von jungen Architekten in Kontinentaleuropa damit in Verbindung gebracht wurden – etwa die gängigen italienisch oder französisch inspirierten Schloss-Stile. Was waren jedoch die Alternativen? Es gab noch keinen etablierten eigenständigen Repräsentationsstil der Moderne, auf den Hoffmann hätte zurückgreifen können. Zeitgenössische Künstlerhäuser wie die phantasievollen Münchener Villen von Franz von Lenbach (Gabriel von Seidl, 1887–91) und Franz von Stuck (eigener Entwurf, 1897/98) repräsentierten schon funktional einen gänzlich anderen Typus als das Haus eines Unternehmers und Sammlers. So lag es für Hoffmann nahe, in diesem ersten (und letzten) modernen bürgerlichen Palast zunächst das englische Vorbild als Ausgangspunkt seiner kreativen Weiterentwicklung zu verwenden, das in Form der industriekriti-

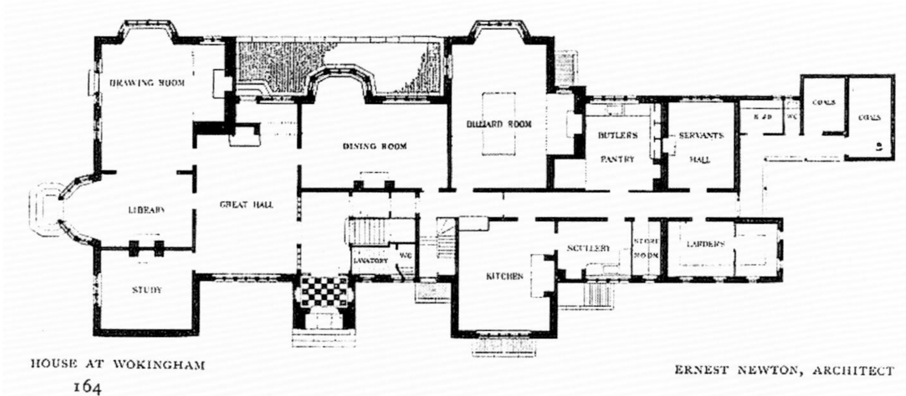

Abb. 2 Ernest Newton, House at Wokingham, 1899
Grundriss Erdgeschoss
The Studio (XVII) 77 1899, 164

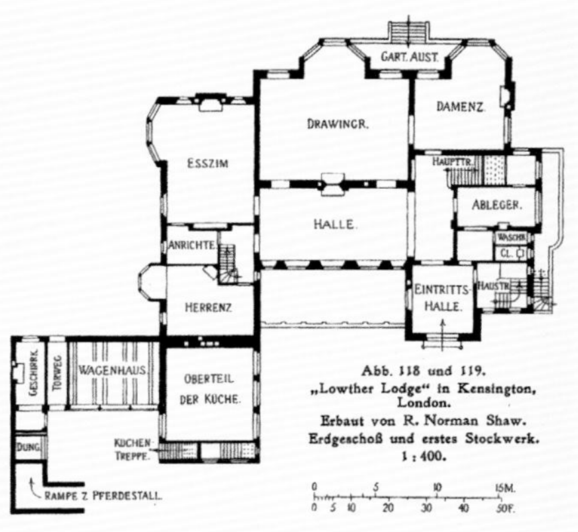

Abb. 3 Norman Shaw, Lowther Lodge, Kensington, London, 1874
Grundriss Erdgeschoss
H. Muthesius, Das englische Haus II, 1904–05, 143

schen Arts & Crafts-Bewegung seit 1900 für junge Architekten und Designer prototypisch für moderne Lebensweisen stand. Doch selbst die Architekten im britischen Mutterland dieser Bewegung wie M. H. Baillie Scott, C. F. A. Voysey oder der seit seiner Secessionsausstellung 1900 mit Hoffmann befreundete Charles R. Mackintosh hatten noch keine Gelegenheit gehabt, ein „größeres freistehendes Stadthaus“ für einen kunstsinnigen Bauherrn zu errichten. Die speziellen Ausdrucksweisen ihrer industriekritischen Haltung hatten sich zunächst aus dem Kontakt mit der von ihnen idealisierten vorindustriellen Baugeschichte entwickelt. Dies zeigt etwa William Morris' programmatische Adaption des im 16. Jahrhundert errichteten *Kelmscott Manor* in West Oxfordshire ab 1871 für seine Wohnung und Werkstätten. Auch aus diesem Grund – der erst langsam entstehenden eigenständig-modernen Ausdrucksweise – veranstaltete der deutsche Ver-
4 leger Alexander Koch 1901 in seiner Zeitschrift *Innendeko-
ration* den Wettbewerb „Haus eines Kunstfreundes“, der mit dem berühmten Entwurf von Charles R. Mackintosh eine erste, authentisch moderne Lösungsmöglichkeit einer neuartigen Bauaufgabe lieferte.

Hoffmanns Entwürfe für das Palais Stoclet führen jedoch in jeder Beziehung – Größe des Hauses, typologische Wurzeln, künstlerische Durchdringung – in eine Dimension jenseits von Mackintoshs Projekt und verwirklichen damit den unwahrscheinlichen Einzelfall, dass die Realisierung einer großen Bauaufgabe dem Ideal in weit höherem Ausmaß gerecht wird als selbst die kühnsten Visionen, die ambitionierte Architekten dazu aufs Blatt zeichneten. Auch in dieser Beziehung bleibt das Palais Stoclet ein unwiederholbarer Einzelfall.

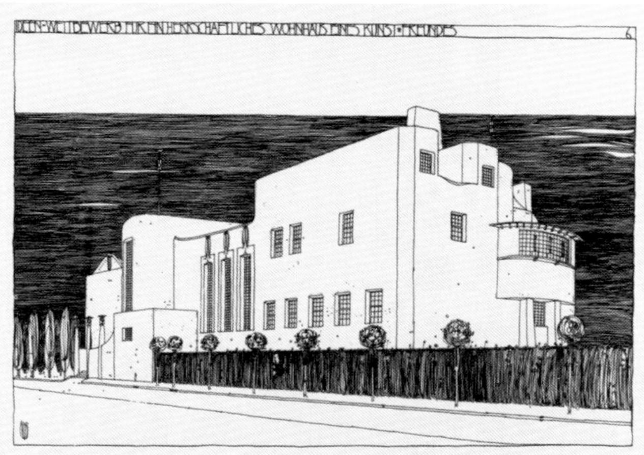

Abb. 4 Charles Rennie Mackintosh, Glasgow – Haus eines Kunstfreundes: 18 Cartons Architekturen, farbige Innenräume mit Text, einen herrschaftlichen Landsitz in allen Teilen darstellend
Meister der Innenkunst 2, Darmstadt (Koch) 1902

Fünf Jahre nach Mackintoshs Projekt beginnt Hoffmann die Entwurfsarbeit zunächst mit einem Rückgriff auf das englische Landhaus. Dessen typisches Raumprogramm mit zweigeschossiger Halle, Drawing Room mit Bay Window und direktem Gartenzugang, Pantry und abgesetztem Servicetrakt im lockeren funktionalen Layout war im 19. Jahrhundert ohne tiefgreifende Veränderungen in die entstehende Großstadt übertragen worden. Nur wenige Architekten interpretierten die Bauaufgabe bereits als *eigenständigen* Typ. Dies beobachtet etwa Hermann Muthesius, ab 1908 Vorstandsmitglied des Deutschen Werkbundes, in seinem 1904/05 erschienenen berühmten dreibändigen Werk *Das Englische Haus*:

> „Von denjenigen [großen Stadthäusern, Anm.d.Verf.], die überhaupt in die Hände von modern empfindenden Architekten gefallen sind, seien hier nur zwei herausgegriffen, das von Norman Shaw 1874 gebaute Haus Lowther Lodge in Kensington und das 1896 von F. B. Wade errichtete Haus für Lord Windsor in Mount Street am Hydepark.“[6]

Da das Letztere nicht frei steht, lohnt nur die Betrachtung
der *Lowther Lodge* bezüglich ihres Layouts: Wie im Palais 3
Stoclet gibt es eine zentrale Halle, zwei keilförmig in den Garten vorstoßende Standerker (hier für Drawing Room und Damenzimmer), ein Speisezimmer mit Bay Window und einen seitlich andockenden Servicetrakt für Wagenhaus und Personal. Die *Lowther Lodge* war im internationalen Fachdiskurs durchaus präsent, wurde sie doch samt Grundrissen in der Zeitschrift *The Building News* publiziert.[7]

In den 1890er Jahren setzte Norman Shaws Schüler
Ernest Newton die zaghaft knospende moderne Interpreta- 2
tion eines großen Wohnhauses mit Garten fort. 1899 publizierte die in Wien vielgelesene Kunstzeitschrift *The Studio* acht seiner exemplarischen suburbanen Wohnhäuser mit Garten.[8] Wenngleich Newtons eher starre Baukörper hinter Voyseys oder Hoffmanns unverwechselbar eigenständiger Kreativität weit zurückbleiben,[9] so beweisen die Grundrisstypen dieser Veröffentlichung dennoch klar die Präsenz der modernen englischen Interpretation eines herrschaftlichen suburbanen Wohnhauses mit Garten in Wien um 1900. Der Grundriss von Newtons Haus in Wokingham etwa zeigt im teilsymmetrischen Layout und der räumlichen Abfolge von Vestibül, Great Hall samt seitlich andockender Treppe, Dining

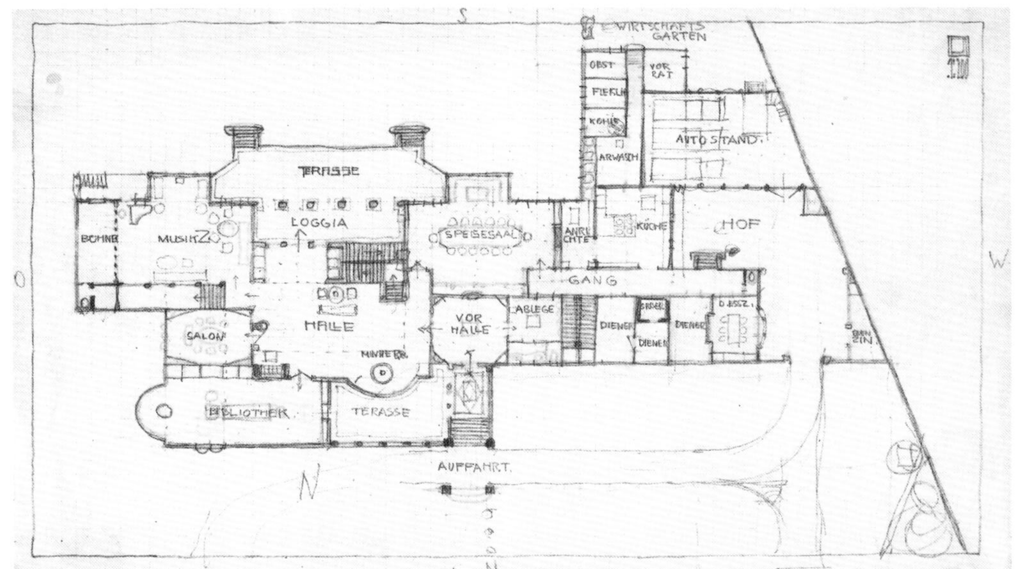

Abb. 5 JH, Palais Stoclet, Brüssel, 1905–11, Vorentwurf, Grundriss Erdgeschoss, wohl 1905

E. Sekler, Josef Hoffmann, 77

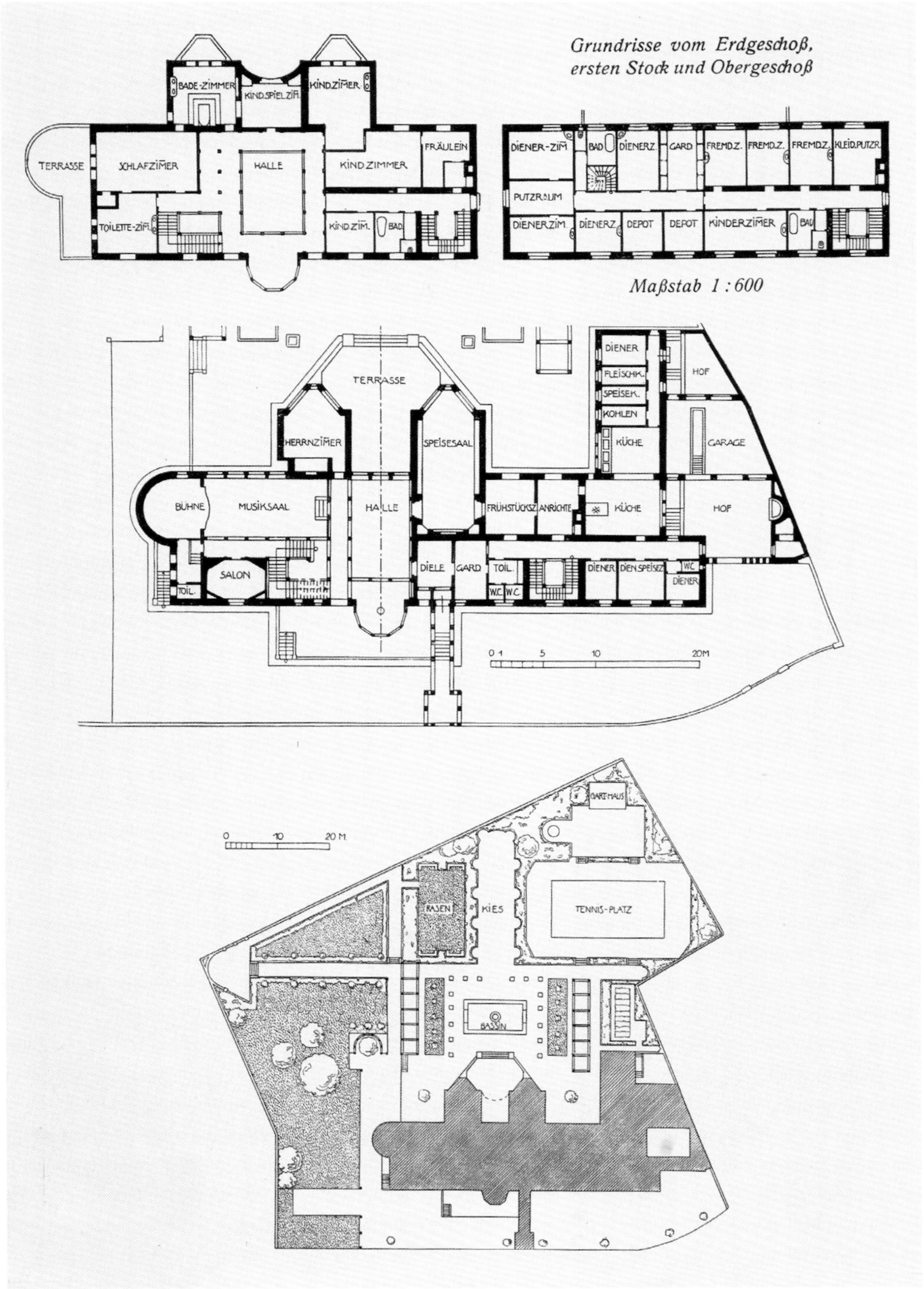

Abb. 6 JH, Palais Stoclet, Grundrisse und Lageplan

MBF (13) 1914, 6

STOCKLET-HUIS TE BRUSSEL

JOSEF HOFFMANN DOOR MAX EISLER 1870——1920

15 December wordt Josef Hoffmann, de Weensche Meester, die in zijn werk op zoo voortreffelijke wijze architectuur en kunsthandwerk tot een zuivere eenheid heeft ontwikkeld, 50 jaar.
Op dien dag zullen in den engen kring van zijn vrienden, die het karakter van den kunstenaar het best kennen, geen woorden gesproken worden, zooals dat anders bij zulke feesten gewoonte is. Want deze man wil niet „gewaardeerd", noch minder „gehuldigd" worden. Noch voor zijn persoon, noch voor zijn werk.
„De kunstkritiek", zoo ongeveer liet hij zich eens uit, „is er alleen voor om het publiek te irriteeren. Zij heeft dus haar doel volkomen bereikt, wanneer zij Jan Publiek alleen maar duidelijk heeft gemaakt, dat de kunst onafhankelijk van zijn oordeel, onbekommerd en niet in de war gebracht door zijn Ja of Neen, de wegen volgt die haar als noodzakelijk zijn aangewezen".
Deze uitlating is voor iemand van zijn karakter vanzelf sprekend en in 't geheel niet aanmatigend of ook maar bitter gedacht. Toch heeft juist zijn naaste omgeving hem genoeg aanleiding voor verbittering gegeven, hem genoeg steenen in den weg geworpen en toch heeft zij — wat wel het ergste en smartelijkste geweest is — het edele karakter van den kunstenaar en mensch steeds weer door haar troebel oordeel trachten te kleineeren. Maar dat alles kon geen macht over hem krijgen. Hij is — naar buiten en binnen — vrij en vroolijk gebleven. Want hij kende en kent maar een moreelen eisch: het werk. Woorden laten hem onverschillig, zij komen zwaar en moeielijk uit zijn mond en maken op hem slechts een pijnlijken indruk, wanneer hij ze van anderen hooren moet. Of ze hem prijzen of berispen, maakt geen verschil, want alleen het scheppen schenkt hem geluk en volkomen bevrediging. Hij verheugt zich niet eens over wat hij

Abb. 8 JH, Palais Stoclet, 1905–11
Gartenseite mit Standerkern und Loggia
Bildarchiv Foto Marburg, FM 419349

Abb. 7 Bericht Max Eislers in der niederländischen Zeitschrift *Wendingen*, 1920
Wendingen (3) 8–9 1920

Room und Drawing Room, in der runden Apsis der Bibliothek (bei Stoclet beim Theater/Musiksaal) sowie im Mittelflur, der zum frei ausgebreitenden seitlichen Servicetrakt führt, unübersehbare Parallelen zu Hoffmanns finalem Stoclet-Grundriss. Bemerkenswert ist dabei, dass diese endgültige Lösung (mit Turm und keilförmigen Bauteilen an der Gartenseite) erst nach längerem Tasten und vielleicht auch nach einigem Recherchieren entstanden ist: Hoffmanns Vorentwürfe zeigen noch steife und flache rechteckige Vorsprünge in den Garten anstelle der späteren „englischen" Lösungen mit Bay Windows. So kann angenommen werden, dass Hoffmann sich zwischen den ersten Skizzen von 1904/05 und der endgültigen Planung von 1906 noch einmal in die *Studio*-Hefte der vergangenen Jahre und in Hermann Muthesius' soeben erschienenes Buch *Das Englische Haus* vertieft und dort beispielhafte Lösungen seiner extravaganten Entwurfsaufgabe nachgelesen hat.

In der endgültigen Ausformulierung geht Hoffmann jedoch weit über alle oben angesprochenen Vorbilder hinaus. Die entscheidenden architektonischen Innovationen bestehen in einem neuen, „abstrakten" Raumverständnis, das die traditionell klar lesbaren Gestaltungen der konstruktiven Elemente (Stützen und Träger, Wände, Böden und Decken) verunklärte. Etwa indem es Elemente optisch zusammenfasst, die konstruktiv nichts miteinander zu tun haben (beispielsweise durch die unten beschriebene gemeinsame Einrahmung der Brüstung des Obergeschosses der Halle und der Decke des Erdgeschosses). Erst zehn Jahre später knüpften Le Corbusiers Purismus sowie die Stijl-Gruppe um Mondrian und Doesburg in ihrem Spiel freier Flächen im Raum unter völlig anderen Bedingungen an diese Erfindung an. Hoffmann gelangen im Palais Stoclet zahlreiche künstlerische Entdeckungen im körperlosen, unbefestigten Terrain zwischen Raum und Fläche. Sie basieren auf seiner „atektonischen" Entwurfsmethode unter Verwendung von Quadratmodulen,[10] die Eduard Sekler ausführlich beschrieben hat:

> „Hoffmanns Abwendung vom tektonischen Ausdruck als Kunstmittel erklärt sich zumindest teilweise aus seiner [...] mit dem Supraportenrelief der 14. Secessionsausstellung (entstandenen) Hinwendung zu geometrischen Elementarformen, vor allem zum Quadrat. Quadrat und Würfel haben gemeinsam, daß sie inhärent richtungslos sind und daher nicht dynamisch wirken. Etwas von dem Gefühl, daß statische Elemente additiv aneinandergefügt wurden, bleibt ebenso typisch für das Palais Stoclet wie die offensichtliche Negierung stark tektonischen Ausdrucks."[11]

Die „abstrakten" Raum- und Flächeninnovationen lassen sich am besten innen an der großen Halle und außen an den Fassaden beobachten. Es wurde oft beschrieben, wie die zwischen Körper und Fläche changierenden Elemente der Halle „aneinander vorbeigleiten"[12] – konkret die Marmor-
bekleideten, zweigeschossig durchlaufenden Pfeiler und Pi- 9
laster auf quadratischem Grundriss sowie die von Randleisten eingefassten Brüstungsfelder und Untersichten. Die Randleisten und die Materialität verbinden die einzelnen Flächenelemente zu neuartig-autonomen Gebilden, die sich vollständig von ihrer tektonischen Funktion emanzipiert haben. Analog die Fassadenflächen, die aus völlig glatten Marmortafeln bestehen und mit „tektonisch neutralen", getriebenen Metallprofilen ringsum eingefasst sind. In der Fassadenoberkante der Traufzone entfernen sie sich von der Fassadenfläche, um auch die Traufenfenster in das Flächenbild miteinzubeziehen.[13] An den Gebäudeecken, wo die Fassaden im rechten Winkel aufeinandertreffen, teilen sie sich nicht, wie man vielleicht erwarten würde, ein gemeinsames Randprofil, sondern führen jeweils ihr eigenes fort, sodass dort verdoppelte „Bordüren" entstehen, die den Flächen- und Bildcharakter der Fassaden in der Schrägsicht
noch extremer betonen. An der Gartenseite steigert sich 8
dies zu einem konkav eingeschwungenen Fassadenfeld, das wie eine gekrümmte Spielkarte wirkt und ebenfalls über einen vollständigen eigenen „Bilderrahmen" verfügt.

Abb. 9 JH, Entwurf für die Halle des Palais Stoclet in Brüssel, 1905/06
mumok – museum moderner kunst stiftung ludwig wien, G 144/49

Abb. 10 Le Corbusier und Pierre Jeanneret, Haus La Roche, Paris, 1923–25, Halle
© ADAGP, Fondation Le Corbusier

Das fertiggestellte Palais samt Gartenanlagen konnte mit Fotos, Plänen und Texten erst 1914 in den Fachzeitschriften *Moderne Bauformen* und *The Studio* ausführlich dokumentiert werden.[14] Dieser höchst ungünstige Zeitpunkt am Beginn des Ersten Weltkriegs, die deutsche Besetzung Belgiens sowie die europaweite wirtschaftlich-gesellschaftliche Undenkbarkeit vergleichbarer Projekte in den Nachkriegsjahren verhinderten zunächst eine breite Rezeption der künstlerischen Entdeckungen Hoffmanns. In zeiträumlicher Nähe entstand jedoch 1917 die niederländische Avantgarde-Be-
7 wegung um die gleichnamige Zeitschrift *De Stijl* und das 1918 gegründete Magazin *Wendingen*, das 1920 sein Aprilheft (W (3) 2 1920) Gustav Klimt widmete und das Novemberheft (W (3) 8–9 1920) Josef Hoffmann.[15] Das Oktoberheft 1922 (W (4) 11 1921) präsentierte Frank Lloyd Wright, das Cover wurde vom russischen Konstruktivisten El Lissitzky gestaltet. Dies wirkte sich wiederum rasch in Frankreich aus. So ist es kein Zufall, dass sich nach Le Corbusiers Besuch 1908 in Wien nun über Belgien und Holland unvermittelt
ein indirekter zweiter Rezeptionsweg der Erfindungen Hoff- 10
manns im Pariser Purismus eröffnete: Oft wurde dessen Entstehung nämlich aus der Begeisterung für de Stijl und sein Umfeld erklärt. Die vermutlich ebenfalls von de Stijl beeinflussten konstruktivistischen Experimente der Architekturklasse an der Wiener Kunstgewerbeschule wiederum, die Oswald Haerdtl 1924/25 als Assistent Hoffmanns lancierte, beweisen schließlich, dass dieser den logischen zweiten Schritt seiner Erfindungen im Palais Stoclet, nämlich die vollständige Befreiung der Fläche aus ihrem Rahmen und die Raumbildung aus frei im Raum schwebenden unbegrenzten Flächen, vorbehaltlos unterstützte. ■

1 Eduard F. Sekler: Josef Hoffmann. Das architektonische Werk, Salzburg/Wien 1982, 80.

2 Ebd., 97.

3 Hermann Muthesius: Das Englische Haus, Bd. II, 1910^2, 141: „Bei dem freistehenden Stadthause handelt es sich natürlicherweise um die Wohnung der allerreichsten Klasse der Bevölkerung, die es unternehmen kann, nicht nur in der Stadt ein eigenes großes Haus, sondern dies sogar auf so viel Grund und Boden zu haben, daß es sich von seiner Umgebung vornehm absondert."

4 Die Familie Rothschild etwa baute in Wien mit den französischen Architekten Gabriel-Hippolyte Destailleur und Jean Girette im neobarocken Stil. Später erwarb sie mittelalterliche Schlösser wie jenes in Waidhofen an der Ybbs. In England errichtete Ferdinand Rothschild – ebenfalls mit Destailleur – das Schloss *Waddesdon Manor*. In Frankreich bauten James und Betty Rothschild mit dem Ingenieur Joseph Paxton das *Château de Ferrières* im „goût Rothschild".

5 Exemplarische österreichische *Role Models* dafür sind Karl Wittgenstein, seine Kinder Margaret Stonborough-Wittgenstein sowie Ludwig und Paul Wittgenstein.

6 Muthesius Bd. II, 19102, 142 (wie Anm. 3).

7 The Building News, 25. Juni 1875.

8 Some Country and Suburban Houses designed by Ernest Newton, in: The Studio (17) 77 1899, 157–164. – *The Studio* wurde regelmäßig etwa in Meisterschule und Atelier von Otto Wagner besprochen und lag auch in mehreren Wiener Kaffeehäusern aus, sodass ihr Inhalt Hoffmann bestens bekannt war.

9 „[…] he has not perhaps proceeded so far as Mr. C. F. A. Voysey for example, but nevertheless he has succeeded in retaining his own individuality", Ebd., 164.

10 „Das Proportionsschema des Grundrisses ist in einfacher Weise durch das Quadrat bestimmt. Ein Quadrat von zirka 12 m x 12 m entspricht der großen Mittelhalle im Obergeschoß; drei Quadrate der gleichen Größe bilden zusammen das Rechteck des gesamten Obergeschosses (ausschließlich Mauerstärken). Auch in zahlreichen Einzelheiten der Grund- und Aufrißgestaltung kommt das Quadrat als Gestaltungselement vor, besonders bei den Fenstern und anderen visuell wichtigen Flächenunterteilungen." – Sekler 1982, 78 (wie Anm. 1).

11 Ebd., 83–84.

12 Ebd., 83.

13 Dieses „mittelalterliche" Motiv hat in England um 1900 insbesondere R. S. Lorimer bei seinen Renovierungen alter Landsitze und beim Entwurf neuer Häuser verwendet, vgl. Earlshall in Fifeshire (Muthesius Bd. I 1910^2, 80–81; wie Anm. 3) sowie seine Projekte Argaty Hall, Glendoe Lodge, Colinton Cottages und Kellie Castle.

14 A. S. Levetus: Das Stoclethaus zu Brüssel, in: Moderne Bauformen (XIII) 1914, 1–34; Dies.: A Brussels Mansion designed by Prof. Josef Hoffmann of Vienna, in: The Studio (LXI) 252 1914, 189–196.

15 Zum Magazin *Wendingen* siehe den Beitrag Seite 434–437.

Abb. 1 JH, Blick in den Musiksaal des Palais Stoclet auf die architektonische Rahmung von Fernand Khnopffs Gemälde *Ich schließe mich in mich selbst ein*, 1905–11
MBF (13) 1914, 20

Christian Witt-Dörring

Das Palais Stoclet – ein Gesamtkunstwerk

Eine Schicksalsgemeinschaft von Auftraggeber und Wiener Werkstätte 1905–1911

Bei der Realisierung des Palais Stoclet gehen sowohl Auftragnehmer als auch Auftraggeber an die Grenzen psychischer wie finanzieller Belastbarkeit. Beide verschreiben sich einer Idee, der die Qualitätskriterien der Arts & Crafts-Bewegung zugrunde liegen. Daraus entsteht eine Schicksalsgemeinschaft, die ungeahnte sechs Jahre, von 1905 bis 1911, dauern wird. Als Auftragnehmer figuriert die Wiener Werkstätte mit Fritz Waerndorfer als Geschäftsführer und Josef Hoffmann als künstlerischem Leiter des Projekts und als Auftraggeber zeichnet der Belgier und Erbe eines großen Vermögens Adolphe Stoclet. Er übersiedelt am 15. Jänner 1903 seine Familie aus Mailand nach Wien mit dem Ziel, sich um die österreichischen Investitionen des Vaters zu kümmern.[1] Dabei handelt es sich um Beteiligungen an der Wien–Aspang-Bahn, die im Vollausbau bis Thessaloniki führen sollte, an der Schneebergbahn und an der Wiener Lombard- und Escompte-Bank. Der Überlieferung nach bewundert die junge Familie anlässlich eines Spaziergangs auf der Hohen Warte die nach Entwürfen Hoffmanns in den Jahren 1900–02 erbauten Villen. Damals soll der Wunsch entstanden sein, auch ein Haus nach Entwürfen Hoffmanns für die Familie errichten zu lassen. Doch bereits im Oktober 1904 muss Adolphe Stoclet nach dem jähen Tod seines Vaters nach Brüssel zurückkehren, um das weitverzweigte Finanz- und Beteiligungsimperium der Stoclets zu übernehmen und zu leiten.[2] Durch die ihm nun durch sein väterliches Erbe zur Verfügung stehenden größeren finanziellen Ressourcen[3] und die Notwendigkeit, ein neues repräsentatives Heim für seine fünfköpfige Familie in Brüssel zu schaffen, nimmt er 1905 den Plan, sich von Hoffmann ein Haus bauen zu lassen, wieder auf. Der endgültige Entschluss für die Beauftragung der Wiener Werkstätte muss spätestens im April 1905 gefallen sein, da aus diesem Monat eine Art Leumundszeugnis mit Beschreibung der beruflichen Tätigkeit, der Wohnverhältnisse und der Kreditwürdigkeit Stoclets existiert, das der Wiener Werkstätte übermittelt wird. Im selben Monat gratuliert Waerndorfer Stoclet zu seiner Entscheidung und ist voller Begeisterung für sein Kunstverständnis.

> „Was das für eine Wonne wäre, wenn Sie, mit dem wir so in allen unseren Ansichten und Ideen harmonisieren, in Wien leben würden, dass lässt sich gar nicht sagen. Das Einzige, das man sich zum Trost sagen kann, ist, dass Sie in Belgien eine Mission erfüllen, da Sie heute der absolut einzige in Belgien sind, der seine Zeit kennt und seinen Mitmenschen um ein Jahrhundert voraus ist. Das klingt merkwürdig, ist aber thatsächlich so und war immer so, denn immer hat immer EINER der seinen Zeitgenossen voraus war, für Tausende vorgearbeitet und sein Werk wurde dann für einige tausend später das Muster. Wenn die Mitarbeiterschaft Klimt's, Khnopff's und Moser's, in der von Ihnen gedachten Art zusammenkommt, so haben Sie dann ein Haus, wie es vielleicht seit 4000 Jahren nicht gemacht wurde, denn die Renaissance Häuser und Paläste mag ich alle nicht und hat diese Zeit ja doch hauptsächlich wieder-geboren und nicht neu-geboren. Ich bin auch fest überzeugt, dass wir kein zweites ähnliches Haus, wie das Ihrige bauen werden, weil Hoffmann heute in der Vollkraft seines Könnens steht und Sie der erste sind, der ihn vor eine solche Aufgabe stellt. Und die Art wie Sie und Ihre schöne Gattin von Anfang an mit Ihrem Auftrag gekommen sind, ist die für jeden Künstler animierendste. Sie glauben nicht, wie froh im Innersten Klimt mit der Idee ist, in einem Hoffmann-Raum was starkes leisten zu können, denn seit der Klinger-Ausstellung, sind Sie der erste, der den Klimt vor eine solche Raumaufgabe stellt und der überhaupt erste, der von ihm nicht ein Portrait oder irgend ein Bild verlangt, wie man es in einer Ausstellung kaufen kann, sondern etwas das für Sie für Ihren von Hoffmann entworfenen Raum zu machen ist."[4]

Das Palais Stoclet gilt als Inbegriff eines Gesamtkunstwerks. Es bedeutet für Josef Hoffmann und die Wiener Werkstätte die einmalige Chance, ein repräsentatives Vorstadtpalais mit Garten, vorbehaltslos nach ihren künstlerischen und qualitativen Vorstellungen realisieren zu können. Diese Chance eröffnet sich zu einem Zeitpunkt, als die Wiener Werkstätte nach nur zweijährigem Bestand bereits einen nationalen sowie internationalen Ruf höchster verfeinerter, moderner Ästhetik besitzt. Das enorme finanzielle Potenzial des Auftraggebers ermöglicht es der Wiener Werkstätte zum ersten und in diesem Ausmaß zum letzten Mal, ein Gesamtkunstwerk von der architektonischen Gestaltung bis hin zu den kleinsten Details der Inneneinrichtung, wie zum Beispiel dem Gästebuch des Hauses, nach rein künstlerischen Qualitätskriterien umzusetzen. Die Ambitionen von Auftraggeber- wie Auftragnehmerseite waren enorm. Die Wiener Werk-

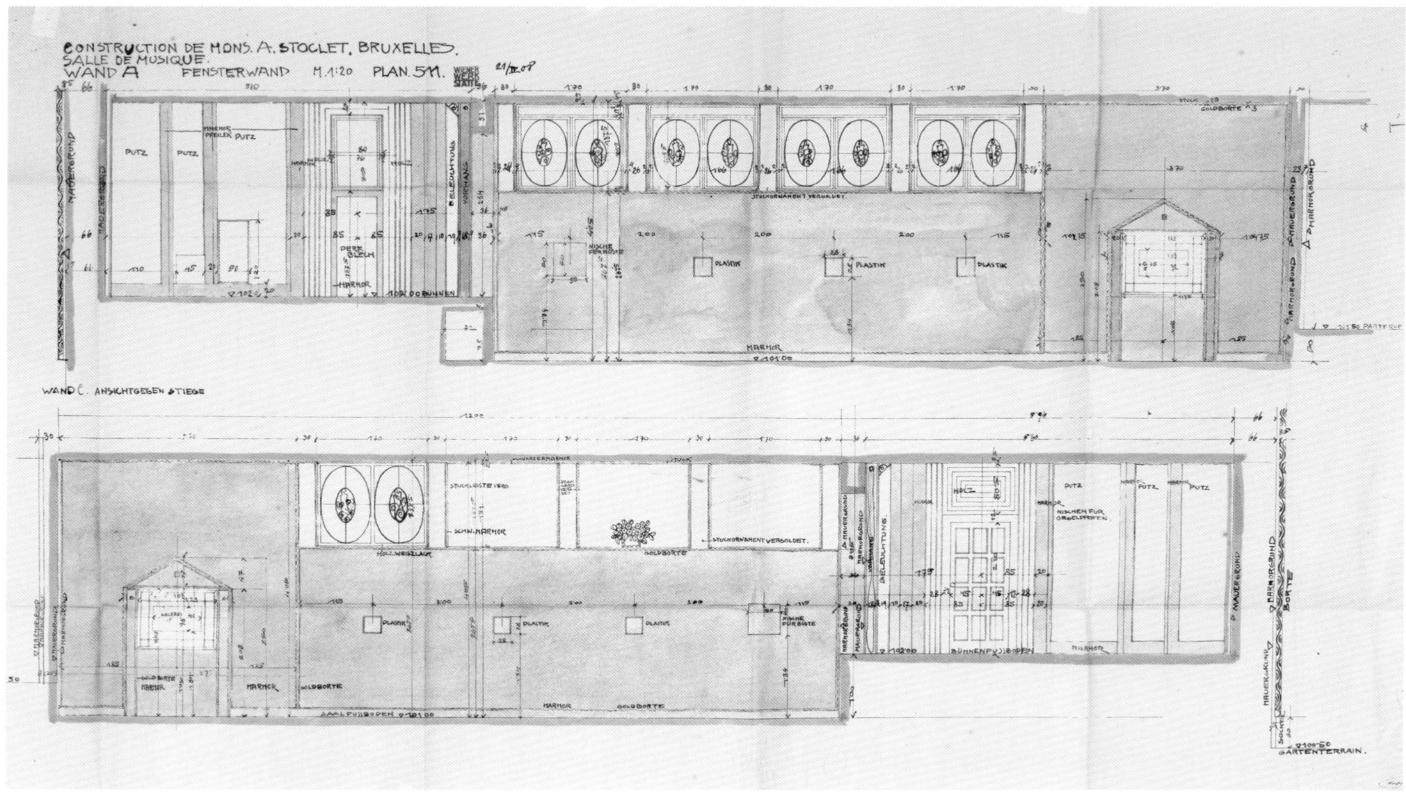

Abb. 2 JH, Wandabwicklung der linken und rechten Längswand des Musiksaals im Palais Stoclet mit der architektonischen Rahmung der Khnopff-Gemälde, 1907, Baubüro der Wiener Werkstätte, 1908
MAK

stätte unter der künstlerischen Führung Hoffmanns ergreift die Gelegenheit mit voller Begeisterung, ohne die finanziellen Konsequenzen der selbstgesteckten Qualitätsansprüche voll zu realisieren. Der Wunsch, endlich zeigen zu können, zu welchen Höchstleistungen die Wiener Werkstätte fähig ist, lässt sie jegliche betriebswirtschaftliche Vorsicht außer Acht lassen und vereinbart einen Pauschalpreis. So wird dieses Projekt zugleich ihr künstlerisches Aushängeschild wie ihr finanzieller Todesstoß. Man kann von einer Schicksalsgemeinschaft zwischen Auftraggeber und der Wiener Werkstätte sprechen, die von einem unerschütterlichen Glauben an das Genie Hoffmanns und die Qualitäten der Wiener Werkstätte zusammengehalten wird. So schreibt Adolphe Stoclet nach fünfjähriger Bauzeit, ohne deren Ende in greifbarer Nähe zu sehen und nach der x-ten Kostenexplosion.

> „Ich habe viel nachgedacht über unser Gespräch und wie ich Ihnen sagte, ist es mein ehrlicher Wunsch, die Fertigstellung meines Baus nach den Ideen Hoffmanns zu erreichen – ein Bau, der als Ruhmesdenkmal etc. für seinen Architekten und die WW Bestand haben soll. Ich bin daher bereit, alle möglichen Opfer zu bringen und meinerseits das Maximum zu geben, um dieses Ziel zu erreichen."[5]

Nachdem im Jänner 1912 endlich mit der Montage der Platten des Klimtfrieses begonnen worden war, kann Klimt auf Einladung Stoclets zwei Jahre später, am 18. Mai 1914, seinen fertigen Fries von Hoffmanns Architektur gerahmt bewundern.[6]

Die Zeitschrift *Moderne Bauformen* sowie *The Studio* bringen 1914 jeweils reich illustrierte Beiträge.[7] Der sichtlich stolze Bauherr informiert Hoffmann über den Besuch der Kulturjournalistin und Volksbildnerin Amelia Sarah Levetus im Palais.

> „Auch Fräulein Levetus war ganz entzückt und wird Sie hoffentlich ein schönes Artikel darüber schreiben. Haben Sie schon die Photographien gesehen die Hoffmann hat ausfertigen lassen für eine Publikation. Sie sind ganz wunderbar – und erwarte ich ein wirkliches Run auf das Haus sobald das Heft erschienen ist."[8]

Mit der Invasion im neutralen Belgien im August 1914 durch die Truppen des Deutschen Reichs, des Verbündeten Österreich-Ungarns im Ersten Weltkrieg, reißt der Kontakt mit dem einst eng dynastisch und kulturell verbundenen Österreich und der Wiener Werkstätte ab. Trotz wiederholter Einladungen[9] Stoclets wird Hoffmann sein Monumental- und Meisterwerk erst anlässlich des 50-jährigen Bestehens des Palais am 4. Oktober 1955, ein Jahr vor seinem Tod, in vollendeter Form erleben können. ■

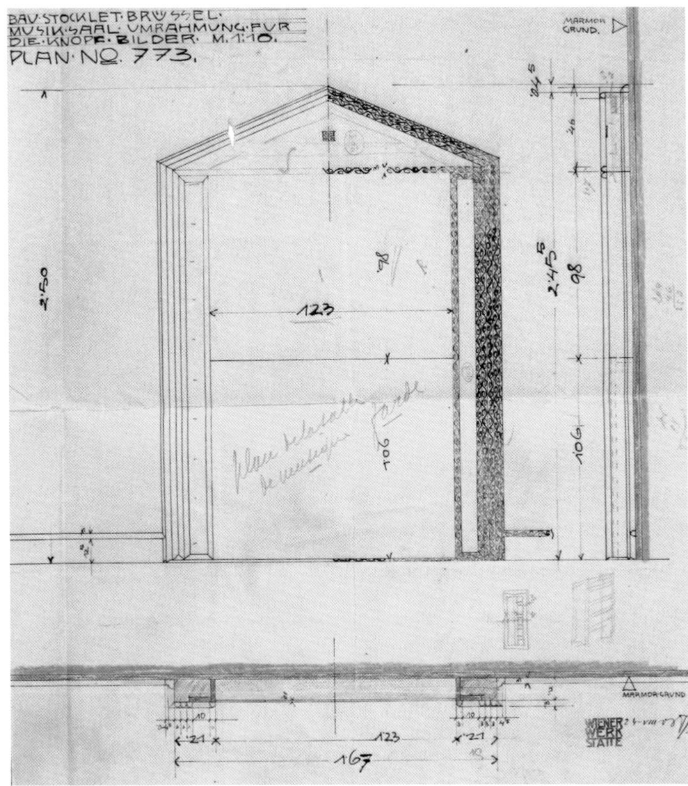

Abb. 3 JH, Werkzeichnung für die architektonische Rahmung der Khnopff-Gemälde im Musiksaal des Palais Stoclet, Baubüro der Wiener Werkstätte, 1908
MAK

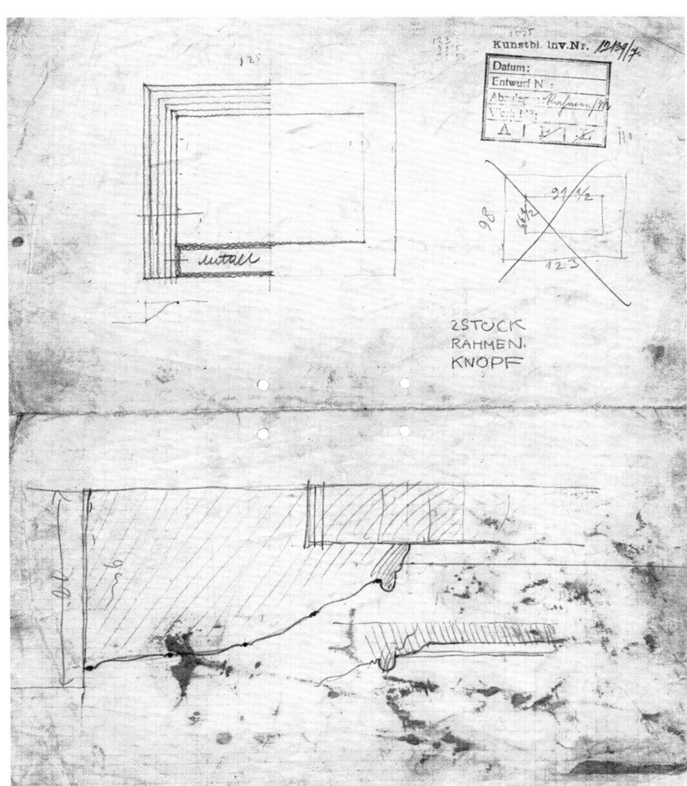

Abb. 4 JH, Entwurf für einen Bilderrahmen für die beiden Khnopff-Gemälde im Musiksaal des Palais Stoclet, 1908
MAK, KI 12139-7

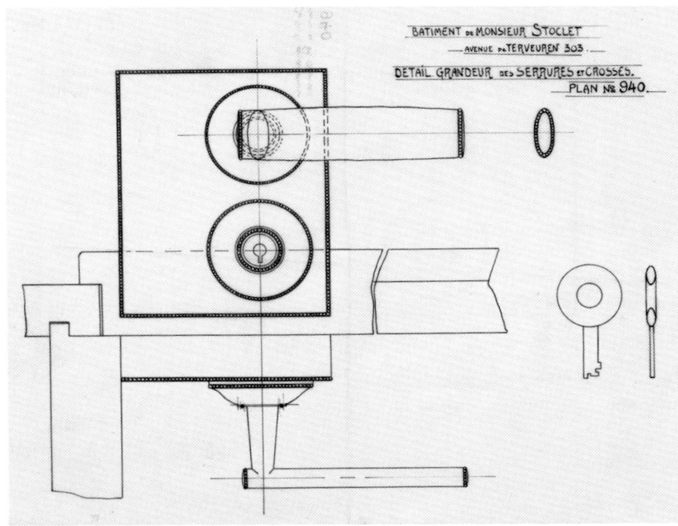

Abb. 5 JH, Werkzeichnung für die Türschlosskästen und -drücker im Palais Stoclet, 1907, Baubüro der Wiener Werkstätte, 1908
MAK

1 Michel Dumoulin: Les Stoclet. Microcosme d'ambitions et de passions, Bruxelles 2011, 148 f.
2 Ebd., 159.
3 Ebd., 169.
4 Brief Waerndorfers an Stoclet vom 28.4.1905; Privatbesitz.
5 „J'ai beaucoup réfléchi a notre conversation et comme je vous l'ai dit, j'ai le désir sincère d'arriver à terminer ma construction suivant les idées de Hoffmann – construction qui doit rester un monument impérissable de gloire etc pour son architecte et pour le WW. Je suis donc disposé à faire tous les sacrifices possibles et à donner le maximum de mon effort pour atteindre ce but." [Übers. d.A.] Brief A. Stoclets an Fritz Waerndorfer vom 28. Juni 1910; Privatbesitz.
6 Agnes Husslein-Arco/Alfred Weidinger (Hg.): Gustav Klimt. Josef Hoffmann. Pioniere der Moderne, München/London/New York 2011, 235.
7 A. S. Levetus: Das Stoclethaus zu Brüssel, in: Moderne Bauformen (XIII) 1914, 1–34; Dies.: A Brussels Mansion designed by Prof. Josef Hoffmann of Vienna, in: The Studio (LXI) 252.
8 Brief Stoclets an Josef Hoffmann vom 22.7.1913; der im Brief genannte Hoffmann ist Irrtum des Schreibers oder ein nicht bekannter Fotograf; Privatbesitz.
9 Brief Stoclets an Waerndorfer vom 11.6.1912 und Brief Hoffmanns an Stoclet vom 19.6.1913; Privatbesitz.

Abb. 1 JH, Blumenständer, ausgeführt von der Wiener Werkstätte, 1905
MAK, WWF 132-37-1

Anette Freytag

Pflanze und Quadrat

Die Gärten von Josef Hoffmann

Die Begeisterung war nachhaltig, als Josef Hoffmann 1907 eine Ausstellung mit dem schlichten Titel *Gartenkunst* im Zeichensaal des Baubüros der Wiener Werkstätte in der Neu-
3 4 stiftgasse eröffnete.[1] An den Wänden präsentierte er kunstvoll gezeichnete Gartenentwürfe seiner Mitarbeiter Karl Bräuer, Oskar Barta und Robert Farsky, seiner Schüler an der Kunstgewerbeschule Paul Roller und Franz Lebisch sowie eigene Entwürfe für die Gärten der Villen Beer-Hofmann, Hochstetter und Stoclet. In Vitrinen und auf Tischen wurden Blumenkörbe, Vasen und Pflanztöpfe aufgestellt, zumeist weiß getünchte Metallobjekte mit ausgestanzten Quadraten,
1 3 wie Hoffmann sie in großer Zahl entwarf. Die Eingangsfront des Baubüros war in voller Länge mit solchen Pflanzkübeln und Metallgestellen bestückt und begrüßte die Besucher mit Kletterpflanzen, die sich der starren Form von Quadrat und Rechteck widersetzten. Dieses Spiel zwischen strenger Geometrie und widerstrebender, lebendiger Natur war Teil von Hoffmanns Interesse an Gärten und Pflanzen. Die daraus entstehenden Kontraste unterstrichen die Qualitäten der Antipoden Natur und Architektur. Die Tische der Gartenkunst-Ausstellung, an denen die Besucher in Entwurfsmappen, aber auch in Folianten und Büchern zur Geschichte der Gartenkunst blättern konnten, wurden von Hainen hochstämmiger Bäumchen mit zu Kugeln geschnittenen Kronen, gleichsam von geformter Natur, gerahmt. Ziel der Ausstellung war die Propagierung eines neuen Gartenstils, der bis zum Ausbruch des Ersten Weltkriegs Furore machte: der architektonische Garten. „(D)ie Verbindung der Architektur mit der Landschaft" benötigt „Übergang, Verschmelzung, kurz organisches Zusammenwirken beider Elemente", resümierte Ludwig Hevesi in seiner Ausstellungsbesprechung.[2]

> „Das architektonische Element ist nämlich ganz abhanden gekommen, das Haus steht mitten im Landschaftsgarten, wie der hölzerne Namenpflock neben der Blume im Gartengeschirr. Da gilt es jetzt Lösungen zu suchen, mit Benützung der Bodengestalt, Terrassierungen, Heckenwände, Bauten im leichten Gartenstil, als Pergolas, Spaliergänge, usf."[3]

Josef Hoffmann und sein Umfeld hatten genau diese Forderungen erfüllt und das im Einklang mit dem zwischen 1904 und 1914 in der *Österreichischen Garten-Zeitung* und in der Zeitschrift *Hohe Warte* propagierten stilistischen Programm für den architektonischen Garten.[4] Entscheidende Impulse dafür kamen von der Arts & Crafts-Bewegung und ihren Anhängern auf dem Kontinent wie Hermann Muthesius und Henry van de Velde, aber auch von den Grundrissen und dem Formenvokabular Otto Wagners und Friedrich Ohmanns sowie einer Wiederbelebung der Gartenkunst des Biedermeier und Barock. Die Gestaltung des Gartens von Hoffmanns wohl berühmtesten Werk, dem Palais Stoclet,
illustriert klar die Prinzipien, die sich auch in seinen anderen 5 6 7
architektonischen Gärten in Variationen wiederfinden:[5] Haus und Garten werden als Einheit aufgefasst. Die orthogonalen Achsen des Hauses werden im Garten weiter bzw. parallel zum Haus geführt. Überdachte Wandelgänge, Loggien, Terrassen mit Treppen vermitteln zwischen Innen und Außen, wobei die Übergänge stufenweise zwischen ganz offen und ganz geschlossen erfolgen. Das Haus ist soweit wie möglich an die Straße gerückt,[6] damit viel Platz für einen von allen Blicken geschützten Garten hinter dem Haus bleibt. Direkt vor der Gartenfassade liegt der am strengsten architektonisch gestaltete und sonnigste Teil des Gartens. Im Fall des Stoclet Gartens flankieren Buchs und Eiben im Formschnitt die Gartenterrasse. Davor liegt ein rechteckiges Bassin, das gleich breit ist wie die zentrale Halle des Hauses, von welcher aus man die Gartenterrasse betritt. Das Bassin ist umstellt von zwei Mal acht zylinderförmigen Treillagen, an denen Efeu emporwächst. Rechts und links davon sind Rosenbeete angelegt, in deren zentraler Achse je fünf hochstämmige Rosenbäumchen stehen. Daran schließen beidseits von Kletterrosen überwachsene Pergolen an, die vom Haus weg in die weiter entlegenen Teile des Gartens führen. Sonnenlicht und Schattenwürfe von Gitterwerken aus Holz oder Metall, die atmosphärischen Effekte von Regentropfen, die daran hängen bleiben und nach dem Regen das Licht brechen, aber auch Effekte von künstlichem Licht sind zentrale Elemente in der Wirkweise von Hoffmanns Gärten. 8 9

Die weiter entlegenen Gartenteile – es sind die schattigeren, meist blumenlosen und oft mit Laubbäumen bepflanzten – liegen etwas höher oder tiefer. Jeder Wechsel eines Gartenraums wird von einer wenn auch noch so subtilen Terrassierung begleitet. Im Garten Stoclet bilden formgeschnittene Hecken neue Gartenkammern, in denen wie in barocken Bosketts große Laubbäume wachsen, die ihre Kro-

Abb. 2 Detail aus dem Garten des Hauses Dr. Henneberg, 1901
DI (4) 1903, 125

nen frei entfalten können. Sie umfangen Räume wie einen Tennisplatz, ein Bowling green für Croquet und Boccia-Spiele sowie erhöhte Sitzplätze und Gartenpavillons. Formgeschnittene Bäumchen (Topiarii) und in die Hecken geschnittene Nischen für Skulpturen zieren die Wege. Über den gesamten Garten verteilt sind kunstvoll gefertigte Gartenmöbel und Pflanzkübel. All diese Elemente wurden von Hoffmann selbst entworfen und von der Wiener Werkstätte ausgeführt.

Einzig komponiert aus den Farben Grün, Weiß, Schwarz/Grau und den Rosatönen der Rosen ist der Stoclet Garten der ästhetisch radikalste. Er ist auch der einzige, in dem Obstspaliere, Beerenbüsche, Weinreben oder Obstbäume – sonst üblich in Hoffmanns Hausgärten – fehlen (es gibt aber einen Gemüsegarten). Dass die Gartengestaltung und -ausstattung von ein und derselben Person durchzukomponieren sei, war ebenso eine Forderung an den architektonischen Garten, wie dass Gemüse- und Obstgärten sowie Flä-
chen für Spiel und Sport in der Nähe des Nutzbereichs des 6
Hauses sein sollten (im Stoclet vis à vis vom Dienstbotentrakt)
und die Ziergärten in der Nähe des Repräsentationsbereichs.[7]

Mit Pergolen, Spaliergängen, Nischen, Skulpturen und
Sitzplätzen lässt der architektonische Garten die Hausgärten 2 7 8
des Biedermeier wiederaufleben. Die barocke Gartenkunst war eine zweite Inspirationsquelle. Zu beiden hatte Hoffmann eine besondere Nähe: Sein Elternhaus in Pirnitz hatte einen Biedermeiergarten, den Hoffmann 1907 umgestaltete,[8] und einer seiner liebsten Spaziergänge in Wien führte ihn regelmäßig in den Barockgarten des Belvedere.[9] Hoffmann hatte nicht nur eine Vorliebe für formgeschnittene Hecken und Topiarii, sondern auch für die typischen topologischen und phänomenologischen Spielereien der Barockzeit, die er sowohl in seine Gärten als auch in seine Gebäude einbaute.

Abb. 3 Von Hoffmann kuratierte Ausstellung *Gartenkunst* im Zeichensaal des Baubüros der Wiener Werkstätte, 1907
MAK, WWF 103-140-1

Abb. 4 JH, Entwurf für Blumentische für die Wiener Werkstätte, 1905/06
MAK, KI 12134-7

Abb. 5 Blick von der Gartenterrasse auf den Garten Stoclet, ca. 1914
Bildarchiv Foto Marburg, 620.288

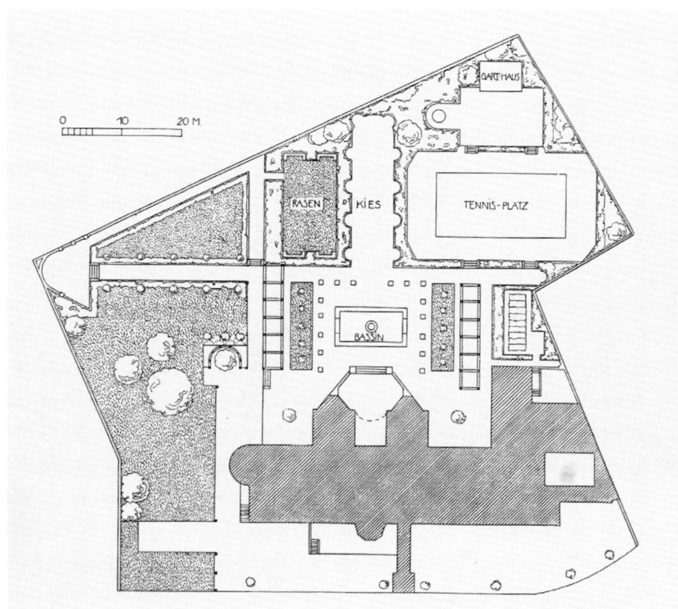

Abb. 6 Übersichtsplan des Gartens für das Palais Stoclet (1905–11), 1914. Die Pergolas im Gartenplan sind falsch gezeichnet, sie haben beide sieben Kompartimente.
MBF (13) 1914, 6

Abb. 7 Blick auf den Sitzplatz im Südosten des Garten Stoclet. Der mitten in der streng geraden Achse stehen gelassene Baum wird zum pittoresken Element.
MBF (13) 1914, 33

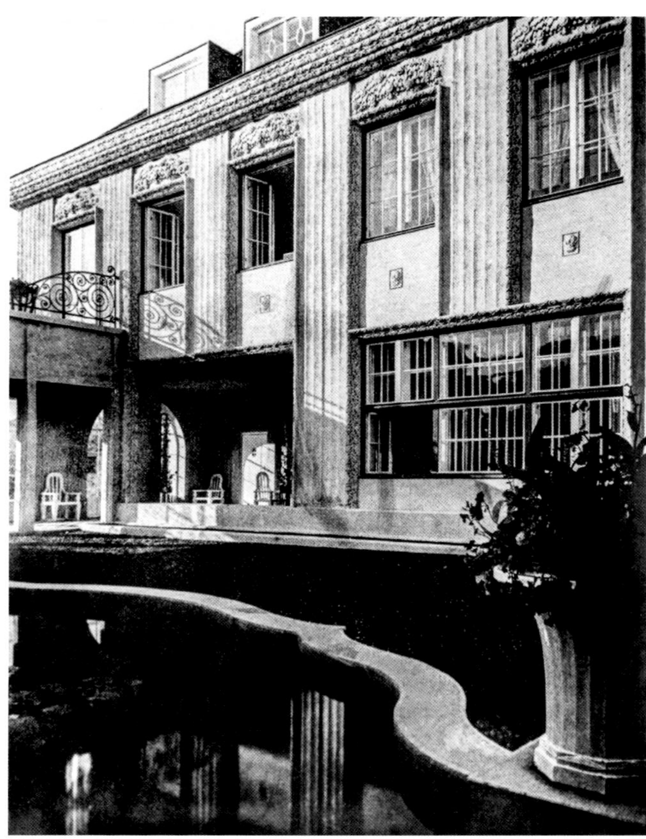

Abb. 8 Gartenseite der Villa Ast, 1909–11
Die Faszination für Schattenwürfe und Spiegelungen und die Allgegenwart von Blumenmotiven, auch auf Fassaden, ist deutlich sichtbar.
MAK KI 8951-3

Abb. 9 Gewächshaus der Villa Skywa-Primavesi, 1913–15.
Hoffmann rückt es maximal an die vorhandenen Bäume heran. Entlang der Gartenmauer befinden sich Obstspaliere.
E. Sekler, Josef Hoffmann, 369

Dazu zählen unerwartet sich öffnende lange Achsen, die die Besucher überraschen und Gebäude wie Gärten weiträumiger erscheinen lassen. Außerdem setzte er Parallaxen ein: Während man sich um bestimmte Objekte oder gestaltete Räume, wie z.B. einen Stiegenaufgang mit freistehenden Pfeilern, herumbewegt, scheinen sich die Objekte selbst, im genannten Fall die Pfeiler, zu bewegen. Hoffmanns durchwegs rhythmische Kompositionen bekommen dadurch stellenweise etwas Tänzerisches, das man angesichts seines Hangs zu strengen Formen nicht erwartet. Ein anderes Element ist die sogenannte barocke Faltung: Man sieht etwas Interessantes am anderen Ende des Gartens, es scheint ganz nahe. Auf den angelegten Wegen zu diesem Ziel wird man 5 6
gewahr, dass die Entfernung viel größer ist als angenommen. Der Raum scheint sich aufzurollen. Es geht um den Weg und die Erlebnisse während des Gehens, nicht um das Ziel.

Hoffmann ist ein Architekt für Spaziergänger. Seine Architektur entfaltet ihre volle Wirksamkeit nur im Gehen und sie provoziert mannigfaltige intuitive Reaktionen, physischer wie psychischer Natur.[10] Neben „pittoresken Promenaden"[11], und ungewöhnlichen, choreographierten Interieurs ist ein anderes zentrales Motiv bei Hoffmann sein offensichtliches Interesse für Atmosphären, genauer gesagt, sich verändernde Wetterverhältnisse und die sich daraus für seine Architektur ergebenden Effekte von Sonnenlicht, Sonnenstand, Schattenwürfen, aufziehenden Wolken und verbleibenden 8 9
Regentropfen. Sie sind in den Dispositionen von Grund- und Aufrissen, der Modellierung von Fassaden, in der Wahl der Fenster, in den Kompositionen der Interieurs und der Gestaltung von Ausstattungsgegenständen berücksichtigt.[12]

Gärten und Blumen sind in den Werken von Hoffmann und der Wiener Werkstätte allgegenwärtig: als Stoffmuster, Ofenschirme, als Holzschnitzereien für Möbel und Wandpaneele, Teppichmuster, als mit Blumen gefüllte Vasen und Blumenkörbe, aber auch als steinerne Fassadenelemente – üppige Girlanden, Blätterranken und dekorative Reliefs. Hinzu kommen kunstvoll geschmiedete Metallzäune mit stilisierten Blumen und Bäumen, allerlei Plastiken und vielleicht als Krönung die Gestaltung des Stoclet-Turms mit einer Rosen- und Lorbeerkrone und wie vom Turm herunterfließenden Blumengirlanden, während im Inneren des Hauses Gustav Klimt mit dem Lebensbaumfries für den Speisesaal einen prachtvollen, niemals welkenden Kunstgarten geschaffen hat.

Für die Wiener Werkstätte, die eine stilisierte Rose als registrierte Schutzmarke wählte, hatten Gärten, Pflanzen und Blumen eine tiefere Bedeutung. Sie symbolisieren *ver sacrum*, den Heiligen Frühling für die Kunst der Jungen. Die privaten Paradiese für das Großbürgertum sollten den Alltag ihrer Bewohner transzendieren und sie kraft der Kunst und des Handwerks zu besseren Menschen machen. Hoffmann wollte mit der WW „einem gesunden Leben mit all seinen Bedürfnissen und geistigen und materiellen Wünschen dienen".[13] Der rhetorische Fokus auf das Schöne, Gesunde und Verbessernde der guten Natur eröffnete später in anderen Kontexten Abgründe, so wie die Gesamtkunstwerkidee immer schon eine Gefahr des Kippens ins Totalitäre in sich barg. Komplizierte politische Fragen wirft auch Hoffmanns 1920 veröffentlichter Vergleich der Arbeit der Wiener Werkstätte, Gegenstände für individuelle Bedürfnisse von Hand zu fertigen, mit der Tätigkeit eines Gärtners auf:

> „Alles Schablonenhafte, Vorgeschriebene, jede vorhergesehene Methode ist anmaszend einem Menschenmaterial gegenüber, das wie ein buntes Beet verschiedenster Blumen aufschieszt und besonders liebevolle und verständige Pflege verlangt."[14]

Der Austrofaschismus war da noch weit entfernt, die politisch sehr diverse Lebensreformbewegung aber längst aktiv. Ihr ambivalentes Programm zwischen der Befreiung des Körpers einerseits und der totalen Kontrolle über das geistig und körperlich „gesunde" Leben von Menschen andererseits findet sich in vielen Aspekten der Arbeit Hoffmanns und der Wiener Werkstätte wieder, von der Bedeutung des Spaziergangs bis zur korsettfreien Damenkleidung.

Von den 1930er bis in die 1950er Jahre, eine Zeit, in der Hoffmann in der internationalen Architekturdiskussion zu einer Randerscheinung wurde,[15] übernahm er den Stil des modernen Wohngartens für seine Häuser, schien aber das Interesse für eine raffinierte Ausdifferenzierung verloren zu haben. In den Werkbundsiedlungen war die Verbindung von Haus und Garten ebenso wichtig wie in den Gärten der Gesamtkunstwerke, aber unter anderen Vorzeichen. In der österreichischen Werkbundbewegung hatte Hoffmann spätestens ab Ende der 1920er Jahre den konservativen Flügel vertreten, der im Siedlungs- und Kleingartenwesen aktive
10 Josef Frank den linksliberalen.[16] Den Außenraum im Siedlungsbau gestaltete Hoffmann äußerst zurückhaltend, mit einer Ausnahme: In einem undatierten Entwurf für ein mehrgeschossiges Wohngebäude sind alle Geschosswohnungen durch eine Wendeltreppe verbunden, verglast, und haben ihren eigenen Garten. Der Grundriss zeigt eine dichte Bepflanzung und einen von Hecken umschlossenen Wandelgang zu einem Sitzplatz. Der Aufriss lässt die Ausstattung der Gärten mit Treillagen für Kletterpflanzen, mit Brunnen und allerlei Gartenmöbeln vermuten – eine Generation bevor Friedensreich Hundertwasser 1972 die *Baummieter* in den Geschosswohnungsbau einziehen lassen wollte. ■

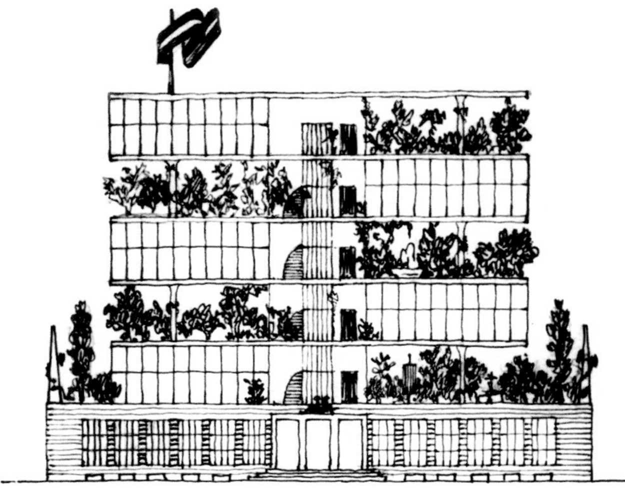

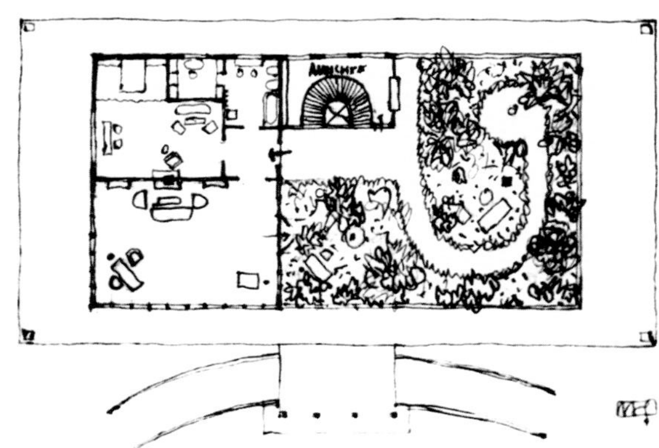

Abb. 10 JH, Entwurf für ein mehrgeschossiges Wohngebäude mit Gärten in den Obergeschossen. Grundriss und Fassade, nicht datiert (aufgrund der Fahne, die am Dach weht, vermutl. nach Mai 1945)
E. Sekler, Josef Hoffmann, 464

1 Ludwig Hevesi: Wien eine Gartenstadt, in: Fremdenblatt, 6.4.1907, 39, MAK, WWAN 81.
2 Ebd.
3 Ebd.
4 Siehe Joseph Maria Olbrich: Der Farbengarten, in: Hohe Warte (2) 1905–1906, 184–189; bes. auch die ab 1904 von *Hohe Warte*-Herausgeber Joseph August Lux publizierten Beiträge, die er 1907 in dem Buch *Die schöne Gartenkunst* (Esslingen) zusammenfasste, sowie Max Jordan: Gartenmöbel, in: Österreichische Garten-Zeitung (8) 1913, 11–17.
5 Ausführliche Analyse: Anette Freytag: Der Garten des Palais Stoclet in Brüssel. Josef Hoffmanns „chef d'œuvre inconnu", in: Die Gartenkunst (20) 1 2008, 1–46.
6 Meist der gesetzlich vorgeschriebene Abstand.
7 Siehe Die Villengarten-Konkurrenz, in: Österreichische Garten-Zeitung (2) 9 1907, 298–308: 305.
8 Siehe Christian Witt-Dörring: Josef Hoffmann: Interiors, 1902–1913, Neue Galerie, New York 2006; Abbildung im Fotoalbum der Familie Hoffmann, Muzeum Josefa Hoffmanna, Brtnice (ČZ).
9 Eduard F. Sekler: Josef Hoffmann. Das architektonische Werk, Salzburg/Wien 1982, 9.
10 Peter Behrens beschreibt z.B. wie ihn die Inszenierung des Eintritts in die Halle des Palais Stoclet veranlasste, zu flüstern. Peter Behrens: The work of Josef Hoffmann, in: Architecture 2 1923, 589–599: 594.
11 Yve-Alain Bois: Promenade pittoresque autour de Clara-Clara, in: Richard Serra, Musée National d'Art Moderne, Centre Georges Pompidou, Paris 1983, 11–28.
12 Siehe u.a. Lil Helle Thomas: Stimmung in der Architektur der Wiener Moderne: Josef Hoffmann und Adolf Loos, Wien 2017.
13 Aus: Rede von Josef Hoffmann anläßlich der akademischen Feier im Palais Stoclet am 4. Oktober 1955, UaK, Kunstsammlung und Archiv, Inv. Nr. 4437/Aut/4a.
14 Aus: Over de Toekomst van Weenen Door Josef Hoffmann [Ausgabe zu Hoffmanns 50. Geburtstag], Wendingen (3) 8–9 1920, 21–26.
15 Sekler 1982, 244–245 (wie Anm. 9).
16 Siehe u.a. Wilfried Posch: Die Österreichische Werkbundbewegung 1907–1928, in: Wissenschaftliche Kommunikation zur Erforschung der Geschichte der Republik Österreich 10 (1986), 279–312: 311.

Abb. 1 JH, Tisch für die Ausstellungskoje der Druckerei Christoph Reisser & Söhne auf der BUGRA-Ausstellung in Leipzig, ausgeführt von Jakob Soulek, 1914
Eichenholz, schwarz gebeizt, die Poren weiß eingerieben
Galerie Yves Macaux – Brussels

Christian Witt-Dörring

Der Wiener Stil

Interieurs 1900–1918

„Es war fürs erste keine leichte Aufgabe und vieles ging fehl und mußte von frischem angegangen werden. Dennoch ließ man nicht locker",[1] so charakterisiert Hoffmann die Situation nach diesen ersten Jahren des Suchens, als er in den Jahren zwischen 1900 und 1902 die Grundzüge seines modernen österreichischen Innenraums und Gebrauchsgegenstands etabliert hat. Liest man zeitgenössische Kritiken oder Beschreibungen von Hoffmanns Häusern und Innenraumgestaltungen aus diesen Jahren, so findet man immer wieder den positiv konnotierten Begriff der „Tradition". Diese im Laufe der industriellen Revolution verloren gegangene Tradition steht für eine selbstverständlich aus der lokalen Kultur hervorgegangene, die täglichen Bedürfnisse des Bürgers zweckdienlich, ehrlich und bescheiden befriedigende Formensprache. Damit ist die vorindustrielle sogenannte Biedermeierzeit gemeint, in der Form und Alltag im Gegensatz zur Periode des Historismus noch miteinander in Einklang standen. Ihre Qualitäten sehen die Kritiker nicht kopiert, aber fortgeschrieben. So meint zum Beispiel Joseph August Lux:

> „In den Räumen, die Prof. Hoffmann geschaffen, ist jene Stimmung des Biedermeier-Interieur eingefangen und festgehalten, jener Geist der Gemüthlichkeit und Gastlichkeit, mit einem Wort der Genius loci, und es ist darin kein Tisch, kein Stuhl, kein Schrank, kein Gegenstand des Gebrauchs, der nicht den Geist der Vorfahren trüge und dabei durch die konstruktive Einfachheit und Zweckdienlichkeit als Niederschlag unserer allgemeinen modernen Kultur erschiene."[2]

Lux, der spätere Herausgeber der Kunst- und Kulturzeitschrift *Hohe Warte*, nimmt hier Bezug auf Räume, die Hoffmann 1901 und 1902 für Helene Hochstetter, Dr. Hugo Koller und Gustav Pollak eingerichtet hat: Sie befinden sich alle in Mietwohnungen. Das bedeutet, dass Hoffmann seine Ausstattungen nicht nur in existierenden Raumvolumina unterbringen muss, sondern auch mit deren ästhetischen Gegebenheiten wie Stuckplafonds oder Fenster- und Türproportionen konfrontiert ist. Er lässt sich dabei von Innenraumgestaltungen der englischen Arts & Crafts-Bewegung inspirieren und ist bemüht, eine strukturelle Einheit zwischen Wand und Behältnismöbel herzustellen, die die Raummitte möglichst frei lässt beziehungsweise nicht verunklärt. Dies geschieht meist mit Hilfe einer Wandvertäfelung, deren Höhe Bezug auf die Höhe der Behältnismöbel und Türen nimmt. Dabei entsteht ein klarer Horizont, der sich über alle vier Zimmer-
wände zieht. Beispiele dafür sind das Speisezimmer und Vor- 2
zimmer für Gustav Pollak oder das Schlafzimmer für Helene 3 4
Hochstetter; in der Folge findet sich dieses Strukturelement bis um 1910 in Hoffmanns Innenräumen. Neu gegenüber dem Einrichtungsgeschmack der zweiten Hälfte des 19. Jahrhunderts ist der gesuchte Kontrast zwischen heller Wand und dunkler Möblierung oder umgekehrt. Dieses Spiel mit Farbkontrasten setzt sich in der Wahl der Möbeltapezierungen fort. Beides ist typisch für die Innenraumgestaltung der Empire- und Biedermeierzeit und für eine Formenwelt, die dem konstruktiven Element ästhetische Wirkung zukommen lässt. Dies trifft insbesondere auf Hoffmanns Möbelentwürfe zu. Das Möbel wird nun nicht mehr, wie noch in den Jahren vor 1900, vom klar in Erscheinung tretenden Brett und damit von einzelnen Flächen bestimmt, sondern tritt als geschlos-
senes, geometrischen Formen verpflichtetes Volumen in Er- 3 10
scheinung. Bei den Sitzmöbeln wirkt sich dies konsequenterweise auch auf die Art der Tapezierung aus. Hoffmann übernimmt, wie im Empire und Biedermeier üblich, die klassizistische, klar mittels Borten definierte kantige Polsterung, 14
wobei er meist nicht nur den Stoff, sondern auch die Borte 30 31 S. 74
entwirft. Bei der Beleuchtung der Räume nutzt Hoffmann die neuen Möglichkeiten, die das elektrische Licht in geschlossenen oder nach unten strahlenden Leuchtkörpern für eine bessere Ausleuchtung bietet. Die künstliche Lichtquelle
konzentriert sich nun nicht mehr auf die Mitte des Raumes, 2
sondern wird auch über die gesamte Fläche der Decke ver- 2 3 S. 119
teilt. Im Fall des Speisezimmers der Wohnung Gustav Pollak kommen noch zusätzliche Wandleuchten in Form runder Spiegel hinzu, vor denen jeweils eine Lampe, die elektrisch von der Decke aus gespeist wird, platziert ist. Für die oben angesprochenen Einrichtungsaufträge entwirft Hoffmann neben sämtlichen Möbeln und Beleuchtungskörpern auch die Teppiche. Es sind dies seine ersten Entwürfe für Textilien. Damit beginnt eine langjährige fruchtbare Zusammenarbeit mit der Firma J. & J. Backhausen, mit der Koloman Moser bereits seit 1898 zusammengearbeitet hat.

Zugleich mit diesen Einrichtungsaufträgen kann Hoffmann zum ersten Mal auch seine Idee des ganzheitlich durchkomponierten architektonischen Rahmens und dessen zugehö-

Abb. 2 JH, Speisezimmer der Wohnung Gustav Pollak, 1901/02
Möbel und Wandvertäfelung aus reich eingelegtem Pitchpineholz; dunkelrote Lederbezüge; gelbgraue Wände; Beschläge aus Altkupfer
ID (13) 1902, 146

rigen Innenraums in die Tat umsetzen, was von Lux „als der größte Fortschritt der Moderne"[3] bezeichnet wird. So entstehen zwischen 1900 und 1902 im Rahmen der Villenkolonie auf der Hohen Warte zwei zu einem Doppelhaus zusammengefasste Häuser – für Carl Moll und Koloman Moser – (1900/01), eine Villa für den Naturwissenschaftler und Fotografen Hugo Henneberg (1901/02) und eine weitere für den Fotografen Victor Spitzer (1901/02) – jeweils mit ebenfalls von Hoffmann gestalteten Gärten.

Josef Hoffmann lässt die Grundrisse der Häuser Henne-
5 berg und Spitzer jeweils mit eingezeichneter Möblierung
publizieren.[4] Allein dadurch wird deutlich, wie neuartig diese Einheit von Innen und Außen auf die Zeitgenossen gewirkt haben muss. Genauestens wird außerdem auf die Farbigkeit der auf über 60 Seiten publizierten Innenräume der beiden Häuser eingegangen. Es ist keine gedämpfte oder gedeckte Farbigkeit, die Hoffmann hier anwendet. Sie ist, wie schon
bei den oben besprochenen Wohnungen, auf starke Kontraste hin komponiert. Neu hingegen ist die Verwendung
von rau geputzten Zimmerwänden im Wohnbereich, womit 7
Hoffmann wohl auf die ländliche Lage der Häuser Bezug nimmt. Im Unterschied zur städtischen Mietwohnung, die die einzelnen Räume traditionell als Enfilade ausrichtet, wählt Hoffmann bei seinen Villen, englischen Vorbildern folgend,
die zentrale, oft über zwei Geschosse reichende Wohnhalle 6 7
mit offener Treppe, von wo aus die anderen Räume des Erdgeschosses erreicht werden können. Dabei kommt dem Gas-
kamin eine zentrale Rolle als Blickfang und Ruhezone zu. 7
Ganz bewusst, den sozialreformerischen Ideen der Arts & Crafts-Bewegung entsprechend, reicht Hoffmanns formal-
ästhetisches Konzept bis in die Nebenräume wie Küche und 8 9
Dienstbotenzimmer. Die Behältnismöbel sind wiederum zum
Teil in Gruppen den Zimmerwänden entlang zusammenge- 10 11 13
fasst. Sie können aber auch als Raum im Raum ausgebildet

Abb. 3 JH, Schlafzimmer der Wohnung Helene Hochstetter, 1901/02
ID (13) 1902, 142

Abb. 4 JH, Waschtischecke im Schlafzimmer der Wohnung Helene Hochstetter, 1901/02
Wände weiß, untere Wandbespannung mit grün-grauem Muster, Bodenbelag dunkelblau; Lichtblau gebeiztes Ahornholz; die dunklen Quadrate dunkelblau poliertes Ahornholz; Beschläge gehämmertes Eisen
ID (13) 1902, 141

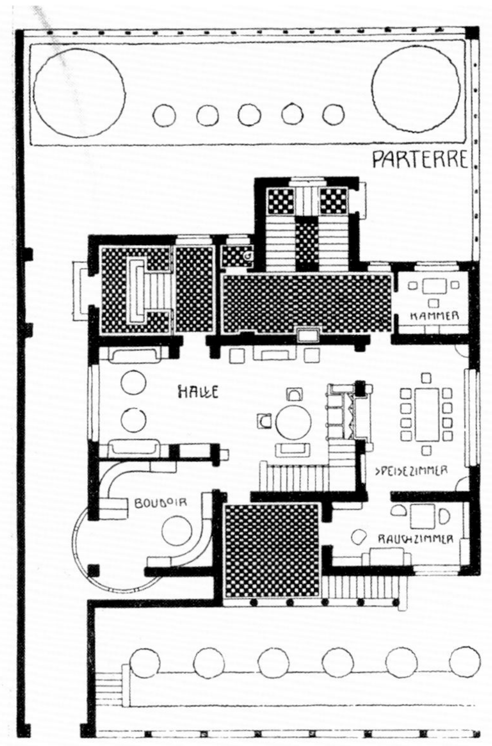

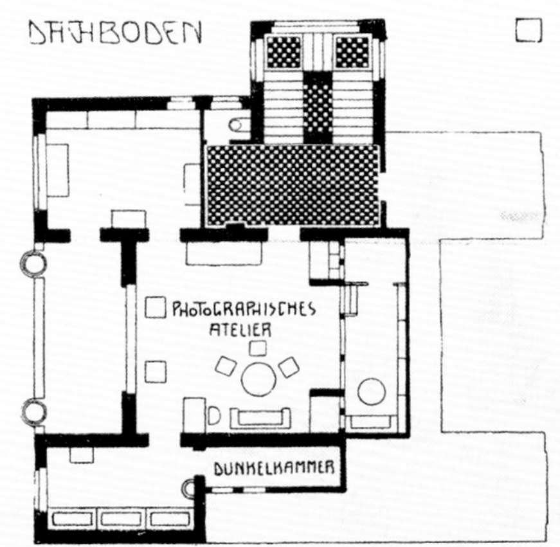

Abb. 5 JH, Haus Dr. Spitzer, 1901/02 Grundriss und Möblierungsschema des Erd- u. Obergeschosses sowie des Dachbodens
DI (4) 1903, 184

Abb. 6 JH, Halle im Haus Dr. Hugo Henneberg, 1900/01
DI (4) 1903, 134

Abb. 7 JH, Blick in die Halle vom oberen Ende der Hallentreppe im Haus Dr. Hugo Henneberg, 1900/01
DI (4) 1903, 137

Abb. 8 JH, Zimmer der Köchin im Haus Dr. Spitzer, 1901/02
Gelb gebeiztes Fichtenholz
DI (4) 1903, 159

Abb. 9 JH, Küche im Haus Dr. Henneberg, 1900/01
Weiße Wände, Anrichte weiß gestrichen, weißer Marmor
DI (4) 1903, 150

Abb. 10 JH, Toilettetisch mit Sitzgelegenheit, Gästezimmer im Haus Dr. Spitzer, 1901/02
Fichtenholz, schwarz gebeizt
DI (4) 1903, 183

Abb. 11 JH, Speisezimmer im Haus Dr. Henneberg, 1900/01
Holz, weiß lackiert; Möbel, schwarz poliert, grüne Ledertapezierung; grauer Bodenbelag
DI (4) 1903, 141

Abb. 12 JH, Schlafzimmer im Haus Dr. Henneberg, 1900/01
DI (4) 1903, 143

sein wie beim Wohnzimmer im Haus Dr. Spitzer. Sie werden von den Zeitgenossen als Reminiszenzen an die im Biedermeier typischen multifunktionalen Räume gelesen, die der Wohnlichkeit vor der Repräsentation den Vorzug gaben.
12 Eine weitere biedermeierliche Anleihe findet sich im Schlaf-
zimmer des Hauses Dr. Henneberg: Hoffmann deckt das Bett in der Art eines um 1800/30 üblichen Couvertrahmens oder einer Couvertdecke zu. Damit wird garantiert, dass der architektonisch blockhafte Charakter des Bettes in seiner Gesamtheit erhalten bleibt und nicht durch die weichen Konturen des darunter befindlichen Bettzeugs gestört wird.

Noch drei weitere große Aufträge für Innenraumgestaltungen kann Hoffmann 1902, dem Jahr vor der Gründung der Wiener Werkstätte, realisieren. Für die Familien von Dr. Hans Salzer, Max Biach und Fritz Waerndorfer entstehen in existierenden Häusern beziehungsweise einer Mietwohnung Ensembles, die die oben beschriebenen Charakteristika Hoffmann'scher Moderne weiterführen. So findet sich das Konzept der Rauminseln zum Beispiel in der Wohnung Salzer
unter anderem im Bereich des Wohnzimmers als Sitzplatz 16
und des Schlafzimmers als kombinierte Wasch- und Toilette- 17
tischzeile, im Haus Biach als Inglenook im Spielzimmer und 15
in einem der Schlafzimmer als Alkoven für das Bett. Die Be- 14
tonung der Horizontalen mit Hilfe aneinandergereihter 13
Behältnismöbel findet sich im Speisezimmer des Hauses 19
Biach oder besonders geglückt im Speisezimmer für Fritz Waerndorfer. Dieses horizontale Strukturelement kann als Vermittler zwischen den verhältnismäßig niedrigen Behältnismöbeln und den hohen Räumen gelesen werden. Es ist ein Regulativ, das die ansonsten aus dem Ruder gelaufenen Proportionen wieder ins Lot bringt. Während die Möbel bereits moderne Proportionen aufweisen, entsprechen die

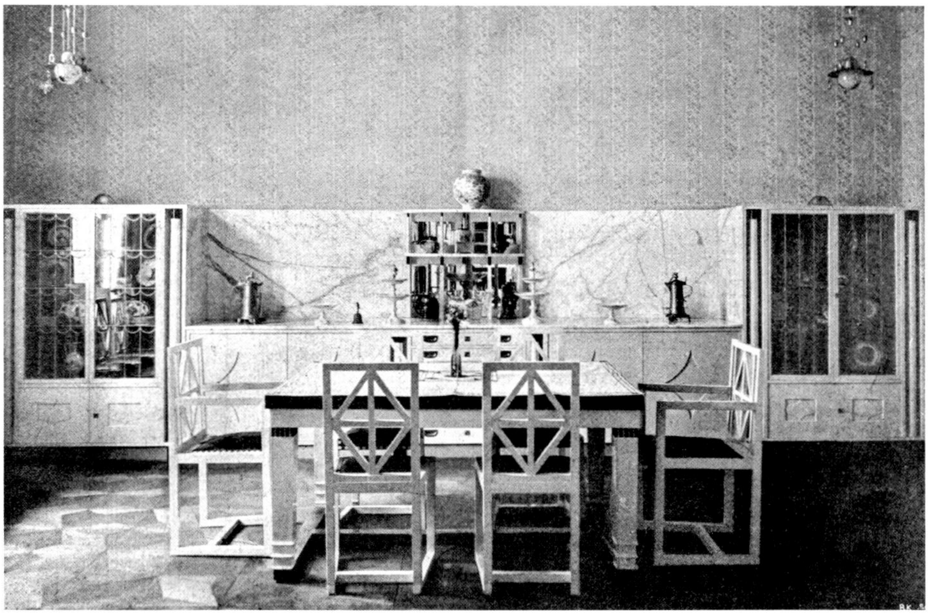

Abb. 13 JH, Speisezimmer im Haus Max Biach, 1902/03
Art et Décoration 1904, 70

Abb. 14 JH, Schlafzimmer im Haus Max Biach, 1902/03
The Art Revival in Austria. Special issue of The Studio, 1906, C. 23

Abb. 15 JH, Inglenook im Spielzimmer des Hauses Max Biach, 1902/03
ID (16) 1905, 49

Abb. 16 JH, Sitzgruppe im Wohnzimmer der Wohnung Dr. Johannes und Johanna Salzer, 1902
DI (4) 1903, 5

Abb. 17 JH, Wasch- und Toilettetischgruppe im Schlafzimmer der Wohnung Dr. Salzer, 1902
DI (4) 1903, 6

Abb. 18 Charles R. Mackintosh, Musikzimmer im Haus Fritz Waerndorfer, 1902
The Studio (57) 1913, 72

Raumhöhen noch dem traditionellen Raumempfinden. Bei
einer Gegenüberstellung von Hoffmanns Speisezimmer mit
18 Mackintoshs Musikzimmer für Waerndorfer wird die Effekti-
vität dieses aus der angelsächsischen Kultur entlehnten
Kunstgriffs deutlich. Hoffmann verwendet ihn unter anderem
im Wohnzimmer des ersten Hauses Moll, indem er mittels
regelmäßig eingeschlagener dekorativer Bildernägel einen
Fries einzieht, der die Höhen der Zimmertüren übernimmt.
Bei der Konzeption des Einrichtungsauftrags für Max Biach
und Fritz Waerndorfer dürfte Hoffmann größere Freiheiten
gehabt haben. In beiden Fällen kann er bauliche Eingriffe
vornehmen, um seine idealen Raumkonzepte in die Tat umzusetzen. So kann er im Haus Biach eine symmetrische Aufteilung der Räume durch das Versetzen von Türen oder das
Begradigen von Wänden erreichen.[5] In beiden Fällen hat er
zu einer gegenüber früheren Arbeiten neuen Klarheit und
subjektiven individuellen Harmonie gefunden – eine Harmonie, die aus einem Spannungsverhältnis zwischen Fläche und 20
Raum entsteht. Hoffmann schafft es, Raum flächig bezie- 19 20 S. 70
hungsweise Fläche räumlich zu interpretieren, Proportionen, 35 S. 76
die seit Jahrhunderten etablierter Bestandteil des ästhetischen Kanons sind, auf den Kopf zu stellen und dies alles als 50
selbstverständlich erscheinen zu lassen. Dieses Ausspielen
unterschiedlicher Ambiguitäten wird eines der kreativen Markenzeichen Hoffmanns bis weit in die 1930er Jahre sein und
sich in unterschiedlichsten Medien und Ausdrucksformen – 25 28 S. 195
ob in Architektur oder in einer Vase – manifestieren. In einem 10 S. 225
1911 gehaltenen Vortrag beschreibt er das diesbezügliche
Aha-Erlebnis, das er in Paestum und Pompei hatte:

Abb. 19 JH, Speisezimmer im Haus Fritz Waerndorfer, 1902
MAK, WWF 101-8-1

Abb. 20 JH, Speisezimmer im Haus Waerndorfer mit George Minnes Skulptur *Jüngling*, 1902
MAK, WWF 101-12-1

Abb. 21 Koloman Moser und Fritz Waerndorfer im Büro der Wiener Werkstätte in der Neustiftgasse 32–34, 1904
MAK, WWF-137-1-3

Abb. 22 JH und Koloman Moser, Zentraler Ausstellungsraum der Wiener Werkstätte in der Neustiftgasse 32–34, 1904
MAK, WWF-137-17-2

> „Ich sah den dorischen Tempel, und plötzlich fiel es mir wie Schuppen von den Augen, warum ich das gelernte Zeug an der Schule nicht mochte. Dort lernten wir nur die Verhältnisse des Durchschnittes von fünfzig Tempeln und ihrer Säulen und ihres Gebälks. Hier sah ich Säulen deren Kapitäle fast so breit waren, wie die Säulenhöhe und war einfach starr vor Bewunderung."[6]

Die Einrichtung für Biach ist in ihrer Gesamtheit von Mobiliar, Türen und Fenstern die erste – und damit für Wien ein Novum – fast ausschließlich in Weiß mit vereinzelten Farbakzenten gehaltene Innenraumgestaltung. Es sind nicht nur die Nebenräume und Schlafzimmer, sondern auch die Repräsentationsräume wie Wohn- und Speisezimmer mit weiß gestrichenem Holz und weißem Marmor ausgestattet. Die Wände sind zum Teil mit farbigen schablonierten Mustern überzogen. In den Schlafzimmern teilt Hoffmann zum ersten Mal die über dem eingezogenen Horizont verbleibenden Restflächen der Wände in einzelne Felder ein. Diese fasst er mittels Bordüren aus gegeneinander versetzten Quadraten 14
ein. Mit dem Waerndorfer'schen Speisezimmer schafft Hoffmann seinen bis dahin konsequentesten und radikalsten Innenraum im modernen Wiener Stil. Dazu hat sicher das bedingungslose Commitment des Auftraggebers beigetragen, der nicht davor zurückschreckt, in den Altbau neue Tür- und Fensterformate einzusetzen zu lassen, wobei letztere wie in einem Zugabteil in die Wand versenkt werden können und 19
in geöffnetem Zustand nicht in den Raum stehen. Dadurch kann Hoffmanns Raumkonzept erst uneingeschränkt Realität werden. Der Raum ist in den Farben Weiß, Schwarz und Silber gehalten. Auf einem schwarz-weißen Marmorboden

Abb. 23 Die Tischlerei der Wiener Werkstätte, 1904
UaK, Kunstsammlung und Archiv, 19.024/1/FW

Abb. 24 Die Silberwerkstätte der Wiener Werkstätte in der Neustiftgasse 32–34, um 1906
MAK, WWF 105-276-2

Abb. 25 JH, Schreibzimmer im Sanatorium Westend, Purkersdorf, 1904
MAK, WWF 102-92-1

Abb. 26 JH, Büroraum des Modesalons der Schwestern Flöge, 1904
MAK, WWF 101-21-2

erheben sich weiße Marmorwände, deren Höhe von den Türöffnungen, dem Buffet sowie den Wandvitrinen und dem unteren Drittel des breiten Fensters bestimmt wird. Darüber ist die Wand samt dem Plafond in versilbertem Rauputz ausgeführt. An die beiden Stirnwände stellt Hoffmann jeweils zwei hohe Marmorpodeste für ebenfalls weiße Marmorskulpturen von George Minne, hinter denen sich in die Marmorwände eingelassene Spiegel befinden.[7] Möglich war die Realisierung dieses Projekts nur durch unermüdliche Überzeugungsarbeit von Seiten Hoffmanns und des Auftraggebers gegenüber den unterschiedlichen, an der Ausführung beteiligten Handwerksbetrieben. War einmal die Raumhülle mit der wandfesten Ausstattung und dem Mobiliar Ende 1902 realisiert, musste erst die für ein modernes Gesamtkunstwerk notwendige Ausstattung mit Beleuchtungskörpern, Silbergeschirr und Essbestecken besorgt werden. So reifte der Entschluss bei Hoffmann und Moser als künstlerische Leiter und Waerndorfer als Financier, eine von den Interventionen des Zwischenhandels unabhängige Produktion zu gründen, die in direktem Kontakt mit Handwerkern und Kunden die gewünschte künstlerische und handwerkliche Qualität garantieren konnte. Es kam daher im Mai 1903 zur Gründung der Wiener Werkstätte, die zuerst nur aus einer Metallwerkstätte bestand und ab 1904 schließlich die Ge-

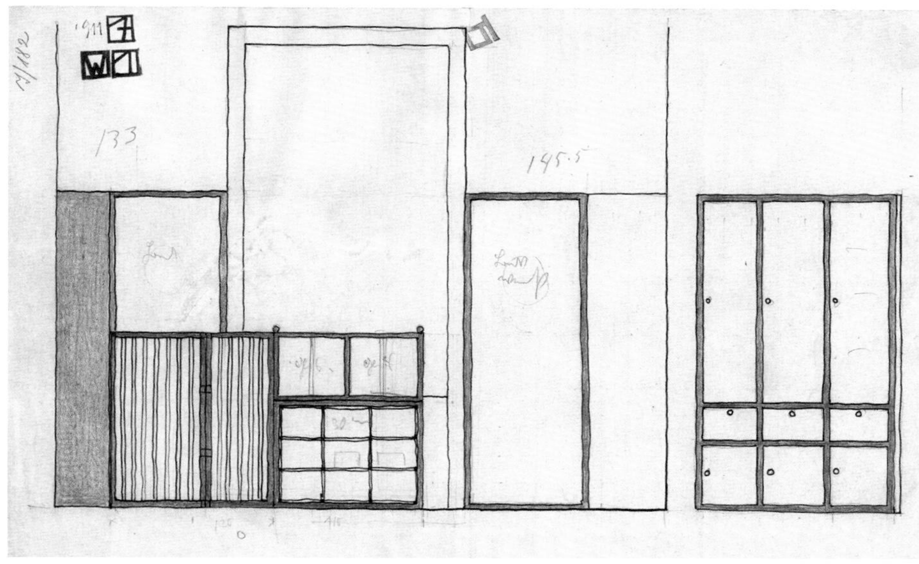

Abb. 27 JH, Wandabwicklung für den Büroraum des Modesalons der Schwestern Flöge, 1904
GEORG KARGL FINE ARTS

Abb. 28 JH, Inglenook im Wohnzimmer des Hauses Ing. Alexander Brauner, 1905
MAK, WWF 102-107-1

Abb. 29 JH, Wohnzimmer im Haus Ing. Brauner, 1905
MAK, WWF 102-107-2

Abb. 30 JH, Schlafzimmer im Haus Ing. Brauner, 1905
MAK, WWF 102-113-1

Abb. 31 JH, Speisezimmer in der Wohnung Sonja Knips, 1907
MAK, WWF-104-199-1

Abb. 32 JH, Speise-/Wohnzimmer im Jagdhaus Hochreith, 1905/06
MAK, WWF 103-121-1

Abb. 33 JH, Wohn- u. Arbeitszimmer im Haus Hugo Marx, 1911
ID (27) 1916, 130

staltung sämtlicher Bereiche des menschlichen Alltags zu
18 S. 69 ihrer Aufgabe machen sollte. Sie wird unter anderem für
Waerndorfer das erste moderne Wiener Essbesteck, das sogenannte „flache Modell“ ab 1904 nach einem Entwurf Hoffmanns realisieren.

Mit der Gründung der Wiener Werkstätte und deren Ge-
21 22 samtgestaltungsmission verlegt Hoffmann sein Architektur-
23 24 büro in die Zentrale des Unternehmens in der Neustiftgasse
32–34. Neben den Werkstätten befinden sich dort auch die von Moser und Hoffmann gestalteten Verkaufs- und Büroräume. Für Hoffmann und die moderne österreichische Formgebung bedeuten die neuen, durch Waerndorfer ermöglichten Arbeitsbedingungen die Eröffnung eines scheinbar unbeschränkten Experimentierfelds. So kann Hoffmann unter anfänglicher Unterstützung durch Moser die bis dahin erkämpften künstlerischen Ideen unter dem Schutzschirm eines sogenannten Markenbetriebs konsequent weiterentwickeln. Sein bislang individuell erprobter Umgang mit Raum und Möbel beziehungsweise Raum und Fläche wird sich bis in die 1920er Jahre prinzipiell kaum verändern. Raum und Fläche stehen einander immer wieder ambivalent gegenüber. Ob gerahmt oder frei fließend, Hoffmann setzt die Fläche bewusst als architektonisches Rohmaterial ein. Mit ihrer Hilfe kann der Architekt Volumen definieren. Sein von Loos so vehement kritisierter kunstgewerblicher Zugang befreit die Fläche aus ihren tektonischen Zwängen und gibt ihr ein Eigenleben. Hoffmann erweckt dieses durch das Suggerieren von Möglichkeiten, die ihr innewohnen. So schafft er es, den Betrachter und Bewohner seiner Räume aktiv in das Geschehen einzubinden. Damit setzt er einen Schritt in Richtung Moderne, aber einen noch viel größeren in Richtung Postmoderne.

Beim ersten großen Bau- und Einrichtungsauftrag der WW, 25 26 27 S. 72, 73
dem Sanatorium Purkersdorf, setzt Hoffmann 1904 die Be- 8 S. 97
tonung der Waagrechten als dominierendes Ordnungsprinzip, dem Möbel, Wandöffnungen, Wandgestaltung, Beleuchtungskörper und sogar die Hängung von Bildern auf
Oberhöhe untergeordnet werden, noch voll ein. Im großen 26 27
Speisesaal bestimmt die Höhe der Fenster-Oberlichten die 1 S. 108
Höhe der Türen, des schmalen schablonierten Wandfrieses sowie die Hängung der Wandleuchten und Bilder. Die im gleichen Jahr zusammen mit Moser realisierte Ausstattung des Modesalons der Schwestern Flöge sowie die Ausstattung des Hauses für Ing. Alexander Brauner aus dem Jahr 1905 sind ebenfalls noch ganz diesem Entwurfsprinzip verpflichtet. Insbesondere in Wohn- und Schlafzimmer des Hauses
Brauner ist der einheitlich eingezogene Höhenhorizont das 28 29 30
alles vereinende Strukturelement in den mit Ausnahme der textilen Ausstattung und der dekorativen Wandschablone

Abb. 34 JH, Damenzimmer in der Villa Ing. Eduard Ast mit Gustav Klimts *Danae*, 1909–11
MBF (12) 1913, 15

Abb. 35 JH, Speisezimmer in der Villa Ast, 1909–11
MBF (12) 1913, 15

\> Abb. 36 JH, Wohnhalle in der Villa Ast, 1909–11
MBF (12) 1913, 13

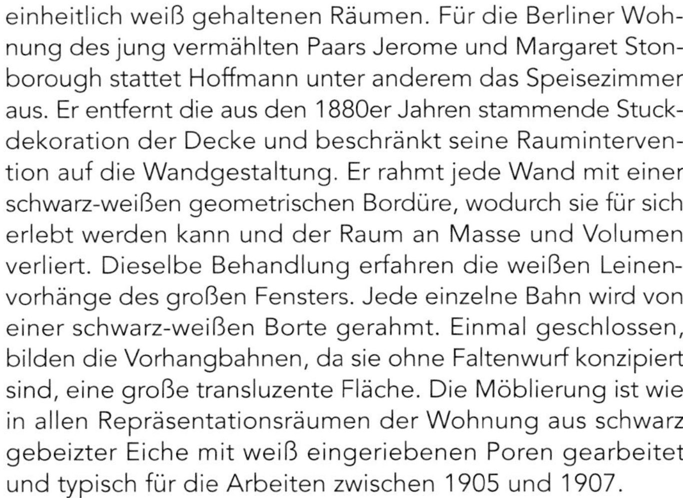

einheitlich weiß gehaltenen Räumen. Für die Berliner Wohnung des jung vermählten Paars Jerome und Margaret Stonborough stattet Hoffmann unter anderem das Speisezimmer aus. Er entfernt die aus den 1880er Jahren stammende Stuckdekoration der Decke und beschränkt seine Raumintervention auf die Wandgestaltung. Er rahmt jede Wand mit einer schwarz-weißen geometrischen Bordüre, wodurch sie für sich erlebt werden kann und der Raum an Masse und Volumen verliert. Dieselbe Behandlung erfahren die weißen Leinenvorhänge des großen Fensters. Jede einzelne Bahn wird von einer schwarz-weißen Borte gerahmt. Einmal geschlossen, bilden die Vorhangbahnen, da sie ohne Faltenwurf konzipiert sind, eine große transluzente Fläche. Die Möblierung ist wie in allen Repräsentationsräumen der Wohnung aus schwarz gebeizter Eiche mit weiß eingeriebenen Poren gearbeitet und typisch für die Arbeiten zwischen 1905 und 1907.

Um 1905/06 verändert sich Hoffmanns Umgang mit dem Raum und seiner Möblierung. Die bis dahin vom Ordnungsprinzip der Waagrechten dominierte Beziehung zwischen Raum und Inhalt wird nun graduell von der Rasterung als virtuelle Raumdefinition abgelöst. Hoffmanns Markenzeichen, das Quadrat, besitzt durch seine Ebenmäßigkeit und freie Kombinierbarkeit ein Ausmaß an formaler Neutralität, die es für eine wertfreie Ausdrucksweise prädestiniert. Für sich allein begrenzt es Raum – aneinandergereiht rastert und fragmentiert das Quadrat die Fläche. Werden gerasterte Flächen zur Raumdefinition verwendet, so besitzen sie das virtuelle Potenzial der Raumfragmentierung und somit der Kommunikation zwischen dem Innen und Außen. Im Kleinen als Außenbegrenzung kann dies anhand von Hoffmanns Gebrauchsgegenständen aus Gitterblech oder vereinzelten Mö- 22 23 24 S. 71
belstücken nachvollzogen werden. Im Großen und als innere 1 S. 100
Begrenzung sind sie in einer Reihe seiner Innenräume erlebbar. So zum Beispiel im Speise-/Wohnzimmer des 1905/06
für Karl Wittgenstein ausgebauten Jagdhauses Hochreith. 32
Die Wände und der Plafond des Raums sind mit rot-braunem, glänzend politiertem Maracaiboholz furniert. Die Wände sind in einzelne, aus geflammten Goldleisten begrenzte Quadrate gegliedert. Die Stege zwischen den Quadraten sind in Schwarz gehalten. Es heben sich daher die erhabenen Goldleisten von dem wie ein künstlicher Schatten funktionierenden schwarzen Hintergrund plastisch ab. Durch die spiegelglatte Oberfläche der Wandvertäfelung und die plastische Rasterung wird die Flächigkeit der Wand bewusst gestört und es entsteht ein verunklärendes Flimmern, das den Raum in permanente Bewegung versetzt. Wie bei einem Baukastensystem ist er jederzeit neu zusammensetzbar. Anlässlich der Fertigstellung des Raumes bemerkt Waerndorfer in einem Brief an Hoffmann:

Abb. 37 JH, Musiksaal im Palais Stoclet, 1905–11
MBF (13) 1914, 21

Abb. 38 JH, Speisesaal im Palais Stoclet, 1905–11
MBF (13) 1914, 19

Abb. 39 JH, Frühstückszimmer im Palais Stoclet, 1905–11
MBF (13) 1914, 24

Abb. 40 JH, Schlafzimmer der Eltern im Palais Stoclet, 1905–11
MBF (13) 1914, 27

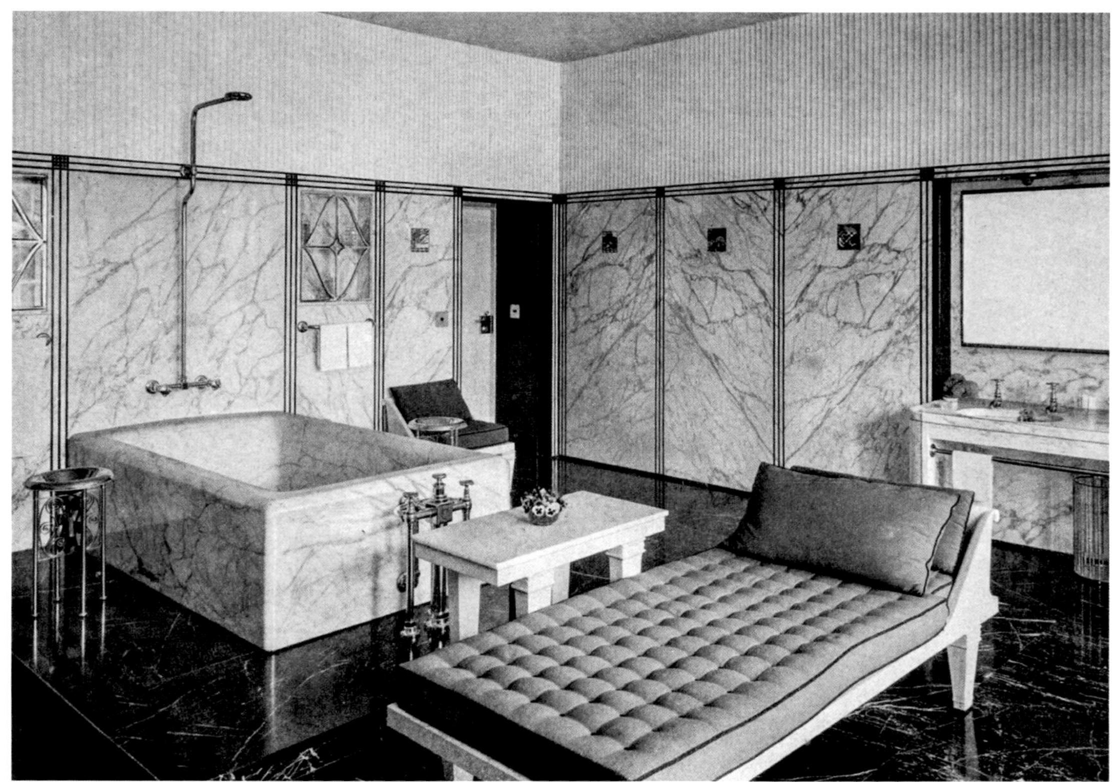

Abb. 41 JH, Badezimmer im Palais Stoclet, 1905–11
MBF (13) 1914, 26

Abb. 42 JH, Kleiderablage im Landhaus Primavesi in Winkelsdorf, 1913/14
DKuD (38) 1916, 203

Abb. 43 JH, Speisezimmer, Frühjahrsausstellung im ÖMKI, 1912
DKuD (31) 1912/13, 182

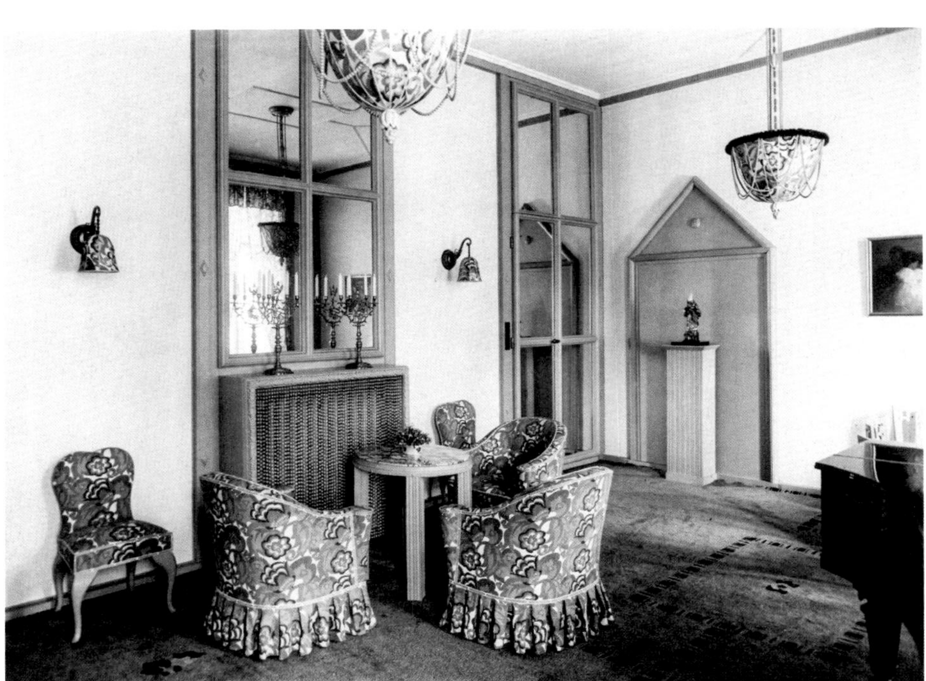

Abb. 44 JH, Wohnzimmer in der Wohnung Paul Wittgenstein, 1915–17
Courtesy of the Michael Huey and Christian Witt-Dörring Photo Archive

Abb. 45 JH, Speisezimmer in der Villa Skywa-Primavesi, 1913–15
DKuD (37) 1915/16, 239

Abb. 46 JH, Wohnzimmer in der Wohnung Sonja Knips, 1915/16
DKuD (41) 1917/18, 121

Abb. 47 JH, Wandgestaltung in einem der Häuser der Villenkolonie Kaasgraben, 1912/13
UaK, Kunstsammlung und Archiv, 19.029/11/FW

„[…] das Zimmer wird Mittwoch absolut fix und fertig den am Mittwoch ankommenden Wittgensteins uebergeben, und ist einfach masslos schoen, absolut nicht protzig, das Gold der Leisten spuert man gar nicht als ein Einzelnes, ich koennte mir ganz gut vorstellen, dass jemand das Zimmer sehr bewundert hat und dann auf die Frage, wie ihm die Goldleisten gefallen haben, sagt, dass er die gar nicht bemerkt habe […].“[8]

Das horizontale Ordnungselement ist weiterhin präsent, verliert aber seinen dominanten Charakter, indem es die Fläche der Wand strukturiert und als räumliches Gestaltungselement nicht mehr in Erscheinung tritt. Beispiele dafür sind
das Speisezimmer für Sonja Knips von 1907 oder das Wohn- 31
Arbeitszimmer im Haus Marx von 1911. Damit einher geht 33
die strukturelle und dekorative Loslösung des Möbels von
der Wand. Es ist nicht mehr eine Fülle von Detailinformationen, die den Raum ausmachen, sondern die Wände werden zum dominanten Stimmungsträger. Sie werden entweder von einem Muster oder aber mit einem natürlich gewachsenen Material wie Holz oder Marmor in der ganzen Fläche überzogen. Dabei kann jede einzelne Wand gerahmt sein oder nur mit einer Bordüre bündig zum Plafond hin abgeschlossen werden oder aber mittels offener oder geschlossener Rahmen in einzelne Felder unterteilt sein. In den zwischen 1906 und 1911 realisierten Innenräumen des Palais 37–41
Stoclet, angefangen vom Vestibül über die Halle, das Herren- 26–30 S. 130, 131
zimmer, den Theatersaal, den Speisesaal, das Frühstückszimmer, das Schlafzimmer der Eltern und das Badezimmer, dekliniert Hoffmann diese unterschiedlichen Möglichkeiten der Wandbehandlung. Reich an Materialreizen und eingestreuten dekorativen Details verliert sich der Raum nie in diese, sondern strahlt eine Monumentalität aus, die mehr geerdete Ruhe als Macht verströmt.

In den Jahren nach 1905/06 beginnt sich nicht nur Hoffmanns Umgang mit den Elementen räumlicher Gestaltung, sondern auch mit der Oberfläche selbst zu verändern. Die noch von 1900 bis dahin als Inbegriff moderner Gestaltung provokant eingesetzte glatte, undekorierte Oberfläche der aus einfachen geometrischen Körpern zusammengesetzten Gebrauchsgegenstände wird nun zur Spielwiese der zeitgenössischen Ornamenterfindung. Gleichzeitig mit der bewussten Aufgabe formal in Erscheinung tretender tektonischer Grundregeln wird die Oberfläche zum Träger wiederbelebter alter Handwerkstechniken wie sie in Empire und
Biedermeier üblich waren. Dazu zählen unter anderen der 1 S. 120
Schnitzdekor, die Marketerie, das Überfangglas oder der 13 S. 125
Steindlschliff. Hoffmann schöpft die Möglichkeiten dieser 16 17 S. 191
Techniken vor allem im Zusammenhang mit einem monu- 30 31 S. 197
mentalen Klassizismus, dem Inbegriff tektonischen Aus- 1
drucks, voll aus, um zu atektonischen Lösungen zu kommen.
Er überzieht zum Beispiel einen klar aus tragenden und
lastenden Elementen bestehenden Tisch von 1914 gleich- 1
mäßig mit Kanneluren, ohne einen Unterschied zwischen diesen beiden Tendenzen, nämlich der Tischzarge und den Beinen zu treffen. Das Ergebnis ist wiederum eine destabilisierende Flächigkeit, die zur Verdeutlichung dieses Um-

Abb. 48, 49 JH, Wandgestaltung in einem der Häuser der Villenkolonie Kaasgraben, 1912/13
DKuD (35) 1914/15, 309

Abb. 50 JH, Tisch für das Herrenzimmer der Wohnung Prof. Otto Zuckerkandl, 1912/13
Eichenholz, schwarz gebeizt, die Poren weiß eingerieben
Courtesy Yves Macaux – Brussels

stands weder einen definierten Anfang noch ein Ende aufweist. Die Tischplatte ist außerdem nach innen versetzt, wodurch die kannelierte Fläche von Beinen und Zarge den Eindruck einer dünnen, nicht tragenden Haut erweckt, die jederzeit abgeschält werden könnte. Diese kühne und einzig in der damaligen westlichen Welt dastehende Formfindung ist ohne Hoffmanns anfangs erwähntes, anlässlich seiner Süditalienreise gemachtes Eureka-Erlebnis nur schwer nachvollziehbar.

Nach der Auflösung der engen wirtschaftlichen Verflechtung von Josef Hoffmanns architektonischen Agenden und der Wiener Werkstätte 1912 und der Fertigstellung des Langzeitprojekts Palais Stoclet 1913 nimmt der Architekt noch kurz vor Ausbruch des Ersten Weltkriegs eine Reihe großer privater Architektur- und Inneneinrichtungsaufträge in Angriff,
4 5 6 S. 173 wie die Villenkolonie Kaasgraben 1912/13, das Landhaus
42 Primavesi in Winkelsdorf 1913/14, die Villa Skywa-Primavesi
1913–15, weiters Wohnungseinrichtungen unter anderen für
21 S. 193 3 S. 187 Otto Zuckerkandl 1912/13, Moritz Gallia 1913, Sonja Knips
19 S. 193 44 46 1915/16 und Paul Wittgenstein 1916/17 sowie eine Reihe
von Musterzimmern im Rahmen von Ausstellungen. Sämtliche dieser Arbeiten sind, wie oben geschildert, geprägt durch eine klassizistische Formensprache, die den Rahmen für eine seit den Jahren um 1908 immer wichtiger werdende, aus geometrischen und vegetabilen Formen zusammengesetzte Ornamenterfindung bietet. Hoffmanns enormes kreatives Potenzial im Deklinieren des Themas Flächenornament und Raum ist anhand seiner für die unterschiedlichsten
Räume der Villenkolonie Kaasgraben entworfenen Wand- 47 48
gestaltungen dokumentiert. 49

Ab den 1910er Jahren wächst in Wien bereits wieder eine neue Generation von jungen Architekten heran. Sie kann auf den gewonnenen Kämpfen der Secessionisten für einen individuellen künstlerischen Ausdruck aufbauen und kennt keine Berührungsängste mit Detailformen der historischen Stile. Unter Führung Hoffmanns kommt es vor allem in Zusammenarbeit mit Dagobert Peche im Rahmen der Wiener Werkstätte zu einer Weiterentwicklung des modernen und bürgerlichen Wiener Stils im Sinne der Ideen der Arts & Crafts-Bewegung. ■

1 Österreichisches Kunstgewerbe, Oktober 1928; MAK, KI 23506-7.
2 Joseph August Lux: Innen-Kunst von Prof. Joseph Hoffmann, in: Innendekoration (13) 1902, 129–132: 130.
3 Joseph August Lux: Villenkolonie Hohe Warte, in: Das Interieur (4) 1903, 121–184: 139.
4 Ebd., 152 und 184.
5 Christian Witt-Dörring: Four interiors by Josef Hoffmann, in: Ders.: Josef Hoffmann. Interiors 1902–1913, München/London/New York 2006, 151–173.
6 Josef Hoffmann: Meine Arbeit (Vortrag gehalten am 22.2.1911). Zit. n.: Eduard F. Sekler: Josef Hoffmann. Das architektonische Werk, Salzburg/Wien 1982, 488.
7 Der Kunstkritiker und Verteidiger der Secessionisten Ludwig Hevesi beschreibt die märchenhafte Stimmung dieses Raumes anlässlich eines Abendessens: Ludwig Hevesi: Haus Wärndorfer (26.11.1905), in: Ders.: Altkunst – Neukunst. Wien 1894–1908, Wien 1909, 221–227 (Reprint: Klagenfurt 1986).
8 Peter Noever (Hg.): Der Preis der Schönheit. 100 Jahre Wiener Werkstätte, Ostfildern-Ruit 2003, 105.

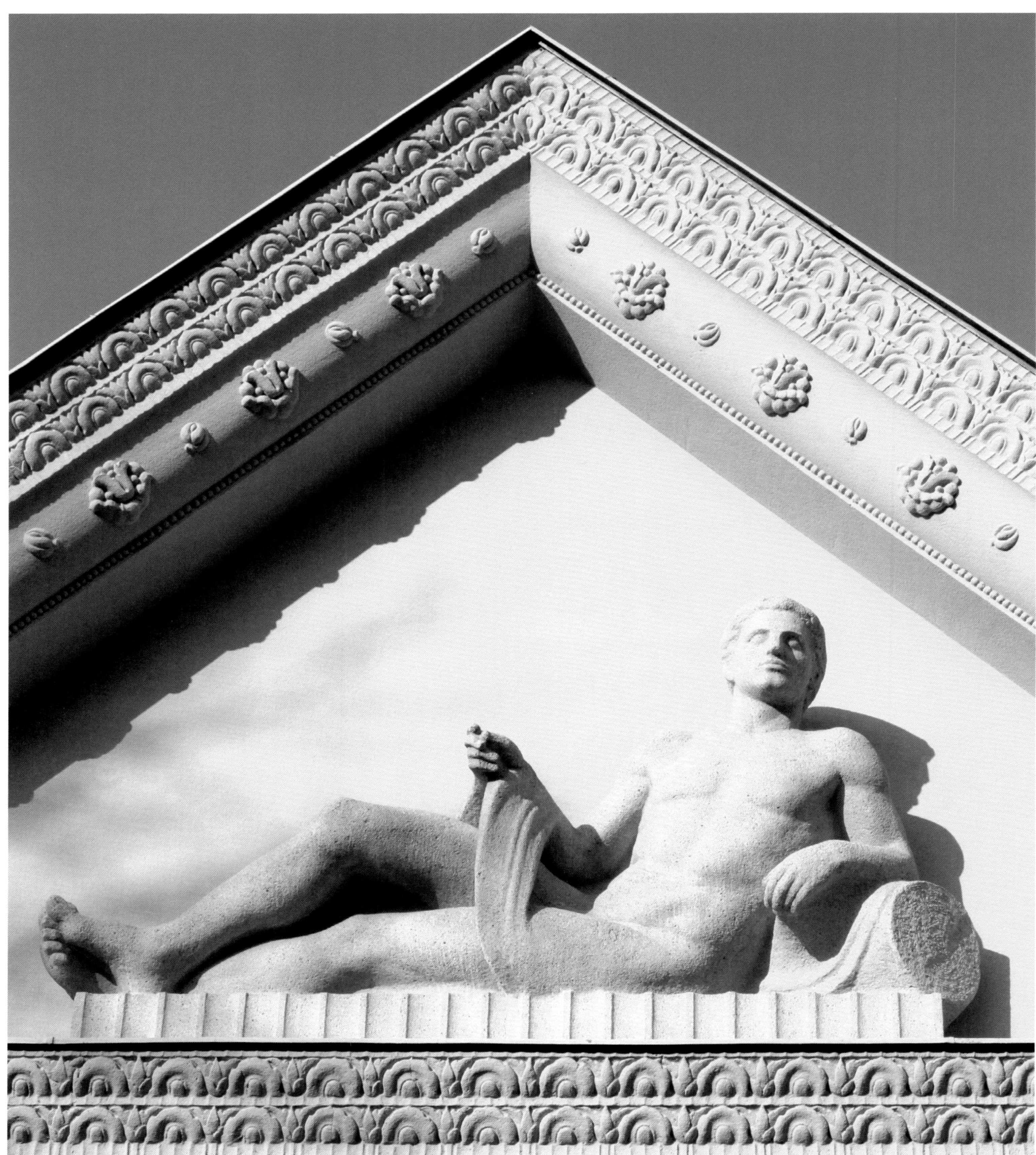

Abb. 1 JH und Anton Hanak, linker Tympanon der Straßenfassade, Palais Skywa-Primavesi, 1914
Steinguss
© Michael Huey

Rainald Franz

Anheimelnder Wohngedanke gegen Verdecorierung des schlechten Baugerippes

Von der Mietvilla zum „Festbau" 1896–1918

In den ersten zwei Dekaden seiner Karriere hat Josef Hoffmann eine umfassende Baupraxis entfaltet. Besonders stechen dabei seine Villenbauten heraus, die in seinem Œuvre zu „Seismographen" der stilistischen Entwicklung ihres Schöpfers wurden.[1] Hoffmanns Lösungen für die Bauaufgaben einer modernen *Villa urbana* oder *suburbana* nehmen ihren Ausgang in den Reiseskizzen, die der Architekt bei seinen Italienaufenthalten 1895/96 angefertigt hat. Die Skizzen, welche Hoffmann nach seiner Rückkehr von der durch den Rompreis der Specialschule Otto Wagners finanzierten Reise in der Aula Magna der Akademie der bildenden Künste in Wien ausstellen konnte, erregten Aufsehen und wurden intensiv diskutiert.[2] Hoffmann selbst kommentiert sie in seinem Aufsatz „Architektonisches von der Insel Capri". Dort heißt es wörtlich:

> „So ist es nach meiner Meinung bis jetzt gewiss noch nicht gelungen, auch nur einen wirklich brauchbaren Typus des modernen Landhauses für unsere Verhältnisse, unser Klima, unsere Umgebung zu schaffen, trotz der übergroßen Anzahl moderner Villenanlagen."

Und Josef Hoffmann plädiert angesichts dieses Missstandes nicht für die Nachahmung volkstümlicher Bauweise, sondern für die Weckung des „anheimelnden Wohngedanken[s durch den Architekten…], der nicht in Verdecorierung des schlechten Baugerippes mit lächerlichen, fabriksmäßig hergestellten Cementgussornamenten, oder in aufoctroierten Schweizer- und Giebelhausarchitekturen" besteht.[3] Der hier schon formulierte reformerische Ansatz zur Vereinfachung des eben in das Privatstudio Otto Wagners eingetretenen
18 S. 26 Jungarchitekten führt zu einem ersten Lösungsvorschlag, seinem *Entwurf für ein Mährisches Landhaus* von 1899.[4] Der in *Ver Sacrum* im Zusammenhang mit Hoffmanns Illustrationen zu Ausschnitten aus Alfred Lichtwarks *Palastfenster und Flügelthuer*[5] abgebildete Entwurf zeigt ein weit vorgezogenes, abgewalmtes Dach, einen ebenso mit Walm gedeckten Vorbau, in Quadrate unterteilte Fenster und ein großes Gartentor sowie einen kleinen Vorgarten mit Tor. Im Katalog der VIII. Secessionsausstellung 1900 finden sich Vignetten mit drei Darstellungen von Landhäusern, ebenfalls durch hohe Dächer, in einem Fall Fachwerk und dynamisch gestaltete Vordächer ausgezeichnet.[6] Den an ländlichen Architekturen orientierten Gebäudetypus nimmt Hoffmann in seiner Landhausstudie für *Ver Sacrum* im Kalenderblatt für Juni 1901
Landruhe wieder auf.[7] Auch hier die Schrägansicht, man 3
blickt gewissermaßen durch das Gartentor auf die Fassade des Hauses mit abgewalmtem, weit vorgezogenem Dach, das im ersten Stock eine schmale Terrasse überdeckt. Josef Hoffmann entwickelt hier einen Typus weiter, den er an der 1899 vollendeten Adaptierung des Landhauses „Bergerhöhe" bei Hohenberg in Niederösterreich angewendet hatte, und zeigt einen an englischen Vorbildern orientierten, aber durch autochthone Dachformen klar verorteten Landhausstil.[8] Die Randvignetten, die in *Ver Sacrum* den *Entwurf für ein*
Mährisches Landhaus rahmen, zitieren den secessionisti- 11 S. 23
schen Deckendekor an den Unterzügen der Innenräume des Landhauses für Paul Wittgenstein und verweisen so auf den Zusammenhang zwischen Idealansicht und Ausführung. Eindrücke aus den intensiven Kontakten mit Charles Rennie Mackintosh bei der VIII. Secessionsausstellung in Wien und durch die Reise nach Großbritannien 1900 mit Felician von Myrbach und Fritz Waerndorfer verarbeitet Hoffmann sofort in seinen idealen Villenplänen. Bisher war der Architekt Hoffmann hinter dem Möbel- und Raumdesigner ephemerer Ausstellungsarchitekturen zurückgetreten. Zu Unrecht, wie Kunstkritiker meinten:

> „Ich möchte schon ein Haus sehen von Josef Hoffmann. Wie kommt es, daß Hoffmann immer noch nichts zu Bauen kriegt? Er ist ja der Mann der Sachlage für Wien. Er ist einer von denen, die das neueste Wien machen müßten, bei denen man es rechtzeitig bestellen sollte."[9]

Der Auftrag für die Villenkolonie auf der Hohen Warte 1900 verhalf schließlich dem Architekten zum Durchbruch. Berta Zuckerkandl, deren Schwager zum Bauherrn Hoffmanns beim 1904 ganz aus kubischen und plattenförmigen Elementen errichteten Sanatorium Westend in Purkersdorf bei Wien werden sollte, sah die Hohe Warte-Villen so: „Streng konstruktiv ist die architektonische Formung durchgeführt. Die äußere Erscheinung jedes Baus ist aus dem Grundriß stramm herausgewachsen. In ihrer Profilierung, in ihrer Silhouette wirken diese Wohnstätten ungemein harmonisch."[10]

Mit dem durch Joseph Maria Olbrichs Weggang nach Darmstadt für Hoffmann möglich gewordenen „Roll-out" seines Villenbau-Formrepertoires erfüllt der Architekt ein ganz Europa in diesen Jahren umtreibendes Bedürfnis. Seine

Abb. 2 JH, Drei architektonische Studien
VS (I) 7 1898, 19

Villenbauten tauchen fortan in allen Zeitschriften auf, von *Hohe Warte* bis *The Studio*, und auch die nationalen und internationalen Publikationen zum „Modethema" Landhaus und Villa kommen nicht mehr ohne Josef Hoffmanns Bauten aus: Eine Vignette der Villa für Hugo Henneberg und über dreißig Illustrationen von Villen Josef Hoffmanns bebildern Joseph August Lux' Publikation *Das moderne Landhaus. Ein Beitrag zur neueren Baukunst*. Lux, ab 1905 auch Herausgeber der Zeitschrift *Hohe Warte*, begleitete die Errichtung der neuen Stadtviertel als Kulturschriftsteller. „Villenvorstädte, das ist der jüngste Altersring, der sich um die Großstädte herum bildet. Wo städtische und ländliche Kultur einander begegnen, entstehen sie als Drittes", analysierte Lux.[11]

In die Kette der zwischen 1899 und 1911 entstehenden Villengebäude auf der Hohen Warte reiht sich mit einigem geografischen Abstand auch das 1905–07 errichtete Haus Legler[12] ein, Mustergebäude seiner versatilen Architektur für stadtnahe Villen. Wilhelm Legler, Maler und Schüler Carl Molls, für welchen Hoffmann die erste Villa auf der Hohen Warte errichtet hatte, heiratete Margarethe Schindler, die von Moll adoptierte Stieftochter und Schwester Alma Mahlers und wohl die uneheliche Tochter des ebenfalls secessionistischen Malers Victor Berger. Es scheint im Kreis der reformorientierten Wiener Künstler des Moll-Kreises gewissermaßen zum guten Ton gehört zu haben, auch eine Villa von Josef Hoffmann sein Eigen zu nennen. Im System der streng quadratischen Grundrissanlage ordnet Hoffmann die Räume von vornherein so an, dass die dreistöckige Villa mit Atelier für den Hausherrn im Dachgeschoss bei Bedarf in Kleinwohnungen aufgeteilt und das Haus so in eine Mietvilla umgewandelt werden kann. Fassadenelemente wie das Walmdach mit großer Fenstergaupe, die umlaufend vorgezogene Traufzone, Rauputz und Fenster mit Faschenrahmungen und Sprossenteilung vervollständigen den zeittypischen Eindruck. Hoffmann hatte zu diesem Zeitpunkt seinen „Villenbaukasten" bereits perfektioniert, dem Anspruch und finanziellen Möglichkeiten der Bauherren entsprechend werden Raumschöpfung und Wahl der gestaltenden Details an Fassade und Innenraum angepasst. Auch hier zeigt sich Hoffmann als Schüler Otto Wagners, der dessen in Wien etablierte „systemische Moderne" im Villenbau weiterführt: den synästhetischen Ansprüchen seiner Auftraggeber bis ins Detail angepasste Baulösungen zu schaffen. In Arnold Karplus' *Neue Landhäuser und Villen in Österreich*, das 1910 erscheint, sind viele der Hoffmann'schen Villen abgebildet. Karplus, selbst Architekt, will sein Publikum darüber aufklären, wie Landhäuser beschaffen sein müssen, um ihren wahren Zweck zu erfüllen: Sie müssen, in seinen Worten, „Gebäude sein, welche, im Garten gelegen, eine gemütliche anheimelnde Stätte gesunden Wohnens sind". Vor allem der Unsitte der „Zinsvilla, charakterloses Mittelding zwischen schlechtem Landhaus und noch schlechterem Zinshaus", will Karplus eine Ende bereiten. Stattdessen sollten die Architekten „Mehrfamilienhäuser mit individuellen, gesunden, bequemen und traulichen Wohnungen bauen, und zwar so, daß sich mehrere Familien in einem Haus aufhalten, sich aber nicht stören".[13]

Villenkolonie im Kaasgraben. Aus dem Villenbaukasten

Einen Lösungsvorschlag für diese Bauaufgabe von der Hand Josef Hoffmanns stellte die 1912/13 errichtete Villenkolonie 4 5 6 Kaasgraben dar.[14] Die aus acht, jeweils paarweise gekoppelten Einfamilienhäusern mit annähernd quadratischem Grundriss bestehende Anlage verdankt ihre Entstehung der Initiative des Ehepaars Emil und Yella Hertzka. Emil Hertzka (1869–1932) war Direktor der Universal Edition, des 1901 gegründeten und damals bedeutendsten Musikverlags Österreichs, der neben Werken der Klassik und Romantik auch Komponisten der Avantgarde wie Gustav Mahler, Arnold Schönberg, Egon Wellesz, Alban Berg, Anton Webern be-

Abb. 3 JH, Kalenderblatt für Juni 1901, *Landruhe*
VS (I) 7 1901, 12

Abb. 4 JH, Doppelhaus der Villenkolonie Kaasgraben, 1912/13
MAK, KI 8969-9

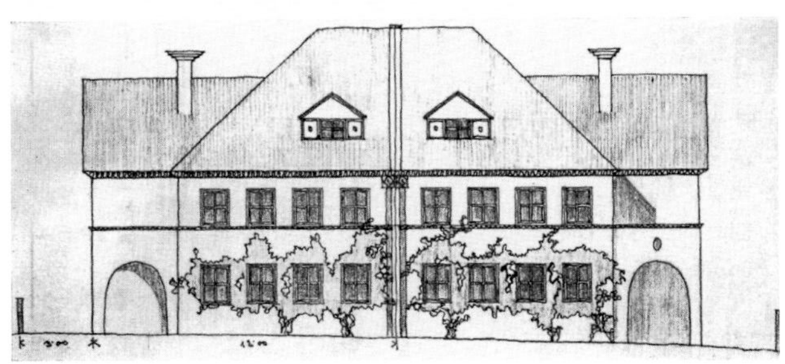

Abb. 5 JH, Villenkolonie Kaasgraben, 1912/13
Ansicht und Fassadenentwurf
© Wolfgang Woessner/MAK

Abb. 6 JH, Vorentwurf Villenkolonie Kaasgraben bzw. Hertzka, 1912/13
Der Architekt (XIX) 1 1913

Abb. 7 JH, Landhaus Primavesi in Winkelsdorf/Kouty nad Desnou, Mähren, 1913/14
DK (18) 1915, 233

treute. Yella Hertzka (1873–1948), eine zionistische Feministin und studierte Gartenbauexpertin, gründete 1912 die erste höhere Gartenbauschule für Mädchen in Österreich-Ungarn. Sie gab auch den Anstoß zur Gründung der *Familienhäuserkolonie*, beauftragte Josef Hoffmann und finanzierte anfangs die Bauten. Auf dem Gelände im Kaasgraben befand sich ursprünglich auch das Internat der Gartenbauschule. Auf dem 1912 parzellierten Grundstück im Besitz der Hertzkas kauften sich in der Folge Musikhistoriker, Komponisten, Dichter und hohe Kulturbeamte an: Adolf Drucker, Egon Wellesz, Hugo Botstiber, Adolf Vetter, Robert Michel u.a. Kritiker bezeichneten die Bauten bald als

> „Kolonie der Wiener Werkstätte. Nicht die Schaffung kostbarer, stolzer Miet- oder ‚Herrschafts'-Villen war seine Aufgabe, sondern die Gestaltung schlichter, die Börsen der Bauherren nicht allzu schwer belastender Eigenheime, in welchen gleichwohl Menschen von Geschmack, hochentwickelter Bildung und demgemäß nicht geringen Ansprüchen in künstlerischer und wohnungskultureller Beziehung leben und sich wohlfühlen sollten".[15]

Von der Lage und Aufgabenstellung zwar an englische Vorbilder einer Gartenstadt angelehnt, tragen die von Josef Hoffmann entwickelten Haustypen jedoch Merkmale des Klassizismus. Die unterkellerten Häuser mit zwei Hauptgeschossen und ausgebautem Dach wurden in Ziegelbauweise mit Tramdecken errichtet, die Fassaden weisen Edelverputz mit vertikalen Kanneluren in den Obergeschossen auf, die Walmdächer mit Dachgaupen sind ziegelgedeckt. Im Gegensatz zu den individuell geplanten Villen der Hohen Warte vereinheitlicht Hoffmann die Bauten im Kaasgraben. Alle Fassaden verfügen über ein kräftig ausladendes, mehrmals horizontal kanneliertes konvexes Hauptgesims und ein unter den Fenstern des Obergeschosses durchlaufendes Kordongesims. Nur Veranden, Terrassen, Loggien und Erker individualisieren die Gartenfassaden der einzelnen Wohnhäuser. Das zur Stadt hin abfallende Gelände wurde so verbaut, dass sich im Zentrum eine geschlossene Grünfläche ergibt, ursprünglich Pflanzgarten der von Yella Hertzka betriebenen Schule. In den Häusern erschließt jeweils eine zentrale Stiegenhalle oder Diele mit Holzstiegen die Wohnräume, wobei Hoffmann auf eine kompakte Anordnung mit einem Minimum an Korridorflächen achtete. Die Ausgestaltung der Räume mit einfachen Fliesenböden, gewalzten Wanddekoren und schlichten Möbeln folgte ganz dem Stil der Wiener Werkstätte. Hoffmann führte mit der Villenkolonie Kaasgraben das an der kurz zuvor errichteten Villa Ast entwickelte Fassadensystem der rhythmisierten Putzfassade zur „Serienreife", während die Innenräume durch Anwendung von aktuellen WW-Mustern für die Schablonierungen neue optische Qualitäten entwickeln. Die zeitgenössische Kritik konstatierte

> „stimmungsvolle Erinnerungen an altüberlieferte, heimatliche Baugestaltungen […]. Nach außen aufgehende Doppelfenster nach dem sogenannten Hellerauer-Muster, schließen sich mit der Mauerebene zusammen, wodurch das Fassadenbild einen an die traulichen Alt-Wiener Häuser gemahnenden Zug erhält."[16]

Landhaus Primavesi vs. Villa Skywa-Primavesi
Villa rustica vs Villa suburbana

Eine Linie der Inspiration an der Volkskunst und der bäuerlichen Architektur zieht sich durch Josef Hoffmanns Landhausplanungen: Sie wird spürbar an Bauten wie den Wittgenstein'schen Landhäusern Bergerhöhe (1899) und Hochreith (1905/06), dem Eingangspavillon der *Kunstschau 1908* mit Walmdach sowie dem Landhaus ebendort, das Josef Hoffmann als Demonstrationsbau für die Bugholzmöbelfirma J. & J. Kohn entworfen hat, dem Transportablen Jagdhaus für Alexander Pazzani bei Klosterneuburg (1909/10), dem
8 S. 189 Landhaus Böhler in Baden (1909/10), der Villa für Dr. Hugo Koller in Oberwaltersdorf (1912–14) und besonders prägnant am Landhaus Primavesi in Winkelsdorf (1913/14) sowie dem Haus für Sigmund Berl in Freudenthal (1919–21): Es sind dies Architekturen, die entweder Merkmale englischen Landhausbaus mit österreichischen Elementen biedermeierlichen Villenbaus verbinden oder Gebäude mit an volkstümliche Schnitzereien erinnernden Fassadendekorationen, im Stil
S. 137 eines ländlichen Neopalladianismus, mit traditionellem Strohdach und volkstümlicher Innendekoration oder einer an Rustizierung erinnernden Bekleidung der Pfeiler. Ihnen stehen dezidiert urbane Villenbauten gegenüber, die rustikale Inspirationen nicht aufkommen lassen, wie etwa die Villen Beer-Hofmann (1905/06), Prof. Pickler in Budapest (ab 1909) oder Edmund Bernatzik in Wien (1912/13).

Zwei außergewöhnliche Musterbauten dieser parallelen
7 Linien in seiner Villenarchitektur schuf Josef Hoffmann innerhalb weniger Jahre für eine Familie: Das „Landhaus in Winkelsdorf bei Mährisch-Schönberg“, wie es in einem zeitgenössischen Artikel in *Deutsche Kunst und Dekoration* vorgestellt wird, schuf Hoffmann als Gesamtkunstwerk.[17] Es stellt den folkloristischen Gegenentwurf zum kurz zuvor fertiggestellten, am mondänen Flächenstil orientierten Palais für Adolphe Stoclet in Brüssel und dem im selben Jahr in einem expressiven Neoklassizismus errichteten Österreichischen Haus der Werkbundausstellung in Köln 1914 dar. Wäre das Gebäude nicht 1922 ein Raub der Flammen geworden, besäßen wir in ihm ein Musterbeispiel für die ornamentale Rezeption der Volkskunst in der österreichischen Moderne.

Otto Primavesi (1868–1926), Olmützer Großindustrieller und Bankier, und seine Frau „Mäda“ Eugenie wurden zu entscheidenden Persönlichkeiten für die geschäftliche Entwicklung der WW zwischen 1914 und 1930. Der Kontakt zu den Primavesis war durch gezielte Vermittlungsarbeit zustande gekommen, bedingt durch finanzielle Schwierigkeiten der WW: zu Otto über den Bildhauer Anton Hanak (befreundet mit Hoffmann seit der Internationalen Kunstausstellung in Rom, 1911) und zu Mäda über Gustav Klimt, deren Porträt dieser 1903 gemalt hatte. 1913 errichtete Josef Hoffmann das Landhaus Primavesi in Winkelsdorf, eingerichtet von der WW, stattete zwei Zimmer in der Olmützer Villa Primavesi 1914 aus und baute das Bankhaus Primavesi in Olmütz im selben Jahr um.[18] Und im gleichen Jahr 1913 beginnt die
Errichtung der Villa Skywa-Primavesi in Wien für Josefine 8
Skywa und Robert Primavesi (1854–1926), Cousin und Schwager von Otto, Mitglied des Abgeordnetenhauses, Großgrundbesitzer und Großindustrieller.[19]

Zeitgenössische Beschreibungen, Entwürfe Josef Hoffmanns und seiner Mitarbeiter in der WW sowie von Studenten an der Kunstgewerbeschule, Fotografien und Äußerungen der Kritiker aus der Entstehungszeit belegen, dass der Errichtung des Landhauses Primavesi eine „Leitfunktion“ im Hinblick auf die ästhetische Ausrichtung der Wiener Werkstätte eingeräumt wurde. In Winkelsdorf, 75 km nördlich von Olmütz gelegen, hatte Otto Primavesi ein großes Grundstück auf einem Südosthang am Schluss des von der Tess (Desná) gebildeten Tales im Altvater-Gebirge erworben. Auf dessen höchstgelegener Stelle plante Hoffmann eine Villa, die er wie folgt beschreibt:

> „Das Haus in Winkelsdorf wurde auf einem Steinunterbau vollkommen in Holz erbaut und mit einem Strohdach gedeckt. Auch alle Innenräume wurden mit Holz in mannigfaltigen Farbenzusammenstellungen ausgeführt und teilweise mit Schnitzereien versehen, was ein fröhliches und gesundes Landleben gewährleisten sollte.“[20]

Abb. 8 JH, Villa Skywa-Primavesi, Wien, 1913, Modell
MAK, LI 1081

32 S. 198 Der Architekt lieferte zwei Entwürfe für das auf die Bedürfnisse der vielköpfigen Familie Primavesi und ihrer großen Zahl an Bediensteten zugeschnittene Landhaus, die Zitate bereits realisierter Bauten enthalten: Im ersten Entwurf – publiziert in *Der Architekt* 1914 – mit drei Giebeln zum Südosthang und dominierendem zentralem Aussichtstürmchen finden sich im rektogonalen Grundriss und im gläsernen Verbindungsgang zum „Lusthaus" Ideen, die Hoffmann im Bau des Sanatorium Westend schon 1903 und beim Haus Böhler in Kapfenberg (1909) realisiert hatte.[21] Neu sind im ersten Entwurf das vollkommene Aufbrechen der Hauptfassade durch eine kolossale Säulenordnung von 14 Stützen und der S. 3 Plan, bei der Konstruktion des Gebäudes der slawischen Tradition des Ständerbaus mit Ausfachung durch vertikale Planken zu folgen. Bei dem dann ausgeführten zweiten Entwurf für das Gebäude handelt es sich um eine im neopalladianischen Stil errichtete Villa rustica, im Stil der lokalen Blockbauten mit Holzsäulenportikus mit acht Eichenholzsäulen und einem auskragenden Strohwalmdach auf einem mächtigen Sockel aus Bruchsteinmauerwerk. Materialbrüche und folkoristische Zitate prägen das Haus innen und außen: bunte Schnitzereien an Wänden und Türen, bemalte Möbel, handbedruckte Leinen- und Seidenstoffe für Bettwäsche, Vorhänge sowie Teppiche nach Mustern der Wiener Werkstätte. Kachelöfen von Anton Hanak und die Gesamtgestaltung, die Künstler der WW im ländlichen Stil nach Vorgaben Josef Hoffmanns entwarfen, vom Besteck bis zum Bettzeug. Für Gäste entwarf Hoffmann sogar eigens Talare aus handbedruckter Seide – dies alles jedoch in einem streng proportionierten Baukörper, der in seinen Symmetrien der Räume und seiner in die Fassade integrierten Portikus an Andrea Palladios Villen und Paläste in und um Vicenza denken lässt.

Wertet man den Bau nach ornamentalen Gesichtspunkten im Gesamten, muss man konstatieren, dass ein System der Dekoration das Gebäude von der Kegelbahn und der Kellerstube bis zu den Gästezimmern im Dach überzieht: Im Sinne des Vitruv'schen Decorumgedankens werden, entsprechend der Aufgabe der Räume, angemessene Gestaltungen entwickelt.[22] Bei dieser Art der Betrachtung wird klar, dass es sich beim Landhaus Primavesi nicht um eine gedankenlose Rezeption willkürlich gesammelter folkloristischer Motive, vielmehr um den Versuch einer Gesamtgestaltung handelt, der die Synthese zwischen Folkloremotiv und urbanem Dekor gewissermaßen im Korsett des Neoklassizismus sucht. Die Genese der Villa Primavesi kann angesichts dieser Situation Hoffmanns mehrfach gelesen werden: als Bravourstück für die neuen Geldgeber der Wiener Werkstätte. Als Musterbau einer neuen, an der Folklore orientierten Ästhetik, die Hoffmann in der WW und der Kunstgewerbeschule zu entwickeln gedachte, gewissermaßen als Ausweg aus dem erstarrten Geometrismus der frühen Jahre der WW.

In der Publikation *Österreichische Werkkultur*, vom Österreichischen Werkbund 1916 durch Max Eisler ediert, findet sich der Vergleich des Landhauses Primavesi mit der Villa Skywa-Primavesi mit ausführlicher Bebilderung unter der Überschrift „Der Künstler":

> „Die beste Art der Fülle der Lösungen wird man gerade dort finden, wo dem Werkkünstler die größte Freiheit gelassen ist, und hier wieder wo er zugleich den Außenraum selber gestaltet, den Hausraum selber gebaut hat und so die Einhelligkeit des Ganzen verantwortet [Und zum Hausrat heißt es:] Das Wort ‚schön' gilt hier nicht mehr in seinem alten, noch allzu geläufigen Sinn, alles Äußerliche tritt zurück, das Schmückende ordnet sich unter, und die Form wird hier für den Wert des Fertiggebrachten ebenso ausschlaggebend wie fürs Haus der gestaltete Raum."[23]

Fast zeitgleich mit der Erwerb des Geländes für Otto Primavesis Landhaus im Altvatergebirge erwirbt Josefine 9 Skywa, Lebensgefährtin Robert Primavesis, zwei Grundstücke in der Wiener Gloriettegasse. Skywa und Primavesi wurden gemeinsame Eigentümer der Grundstücke und Auftraggeber für Josef Hoffmanns letzte repräsentative Villa, die er in Wien errichten konnte.[24]

> „Schon in den Jahren 1913–1915, zur Zeit der Bauten in Winkelsdorf, durfte ich für das Herrenhausmitglied Primavesi in Hietzing ein größeres Palais mit Garten errichten, das außer der behaglichen Wohnung auch Gelegenheit für Repräsentation und größere Festlichkeiten geben sollte", 10 S. 189

erinnert sich Josef Hoffmann.[25] Und Berta Zuckerkandl meinte: „Der monumentale Charakter des Hietzinger Wohnhauses bringt dem Gedächtnis das schön gegliederte österreichische Festhaus auf der Cölner Werkbund-Ausstellung nahe."[26] Hoffmann spricht in seiner *Selbstbiographie* davon, das Gebäude sei einer der „wenigen Aufträge, die ich in Wien ohne besondere Beeinflußung errichten durfte und die ich mit großer Begeisterung innen und außen bis ins kleinste Detail selber entwarf".[27] Im Grundriss, an Formen des Palais Stoclet und der kurz zuvor fertiggestellten Villa Ast angelehnt, rund 30 x 27 m lang bzw. breit, nimmt die Fassadengliederung durch kannelierte Pfeiler vom Sockel 33 S. 199 bis zum Hauptgesims und den Blumengehängen und applizierten Buketts in gelblichem Edelputz ausgeführt, Profile des Kölner Werkbundgebäudes auf. Die Nord-Süd- bzw. Ost-West-erschließung des Baus trennt einen repräsentativen Teil des Hauptgeschosses mit großer Halle, Speisesaal mit Office, Salon und Bibliothek, Spielzimmer, Wintergarten und Gartenterrasse von den über eine Treppe erreichbaren Wirtschaftsräumen und Gästezimmern im Dachgeschoss und dem privaten Wohnteil der entlang der Südfassade verläuft. Hier finden sich ein großes Bad mit Loggia, zwei Schlafzimmer, ein Ankleideraum und ein Arbeitszimmer. Die Südfassade gliedern elf Achsen, davon fünf im Mittelteil und je drei in den leicht vortretenden giebelbekrönten Seitenrisaliten. Hatte Hoffmann schon in der Villa in Winkelsdorf palladia- 35 S. 200/201 nische Formen für die Fassadengliederung angewendet, so wählt er hier das durch Bauten des Wiener Biedermeier bekannte Motiv des zurücktretenden Mittelrisalits, in diesem Fall durch mit Skulpturen besetzte Pfeiler gegliedert. Die Mauerflucht erscheint gegenüber der Dachzone zurückgesetzt, eine doppelte stehende Welle als Gesimsmotiv über einem mit Blattmotiven besetzten Rundprofil läuft um die Tympanona mit antikischen Liegefiguren nach Entwurf Anton Hanaks. Die Kannelurmotive laufen bis in die Gaupen des Walmdaches. Die vertikal gedoppelten Fenster durchbrechen die Wandvorlagen. Selbst die Gartenmauern und die ebenfalls von Hoffmann entworfenen Gitter und Tore nehmen Blatt- und Kannelurmotiv wieder auf. Zwei Gärten, ein repräsentativer Vorgarten und ein über mehrere Ebenen geführter Privatgarten mit einem Teehaus mit Pergola und Wasserbecken. „Das Haus Primavesi in der Gloriettegasse sollte einen würdigen und mehr repräsentativen Eindruck machen", schreibt Josef Hoffmann selbst.

Mit der Villa Skywa erreichte die Wiener Villenplanung Josef Hoffmanns vor dem Ersten Weltkrieg ihren absoluten Höhepunkt, sowohl was den Grad der Ästhetisierung des Lebens als auch den Einsatz gestalterischer, handwerklicher und materialer Mittel betraf. Hatte er für das Landhaus Primavesi ein das gesamte Gebäude überziehendes folkloristisches Dekorsystem entwickelt, so erfindet er fast gleichzeitig für die Villa Skywa-Primavesi ein ebenso stimmiges, klassi-

Abb. 9 JH, Villa Skywa-Primavesi, 1913–15
Straßenfassade

zierend atektonisches Dekorationssystems, das den Bau innen und außen bis ins Detail überzieht und zusammenhält. Die Angemessenheit der gewählten Formen bleibt je nach Bauaufgabe der Villa rustica oder suburbana gewahrt. Dass für die Villa Skywa-Primavesi dabei die von ihm 1897 noch geschmähten „Cementgussornamente" zum Einsatz kamen, steht auf einem anderen Blatt, spricht aber für Hoffmanns gestalterische Flexibilität.[28] Der Kunsthistoriker Dagobert Frey hat die Villenbauten Hoffmanns aus diesen Jahren so gesehen:

„Hoffmann hat fast ausschließlich Werke zweier Gebäudekategorien geschaffen: Ausstellungsgebäude und Villen. [...] und doch scheint es nicht bloßer Zufall zu sein, sondern charakteristisch für das Wesen seiner Kunst. Ausstellungsgebäude, das sind Festbauten, die den dekorativen Rahmen abgeben für einen einzigartigen, höher gestimmten Lebensinhalt. [...] Sind in diesem Sinne seine Ausstellungsgebäude beinahe Wohnräume zu nennen, so muten manche seiner Villen fast wie Ausstellungsbauten an. Es ist sicher ein repräsentatives Moment, das den Villen Stoclet, Ast oder Skiwa eine Monumentalität verleiht, die sie über den Charakter des intimen Wohnhauses erhebt."[29] ■

1 Vergleiche dazu auch die Beiträge zur Villenkolonie Hohe Warte und zum Palais Stoclet in dieser Publikation – Seite 52–61 und 138–147. Diese Bauten werden hier bewusst ausgespart.
2 Marco Pozzetto: Die Schule Otto Wagners 1894–1912, Wien 1980, 17. Siehe dazu auch den Beitrag zu Hoffmanns Studienjahren, Seite 32–37 in dieser Publikation.
3 Josef Hoffmann: „Architektonisches von der Insel Capri – Ein Beitrag für malerische Architekturempfindungen", in: Der Architekt (III) 1897, 13, wiederabgedruckt in: Eduard F. Sekler: Josef Hoffmann. Das architektonische Werk, Salzburg/Wien 1982, 479.
4 Abgebildet in: Sekler 1982, 263, WV 44; Vorzeichnung im MAK, KI 10439-4, Illustration in Ver Sacrum (III) 5 1900, 67.
5 Alfred Lichtwark, erster Direktor der Hamburger Kunsthalle, veröffentlichte unter dem Titel *Palastfenster und Flügelthuer* 1899 eine Sammlung von Aufsätzen. Seine Schriften hatte Josef Hoffmann auf seiner Deutschlandreise mit Koloman Moser kennengelernt. Siehe dazu seine Äußerung im Vortrag „Meine Arbeit" von 1911, wiederabgedruckt in: Sekler 1982, 487 (wie Anm. 3): „Mit ihm auf einer Reise durch Deutschland lernte ich zuerst die Schriften Lichtwarks kennen und empfand dieselben wie eine göttliche Offenbarung."
6 Abgebildet im Katalog der VIII. Secessionsausstellung 1900 sowie in Das Interieur (I) 1900, sowie in Sekler 1982, 266 (wie Anm. 3).
7 Josef Hoffmann: Architekturskizze Landruhe, in Ver Sacrum (IV) 1 1901, 12.
8 Siehe dazu den Beitrag Seite 38–41 in dieser Publikation.
9 Ludwig Hevesi, in: Acht Jahre Secession, Wien 1906, 213 ff. „Die Ausstellung der Secession" (12. Januar 1900).
10 Berta Zuckerkandl: „Josef Hoffmann", in: Dekorative Kunst (XII) 1 1903, 1–15.
11 Joseph August Lux: Das Moderne Landhaus. Ein Beitrag zur neueren Baukunst, Wien 1903, 3.
12 1190 Wien, Armbrustergasse 22, siehe Sekler 1982, 299–300, WV 103 (wie Anm. 3).
13 Arnold Karplus: Neue Landhäuser und Villen in Österreich, Wien 1910.
14 Villenkolonie Kaasgraben, 1912/13, Wien 19, Kaasgrabengasse 30, 32, 36, 38 / Suttingergasse 12, 14, 16, 18; „Eine Villenkolonie von Prof. Josef Hoffmann in Wien", in: Der Architekt (XIX) 1913, 1, T. 8–12 („Villenkolonie Hertzka in Wien XIX").
15 H. K.: „Die Villenkolonie im Kaasgraben in Wien. Erbaut von Architekt Regierungsrat Josef Hoffmann", in: Österreichische Wochenschrift für den öffentlichen Baudienst XXIII (32), Wien, 9. August 1917, 397–399, T. 50–52.
16 Wie Anm. 14, 398.
17 Rainald Franz: „Die ‚disziplinierte Folklore' Josef Hoffmann und die Villa für Otto Primavesi in Winkelsdorf", in: Anita Aigner (Hg.): Vernakulare Moderne. Grenzüberschreitungen in der Architektur um 1900. Das Bauernhaus und seine Aneignung, Transcript Verlag, Bielefeld, 2010, 161–177.
18 Sekler 1982, WV 179, 181 (wie Anm. 3).
19 Ebd., WV 185.
20 Peter Noever/Marek Pokorný (Hg.): Josef Hoffmann. Selbstbiographie, Ostfildern 2009, 32 f.
21 Der Architekt (XX) 1914/15, T. 80; Originalentwurf im MAK, KI 16814.
22 Vitruv definiert in seinem Architekturtraktat *De Architectura libri decem*, Decor sei das angemessene Aussehen eines auf bewährten Grundlagen vorbildhaft gestalteten Bauwerkes: „Decor autem est emendatus operis aspectus probatus rebus compositis cum authoritate", siehe Seite 22. Damit bezieht Vitruv „decorum" oder „decor" auf das Bauwerk als Ganzes und nicht auf nachträglich Appliziertes.
23 Max Eisler: Österreichische Werkkultur, hg. v. Österreichischen Werkbund, Wien 1916, 11, 14.
24 Berta Zuckerkandl: „Josef Hoffmann. Wien", in: Deutsche Kunst und Dekoration XXXVII, 1915/16, 228 ff., LXVIII, 1931, 31 ff.
25 Noever/Pokorný 2009, 33 (wie Anm. 20).
26 Zuckerkandl 1915/16, 230 (wie Anm. 24).
27 Noever/Pokorný 2009, 33 (wie Anm. 20).
28 Wie Anm. 3.
29 Dagobert Frey: „Josef Hoffmann zu seinem 50. Geburtstag", in: Der Architekt (XXIII) 1920, 65–72: 69.

Abb.1 JH, Empfangsraum in der Kunstschau Wien 1908, Wandmalerei Anton Kling
Zeitschrift für bildende Kunst (43), NF19, 1908, 254

Rainald Franz

Chefarchitekt der Kräfterevue österreichischen Kunststrebens[1]

Die Kunstschau Wien 1908

Elf Jahre nach Gründung der Vereinigung bildender Künstler Österreichs Secession, die er als Ausstellungsarchitekt und Grafiker von Beginn an in ihrem Erscheinungsbild geprägt hatte, bot sich Josef Hoffmann die Möglichkeit, eine ganze „Ausstellungsstadt" im Zentrum Wiens mitzugestalten. In der Planung für die von 1. Juni bis 15. November 1908 veranstaltete *Kunstschau Wien 1908* – Höhe- und Endpunkt des Wiener Secessionismus, den Hermann Bahr in seinen Kritiken schon zur Alltags-Mode erklärt hatte[2] – dominierte Hoffmann das dafür gegründete Ausstellungskomitee.[3] Wegen Differenzen in künstlerischen und finanziellen Fragen hatten sich die „Stilisten" mit den „Malern" innerhalb der Secession entzweit und es kam 1905 zum gemeinsamen Austritt der Klimt-Gruppe.[4] Die 16 Mitglieder umfassende, neu gebildete Klimt-Gruppe setzte sich zu großen Teilen aus Lehrern an der Akademie der bildenden Künste und der Kunstgewerbeschule und Künstlern im Umkreis dieser Anstalten zusammen: Otto Wagner, Alfred Roller, Koloman Moser und Josef Hoffmann zählten zum Kern um Gustav Klimt. Diese Verbindung wie auch die 1903 erfolgte Gründung der Wiener Werkstätte sicherten den aus der Secession ausgetretenen Künstlern und Architekten regen Zulauf aus dem Kreis der SchülerInnen und Mitarbeiter dieser Anstalten. 1907 begannen die Planungen für die Durchführung einer umfangreichen Ausstellung österreichischer Kunst. Am 30. Oktober 1907 wurde das Arbeitskomitee gegründet.[5] Die Ausstellung sollte der Klimt-Gruppe Präsentations- und Verkaufsmöglichkeiten sichern, die seit dem Bruch mit der Secession weggefallen waren. Gustav Klimt selbst fasst die Ausrichtung so:

> „Die neue Wiener Kunstschau von 1908 wird bloß zum kleinen Teil Gemälde und Plastiken, zum weitaus größeren Teil jedoch Architektur und alle jene Objekte bringen, die man mit dem Namen ‚Kunstgewerbe', ‚gewerbliche Kunst', ‚Kunsthandwerk' u. dgl. zusammenzufassen pflegt. Denn es ist der leitende Gedanke dieser Veranstaltung, zu zeigen, dass die ernste, wirklich moderne Kunst sich bereits auf allen Gebieten des öffentlichen und privaten Lebens durchgesetzt hat."[6]

Am 16. November 1907 wurde Josef Hoffmann die Verantwortung für die Errichtung der Gebäude übertragen. In der Sitzung wurde auch schon eine erste Aufteilung der den teilnehmenden KünstlerInnen (letztendlich 130) zuzuweisenden Räume durchgeführt, programmatisch von der Baukunst, über Malerei, Grafik, Skulptur, bis zur Reklame- und Gartenkunst und der Kunst des Kindes, einer Theaterabteilung und einer für *Das moderne Kleid*.[7] Im Jänner 1908 konnte Gustav Klimt auf Antrag den „für den Sängerhaus-Verein reservierten Baugrund am Heumarkt während des kommenden Sommers für Zwecke der von ihm und seinen Genossen geplanten Kunstausstellung" sichern, denn das neue Konzerthaus sollte erst ab Herbst 1908 an dieser Stelle erbaut werden.[8] Hier scheint Hoffmann schon mit der Bauplanung begonnen zu haben. Der Verpflichtungen in der Secession ledig, konnte er neben seiner Lehrtätigkeit sein Augenmerk auf die WW lenken, wo gerade das *Sanatorium Westend* in Purkersdorf um 1905 abgeschlossen und Großaufträge, wie das Palais für Adolphe Stoclet in Brüssel, in Angriff genommen worden waren.[9] Die Gründung des *Cabaret Fledermaus* fiel ebenso in diese Periode. Die Projekte und daran beteiligte KünstlerkollegInnen verschränkten sich mit der Kunstschau Wien 1908. Zwei nicht realisierte Gestaltungsaufträge für 1908 hatten Josef Hoffmann auf die Kunstschau-Gesamtplanung vorbereitet. Der Entwurf eines Pavillons für Kaiser Franz Josef 2
1908 und die Entwürfe für die Ausstellungsbauten des Kunstgewerbes auf der für 1908 geplanten *Kaiser-Jubiläumsausstellung* im Wiener Prater.[10] Der 1907 entworfene Pavillon für den Niederösterreichischen Gewerbeverein[11] zur Kaiser-Jubiläumsausstellung nimmt in seiner strengen Symmetrie Einflüsse aus der Vorplanung für das Palais Stoclet ebenso auf wie Elemente der englischen und schottischen Architektur, etwa in den an der Fassade eingesetzten monumentalen Bay-Windows. Das Walmdach und die Bindung zwischen Wand und vorkragendem Pavillon wird Hoffmann am Eingangspavillon zur Kunstschau wiederverwenden, wie auch die grafisch-geometrischen Zierelemente an der Fassade und den Einsatz von Skulpturen. Aus dem nicht realisierten Pavillon für den *Kaiser-Huldigungsfestzug* 1908 übernahm Hoffmann die Verbindung zwischen Skulptur und durch Relief aufgelöster Wandfläche in die Kunstschau-Planung.[12] Seine Einreichpläne für die temporären Pavillons waren mit 17. März 1908 datiert. Hoffmann arbeitete mit anderen Wagner-Schülern und konnte auch seine SchülerInnen zur Mitarbeit heranziehen, was der Gesamtanlage Homogenität verlieh.[13]

Abb. 2 JH, Entwurf für Ausstellungsbauten des Kunstgewerbes auf der für 1908 geplanten Kaiser-Jubiläumsausstellung im Wiener Prater
Jahrbuch der Gesellschaft Österreichischer Architekten, Wien 1908, 20

Abb. 3 JH, Hofansicht des Eingangspavillons der Kunstschau Wien 1908
Zeitschrift für bildende Kunst (43) NF19, 1908, 246

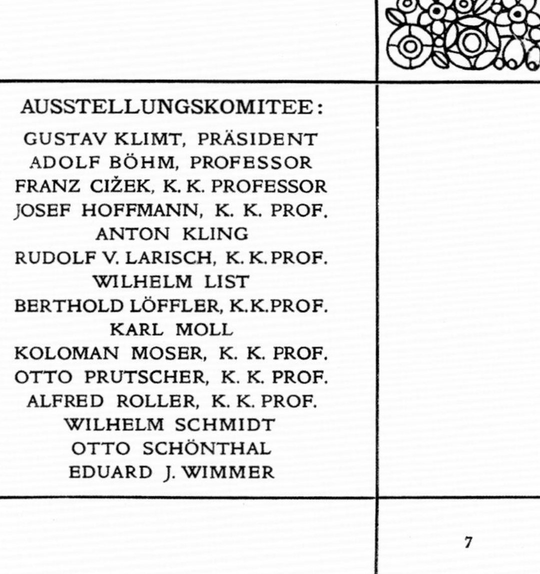

AUSSTELLUNGSKOMITEE:
GUSTAV KLIMT, PRÄSIDENT
ADOLF BÖHM, PROFESSOR
FRANZ CIŽEK, K. K. PROFESSOR
JOSEF HOFFMANN, K. K. PROF.
ANTON KLING
RUDOLF V. LARISCH, K. K. PROF.
WILHELM LIST
BERTHOLD LÖFFLER, K.K.PROF.
KARL MOLL
KOLOMAN MOSER, K. K. PROF.
OTTO PRUTSCHER, K. K. PROF.
ALFRED ROLLER, K. K. PROF.
WILHELM SCHMIDT
OTTO SCHÖNTHAL
EDUARD J. WIMMER

7

Abb. 4 Katalog der Kunstschau Wien 1908, gestaltet von Anton Kling
MAK, BI-25789-8

Abb. 5 Emil Hoppe, Kleiner Betonhof auf der Kunstschau Wien 1908
Hohe Warte (4) 1908, 221

Berta Zuckerkandl schrieb: „Josef Hoffmann hat mit seinem Grundriß des Ausstellungsbaues alle Varianten einer großen einheitlichen dekorativen Gesamtkunst in genialer Weise ermöglicht."[14] Er verstehe es, das Leitmotiv, „Lebenskunst zu bieten", umzusetzen. Und Emil Utitz resümiert: „Wenn wir ganz kurz […] in Worte fassen wollen, so ist dies die Eroberung der angewandten Kunst durch die Architektur."[15]

Sechs Wochen vor Eröffnung der Ausstellung wurde mit der Errichtung der Ausstellungsgebäude begonnen, der ausgeführte Plan trägt das Datum 17. April 1908.[16] Zwei Wochen später standen die Rohbauten der ephemeren Holzkonstruktion. Hoffmanns Grundkonzept sah eine nach innen gekehrte orthogonale Anlage mit einer Abfolge von Pavillons, Höfen und Gärten vor. Symmetrie war das Konstituens der Planung: Die Asymmetrie des Bauplatzes wurde von Hoffmann überspielt, indem er den Ausstellungsbezirk in zwei Bereiche
3 teilte, deren beide Mittelachsen sich in Richtung Schwarzenbergplatz annähern. Der Teil zur Lothringerstraße umfasste Pavillons und Höfe, der Bereich zum Heumarkt nahm das
4 S. 122 Kleine Landhaus, das Café mit Terrasse sowie den Garten und das Gartentheater auf. Einem Weihebezirk einer antiken Tempelanlage gleich, war die Eingangsfront nach außen fensterlos, nur strukturiert durch vorspringende Giebelfronten
1 und zurückgesetzte Außenwände.[17] Lediglich der zentrale Eingangspavillon war durchlichtet, den Hoffmann zum Identifikationsbau der Veranstaltung machte, der sehr bald auch
7 8 auf WW-Postkarten auftauchen sollte: Ein schwingendes Walmdach, flankierende Fahnenmasten, halbkreisförmige Nischen in der Gesimszone mit den Skulpturen (Allegorien

Abb. 6 JH, Hof des Kleinen Landhauses für die Firma J. & J. Kohn auf der Kunstschau Wien 1908
DKuD (23) 1908, 37

der Künste) im Gegensatz zur sonst geschlossenen Front, der eigentliche Eingang war über drei Stufen und ein Podest erreichbar. Flankierend erschienen die vom Lehrerkollegen an der Kunstgewerbeschule Rudolf von Larisch gestalteten Schriftfelder.[18] Innen belebten bunte Flächenmuster von Josef Hoffmann und Anton Kling die Empfangshalle und den Kleinen Hof, den Hoffmann mit Otto Schöthal gestaltete.[19] Sparsame Verwendung von Farben erhöhte die Konzentration auf die ausgestellten Kunstwerke. Die zweite autonome Architektur Hoffmanns auf dem Gelände der Kunstschau,
6 die er innen und außen gestaltete, stellte das Kleine Land-
37 38 haus, Musterhaus mit Einrichtung durch die Bugholzmöbel-
S. 134 firma J. & J. Kohn, dar.[20] Englisch-schottische Architekturdetails innen und außen, vom turmartigen Bauteil mit achteckigem Grundriss, die an Mackintoshs Villen erinnernde Durchfensterung bis zur *hall*, charakterisieren den Bau, der „mit voller Einrichtung nur 7000 Kronen kosten soll" – ein „billiges Haus" mit Reflexen der Hohe Warte-Villen.[21] Im
39 S. 134 Raum der Wiener Werkstätte entfaltete Hoffmann sein Geschick für die Inszenierung kostbarer kunstgewerblicher Objekte durch Reduktion auf Schwarz und Weiß und Gittermuster von den Vitrinen bis zum Spannteppich um die Silbervitrine von C. O. Czeschka im Zentrum, die Ludwig Wittgenstein für 30.000 Kronen von der WW erworben hatte. Wände und Pfeiler verzierte Hoffmann mit selbst entworfenen, linearen Schmuckornamenten. Die zurückhaltende Gestaltung hob die ausgewählten Stücke aus dem Angebot der Wiener Werkstätte hervor. Trotz enormen medialen Inter-
esses, eines intensiven Veranstaltungsprogramms mit Thea- 5
ter, Five o'Clock Teas etc. und Skandalen, etwa um Oskar Kokoschkas Uraufführung seines Stückes *Mörder, Hoffnung der Frauen*, geriet die *Kunstschau Wien 1908* nicht zum finanziellen Erfolg. Doch durch die Schau wurde der Expressionismus in der österreichischen Kunst „salonfähig" und Josef Hoffmann hatte seine Feuertaufe als multifunktionaler Gesamtgestalter im Kreis der Künstlerfreunde bestanden. Hermann Muthesius bemerkte:

> „Hier ist das architektonische Gefühl bis zur Reife entwickelt, der sublime Geschmack zur höchsten Verfeinerung gesteigert. – Das künstlerische Streben dieser Gruppe ist ganz universell und erstreckt sich auf alle sichtbaren menschlichen Äußerungen, immer jedoch von der Architektur ausgehend […]. Diese Wiener Moderne Kunst ist vielleicht das Einheitlichste und Vollkommenste, was unsere Zeit bisher hervorgebracht hat."[22] ■

Abb. 7 Emil Hoppe, Wiener-Werkstätte-Postkarte Nr. 1 JH, Eingangspavillon der Kunstschau Wien 1908
MAK, WWPKE 225-1

Abb. 8 Emil Hoppe, Wiener-Werkstätte-Postkarte Nr. 2 JH, Eingangshof der Kunstschau Wien 1908
MAK, WWPKE 297-1

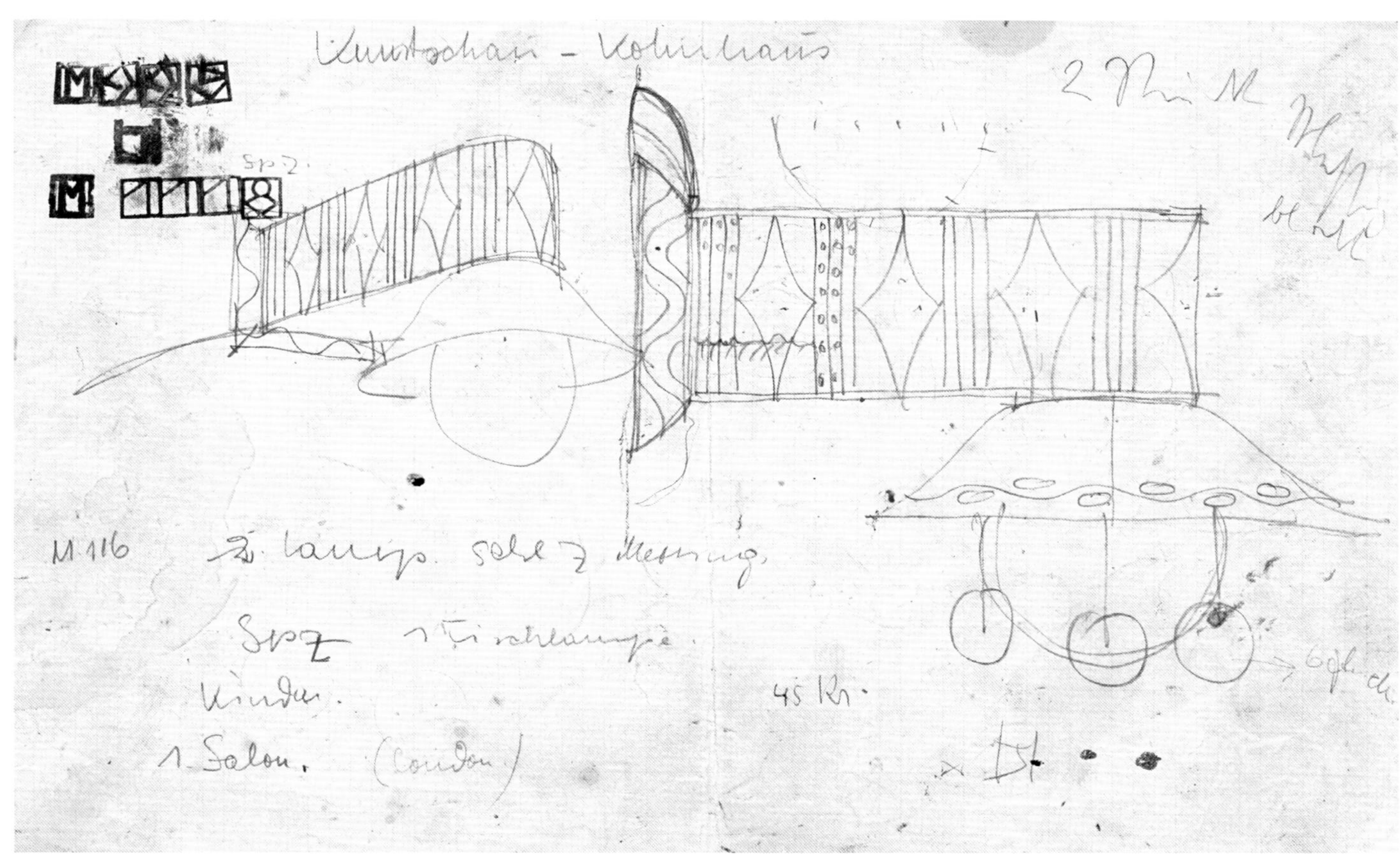

Abb. 9 JH, Entwurf für die Wandbeleuchtung, Kleines Landhaus – „Kohnhaus" – auf der Kunstschau Wien 1908
MAK, KI 12112-10-1

1 Gustav Klimt: Eröffnungsrede zur Kunstschau Wien, Ausst.-Kat. Kunstschau Wien 1908.
2 Hermann Bahr: Die falsche Secession (1899), in: Claus Pias (Hg.): Hermann Bahr. Secession, Weimar 2007, 139–148. Bahr spricht schon damals vom „beginnenden Kampf der wahren gegen die falsche Secession". Die Kunstschau 1908 wurde auch als „Neue Secession" apostrophiert: Kunstschau 1908. Eine neue Sezession, in: Neues Wiener Journal, 8.3.1908, 12.
3 Markus Kristan: Kunstschau Wien 1908, Weitra 2016; Agnes Husslein-Arco/Alfred Weidinger (Hg.): Gustav Klimt und die Kunstschau 1908, München 2008.
4 Tobias Natter: Die Galerie Miethke. Eine Kunsthandlung im Zeitraum der Moderne, Wien 2003.
5 Zur Genese der Vorbereitungen siehe das Protokollheft des Schriftführers Otto Prutscher von Oktober 1907 bis Februar 1908, Privatbesitz, Wien. Zur Vorgeschichte siehe auch Kristan 2016, 9 ff., Husslein-Arco/Weidinger, 2008, 14–18 (beide wie Anm. 2). Dem Ausstellungskomitee gehörten Josef Hoffmann, Koloman Moser, Alfred Roller, Wilhelm List, Eduard J. Wimmer, Otto Prutscher, Wilhelm Schmidt, Carl Moll, Adolf Böhm, Bertold Löffler, Anton Kling und Otto Schönthal mit Gustav Klimt als Präsident an.
6 Gustav Klimt: Schreiben an den Landesausschuss des Erzherzogtums Österreichs unter der Enns. Eingereicht am 10. März 1908 (GZ: 76, Reg. Z. XXVIII/433).
7 Zit. n. Weidinger, in: Husslein-Arco/Weidinger 2008, 16 (wie Anm. 3). Folgende Künstler und Künstlergruppen sollten Räume erhalten: Franz Metzner, Otto Prutscher, Wilhelm Schmidt, Otto Schönthal, Oskar Kokoschka, Bertold Löffler, Emil Orlik, die deutschböhmischen Künstler, Fritz Zeymer, Koloman Moser, die Wiener Werkstätte, Otto Wagner, Carl Otto Reichel, Eduard J. Wimmer.
8 Referenten-Erinnerung betreffend Durchführung der Ausstellung der Klimt-Gruppe 1908, in: AVA, Ministerium für Kultur und Unterricht, Wien, 4.1.1908.
9 Siehe die Beiträge Seite 106–115 und 138–147 in dieser Publikation.
10 Eduard F. Sekler: Josef Hoffmann. Das Architektonische Werk, Salzburg/Wien 1982, 115–116, WV 118, 120.
11 Perspektive in: Jahrbuch der Gesellschaft Österreichischer Architekten, Wien 1908, 21.
12 Der Architekt (XVII) 1911, T. 17.
13 Siehe beispielsweise den Beitrag zum Unterricht, Seite 82–91 in dieser Publikation.
14 Berta Zuckerkandl, in: Wiener Allgemeine Zeitung, 1.6.1908, 3.
15 Emil Utitz: Der neue Stil. Ästhetische Glossen, in: Deutsche Kunst und Dekoration (XXIII) 1908–1909, 68–77: 74.
16 Die Pläne finden sich im Wiener Stadt- und Landesarchiv, MA 8, Wien. Abgebildet in: Husslein-Arco/Weidinger 2008, 41, 50 (wie Anm. 3).
17 Schon Sekler hat auf die gegebene Vorbildwirkung der minoischen Kunst Mykenes verwiesen, die damals durch die aktuellen Ausgrabungen und Publikationen Sir Arthur Evans in Künstler und Architektenkreisen intensiv rezipiert wurde. Sekler 1982, 119, Anm. 45 (wie Anm. 10).
18 Mit Zitaten nach Francis Bacon, Thomas Carlyle, J. W. Goethe, Ouckama, J. A. Lux, Michelangelo Buonarroti, William Morris, John Ruskin und Oscar Wilde.
19 Sekler 1982, WV 121 (wie Anm. 10).
20 Ebd., WV 123.
21 Ludwig Hevesi: Kunstschau Wien 1908, in: Zeitschrift für bildende Kunst mit den Beiblättern Kunstchronik und Kunstmarkt. Neue Folge (XIX), Leipzig 1908, 245–354, zit. n. Kristan 2016, 137 (wie Anm. 3).
22 Hermann Muthesius, zitiert von L. W. Rochowanski im Katalog der Kunstschau Wien 1927, Österreichisches Museum für Kunst und Industrie, Wien 1927, 12.

Die oberen Flächen blank glatt
die Abstufung
abwechselnd Felder.

24 vertikal Streifen.
je 1 an den 8 Kanten
je 2 dazwischen mit den Flächen

5 schmälere
vertikal
gestreifte
abwechselnd
mit
5 breiteren
horizontal
gestreiften
Feldern.

bei diesen
Formen
Kleinsten
oben u. un[ten]
8 vertikal
über

8

Seiten blank glatt durchsichtig

zu № 235-12

zu № 236-12

~~zu № 233-13~~

1911
1918

JH, Entwürfe für Flakon, Weinglas und
Champagnerkelch mit Bronzitdekor, 1910
J. & L. LOBMEYR

Abb. 1 JH, Kaffeeservice, ausgeführt von der Wiener Werkstätte, 1918
Silber, Elfenbein und Ebenholz
GALERIE BEI DER ALBERTINA · ZETTER

Abb. 2 JH, Teeservice, ausgeführt von der Wiener Werkstätte, 1927
Silber und Elfenbein
MAK, GO 2035
© MAK/Georg Mayer

Abb. 3 JH, Herrenzimmer der Wohnung Prof. Dr. Otto Zuckerkandl, 1912/13
DKuD (34) 1914, 140

Abb. 4 JH, Salon der Wohnung Erwin Böhler, 1917/18
Courtesy of the Michael Huey and Christian Witt-Dörring Photo Archive

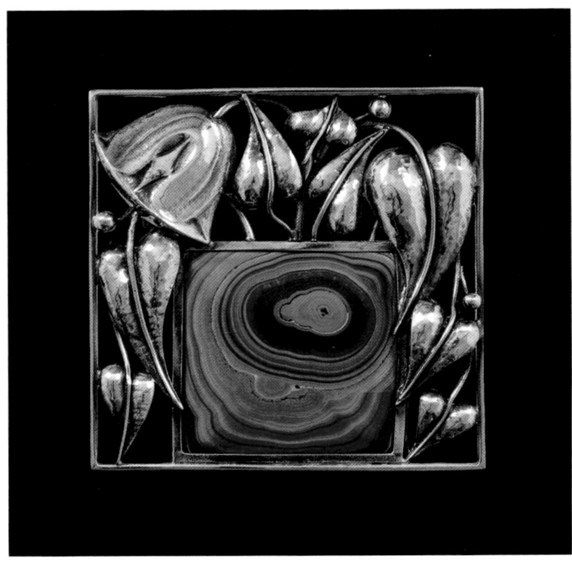

Abb. 5 JH, Brosche, ausgeführt von der Wiener Werkstätte, 1912
Silber und Malachit
Privatbesitz

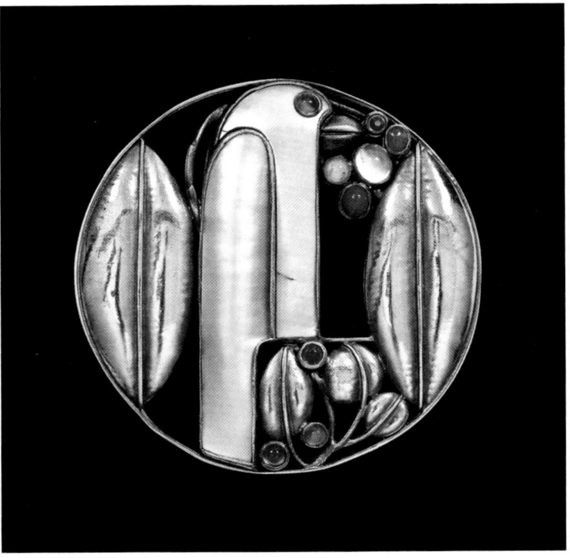

Abb. 6 JH, Brosche aus dem Besitz von Emilie und Gertrude Flöge, ausgeführt von der Wiener Werkstätte, 1910
Gold, Perlmutt, Mondstein, Opal, Lapislazuli, Turmalin, Granat und Chrysopras
Privatbesitz, Courtesy Klimt-Foundation, Wien

Abb. 7 JH, Stoff *Theben*, ausgeführt von der Wiener Werkstätte, 1910
Seide, bedruckt
MAK, WWS 784

Abb. 8 JH, Vorprojekt für die Villa Dr. Otto Böhler, Kapfenberg, 1910
Der Architekt (17) 1911, 14

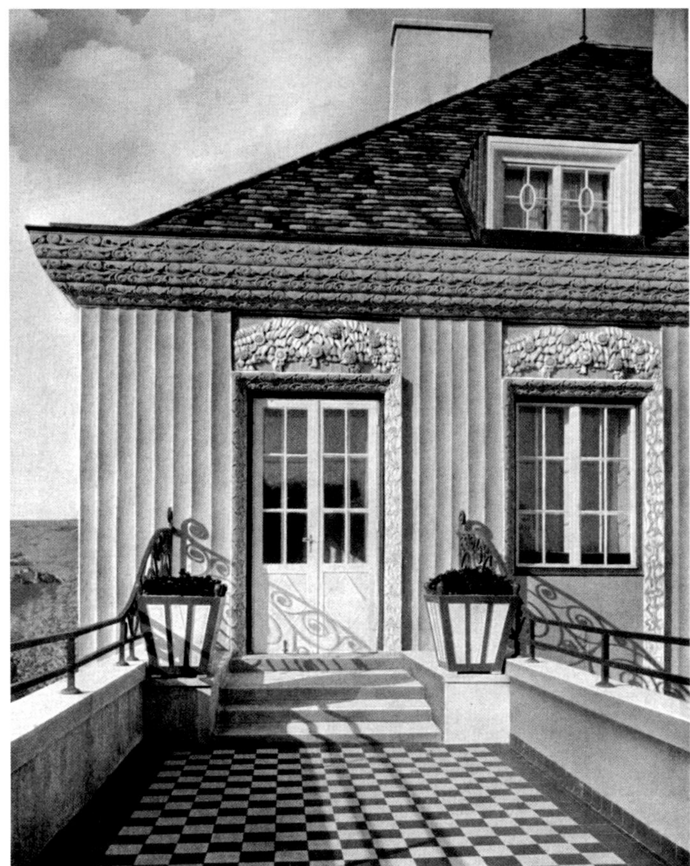

Abb. 9 JH, Terrasse im 2. Stock der Villa Ast, 1909–11
Courtesy of the Michael Huey and Christian Witt-Dörring Photo Archive

Abb. 10 JH, Villa Skywa-Primavesi, 1913–15, Wageneinfahrt
MAK, KI 8969-2

Abb. 11 JH, Tapete *Leipzig*, ausgeführt von Max Schmidt, Wien, um 1914
MAK, WWTAMB 2-4
© MAK/Aslan Kudrnofsky

Abb. 12 JH, Musterentwurf für die Wandschablone im Zimmer des Sohnes, Haus Vetter in der Villenkolonie Kaasgraben, 1913
National Gallery Prague, K 17708

Abb. 13 JH, Entwurf für ein Stoffmuster, 1911
Backhausen Archiv, BA03876

Abb. 14 JH, Champagnerglas, ausgeführt von einer böhmischen Manufaktur für J. & L. Lobmeyr, 1911
Farbloses Glas, geätzt; Bronzitdekor
MAK, WI 1633-5
© Peter Kainz/MAK

Abb. 15 JH, Vase, ausgeführt von einer böhmischen Manufaktur für J. & L. Lobmeyr, 1913
Farbloses Glas, geätzt; Bronzitdekor
MAK, GL 3404
© Peter Kainz/MAK

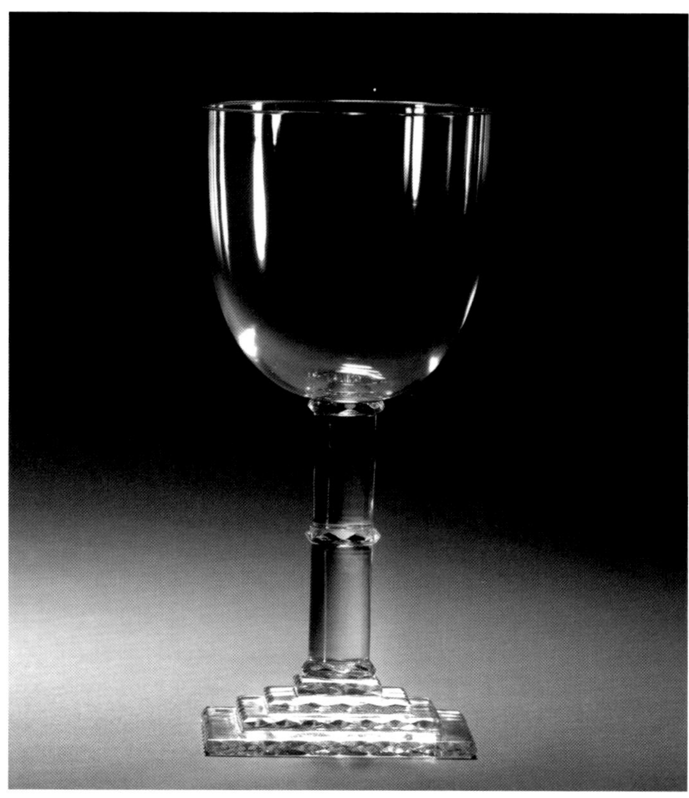

Abb. 16 JH, Kelchglas, ausgeführt von Meyr's Neffe, Adolf bei Winterberg über J. & L. Lobmeyr, 1910
MAK, WI 1630-4
© Peter Kainz/MAK

Abb. 17 JH, Kelchglas, ausgeführt von Meyr's Neffe, Adolf bei Winterberg über J. & L. Lobmeyr, 1910
MAK, WI 1630-2
© Peter Kainz/MAK

MOTTO:
PAME·

Abb. 18 JH, Entwurf für Paul Poirets Atelier Martine in der Avenue d'Antin, Paris, 1912, Motto: PAME
MAK, WWGP 1998

Abb. 19 JH, Armlehnsessel für die Wohnhalle der Wohnung Moritz und Hermine Gallia, 1913
Holz, schwarz gebeizt; erneuerte Lederbespannung
bel etage Kunsthandel GmbH

Abb. 20 JH, Fauteuil, ausgeführt von J. & J. Kohn für die Deutsche Werkbundausstellung Köln 1914
Buchen- und Sperrholz, gebogen, schwarz gebeizt; originale blaue Lederpolsterung
MAK, H 2990
© MAK/Georg Mayer

Abb. 21 JH, Arrmlehnsessel für das Herrenzimmer der Wohnung Prof. Otto Zuckerkandl, 1912/13
Eichenholz, schwarz gebeizt, die Poren weiß eingerieben; rekonstruierte Tapezierung
Courtesy Yves Macaux – Brussels
© Photo Studio Philippe de Formanoir/Paso Doble

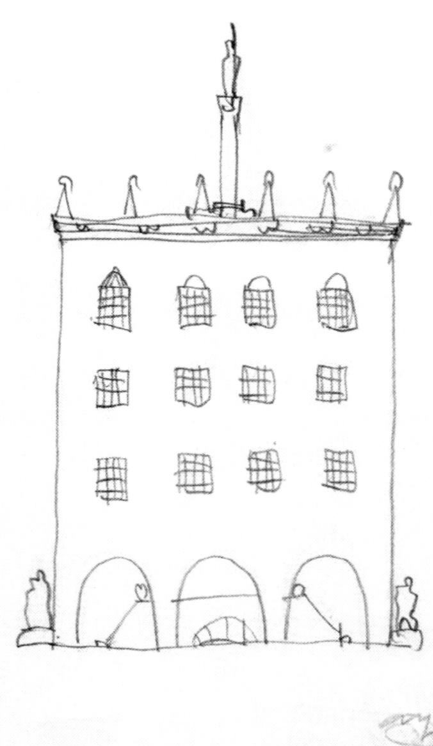

Abb. 22, 23 JH, Entwürfe für das Rathaus in Ortelsburg/Szczytno, Ostpreußen (heute PL), 1916–18
National Gallery Prague, K 17754-755

Abb. 24 JH, Entwurf für das Rathaus in Ortelsburg, 1916–18
Bauhausarchiv, Berlin, 297

Abb. 25 JH, Vase, ausgeführt von Meyr's Neffe, Adolf bei Winterberg, für die Wiener Werkstätte, 1915
Blaues Glas, geschliffen
GALERIE BEI DER ALBERTINA · ZETTER

Abb. 26 JH, Vase, ausgeführt von Meyr's Neffe, für die Wiener Werkstätte, 1915
Lila Glas, geschliffen
Privatbesitz
© MAK/Georg Mayer

Abb. 27 JH, Vase, ausgeführt von einer böhmischen Manufaktur für die Wiener Werkstätte, 1915
Violettes Glas, geschliffen
MAK, GL 3111
© MAK/Katrin Wißkirchen

Abb. 28 JH, Deckelbecher mit einem Dekor von Hilde Jesser, ausgeführt von Johann Oertel & Co, Haida, für die Wiener Werkstätte, 1917
Blaus Glas, diamantgerissener Dekor
MAK, GL 3477
© MAK/Katrin Wißkirchen

Abb. 29 JH, Bucheinband für Edgar Allan Poe, *Der Goldkäfer und andere Novellen*, ausgeführt von der Wiener Werkstätte, um 1910/14
Levante-Maroquinleder, Goldprägung
MAK, BI 21176

Abb. 30 JH, Buffet, ausgeführt von Jakob Soulek nach einem Entwurf für das Speisezimmer auf der Frühjahrsausstellung im ÖMKI, 1912
Birnbaumholz, schwarz gebeizt, z.T. geschnitzt; bedruckter Leinenstoff *Vorgarten* nach Entwurf von Wilhelm Jonasch, 1910 (Reproduktion)
bel etage Kunsthandel GmbH

Abb. 31 JH, Tisch für den Empfangsraum des Österreich-Hauses, Deutsche Werkbundausstellung Köln, 1914
Birnbaumholz, schwarz gebeizt
Galerie Yves Macau – Brussels
© Photo Studio Philippe de Formanoir/Paso Doble

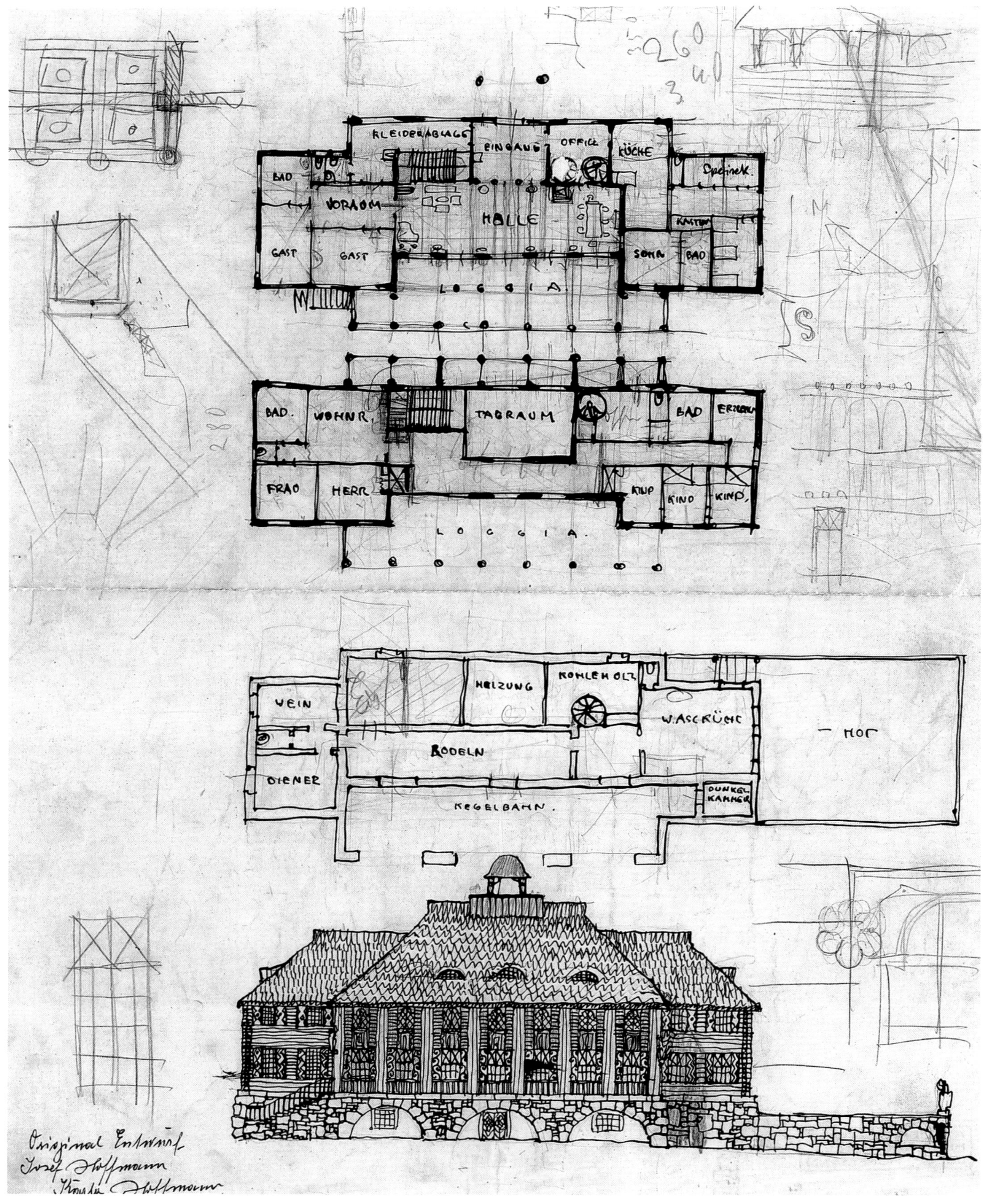

Abb. 32 JH, Landhaus Primavesi, Winkelsdorf/Kouty nad Desnou, Mähren, 1913/14, zweiter Entwurf

Privatbesitz

Abb. 33 JH, Teetempelchen und Pergola im Garten der Villa Skywa-Primavesi, 1913–15
ÖNB, Bildarchiv, 105.670-C

Abb. 34 JH, Österreich-Haus auf der Deutschen Werkbund-ausstellung Köln, 1914
Der Architekt (20) 1914/15, T. 81

Abb. 35 Einfahrtstor, Villa Skywa-Primavesi, Wien, 1914/15

GLORIETTE
GASSE
14
16

Josef Hoffmann

1911 1918

Otto Wagner und
Josef Hoffmann, 1911
MAK, LI 10921

1911–1912

Nach dem Tod seiner Eltern gestaltet Hoffmann 1907 das Elternhaus in Pirnitz zu einem Sommersitz für sich und seine Schwestern um. Die Ausstattung im Geschmack der WW, unter Verwendung des Hausrats der Eltern an Barock- und Biedermeiermobiliar wird in der Zeitschrift *Das Interieur* publiziert. Es entstehen zahlreiche Entwürfe zu Denkmälern und Grabdenkmälern, u.a. für den im Mai 1911 verstorbenen Komponisten Gustav Mahler. Hoffmann beschäftigt sich mit Wohnungseinrichtungen, u.a. für Hugo Marx in der Hinterbrühl bei Wien und für Mimi Marlow, die Diseuse im Cabaret Fledermaus. Gestaltung des Ausstellungsraums für den Bildhauer Anton Hanak auf der großen Kunstausstellung in Dresden, Fassade und Inneneinrichtung des Grabencafés und Entwurf für den Empfangsraum der Ausstellung *Österreichisches Kunstgewerbe* im Österreichischen Museum für Kunst und Industrie, Wien. Österreichischer Pavillon auf der Internationalen Kunstausstellung in Rom. Für den Modeschöpfer Paul Poiret plant Josef Hoffmann ein Palais in Paris.

1912–1914

Erster Entwurf für einen österreichischen Biennale-Pavillon in Venedig, der erst 1934 erbaut werden wird. Das Direktionsgebäude der Poldihütte in Kladno entsteht nach Entwurf Josef Hoffmanns. Inneneinrichtungen für den Industriellen Moritz Gallia in Wien und den Maler Ferdinand Hodler in Genf, die den für die Jahre 1910–1914 charakteristischen klassizierenden Stil Hoffmanns dokumentieren. 1912 ist Josef Hoffmann Gründungs- und Vorstandsmitglied des Österreichischen Werkbunds. Hoffmann trennt sein Baubüro von der Wiener Werkstätte und richtet es in der Kunstgewerbeschule ein. Beginn der Arbeiten an der Villenkolonie Kaasgraben – die acht paarweise gekoppelten Einfamilienhäuser sind eine Art Fortsetzung der Häuser auf der Hohen Warte und, im Gegensatz zu diesen, in klassischer Tradition in die Umgebung eingefügt. Große stilistische Übereinstimmungen finden sich auch in zwei weiteren Bauvorhaben dieser Periode: der Villa für Josefine Skywa und Robert Primavesi in der Gloriette-

JH, Blick auf die Baustelle des österreichischen Pavillons der Internationalen Kunstausstellung Rom, 1911
Kunsthandel Widder, Wien

gasse in Wien-Hietzing (mit Pförtnerhaus, Gewächshaus und Gartenpavillon) und dem Österreichhaus auf der Deutschen *Werkbundausstellung* in Köln (Zusammenarbeit mit dem Bildhauer Anton Hanak und dem Architekten Oskar Strnad), die typologische Parallelen – giebelbekrönte Seitenrisalite und in Pfeilern aufgelöste Front – aufweisen. 1912–1914 entstehen auch die Räume der Poldihütte in Wien – das Projekt umfasst die Repräsentationsräume der Generaldirektion, die Büroräume und das zentrale Verkaufsbüro in der Invalidenstraße 7. Der Financier der Wiener Werkstätte, Fritz Waerndorfer, ist bankrott und geht nach Amerika. Seine Funktion übernehmen Otto und Mäda Primavesi, die einen kaufmännischen Leiter und als künstlerischen Direktor im Jahr 1915 Dagobert Peche einsetzen, der die Werkstätte auch stilistisch neu ausrichten wird.

JH, Empfangsraum, Bürogebäude der Poldihütte in Wien, 1912–14
DKuD (35) 1914/15, 360

1915–1918

Die Jahre 1915/1916 prägen vor allem Wohnungseinrichtungen, wie die für Anton und Sonja Knips in Wien, für Heinrich Böhler in München und St. Moritz, für Berta Zuckerkandl und Paul Wittgenstein senior sowie die Innenausstattung einiger Verkaufsräume der Wiener Werkstätte: Modeabteilung in der Kärntner Straße gemeinsam mit Eduard Wimmer-Wisgrill und die Abteilung für Stoffe, Spitzen und Beleuchtungskörper, Kärntner Straße/Führichgasse und der Filiale Marienbad. In Burghausen am Inn entsteht eine Fabriksanlage für Dr. Alexander Wacker (elektrochemische Industrie). Der Einfluss Dagobert Peches auf den Stil der Wiener Werkstätte und nicht zuletzt auf die Formensprache Hoffmanns wird immer deutlicher spürbar, das malerisch-zeichnerische Element löst die strengen Strukturen der frühen Hoffmann-Entwürfe quasi auf. Peche widersetzt sich der Idee der industriellen Fertigung und damit den Forderungen des Werkbunds. Während des Ersten Weltkriegs entwirft Josef Hoffmann für die WW patriotische Kriegsgläser und Soldatenfriedhöfe. Der durch den Krieg immer stärker spürbare Material- und Arbeitskräftemangel soll in der WW der Entwurf durch die vermehrte Beschäftigung von Künstlerinnen, großteils Schülerinnen Josef Hoffmanns an der Kunstgewerbeschule, wettgemacht werden. 1916 werden die freien Künstlerwerkstätten mit einem Brennofen in der Neustiftgasse eingerichtet. In Kladen entstehen das Lebensmittel- und Bekleidungsgeschäft für die Stahlhütte sowie die Villa für den Direktor der Poldihütte Franz Hatlanek. 1918 sterben Otto Wagner, Gustav Klimt, Egon Schiele und Kolo Moser. ■

JH, Grabencafé, Wien, 1912
MAK, WWF 105-5-1

JH, Empfangsraum, Österreich-Haus, Deutsche Werkbundausstellung Köln 1914
Birnbaumholz, schwarz gebeizt
DKuD (34) 1914, 360

Abb. 1 Blick auf die Terrasse des österreichischen Pavillons der Internationalen Kunstausstellung Rom, 1911
Kunsthandel Widder, Wien

Rainald Franz

Wirklich wirkende Geschmackskultur im atektonischen Klassizismus

Die Ausstellungen in Rom 1911 und in Köln 1914

Der Wiener Kunstkritiker und -historiker Max Eisler stellte 1916 fest, die Aufgabe von Ausstellungen sei es, „wirklich wirkende Geschmackskultur" zu vermitteln. Diese Definition des Ausstellungswesens findet sich in der Publikation, die der Österreichische Werkbund im selben Jahr herausgegeben hat. Mitten im Ersten Weltkrieg wurde darin ein „Rechenschaftsbericht über bisher Gewolltes und Geleistetes"[1] veröffentlicht. In der Publikation werden neben diversen Interieurs und Bauten Josef Hoffmanns auch zwei Ausstellungspavillons des Mitbegründers des Österreichischen Werkbundes prominent in Bild und Text hervorgehoben: die österreichischen Häuser auf der *Ausstellung Christlicher Kunst in Rom 1911* und der *Werkbundausstellung in Köln 1914*.

Der Österreich-Pavillon in Rom

> „1912 [sic!] durfte ich in Rom das österreichische Ausstellungsgebäude erbauen und da vor allem die Werke Hanaks in einem offenen Hof, der auf 3 Seiten von schlichten Loggien eingefaßt war, zur Aufstellung bringen. Von den Malern wurde vor allem Gustav Klimt das erste Mal vor einem internationalen Publikum gezeigt."[2]

So erinnerte Josef Hoffmann seine Beteiligung an einem weiteren national bedeutenden Ausstellungsprojekt: Gemeinsam mit Dr. Friedrich Dörnhöffer, dem Direktor der k.k. Modernen Galerie[3] (heute Belvedere) in Wien, sollte Josef Hoffmann „den Pavillon planen und die Ausstattung des Inneren und die dekorativen Prinzipien der Aufstellung der Kunstwerke entwickeln", wie es im Katalog zur Ausstellung heißt.[4] Für die Ausführung des Baues vor Ort sollte sein Schüler Karl Bräuer zuständig sein, mit dem er auch gerade am Bau des Palais Stoclet arbeitete. Die *Internationale Kunstausstellung Rom 1911* war eine „Parallelaktion" mit einem ebenfalls stattfindenden internationalen Kunstkongress in der italienischen Hauptstadt im Rahmen der Feierlichkeiten zum fünfzigjährigen Bestand des Königreichs Italien.[5] Dem Ehrenausschuss des Kunstkongresses in Rom gehörten auf österreichischer Seite Ludwig Baumann und Otto Wagner an.[6] Während in der im gleichen Jahr abgehaltenen *Internationalen Ausstellung in Turin* Kunstgewerbe im Mittelpunkt stand, wurde in Rom die bildende Kunst präsentiert. Auf dem Ausstellungsgelände der Valle Giulia im Zentrum Roms, das zu diesem Zweck terrassiert wurde, fand auch der ös- S. 202
terreichische Pavillon in dominierender Lage neben dem Haupteingang Platz. Den Unterbau bildete eine von Bruchsteinmauerwerk gestützte Terrasse. Für den Pavillon gab es verschiedene Vorstudien, Eduard Sekler verweist auf einen wohl mit der 1910 geplanten *Exposición Internacional del Centenario* in Buenos Aires in Verbindung stehenden Entwurf hin, in dem Hoffmann schon das Grundprinzip der Dreiflügeligkeit – Quertrakt mit zwei flankierenden Armen – angelegt hatte, welches er auf den römischen Pavillon Österreich-Ungarns anwenden sollte.[7] Für Rom wählte Hoffmann einen U-förmigen Grundriss mit einem gegen die Frontseite offenen Ehrenhof. Für die von den Secessionisten für Wien initiierte und 1903 gegründete Moderne Galerie bedeutete die Ausstellung eine erste Möglichkeit, ihre Werke einem 1
internationalen Publikum vorzustellen. Josef Hoffmanns in der Gestaltung der Secessionsausstellungen und bei der *Kunstschau Wien 1908* gesammelte Erfahrungen kamen ihm dabei sicher zugute. Auch war er mit vielen ausstellenden Künstlern wie Carl Moll, Anton Hanak, Gustav Klimt und Franz Metzner befreundet und durch gemeinsame Projekte verbunden.[8] Im Mittelraum des Pavillons sollte die Monumentalmalerei gezeigt werden, die Vorhalle mit Peristyl und den Vorhof sollten Monumentalplastiken schmücken. 2 3

Der Gestaltung des Bauwerks, das einfach in der Anlage, aber monumental in der Wirkung ist, kam im Werk Josef Hoffmanns einige Bedeutung zu, zeigte sich doch am ephemeren Pavillon für Rom erstmals in der Ausführung die Wirkung eines spezifischen Vokabulars, welches der Architekt für Projekte um 1910 entwickelt hatte: In der Fassadengestaltung dominieren klassische Zitate, ein Kritiker hat zum Einfall Hoffmanns geschrieben: „Vielleicht verdankt ihn der Künstler der Stätte, an der sich sein Werk erheben sollte, dem römischen Boden selbst: Hoffmanns Künstlerauge mag das Peristyl eines pompejanisch-römischen Landhauses als Erinnerungsbild bewahrt haben."[9] Es ist durchaus möglich, dass Hoffmann hier den Romaufenthalt 1896 als Abschluss seiner Studienzeit reminiszierte.[10] Er wendet die Technik der wiederholten Verwendung hochgestellter, schlanker Rechtecke an, die die Fassade bilden. Sie werden konsequent plastisch durchgegliedert, allerdings nur mit einer ebenflä-

Abb. 2 Blick auf die Baustelle des österreichischen Pavillons der Internationalen Kunstausstellung Rom, 1911
Kunsthandel Widder, Wien

chigen, flachen Modellierung, „… als sollte jede mögliche Konkurrenz mit der monumentalen Schwere und vollplastisch-kurvigen Modellierung der auszustellenden Plastiken vermieden werden", wie Sekler beobachtet hat – eine „Gliederung im Dienste der Differenzierung" zwischen Stütze und Wand, um Leichtigkeit hervorzurufen.[11] Dabei negiert Hoffmann das Tektonische in seiner Antwort auf das klassische Architekturproblem des Tragens und Lastens. So gesehen ist der Pavillon in Rom Glied in einer Kette von Gebäuden, zu denen auch die Villa Ast in Wien und das Palais Stoclet in Brüssel zählen. Hoffmann wertete tektonische Ausdrucksmittel um: Kanneluren als vertikale Gliederungselemente finden sich nicht mehr nur an Stützen, sondern auch an horizontalen Untersichten, es gibt kannelierte Pfeiler ohne Basis und Kapitell und ein Gebälk, welches so niedrig im Vergleich zur Breite der Pfeiler ausfällt, dass sich für den Betrachter kein Gefühl des Lastens entwickelt. Die verschiedenen Funktionen des Stützens oder nicht tragenden Verkleidens vermischen sich, Parapette werden mit Sockeln zusammengefasst, es kommt zu optischen Bündelungen mit Unterzügen. Der Pavillon in Rom stellte eine wichtige Station auf dem Weg zu den horizontal bestimmten „Streifenfassaden" der 1920 bis 30er Jahre im Werk Hoffmanns dar, konsequent durchgeführt etwa am Pavillon für Paris 1925.[12]

Von Hoffmann stammten nicht nur die von klassizistischen Bezügen geprägten Pläne des österreichischen Pavillons, sondern auch dessen „innere Ausstattung und die dekorativen Prinzipien der Aufstellung der Kunstwerke".[13] In sieben Sälen, im Hof und im Garten inszenierte Hoffmann einen Überblick der österreichischen Kunst der zweiten Hälfte des 19. Jahrhunderts bis ins 20. Jahrhundert. Als Leihgeber fungierten neben der Modernen Galerie und österreichischen Sammlungen auch die Moderne Galerie in Prag, das National-Museum Warschau und die Galerie Lemberg. Die Zugänge zum Pavillon über zwei Treppenpodeste dominierten die Monumentalplastik Anton Hanaks (Österreich, Symbol der schöpferischen Kraft) und Ferdinand Andris Hängefigur *St. Michael*, flankiert von zwei Fahnenstangen und diversen anderen plastischen Arbeiten, die sich im Peristyl und im Hof des Gebäudes finden.

Alle großen Säle im Inneren waren mit Oberlichten versehen, in den kleineren Räumen fand sich etwa im Saal I neben Gemälden der ersten Hälfte des 19. Jahrhunderts auch passendes Mobiliar aus der Zeit, eine Gesamteinrichtung bis zur Wandbespannung, ähnlich der Lösung im österreichischen Haus der Pariser Weltausstellung 1900. Hoffmann inszenierte die Raumfolge als Steigerung von den Außenräumen in den Flügelbauten bis zum Mittelsaal, der von außen nicht betreten werden konnte: Die Besucher kamen seitlich über die Stufen auf die Terrasse, von da zur offenen Loggia und schließlich ins Innere. Im Vergleich zum Vorentwurf ersetzte Hoffmann den ursprünglich geplanten sechseckigen Zentralraum durch zwei Raumelemente, einen rechteckigen Saal und einen halbrunden Apsiden-Raum. Eine niedrige dreiteilige Öffnung verbindet beide derart, dass Durchblicke, aber keine Verschmelzung zur Einheit möglich sind. Während die übrigen Ausstellungsräume in einer an Secessionsausstellungen Hoffmanns gemahnenden, linear bestimmten Gestaltung gehalten wurden, wählte der Architekt für den letzten Raum, Saal VII (Grafik und dekorative Kunst), eine zweigeschossige Lösung mit Treppenaufgang und Dreibogenstellung an der Galerie, die an englische Halls erinnert. In dieses Konzept gehörte auch der von Hoffmann selbst mit dekorativen, in Gold gedruckten Rahmenleisten gestaltete Katalog, mit fotografischen Außen- und Innenansichten des Baus.

Die Kritik und das Publikum nahmen die Gesamtgestaltung des im Frühjahr 1911 eröffneten Pavillons in Rom sehr positiv auf. Georg Biermann schrieb:

> „Man durchwandert diese Räume mit dem Bewußtsein, daß Östreich [sic] über jene famose Geschmackskultur verfügt, die die Wiener Werkstätten [sic!] erstehen sah und man freut sich, diesem großen Kulturdokument angewandter Kunst auch in Rom zu begegnen. Feiner und künstlerischer arrangiert wie die östreichische Aussteilung ist kein anderer Pavillon."[14]

Das Österreich-Haus in Köln

> „1915 [sic!] erbaute ich in Köln das österreichische Haus in der Werkbund-Ausstellung. Wir hatten die Gelegenheit, das gesamte fortschrittliche Kunsthandwerk Österreichs zu zeigen und unsere besten Kräfte, darunter vor allem auch Strnad, wirkungsvoll vorzustellen. Leider konnte sich diese allgemein anerkannte Leistung durch den Ausbruch des Ersten Weltkrieges nicht weiter auswirken. Immerhin war der Kontakt mit allen schöpferischen Kräften in Deutschland hergestellt und eine aufrichtige Anteilnahme weiter kunstliebender Kreise gewonnen."

So sah Hoffmann selbst im hohen Alter seine Beteiligung an der bis dahin größten Leistungsschau des im Oktober 1907 gegründeten Deutschen Werkbundes.[15] Josef Hoffmann, gemeinsam mit Peter Behrens und Richard Riemerschmid einer der Mitbegründer des Deutschen Werkbundes, hatte auch zur Gründung des Österreichischen Werkbundes 1912 Entscheidendes beigetragen.[16] Im Jahr 1914, wurde in Köln die *Deutsche Werkbund-Ausstellung. Kunst in Handwerk, Industrie und Handel, Architektur* eröffnet, die von Mai bis Oktober „zum ersten Mal den Versuch machen sollte, das Ziel des Deutschen Werkbundes, eine Veredelung der deutschen gewerblichen und industriellen Arbeit durch Mitarbeit des Künstlers herbeizuführen, der breiteren Masse unseres Volkes und dem Auslande zur Anschauung zu bringen", wie es im offiziellen Katalog heißt.[17] Die Kölner Ausstellung, letztes gesellschaftliches Großereignis vor dem Weltkrieg, war als gemeinsame Präsentation des Deutschen und des Österreichischen Werkbunds konzipiert. Neben Hoffmann zählten Gründungsmitglieder der Secession wie Gustav Klimt, Mitarbeiter der Wiener Werkstätte und Lehrer der Wiener Kunstgewerbeschule zu den Werkbundmitgliedern der ersten Stunde. Kunsthistoriker und Kunstkritikerinnen wie Arthur Roessler, Hans Tietze, Berta Zuckerkandl und Max Eisler waren ebenfalls dem Österreichischen Werkbund beigetreten und sicherten so das intellektuelle Potenzial für die Verbreitung von dessen Grundsätzen im gedruckten Wort. Das Engagement des Österreichischen Ministeriums für öffentliche Arbeiten hatte auch die Beteiligung Großindustrieller, die ohnehin bereits langjährige Verbindungen zu den Exponenten der Stilreform pflegten, an der Gründung des Österreichischen Werkbunds begünstigt.

Abb. 3 JH, Der österreichische Pavillon der Internationalen Kunstausstellung Rom 1911 vor seiner Eröffnung
Kunsthandel Widder, Wien

Das erste und wichtigste Repräsentationsprojekt des neuen Österreichischen Werkbunds sollte die Errichtung des Österreichischen Pavillons auf der Kölner Werkbundausstellung werden, wofür man Josef Hoffmann beauftragte. Für das Gebäude konnte ein prominenter Bauplatz auf dem Gelände, gegenüber der Festhalle von Peter Behrens, sichergestellt werden.[18] Anregungen aus der kurz zuvor fertiggestellten Planung für den römischen Pavillon flossen auch in die Pläne für Köln ein, der schon angesprochene „atektonische Klassizismus" Hoffmanns sollte hier zu seinem Musterbau finden. Das Monumentalgebäude (29,40 x 52 m), in grauem körnigen Terranovaputz auf Holzgitter ausgeführt,
4 entwickelte sich über Vorentwürfe, die Grundrissdisposition
5 der nach vorne offenen U-Form aus Rom findet sich ebenso wieder wie die mannigfache Verwendung von Pfeilern ohne Kapitell und Basis. Laut Eduard Sekler hatte Josef Hoffmann bei der Planung des Kölner Hauses „die historische Anregung zu etwas echt Neuem umgedeutet [...]. In Köln gelang es deshalb so vorzüglich, weil Hoffmann das Regelbuch der klassischen Ordnungen, dessen Inhalt er in der Jugend zu beherrschen gelernt hatte, endgültig schloß."[19] So konnte er an der Außenfassade auf die archaisch wirkenden Pfeiler anstelle eines Gebälks ein ganz dünnes Gesimsprofil legen, womit er die klassische Tektonik vollkommen negierte. Im Gegensatz dazu wirkt die darüber ansetzende Stufenpyramide der dreimal abgetreppten Attika mit den auf ihr positionierten, archaisch steilen Giebelfeldern massig, schwer und passt zu den kolossalen Pfeilern. Man fühlt sich bei der
7 Betrachtung an Übersteigerungen der Form des französischen Revolutionsklassizismus erinnert, doch Hoffmann schuf hier eine Ganzheit eines persönlichen architektonischen Systems ohne direktes Vorbild, Ergebnis einer langjährigen Auseinandersetzung mit klassischem Formengut. Dazu passen auch die Zitate aus Texten Franz Grillparzers an der Attika: In Lettern nach Entwurf des Professorenkollegen der Kunstgewerbeschule Rudolf von Larisch las man: „Die Wissenschaft überzeugt durch Gründe, die Kunst soll durch ihr Dasein überzeugen ... Nicht der Gedanke macht das Kunstwerk, sondern die Darstellung des Gedankens. Die Schönheit ist die vollkommene Übereinstimmung des Sinnlichen mit dem Geistigen." 14 Pfeiler an der Front trugen das Gebälk und die sich über den Seitenflügeln erhebenden Dreiecksgiebel, der Mittelraum als Haupteingang wurde von vier Säulenpaaren gestützt. Die beiden Dreiecksgiebel mit je einem Kranz im Tympanon, wurden vom Giebel des Hauptgebäudes mit gleicher Neigung überragt, die Satteldächer der Seitenflügel liefen gegen dessen Giebelfeld tot. Zur Rückseite war das Satteldach abgewalmt. Vor der Hauptfassade standen die zwei Skulpturen Anton Hanaks: *Mann* und *Frau*. Gemeinsam mit den Professorenkollegen von der Kunstgewerbeschule Oskar Strnad und Heinrich Tessenow sowie den Mitarbeitern der Wiener Werkstätte Dagobert Peche, Carl Witzmann, Eduard Josef Wimmer-Wisgrill gestaltete Hoffmann die Ausstellungsräume im Inneren. Das k.k. Österreichische Museum für Kunst und Industrie war in die Vorbereitung der Präsentation direkt eingebunden.

Im Archiv des MAK findet sich der Grundriss zur Einrichtung des Gebäudes, den Josef Hoffmann übermittelte: Dieser Grundriss belegt in der Raumaufteilung die Diversität der im Österreichischen Werkbund vereinigten KünstlerInnengruppen, Institutionen und Nationen. Der Innenhof des Gebäudes wurde von einer Stele mit dem *Herkules* von Franz Barwig dominiert. Im von Oskar Strnad als Eingangssaal gestalteten „Repräsentationsraum für Malerei, Bildhauerei und Architektur" fand sich, zentral an der Stirnwand, Gustav Klimts Entwurf für die *Erwartung* im Palais Stoclet als einzige repräsentative Position der österreichischen Malerei neben Werken von Bildhauern wie Anton Hanak und Robert Obsieger. Den von Josef Hoffmann gestalteten Empfangsraum schmückte das Bild *Häuser am Meer* von Egon Schiele aus dem Privatbesitz Josef Hoffmanns auf mit weißlackiertem Holz getäfelten und von schwarzen Holzleisten gerahmten Wänden. In den dem Allgemeinen Kunstgewerbe gewidmeten Räumen dominierten Produzenten, mit denen Hoffmann zusammenarbeitete und MitarbeiterInnen der Wiener Werkstätte und der Kunstgewerbeschule: Jakob & Josef Kohn, Joh. Backhausen & Söhne, Oscar Dietrich, Emmy Zweybrück, Adele von Stark. Die Räume für Glas und Keramik zierten Arbeiten, die von Michael Powolny entworfen

Abb. 4 JH, Vorentwurf für das Österreich-Haus, Deutsche Werkbundausstellung Köln 1914
Leopold Museum, LM 6004

und in Gmunden produziert wurden, ebenso wie Keramiken von Hugo Kirsch, Gläser und Keramik nach Entwurf Josef Hoffmanns und seiner Schüler von Josef Böck, J. & L. Lobmeyr in Wien, Johann Lötz Witwe, der k.k. Fachschule Steinschönau, der k.k. Fachschule Haida, Meyr's Neffe in Adolf bei Winterberg/Adolfov na Šumavě, Böhmen, und Carl Schappel in Haida. Raum XI war ausschließlich der Wiener Werkstätte gewidmet, neben Hoffmann präsentierten Koloman Moser, Otto Prutscher, C. O. Czeschka und Mitarbeiter im von Eduard Wimmer gestalteten Raum ihre Arbeiten. Die von Josef Hoffmann als Architekt mitgestaltete Tiegelgußstahlfabrik Poldihütte bei Prag zeigte in einem Ausstellungsraum, „wie die Werkbundgrundsätze auch in der Großindustrie durchgreifend Anwendung finden", wie es im Katalog heißt.[20] Vier Räume in der neoklassizistischen und doch nur aus Holz mit grauem Zementputz erstellten Architektur Josef Hoffmanns sind als radikaler Kontrast dem Böhmischen Werkbund „Svazčeského díla" gewidmet. Die Räume präsentierten in der Architektur Otakar Nowotnys und Josef Gočars Arbeiten der tschechischen Kubisten sowie der Artel-Gruppe.

Josef Hoffmann gelang es, das Österreichische-Haus der Kölner Werkbundausstellung 1914 zur Einheit werden zu lassen und er bewies dabei neuerlich sein integratives Talent als Förderer ganz diverser kreativer Ansätze: von der rokokohaften Subtilität der Raumbildung Dagobert Peches bis zur Dynamik der tschechischen Kubisten. Um den zentralen Raum der Wiener Kunstgewerbeschule legte sich die Kette der von ihren Professoren und Schülern mitbestimmten Räume. Der Pavillon war mit seinen beiden Schiffen auch als ein Bild der Doppelmonarchie zu verstehen. Peter Jessen feierte das Österreichische-Haus als „echtes Ausstellungsgebäude 6
Meister Josef Hoffmanns". Es gebe keinen Bau in dem sich „alle Hoffnungen und Wünsche des Werkbundes der Erfüllung mehr genähert hätten".[21] Josef Hoffmanns am Österreichischen Haus exemplifizierter „Neuer Klassizismus" stand in der Abstraktheit seiner Formensprache der Moderne näher als dem historischen Vorbild und sollte sich über die kommenden Jahrzehnte in der Karriere des Architekten als immer wieder anwendbar und variierbar erweisen. ■

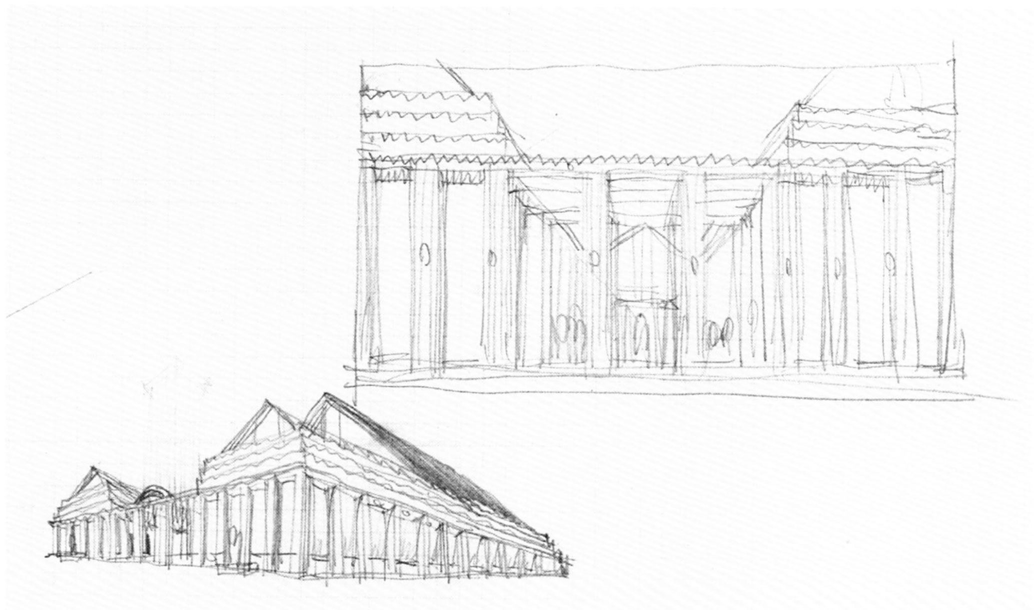

Abb. 5 JH, Entwurf für das Österreich-Haus, Deutsche Werkbundausstellung Köln 1914
Leopold Museum, LM 1731

Abb. 6 JH, Eingang zum Österreich-Haus, Deutsche Werkbundausstellung Köln 1914
MAK, KI 8951-66

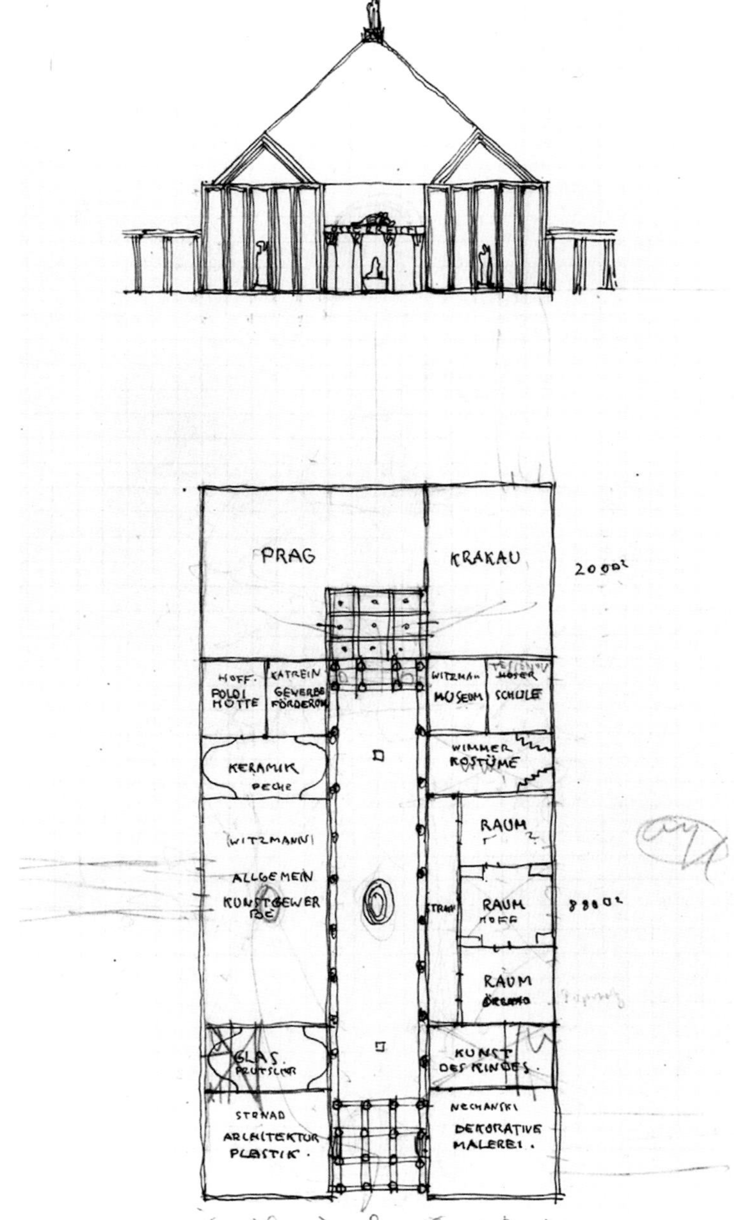

>
Abb. 7 JH, Vorentwurf für Fassade, Grundriss sowie Raumfolge für das Österreich-Haus, Deutsche Werkbundausstellung Köln 1914
National Gallery Prague, K 17760

1 Max Eisler in: Österreichische Werkkultur, Wien 1916, 38.
2 Peter Noever/Marek Pokorný (Hg.): Josef Hoffmann. Selbstbiographie, Ostfildern 2009, 34.
3 Die 1903 gegründete k.k. Moderne Galerie wurde 1912 in Österreichische Staatsgalerie umbenannt und ist der Vorläufer der Sammlung österreichischer Künstler im Belvedere.
4 Internationale Kunstausstellung, Österreichischer Pavillon nach Plänen von Architekt Professor Josef Hoffmann, Rom 1911, Ausst.-Kat., Wien 1911, 8.
5 Eduard Sekler: Josef Hoffmanns Österreichischer Pavillon auf der internationalen Kunstausstellung in Rom 1911, in: Österreichische Künstler und Rom. Vom Barock bis zur Secession, Ausst.-Kat. Akademie der bildenden Künste, Wien 1972, 81–84.
6 Wiener Bauhütte (V) 3 1911, 33.
7 Eduard F. Sekler: Josef Hoffmann. Das architektonische Werk, Salzburg/Wien 1982, 336, WV 135, 338–340, WV 141.
8 Siehe dazu die Beiträge zur Kunstschau Wien 1908 sowie zur Raumkunst, Seite 178–183 und 46– 51, in dieser Publikation. Für Gustav Klimt war es die zweite internationale Ausstellung nach der ersten Einzelpräsentation im Rahmen der IX. Biennale in Venedig 1910 auf Einladung der Münchner Secession. Siehe dazu: Jasper Sharp (Hg.): Österreich und die Biennale Venedig 1895–2013, Wien 2013, 146 ff.
9 Kurt Rathe: Österreich auf der internationalen Kunstausstellung in Rom 1911, in: Die Kunst für Alle (XXVII) 4, 15. November 1911, 78.
10 Siehe dazu den Beitrag zur Studienzeit Seite 32–37 in dieser Publikation.
11 Sekler 1972, 81 (wie Anm. 4).
12 Siehe den Beitrag zur Pariser Ausstellung Seite 268–277 in dieser Publikation.
13 Katalog Rom 1911 (wie Anm. 3).
14 Georg Biermann: Römische Ausstellungen. II. Die internationale Kunstausstellung in Valle Giulia, in: Cicerone, Halbmonatsschrift für die Interessen des Kunstforschers und Sammelns (3) 10, Juni 1911, 421–425: 423.
15 Noever/Pokorný 2009, 34 (wie Anm. 2).
16 Siehe dazu den Beitragüber den Werkbund Seite 326–333 in dieser Publikation.
17 Offizieller Katalog Deutsche Werkbundausstellung Cöln 1914, V.
18 Sekler 1982, 363–365, WV 182 (wie Anm. 6).
19 Ebd., 160.
20 Wie Anm. 16.
21 Peter Jessen, Deutsche Werkbundausstellung Köln 1914, in: Deutsche Form im Kriegsjahr. Die Ausstellung Köln 1914, Jahrbuch des Deutschen Werkbundes 1915, München 1915, 8.

Abb. 1 Suzanne und Adolphe Stoclet
MAK

Abb. 2 Otto und Mäda Primavesi
MAK

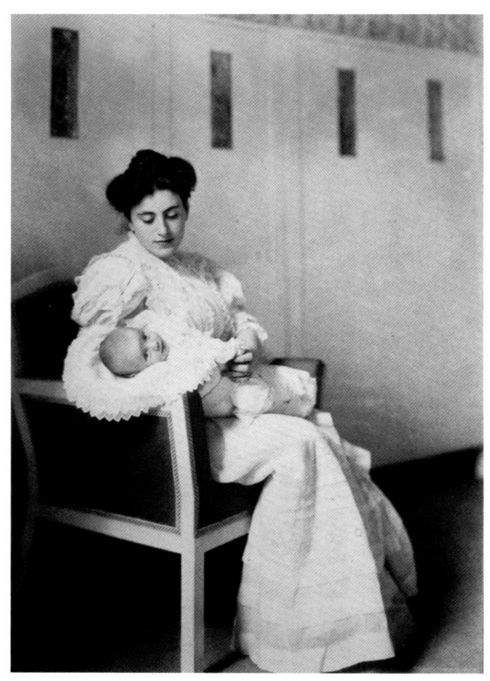

Abb. 3 Margaret Stonborough-Wittgenstein
Privatbesitz

Abb. 4 Leopoldine und Karl Wittgenstein
Courtesy of the Michael Huey and Christian Witt-Dörring Photo Archive

Abb. 5 Fritz und Lili Waerndorfer
MAK, WWF-213-4

Abb. 6 Helene Hochstetter
MAK, WWF-213-4

Ursula Prokop

Der Auftraggeberkreis Josef Hoffmanns als Spiegel des gesellschaftlichen Wandels im Fin de Siècle

Neben diversen öffentlichen Projekten reflektiert nicht zuletzt die äußerst umfangreiche Anzahl der privaten AuftraggeberInnen Josef Hoffmanns die sozialen Gegebenheiten der Zeit. Eine nähere Betrachtung der maßgeblichen Persönlichkeiten – wobei dies nur eine Auswahl sein kann und sich vor allem auf die Zeit vor dem Ersten Weltkrieg konzentriert – soll dies verdeutlichen.

Nur wenige andere Architekten konnten so schnell Karriere machen wie Josef Hoffmann. Knapp zwei Jahre nach Beendigung seiner Ausbildung engagierte sich der erst Siebenzwanzigjährige 1897 als Gründungsmitglied der Künstlervereinigung „Secession" und beteiligte sich maßgeblich an deren Ausstellungen, die schnell zu einem ästhetischen Paradigmenwechsel führen sollten. Der Erfolg der Reformbewegung, die insbesondere beim Großbürgertum Anklang fand, das nach neuen Repräsentationsmustern gierte, verschaffte auch Hoffmann in Kürze Aufträge. Neben einigen kleineren Wohnungseinrichtungen im Freundeskreis erhielt er seine ersten Bauaufträge vor allem seitens der Familie
4 Wittgenstein, die einschließlich der zahlreichen Verwandten einen umfangreichen Clan darstellte.[1] Durch ihr Engagement in der Großindustrie – insbesondere im Kohle-Stahlbereich – gehörte sie zu den reichsten Familien ihrer Zeit in der Donaumonarchie.

Wesentlich waren hier vor allem die beiden Brüder Paul sen. (1842–1928) und Karl (1847–1913), die in kurzer Folge 1899/1900 die Adaptierung des Landhauses Bergerhöhe bzw. den Bau der Wittgenstein'schen Forstverwaltung (beide in Hohenberg/NÖ) Hoffmann übertrugen. Die Wittgensteins, die bis dahin eher für ihr Musikinteresse bekannt waren, standen jedoch von Anfang an mit der Secessionsbewegung in engem Kontakt. Sowohl Paul sen. als auch seine Nichte Hermine, die älteste Tochter Karls, waren beide engagierte Amateurmaler und befreundet mit Gründungsmitgliedern der Secession wie Franz Hohenberger, Viktor Krämer, Rudolf von Alt u. a.[2] Daher wurden die Wittgensteins schon bald zu bedeutenden Mäzenen der Wiener Moderne[3] und Auftraggeber Hoffmanns, der praktisch als „Hausarchitekt" der Familie und der umfangreichen Verwandtschaft tätig war. Dazu kommt noch der große Freundes- und Bekanntenkreis, wie z. B. Alexander Pazzani, der als Direktor in den Wittgenstein'schen Unternehmen tätig war und für den Hoffmann ebenfalls einige Projekte ausgeführt hat. Bemerkenswerterweise traten auch mehrmals die Frauen des Clans als „Bauherrinnen" hervor. Sowohl Margaret Stonborough (eine Toch- 3
ter Karls) als auch Helene Hochstetter (Schwägerin von Paul 6
sen.) und deren Nichte Anna Schmedes vergaben eigenständig Aufträge an Hoffmann.[4] Von den zahlreichen Wohnungseinrichtungen, Villen, Landhäusern, Verwaltungsbauten, Grabmälern und anderem mehr, die Hoffmann für die Wittgensteins entwarf, ist neben dem Jagdhaus auf der Hochreith (um 1905) vor allem die evangelische Kirche in St. Aegyd/NÖ hervorzuheben. Der um 1902 errichtete Bau, der erstaunlich wenig beachtet wird, war in seiner Schlichtheit wegweisend für den modernen Kirchenbau und verdankt sich sicher nicht zuletzt dem Umstand, dass sowohl die Wittgensteins als auch Hoffmann protestantisch waren.[5] Erst nach dem Tod Karl Wittgensteins 1913 wandte sich die jüngere Generation der Familie, beeinflusst von Ludwig Wittgenstein, dem jüngsten Sohn und späteren Philosophen, von der Idee des Hoffmann'schen Gesamtkunstwerks ab.

Neben diesem – schon rein quantitativ – bedeutenden Auftraggeberkreis zählten natürlich die Mitglieder des inneren Zirkels von Secession und Wiener Werkstätte zu den frühen Förderern Hoffmanns. Dazu gehören Einrichtungen für den Maler Max Kurzweil, für den mit Hoffmann befreundeten Textilindustriellen und Direktor der Wiener Werkstätte
Fritz Waerndorfer und für die Grafikerin und Schwägerin 5
Kolo Mosers Magda Mautner-Markhof sowie deren Mutter Editha. Auch der Modesalon der Schwestern Flöge für die enge Vertraute Gustav Klimts Emilie Flöge sowie das Doppelhaus für Carl Moll und Moser, um nur einige zu nennen, sind diesem Umfeld zuzuordnen. Alle diese Projekte wurden innerhalb weniger Jahre um 1900 realisiert.[6]

Zu wichtigen Auftraggebern aus Hoffmanns Frühzeit gehört auch das Ehepaar Knips, wobei vor allem Sonja Knips, die adeliger Geburt war, eine wichtige Rolle gespielt hat. Bereits 1898 von Klimt porträtiert, war sie von Anbeginn mit der Wiener Moderne verbunden. Anton Knips verfügte als Großindustrieller in der Metallindustrie über die nötigen finanziellen Mittel, die seiner Frau ein großzügiges Mäzenatentum ermöglichten.[7] 1903 übertrug das Ehepaar Knips Josef Hoffmann die Einrichtung der Wiener Stadtwohnung wie auch die Errichtung eines Landhauses in Kärnten. Zahlreiche weitere Aufträge sollten folgen. Neben der mehrmaligen Neugestaltung der Wiener Wohnung durfte er 1919 das Grabmal für den gefallenen Sohn entwerfen und 1925 schließlich die Villa Knips in Wien-Döbling errichten, die in Hoffmanns Œuvre der Zwischenkriegszeit eine wichtige Stellung einnimmt. Das Ehepaar Knips bewohnte über den Zweiten Weltkrieg hinaus die von Hoffmann eingerichteten Wohnsitze.[8]

Im Netzwerk der Auftraggeber spielten auch die publizistischen Propagatoren der Wiener Moderne, wie Hermann Bahr und Berta Zuckerkandl, eine wichtige Vermittlerrolle. So gehörte dem Literatenkreis um Bahr auch der Lyriker Richard Beer-Hofmann an. Die bemerkenswerte Villa, die Josef Hoffmann für den Dichter um 1905 in Wien-Währing errichtet hat, zählt zu den Hauptwerken aus der Frühzeit des Architekten.[9] Berta Zuckerkandl wiederum stellte den Kontakt zu ihrem Schwager Victor Zuckerkandl her (1851–1927), der als Bauherr des Sanatorium Westend (1904) agierte. Als Großunternehmer in der deutschen Stahlindustrie tätig, verfügte er über große finanzielle Ressourcen. Neben einer umfangreichen Kunstsammlung investierte er sein Geld in mehrere Sanatorien, darunter das berühmte „Westend" in Purkersdorf/NÖ, das als Paradigma eines „Gesamtkunstwerks" zu Hoffmanns progressivsten Projekten gehört. Zuckerkandl pendelte zwischen Wien und Berlin und spielte als Vertrauter Walter Rathenaus während des Ersten Weltkriegs eine wichtige Rolle bei der wirtschaftlichen Zusammenarbeit von Österreich-Ungarn und dem Deutschen Reich. Seine umfangeiche Kunstsammlung wurde nach seinem Tod 1927 versteigert.[10] Die jüdische Familie Zuckerkandl, für die Hoffmann noch einige weitere Projekte ausgeführt hatte, war als Opfer der Shoa durch Ermordung und Beraubung besonders betroffen.[11]

Dem inneren Kreis der Wiener Moderne ist im weitesten Sinn auch der Bauingenieur Eduard Ast (1868–1945) zuzuordnen. Annähernd gleich alt wie Hoffmann, lernten die beiden einander schon Ende der 1890er Jahre kennen, als Hoffmann nach seinem Studium vorübergehend im Atelier von Otto Wagner arbeitete und mit den Pavillons der Wiener Stadtbahn befasst war, an deren Ausführung die Baufirma Eduard Ast beteiligt war.[12] Eduard Ast hatte 1898 gerade sein Unternehmen gegründet und, nachdem er das Patent auf das System „Hennebique" erworben hatte, sich auf den damals jungen Eisen-Betonbau spezialisiert.

In der Folge wurden sowohl Hoffmann als auch Ast Nutznießer des Modernisierungsschubs, der Anfang des 20. Jahrhunderts sowohl in ästhetischer als auch in bautechnischer Hinsicht erfolgte und ihre Zusammenarbeit prägte. Ein Indiz dieser Verbundenheit ist ein 1902 von Hoffmann entworfenes Logo für die Firma Ast.[13] Gemeinsam konnten sie zahlreiche bedeutende Projekte der Wiener Moderne realisieren, darunter das erwähnte Sanatorium Westend und schließlich die große *Kunstschau* von 1908. Als erfolgreicher Unternehmer und engagierter Kunstfreund beauftragte Ast ein Jahr später Hoffmann mit dem Bau seiner Villa in Wien-Döbling, die eines der Glanzstücke im Schaffen Hoffmanns werden sollte. Auch in den folgenden Jahren arbeiteten sie bei verschiedenen Projekten zusammen. 1923 beauftragte Ast den Architekten neuerlich mit der Errichtung eines Landhauses in Velden am Wörthersee und dem Grabmal seines früh verstorbenen Sohnes. Die Wirtschaftskrise und die schlechte Baukonjunktur Anfang der 30er Jahre trafen Ast allerdings besonders hart, er verlor praktisch sein gesamtes Vermögen und musste seine Villa verkaufen,[14] die schließlich von Alma Mahler erworben wurde und bis zu ihrer Emigration ein Zentrum des geistigen Lebens in Wien war.

Der schnelle Erfolg Josef Hoffmanns führte dazu, dass man über den inneren Kreis hinaus auch bald in vermögenden Unternehmer- und Finanzkreisen auf ihn aufmerksam
wurde. Dazu gehörte die belgische Familie Stoclet, die auf 1
dem Gebiet des Bank- und Bahnwesens tätig war und enge geschäftliche Beziehungen zu Österreich unterhielt. Victor Stoclet war sowohl Miteigner der Aspang-Bahn als auch im Vorstand der Österr. Escompte-Bank. Sein Sohn Adolphe (1871–1949), der in Wien lebte und ein häufiger Besucher der Secessionsausstellungen war, wurde angeblich von Carl Moll, dessen Villa er bewunderte, mit Hoffmann bekannt gemacht.[15] Den Wunsch, sich gleichfalls von dem Architekten ein Haus auf der Hohen Warte errichten zu lassen, musste Adolphe Stoclet jedoch nach dem plötzlichen Tod seines Vaters 1904 aufgeben und nach Brüssel zurückkehren. Dies führte dazu, dass das Palais Stoclet, Hoffmanns aufwendigster und spektakulärster Bau, in der belgischen Hauptstadt errichtet wurde. Unerschöpfliche Geldquellen, die wahrscheinlich aus der Kolonie Belgisch-Kongo stammten, ermöglichten die ultimative Umsetzung des Ideals eines erlesenen Gesamtkunstwerks.

Gleichfalls aus dem Bank- und Industriebereich kamen
die beiden Cousins Robert und Otto Primavesi. Insbesondere 2
Otto (1868–1926) war als Vizepräsident der mährischen Handelskammer und Vertrauensmann des Österreichischen Werkbunds auch beruflich mit der neuen Kunstbewegung konfrontiert.[16] Den unmittelbaren Kontakt zu Hoffmann dürfte der Bildhauer Anton Hanak anlässlich der Kunstausstellung in Rom 1911 herbeigeführt haben. Hanak, der des Öfteren mit Hoffmann zusammengearbeitet hatte, hatte bereits mehrmals diverse Kunstobjekte für die Primavesis in Olmütz/Olomouc (Mähren) ausgeführt. Hoffmann erhielt dann innerhalb kurzer Zeit mehrere Aufträge seitens der Bankiersfamilie. Für Otto Primavesi in Olmütz richtete er einige Zimmer in dessen Stadtvilla ein und adaptierte das Bankhaus im Stadtzentrum, um schließlich 1913 den großen Auftrag für den Bau eines Landhauses im mährischen Winkelsdorf/Kouty nad Desnou zu erhalten. Das in einer Synthese von ländlicher Architektur und klassizierenden Elementen errichtete Gebäude mit seinen von der Wiener Werkstätte durchgestylten Räumen wurde für einige Jahre ein beliebter Ort für Künstlerfeste, wobei neben der mährischen Herkunft der Protagonisten auch die Hausfrau Mäda (Eugenia Primavesi) eine nicht unbedeutende Rolle spielte.[17] Auch Cousin Robert Primavesi (1854–1926) in Wien beauftragte Hoffmann 1913 mit der Adaptierung einer älteren Villa für seine Lebensgefährtin Josefine Skywa, für die er allerdings kurz darauf die Prachtvilla in der Gloriettegasse in Wien-Hietzing errichten ließ, die den glanzvollen Abschluss von Hoffmanns Schaffen vor dem Ersten Weltkrieg darstellt. Mit den Primavesis blieb Hoffmann noch über den Krieg hinaus eng verbunden. Als die Wiener Werkstätte 1914 liquidiert und als Betriebsgesellschaft neu gegründet wurde, stieg Otto Primavesi mit seiner Frau Mäda und Cousin Robert mit einer Stammeinlage von 200.000 Kronen in das Unternehmen als Geschäftsführer ein.[18] Die Wirtschaftskrise Anfang der 1930er Jahre trieb dann allerdings das familieneigene Bankhaus und in der Folge die Wiener Werkstätte in den Ruin.

Auch die Industriellenfamilie Böhler, die mit ihrem Stammwerk im steirischen Kapfenberg und zahlreichen weiteren Unternehmen in der Rüstungs- und Eisenindustrie der Monarchie eine wichtige Rolle spielte, war aufgrund des Umstands, dass nicht wenige Mitglieder der weit verzweigten Familie selbst künstlerisch tätig waren, von Anbeginn in die Kunstszene der Wiener Moderne eingebunden. Bereits Otto

Abb. 7 Verkaufsstand der WW am Künstlergartenfest in Weigl's Dreher Park in Meidling am 6. und 7. Juni 1907. L. außen Sonja Knips, 2. v.r. Lili Waerndorfer, r. außen Berta Zuckerkandl
MAK, KI 13744-11-2

Böhler sen. (1847–1913), Miteigner der Böhler-Werke, hatte sich als „Silhouettist" – insbesondere mit Scherenschnitten berühmter Musiker – einen Namen gemacht.[19] Diese Kunstneigung hat sich auch auf die nächste Generation übertragen, sowohl sein Sohn Hans (1884–1961) als auch sein Neffe Heinrich (1881–1940) waren als Maler tätig. Insbesondere letzterer vergab ab 1909 an Hoffmann unzählige Aufträge: Neben einigen Wohnungseinrichtungen beschäftigte er ihn bis in die 30er Jahre immer wieder mit diversen Umbauten seiner Villa in Baden bei Wien.[20] Neben weiteren Familienmitgliedern, die sich ihre Wohnungen und Ateliers einrichten ließen, war es jedoch Otto jun. (1878–1946) vorbehalten, den bedeutendsten Auftrag an Hoffmann zu vergeben. In Kapfenberg, wo er in den Böhler-Werken bis über den Zweiten Weltkrieg tätig war, ließ er sich von Hoffmann 1909/10 ein Landhaus errichten, das ein beredtes Beispiel von dessen Virtuosität in der Synthese von Lokalstil und Repräsentation darstellt.[21] Gleichfalls für Kapfenberg war noch als weiteres gemeinsames Projekt ein Theater geplant, es wurde allerdings nicht realisiert.

Diese kleine Auswahl der wichtigsten Auftraggeber Hoffmanns, die auch alle eingebettet im Netzwerk der Wiener Künstlerkreise waren, reflektiert die gesellschaftlichen Gegebenheiten der Zeit: Während der alte Adel praktisch keine Rolle mehr spielt, ist es das ökonomisch potente Großbürgertum, das die Funktion des Mäzenatentums übernimmt. Bemerkenswert ist, dass auch bis dahin an den Rand gedrängte Teile der Bevölkerung, die vor kurzer Zeit nicht oder nur eingeschränkt geschäftsfähig waren, wie Juden und Frauen, zu wichtigen Akteuren werden, wobei es hier oft fließende Grenzen gibt. Sie alle waren bereit, neue Wege zu gehen, die die Ästhetik des 20. Jahrhunderts maßgeblich beeinflussen sollten. ■

1 Zum Verwandtenkreis der Wittgensteins gehören auch die Familien Hochstetter, Figdor und Salzer, für die Hoffmann gleichfalls tätig war.
2 Siehe dazu Ursula Prokop: Margaret Stonborough-Wittgenstein, Wien u.a. 2003, 36 ff.
3 Karl Wittgenstein beteiligte sich auch maßgeblich an der Finanzierung des Secessionsgebäudes.
4 Zur Auflistung der Aufträge Hoffmanns siehe: Elisabeth Kamenicek: Die Wittgensteins als Sammler, Bauherren und Mäzene, in: Berg, Wittgenstein, Zuckerkandl, zentrale Figuren der Wiener Moderne (Kat.), hg. v. Bernhard Fetz, Wien 2018, 123 ff.
5 Obwohl jüdischer Herkunft waren die Wittgensteins bereits in zweiter Generation getauft, mit Christen verheiratet und verstanden sich nicht im herkömmlichen Sinn als „Juden".
6 Siehe WV bei Eduard F. Sekler: Josef Hoffmann. Das architektonische Werk, Salzburg/Wien 1982.
7 Sonja Knips war eine geborene Freifrau Potier des Echelles, siehe dazu: Tobias Natter/Gerbert Frodl: Klimt und die Frauen, Köln 2000, 84 ff.
8 Anton Knips verstarb 1946, Sonja Knips lebte zuletzt in ihrem Landhaus in Kärnten.
9 Die Villa wurde 1970 abgerissen.
10 Nachruf Victor Zuckerkandl, Wiener Zeitung 11.7.1927, 9.
11 Die Familie bestand aus den vier Brüdern: Emil (Anatom) verh. mit Berta Szeps, Otto (Urologe), Viktor (Großindustrieller) und Richard (Jurist).
12 Ed. Ast u. Co, Ingenieure, Wien 1903, 24.
13 Freundliche Auskunft von Otto Kapfinger, auch das Layout der firmeneigenen Publikationen (siehe Anm. 12) scheint auf Hoffmann zurückzugehen. Siehe auch Kapfingers Beitrag in diesem Buch.
14 Freundliche Auskunft Frau Judith Pavelak-Ast (Großnichte von Eduard Ast).
15 Sekler 1982, 97 (wie Anm. 6).
16 Pavel Zatloukal: Anton Hanak und die Mäzenatenfamilie Primavesi, in: Friedrich Grassegger/Wolfgang Krug: Anton Hanak, Wien u. a. 1997, 112 ff.
17 Sowohl die Primavesis (die ursprünglich lombardischer Herkunft waren) als auch Anton Hanak und Josef Hoffmann stammten aus Mähren.
18 Zum genauen Ablauf siehe Peter Noever (Hg.): Der Preis der Schönheit. 100 Jahre Wiener Werkstätte, Ostfildern-Ruit 2003, 226 ff. Herta Neiss: Unternehmensgeschichte WW, in: Parnass (23) 4 2003, 28 f. – 1925 zog sich Otto Primavesi aus dem Unternehmen zurück und überließ alle Anteile seiner Frau.
19 Siehe Andreas Beyer/Bénédicte Savoy/Wolf Tegethoff (Hg.): Allgemeines Künstlerlexikon, online, 2009.
20 Die letzte Adaptierung erfolgte 1934.
21 Das Haus ist nicht mehr erhalten.

Abb. 1 Schaufenster der Dresdner Werkstätten für Handwerkskunst mit Produkten der Wiener Werkstätte, um 1906
Preisbuch Dresdner Hausgerät, Dresdner Werkstätten für Handwerkskunst, Dresden 1906, 81

Klára Němečková

Emanzipation vom Mäzenatentum

Josef Hoffmann und die Deutschen Werkstätten Hellerau

> „Junge Betriebe – Werkstätten nennen sie sich im Unterschied zu Möbelmagazinen und Fabriken – haben sich mit den Künstlern vereinigt. Sie wollen das deutsche Heim zweckvoll, gediegen und zeitgemäß einrichten. Den Künstlern ist die Wirkung in die Breite, den Käufern die Verbindung mit den Künstlern durch die Werkstätten gesichert",[1]

heißt es im *Preisbuch der Deutschen Werkstätten*, in dem auch Möbelentwürfe der Wiener Werkstätte vorgestellt wurden, über die Ziele der sogenannten „Werkstätten". Die von Karl Schmidt 1898 gegründeten Dresdner Werkstätten für Handwerkskunst, später Deutsche Werkstätten Hellerau, gehörten zu den frühesten reformierten Herstellern von Möbeln und gesamten Interieurs im deutschsprachigen Raum. Von Beginn an war ihr Gründer an einer breiten Wirksamkeit seiner Ideen von qualitativ und ästhetisch hochwertiger Gestaltung interessiert.

Schmidt suchte bereits in den ersten Jahren nach Unternehmensgründung nach Kontakten zu Gleichgesinnten, bemühte sich um eine internationale Vernetzung und um Entwürfe von namhaften Künstlern der Reformbewegung, mit denen er seine Werkstätten in einem größeren Kontext verorten konnte. So wurden Charles Rennie Mackintosh, Mackay Hugh Baillie Scott, Richard Riemerschmid und viele bislang zu wenig beachtete Gestalterinnen wie Marie von Geldern-Egmond oder Gertrud Kleinhempel zu künstlerischen Mitarbeitern und Mitarbeiterinnen der Werkstätten.

Gerade die Breitenwirkung der seriell hergestellten und preislich moderaten Entwürfe wird in einem Schreiben an Josef Hoffmann als der größte Unterschied zu der von ihm mitbegründeten Wiener Werkstätte hervorgehoben:

> „Zwischen den Wiener und den Deutschen Werkstätten hat immer ein beträchtlicher Unterschied insofern bestanden: Die Wiener Werkstätten haben, abgesehen von Stoffen, im wesentlichen Einzelstücke oder doch nicht große Mengen herzustellen versucht. Die Deutschen Werkstätten haben 8 eigene Verkaufsstellen und die 30 größten und besten Möbelhändler in Deutschland als Vertreter. [...] Es ist vorgekommen, daß von einem Zimmer, einem Möbel oder kunstgewerblichen Gegenstand über 100 Bestellungen aufgegeben wurden."[2]

Auf der Grundlage von Hoffmanns Engagement in der deutschen Kunstgewerbebewegung kann im Folgenden gezeigt werden, dass er der Idee einer Breitenwirkung durchaus nicht abgeneigt war.

Erste Kontakte

1904 begannen die *Dresdner Werkstätten für Handwerkskunst* Produkte der ein Jahr zuvor entstandenen Wiener Werkstätte zu vertreiben. Die in ihrer Ästhetik radikal neuen und gewagten Entwürfe boten dem Dresdner Publikum sicherlich ein vollkommen ungewohntes Bild von Gestaltung. Die unmittelbare Aufnahme der Produkte in das Repertoire der Firma signalisiert Schmidts Entschiedenheit bei der Durchsetzung eines neuen Stils im Kunstgewerbe über das eigene Unternehmen hinaus. Vor allem Produkte aus gestanztem Eisenblech oder Silber – die so kühn das Motiv des Quadrats ins Zentrum der Gestaltung rückten – wurden in den Läden der Dresdner Werkstätten präsentiert, wie beispielsweise auf zeitgenössischen Abbildungen der Schaufenster unter anderem der Blumenständer und das Tintenfass nach einem Entwurf von Josef Hoffmann zu erkennen sind. An- 1
hand der Unterlagen des Wiener Werkstätte-Archivs konnte nachgewiesen werden, dass knapp 120 Modelle der Metallwerkstatt vor allem in den Jahren 1904 und 1905 als Kommissionsware nach Dresden geliefert wurden.[3] Der Grund dafür mag gewesen sein, dass die Dresdner Werkstätten zu diesem Zeitpunkt noch keine eigene Metallwerkstatt betrieben.

Gründung des Deutschen Werkbundes

Die Beziehung zur Wiener Werkstätte schien sich 1907, dem Jahr der Gründung des Deutschen Werkbundes, zu intensivieren. Es ist anzunehmen, dass zumindest Gespräche bezüglich einer engeren Kooperation der beiden Werkstätten, die mehr als eine Übernahme von fertigen Produkten bedeutete, geführt wurden.[4] Schmidts Überlegungen im Vorfeld der Werkbundgründung gingen davon aus, dass sich Reformgedanken lediglich in einem großen Verbund von verschiedenen Werkstätten wirksam durchsetzen ließen und den Einflussbereich vergrößern konnten. In diese Zeit fallen seine Verhandlungen mit den *Vereinigten Werkstätten* in München, die jedoch nicht erfolgreich waren. Anstelle dessen gelang ihm aber, eine Kooperation mit den Münchner *Werkstätten für Wohnungseinrichtung* von Karl Bertsch zu initiieren und in der Folge die Unternehmen in *Deutsche Werkstätten für Handwerkskunst* umzubenennen.

Abb. 2 JH, Schlafzimmer Nr. 77,
Deutsche Werkstätten Hellerau, um 1913
Preisbuch Das deutsche Hausgerät, Deutsche Werkstätten, 11. Auflage, 1913

Abb. 3 JH, Speisezimmer Nr. 9,
Deutsche Werkstätten Hellerau, um 1913
Preisbuch Das deutsche Hausgerät, Deutsche Werkstätten, 11. Auflage, 1913

Auch die Wiener Werkstätte verhandelte zur selben Zeit mit den Münchner Vereinigten Werkstätten über eine Übernahme von Produkten. Als Akteur wird bei Verhandlungen Fritz Waerndorfer erwähnt, der in einem Brief von einem großen Werkstätten-Ring schreibt, der entstehen könnte.[5] Im Gefolge der *Dritten Deutschen Kunstgewerbeausstellung*, die in Dresden 1906 veranstaltet worden war, schien sich die Lage der Reformwerkstätten zu stabilisieren. Die Unternehmen suchten jeweils selbst nach einer Organisationsform, die ihnen einen stärkeren Einfluss verleihen und sowohl die Durchsetzung der wirtschaftlichen als auch der künstlerischen Interessen befördern würde. So wurden Josef Hoffmann als Künstler und die Wiener Werkstätte als Firma mit Karl Schmidt und seinen Werkstätten zu Gründungsmitgliedern des Deutschen Werkbundes.

Entwürfe für die serielle Produktion

Ihre ersten berühmten Maschinenmöbel hatten die Deutschen Werkstätten der Öffentlichkeit auf der *Dresdner Kunstgewerbeausstellung* präsentiert. Noch im gleichen Jahr 1906 begann ihr Vertrieb als „Dresdner Hausgerät" ausschließlich nach Entwürfen von Richard Riemerschmid. Doch schon wenige Jahre später stand den Käufern eine bemerkenswerte Bandbreite von Entwürfen zahlreicher weiterer Gestalter wie Peter Behrens, Lucian Bernhard, Heinrich Tessenow, Margarete Junge, Marie von Geldern-Egmond und eben Josef Hoffmann zur Auswahl.

Bei den ersten Möbeln von Josef Hoffmann und Koloman Moser, die Eingang in die *Preisbücher der Deutschen Werkstätten für Handwerkskunst* fanden, handelte es sich keineswegs um exklusive Entwürfe für das Unternehmen. Sowohl das *Damen*- als auch das *Ping-Pong-Zimmer* beispielsweise, die in dem Preisbuch *Handgearbeitete Möbel* von 1909 publiziert wurden, gehen auf zwischen 1903 und 1906 entworfene individuelle Interieurs der Wiener Werkstätte – z.B. für das Sanatorium Purkersdorf – zurück.[6] Bebildert wurden die Möbel durch Dokumentationsfotografien. Die Aufnahme der Möbelmodelle in den Verkaufskatalog signalisierte deren Hinwendung zur seriellen Produktion und die damit einhergehende Preisgabe der Exklusivität, was eine Anpassung der Maße und des Materials mit sich brachte. Ein wichtiger Faktor in der Orientierung der Herstellung auf die Deutschen Werkstätten war sicherlich die Auflösung der WW-eigenen Tischlerwerkstatt und die Vision neuer Absatzmärkte. Dass dies tatsächlich intendiert wurde, zeigen weitere Produktangebote ab 1913. Während von Moser lediglich der bereits 1905 für das Berliner Wohnzimmer Margaret Stonboroughs entworfene *Bibliotheksschrank* fast identisch in den Preisbüchern *Das deutsche Hausgerät*[7] aufgenommen wird, wurden drei komplette Zimmereinrichtungen nach Entwürfen von Hoffmann den Kunden angeboten.[8] Das *Speisezimmer*

Abb. 4 JH, Schlafzimmer Nr. 76,
Deutsche Werkstätten Hellerau, um 1912
Preisbuch Das deutsche Hausgerät, Deutsche Werkstätten, 10. Auflage, 1913

Abb. 5 JH, Schlafzimmer Nr. 40303,
Deutsche Werkstätten Hellerau, um 1938
HStADD, 11764, Deutsche Werkstätten Hellerau, F 3004

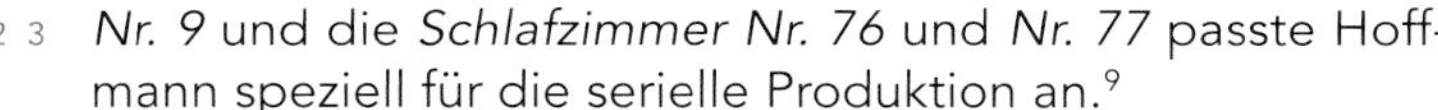

Abb. 6 JH, Speisezimmer Nr. 40307,
Deutsche Werkstätten Hellerau, um 1938
HStADD, 11764, Deutsche Werkstätten Hellerau, F 2473

2 3 *Nr. 9* und die *Schlafzimmer Nr. 76* und *Nr. 77* passte Hoffmann speziell für die serielle Produktion an.[9]

4 Beim *Schlafzimmer Nr. 76* nutzte er die klar gerahmten Flächen und ihr Verhältnis zueinander als gestalterisches Mittel. Die glatten Flächen der Türen und Bettstirnseiten sind durch umlaufende, einfache Profilierungen abgesetzt. Der Entwurf verzichtet auf eine separate Fußausbildung, sondern setzt den Korpus direkt auf den Boden. Auch das *Speisezimmer Nr. 9* baut auf geometrischen Formen auf. Hoffmann wählte erneut eine spezielle Standsituation, die die Klarheit des gesamten Aufbaus unterstützte. Im Gegensatz zum Schlafzimmer handelt es sich hier jedoch um eine auffallend hochgestellte, kufenförmige Fußkonstruktion, die den Korpus weit vom Boden abhebt. Sie entspricht in ihrer Schlichtheit und Variabilität den Typisierungsbestrebungen des Unternehmens, die sich vermehrt seit dem Umzug in die neuen Fertigungshallen in Hellerau im Jahr 1910 manifestieren sollten. Lediglich die Proportionen, die Türfronten und Standbeine konnten individuell angepasst werden.

Neben den Möbeln sind Entwürfe Hoffmanns für Textilien und Tapeten nachweisbar.[10] Mit dem Jahr 1907 gingen die Deutschen Werkstätten eine im Sinne des Deutschen Werkbunds beispielhafte Kooperation mit dem Tapetenhersteller Erismann & Cie. ein, der in maschineller Fertigung Tapeten nach Künstlerentwürfen herstellte. Unter den frühen Mustern lassen sich auch zwei Motive nach Entwurf von Josef Hoffmann identifizieren. Es handelt sich um eine Variation des Dekors *Efeu*, das als Textil von der österreichischen Firma Backhausen ausgeführt wurde. Das andere Motiv zeigt für die Wiener Werkstätte, insbesondere Hoffmann, typische Motive wie kleine Quadrate, eine geometrische Aufteilung der Fläche in Rechtecke und ein stilisiertes Blatt.

Spätwerk für die Deutschen Werkstätten Hellerau

Im Jahr 1944 wurde die Zusammenarbeit der Deutschen Werkstätten Hellerau mit Josef Hoffmann erneut mit einem Vertrag fixiert.[11] Es dürfte sich um eine vergleichbare Form der Kooperation gehandelt haben wie bereits um das Jahr 1911. Explizit wurde auf die Exklusivität der Entwürfe hingewiesen und auf die Zahlung einer entsprechenden Provision.

> „Sie werden auf die Dauer dieser Vereinbarung Entwürfe für Möbel und Innenausbauten durch die Deutschen Werkstätten herstellen lassen, bei Innenausbauten, soweit Ihnen Ihre Bauherren nicht ausdrücklich andere Lieferfirmen vorschreiben."

Das Künstlerhonorar wurde als Netto-Fakturen-Umsatz abgerechnet. Die Vergütung lag bei 2 Prozent bei Serienmöbeln und 5 Prozent bei Handarbeitsmöbeln.

Der Vertrag hat sich im Firmenarchiv ebenso erhalten wie Fotografien von zwei Einrichtungen[12]. Das *Schlafzimmer* 5 6
Nr. 40303 und *Speisezimmer Nr. 40307* zeigen gediegene Entwürfe aus einer Zusammenarbeit in den 1930er Jahren noch vor dem besagten Vertrag. Obwohl im Vertrag eine Bewerbung in den Preisbüchern erwähnt ist, wird es dazu nicht mehr gekommen sein. Die Umbrüche der Nachkriegszeit beendeten die Zusammenarbeit. Bemerkenswert bleibt Hoffmanns Initiative, sich mit dem Unternehmen zu vernetzen und aktiv an der Umsetzung des Werkstattgedankens mitzuwirken. ■

1 Handgearbeitete Möbel. Deutsche Werkstätten für Handwerkskunst, Leipzig 1909, 5.
2 Brief der Deutschen Werkstätten Hellerau an Josef Hoffmann vom 20.12.1944; HStADD, 11764 Firmenarchiv der Deutschen Werkstätten Hellerau Nr. 559, Verträge, Vereinbarungen und Schriftverkehr mit Prof. Josef Hoffmann, Wien, o. S.
3 Für die freundliche Auskunft danke ich Elisabeth Schmuttermeier, MAK Wien, auf der Grundlage der Modellbücher Silber und Metall.
4 Vgl. Klára Němečková: Internationale Netzwerke von Karl Schmidt, in: Dresdner Kunstblätter (62) 3 2018, 12–21; Dies.: Knotenpunkt „Deutsche Werkstätten" zwischen Glasgow, Bedford und Wien – Internationale Verortung einer Dresdner Vision, in: Drehscheibe Dresden. Lokale Kunstszene und globale Moderne, Dresden 2018, 24–32.
5 Zu den Bemühungen Fritz Waerndorfers und die Verbesserung der wirtschaftlichen Lage der Wiener Werkstätte vgl. Christian Witt-Dörring: Furniture, in: Ders./Janis Staggs (Hg.): Wiener Werkstätte 1903–1932. The Luxury of Beauty, München 2017, 212–259: 217 f.
6 Vgl. Handgearbeitete Möbel 1909, 22, 41 (wie Anm. 1). Bei den Interieurs handelt es sich um die Einrichtung des Sanatorium Purkersdorf.
7 Im Gegensatz zum Preisbuch *Handgearbeitete Möbel* handelte es sich bei *Das deutsche Hausgerät* um den Katalog für maschinell hergestellte Möbel, die von den *Deutschen Werkstätten Hellerau* in einer weitaus höheren Auflage und auf Lager hergestellt wurden.
8 Vgl. Preisbuch Das Deutsche Hausgerät, Deutsche Werkstätten Hellerau, 10., 11. und 12. Auflage, 1913.
9 Witt-Dörring spricht davon, dass einzig das Schlafzimmer Nr. 77 von Hoffmann speziell für die Deutschen Werkstätten entworfen wurde. Vgl. Witt-Dörring 2017 (wie Anm. 5).
10 Vgl. Klára Němečková/Kerstin Stöver: Erismann & Cie. – Künstlertapeten für die Deutschen Werkstätten, in: Dresdner Kunstblätter (62) 3 2018, 32–39: 35.
11 HStADD, 11764 (wie Anm. 2).
12 Bei den Aufnahmen handelt es sich wahrscheinlich um Ensembles, die für den Katalog *Handgearbeitete Möbel* von 1938 der Deutschen Werkstätten Hellerau gedacht waren, aber nie Eingang gefunden haben; ob die mangelnde Anerkennung Hoffmanns seitens der Nationalsozialisten der Grund gewesen sein mag, kann nur vermutet werden.

Abb. 1 Carl Bergsten, Möbel und Interieur auf der Allgemeinen Schwedischen Kunsthandwerk- und Kunstgewerbeausstellung in Stockholm, 1909

Carl L. Bendix, Erik G. Folcker (Hg.), Det svenska konsthandtverket 1909, Stockholm 1910

Jan Norrman

Strahlende Energie, fröhlich-kapriziöse Kraft

Josef Hoffmann und die Wiener Werkstätte in Schweden

Der Einfluss Josef Hoffmanns und der Wiener Werkstätte auf das Design und die Gebrauchsgüter Schwedens lässt sich auf zwei wesentliche Faktoren zurückführen – schwedische Architekten, die sich auf dem Kontinent Inspirationen holten, und eine Reihe von Ausstellungen in Warenhäusern und Kunstinstitutionen, die bei den Konsumenten ein anhaltendes Interesse hervorriefen.

Josef Hoffmann besuchte Schweden mindestens dreimal – zweimal anlässlich der *Österrikisk konstutställning* [Österreichische Kunstausstellung] in der Kunsthalle Liljevalchs im Jahr 1917 sowie im Sommer 1930, als er die Stockholmer Ausstellung besichtigte.

Unmittelbar nach der österreichischen Ausstellung in Liljevalchs 1917 wurde die *Hemutställningen* [Heimausstellung] mit leistbaren Möbeln für die Arbeiterklasse eröffnet. Diese von der Svenska Slöjdföreningen [Schwedische Vereinigung für Werkkunst, vergleichbar dem Deutschen Werkbund] geförderte Ausstellung sollte für die kommenden Jahrzehnte richtungsweisend in Schweden sein. Produzenten, Künstler und Architekten verbündeten sich auf der Suche nach „vackrare vardagsvara" [„schönen Gebrauchsgegenständen"].[1] Daraus entwickelte sich die schwedische Bewegung des Funktionalismus.

Carl Bergsten und Wiener Inspirationen

Die neuen Trends aus Wien wurden in Schweden erstmals von Architekten eingeführt, die von Studienreisen zurückkehrten.[2] Als Carl Bergsten (1879–1935) im Sommer 1904 von durch ein Stipendium ermöglichten Aufenthalten in Deutschland und Österreich zurückkam, überarbeitete er die Einreichung für die Ausstellungsarchitektur der Kunst- und Industrieausstellung in Norrköping 1906. Es handelte sich dabei um den ersten und am stärksten vom Wiener Stil Hoffmanns und Otto Wagners inspirierten Entwurf in Schweden.[3] Von diesem Einfluss zeugte die eiförmige Kuppel der Haupthalle mit ihren aufgeschraubten Ornamenten ebenso wie die Form des Kunsthalleneingangs, die Anklänge an das Ernst-Ludwig-Haus in Darmstadt aufwies, jedoch mit Pfauenornamenten im Wiener Stil versehen war. Das Café mit „seinen orangegelben Wänden, dem grünen Fußboden und dem Dekor in Schwarz und kühlem Grau" erinnerte an Wien.[4] Die von Bergsten entworfenen Stühle ähnelten Hoffmanns Entwürfen für das Cabaret Fledermaus und waren frühe Beispiele für in Schweden hergestellte Bugholzmöbel.[5]

Bei der *Konstindustriutställningen* [Kunsthandwerk- und 1
Kunstgewerbeausstellung] 1909 in Stockholm präsentierte Bergsten ein Interieur mit typischen Markenzeichen Hoffmanns: exklusiven Materialien, kubischen Möbeln in poliertem Holz mit quadratischem Dekor sowie polierten Marmortafeln rund um den Kaminofen. Carl Bergstens Versuche stellten jedoch eher eine Ausnahme dar (und waren wohl auch für seine Karriere hinderlich) – die architektonischen Einflüsse aus Wien erfreuten sich keiner großen Anhängerschaft.[6]

Nordiska Kompaniet 1916 2 3

Die erste Ausstellung mit Objekten der Wiener Werkstätte und Josef Hoffmanns fand im neu eröffneten Warenhaus
Nordiska Kompaniet statt. Im April 1916 wurden im Rahmen 2 3
einer staatlich unterstützten Initiative zur Förderung österreichischer Mode und angewandter Kunst innerhalb einer Woche mehr als 2000 Objekte von 150 Ausstellern präsentiert.[7] Im Kontext der Modeschauen bot sich die Gelegenheit, Vertreter der Modeindustrie, darunter die WW, zu treffen. Textilien und Objekte aus Glas verkauften sich offensichtlich gut; die Ausstellung lukrierte bereits in den ersten Tagen 20.000 schwedische Kronen.

Von dieser Ausstellung erhaltene Fotos zeigen Glas und Keramik, arrangiert auf drapierten Textilien, bedruckt oder aus Spitze. J. & L. Lobmeyr wurde eine eigene Ausstellungsvitrine gewidmet, der WW standen vermutlich mehrere zur Verfügung. Manche der identifizierbaren Objekte waren 1915 in Wien auch in der Ausstellung *Österreichisches Kunst- und Exportglas* im Österreichischen Museum für Kunst und Industrie zu sehen gewesen. Josef Hoffmanns *Jardinière* sowie zwei Vasen aus der Serie *Achteckig Schwarzbronzit* wurden verkauft.[8] Der Erfolg der Produkte der Wiener Werkstätte und das Interesse daran waren nicht zu übersehen – in den folgenden Jahren wurde in Anzeigen regelmäßig damit geworben, dass die lokalen Geschäfte die neueste Mode der WW, sowohl Spitzen- als auch Batikmodelle, führen.[9]

Abb. 2, 3 Ausstellungsvitrinen bei Nordiska Kompaniet, 1916
MAK, KI 9972-8, KI 9972-3

Österreichische Kunstausstellung 1917

1917 wurde Josef Hoffmann zum Kurator der *Österreichischen Kunstausstellung* in der Kunsthalle Liljevalchs ernannt.[10] Er war den ganzen Sommer über eifrig damit beschäftigt, die geeigneten Künstler und Betriebe für die Ausstellung zu finden, die schließlich im September stattfand.[11] Diese wurde wie die Ausstellungen 1916 und später 1930 vom österreichischen Staat sowohl finanziell als auch organisatorisch unterstützt.

Seit der Ausstellung in der Nordiska Kompaniet 1916 bestand Nachfrage nach der Wiener Mode, weshalb Modeunternehmen, einschließlich der WW, in Anzeigen um Kontakte zu Importeuren warben.[12] Die Mode wurde während einer ereignisreichen Woche mit Konzerten und einer Lesung des Malers Ernst Wagner (1877–1951) von 18 Mannequins präsentiert.

Der Aufbau der Ausstellung lässt sich rekonstruieren.[13] Gezeigt wurden über 1000 Objekte, darunter 240 in Form von Gemälden, Zeichnungen und Skulpturen. Die angewandte Kunst war in der Haupthalle in der Nähe des Eingangs untergebracht. In 16 Vitrinen, mit dem Muster *Semiramis* von Dagobert Peche ausgelegt,[14] wurde ein breites Spektrum angewandter Kunst aus Österreich präsentiert. Neben Textilarbeiten junger Künstlerinnen zeigten die wichtigsten Glashersteller aus Böhmen ihre Objekte. Lobmeyr verfügte über zwei und die Wiener Werkstätte über vier Vitrinen an der Stirnseite der Halle; die Wände entlang waren einige skulpturale Arbeiten positioniert, von der Decke herab hingen vier lange bedruckte Textilien.

Anhand der erhaltenen Rechnungen lässt sich nachvollziehen, was bei der Ausstellung verkauft wurde.[15] Otto Lendeckes *Kaiserin Zita* war mit 3.300 Kronen das teuerste Kunstwerk, insgesamt brachten 19 Kunstwerke 8000 Kronen ein. Kein Gemälde von Klimt, Schiele oder Kokoschka fand in Stockholm einen Käufer, das Nationalmuseum erwarb allerdings eine Zeichnung von Klimt. Die Stockholmer Presse erwähnte, dass die „großen Sammler" bei der Eröffnung fehlten. Dafür fand die angewandte Kunst Anklang bei den Stockholmern; 4.096 BesucherInnen zwischen 8. und 30. September.[16] Jeder Kunde wurde mit Titel und Adresse angeführt, die Objekte mit ihren Modellnummern aufgelistet. Die Käufer kamen vorwiegend aus dem nahe gelegenen Östermalm, einem exklusiven Stadtteil Stockholms. Bei überraschend vielen, die einzelne Servicegläser von Lobmeyr oder Spitzen erstanden, findet sich die Anrede Fräulein. Insgesamt wurden 3.079 Kunstgegenstände von 335 unterschiedlichen Kunden erworben. Lobmeyr verkaufte 2.240 Gläser, insbesondere Gläserservice, und die WW 449 Objekte zu 4.459 Kronen – einem Durchschnittspreis von

Abb. 4 Ansicht der Liljevalchs konsthall von Carl Bergsten, 1916
Stockholms Stadsmuseum, ArkDes, ARKM.1962-101-0933

Abb. 5 Ausstellungsvitrinen in Liljevalchs konsthall, 1917
MAK, KI 9982-1-1

Abb. 6 Vitrinen der Wiener Werkstätte in Liljevalchs konsthall, 1917
MAK, KI 9982-2-2

Abb. 7 Ausstellungsgestaltung bei Nordiska kompaniet, 1930
Nordiska museets arkiv, Archive 167:1, K 1 d vol. 23 Österrikisk utställning 1930

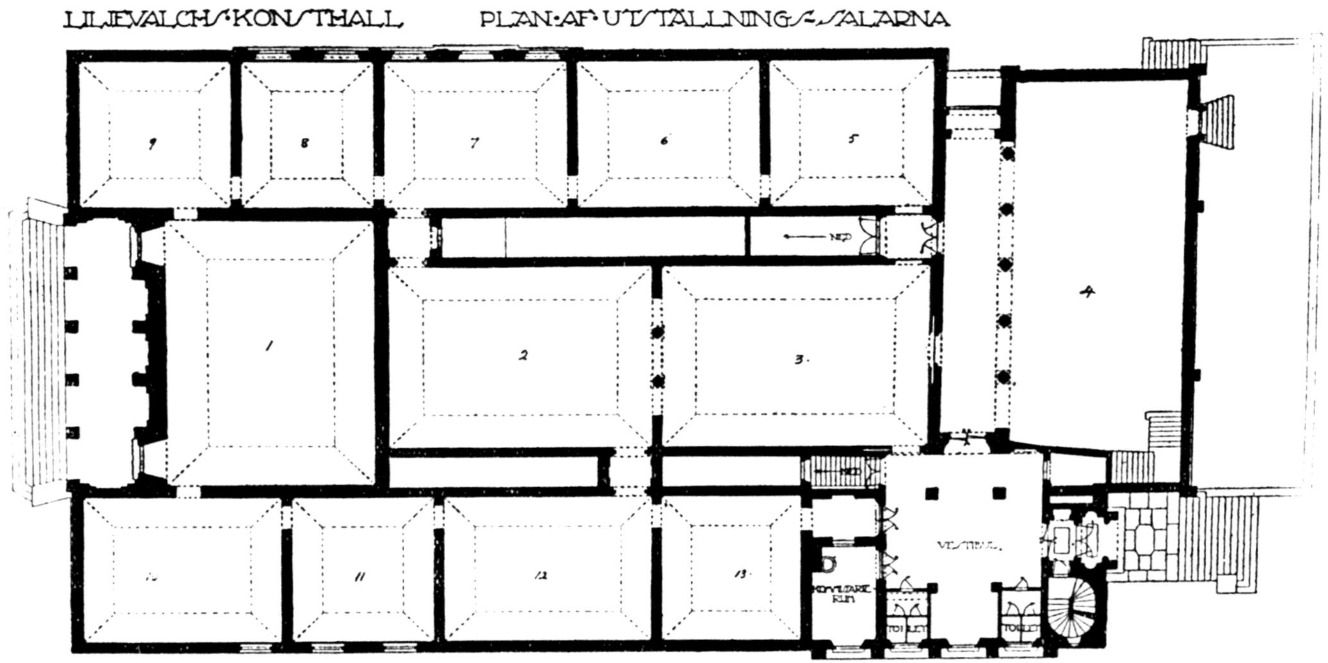

Abb. 8 Lageplan der Ausstellung in Liljevalchs konsthall, 1917
Ausstellungskatalog *Österrikiska konstutställningen*, September 1917, Stockholm
Liljevalchs konsthall Katalog n:o 8, 75
Privatbesitz

zehn Kronen pro Stück (was dem Lohn von zwei Werktagen eines Industriearbeiters in der damaligen Zeit entspricht). Etwa 70 Prozent der Verkäufe waren Werke angewandter Kunst.[17]

Der Erfolg der Glashersteller war unübersehbar; nicht nur das Glas von Lobmeyr, sondern auch jenes von Friedrich Pietsch und Joh. Oertel & Co fand guten Absatz. Das zeigt sich umso deutlicher, wenn man die Verkäufe der WW analysiert. Zahlreiche Entwürfe Josef Hoffmanns fanden Käufer, insbesondere die gefärbten, geschliffenen Gläser von Ludwig Moser & Söhne (64 Verkäufe). Viele der Modelle waren im September 1917 eine Novität. Die schwedischen Architekten, die die Ausstellung besuchten, bevorzugten die Wiener Werkstätte, so erwarb etwa Sigurd Lewerentz um 423,50 Kronen eine große Keramikskulptur. Auch Carl Bergsten und Gunnar Asplund kauften Objekte angewandter Kunst. Abschließend sei darauf hingewiesen, dass auch die Glashütte Orrefors Gläser aus der Ausstellung erstand.[18] Diese könnten als Inspiration für die neu angeworbenen Künstler Edward Hald und Simon Gate gedient haben.

Nicht alles verlief reibungslos. Die nach der Ausstellung erfolgte Korrespondenz verweist auf Lieferschwierigkeiten bei den Bestellungen.[19] Teile der Ausstellung wanderten Ende 1917 weiter nach Kopenhagen.[20]

Kunstausstellungen

Zwei weitere Ausstellungsprojekte in Stockholm sind zu erwähnen, bei denen allerdings weniger angewandte Künstlerinnen und Künstler teilnahmen. Im Jänner/Februar 1917 wurde die Vereinigung bildender Künstlerinnen Österreichs (VBKÖ) eingeladen, gemeinsam mit der Vereinigung schwedischer Künstlerinnen in der Kunsthalle Liljevalchs auszustellen. Die in Schweden geborene Vertreterin der VBKÖ Edith von Knaffl-Granström erklärte, dass man erst den Mut fand, die fragilen Kunstwerke quer durch Europa zu schicken, als man feststellte, wie erfolgreich die angewandte Kunst in der Nordiska Kompaniet 1916 gewesen war.[21]

Eine weitere, dreiwöchige Kunstausstellung wurde im Herbst 1922 von der Künstlerin Lucy Karrach im Haus des schwedischen Künstlervereins Konstnärshuset organisiert. Der Profit sollte notleidenden Künstlern in Österreich zur Verfügung gestellt werden, sie wählte dafür Werke bekannter Maler, wie etwa von Oskar Laske, Robin Christian Andersen, Egon Schiele sowie Zeichnungen von Gustav Klimt, um nur einige zu erwähnen. Verkauft wurden drei Bilder von Laske sowie zwei Arbeiten von Schiele: *Stadt am blauen Fluss* und *Das Krumauer Rathaus*.[22] Unverkaufte Werke wurden in einer öffentlichen Versteigerung angeboten.

In den Nachkriegsjahren half Schweden der leidenden österreichischen Bevölkerung, indem Kinder eingeladen wurden, einige Jahre in Schweden zu verbringen, und indem Pflegepersonal und Ärzte nach Österreich entsandt wurden. Als Zeichen seiner Dankbarkeit offerierte der österreichische Staat der Stadt Göteborg im Jubiläumsjahr 1923 eine von Josef Hoffmann entworfene Silbervase.[23]

Nordiska Kompaniet 1930

Im Jänner 1930 fand die nächste große österreichische Ausstellung in der Nordiska Kompaniet statt. Die Schau erstreckte 7 6
sich über sieben Räume, Josef Hoffmann gestaltete das Exponat der WW.[24] Die Zeitungen sagten einen Erfolg von „Hagenauers kleinen grotesken Messingfiguren" voraus; wie bereits 1916 und 1917 wurde erneut darauf hingewiesen, dass dies eine „Gelegenheit sei, um günstige Kunstwerke zu erwerben". Ein zahlreich erschienenes Publikum – 30.000 Besucher in drei Wochen – bestaunte, wie ein Kritiker schrieb, „Form gewordene, strahlende Energie und eine fröhliche, kapriziöse, aber zugleich zähe Kraft, die inmitten der Schwie-

rigkeiten und Mühen des Alltags weiß, wie mithilfe der Fantasie eine schönere, glücklichere, freudvollere Welt geschaffen werden kann".[25]

Im Sommer 1930 besuchte Josef Hoffmann die Stockholmer Ausstellung.[26] Er ließ das eher strenge schwedische Design mit seinem Fokus auf Standardisierung und Produktion für die Massen auf sich wirken. Als Axel Romdahl 1929 die Arbeiten der WW als „ein ernstes Spiel [...] etwas wunderlich", beschrieb, wurde deutlich, dass diese in Schweden keine Relevanz mehr hatten. Und 1932 meinte Uno Åhrén, der wichtigste Befürworter des schwedischen Funktionalismus, dass Letzterer sich durchgesetzt habe. Doch als Josef Frank seine Kritik am Funktionalismus und an dessen fehlendem Verständnis für individuellen Stil und Geschmack veröffentlichte, stieß er auf Schweigen.[27] Das schwedische Design wurde nun von der Strenge des Funktionalismus dominiert, die keinen Raum für die Verspieltheit der Wiener Werkstätte ließ. ■

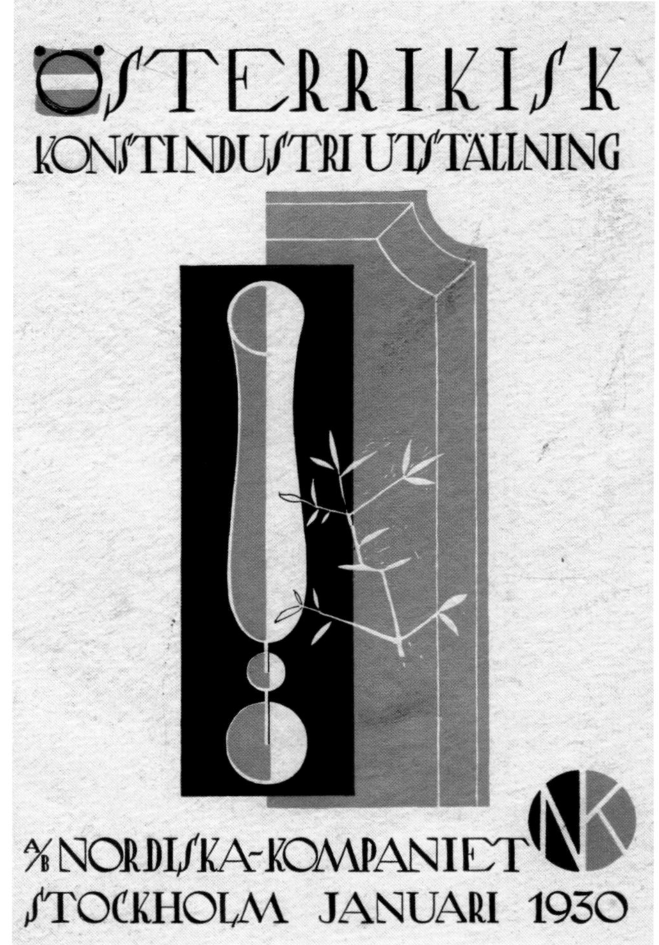

Abb. 9 Katalogumschlag *Österrikisk konstindustriutställning*, Nordiska Kompaniet, Stockholm, Januar 1930
Privatbesitz

Aus dem Englischen von Martina Bauer

1 So lautete der Titel eines Manifests von Gregor Palsson aus dem Jahr 1919, ins Englische übersetzt von David Jones in: Lucy Creagh/Helena Kåberg/Barbara Miller Lane: Modern Swedish Design: Three Founding Texts, The Museum of Modern Art, New York 2008, 72–125.
2 Teknisk tidskrift. Organ för Svenska teknologföreningens afdelning för husbyggnadskonst Arkitektur (32) 3 1902, 40: Der Architekt C. J. Forsberg setzte sich mit der Künstlerkolonie in Darmstadt auseinander. Axel Lindgren schrieb in der April-Ausgabe 1902 über modernen Schmuck (32) 4, 50–54 und erwähnte dabei Otto Prutscher.
3 Teknisk tidskrift, 3 1905, 44–51.
4 Bengt O. H. Johansson: Med egna vågor om Carl Bergsten arkitekt 1879–1935, Stockholm 2019, 201 ff.
5 Gemla fabrikers aktiebolag, Diö: Möbler af helböjdt virke, s. k. Wienermöbler, 1914, ohne die Stühle von Bergsten, aber mit 192 Bugholzmöbeln; viele davon kopiert oder beeinflusst von Thonet oder Kohn.
6 Eva Eriksson: Den moderna staden tar form: arkitektur och debatt 1910–1935, Stockholm 2001, 59 und 118.
7 Neues Wiener Tagblatt, 6.4.1916, 10–11.
8 MAK, WI 1674, zu sehen auf der Fotografie MAK, KI 9972-3. Auch Bertold Löfflers *Erster Krinolinen-Jahreszeitenzyklus* für Wiener Keramik ist neben einer Vase von Pavel Janák zu sehen.
9 Erste Anzeige im Svenska dagbladet (SvD), 22.5.1916, die letzte erschien 1923.
10 Sign.: E. K–n., SvD, 5.9.1917; Elizabeth Clegg: War and Peace at the „Stockholm Austrian Art Exhibition" of 1917, in: The Burlington Magazine (154) 1315, 2012, 676–688. Der Artikel befasst sich mehr mit freier als mit angewandter Kunst.
11 Sitzungsprotokoll vom 31.5.1917, § 3, und vom 13.6.1917, § 4, Stadsarkivet [Stockholmer Stadtarchiv], SE/SSA/1265/A1/2. Die Kunsthalle Liljevalchs war frei zugänglich, für verkaufte Objekte war eine Provision von 10% zu bezahlen. Katalog und Poster (Auflage: 150 Stück) wurden von der Kunsthalle Liljevalchs finanziert.
12 Anzeige: Dagens Nyheter 13.9.1917.
13 Ausstellungsfotos im Stadsarkivet, SE/SSA/1265/K1a/8 und MAK, KI 9982, sowie Clegg 2012 (wie Anm. 10); Österrikiska konstutställningen: september 1917, Stockholm, 1917, Ausst.-Kat. Nr. 8. Kunsthalle Liljevalchs; Führung durch die Ausstellung in: Stockholms dagblad, 8.9.1917.
14 Die Informationen wurden freundlicherweise von Christian Witt-Dörring zur Verfügung gestellt.
15 Verkaufsunterlagen, Stadsarkivet, SE/SSA/1265/G7/1.
16 Aus: Stadskollegiets utlåtanden [Gutachten] och memorial 1923: Nr. 154: Anhang A, 619, Stockholm 1923.
17 Auch die Arbeiten von Michael Powolny fanden mehrere Abnehmer, er verkaufte jeweils zwei Figuren – *Putto mit Flöte* und *Putto mit zwei Füllhörnern* sowie sieben des Motivs *Steigendes Pferd*.
18 Helmut Ricke/Jan Erik Anderbjörk/Helena Dahlbäck Lutteman (Hg.): Glas in Schweden: 1915–1960, München 1986, 32–33.
19 Briefe von Sven Strindberg, Leiter der Kunsthalle, an die Vertreter des österreichischen Staates sowie diverse Unternehmen; Stadsarkivet [SE/SSA/1265/E1/3]; am 17. März 1918 schließlich schreibt Strindberg an Hoffmann: „Storno jeder noch nicht gelieferten Bestellung".
20 Østrigsk Kunstudstilling (Maleri, plastik, kunstgenstande), December 1917–Januar 1918: Den frie udstilling, Kopenhagen 1917; im Katalog sind 116 Gemälde, Arbeiten auf Papier und 26 Skulpturen sowie 27 Aussteller angewandter Kunst und Architektur aufgelistet.
21 Föreningen Svenska konstnärinnor och Vereinigung bildender Künstlerinnen Österreichs: Januari–Februari 1917, Stockholm 1917. 900 ausgestellte Kunstwerke, von denen 80 in der ersten Woche verkauft wurden. Es nahmen drei Keramikkünstlerinnen teil: Helena Johnová, Ida Schwetz-Lehmann und Johanna Meier-Michel.
22 Aftonbladet (AB), 28.9.1922, 5. Schwedische Titel: *Staden vid den blåa floden* [Stadt am Blauen Fluß] und *Rådhuset i Kruman* [sic] [Rathaus von Krumau].
23 Ebd., 31.8.1923, 2. Die Silbervase zum 300-Jahr-jubiläum von Göteborg hat eine Inschrift, aus der hervorgeht, dass sie aus der Sammlung des ÖMKI ist.
24 Eduard F. Sekler: Josef Hoffmann. Das architektonische Werk, Salzburg/Wien 1982, 420. Fotos im Centrum för Näringslivshistoria, SE/CFN/HUF_7924-1 K1a:18.
25 Hans Wåhlin: Österrikisk konstslöjd, Österreichisches Kunsthandwerk, in: AB, 2.2.1920.
26 Schweden braucht keine funktionellen Möbel, in: SvD, 17.7.1930, 10.
27 „Raum und Einrichtung" (1934), in: Tano Bojankin/Christopher Long/Iris Meder (Hg.): Josef Frank. Schriften, Veröffentlichte Schriften, Wien 2012, Bd. 2, 288–305.

1919
1925

JH, Freistehende Kommode für ein Herrenzimmer (Ausschnitt),
Internationale Kunstgewerbeausstellung Paris, 1925

Abb. 1 JH, Stoff *Ozon*, ausgeführt von Gustav Ziegler für die Wiener Werkstätte, 1923
Seide, bedruckt
MAK, WWS 557-2

Abb. 3 JH, Deckeldose, ausgeführt von der Wiener Werkstätte, 1913/1924
Steingut, weiß glasiert, schwarzer und grüner Dekor
Sammlung Dr. E. Ploil

Abb. 2 JH, Stoff *Gotemba*, ausgeführt von Gustav Ziegler für die Wiener Werkstätte, 1925
Seide, bedruckt
MAK, WWS 280

Abb. 4 JH, Kelch, ausgeführt von der Staatlichen Porzellan-Manufaktur Berlin für die Wiener Werkstätte, 1922
Privatbesitz

Abb. 5 JH, Mehlspeisschüssel, ausgeführt von der Wiener Werkstätte, 1919
Silber
MAK, GO 2079
© MAK/Katrin Wißkirchen

Abb. 6 JH, Teeservice, ausgeführt von der Wiener Werkstätte, 1923
Silber und Elfenbein
bel etage Kunsthandel GmbH

Abb. 7 JH, Teeservice, ausgeführt von der Wiener Werkstätte, 1923
Messing und Ebenholz
MAK, ME 846
© MAK/Tamara Pichler

Abb. 8 JH, Tischlampe, ausgeführt von der Wiener Werkstätte, 1925
Messing, Seide
MAK, ME 867

>
Abb. 11 JH, Aufsatz, ausgeführt von der Wiener Werkstätte, 1924
Messing
MAK, GO 1987

Abb. 9 JH, Vase, ausgeführt von der Wiener Werkstätte, 1923
Messing
Wien Museum, 53.805

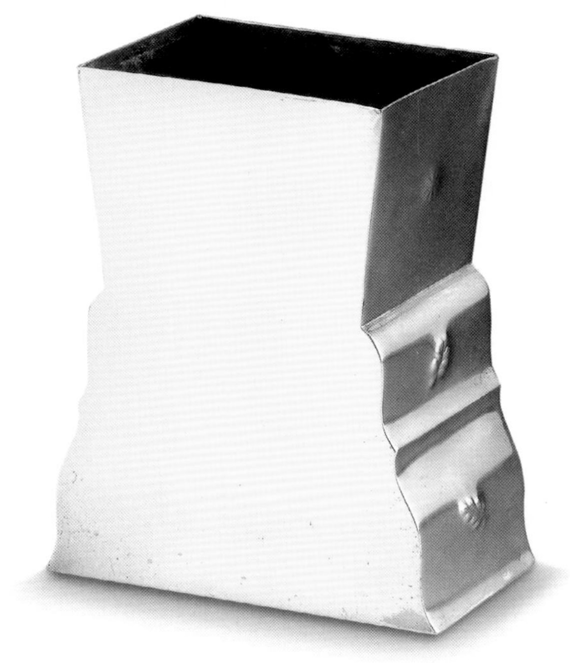

Abb. 10 JH, Vase, ausgeführt von der Wiener Werkstätte, 1922
Messing
GALERIE BEI DER ALBERTINA · ZETTER

Abb. 12 JH, Vase, ausgeführt von Johann Oertel & Co, Haida, für die Wiener Werkstätte, 1921
Grünes Glas, geschliffen
GALERIE BEI DER ALBERTINA · ZETTER

Abb. 13 JH, Vase, ausgeführt von Ludwig Moser & Söhne, Karlsbad, für die Wiener Werkstätte, 1923
Violettes Glas, geschliffen
GALERIE BEI DER ALBERTINA · ZETTER

Abb. 14a JH, Vase, ausgeführt von Ludwig Moser & Söhne, Karlsbad, für die Wiener Werkstätte, 1923
Radonfarbenes Glas, formgeblasen
MAK, GL 3785
© MAK/Georg Mayer

Abb. 14b JH, Fußschale, ausgeführt von einer böhmischen Manufaktur für die Wiener Werkstätte, 1922
Irisierendes Glas, formgeblasen
MAK, GL 3309
© MAK/Georg Mayer

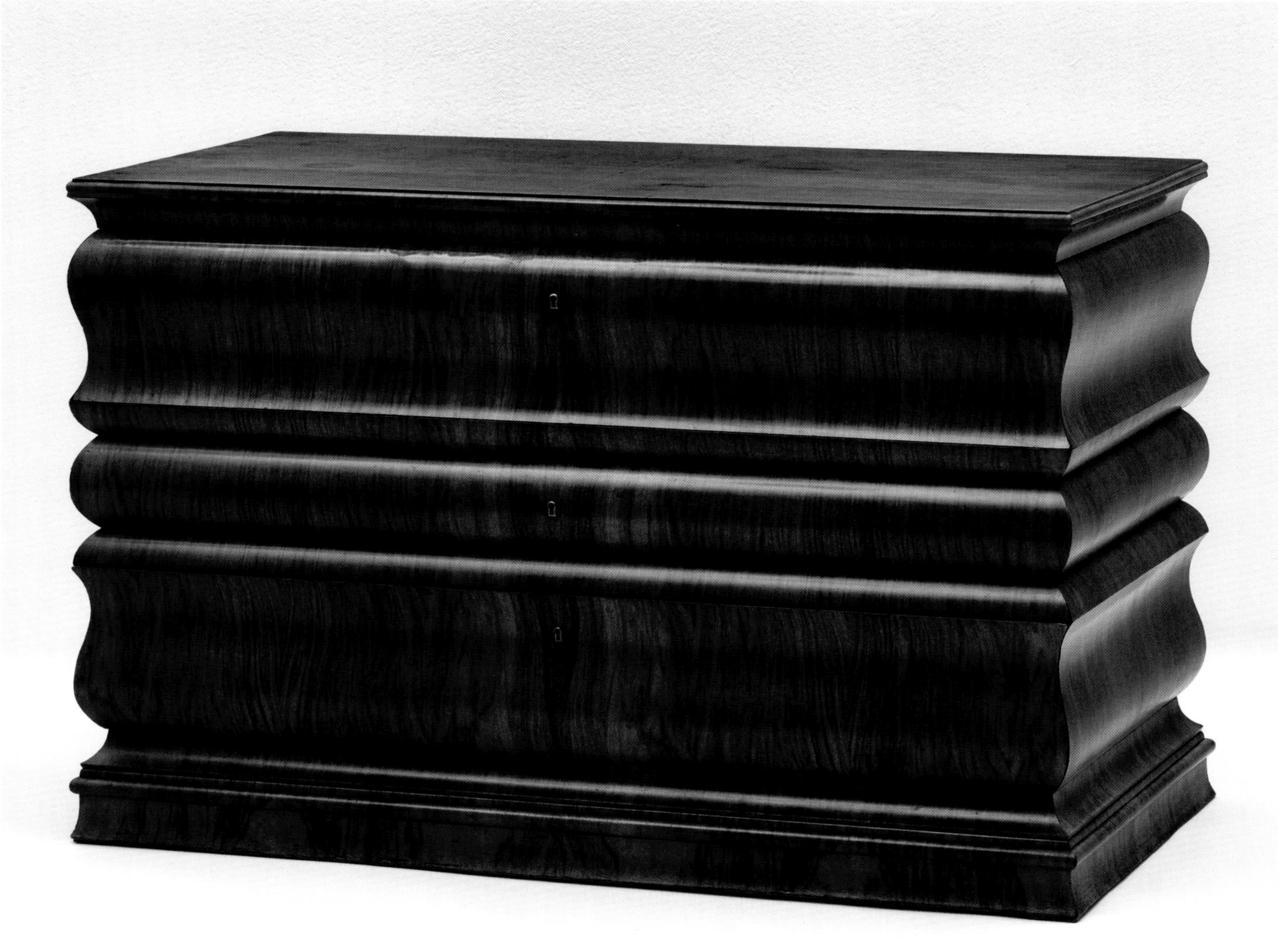

Abb. 15 JH, Freistehende Kommode für ein Herrenzimmer, Internationale Kunstgewerbeausstellung Paris, 1925
Nussbaumholz
Privatbesitz
© MAK/Georg Mayer

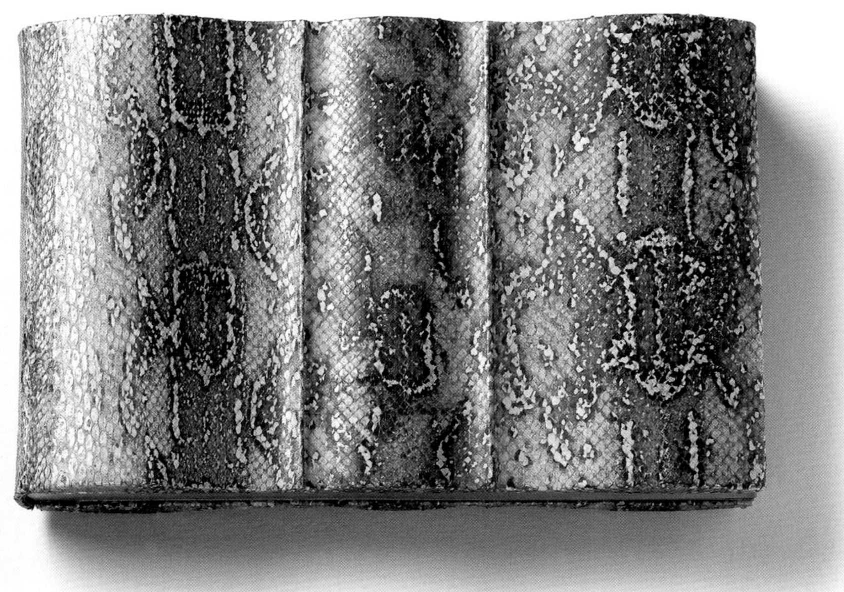

Abb. 16 JH, Bucheinband, ausgeführt von der Wiener Werkstätte, um 1922
Schlangenleder
Sammlung Dr. E. Ploil
© MAK/Georg Mayer

Abb. 17 JH, 6-armiger Luster, ausgeführt von der Wiener Werkstätte, 1923

Galerie Yves Macaux – Brussels

Abb. 18a JH, Wohnhaus Fritz Grohmann, Würbenthal/ Vrbno pod Pradědem (ČSR), 1920/21
MAK, KI 9951-78

Abb. 19 JH, Arbeiterwohnhäuser für die Firma Grohmann, Würbenthal, 1922/23, Mehrfamilienhaus mit Tonnendach
© Jan Šafár und Irena Perničková, Moravská galerie v Brně

Abb. 18b JH, Wohnhaus Fritz Grohmann, Würbenthal, 1920/21
Kunsthandel Widder, Wien

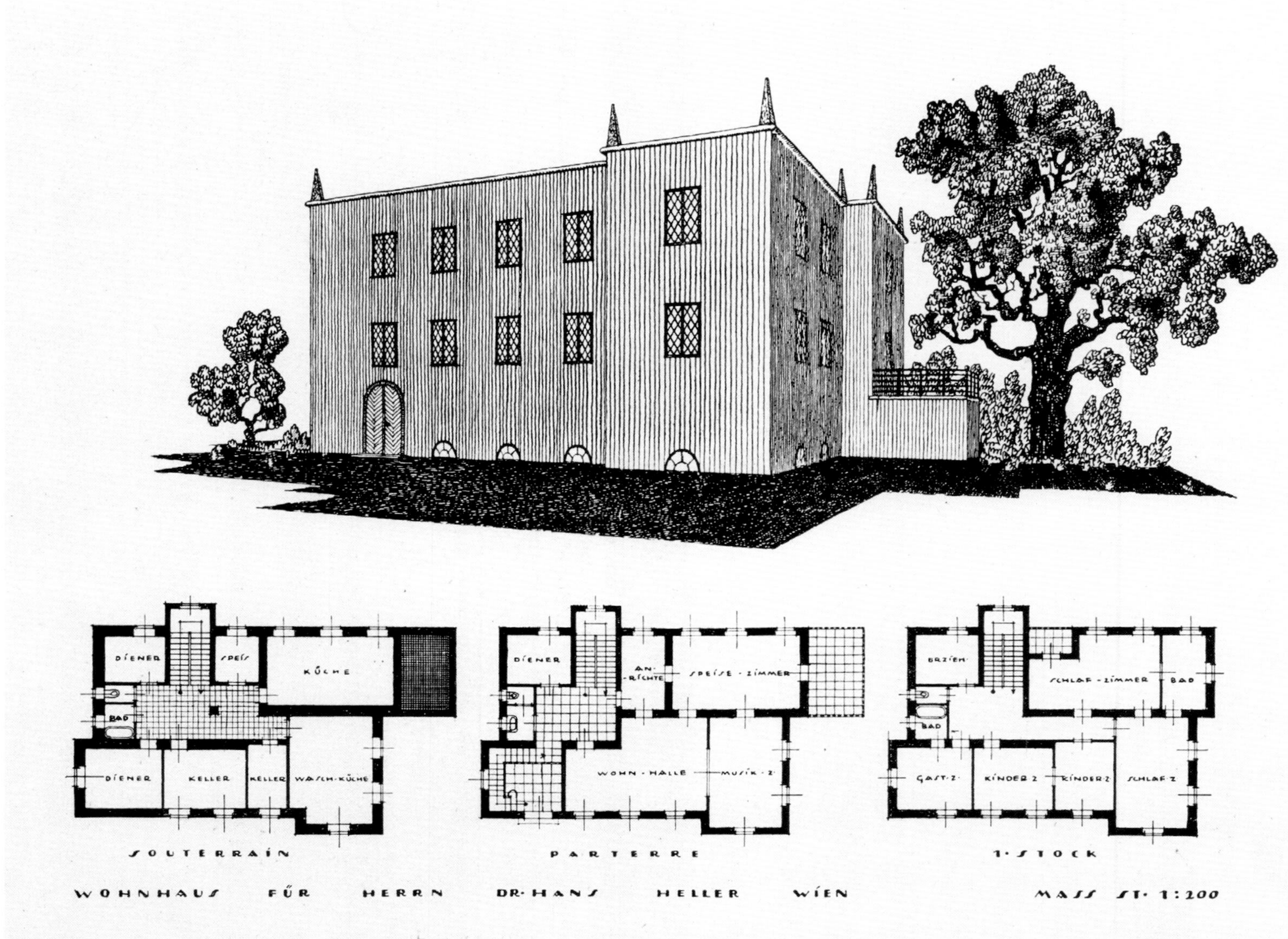

Abb. 20 JH, Projekt einer Villa für Dr. Hans Heller, Wien, 1923
Perspektive und Grundrisse
DKuD (53) 1923/24, 37

Abb. 21, 22 JH, Landhaus Eduard Ast, Aue bei Velden am Wörthersee, 1923/24
ID (38) 1927, 54

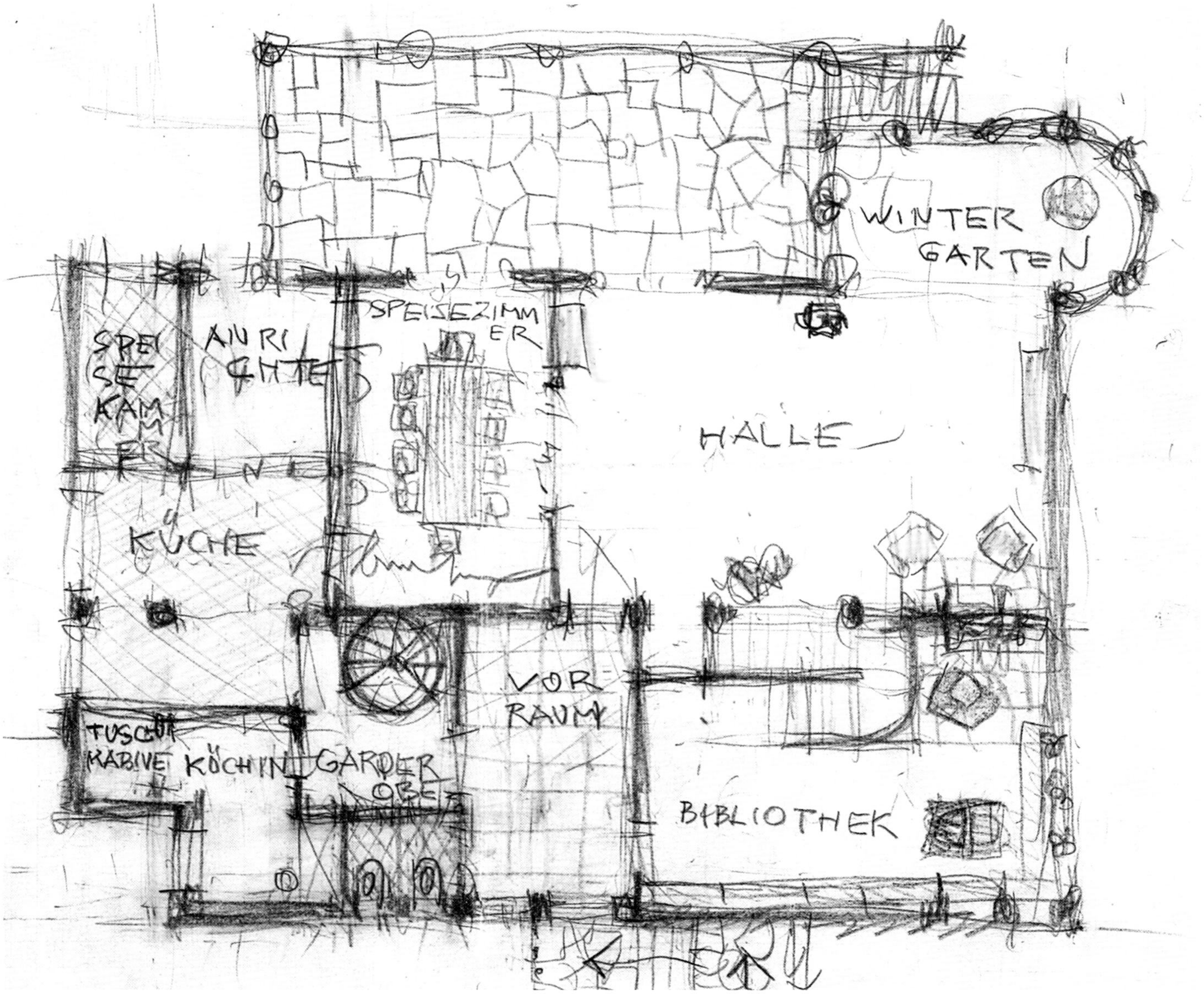

Abb. 23 JH, Landhaus Ast,
Aue bei Velden am Wörthersee, 1923/24
Grundriss-Skizze
MAK, KI 8802-2-1

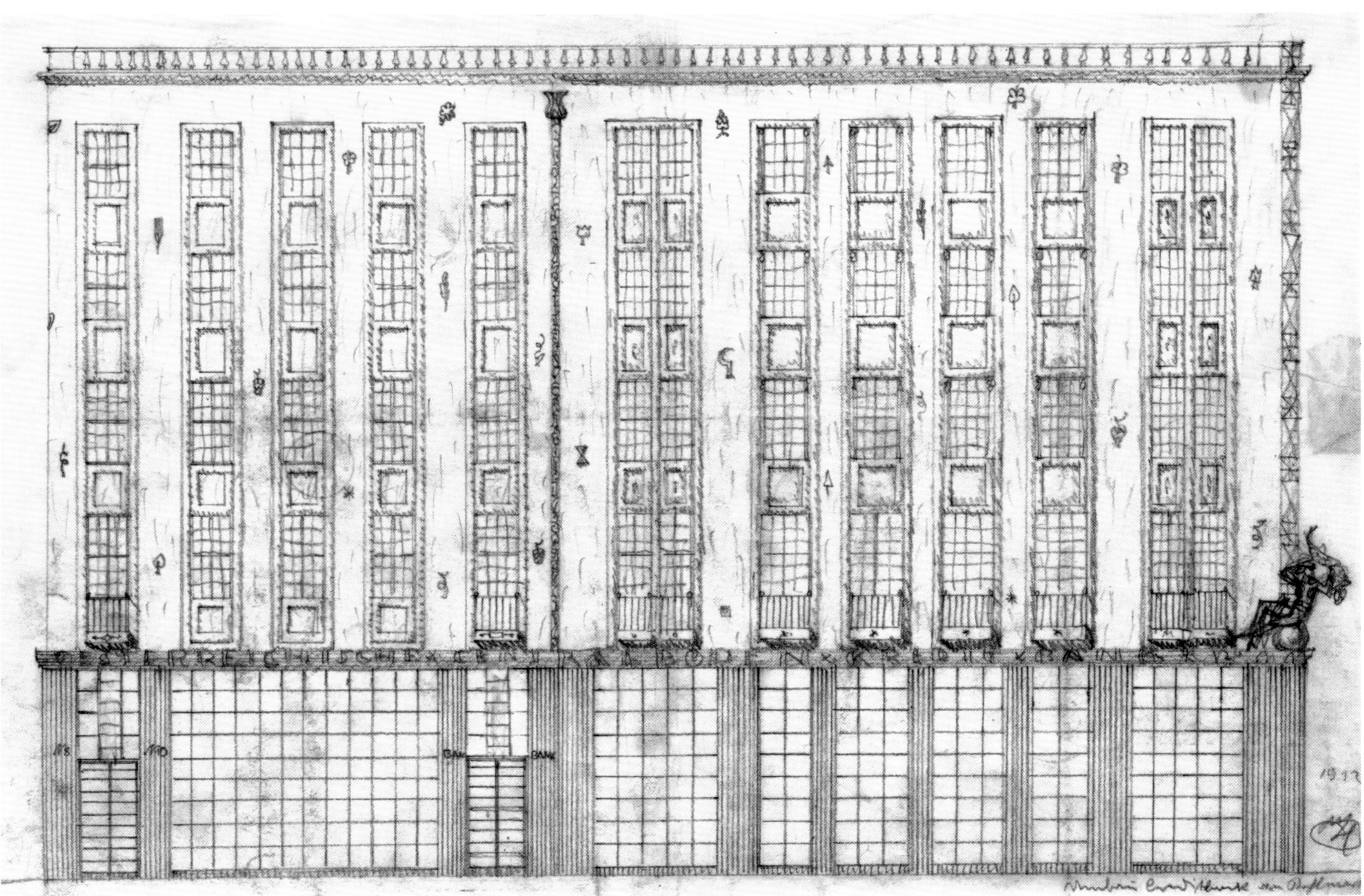

Abb. 24 JH, Central Boden Credit-Bank, Wien, 1924
Projekt einer Fassadenumgestaltung
MAK, KI 8800

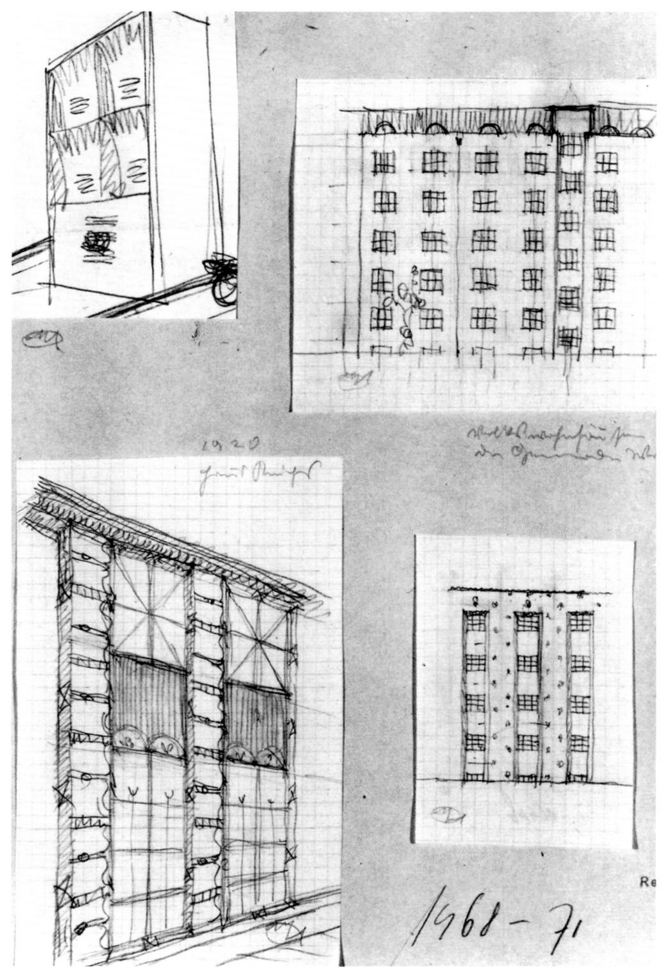

Abb. 25 JH, Portfolio, zusammengestellt 1925/26 für einen Ankauf der Nationalgalerie Prag, mit Fassadenstudien für ein Denkmal (l.o.), ein „Volkswohnhaus der Gemeinde Wien“ (wohl 1923 für den Klosehof, r.o.), das „Haus Knips“ (1920, l.u.) und ein mehrgeschossiges Wohnhaus (r.u.)
National Gallery Prague, K 17781-84

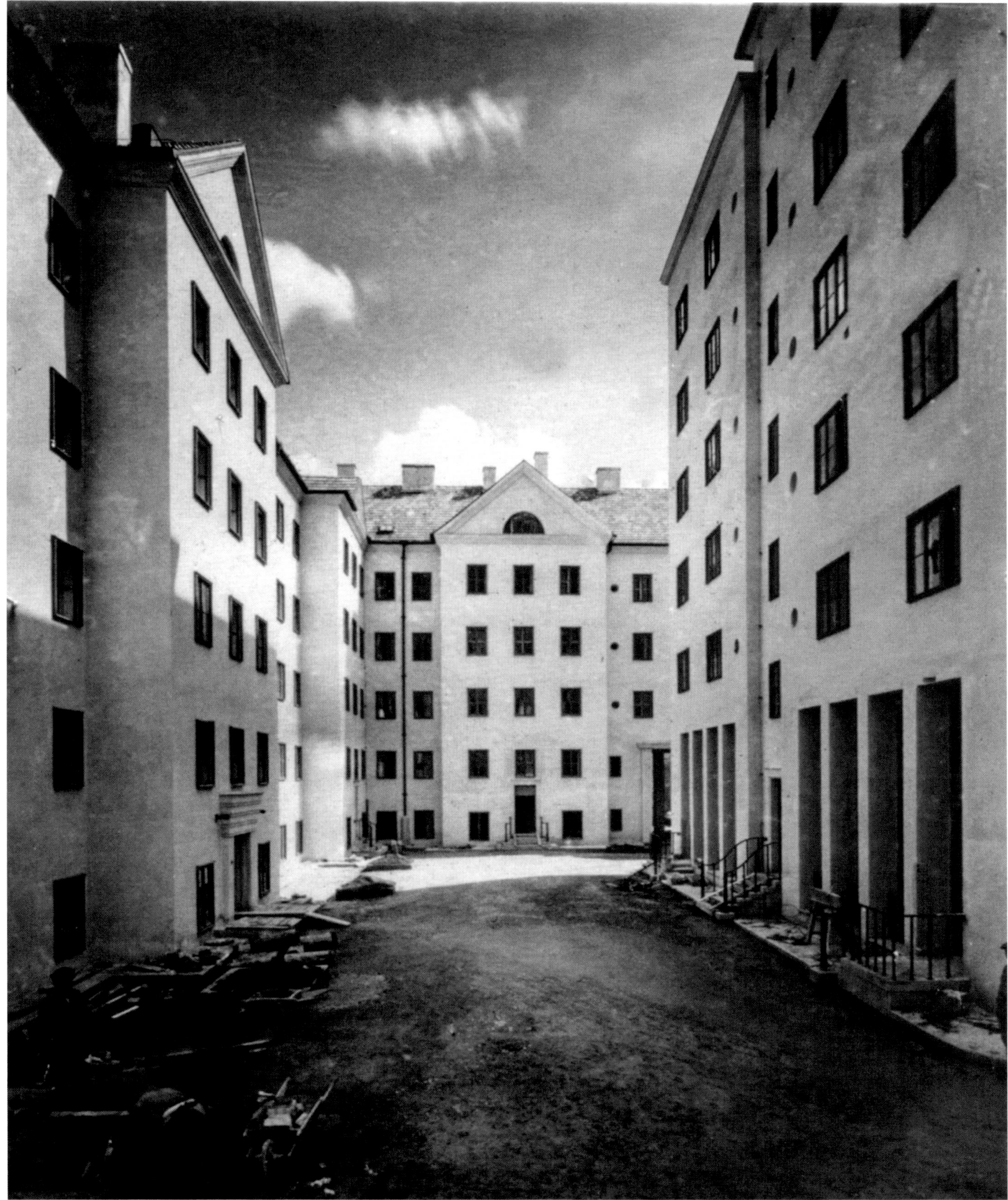

Abb. 26 JH, Wohnhausanlage der Gemeinde Wien *Klosehof*, Philippovichgasse, 1923–25, Innenhof
MAK, LI 10886-1

Abb. 27, 28 JH, Wohnhaus Sonja Knips, Wien 19., Nußwaldgasse, 1919
Fassadenentwürfe
MAK, LI 10888

Abb. 29 JH, Haus Sigmund Berl, Freudenthal/Bruntál (ČSR), 1919–22
Gartenseite
MBF (24) 1925, 289

Abb. 30 JH, Haus Sigmund Berl, Details der Gartenseite
MAK, LI 10885-1

Abb. 31 JH, Haus Sigmund Berl, Entwürfe für Fassadendetails, 1919–22
UaK, Kunstsammlung und Archiv, 1830

JOHANN
STRAUSS

Abb. 32, 33 JH, Österreichischer Pavillon auf der *Exposition Internationale des Arts Décoratifs et Industriels Modernes*, Paris, 1925
Eingangssituation und Innenhof
MAK, KI 10147-150, -148

Josef Hoffmann

1919 1925

Josef Hoffmann, um 1925
MAK, WWF 218-7

1919–1925

Erste Pläne zu einer Villa für Sonja Knips, für die wegen nachkriegsbedingter Mangelwirtschaft erst 1924 eine Baugenehmigung erteilt wird. 1920 liefert Hoffmann einen Festpielhausentwurf für Salzburg (Ideenskizze). Joseph Urban, ein Wiener Architekt, der seit 1911 in den USA lebt, eröffnet 1922 an der 5th Avenue die „Wiener Werkstätte of America" mit Ausstellungsräumen, wo kunstgewerbliche Arbeiten Hoffmanns zu kaufen sind. Die Bauherren der Nachkriegszeit kommen vor allem aus dem wirtschaftlich potenteren Nachfolgestaat Österreichs, der Tschechoslowakei. Im Kurbad Velké Losiny (Groß-Ullersdorf) baut Hoffmann die Elisabeth-Kuranstalt um. Er baut ein Wohnhaus für den Textilindustriellen Fritz Grohmann in Vrbno pod Pradědem (Würbenthal) und für Sigmund Berl in Bruntál (Freudenthal), die typologisch an Vorkriegslösungen anschließen (Blockform mit Risalit-Gliederung und Walmdach). Für das Landhaus Ast am Wörthersee, der erste große Nachkriegsauftrag in Österreich, verwendet Hoffmann hingegen ein Flachdach und entwirft die viel beachtete bogenförmige Pergola aus Beton – Eduard Ast war ein Pionier der Eisenbetonbauweise in Österreich. Ab 1922 entsteht eine Arbeitersiedlung für die Firma Grohmann & Co in Würbenthal. Fritz Grohmann wird ein weiterer Financier der Wiener Werkstätte. Gemeinsam mit Peter Behrens, Oskar Strnad und Josef Frank entwirft Hoffmann den österreichischen Pavillon der *Exposition Internationale des Arts Décoratifs et Industriels Modernes 1925*, der wegen der Nicht-Teilnahme Deutschlands an dieser Weltausstellung des Kunstgewerbes als inoffizieller Repräsentant (Bauteil Behrens) beider deutschsprachiger Länder besondere fachmediale Aufmerksamkeit erfährt. Adolf Loos, der zu dieser Zeit in Paris lebt und arbeitet, lehnt ab, an dem Vorhaben mitzuarbeiten. Die Kunst- und Architekturkritik feiert den Pavillon hingegen als eine der originellsten Schöpfungen der Ausstellung. Hoffmann zeigt den *Ruheraum einer Dame*, einen neuen Raumtyp zwischen Boudoir und Schlafzimmer im Geschmack der 1920er Jahre und der auch schon 1923 im ÖMKI gezeigt worden war, und 1928 im Kaufhaus Macy's in New York noch einmal vorgestellt wird. Es ist die Zeit der größten internationalen Anerkennung Hoffmanns, der nicht nur mit einem Orden der französischen Ehrenlegion ausgezeichnet wird, sondern auch eine Einladung erhält, den Beitrag über moderne Innenarchitektur für die 14. Auflage der *Encyclo-*

JH, Wohnhausanlage der Gemeinde Wien *Winarskyhof*, Stromstraße, 1924
Architekturzentrum Wien, Archiv Achleitner

Das Bauatelier Josef Hoffmanns in der Wiener Kunstgewerbeschule am Stubenring 3, um 1924
Josef Hoffmann Museum, Brtnice

pedia Britannica zu schreiben. Die Stadt Wien beauftragt Hoffmann mit der Planung der Wohnhausanlage *Klosehof* (1923–25, Wien 19, 140 Wohnungen) und eines Bauteils des *Winarskyhofs* (Wien 20, 76 Wohnungen, 1924/25), an dem auch Peter Behrens, Oskar Wlach, Josef Frank und Oskar Strnad mitwirken. Zweite Ehe mit Karla Schmatz, einem Mannequin der Wiener Werkstätte. ■

NACHMITTAG: BESICHTIGUNG DER WIENER WERKSTÄTTE UND HÄUSERN VON PROFESSOR HOFFMANN 19 UHR GEMEINSAMER HEURIGENAUSFLUG

Einladung zur Besichtigung der Wiener Werkstätte und von Hoffmann-Häusern, 1923
MAK, KI 13743

JH, Central Boden Credit-Bank, 1924
Fassadenentwurf
Österreichs Bau- und Werkkunst (2) 1925, 57

Abb. 1 JH, Villa Sonja Knips, Straßenansicht kurz nach der Fertigstellung 1926
MAK, KI 8951-62

Rainald Franz

Weiterbauen für die Förderer

Josef Hoffmanns Villen 1918–1933

Nach dem Ende des Ersten Weltkriegs und dem Zerfall der Habsburgermonarchie musste sich Josef Hoffmann auf eine neue Situation im Bauwesen einstellen. Die meisten seiner ehemaligen Klienten im neuen Österreich waren vorerst nicht bauwillig oder aber verarmt. Das Planjournal des Bauateliers Hoffmann verzeichnet für die Jahre bis 1933 nur einen Bruchteil der Projekte für Villen- und Landhausbauten im Vergleich mit dem Vorkriegszeitraum ab 1900.[1] Dabei kann man beobachten, wie sich Hoffmanns Bauen in den rund eineinhalb Jahrzehnten weiter differenziert hat, indem zur Aufgabe Villa und Ausstellungsgebäude jetzt vermehrt Sozialbauten treten.[2] In der Zwischenkriegszeit nahm Hoffmann mit seinen Villenbauten aber auch eine individuelle Position in der diese Jahre besonders prägenden Diskussion um die Gestaltung des bürgerlichen Wohnhauses des 20. Jahrhunderts ein.[3] Hoffmanns Architekturlehre an der Kunstgewerbeschule stand in diesem Jahrzehnt gewissermaßen „quer" zu den neuen Strömungen, die die jungen Professoren wie Josef Frank oder Oskar Strnad vertraten. Er folgte seiner Version einer „Reformarchitektur der traditionalistischen Moderne", nahm dabei aber in sein System Elemente des „Neuen Bauens" auf, die in seiner Klasse vor allem Oswald Haerdtl vertreten sollte.[4]

Freudenthal und Würbenthal – „Walmdach-Moderne" gegen die Verdrängung aller regionalen Eigenheiten

Villenbauten konnte Josef Hoffmann nach Kriegsende bis Mitte der 1920er-Jahre vorzugsweise in Nordmähren und der Mährisch-Schlesien realisieren. In der neu entstandenen, wirtschaftlich relativ starken und prosperierenden Tschechoslowakei, fanden sich die neuen Financiers der „Wiener Werkstätte", Industrielle deutscher Nation, die Bauherren für künftige Villen und Landhäuser.[5] Die Familien Primavesi und Grohmann durch Heirat verbunden, wie es in den Gründerjahren der Werkstätte die Familien Wittgenstein und Salzer waren, bestimmten nun die finanziellen Geschicke der neuen „Wiener Werkstätte GmbH" in Wien. Jindřich Vybral hat die typologische Verwandtschaft der Villenbauten, die Josef Hoffmann für die nordmährische Industrieelite entwickelte, als „blockartige[s] Volumen, gekrönt von einem Walmdach, und die achsensymmetrische Komposition der Hauptfassaden, die in etwa einer symmetrischen Anordnung der Innenräume in drei Streifen um die Erdgeschoßhalle entsprechen",[6] charakterisiert. Bereits 1918 beauftragte der aus einer der bedeutendsten Textilproduzentenfamilien der Monarchie stammende Spinnereibesitzer Fritz Grohmann, verheiratet mit Susanne Primavesi, 18a, b S. 233 Josef Hoffmann mit dem Bau einer repräsentativen Fabrikantenvilla. 3 Das, aufgrund behördlicher Verzögerungen, erst 1922 fertiggestellte „Neue Herrenhaus" lag in unmittelbarer Nachbarschaft zur Fabrik in Würbenthal/Vrbno pod Pradědem.[7] Im Vergleich zur dekorativen Exzentrik des Landhauses Primavesi in Winkelsdorf/Kouty nad Desnou sind der zentrale Baublock unter hohem Walmdach und die beiden, daran anschließenden kurzen Seitenflügel, die eine Terrasse nach Art eines Ehrenhofs flankieren, sehr schlicht gehalten. Rundbogenfenster öffnen die Fassade im Erdgeschoss, die rechteckigen Fenster im Obergeschoss 4 werden bis unter das Kranzgesims gezogen. Sparsamer Stuckdekor betont die Fensterachsen. Im Innenraum ordnen sich die Räume im Erd- und Obergeschoss um die dominierende Stiegenhalle an. Fritz Grohmanns Bruder Kuno beauftragte Hoffmann mit dem Umbau eines Hauses in Pochmühl bei Würbenthal.[8] In der Adaptierung des im Kern barocken Gebäudes drückte Hoffmann seine Bindung an die historische und regionale Form aus. Dies trifft auch auf sein 1919–22 errichtetes Wohnhaus für den Holzhändler und 29 30 31 S. 239 Sägemühlenbesitzer Sigmund Berl im schlesischen Freudenthal/Bruntál zu. Auch hier variierte Hoffmann klassische Motive, band sie aber in seine Form der „Walmdach-Moderne" ein.[9] Jedoch wurden an der Villa Berl die klassischen Elemente der Pilaster und des Gebälks nicht mehr in eine einzige homogene und abstrahierende moderne Textur überführt, wie an den Ausstellungsbauten ab 1911 und bei den Wiener Villen wie jener für Eduard Ast, sondern differenziert behandelt: Das Dachgesims zeigt ein reich modelliertes Relief aus Ranken- und Blattformen, während die Pilaster durchgehend in den Hoffmann-typischen Horizontalprofilen aus Rillen, Wülsten und Graten mit regelmäßig aufgelegten Blattmotiven gehalten sind.[10] Die schweren Großformen der kubisch-skulpturalen Blumenkisten auf Konsolen, des Walmdachs und der Gaupen scheinen diese gewollte Solidität zu verstärken, die auch der Bauherr anstrebte.[11]

Regelmäßig schematisierte Walmdach-Landhäuser, nun fast ohne klassizierenden Fassadenaufbau, baute auch Mies

Abb. 2 JH, Fassadenentwurf Landhaus Ast, 1923
MAK, KI 8802/1

van der Rohe in Berlin fast zeitgleich mit Josef Hoffmann mit den Häusern Riehl in Neubabelsberg (1907), Perls (1910/11), Urbig (1915–17), Feldmann (1922) und Mosler (1924–26). Ähnlich gelagert präsentieren sich die Formen der frühen Villenbauten von Peter Behrens und die Projekte aus der romantischen Frühzeit des Werkes von Le Corbusier.[12] Aufgrund ihrer Bedeutung für den prononciert avantgardistischen Anspruch von Bauhaus und Neuer Sachlichkeit können diese – in älteren Biografien gern unterschlagenen Bauten – dennoch als Beispiele für die Bedeutung dieses Bautyps in der ursprünglichen Baupraxis der später funktionalistischen und ebenso doktrinär gegen den Traditionalismus gerichteten Vordenker der Moderne dienen. Dass ausgerechnet Mies beide Richtungen eine Zeit lang parallel verfolgte, verdeutlicht die Modernität des Walmdachbautyps sowie die Verankerung der traditionalistischen Reform im Kontext der allgemein anerkannten Moderne und relativiert die spätere scheinbare Unvereinbarkeit der Baugesinnungen.[13]

„Zielbewusstes und unerschütterliches Wollen"[14] – Die Villa für Sonja Knips (1924–26)

Hoffmanns Bauten in Mährisch-Schlesien waren „vorgeschobene Außenposten des Großstadtgeschmacks", wie sie Vybíral charakterisiert hat.[15] Einen Bau, der auf das Beste diesem Großstadtgeschmack entsprechen sollte, konnte Josef Hoffmann Mitte der 1920er Jahre in der Wiener Nußwaldgasse für die langjährige Auftraggeberin und Financière der Wiener Werkstätte Sonja Knips realisieren.[16] Erste Planungen für den Bau datieren schon aus 1919, ein monumentaler Walmdachbau mit neunachsiger Hauptfassade und einem an die Villa Skywa-Primavesi erinnernden Garagenbau mit Spalierverkleidung.[17] Im ausgeführten Gebäude blieben der ursprüngliche L-Grundriss mit eingeschossigem langgestreckten Angestelltentrakt und zweigeschossigem Haupthaus erhalten, der Baublock wurde jedoch von neun auf sechs Achsen komprimiert und die Säulen entfielen. „Die Grundform des Hauses bestimmt sein kubischer Zuschnitt und das breit ansteigende Dach", analysierte Max Eisler, „die Stämmigkeit des Ganzen kehrt im einzelnen wieder."[18] Josef Hoffmann selbst spricht noch in seiner *Selbstbiographie* davon, dass das Landhaus für Frau Sonja Knips in der Nußwaldgasse einer der „wenigen Aufträge [war], die ich in Wien [...] mit großer Begeisterung innen und außen bis ins kleinste Detail selber entwarf. [...] das Haus in der Nußwaldgasse war dazu bestimmt, der Familie Knips, vor allem Frau Sonja Knips, ein in jeder Beziehung behagliches und der vornehmen Gesinnung und Kunstbegeisterung der Frau Baronin entsprechendes Milieu zu schaffen."[19] Und Eisler beschreibt es im reich bebilderten Beitrag von 1927:

> „Aber auch sonst ist jedwedes Motiv klar herausgearbeitet: zu ebener Erde der Eingang mit der Freitreppe, daneben die pfeilerartig hervortretenden Fenster über den Kellerbogen, darüber die anderen von gedrungenem Format und ins Mauerwerk eingelassen. Dieser mit schlanken und dann wieder verkürzten Senkrechten ansteigenden Ordnung setzt das energische Gebälk der Traufe die waagrechte Grenze."[20]

Der Kontrast von hell verputzter Wandzone und grauer Schieferdeckung des Walmdachs wird begleitet von den durch Kerbschnitte ornamentierten Fenster- und Türrahmen. Weiters sind symmetrisch auf der Fassade im Putz verteilte Rauten- und Traubenmotive, kombiniert mit den eingestellten Fensterteilungen verantwortlich für den Eindruck der „reinen lagernden Ruhe" (Eisler). Derartige eingestreute erhabene Dekormotive an der Fassade finden sich auch bei den zeit-

Abb. 3 JH, Wohnhaus Fritz Grohmann, Würbenthal, 1920/21

gleichen Projekten des Pariser Pavillons, beim Klosehof und
25 26 S. 236 der Central Boden Credit-Bank. Den Kontrast zur vorgerückten Straßenfassade bildet die Gartenseite. Hoffmann selbst beschreibt seine Lösung so:

> „Ich schlug vor, auf den meist ungünstigen Vorgarten zu verzichten und das Haus direkt an die Straße zu bauen, die an dieser Stelle bis zu dem vorstehenden Nebenhaus und vor dem einen alten, enormen Nußbaum, der auf diese Weise erhalten blieb, einen kleinen Platz bildete. Durch Abbruch des alten baufälligen Gebäudes war es möglich, das Haus eben mit der Straße und eine große Terrasse auf der Rückseite zu projektieren, weil der Bauschutt gleich für diese Terrassierung verwendet werden konnte. Von dieser Terrasse führte eine lange Freitreppe in den übrigen, wieder ebenen Gartenteil, der durch Ausnutzung des vorhandenen Baumbestandes in Alleen, Wege, Wiesen, Flächen und besondere Sitzplatzanlagen umgewandelt werden konnte. Jeder besondere Baum wurde geschont, und es war auf diese Art glücklicherweise möglich, nach der Fertigstellung des Gebäudes zugleich einen vollkommen fertigen Garten zu besitzen. Die hintere Mauer des abgerissenen Gebäudes bildete nunmehr die hohe Terrassenmauer, und ein Teil des Kellers konnte als kühler, gedeckter Raum gegen den unteren Gartenzug benützt werden. Da die Wohn- und Schlafräume durchwegs gegen den Garten lagen, war eine vollkommen ruhige Lage und eine durch kein Nachbargebäude gestörte Aussicht ins Grüne geschaffen."[21]

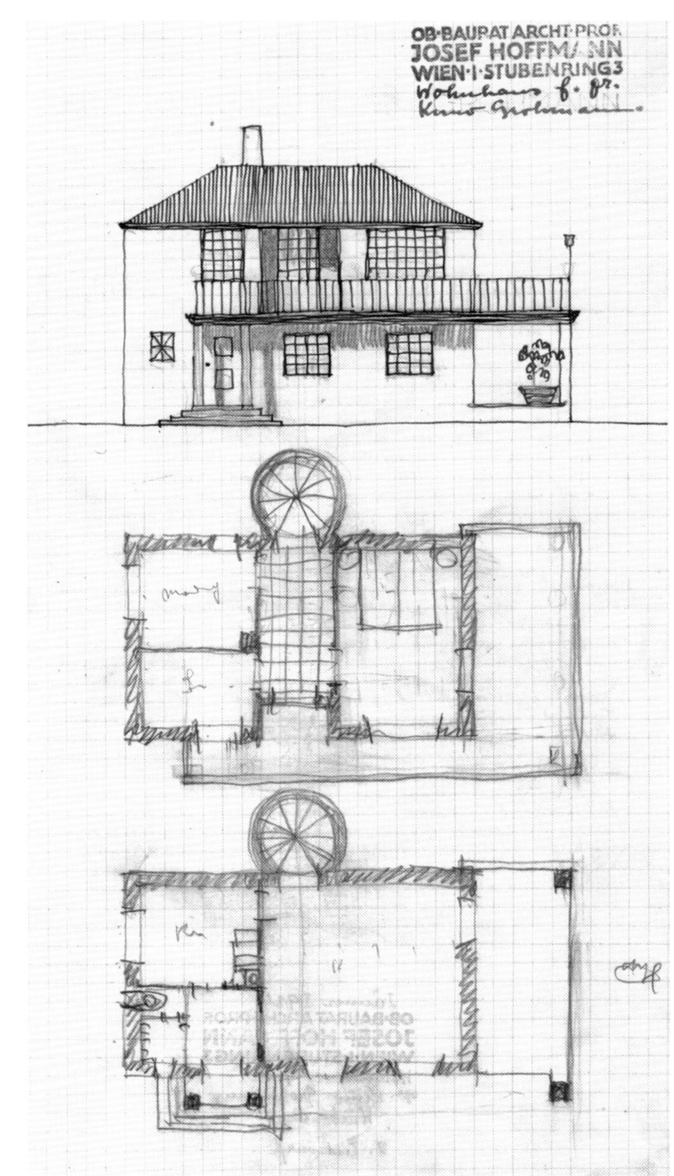

Abb. 4 JH, Zweites Projekt für ein Wohnhaus für Dr. Kuno Grohmann, Würbenthal, 1923/24
Aufriss, Grundriss Erdgeschoss, 1. Stock
MAK, KI 8809

Dominiert im Erdgeschoss ein offener Grundriss, wie ihn
1 S. 250 in diesen Jahren auch schon Le Corbusier und Mies van der Rohe für die gesellschaftlichen Anlässen vorbehaltenen Räume propagierten, vermitteln die Räume im Dachgeschoss Privatheit und sind „ganz auf die Bedürfnisse der Bewohner zugeschnittene Raumzellen".[22] Das letzte, von Hoffmann unter Beteiligung der Wiener Werkstätte durchgeplante Villengebäude in Vorortlage wurde zum viel publizierten Musterhaus, das deren häufige Besucher wie Emilie Flöge, Helene Klimt, Carl Moll, Peter Behrens, Henry van de Velde bewunderten. Leopold Kleiner scheint in seiner Hoffmann-Monografie über die Villa Knips zu sprechen, wenn er schreibt, Hoffmanns Häuser seien

> „aus dem Studium des Lebens der Menschen, für die er baute, entstanden. Aus deren Gewohnheiten und Forderungen schaffte er für sie Räume. Aus deren richtiger Reihung entstand das organische Gefüge des Grundrisses und Aufbaues sowie als deren letzte Konsequenz das Wohnhaus, dessen äußere Schönheit nicht aus einem äußerlich dekorativen Willen, sondern aus Erkenntnissen der Maßverhältnisse zwischen Kubus, Wand und Fenster resultierte."[23]

„Das Haus Knips kommt aus Hoffmanns Reife. Nach wie vor ist sie fruchtbare Fülle", konstatierte Max Eisler.

Annäherungen an die „Würfelmoderne"[24]. Das Landhaus Eduard Ast und das Projekt für die Villa Dr. Hans Heller

2 Fast zeitgleich mit der Errichtung der Villa für Sonja Knips in Wien wird Josef Hoffmann neuerlich für Eduard Ast tätig, für den er die Villa auf der Hohen Warte errichtet hatte. 1923 beschloss Ast, sich in der Gemeinde Aue am Wörthersee ein Sommerhaus bauen zu lassen.[25] Hoffmann entwarf das auf einer Anhöhe über dem See liegende, dreigeschossige Villengebäude und ein Pförtnerhaus an der Hauptstraße, bezog aber auch den Garten und das zugehörige Seegrundstück jenseits der Straße in die Planung mit ein. Für das Gebäude existiert ein Vorentwurf.[26] Dieser zeigt ein Fassadenprofil, das an eine Scheinbossierung erinnert. Die letztlich ausgeführte Fassade des Hauptgebäudes ist glatt, nur mit einer horizontal angelegten, mehrfachen Profilierung aus doppelten Putzstreifen strukturiert – eine Lösung, die Hoffmann für den Pavillon der Pariser Ausstellung 1925 in leicht
veränderter Form wieder aufgreifen wird.[27] Der Grundriss 21 22 23 S. 235
und Aufriss in der Vorzeichnung definieren das Gebäude als aus geometrischen Körpern wie Würfel und Quader assembliert. Die innere Organisation des Hauses entspricht der Situierung aller Räume um die zentrale Halle, vor dem Haupteingang ist in der Ausführung eine Portikus situiert, deren 4
massives Gesims ein Fries von Anton Hanak mit Tanzenden ziert. Das erste Villengebäude Hoffmanns mit Flachdach verfügte auf der Dachterrasse über ein verglastes Kinderspielzimmer mit kannelierten Pfeilern und Walmdach. In der im Garten situierten Pergola aus Beton nimmt Hoffmann Formen der technischen Baukonstruktionen der Baufirma des Auftraggebers auf. Hoffmann verbindet hier seine typischen Elemente der horizontalen Fassadengliederung mit reduktionistischen Volumsbauten, freilich nicht ohne zumindest im Dachaufsatz das Walmdach noch zu zitieren. Die ursprüngliche Organisation der Innenräume um die zweigeschossige Wohnhalle herum entspricht der Planung für die Walmdachvillen.[28]

Ähnlich adaptiv geht Hoffmann mit dem Thema kubische
Bauformen beim Projekt der Villa für Dr. Hans Heller um.[29] 29 S. 234
Hoffmann plant für ein junges Ehepaar eine zweigeschossige Gartenvilla mit Flachdach. „Dem Sonnenkult seiner Bewohner ein flaches Dach", heißt es in der Rezension von Richard Ernst. Die langrechteckige Gebäudeform wird durch unregelmäßig angeordnete, kubische Risalite auf allen vier Seiten bereichert. Die Fassade ist in vertikal kanneliertem Putz gehalten, mit weißen Fensterrahmen, „weißgestrichenes Holzgitterwerk mit rhombenförmigen Scheiben" und kleinen Obelisken als bekrönenden Abschlüssen auf dem Flachdach. Richard Ernst, damals Kustos am Österreichischen Museum in Wien, beschreibt die Bauten Hoffmanns aus diesen Jahren in *Deutsche Kunst und Dekoration* so:

> „Die köstliche Ordnung der Räume, umschlossen von einem einfachen Gehäuse, das sehenden Augen den Adel einer wahrhaften Kultur offenbart, die Lauterkeit einer Kunst, die flunkernden Prunk und Protzen missachtet; eine Schlichtheit, deren natürliche Schönheit verbildeten oder blöden Augen so lange verschlossen bleibt, bis Gewöhnung oder Geschichte das Selbstverständliche und Natürliche lieben gelehrt hat. Die jüngst fertig gewordenen Bauten Josef Hoffmanns in Schlesien, seine jüngsten Wiener Interieurs gehen in gleicher Richtung; sie zeigen die ungebrochene Schaffenskraft des Meisters in der höchsten Vollendung."[30] ■

Abb. 5 Pergola und Landhaus Eduard Ast, Aue bei Velden am Wörthersee, 1923/24
MAK, KI 8951-25

1 Planjournal aus dem Bauatelier Josef Hoffmann. Heute im Nachlass Carmela Haerdtl, Architekturzentrum Wien, Sammlung.
2 Siehe dazu den Beitrag S. 304–313 in dieser Publikation.
3 Marc Hirschfell: Das ist das Haus vom Nikolaus. Die Geschichte des Walmdachhauses als Urform und Idealtyp, phil.Diss., Halle 2005.
4 Hirschfell ebd., 68, Anm. 2; siehe dazu auch den Beitrag S. 80–89 in dieser Publikation; Walter Müller-Wulckow: Architektur 1900–1929 in Deutschland, Königstein 1999. Zu Josef Hoffmanns frühen Villen siehe die Beiträge S. 52–61 sowie S. 262–267 in dieser Publikation.
5 Ernst Ploil: Economics, in: Christian Witt-Dörring/Janis Staggs (Hg.): Wiener Werkstätte 1903–1932. The Luxury of Beauty, München/London/New York 2017, 20–31; Claus Pese: Ein Ruin für die Kunst. Kuno Grohmann (1897–1940) und die Wiener Werkstätte, Online-Manuskript s. d.; Rainald Franz: Unternehmensphilosophie Gesamtkunstwerk. Die Wiener Werkstätte 1903–1932 im Kontext der Reformkunstbewegungen der ersten Hälfte des 20. Jahrhunderts, in: Klimt, Hodler und die Wiener Werkstätte in Zürich, Mai 2021, in Vorbereitung; zur wirtschaftlichen Situation: Herta Neiß: 100 Jahre Wiener Werkstätte. Mythos und ökonomische Realität, Wien 2004, 93, 94.
6 Jindřich Vybíral: Junge Meister. Architekten aus der Schule Otto Wagners in Mähren und Schlesien, Wien 2007, 241.
7 Eduard E. Sekler: Josef Hoffmann. Das architektonische Werk, Salzburg/Wien 1982, 385–386, WV 231; Vybíral 2007, 235. Publiziert in Henry de Fries: Moderne Villen und Landhäuser, Berlin 1925. Peter Noever/Marek Pokorný: Josef Hoffmann Architekturführer, Ostfildern 2010, 64–65.
8 Sekler ebd., 386, WV 238a.
9 Ebd., 382–384, WV 226; Vybíral 2007, 239–241 (wie Anm. 6); Hirschfell 2005, 113 (wie Anm. 4).
10 „Das Blattwerk (...) scheint quasi über einer ruhigen Wasseroberfläche zu schwimmen" – Vybíral ebd., 246.
11 Ebd., 260.
12 Carsten Krohn: Mies van der Rohe. Das gebaute Werk, Basel 2014, 20ff.
13 Hirschfell 2005, 113–114 (wie Anm. 4).
14 Josef Hoffmann über Sonja Knips in einem Brief an diese, 26. Jänner 1926, zitiert nach Manu von Miller: Sonja Knips und die Wiener Moderne, Wien 2004.
15 Vybíral 2007, 255 (wie Anm. 6).
16 Sekler 1982, 400–403, WV 265; Miller 2004, 85 ff. (wie Anm. 14).
17 Publiziert in: Moderne Bauformen (XXV) 1926, 353.
18 Max Eisler: Neue Werke von Josef Hoffmann, Moderne Bauformen (XXVI) 1927, 161.
19 Peter Noever/Marek Pokorný (Hg.): Josef Hoffmann. Selbstbiographie, Ostfildern 2008, 33. Zur Innengestaltung vergleiche den Beitrag S. 250–261 in dieser Publikation.
20 Eisler 1927, 161 (wie Anm. 18).
21 Noever/Pokorný 2008, 33–34 (wie Anm. 19).
22 Miller 2004, 98 (wie Anm. 14).
23 Leopold Kleiner: Josef Hoffmann, Berlin 1927, XXVI.
24 Antje Senarclens de Grancy: Keine Würfelwelt. Architekturpositionen einer „bodenständigen" Moderne. Graz 1918–1938, Graz 2007.
25 Sekler 1982, 391–394, WV 254; Noever/Pokorný, 2010, 132–135 (beide wie Anm. 7).
26 MAK, KI 8802/1,2.
27 Siehe dazu den Beitrag S. 268–277 in dieser Publikation.
28 Das Landhaus Knips wurde 1934 von Josef Hoffmann für Generaldirektor Friedrich Meyer-Helbeck umgebaut, wobei die Dachterrasse durch ein Obergeschoss ersetzt wurde.
29 Sekler 1982, 390–391, WV 252 (wie Anm. 7); Fassadenentwurf und Grundrisse des Baues für die Gartenvilla in Wien Ober St. Veith publiziert in: Deutsche Kunst und Dekoration (LIII) 1923/24, 36–37.
30 Richard Ernst, in: ebd., 36.

Abb. 1 JH, Entwurfszeichnung für das Speisezimmer der Villa Knips, 1924/25
The Studio (97) 1929, 385

Christian Witt-Dörring

Der Luxus am Prüfstand

Die Wiener Werkstätte und Josef Hoffmanns Innenraumgestaltungen 1919–1932

Dank seiner zeitweilig auch von staatlicher Seite anerkannten Autorität in Sachen österreichische Kultur fühlt sich Hoffmann dazu berufen, bereits 1919 zu der aussichtslos scheinenden Situation Wiens Stellung zu nehmen.[1]

> „Wir sind arm und klein geworden. Es ist nicht abzusehen, wohin uns die große Not noch führen wird. Abgründe stehen vor uns offen, und trotzdem sollen wir es wagen, an eine bessere Zukunft zu hoffen? Dieses arme verschüchterte Wien, kann es sich überhaupt noch einmal aufraffen, kann es hoffen, eine bessere, eine große Zeit zu erleben?"[2]

Man müsse die richtigen Männer, deren es genügend im Land gibt, frei handeln lassen. Nicht Institutionen oder Statuten würden den Ausschlag geben, sondern die individuellen kreativen Talente. – Ein Ruf, den Hoffmann seit eh und je, unabhängig vom herrschenden politischen System gebetsmühlenartig bis zu seinem Tod wiederholen wird: Immer wieder spricht er sich gegen die uninformierte Allmacht staatlicher Bürokratien aus; für ihn sind sie die Verhinderer großer Ideen. So führt er als Beispiel an, dass Wien der Donau den Rücken kehrt und man damit die Chance vergeben hat, die Donau städteplanerisch zu integrieren, auch den Wiederaufbau des Justizpalasts nach dem Brand 1927 hält er sowohl funktional als auch architektonisch für verfehlt.[3] Gleichzeitig weist er jedoch den Weg, der in eine bessere Zukunft führen könnte, wenn man nur den richtigen Kräften die Möglichkeit der vollkommen freien, ungehinderten Entwicklung gibt. Im totalen Zusammenbruch sieht er die Gelegenheit und die Möglichkeit des Neuanfangs. Er bietet dafür die Hilfe der künstlerischen Elite Wiens an, deren kreative Wurzeln auf die Anstrengungen und Ideologie des ab 1897 erblühenden Wiener Kunstfrühlings zurückgehen. Diese Elite habe Wien über die Grenzen des Landes als alternative moderne Kunstdestination bekannt gemacht. Dabei handle es sich um eine Verschränkung von Kunst und Alltag, aus der ein allgemeines ästhetisches Bewusstsein, ein Sinn für das Schöne entstehen könne, ein Mittel um Wunden zu heilen. Als Wien nach dem Zweiten Weltkrieg wiederum vor einem Neuanfang steht, wird Hoffmann erneut ästhetische Argumente in den Vordergrund seiner Wiederaufbaupläne stellen.[4] Sie entsprechen seiner 1935 erarbeiteten Vision von Wien, im Jahr 2000 in „geordneter Schönheit" erblüht zu sein.[5]

In Hoffmanns Vision einer besseren Zukunft für Wien weist er der WW beziehungsweise ganz allgemein dem Wiener Kunsthandwerk eine führende wirtschaftliche, aber auch identitätsstiftende Rolle zu. Beides geht für ihn Hand in Hand. Der Rollenwechsel Wiens von einer Reichshaupt- und Residenzstadt zur Hauptstadt eines Kleinstaates macht es notwendig, nach innen und außen wirksame und wirtschaftlich umsetzbare Identitätsmuster zu identifizieren und aufzubauen. So werden Österreich und im besonderen Wien mit ihrer Kultur verstärkt als Tourismusdestinationen in das Bewusstsein der Welt gerückt. In diesem Sinne moniert Hoffmann unter anderem 1919 die Wiederaufnahme des Innenausbaus des Corps de logis-Trakts der Neuen Burg.

> „Auf dem Burgplatz müßte endlich der zurückgebliebene Bau begonnen werden. Da wir keinen Luxus treiben können, wäre dort, eingefügt in den architektonischen Rahmen, d. h. in den Hauptmaßen sich anpassend, endlich das Wiener Hotel zu errichten, das den Fremden, wie es sich für eine gesittete Stadt gebührt, auf den besten Platz bittet. Dieses Hotel müßte auf der Welt nicht seines gleichen haben, es müßte uns wirklich repräsentieren."[6]

Die Betonung der wirtschaftlichen Bedeutung des Wiener Kunstgewerbes für die österreichische Tourismuswirtschaft wird von Hoffmann immer wieder bemüht. Sie hilft ihm bei der Verteidigung seiner eigenen künstlerischen Arbeit und ideellen Überzeugung gegenüber seinen Widersachern, die wie zum Beispiel Adolf Loos dem Kunstgewerbe die Existenzberechtigung in der modernen sowie im Alltag der alten Gesellschaftsordnung absprechen wollen.[7] Joseph Roth bemüht dafür in seinem Roman *Die Kapuzinergruft* die alte Baronin Trotta. Auf die Nachfrage ihres nach dem Weltkrieg aus der Gefangenschaft heimkehrenden Sohnes, wie es in der Zwischenzeit seiner Frau ergangen sei, meint diese

> „‚Nein du kannst dir's nicht denken', beharrte meine Mutter. ‚Rate was aus ihr geworden ist?' Ich vermutete das Schlimmste oder das, was in den Augen meiner Mutter als das Schlimmste gelten mochte. ‚Eine Tänzerin?', fragte ich. Meine Mutter schüttelte ernst den Kopf. Dann sagte sie traurig, beinahe düster: ‚Nein – eine Kunstgewerblerin. Weißt du was das ist? Sie zeichnet – oder vielleicht schnitzt sie gar.' ... ‚Schlimmer noch Bub! Wenn man anfängt, aus wertlosem Zeug etwas zu machen, was wie wertvoll aussieht! Wo soll das hinführen?'"[8]

Abb. 2 Joseph Urban, Verkaufslokal der Wiener Werkstätte of America in New York, 1922
MAK, WWF-137-91-1

Abb. 3 JH, Speisezimmer im Landhaus Ast in Aue bei Velden am Wörthersee, 1923/24
ID (38) 1927, 64

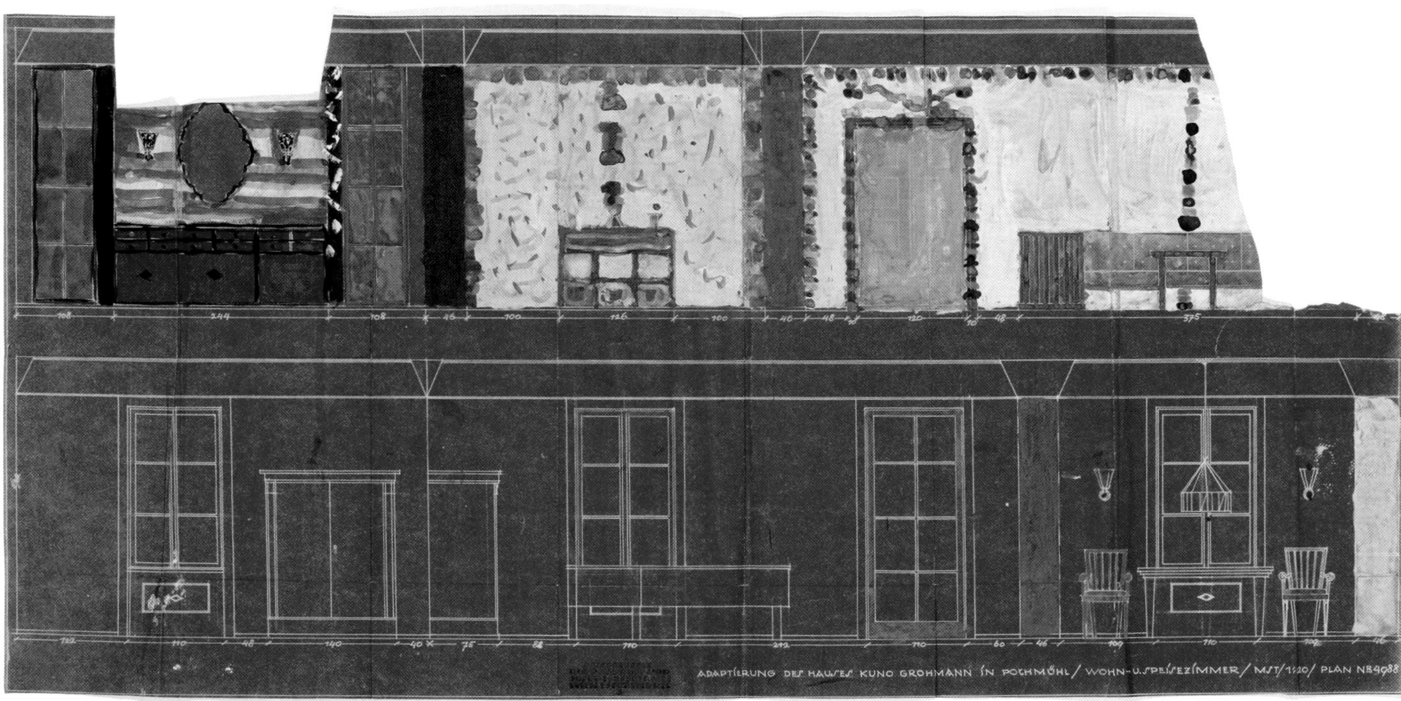

Ein Briefkonzept Hoffmanns vom Dezember 1927 an die österreichische Fremdenverkehrswerbung, beginnt mit dem Satz „Fragen wir, welche die Dinge sind, die dem Fremden immer wieder in unsere Heimat lenken, so wird neben vielen anderem sicher auch das Kunstgewerbe eine große Rolle spielen."[9] Das Konzept detailliert und preist in der Folge die Vorzüge und die Warenbreite des heimischen Kunstgewerbes an und ist damit ein beredtes Zeugnis für die unter Hoffmann eingegangene Vernunftehe zwischen Tourismus und Kunstgewerbe.

Die Frage ist, inwieweit kann ein Luxuswarenhersteller wie die WW in Zeiten der Mangelwirtschaft nach dem verlorenen Krieg Hoffmanns Visionen umsetzen? Wer ist die Klientel? Ab 1919 beginnt der seit dem Abgang Waerndorfers 1915 als neuer Investor für die WW gewonnene Olmützer Großindustrielle und Bankier Otto Primavesi notwendige Reformen einzuleiten. Sie sollen das negativ operierende Unternehmen wieder lebensfähig machen. Es wird unter anderem vorgeschlagen, die WW von einem rein kunsthandwerklichen Betrieb in einen kunsthandwerklich-industriellen Betrieb umzustellen.[10] 1920 begonnene Verhandlungen mit dem ehemaligen Hoffmann-Schüler und Assistenten Philipp Häusler führen 1921 zu dessen Bestellung als Koordinator aller WW-Betriebe in organisatorischer, künstlerischer und technischer Beziehung im Einvernehmen mit der kaufmännischen und künstlerischen Leitung.[11] Der Versuch Häuslers – er ist ab 1922 auch für das künstlerische Programm der WW verantwortlich –, die individuellen Ambitionen der künstlerischen Mitarbeiter mit der wirtschaftlichen Realität des Landes in Einklang zu bringen und die serielle Produktion zu forcieren, führt zu Spannungen zwischen ihm und Hoffmann sowie Mäda Primavesi, der Gemahlin Otto Primavesis. Worauf eine Reihe von KünstlerInnen aus der WW austreten,[12] die zu diesem Zeitpunkt 120 Angestellte und 250 Arbeiter beschäftigt. [13] Häusler muss sich gleichzeitig mit den Zukunftschancen der WW auseinandergesetzt haben. Er erhält in diesem Zusammenhang von Norbert Bischoff[14], Legationsrat des Bundesministeriums des Äußeren, ein Promemoria vom 2. Juni 1922 über die Bedeutung des Kunstgewerbes in Österreich. Darin analysiert

^
Abb. 4 JH, Entwurf für die Adaptierung des Wohn- u. Speisezimmers im Wohnhaus Dr. Kuno Grohmann in Würbenthal, 1921/22
Sammlung Gregor Grohmann
© MAK/Georg Mayer

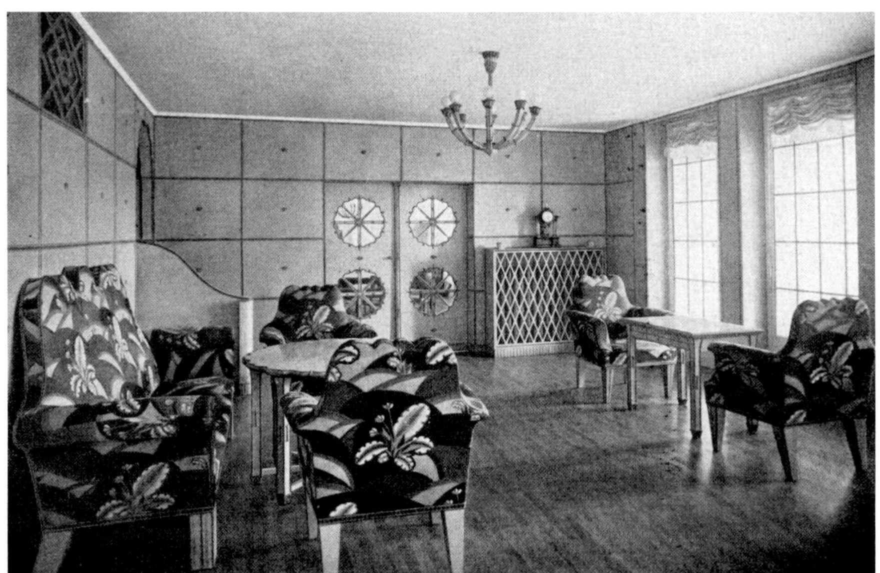

Abb. 5 JH, Wohnhalle im Haus Sigmund Berl in Freudenthal, 1919–24
MB (24) 1925, 294

Abb. 6, 7, 8 JH, Schlafzimmer der Wohnung Dipl.Ing. Ernst Bauer, 1927
Wandmalerei von Maria Strauss-Likarz
DKuD (61) 1927/28, 454, 455, 459

>
Abb. 9 JH, Speisezimmer im Haus Lengyel, Bratislava, 1929
DKuD (68) 1931, 34 u. 36

Abb. 10 JH, Wohnhalle im Haus Lengyel, Bratislava, 1929
DKuD (68) 1931, 32

Abb. 11 JH, Bibliotheksraum im Haus Panzer, Wien, 1929
DKuD (68) 1931, 45

dieser unter anderem die aktuelle Situation der WW und schlägt zur Ausnützung ihres Potenzials deren Weiterführung als nicht Gewinn orientierte, aber ohne Verlust arbeitende staatliche Manufaktur vor[15] – von Hoffmann selbst gibt es dann 1926 Überlegungen zur Übernahme der WW durch die Gemeinde Wien.[16] 1923 publiziert die WW schließlich ihren ersten gedruckten Verkaufskatalog. In der Folge entstehen spezielle, für eine Ausführung in größeren Stückzahlen gedachte Entwürfe. Dazu zählen unter anderem in Form ge-
14a, b S. 230 blasene, in böhmischen Glashütten produzierte Gläser, aus
9 11 S. 229 Messing gearbeitete Gegenstände, Lederwaren, Papier-
1 2 S. 226 tapeten und vor allem Kleider- und Dekorstoffe. Neben diesen für eine serielle Fertigung geeigneten Entwürfen bedient die WW aber weiterhin das Luxussegment, für welches vor allem der seit 1915 fix in der WW angestellte Architekt Dagobert Peche verantwortlich zeichnet. So entsteht neben der dominierenden Ästhetik Hoffmanns bis zum Jahr 1923, dem frühen Tod Peches, eine formale Parallelwelt. Sie kommt einer künstlerischen Erneuerung gleich und lässt Hoffmann nicht unberührt. So fordert sie die Überwindung der Utilität und damit wiederum eine Trennung zwischen Kunst und Funktion.[17] Forciert wird nun gleich nach Kriegsende auch die Beteiligung an Ausstellungen in deutschen Gewerbemuseen (1920 Stuttgart, Köln und 1922 Hannover) und an Messen (Leipzig 1919, 1920, Frankfurt 1920, 1921 und Wien 1921).

1921 besucht Joseph Urban seine ehemalige Heimatstadt Wien und erlebt aus nächster Nähe die Not der Nachkriegszeit und den Niedergang der einst glänzenden Metropole. Der in Wien an der Akademie der bildenden Künste als Architekt ausgebildete Urban kennt die Secessionisten aus seiner Wiener Zeit als Mitglied im Siebener-Club und Gründungsmitglied des Hagenbundes. Er wanderte 1911 nach Amerika aus, wo er eine erfolgreiche Karriere als Architekt und Bühnenbildner unter anderem für das Boston Opera House, die Ziegfeld Follies, die Metropolitan Opera und William Randolph Hearsts Cosmopolitan Film Company machte. Konfrontiert mit dem Überlebenskampf der Wiener Künstler, denen die Aufträge fehlen, schreibt er noch aus Wien am 27. Juli 1921 in seinem Dankesbrief an Häusler: „Vergessen Sie mich nicht, wenn Sie glauben, dass ich helfen kann. Denken Sie daran, dass es meine Pflicht ist zu helfen! Während Ihr alle gelitten habt und noch unterm Krieg leidet, habe ich sorglos arbeiten können – so ist es nur selbstverständlich, wenn ich jetzt mein Teil tue soweit meine Kräfte reichen!"[18] Daraus entsteht der Plan, in New York eine Filiale der WW zu eröffnen, die schließlich auch nach Plänen Urbans
2 am 9. Juni 1922 eröffnet wird. Ihre Existenz ist jedoch nur von kurzer Dauer. Im Dezember 1923, nach nur eineinhalbjährigem Bestand, muss sie für immer schließen.[19]

Allen Widrigkeiten zum Trotz, wie der großen Arbeitslosigkeit und der seit 1922 herrschenden Hyperinflation in Österreich, bemüht sich Hoffmann, das künstlerische Leben Wiens zu erhalten. So meint er, „um das Interesse sowohl der Künstler als auch des Publikums wach zu halten, gehören zu den wichtigsten Unternehmungen die Ausstellungen".[20]

Abb. 12 JH, Anrichte, um 1925
MBF (27) 1928, 71

Abb. 13 JH, Ruheraum einer Dame, Ausstellung *Österreichisches Kunstgewerbe* im ÖMKI, 1923
DKuD (54) 1924, 34

Es ist ein Medium, dessen sich Hoffmann seit der Gründung
der Secession regelmäßig bedient, das nun aber umso wichtiger wird, als das Mäzenatentum im Vergleich zur Vorkriegs-
zeit fast gänzlich auslässt. Ebenso wichtig werden öffentliche
Auftritte, die Hoffmann Gelegenheit geben, Neues zu entwickeln und zu zeigen. Bemerkenswert ist der finanzielle und
kreative Aufwand, der von Seiten der Entwerfer und der ausführenden Firmen anlässlich dieser temporären Präsentationen getrieben werden. Aus dem Kreis der Mäzene der Vor-
kriegszeit kann Hoffmann weiterhin mit den Familien Primavesi, Knips und Ast rechnen. Während Otto Primavesi 1925
aus finanziellen Gründen als Geschäftsführer der WW zu-
rücktritt, leitet seine Frau Mäda als Hauptgesellschafterin
bis 1926/27 die Geschäfte. Aufgrund des Verlustes eines
der größten Mäzene und der allgemein schlechten Wirt-
schaftslage, muss die WW Mitarbeiter abbauen. Damit erreicht seit Gründung der WW die Anzahl ihrer Mitarbeiter
den absoluten Tiefstand von 66 Personen. Als größere Bauaufträge inklusive Innenausstattung entstehen unter anderem 1
1924/25 für Sonja Knips die Villa in der Nußwaldgasse und 27 28 S. 238
1923/24 für Eduard Ast das Landhaus in Aue bei Velden am 3
Wörthersee. Zu den neuen Auftraggebern Hoffmanns zählen 21 22 23 S. 235
vor allem die angeheirateten Neffen von Mäda Primavesi 4 5
sowie die Brüder Fritz und Kuno Grohmann. Während für 18a, b S. 233
Fritz nur 1920/21 dessen Villa samt Ausstattung in Würben-
thal/Vrbno pod Pradědem entsteht, ist Kuno Grohmann nicht
nur Bauherr für eine nach Hoffmanns Plänen 1921/22 um-
gebaute und eingerichtete Villa in Würbenthal und die
1922/23 daselbst geplanten und zum Teil später realisierten
Arbeiterwohnhäuser sowie eine Reihe von weiteren nicht 19 S. 233
realisierten Bauprojekten, sondern hilft durch sein finanzielles
Engagement die WW bis 1930 am Leben zu erhalten. Er tritt
1927 nach dem durch den Bankrott des Bankhauses Primavesi notwendig gewordenen und abgeschlossenen Ausgleichsverfahren der WW als deren Gesellschafter und Haupt-
anteilseigner in sie ein, zieht sich jedoch nach weiteren
Sanierungsversuchen im Zuge der Weltwirtschaftskrise 1930
aus dem Unternehmen zurück. In diesen Jahren entsteht
1919–22 eine Villa samt Innenausstattung nach Plänen Hoff- 5
manns für Sigmund Berl in Freudenthal/Bruntál und eine 29 30 31 S. 239
Reihe von Wiener Wohnungseinrichtungen für Dr. Baru

Abb. 14 JH, Musikzimmer, Ausstellung *Wiener Raumkünstler* im ÖMKI, 1930
MAK, KI 9230-5-1

Abb. 15 JH, Ausstellungsraum der österreichischen Verlags- u. Reproduktionsanstalten, Internationale Kunstgewerbeausstellung im Grand Palais in Paris, 1925
Art et Décoration (68) 1925, 129

Abb. 16 JH gemeinsam mit Oswald Haerdtl, D-Zug Wagen II. Klasse für die Österr. Bundesbahnen, 1927–36
DKuD (67) 1930/31, 420

6 7 8 (1921), Dr. Reinhold (1926), Dipl.Ing. Bauer (1927), Dr.
9 10 11 Lengyel (1929) und Dr. Panzer (1929).

Neben diesen für konkrete Auftraggeber realisierten Innenraumgestaltungen sind es vor allem die speziell für Ausstellungen – deren Gestaltungen zum Teil auch von Hoffmann stammen[21] – entworfenen Innenräume, bei denen er seinen Ideen freien Lauf lassen kann.[22] Diese zwischen 1920 und 1932 im ephemeren Rahmen temporärer Präsentationen gezeigten Raum- und Möbelkreationen dienen Hoffmann als Experimentierfeld für seine weitere formalstilistische Entwicklung, die gekennzeichnet ist von einer explosionsartigen Formfindung – gleichsam eine Neuerfindung seiner selbst. Hoffmanns unerschütterliches Qualitätsbewusstsein bleibt von politischen, wirtschaftlichen oder gesellschaftlichen Verwerfungen unberührt. Zugleich weicht aber seine vor dem Ersten Weltkrieg noch klare ästhetische Richtung einer Fülle neuer formalästhetischer Möglichkeiten. Sie erlauben das zeitgleiche Nebeneinander von dekorierten und glatten, von
10 S. 229 weichen und harten Oberflächen oder von geschwungenen
5 6 7 S. 227 11 S. 229 und geraden Konturen. Kanneluren werden zu Falten aus
15 16 S. 231 Stoffen und zu Rippungen und Godronierungen aus Metall.
14 Andererseits kommen gemusterte Webstoffe und verstärkt die lebendige Maserung von Furnierhölzern beziehungsweise
1 S. 280 bunt lackierte oder gestrichene Oberflächen zum Einsatz, wo noch bis in die 1910er Jahre eine schwarzweiße oder eine weiße mit Kontrastfarbe kombinierte Farbpalette vorherrschend war. Die Harmonie eines Raumes wird nun nicht mehr durch einen einheitlichen Dekorgedanken wie zum Beispiel eine Möbelgarnitur erzeugt, sondern entsteht aus der Vielfalt unterschiedlichster Einrichtungsgegenstände, die Hoffmanns künstlerische Individualität als verbindendes Element vereint. So schenkt er nun vermehrt dem Entwerfen von Einzelmöbeln seine Aufmerksamkeit. Sie nehmen im Kontext des Innenraums skulpturalen, das Volumen betonenden, oft fast monumentalen Ausdruck an. Dem Diktat der Zeit und dem Wunsch der Menschen, der Wohnlichkeit vor der Repräsentation den Vorzug zu geben, entsprechend interpretiert Hoffmann den Raum selbst neu. Wände und Decke werden nicht mehr als horizontale und vertikale Bauelemente dekliniert, vielmehr wird die Decke als „Gesamtarchitektur des Innenraums" mitverwendet.[23] Beispiele dafür
13 sind unter anderen der *Ruheraum einer Dame* in der Ausstellung *Österreichisches Kunsthandwerk* im ÖMKI 1923, das Teezimmer für die Präsentation der österreichischen Möbelindustrie in der Galerie des Invalides und der lange
Saal der WW im österreichischen Pavillon auf der Interna- 14 S. 277
tionalen Kunstgewerbeausstellung Paris 1925), das Schlaf- 6 7 8
zimmer der Wohnung Dr. Bauer 1927, der D-Zug Wagen II.
Klasse für die Österreichischen Bundesbahnen 1927–36), 16
der *Powder-Room* für Macy's New York 1928, der Biblio- 11
theksraum für Dr. Panzer 1929 und Wohnhalle und Speise- 9 10
zimmer im Haus Lengyel 1929. Diese oben angeführte Fülle undiskriminiert verwendeter Material-und Formenreize sind Ausdruck seines unbändigen individualistischen Schaffenswillens. Für den Konsumenten birgt er die Gefahr der geschmacklichen Verunsicherung. Lässt er sich jedoch darauf ein, so wird er die von Hoffmanns Entwürfen gewohnte Disziplin und Stringenz gegenüber Funktion und Materialverarbeitung sowie sein sicheres Proportionsempfinden wiederfinden. Er wird mit dem Neuen im Vertrauten belohnt.

Als künstlerischer Leiter des österreichischen Pavillons auf der Internationalen Kunstgewerbeausstellung in Paris erhält Hoffmann 1925 die Gelegenheit, diese ganze Vielfalt künstlerischen Ausdrucks unter Mitwirkung so unterschiedlicher Entwerfer und Künstlerinnen wie Josef Frank, Oskar Strnad, Peter Behrens und vieler anderer sowie einer Vielzahl von AbsolventInnen der Kunstgewerbeschule einem internationalen Publikum zu präsentieren. Adolf Loos, der damals in Paris lebt und den Hoffmann einlädt, sich an der Präsentation Österreichs zu beteiligen, lehnt ab.[24] Trotz des künstlerischen Erfolgs des österreichischen Pavillons wird die Pariser Beteiligung ein geschäftlicher Misserfolg, was Loos veranlasst, wieder einmal seine beißende Kritik an der Wiener Werkstätte als verfehltes Konzept der Moderne zu formulieren.[25] Am 20. April 1927 kommt es anlässlich seines im Großen Saal des Musikvereins gehaltenen Vortrags „Das Wiener Weh (Die Wiener Werkstätte). Eine Erledigung" zum Eklat.[26] Ein Jahr später kann die WW am 31. Mai 1928 im Beisein von Bundespräsident Michael Hainisch ihr 25-jähriges Jubiläum mit einem Festakt im Musensaal der Albertina feiern. Auf Anregung Josef Hoffmanns und verwirklicht von Mathilde Flögl entsteht aus diesem Anlass die Festschrift *Die Wiener Werkstätte 1903–1928. Modernes Kunstgewerbe und sein Weg*. Es wird ein Künstlerbuch mit einem von Seite

Abb. 17 Vally Wieselthier, Einbandvorderseite der Festschrift *Die Wiener Werkstätte 1903–1928. Modernes Kunstgewerbe und sein Weg*, 1929
MAK, BI 18873-2
© MAK/Georg Mayer

zu Seite wechselnden Layout und einem von Vally Wieselthier 17
und Gudrun Baudisch entworfenen, aus Papiermaché im farbigen Pressdruck ausgeführten Einband. Dieses in Silber, Gold, Rot und Schwarz drucktechnisch nur äußerst aufwendig zu realisierende Buch muss als Ausdruck des Lebenswillens eines sich seiner künstlerischen Vitalität und Innovationskraft bewussten Unternehmens gelesen werden, das gerade erst von Kuno Grohmann aus einem Ausgleichsverfahren gerettet wurde. Doch bereits 1930 benötigt die WW neues Kapital, um zu überleben, und eine Finanzgruppe um die Generalvertreter der Schweizer Tapetenfirma „Tekta & Salubra" Alfred Hofmann und Georges Oeri übernimmt fast die Gesamtheit der Geschäftsanteile.[27] Trotz größter Sanierungsanstrengungen und einer noch stärkeren Konzentration auf die Massenfertigung muss die WW schließlich 1932 liquidiert werden. In diesem Jahr beträgt die Arbeitslosenquote in Österreich zwischen 21,7 und 27 Prozent bei den unselbständig Erwerbstätigen. Im Jahr darauf startet Alfred Hofmann, der letzte Gesellschafter und Financier der Wiener Werkstätte, den Versuch, das kreative Potenzial der WW nicht endgültig der Vergessenheit anheimfallen zu lassen. Er wendet sich an den Architekten Philipp Häusler, der schon 1920 die zentrale Leitung der Wiener Werkstätte übernommen hatte, um die Produktion der Wiener Werkstätte in Richtung einer größeren Breitenwirkung und Typisierung umzustellen. Dieser muss jedoch resignierend feststellen:

> „Ich habe inzwischen die mir befreundeten, für diese Sache in Betracht kommenden Industriellen gesprochen und den Eindruck gewonnen, dass das ehemals fraglos bestandene Interesse für die künstlerischen Werte der Wiener Werkstätte heute nicht mehr besteht. Es war auch festzustellen, und dies hat mich besonders beeindruckt, dass die derzeitige künstlerische Produktion Wiens in den Kreisen dieser Industrie unbekannt ist."[28] ■

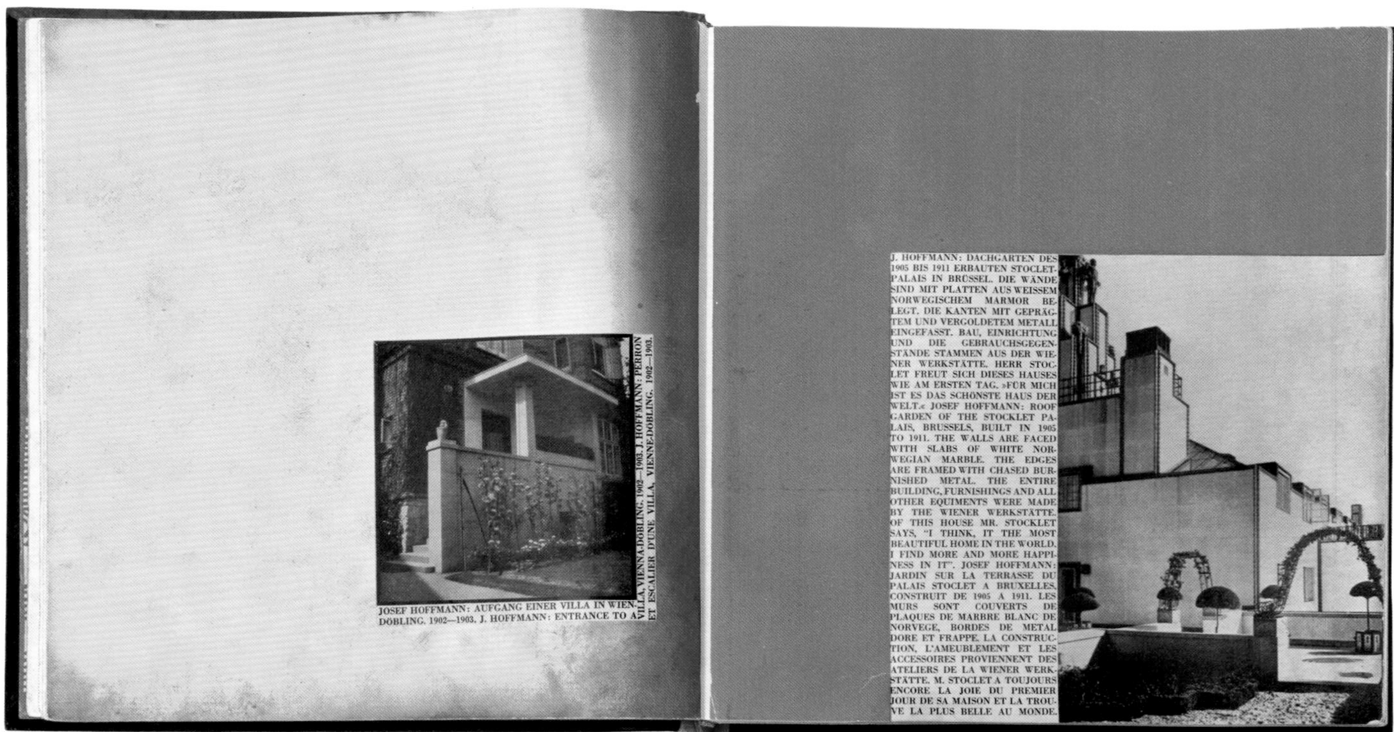

JOSEF HOFFMANN: AUFGANG EINER VILLA IN WIEN-DÖBLING. 1902—1903. J. HOFFMANN: ENTRANCE TO A VILLA, VIENNA-DÖBLING, 1902—1903. J. HOFFMANN: PERRON ET ESCALIER D'UNE VILLA, VIENNE-DÖBLING. 1902—1903.

J. HOFFMANN: DACHGARTEN DES 1905 BIS 1911 ERBAUTEN STOCLET-PALAIS IN BRÜSSEL. DIE WÄNDE SIND MIT PLATTEN AUS WEISSEM NORWEGISCHEM MARMOR BELEGT. DIE KANTEN MIT GEPRÄGTEM UND VERGOLDETEM METALL EINGEFASST. BAU, EINRICHTUNG UND DIE GEBRAUCHSGEGENSTÄNDE STAMMEN AUS DER WIENER WERKSTÄTTE. HERR STOCLET FREUT SICH DIESES HAUSES WIE AM ERSTEN TAG. »FÜR MICH IST ES DAS SCHÖNSTE HAUS DER WELT.« JOSEF HOFFMANN: ROOF GARDEN OF THE STOCKLET PALAIS, BRUSSELS, BUILT IN 1905 TO 1911. THE WALLS ARE FACED WITH SLABS OF WHITE NORWEGIAN MARBLE. THE EDGES ARE FRAMED WITH CHASED BURNISHED METAL. THE ENTIRE BUILDING, FURNISHINGS AND ALL OTHER EQUIMENTS WERE MADE BY THE WIENER WERKSTÄTTE. OF THIS HOUSE MR. STOCKLET SAYS, "I THINK, IT THE MOST BEAUTIFUL HOME IN THE WORLD. I FIND MORE AND MORE HAPPINESS IN IT". JOSEF HOFFMANN: JARDIN SUR LA TERRASSE DU PALAIS STOCLET A BRUXELLES, CONSTRUIT DE 1905 A 1911. LES MURS SONT COUVERTS DE PLAQUES DE MARBRE BLANC DE NORVEGE, BORDES DE METAL DORE ET FRAPPE. LA CONSTRUCTION, L'AMEUBLEMENT ET LES ACCESSOIRES PROVIENNENT DES ATELIERS DE LA WIENER WERKSTÄTTE. M. STOCLET A TOUJOURS ENCORE LA JOIE DU PREMIER JOUR DE SA MAISON ET LA TROUVE LA PLUS BELLE AU MONDE.

Abb. 18 Mathilde Flögl, Layout der Festschrift *Die Wiener Werkstätte 1903–1928*
MAK, BI 18873-2
© MAK/Georg Mayer

Abb. 19 JH, Entwurf für den Mittelraum der *Werkbundausstellung* im ÖMKI, 1930
MAK, KI 8813

Abb. 20 JH, Entwurf einer Wandabwicklung im Kinderzimmer mit Bettschrank der Wohnung Dipl.Ing. Ernst Bauer, Wien, 1927
MAK, KI 8819-12

Abb. 21 JH, Vitrinen-Korridor der Wiener Werkstätte, Werkbundausstellung im ÖMKI, 1930
DKuD (66) 1930, 309

Abb. 22 JH und Oswald Haerdtl, Verkaufsraum für die Konfiserie Altmann & Kühne in der Kärntner Straße Bemalung der Decke von Mathilde Flögl, 1928
MB (27) 1928, 467

Abb. 23 JH, Wohnzimmer, Ausstellung *Raum und Mode* im ÖMKI, 1932

MAK, Ausstellungskatalog „Raum und Mode"

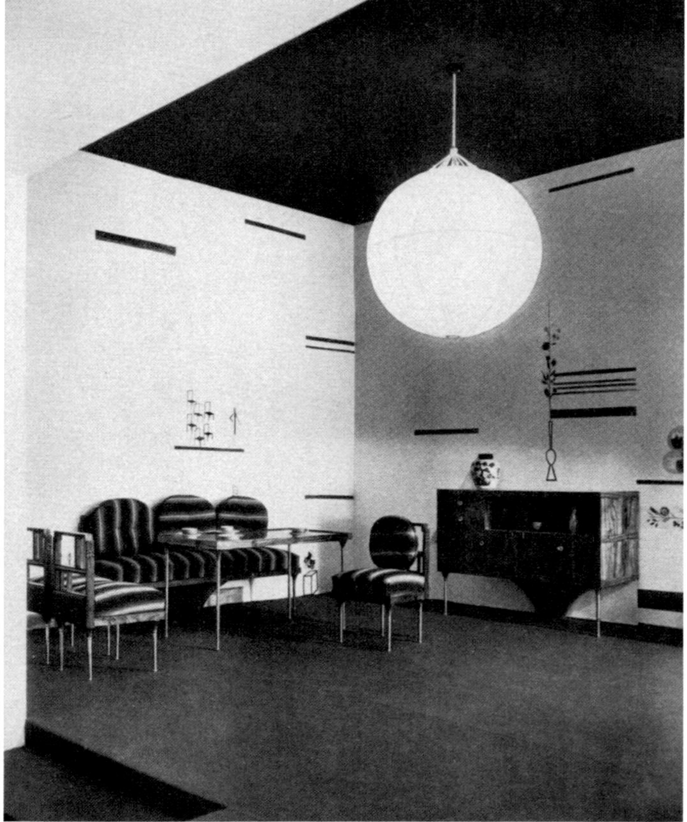

Abb. 24 JH, Teeraum, Ausstellung *Die neuzeitliche Wohnung* im ÖMKI, 1928, Wandbemalung Mathilde Flögl
DK (32) 1929, 15

Abb. 25 JH, Verkaufslokal der Wiener Werkstätte in Berlin, 1929
DKuD (65) 1929/30, 327

1 So treten unter anderen die k.k. Ministerien des Äußeren und des Handels sowie das k.k. Kriegspressequartier 1917 an Hoffmann heran, eine Filiale der WW in Zürich zu gründen sowie Kunstausstellungen in Kopenhagen, Stockholm und Amsterdam zu organisieren, um Österreich-Ungarn auf neutralem Boden als Kulturnation propagandistisch zu präsentieren.

2 Josef Hoffmann: Wiens Zukunft (Der Merker, Dezember 1919). Zit. n. Eduard F. Sekler: Josef Hoffmann. Das architektonische Werk, Salzburg/Wien 1982, 491–493: 491.

3 Undatiertes Manuskript Hoffmanns zum Wiederaufbau des Wiener Justizpalastes. MAK, KI 23506-11.

4 Hoffmann: Gedanken zum Wiederaufbau Wiens I u. II (Wiener Zeitung, 23. Dezember 1945 und 21. April 1946). Zit. n. Sekler: Josef Hoffmann, 500–502 (wie Anm. 2).

5 Hoffmann: Wiener im Jahre 2000 (Neues Wiener Journal, 17. Februar 1935). Ebd., 499–500: 499.

6 Hoffmann: Wiens Zukunft. Ebd., 492.

7 Transkription eines Briefes Josef Hoffmanns, der anlässlich der Vorgänge im Österreichischen Werkbund im März 1933 geschrieben wurde und dessen Faksimile Max Welz an die Werkbundmitglieder schickte. Ebd., 497–499.

8 Joseph Roth: Die Kapuzinergruft, Köln 1982, 120.

9 Briefkonzept mit dem Titel „Österreichisches Kunstgewerbe!", MAK, KI 23506.

10 Peter Noever (Hg.): Der Preis der Schönheit. 100 Jahre Wiener Werkstätte, Ostfildern 2003, 276 ff.

11 Wien Bibliothek im Rathaus, Handschriftensammlung, Nachlass Philipp Häusler.

12 1920 verlässt unter anderen Vally Wieselthier die WW und Dagobert Peche kündigt, kann aber überzeugt werden, zu bleiben. 1922 tritt Wimmer aus der WW aus und Hoffmann und Peche überlegen abermals, die WW zu verlassen.

13 Noever (Hg.) 2003, 295 (wie Anm. 10).

14 Norbert Bischoff war 1919/20 Konsularattaché am Generalkonsulat Köln, als Häusler an der dortigen Gewerbeschule unterrichtete.

15 Nachlass Philipp Häusler (wie Anm. 11).

16 Undatiertes handschriftliches Manuskript Josef Hoffmanns, MAK, KI-23506-10.

17 Peter Noever (Hg.): Die Überwindung der Utilität. Dagobert Peche und die Wiener Werkstätte, Ostfildern-Ruit 1998.

18 Nachlass Philipp Häusler, 2.1.3.10.5.12-25 (wie Anm. 11).

19 Christian Witt-Dörring/Janis Staggs (Hg.): Wiener Werkstätte 1903–1932. The Luxury of Beauty, München u.a. 2017, 468 ff.

20 Josef Hoffmann: Kunst in Not, in: Neue Freie Presse, 3.9.1920, 5. Diesen Hinweis verdanke ich Markus Kristan. Brief Philipp Häuslers an Alfred Hofmann vom 23.4.1933, Nachlass Philipp Häusler (wie Anm. 11).

21 Raum der Österr. Verlags- und Reproduktionsanstalten im Grand Palais sowie die langen Säle der Wiener Werkstätte, der Textilien und Papeterien und der Empfangsraum im österr. Pavillon auf der *Internationalen Kunstgewerbeausstellung* in Paris 1925, österr. Abteilung der Ausstellung *Europäisches Kunstgewerbe* im Grassi Museum Leipzig 1927, Ausstellung *Österreichischer Werkbund* 1930 im ÖMKI.

22 Ruheraum einer Dame gezeigt 1923 auf der Ausstellung *Österreichisches Kunsthandwerk* im ÖMKI, ein Herren- bzw. Schreibzimmer und ein Teezimmer für die *Jubiläumsausstellung* des Österr. Kunstgewerbevereins im ÖMKI 1924 und für die *Internationale Kunstgewerbeausstellung* in Paris 1925, einen Wohnraum mit anschließendem Wintergarten für die *Kunstschau* 1927 im ÖMKI, Musterzimmer für den sozialen Wohnbau auf der Ausstellung *Wien und die Wiener* im Wiener Messepalast 1927, einen Teeraum für die Ausstellung *Die neuzeitliche Wohnung* im ÖMKI 1928, den bereits in Paris gezeigten Ruheraum für eine Dame sowie einen Powder-Room für die Ausstellung *Art in Industry* im Kaufhaus Macy's New York 1928, ein Musikzimmer für die Ausstellung *Wiener Raumkünstler* im ÖMKI 1929, das Kaffeehaus auf der *Werkbundausstellung* im ÖMKI 1930, Kaminecke eines Wohnzimmers für die Ausstellung *Raum und Mode* im ÖMKI 1932.

23 Kopie eines Typoskripts eines Radiovortrags, den Josef Hoffmann am 9.10.1930 gehalten hat, Nachlass Eduard Sekler, Privatarchiv.

24 N. N.: Wer ist an der österreichischen Kunstpleite in Paris schuld? Professor Hoffmann schreibt der „Stunde" über seine Tätigkeit in Paris – Josef Hoffmann, Meine Gegner und ich, in: Die Stunde, Wien, 10.1.1926, 6. Diesen Hinweis verdanke ich Markus Kristan.

25 Christoph Thun-Hohenstein/Matthias Boeckl/Christian Witt-Dörring (Hg.): Wege der Moderne. Josef Hoffmann, Adolf Loos und die Folgen, Basel 2015.

26 A. (Hans Ankwicz-Kleehoven): Vortrag Adolf Loos, in: Wiener Zeitung (224) 93, 22.4.1927, 5. Diesen Hinweis verdanke ich Markus Kristan.

27 Noever (Hg.) 2003, 397 (wie Anm. 10).

28 Brief Philipp Häuslers an Alfred Hofmann vom 23.4.1933, Nachlass Philipp Häusler (wie Anm. 11).

Abb. 1 Oswald Haerdtl, Gestaltung der Architekturausstellung der Kunstgewerbeschule im ÖMKI, 1924
DKuD (54) 1924, 334

Matthias Boeckl

Präsenz trotz Dauerkrise

Josef Hoffmann und die Kunstgewerbeschule 1919–1938

Ungeachtet völlig neuer politischer Rahmenbedingungen, neuer dominierender sozialer Bauaufgaben und damit auch neuer Ausbildungsziele änderte sich der Betrieb an der Kunstgewerbeschule zu Beginn der jungen Republik 1918/19 zunächst kaum. Weiterhin gab es zwei Architekturfachklassen – neben Hoffmanns eigener nun auch jene von Oskar Strnad[1] – und das Curriculum blieb ebenfalls praktisch unverändert. Hoffmann konnte in den Schulräumlichkeiten weiterhin sein privates Architekturbüro betreiben.[2] Wie zuvor nutzte er seine nationalen und internationalen Netzwerke konsequent für die publizistische Präsenz seiner Schule und viele Auftritte auf wichtigen Ausstellungen. Bewährte Schüler und Mitarbeiter involvierte er weiterhin sowohl in eigene Planungsaufträge als auch in den Schulunterricht – mit fließenden Grenzen. Seine Stellung an der Kunstgewerbeschule konnte er mit der Übernahme weiterer Lehrverpflichtungen sogar noch ausbauen: 1923 bis 1936 leitete er zusätzlich auch die Werkstätten für Emailarbeiten, Gürtlerei und Metallarbeiten.

Von den Assistenten in Hoffmanns Büro und Schule jener Zeit ist vor allem Oswald Haerdtl zu nennen, der nach seinem Studium bei Strnad von 1922 bis zur Übernahme seiner eigenen Architekturfachklasse 1935 bei Hoffmann assistierte. Auch in dessen privatem Architekturbüro stieg Haerdtl vom Assistenten (1922–28) über die Stellung als Atelierchef (1928–32) bis zum Partner auf (1932–38). Neben Haerdtl waren bis zum endgültigen Rückzug Hoffmanns 1937 über kürzere und längere Zeiträume auch weitere einflussreiche Architekten in seiner Fachklasse und/oder in seinem Atelier tätig: 1919–26 wirkte Max Fellerer, der schon 1913/14 im Architekturbüro und in der Wiener Werkstätte mitgearbeitet hatte, als Chefarchitekt in Hoffmanns Atelier und kehrte nach einem Zwischenspiel in Meisterschule und Büro von Clemens Holzmeister (1927–34) in den Jahren 1934–38 und dann 1945–54 als Direktor an den Stubenring zurück. 1919–23 war der
3 Hoffmann-Schüler, Architekt und Publizist Leopold Kleiner, der 1938 nach New York flüchten musste und dort weiter über die Wiener Moderne schrieb, Assistent in der Fachklasse. Er veröffentlichte regelmäßig Artikel über Hoffmann und dessen Schule in Tageszeitungen und Fachmedien, gekrönt von der ersten Hoffmann-Monografie, die 1927 im Verlag Ernst Hübsch in Berlin erschien.[3] 1936 wirkte der ehemalige Strnad-Schüler und -Mitarbeiter Hans Adolf Vetter[4] als Assistent und 1937 kurzfristig auch als Nachfolger Hoffmanns an der Kunstgewerbeschule. Weitere engagierte junge Architekten im Umkreis waren der Hoffmann-Schüler Philipp Häusler sowie die Strnad-Schüler Hans Bichler und Gabriel Guévrékian. Häusler wurde von Hoffmann in der NS-Zeit kurzfristig als Schuldirektor forciert,[5] Guévrékian arbeitete 1922 im Atelier Hoffmanns mit und war in der Folge eine wichtige Anlaufadresse im Umkreis von Le Corbusier in Paris, während Bichler 1938–45 als Chef des Wiener Kunsthandwerkvereins und 1941–44 an der Schule als Nachfolger des entlassenen ehemaligen Hoffmann-Schülers Otto Prutscher eine ambivalente Rolle als zentrales „Werkzeug" Hoffmanns in jener Zeit spielte. Auch Hoffmanns Sohn Wolfgang, der an der Strnad-Klasse gelernt hatte, arbeitete 1922 vorübergehend im Atelier mit, bevor er nach Amerika ging. Schließlich war auch der Strnad-Schüler Josef Kalbac gelegentlich im Architekturbüro tätig und 1938–56 Hoffmanns Partner am neuen Bürositz im Wiener Kunsthandwerkverein in der Kärntner Straße 15.[6]

Wie sah der Alltag in der Architekturklasse aus?[7] „Wir hatten keinen Unterricht im herkömmlichen Sinn. Es gab keine Vorlesungen oder ‚Programme' mit quälenden Terminen. Alle Arbeit war auf die Entfaltung der Begabung und Eigenart des Einzelnen ausgerichtet", berichtet der ehemalige Schüler Herbert Thurner, der 1933–35 ebenfalls in Hoffmanns Architekturbüro tätig war. „Hoffmann lehrte uns nichts. Wenn Lehre die Vermittlung von Wissen bedeutet, dann war er kein Lehrer. Hoffmann glaubte, dass in uns selbst liege, was wir werden konnten, dass wir es nicht lernen könnten und dass er es nicht lehren, aber entdecken könne", umschreibt Lillian Langseth-Christensen Hoffmanns didaktische Methode.[8] Trotz dieser maximalen Freiheit lassen sich in der Hoffmann-Klasse dieser Zeit – neben den weiterhin geübten vielfältigen Design-Aufgaben wie Stoffmuster, Plakate, Bucheinbände, Schmuck, Möbel, Spielzeug, Glas- und Keramikgeschirr, Tapeten, Mode etc. – im Architekturbereich einige zeittypische Schwerpunkte fixieren: Meist unter der Regie des Assistenten Oswald Haerdtl wurden ab 1922 etwa Siedlungen und Gartenstädte, Reihenhäuser, Einfamilienhäuser, Badeanlagen, Land- und Bootshäuser, Kinos und Hotels entworfen. Die Schwerpunkte der sozialen Bauaufgaben (ergänzt um Kre-

Abb. 2 JH, Österreichischer Pavillon auf der *Exposition Internationale des Arts Décoratifs et Industriels Modernes*, Paris, 1925, Vitrinen mit Bemalung von Schülerinnen der Fachklasse Hoffmann der Kunstgewerbeschule Wien
MAK, WWF 137-11-1

>
Abb. 5 Anton Z. Ulrich (Fachklasse Hoffmann), Entwurf für ein Klub- und Bootshaus des Zagreber Ruderklubs H.V.K., 1927
MBF (26) 1927, 379

Abb. 3 Leopold Kleiner, Wohnraum, Kunstschau, ÖMKI, 1920
MBF (26) 1927, 391

Abb. 4 Oswald Haerdtl, Raum für Kunstgewerbe mit Blick in den Raum für Architektur, Breslau, 1926
MBF (26) 1927, 395

matorien-Projekte, die sich aus dem 1921 dazu erstmals in Österreich ausgetragenen Wiener Wettbewerb ergaben) zeigen eine aufschlussreiche Balance mit Bautypen zur Freizeitgestaltung und des für Österreich immer wichtiger werdenden Tourismus. Fast alle Projekte wurden nicht nur zeichnerisch bis hin zu repräsentativen und kunstvollen Farbperspektiven durchgearbeitet, sondern auch in Kartonmodellen, die oft ausgestellt, fotografiert und publiziert wurden, meist mit Texten von Max Eisler.[9] Zu den aktivsten Schülerinnen und Schülern der 1920er und 1930er Jahre
5 6 7 zählen etwa Camilla Birke, Lilly Engel, Philipp Ginther, Julius
8 9 Jirasek, Lillian Langseth-Christensen, Walter Loos, Karl Panigl, Hilde Polsterer, Carmela Prati (verehel. Haerdtl), Simon Schmiderer, Stefan Simony jun., Alfred Soulek, Herbert Thurner, Rudolf Trostler und Anton Z. Ulrich.

Neben den Publikationen in internationalen Fachmedien
1 erreichte die Hoffmann-Klasse auch durch zahlreiche Ausstellungen öffentliche Aufmerksamkeit. Die wichtigsten Beteiligungen fanden 1924 in Wien, 1925 in Paris und 1929 erneut in Wien statt. Im Mai 1924 präsentierten sich die beiden Architekturklassen der Kunstgewerbeschule gemeinsam im benachbarten Wiener Kunstgewerbemuseum. Assistent Oswald Haerdtl gestaltete die kleine Ausstellung in deutlicher Rezeption der De Stijl-Bewegung als freie Komposition horizontaler und vertikaler Flächen im Raum. Diese dienten einerseits als Podeste und Hängeflächen für Modelle und Zeichnungen, andererseits aber auch – wie in Friedrich Kieslers parallel entstehender *Internationaler Ausstellung neuer Theatertechnik* in Wien 1924 und seiner *Raumstadt* (Österreichischer Theaterbeitrag, Paris 1925) – als Darstellungen der Avantgarde-Vision einer Emanzipation der Architektur von der Gravitation. Neben den Schülerarbeiten wurden bei den Architektur-Präsentationen der Kunstgewerbeschule stets auch Werke der beiden Fachklassenleiter Hoffmann und Strnad gezeigt. 1924 wurden beispielsweise neben einem Modell des Palais Stoclet von Josef Hoffmann Hausentwürfe von Otto Niedermoser und Julius Jirasek ausgestellt.[10] Die
gleichen Modelle wurden in Paris 1925 im Grand Palais in 11
der österreichischen Architekturausstellung im Rahmen der *Exposition Internationale des Arts Décoratifs et Industriels Modernes* gemeinsam mit Arbeiten von Oskar Wlach, Josef Frank und vielen anderen präsentiert. Im Nebenraum befand sich Kieslers *Raumstadt*.[11] 1929 schließlich fand die umfang-
reichste Schau von Schülerarbeiten aus den beiden von Hoff- 9 10
mann geleiteten Abteilungen der Kunstgewerbeschule statt: In der Jubiläumsausstellung im Kunstgewerbemuseum konnte man mit Alfred Souleks großem Modell einer Siedlungsanlage und Philipp Ginthers Terrassenhotel für die Halbinsel

Abb. 6 Rudolf Trostler (Fachklasse Hoffmann), Entwurf für die Type einer Mittelstandskolonie, 1927
MBF (26) 1927, 386

Abb. 7 Karl Panigl (Fachklasse Hoffmann), Entwurf für ein Landhaus, 1927
MBF (26) 1927, 379

Lapad bei Dubrovnik exemplarische, klar sachliche Lösungen der zeittypischen sozialen und touristischen Aufgabestellungen bewundern, in großen Wandvitrinen aber auch zahlreiche Produkte aus Hoffmanns Werkstätten für Emailarbeiten und Metallbearbeitung.[12]

Die Wirkung von Hoffmanns Architekturausbildung und dem speziellen Modell der Wiener Kunstgewerbeschule entfaltete sich nach 1918 vor allem auf internationaler Ebene. Konnten Hoffmanns Absolventinnen und Absolventen aus der Zeit vor dem Ersten Weltkrieg Österreichs Architektur- und Designlandschaft als Lehrer, Entwerfer und Architekten zwischen 1905 und 1933 noch erkennbar mitprägen, so waren viele Karrieren von Schülerinnen und Assistenten der Zwischenkriegszeit bereits gravierend von Krisen und Krieg, Verfolgung und Exil betroffen. Bis zu den Vertreibungen der NS-Zeit entfaltete Hoffmanns Lehre ihre internationale Wirkung noch auf gewohnten Wegen: Philipp Ginther etwa lehrte ab 1929 Innenarchitektur in Istanbul und Anton Ulrich zählte ab den 1930er Jahren zu den einflussreichsten und aktivsten Architekten der kroatischen Moderne. Eine wichtige Auswirkung der modernen Kunstausbildung der Wiener Secessionisten entwickelte sich beim Bauhaus in Weimar und Dessau. Die Reform der vereinigten Dresdner Kunst- und Kunstgewerbeschulen (letztere hatte 1907–19 Henry

Abb. 8 Hilde Polsterer (Fachklasse Hoffmann), Entwurf für ein Landhaus, 1925
MAK, KI 8961-102

Abb. 9 Oswald Haerdtl, Gestaltung der Jubiläumsausstellung der Kunstgewerbeschule im ÖMKI, 1929, Architekturabteilung mit dem Modell eines Landhauses an der Steilküste von Alfred Soulek (Fachklasse Hoffmann)
UaK, 11142-F-W-24

van de Velde geleitet) durch Walter Gropius unter dem Idealbild „Bau" als Symbol und Form einer modernen Einheit der Künste kann zweifellos auch auf Gropius' gute Kenntnis der Wiener Moderne durch seine Ehe mit Alma Mahler (1915–20) zurückgeführt werden. Das Bauhaus-Curriculum mit Vorkursen, Fachabteilungen und Werkstätten ist deutlich an das Modell der Wiener Kunstgewerbeschule mit der allgemeinen Abteilung, den Fachklassen und den Werkstätten angelehnt. Gropius selbst dokumentierte dies 1925 durch Publikation einiger Wiener Schülerarbeiten in seinem ersten Bauhausbuch.[13]

Hoffmanns Abschied von der Kunstgewerbeschule verlief nach 37 Jahren hingebungsvoller und einflussreicher Lehrtätigkeit nahezu traumatisch. Im September 1936 sollte der mittlerweile 65-Jährige gesetzeskonform, aber gegen seinen Willen in den dauerhaften Ruhestand versetzt werden. Es folgten zahlreiche Interventionen und der Antrag von Max Fellerer, Hoffmann in seiner ehemaligen Fachklasse, die nun vorübergehend von Hans Adolf Vetter und von 1937 bis 1967 definitiv vom ehemaligen Tessenow-Schüler Franz Schuster geleitet wurde, im Schuljahr 1936/37 als Hilfslehrer für Kunstgewerbe im Ausmaß von zwölf Wochenstunden zu beschäftigen, „weil keine andere Lehrkraft zur Verfügung steht, die die kunstgewerbliche Abteilung der Fachklasse Professor Hoffmanns übernehmen könnte".[14] Das zuständige Handelsministerium genehmigte den Antrag, allerdings nur für das Wintersemester.[15] Mit dem definitiven Ausscheiden Hoffmanns 1937 endete die Ära der secessionistischen Kunstausbildungsreform mit ihrem Ideal von der Einheit der Künste, das es ermöglicht hatte, in einer ehemaligen Klasse für Möbeldesigner Architektur zu unterrichten und in dieser Architekturklasse sodann auch fast alle übrigen kunstgewerblichen Techniken zu lehren. 1938 eröffnete Oswald Haerdtl mit einer neuen Fachklasse für gewerbliche und industrielle Entwürfe, die er zusätzlich zu seiner Architekturfachklasse leitete, das neue Zeitalter des spezialisierten Industrial Design. Hoffmann selbst unternahm 1938 mit zwei

Abb. 10 Oswald Haerdtl, Gestaltung der Jubiläumsausstellung der Kunstgewerbeschule im ÖMKI, 1929, Werkstätten für Emailarbeiten und Metallbearbeitung (Josef Hoffmann)
MBF (28) 1929, 404

Abb. 11 Oswald Haerdtl, Gestaltung der österreichischen Architekturabteilung der *Exposition Internationale des Arts Décoratifs et Industriels Modernes*, Paris, Grand Palais, 1925, mit Modellen u. a. aus der Kunstgewerbeschule
MAK, KI 8961-107

Konzepten einer Kunstschulreform für die NS-Behörden[16] noch einen letzten – gescheiterten – Versuch der Restitution secessionistischer, handwerksorientierter Ideale. Stattdessen wurde die Kunstgewerbeschule 1941 zur „Reichshochschule für angewandte Kunst" erhoben.

Ab 1938 war eine Reihe von Hoffmanns ehemaligen Schülern von Flucht und Vertreibung betroffen. So mussten beispielsweise Walter Loos, Simon Schmiderer, Stefan Simony und Rudolf Trostler aufgrund „rassischer" und/oder politischer Verfolgung Österreich in Richtung Argentinien, USA, Türkei bzw. Israel verlassen, wo sie in weiterer Folge teils große Bau-Œuvres realisieren konnten – vor allem Schmiderer in den USA und Trostler in Israel.[17] Alfred Soulek hingegen blieb von 1935 bis 1979 als Lehrender an der Schule, während Herbert Thurner gemeinsam mit Friedrich Euler nach 1945 einige größere Wohn- und Schulbauten realisieren konnte. ■

Abb. 12 Alfred Soulek (Fachklasse Hoffmann), Schreibtisch aus grauem Schleiflack mit Bücherablage an der Rückseite, 1929, Ausführung Möbelfabrik J. Soulek, Wien
MBF (28) 1929, 403

1 Heinrich Tessenows dritte Fachklasse für Architektur wurde nach seiner Rückkehr nach Deutschland 1919 nicht mehr besetzt.
2 Ein weiteres Architekturbüro betrieb Hoffmann mit jenem der Wiener Werkstätte in der Neustiftgasse.
3 Diese Monografie lag möglicherweise Adolf Hitler vor, als er 1940 gemeinsam mit Albert Speer das Werk Hoffmanns begutachtete, vgl. dazu den Beitrag über Hoffmann und den Nationalsozialismus, Seite 388–398 in dieser Publikation.
4 Sohn des Werkbund-Vorstands und Chefs der österreichischen Staatstheater Dr. Adolf Vetter, für den Hoffmann 1912–23 eines der Häuser in der Villenkolonie Kaasgraben errichtet hatte, der vor 1918 das Gewerbeförderungsamt leitete und der 1925 als Leiter der österreichischen Beteiligung an der *Exposition Internationale des Arts Décoratifs et Industriels Modernes* in Paris fungierte.
5 Verweis wie Anm. 3.
6 Diesen Bürositz nutzte Hoffmann bis zu seinem Tod 1956, vgl. die Stempel auf den Einreichplänen der Wohnhausanlage der Stadt Wien in der Heiligenstädter Straße 129, 1953–54, Stadt Wien, MA 37, EZ 557.
7 Otto Kapfinger/Matthias Boeckl: Vom Interieur zum Städtebau. Architektur am Stubenring 1918–90, in: Kunst: Anspruch und Gegenstand. Von der Kunstgewerbeschule zur Hochschule für angewandte Kunst in Wien 1918–1991, Wien/Salzburg 1991, 102–108.
8 Ebd., 102. Herbert Thurner berichtet zudem, dass die Klasse des öfteren Besuch von internationaler Architekturprominenz erhielt, darunter André Lurçat, Le Corbusier und F. L. Wright. Vgl. H. Thurner, Zum 100. Geburtstag Josef Hoffmann, in: Der Bau 1970, 21
9 Beispielsweise 28 Abbildungen von Modellen und Plänen der Schüler Anton Z. Ulrich, Karl Panigl, A. Fischer, Rudolf Trostler, Philipp Ginther in: Max Eisler: Josef Hoffmann und seine Schule, in: Moderne Bauformen (26) X 1927, 373–387.
10 Kapfinger/Boeckl 1991, 98–99 (wie Anm. 7).
11 Eine weitere wichtige Auslandspräsentation der jungen Wiener Moderne bestritt die Meisterschule Peter Behrens der Akademie der bildenden Künste 1930 im Brooklyn Museum in New York, vermittelt vom amerikanischen Bauhaus- und Behrens-Schüler William Muschenheim, der 1930–33 auch im Atelier von Joseph Urban in New York arbeitete. Vgl. Karl Maria Grimme (Hg.): Peter Behrens und seine Wiener akademische Meisterschule (Peter Behrens and his Academic Master-School, Vienna), Wien 1930.
12 Max Eisler: Neues aus Wien und Brünn, in: Moderne Bauformen (28) X 1929, 393–432: 404.
13 Walter Gropius (Hg.): Bauhausbücher 1, Internationale Architektur, 1. Auflage, München 1925, 70–71, mit Abbildung von Projekten von Niedermoser und Jirasek. In der 2. Auflage 1927 waren diese Projekte nicht mehr enthalten.
14 Zl. 136/1936 vom 9.9.1936; UaK, Kunstsammlung und Archiv.
15 ÖStA, AdR, Handel, Zl. 138.303/14 A-36
16 Verweis wie Anm. 3.
17 Vgl. Matthias Boeckl (Hg.): Visionäre & Vertriebene. Österreichische Spuren in der modernen amerikanischen Architektur, Berlin 1995.

Abb. 1 JH, Kammer der Papeterien am Ende des Vitrinenraumes im Österreichischen Pavillon der Pariser Kunstgewerbeausstellung, 1925
MBF (24) 19295, T. 62

Rainald Franz, Markus Kristan

Ein Schrein der tausend Kostbarkeiten, zum Schauen und zum Lustwandeln Max Eisler

Der österreichische Pavillon auf der Internationalen Kunstgewerbeausstellung in Paris 1925

Mit dem Auftrag, einen Österreich-Pavillon für die 1925 in Paris stattfindende *Exposition Internationale des Arts Décoratifs et Industriels Modernes* zu entwerfen, kehrte Josef Hoffmann zu einer ihm sehr geläufigen Bauaufgabe zurück: der Gestaltung von Repräsentationsbauten für Nationen und Institutionen, denen er angehörte. Dabei war die Pariser Ausstellung ursprünglich als „Parallelaktion" zur Kölner Werkbundausstellung geplant gewesen, für die Hoffmann sein *Österreichisches Haus* konzipiert hatte. 1911 würdigten Zeitungsnotizen die Absicht Frankreichs, 1914 oder 1915 in Paris eine internationale Ausstellung für modernes Kunstgewerbe zu veranstalten. Diese sollte die 1920 für Paris geplante, jedoch bereits 1911 im Planungsstadium abgesagte Weltausstellung ersetzen.[1] Man hoffte in Frankreich, durch die Ausstellung „einen Stil des XX. Jahrhunderts" zu schaffen.[2] Der Erfolg der Münchner Kunstgewerbeausstellung im Pariser Herbstsalon von 1910 habe den Franzosen die Augen geöffnet, „wie sehr das moderne Kunstgewerbe bei ihnen noch zurück ist".[3] Der Impuls für die Veranstaltung ging von drei Pariser kunstgewerblichen Vereinigungen gemeinschaftlich aus: von der *Union centrale des arts décoratifs*, der *Société des artistes décorateurs* und dem *Salon des artistes décorateurs*.[4] Die Pariser Kunstgewerbeausstellung 1916 musste infolge des Ersten Weltkriegs abgesagt werden. 1919 entstand der Plan, eine Internationale Kunstgewerbeausstellung 1922 in Paris zu veranstalten,[5] wobei die französische Regierung entschied, Deutschland von der Ausstellung auszuschließen.[6] Im Juli 1923 wurde das österreichische Bundeskanzleramt informiert, dass die Eröffnung der großen „Internationalen Ausstellung der modernen dekorativen und industriellen Künste" in Paris nun für das Jahr 1925 festgesetzt worden sei.[7] Man wünschte einen eigenen Pavillon, „um die österreichische Eigenart voll zur Geltung bringen zu können".[8] In der Herbstausstellung 1923 des Österreichischen Museums, die dem im selben Jahr verstorbenen Dagobert Peche gewidmet war, stellten mehrere Architekten wie Josef Hoffmann[9], Hugo Gorge, Josef Frank und Peter Behrens aus: allesamt Lehrer an den Wiener Architekturschulen, deren Beiträge dann auch in Paris 1925 den Auftritt Österreichs bestimmen sollten.[10] Anfang 1924 liefen die Vorbereitungen Österreichs für die Beteiligung an der Pariser Ausstellung voll an. Kunstindustrielle und kunstgewerbliche Betriebe forderten österreichische Künstler auf, Entwürfe zu liefern, die produziert werden könnten.[11]

Im März 1924 wurde das Areal für die Ausstellung bestimmt, nämlich jenes der letzten Pariser Weltausstellung unter Einbeziehung des Grand Palais, des Cours-la-Reine, des Quai d'Orsay und der Esplanade des Invalides.[12] Für die Beteiligung Österreichs stellten der Bund, die Gemeinde Wien, die Wiener Handelskammer und der Bankenverband einige Milliarden Kronen zur Verfügung. Zum Chefarchitekten wurde Josef Hoffmann bestellt, der dem Ausstellungskomitee unverzüglich einen Entwurf für den Pavillon vorlegen sollte.[13] Im Juni 1924 reiste Josef Hoffmann nach Paris, um dort alle erforderlichen Vereinbarungen mit der französischen Ausstellungskommission zu treffen. Österreich wurde am Cours-la-Reine in unmittelbarer Nähe des Pont Alexandre-III ein Grundstück zugeteilt, auf dem der Repräsentationspavillon erbaut werden sollte. Ferner wurde Österreich in den zu errichtenden Hallen auf der Esplanade des Invalides ein großer Platz zugeteilt. Die österreichischen Kunstgewerbeschulen sollten im ersten Stock des Grand Palais ihre Erzeugnisse präsentieren.[14] Im *Neuen Wiener Journal* vom 6. Juli 1924 veröffentlichte Josef Hoffmann selbst einen seiner wenigen Artikel, in dem er über „Die kommende Weltausstellung in Paris" berichtete.[15] Am Ende seiner Ausführungen schreibt er:

> „Der österreichische Pavillon, der ein Gebiet von zirka vierhundert Quadratmeter umfassen wird und einen der günstigst gelegenen Plätze der Ausstellung für seinen Bau erhalten hat, den ich die Ehre habe, zu erbauen, wird hoffentlich der Clou der Ausstellung werden. Was an uns Künstlern liegt, diesen Wunsch zu verwirklichen, wird sicherlich geschehen. Hoffentlich unterstützen uns die heimischen Kreise, die am Werke mitarbeiten müssen, in unserem Wollen. Wir *brauchen* den Welterfolg und wir *müssen* ihn erringen!"

Die Pläne für den österreichischen Pavillon in Paris, die 2
Josef Hoffmann bereits im Juli 1924 in der Handelskammer vorlegen konnte, wurden vorläufig nicht veröffentlicht oder beschrieben, um „Österreichs Priorität nicht zu schädigen", wie Berta Zuckerkandl schreibt.[16] „Dass aber auch diese Ausstellung als Gesamtkunstwerk österreichischer Ausdrucksskulptur Josef Hoffmanns geniale Prägung erhalten wird und

OB·BAURAT ARCHT PROF
JOSEF HOFFMANN
WIEN·I·STUBENRING3
1925.

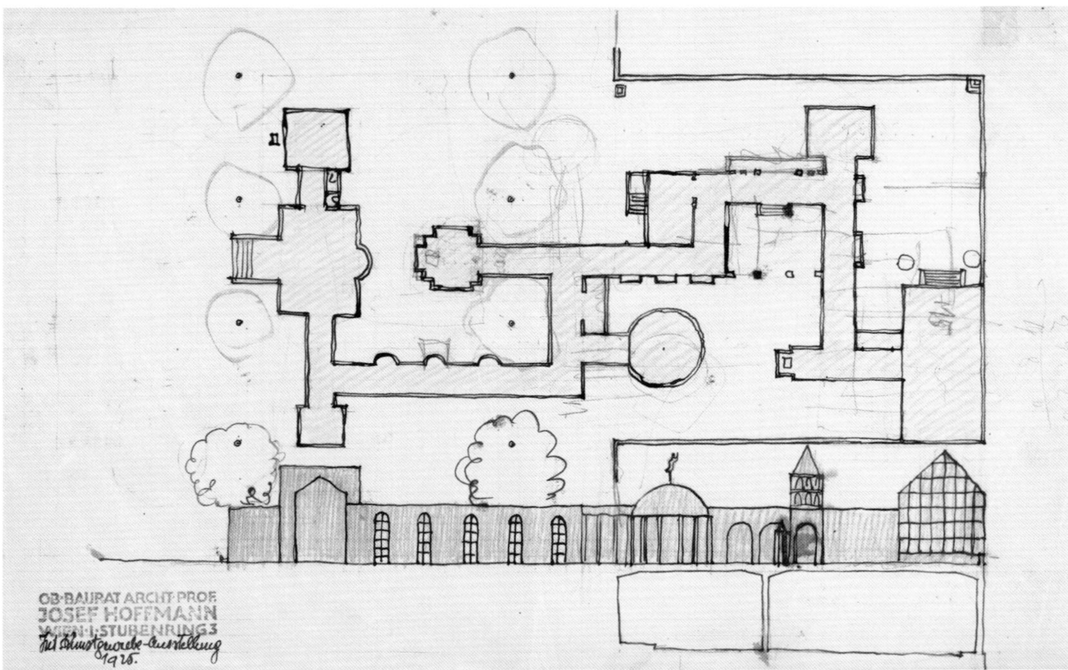

Abb. 2 JH, Vorentwurf für den Grundriss und die Fassadenabwicklung des Österreichischen Pavillons der Pariser Kunstgewerbeausstellung, 1925
Canadien Centre for Architecture, Montreal, DR 1985:0057

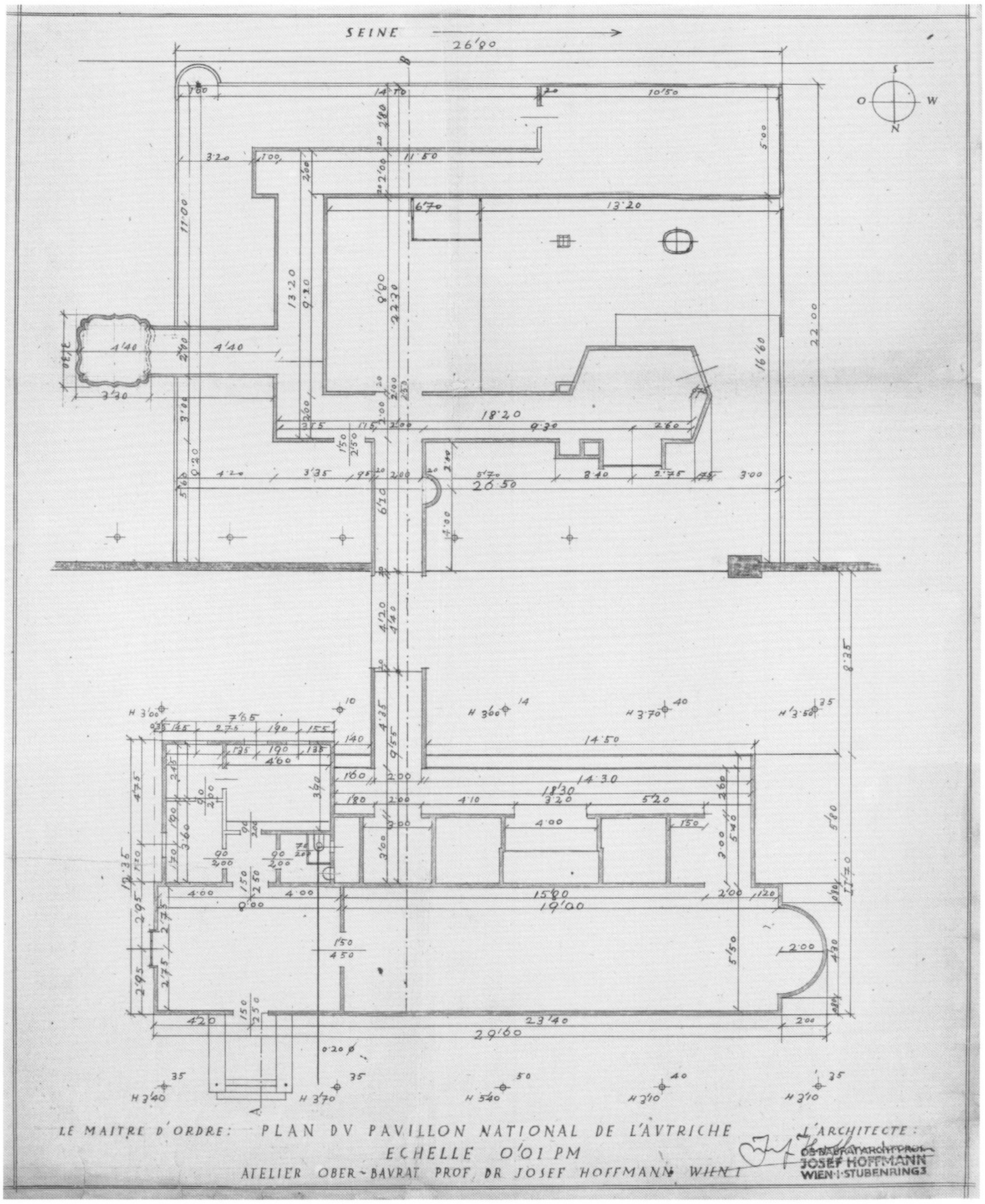

SEINE
LE MAITRE D'ORDRE:
PLAN DV PAVILLON NATIONAL DE L'AVTRICHE
L'ARCHITECTE:
ECHELLE O'OI PM
ATELIER OBER-BAVRAT PROF. DR JOSEF HOFFMANN WIEN I
OB·BAURAT ARCHT PROF
JOSEF HOFFMANN
WIEN·I·STUBENRING3

Abb. 3 JH, Plan du Pavillon National de L'Autriche, Paris, 1925 Ausführungsplan Grundrisse
Belvedere, Wien, AKB_KD-8-S-8-2

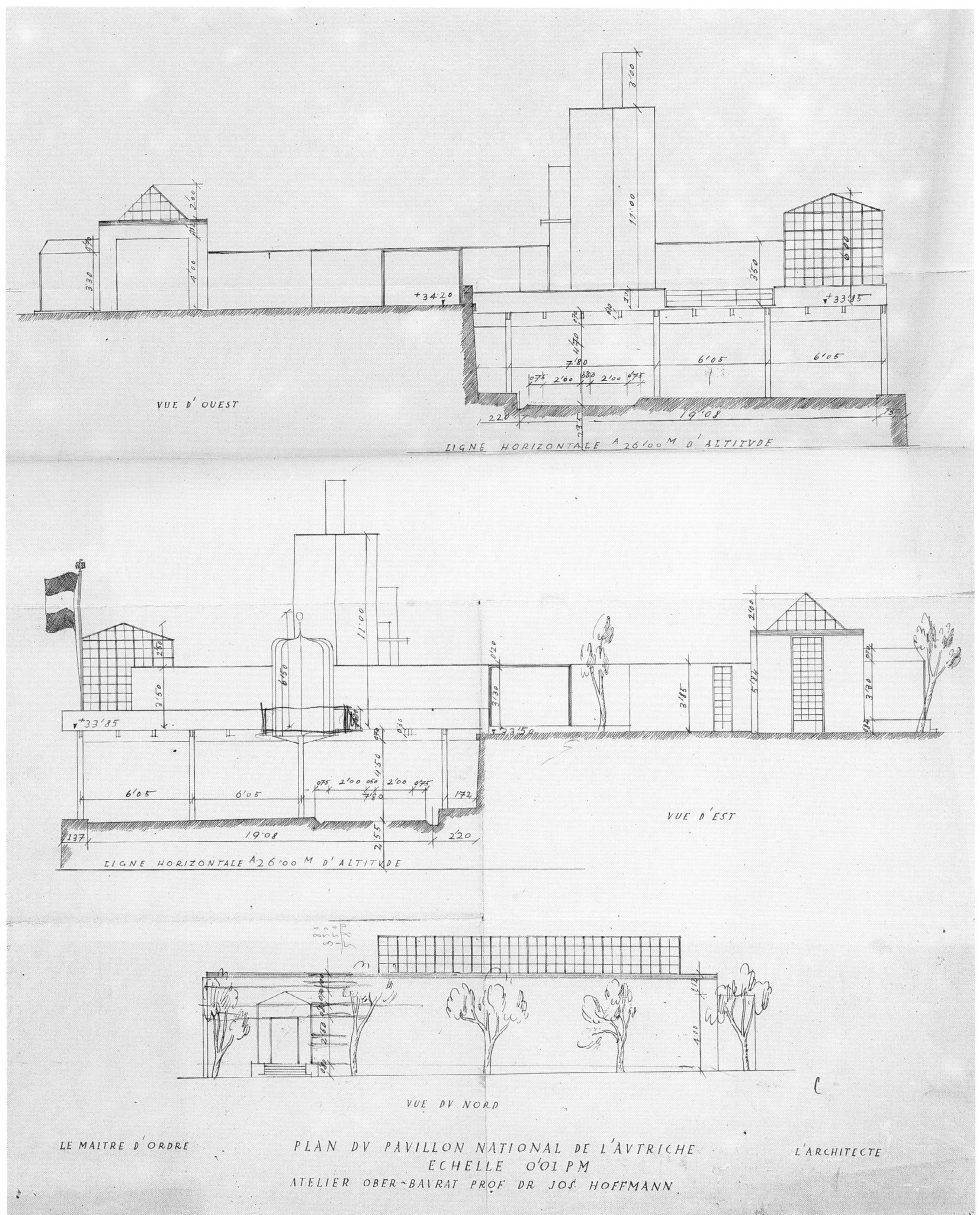

Abb. 4 JH, Plan du Pavillon National de L'Autriche, Paris, 1925
Ausführungsplan, Schnitte
Belvedere, Wien, AKB_KD-8-S-8-3

Abb. 5 JH, Vorentwurf für den Eingang des Österreichischen Pavillons der Kunstgewerbeausstellung, Paris, 1925
National Gallery Prague, K 17802

Abb. 6 JH, Entwurf für den Empfangsraum des Österreichischen Pavillons, Paris, 1925
National Gallery Prague, K 17801

edelste Erfolge verspricht, dies kann schon heute vorhergesagt werden."

3 Hoffmanns Entwurf für den österreichischen Pavillon rea-
4 giert auf die beengten Platzverhältnisse am Seineufer. Er
entwickelt für den Bau eine dreißig Meter lange und zwanzig
Meter breite Terrasse, die an zwei Stellen die Kaimauern
durchbricht und auf schlanken Betonstützen in den Fluss hi-
nausragt. Dies vergrößert das verfügbare Flächenmaß auf
1.230 Quadratmeter, von denen 974 Quadratmeter verbaut
werden sollen. Im Gegensatz zu den Pavillons in Rom 1911
10 und in Köln 1914 verzichtet Hoffmann auf die Betonung der
Vertikalen und auf Axialsymmetrie als Gestaltungselemente.
Stattdessen strukturiert er die Baublöcke mit einer horizontal
verlaufenden Profilierung, einer „gekippten Kannelur", und
schafft so die für die Außenwirkung des Pavillons entscheidende Wandgestaltung. Die erhaltenen Entwurfszeichnungen
von der Hand Hoffmanns für den Eingang und die Seiten- 5
fassade legen dieses Stilelement schon an. Über einer nied- 6
rigen, weißgrau gefärbelten Sockelzone schwingt die in der 7
Ausführung rosa verputzte Fassade mit mehreren rhythmisch
angelegten Horizontalstreifen vor und zurück. Durch Bau-
chungen im unteren und oberen Bereich der Streifen und
Gratungen entsteht für den Betrachter eine markant gewellte
Oberfläche. Dieses horizontale Profilieren war ein Motiv, das
Hoffmann bei verschiedenen Entwürfen, etwa den Möbeln 32 33 S. 240, 241
für die „BUGRA", die internationale Ausstellung für Buch-
gewerbe in Leipzig, schon 1914 sowie am Haus Berl und
beim Entwurf für die Adaptierung der Österreichischen Boden Credit-Anstalt 1924 erfolgreich angewandt hatte und hier nun monumentalisierte, um ein lebendiges Spiel von Licht und Schatten zu erzielen.[17] Der Aufbau der Fassade ist dem Zweck entsprechend ephemer: „[…] ein Lattenwerk

Abb. 7 JH, Vorentwurf für den Empfangsraum des Österreichischen Pavillons der Kunstgewerbeausstellung, Paris, 1925
National Gallery Prague, K 17803

Abb. 8 JH, Haupteingang des Österreichischen Pavillons, Paris, 1925
MAK, KI 8961-60

Abb. 9 JH, Empfangsraum mit Bronzestatue *Der brennende Mensch* von Anton Hanak
MAK, KI 10147-63

Abb. 10 JH, Vorzeichnung für die Fassade des Österreichischen Pavillons, Paris, 1925
MAK, KI 8806-2

Abb. 11 Oskar Strnad, Orgelturm am Österreichischen Pavillon, Paris, 1925
MAK, KI 10147-147

mit dünnen Wänden aus Hölzern, Gips und Verputz", wie es Leopold Bauer in seiner Besprechung der Ausstellung beschreibt.[18] Und zur Fassade schreibt Bauer: „Es war ein einfacher, schlichter Quadernbau, nur waren diese Quadern modern frisiert."[19] Der Grundriss des zweiteiligen Pavillons, auf dem Kai und auf der Terrasse über der Seine, ermöglicht
8 einen 76 Meter langen Rundgang durch die wie auf einer Kette mäandrierend aneinander gereihten zwölf Räume. Eine offene Passage als Durchgang für die am Kai promenierenden Besucher der Ausstellung erschließt den Zugang zu den landseitigen und den auf der Terrasse angeordneten Teilen des Gebäudes. Die einzelnen Raumkompartimente sind innen durch Galerien verbunden und außen durch Gartenhöfe getrennt. Der Trakt am Seine-Kai wird als Baukörper mit zwei unterschiedlichen Höhen, ein großes satteldach-
14 artiges Oberlicht ausgebildet und durch eine Apsis und ein großes Auslagenfenster gegliedert, beides Teil des soge-
2 S. 264 nannten „Vitrinenraumes" für Objekte der Wiener Werkstätte und des Österreichischen Werkbundes. Als Dekoration finden sich in den rosa Verputz eingelassen in Zementrelief die Namen der Männer, die zum Ruhm Österreichs beigetragen
1 haben: Schubert, Beethoven, Mozart etc. Jeder Name wird von einem passenden Symbol begleitet: Mozart von einer Sphinx, Schubert von einer Panflöte usw. Der Terrassentrakt des Pavillons besteht aus unterschiedlichen Baukörpern: aus niedrigen Galerien, dem zweiten Teil der von Hoffmann geplanten Anlage, dem Orgelturm nach Entwurf Oskar Strnads,
12 dem „Café Viennois" von Josef Frank und dem expressionistischen Glashaus von Peter Behrens.

13 In die Hände Josef Hoffmanns wird nicht nur die Architektur des Pavillons gelegt, sondern auch die künstlerische Gesamtleitung der ganzen Ausstellung.[20] Entsprechend seinen Funktionen als Professor an der Kunstgewerbeschule, als künstlerischer Leiter der Wiener Werkstätte und als Vorstandsmitglied des Österreichischen Werkbundes sollte der Schwerpunkt der österreichischen Ausstellung in Paris auf die Arbeiten dieser drei Institutionen gelegt werden. Eine Vorgehensweise, die im Verlauf der Ausstellung zu heftigen Kritiken führte.[21] Josef Hoffmann fällt wie in Köln 1914 die Aufgabe zu, scheinbar ganz divergente ästhetische Positionen in seinem Gebäude repräsentativ zu vereinen. Und wiederum erwies sich Hoffmann als für Qualität in allen Bereichen und Spielarten der angewandten Kunst und Architektur offener Gestalter und Organisator.

Im Herbst 1924 veranstaltete die Stadt Wien ein Musik- und Theaterfest. Im Zuge dessen wurde im Wiener Konzerthaus die von Friedrich Kiesler gestaltete *Internationale Ausstellung neuer Theatertechnik* gezeigt. Höhepunkt war dessen im Mozartsaal aufgebaute *Raumbühne*, mit der er seine auf der Pariser Ausstellung 1925 gezeigte *Raumstadt* vorwegnimmt.[22] Ein paar Tage nach dem Start der Theatertechnik-Ausstellung wurde im Österreichischen Museum für Kunst und Industrie die *Jubiläumsausstellung des Wiener Kunstgewerbevereins* anlässlich von dessen 40-jährigem Bestehen eröffnet.[23] Viele Künstler, die im darauffolgenden Jahr auch an der Pariser Ausstellung beteiligt sein sollten, zeigten bei dieser Ausstellung ihre Arbeiten.[24] Gestalter war allerdings der Professorenkollege Hoffmanns an der Kunstgewerbeschule Otto Prutscher.

In den österreichischen Bundesländern und Landeshauptstädten liefen nach und nach die Anmeldefristen für die österreichischen Künstler ab, die sich mit ihren Arbeiten an der Kunstgewerbeausstellung in Paris beteiligen wollten. Firmen erhielten die Möglichkeit, sich direkt mit Josef Hoffmann in Verbindung zu setzen.[25] Das große Interesse Frankreichs an der Teilnahme Österreichs zeigte sich darin, dass von den österreichischen Ausstellern keine Platzmiete eingehoben wurde und dass die französische Bahn den kostenfreien Rücktransport der Ausstellungsstücke zusicherte.[26] Auch die österreichische Bahn unterstützte das Unternehmen mit großzügigem Entgegenkommen bei den Transportpreisen.

Im Dezember 1924 wurde Dr. Adolf Vetter, ehemaliger Präsident der Staatstheaterverwaltung, zum österreichischen Generalkommissär der Pariser Kunstgewerbeausstellung bestimmt, für Josef Hoffmann eine günstige Wahl.[27] Nur einen Monat später, Ende Jänner 1925, wurde, wie Berta Zuckerkandl-Szeps berichtet, der österreichische Pavillon in Wien in siebzehn Waggons verladen und nach Paris expediert, um an Ort und Stelle neben dem Pont Alexandre-III aufgestellt zu werden.[28] Zuckerkandl gibt in ihrem Essay eine erste Charakterisierung des Hoffmann-Pavillons:

> „Als ich vor einigen Wochen in Paris weilte, suchte mich ein französisches Mitglied der Ausstellungskommission auf. ‚Ich beglückwünsche Sie als Österreicherin', sagte er ‚zu der ausgezeichneten Grundrißlösung, die Josef Hoffmann gefunden hat. Ich gestehe, daß wir den schmalen Streifen, der an einer Seite von der öffentlichen Promenade durchschnitten, und an der andren Seite von den Kaimauern der Seine begrenzt wird, nicht gerade sehr günstig für eine mögliche Entwicklung fanden. Wer hätte ahnen können, daß Josef Hoffmann die kühne Absicht hege, diese Kaimauern an zwei Stellen zu durchbrechen und eine dreißig Meter lange, zwanzig Meter breite Betonterrasse zu bauen, die mächtig in die Seine hineinragen wird. Es ist wirklich eine einzigartige Lösung, die, abgesehen von der bedeutenden Vergrößerung des zur Verfügung stehenden Platzes, dem österreichischen Pavillon eine besondere Zugkraft sichert. Denn diese in die Seine hineinragende Terrasse wird eine Oase sein, die mitten im Jahr-

marktlärm der so weitgedehnten Ausstellung den Nerven eine unvermutete und willkommene Entspannung bringen wird.'"

Am 28. April 1925 wurde die Ausstellung durch den französischen Präsidenten Gaston Doumergue eröffnet. Der österreichische Pavillon blieb noch geschlossen, die umgebenden Bauten und Straßen waren nicht fertig.[29] Erst am 8. Mai 1925 eröffnete diesen der österreichische Generalkommissär Dr. Adolf Vetter gemeinsam mit dem künstlerischen Leiter, Architekt Josef Hoffmann. Paul Clémenceau sagte über den Pavillon: „Es ist mehr als Kunst, die der österreichische Pavillon, diese kostbare Kassette, uns darbringt. Es ist die Weltausstellung eines genialen Volkes."[30] Aus Anlass
11 der Eröffnung spielte an der Orgel des Orgelturms der künstlerisch multitalentierte polnische Österreicher Jan Śliwiński, in dessen Wohnung auf der Île Saint-Louis, 20 Quai d'Orléans, zu dieser Zeit Adolf Loos wohnte – der große Gegner von Josef Hoffmann. Loos hatte Wien 1923 im Zorn verlassen und sich geweigert, an der österreichischen Ausstellung in Paris sich zu beteiligen. Josef Hoffmann berichtete, wie es dazu gekommen war:

> „Mein Plan ging also von Anfang an darauf los, auch andere Künstler zuzuziehen. [...] Loos sagte mir, daß er von Wien nichts wissen wolle, daß er selbst tschecho-slowakischer Staatsbürger sei und höchstens mit Prag ausstellen würde. Er habe Österreich für immer verlassen. Er zeigte sich in jeder Beziehung verstimmt. Als tschecho-slowakischer Staatsbürger hätte er bei uns leider ohnehin nicht ausstellen dürfen und es war also eine vergebliche Angelegenheit."[31]

Und was sagte Adolf Loos über das Gebäude?

> „Die Architektur des österreichischen Pavillons? Sie ist so einfach, dass man sie gar nicht kritisieren kann. Ihr sehet eine Art kleiner afrikanischer Wüstenschanze, aber aus Beton mit breiten horizontalen Wellenlinien. Diese Art von Wellenlinien ist den Österreichern neu und ans Herz gewachsen."[32]

Die gehässigen Kommentare konnten nicht den Publikumserfolg des Pavillons schmälern, Max Eisler lobte das Bauwerk in *Moderne Bauformen* 1925. Hoffmann habe das moderne Ausstellungswesen in Österreich „von einer Sache der Dekoration zu einer Sache der Architektur gemacht".

> „Ein Mann von 53 Jahren, ist Hoffmann der Meister von jünglingshafter Frische und Phantasie und Gestaltung geblieben. Auch sein neues Haus vereinigt Anmut mit Kraft und hat – was in der Baukunst so selten geworden und auch in Paris kaum ein zweites Mal zu sehen ist – eine durchaus originelle Form."[33]

Nach Eisler bestimmen den Pavillon Bauort und Bestimmung des Hauses. Der Pavillon ist für Eisler ein „sprießendes, strenge verzweigtes Gewächs, eingefügt und eingefühlt in die Landschaft, ja geradezu mit ihr versponnen". Hoffmann habe sich „das Ziel gestellt, eine Gesamtdarbietung unseres vielfältigen Handwerks zu geben [...l. Er ist seiner Tradition, dem besten Sinn der österreichischen Ausstellungskultur, auch hier treu geblieben." Hoffmann habe zugunsten der Kosten auf schwelgerische Raumfülle verzichtet,

> „nicht aber auf die organische Einheit von Bauen und Bilden, und nicht auf das, was sie zur Anschauung bringt: auf die Raumkunst. Mit hohen Fenstern, mit Lauben, Höfen und Gängen geöffnet, wurde sein Haus ein Schrein der tausend Kostbarkeiten, zum Schauen und zum Lustwandeln. Sein Leitmotiv – in Rom die Loggia, in Köln der Hof – wurde der ‚Gang' und zwar sowohl der Um- wie auch der Durchgang."[34]

Hoffmann hat nach Eisler die Besucher des Pavillons in seinem Sinne durch die Raumfolgen konditioniert, „Sie geraten in den leicht beflügelten, fein gezügelten Wiener Rhythmus". Die zwölf Räume des Pavillons, das

> „lustvolle Haus der Österreicher spricht von einem Teil des Ganzen, von der hochbegabten Mischung der ‚Grenzdeutschen'. Und zeigt, daß dieser Teil im Wettbewerb der Edelarbeit noch immer vorangehen, daß er trotz Not und Umsturz eine glückhaft spendende Kraft der allgemeinen Kultur geblieben ist."

Für Josef Hoffmann wurde der Pariser Pavillon zu einem Referenzprojekt seiner Karriere in den 1920er Jahren, löste der von ihm architektonisch inszenierte Auftritt des politisch noch jungen Österreich in Paris doch eine Kontroverse aus,

Abb. 12 JH und Josef Frank, Terrasse des Café Viennois an der Seine, Paris, 1925
MAK, KI 10147-111

Abb. 13 Peter Behrens, Glashaus an der Seine, Österreichischer Pavillon, Paris, 1925
MAK, KI 8961-51

in der sich Hoffmann selbst und die ihm nahestehenden Architekten, Künstler, Kunsthistoriker und KunstschriftstellerInnen aus dem Umkreis von Kunstgewerbeschule, Wiener Werkstätte und Werkbund gegen die Kritiker des Unternehmens wechselseitig per Zeitung zu Wort meldeten, ja sich verbal regelrecht duellierten.[35] Der Bau sollte in der Architektur des Art Déco vielfach zitiert werden.[36] Hoffmann fand mit dem Pavillon, wie Eduard Sekler schon festgestellt hat, „einen Ausweg, der es ihm ermöglichte, sich ohne Aufgabe der eigenen künstlerischen Integrität in den Jahren nach 1925 mit dem ‚Neuen Bauen' positiv auseinanderzusetzen".[37]

Hans Tietze nennt den Pavillon Josef Hoffmanns „ein Werk unseres künstlerischen Außendienstes, jener Künstler, deren wir uns jedes Mal besinnen, wenn es gilt, Österreich im Ausland würdig zu vertreten";[38] Hermann Bahr empfiehlt gar den Weg ins Ausland:

> „[Josef Hoffmann] ist unversehens schon größer geworden als Wien verträgt, und es muß befürchten, er könnte gar am Ende so stark werden wie sein großer Lehrer Otto Wagner. [...] Einem Baukünstler so hohen Ranges steht, gar jetzt nach seiner öffentlichen Bestätigung durch den großen Pariser Erfolg, die Welt offen. Geht er gelassen nach Berlin, Holland oder Amerika, so schwärmt nach zwei Jahren Wien nur noch von ihm und für ihn [...]."[39]

Bahrs „rechter Mann für Amerika" selbst, inzwischen zum Ritter der Französischen Ehrenlegion ernannt, gibt sich in der Antwort auf mehrere unter Pseudonym erschienene polemische Artikel des Plakatgrafikers Julius Klinger, Anhänger von Adolf Loos, gegen den Pariser Pavillon und seine Person in der *Stunde* gelassen: 1926 repliziert er unter dem Titel „Meine Gegner und ich":

> „Herr Julius Klinger beliebt es als Reklamefachmann in unserem anders gearteten Kunstleben eine neue, wie er glaubt amerikanische Note dadurch hereinzubringen, daß er sich mit öffentlichen Angriffen hauptsächlich gegen meine Person beschäftigt, die meist von solchen Gehässigkeiten und – in den wesentlichen Dingen – von Unstichhaltigkeiten strotzen, daß eine Erwiderung unmöglich ist. [...] Die kommenden neuen Zeitfragen beschäftigen uns alle ungemein und ich glaube nicht, daß ein gerechter Beurteiler namentlich unsere Schule in dieser Beziehung als rückständig ansehen kann. Wir blicken mit dem größten Interesse auf Amerika [...]. Auch die Bauhausbewegung in Deutschland, die junge französische Kunst und Rußland stehen uns nahe. Natürlich ist es trotzdem unsere Absicht, dem Verwandten ein eigenes Gesicht zu geben. Herrn Klinger beliebt es, mich als Organisator zu loben. Ich wäre froh, wenn er recht hätte, denn jede organisatorische Arbeit fand bei mir immer den allergrößten Respekt, ich halte sie für die denkbar wichtigste Angelegenheit, ja, für den eigentlichen schöpferischen Amerikanismus. Leider fürchte ich, ihm auch in dieser Beziehung nicht recht geben zu können."[40]

Dem Architekten und Organisator Josef Hoffmann war es in Paris 1925 wiederum gelungen, einen Ausstellungspavillon ästhetisch aufzuladen und mit seiner Gestaltungsarbeit für die junge Erste Republik ein kulturnahes Bild Österreichs zu zeichnen, das sich medienwirksam transportieren ließ. Die Kritiken, auch die negativen, gaben ihm Recht. ■

1 Pariser Warenhäuser, in: Vorarlberger Landes-Zeitungen, 6.5.1911, 9.
2 Eine Ausstellung für dekorative Kunst in Paris, in: Neues Wiener Journal, 12.4.1911, 6.
3 Eine internationale Kunstgewerbe-Ausstellung in Paris, in: Prager Tagblatt, 17.5.1911, 9.
4 Projekt einer Internationalen Ausstellung für Kunstgewerbe, Paris 1914, in: Wiener Montags-Zeitung, 3.7.1911, S. 11.
5 Internationale Kunstgewerbeausstellung in Paris 1922, in: Pester Lloyd (Abendausgabe), 5.12.1919, 6.
6 Eine gute Antwort nach Paris, in: Linzer Tages-Post, 7.2.1920, 3.
7 Internationale Kunstgewerbe-Ausstellung in Paris 1925, in: Christliche Kunstblätter (64) 7–9 1923, 111.
8 Plan einer kunstgewerblichen Ausstellung in Paris, in: Neues Wiener Journal, 5.10.1923, 10.
9 Von Josef Hoffmann wurde u.a. der Ruheraum einer Dame ausgestellt, der zwei Jahre später in Paris erneut gezeigt wurde. In der 1923 ausgestellten Gelehrtenstube von Peter Behrens wird atmosphärisch vorweggenommen, was Behrens 1925 in Paris in „seinem" Glashaus erneut umsetzte.
10 Siehe z.B.: H. T.: Unser Kunsthandwerk. Zur Eröffnung der Ausstellung im Österreichischen Museum für Kunst und Industrie, in: Neues Wiener Tagblatt, 30.9.1923, 9.
11 Ausstellung des modernen Kunsthandwerkes in Paris, in: Wiener Zeitung, 7.2.1924, 6.
12 Die Pariser Ausstellung, in: Neues Wiener Tagblatt, 2.3.1924, 9.
13 Die Beteiligung Österreichs an der Pariser Kunstgewerbeausstellung, in: Neues Wiener Tagblatt, 19.4.1924, 20. Grundlegend dazu: Markus Kristan: L'Autriche à Paris 1925 – Österreich auf der Kunstgewerbeausstellung 1925, Weitra 2018.
14 Internationale Kunstgewerbeausstellung Paris 1925, in: Wiener Zeitung, 28.6.1924, 8.
15 Josef Hoffmann: Die kommende Weltausstellung in Paris, in: Neues Wiener Journal, 6.7.1924, 17–18.
16 Berta Zuckerkandl: Das österreichische Kunstgewerbe in Paris, in: Neues Wiener Journal, 30.7. 1924, 4–5.
17 Eduard F. Sekler: Josef Hoffmann. Das architektonische Werk, Salzburg/Wien 1982, 185ff.
18 Leopold Bauer: Österreich und die Pariser Ausstellung für moderne dekorative Kunst, Ein Nachwort von Oberbaurat Leopold Bauer, in: Wiener Sonn- und Montags-Zeitung, 25.1.1926, 7.
19 Siehe Anm. 17.
20 Sein Professorenkollege von der Wiener Kunstgewerbeschule, der Bildhauer und Maler Eugen Steinhof bemerkte dazu: „Die künstlerische Leitung liegt in den Händen des Herrn Oberbaurates Professors Hoffmann, einer echten, schöpferischen Seele, der jegliche Gedankenakrobatik fernliegt, welche ins formlose Nichts führt. Somit wird keine echte Leistung unbeachtet bleiben, und Österreich dadurch die erste Stelle erringen." Eugen Steinhof: Österreich auf der Kunstgewerbeausstellung in Paris 1925, in: Neues Wiener Journal, 15.11.1924, 5.
21 Siehe Kristan 2018 (wie Anm. 13).
22 Internationale theatertechnische Ausstellung, in:

Abb. 14 JH, Langer Saal des Österreichischen Pavillons auf der Kunstgewerbeausstellung, Paris, 1925
MAK, KI 10147-154

Linzer Tages-Post, 23.7.1924, 7; K. Sfd.: Die illusionslose Bühne. Zur bevorstehenden internationalen Ausstellung neuer Theatertechnik, in: Neue Freie Presse, 6.9.1924, 8; -ld: Das entfesselte Theater. Internationale Ausstellung neuer Theatertechnik, in: Neues Wiener Tagblatt, 24.9.1924, 8.

23 Jubiläumsausstellung des Wiener Kunstgewerbevereines, in: Wiener Zeitung, 27.9.1924, 10–11.

24 Hans Ankwicz-Kleehoven: Vierzig Jahre Wiener Kunstgewerbeverein. (Die Jubiläumsausstellung im Österreichischen Museum), in: Wiener Zeitung, 2.12.1924, 1–3.

25 Internationale Kunstgewerbeausstellung in Paris, in: Reichspost, 22.11.1924, 11.

26 Z.B.: Internationale Kunstgewerbeausstellung Paris 1925, in: Tagblatt, Linz, 22.10.1924, 5.

27 Der Vertreter Österreichs auf der Pariser Kunstgewerbeausstellung, in: Neues Wiener Journal, 12.12.1924, 9. Adolf Vetter (1867–1942) war mit Josef Hoffmann gut bekannt, war er doch einer der Mitinitiatoren und Vorstandsmitglied des Österr. Werkbunds und bemühte sich als solcher um die Verbreitung von Kunstverständnis und -gewerbe sowie die Etablierung einer verstärkten Zusammenarbeit zwischen Künstlern, Handwerkern und Industriellen.

28 Berta Zuckerkandl-Szeps: Die Pariser Ausstellung 1925. Der österreichische Pavillon. – Das internationale Theater. – Ausstellungsfeste, in: Neues Wiener Journal, 10.2.1925, 7–8.

29 Österreichische Künstler auf der Pariser Kunstgewerbeausstellung, in: Neues Wiener Journal, 26.4.1925, 23.

30 Paul Clémenceau zum österreichischen Handelsminister Hans Schürff, zit. n. Kristan 2018 (wie Anm. 13).

31 Wer ist an der österreichischen Kunstpleite schuld? Professor Josef Hoffmann schreibt der „Stunde" über seine Tätigkeit in Paris, in: Die Stunde, 10.1.1926, 6.

32 Saint-Macret (d.i. eventuell Adolf Loos): Une heure de promenade aux Arts décoratifs. Premier coup d'œil. En Autriche, in: L intransigeant, Paris, 7.6.1925. Die hier zitierte deutsche Übersetzung aus dem Französischen findet sich im schriftlichen Nachlass von Adolf Loos in Wien.

33 Max Eisler: Österreich in Paris, in: Moderne Bauformen (VIII) 1 1925, 249.

34 Ebd.

35 Die wichtigsten Aufsätze bei Kristan 2018, 109–273 (wie Anm. 13).

36 Siehe dazu den Beitrag Seite 340–345 in dieser Publikation über Robert Mallet-Stevens sowie Sekler 1982, 188 ff. (wie Anm. 17).

37 Sekler 1982, 190 (wie Anm. 17).

38 Hans Tietze: Das österreichische Kunstgewerbe in Paris, in: Neues Wiener Tagblatt, 26.5.1925, 7.

39 Hermann Bahr: Tagebuch, in: Neues Wiener Journal, 25.12.1925, 14.

40 Hoffmann: Meine Gegner und ich, in: Die Stunde, 10.1.1926, 6.

1926
1933

R. Lechner (Wilhelm Müller), Josef Hoffmann, 1931
Kunsthandel Widder, Wien

Abb. 1 JH, Schrank, ausgeführt von Anton Pospischil,
gezeigt auf der Kunstschau 1927 im ÖMKI
Holz, orange lackiert
Privatbesitz

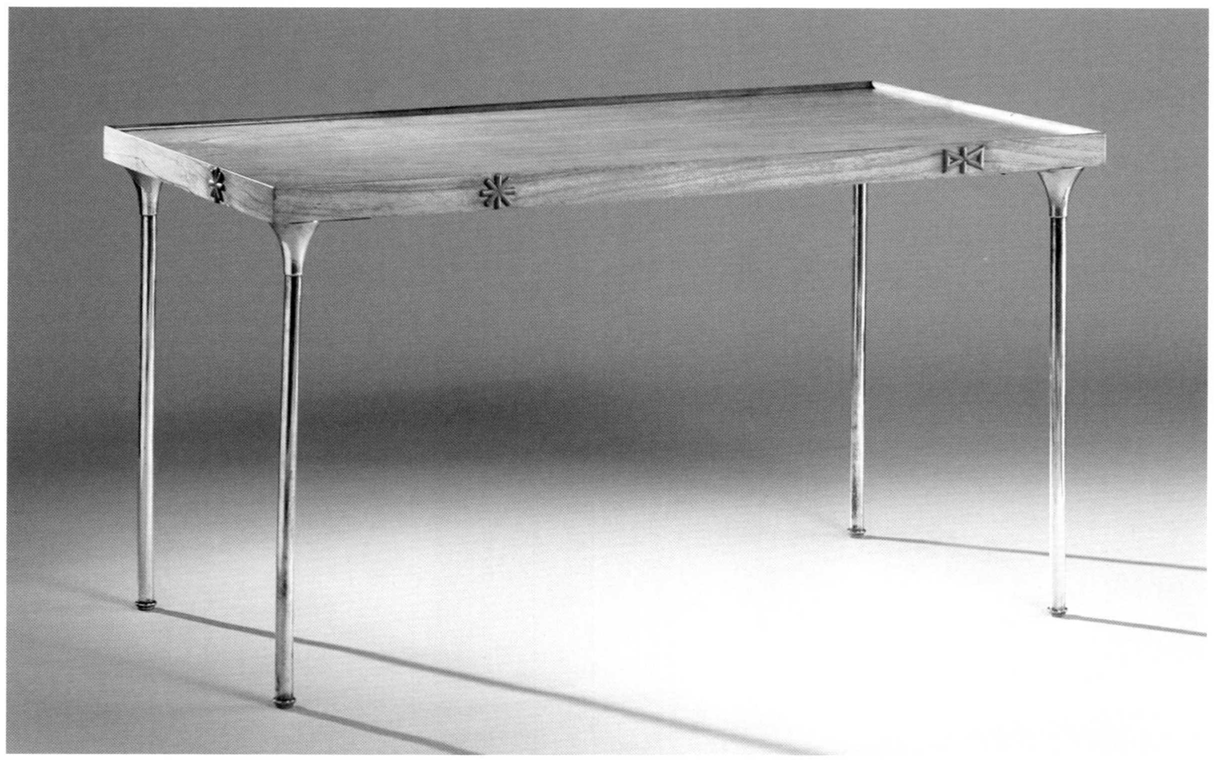

Abb. 2 JH, Tisch für einen Teesalon, ausgeführt von Jakob Soulek,
gezeigt in der Ausstellung *Die neuzeitliche Wohnung* im ÖMKI, 1928
Nussbaumholz und Messing
MAK, H 3332 – Widmung Dr. E. Ploil

Abb. 3 JH, Briefpapierkassette, ausgeführt von der Wiener Werkstätte, 1926
Leder, Goldprägung
Sammlung Dr. E. Ploil

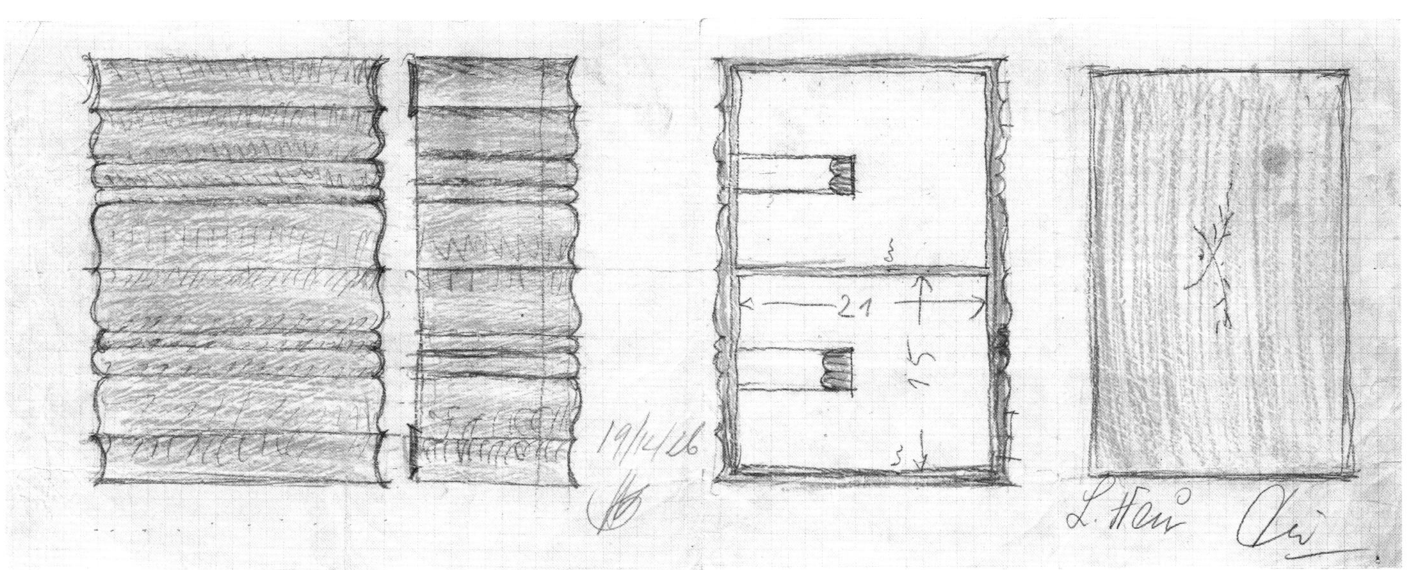

Abb. 4 JH, Entwurf für eine Briefpapierkassette für die Wiener Werkstätte, 1926
MAK, KI 12046-23-1

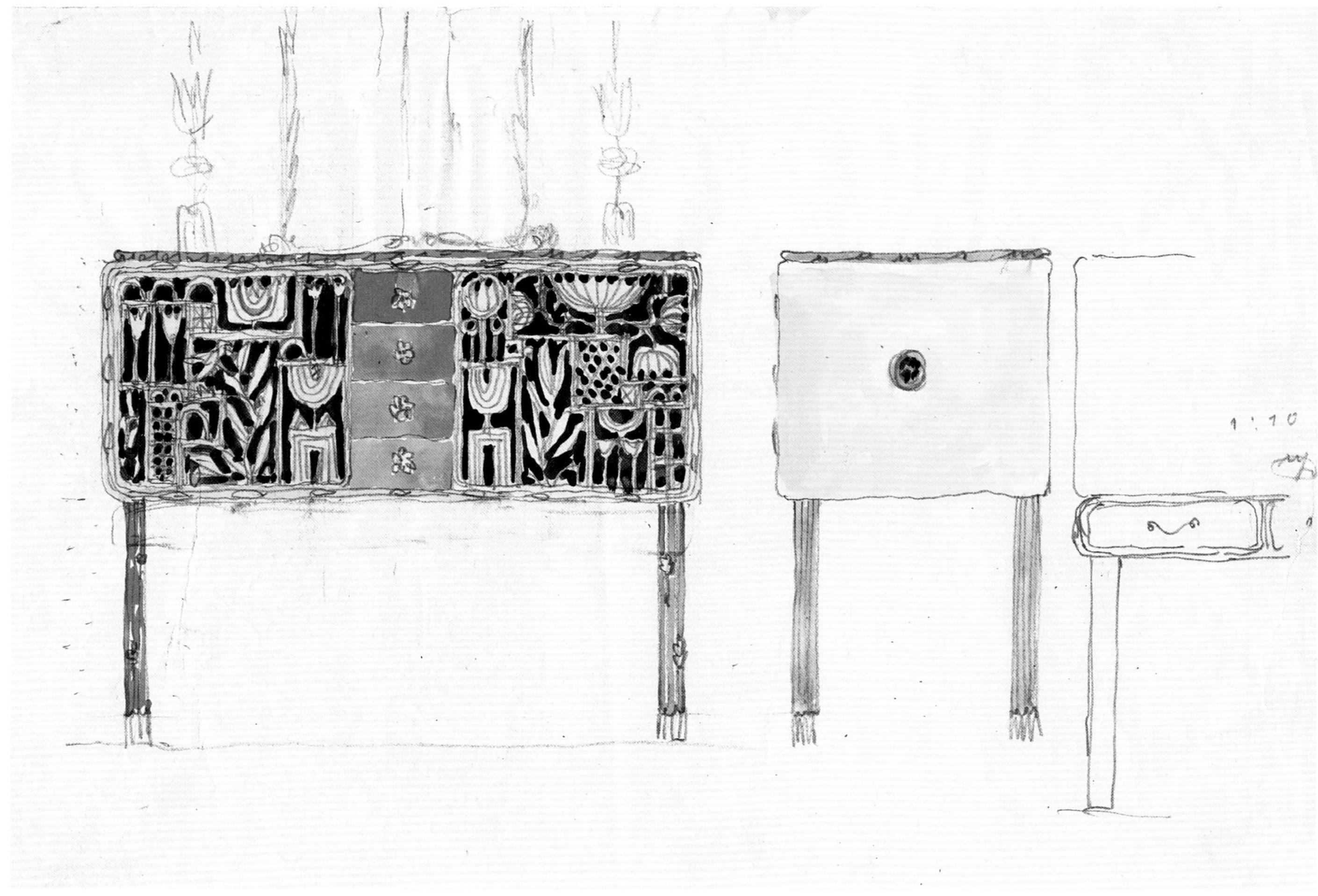

Abb. 5 JH, Entwurf für eine Anrichte, um 1930
UaK, Kunstsammlung und Archiv, 109

Abb. 6 JH, Entwurf für eine Kaffeekanne und dazugehörige Kaffeeschale, 1928
MAK, KI 8844-1

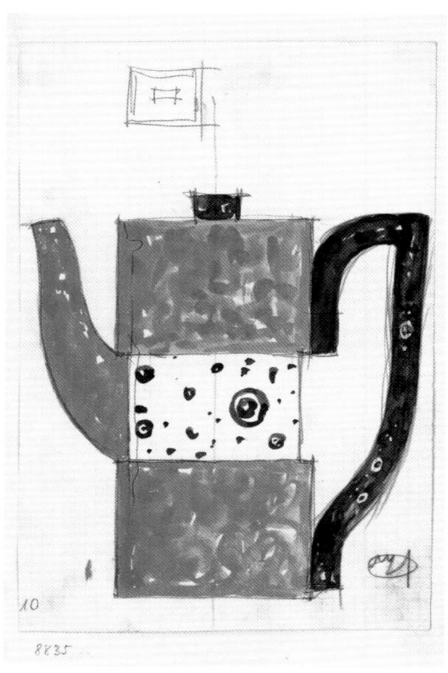

Abb. 7 JH, Entwurf für eine Kaffeekanne, 1928
MAK, KI 8835

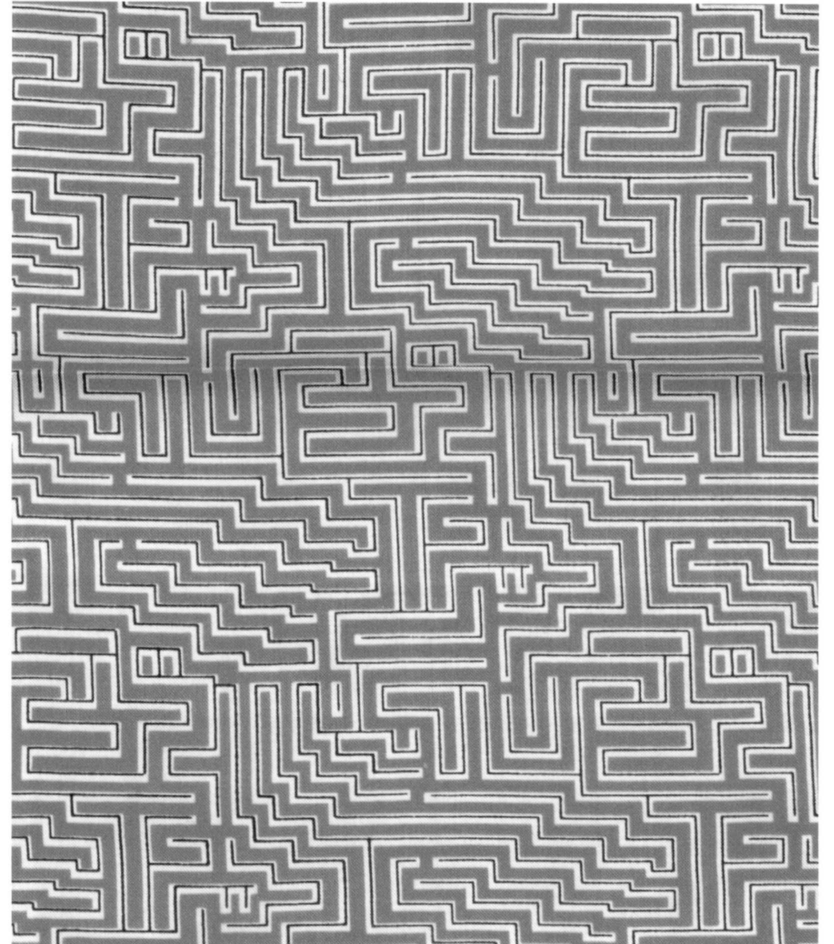

Abb. 8 JH, Stoff *Tenor*, ausgeführt für die Wiener Werkstätte, 1928
MAK, WWS 762

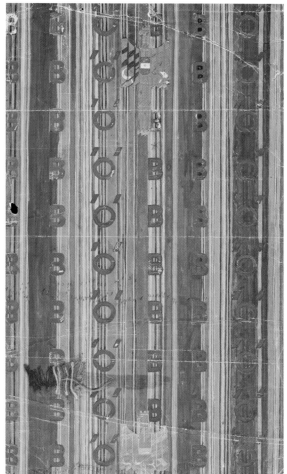

Abb. 9 JH, Werkzeichnung für die Stoffbespannung der Waggons 1. Klasse der Bundesbahnen, ausgeführt von J. & J. Backhausen (Dessin Nr. 10416), 1930
Backhausen Archiv, BA 05665

Abb. 10 JH, Schale mit Untertasse, ausgeführt von der Wiener Porzellanmanufaktur Augarten (Service Form Nr. 18, Dekor Nr. 5544), 1929
Porzellan, weiß glasiert; rot-schwarzer Dekor
Wien Museum, 58339/1 u. 2

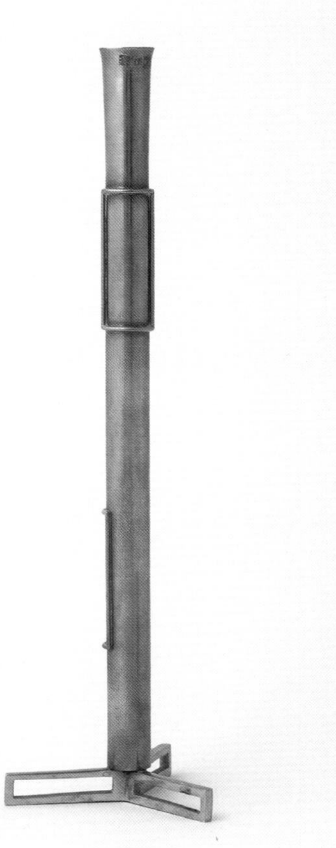

Abb. 11 JH, Vase, ausgeführt von der Wiener Werkstätte, 1929
Messing
Wien Museum, 53736/1

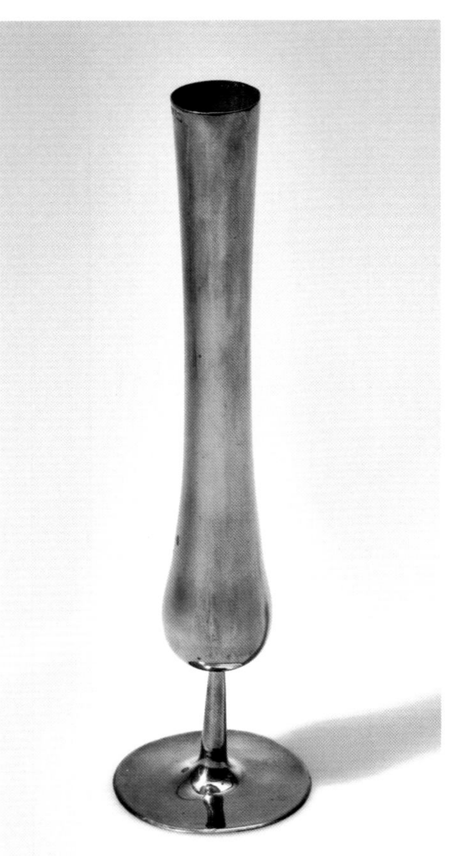

Abb. 12 JH, Vase, ausgeführt von der Wiener Werkstätte, 1928
Messing
Privatbesitz
© MAK/Georg Mayer

Abb. 13 JH, Pokal „Dem Sieger im Polospiel 1930", ausgeführt von der Wiener Werkstätte, 1929
Silber
MAK, GO 1798
© MAK/Katrin Wißkirchen

Abb. 14 JH, 5-armiger Kerzenleuchter, ausgeführt von der Wiener Werkstätte, 1930
Alpacca
MAK, GO 2018
© MAK/Aslan Kudrnofsky

Abb. 15 JH, 6-armiger Kerzenleuchter, ausgeführt von der Wiener Werkstätte, 1928
Silber
MAK, GO 1796
© MAK/Katrin Wißkirchen

Abb. 16 JH, Kaffeeservice, ausgeführt von der Wiener Werkstätte, 1929
Silber, Palisander
Wien Museum, 53.708/1-6

Abb. 17 JH, Mokkaservice, ausgeführt von der Wiener Werkstätte, 1928
Silber, Ebenholz
MAK, GO 1797
© MAK/Georg Mayer

Abb. 18 JH, Teeservice, ausgeführt von der Wiener Werkstätte, 1928
Silber, Ebenholz
MAK, GO 2008
© MAK/Georg Mayer

Abb. 19 JH, Wohnhausanlage der Gemeinde Wien *Anton-Hölzl-Hof* (spätere Bezeichnung), Laxenburger Straße 94, 1928–32, Innenhof mit Skulptur von Otto Fenzl
MAK, KI 8951-43

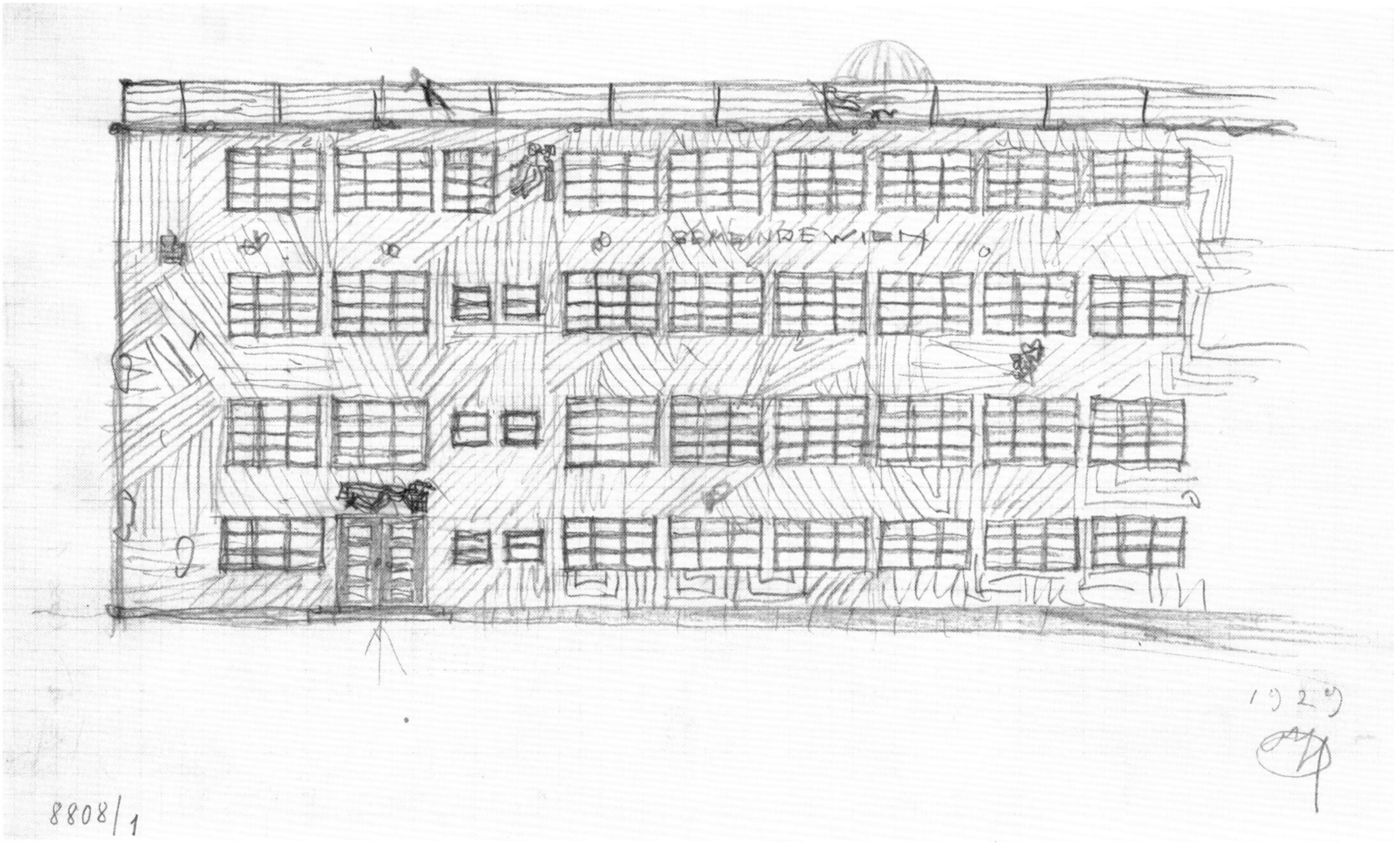

Abb. 20, 21 JH, Entwurf für einen Geschosswohnbau für die Wiener Werkbundsiedlung am Laaerberg, Fassadenskizze, 1929, und Modell, 1930
MAK, KI 8808-1, 8969-7

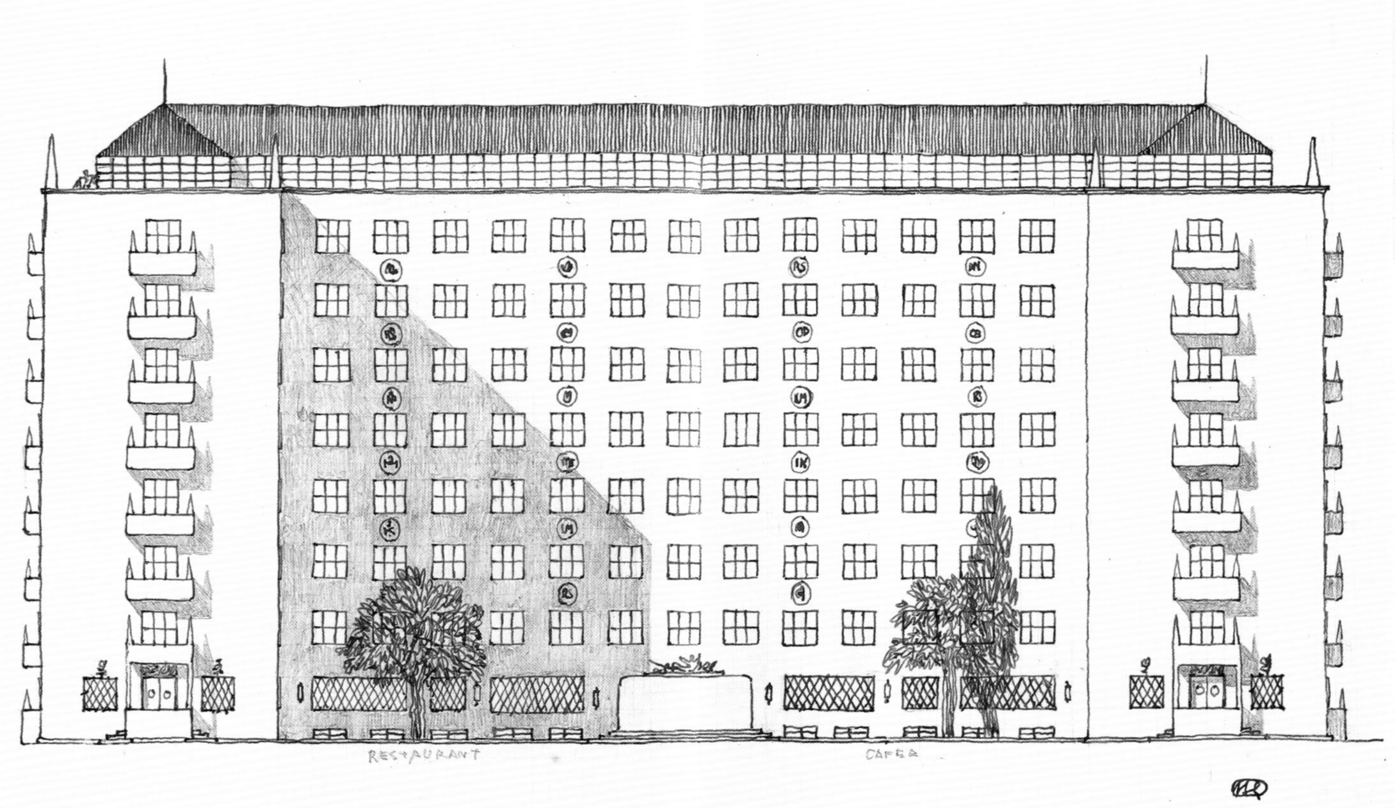

Abb. 22 JH, Entwurf für ein städtisches Wohnhaus, o.D.
Kunsthandel Widder, Wien

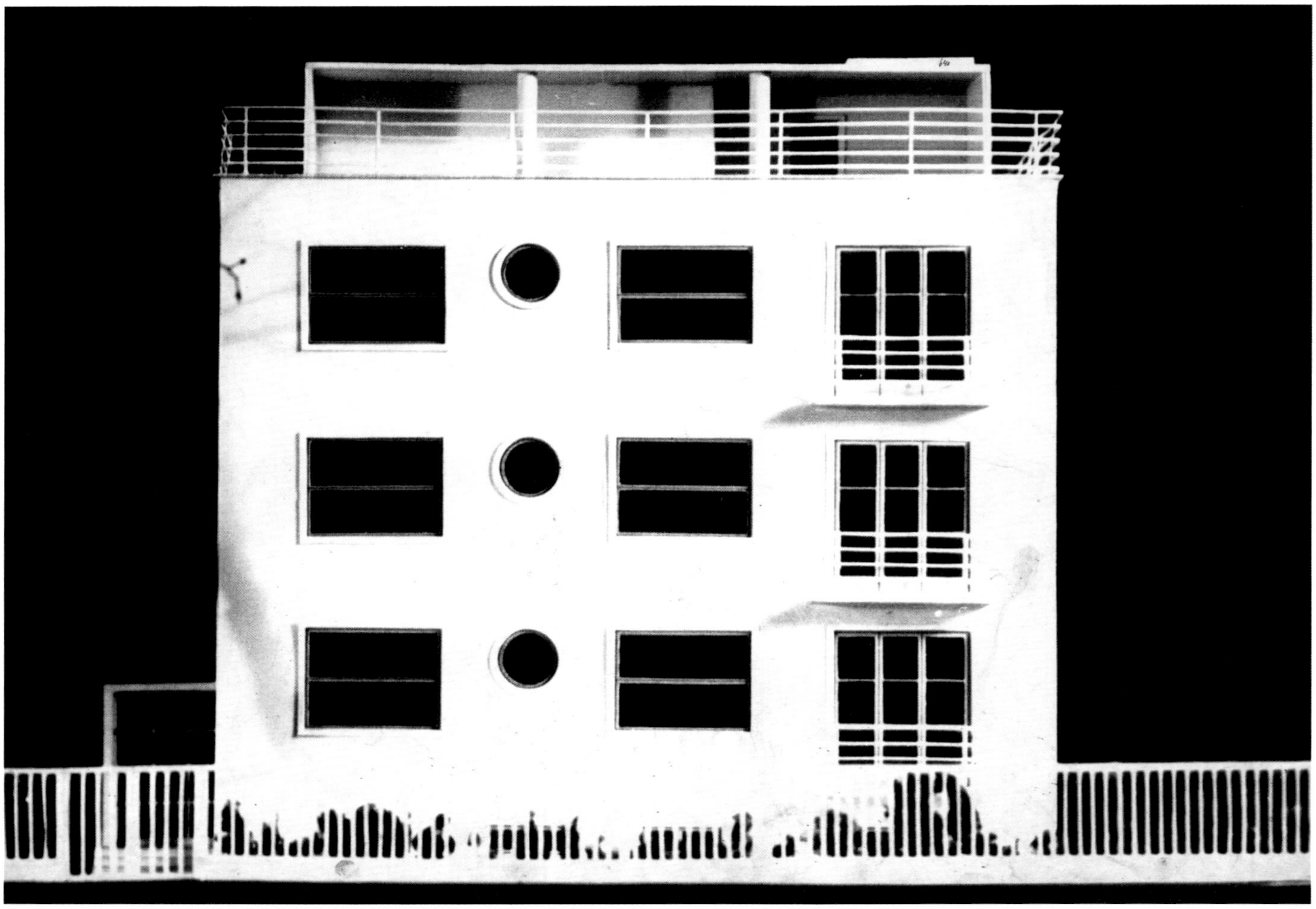

Abb. 23 JH, Entwurf für ein mehrgeschossiges Wohnhaus, vor 1931
Modellansicht
MAK, KI 8969-10

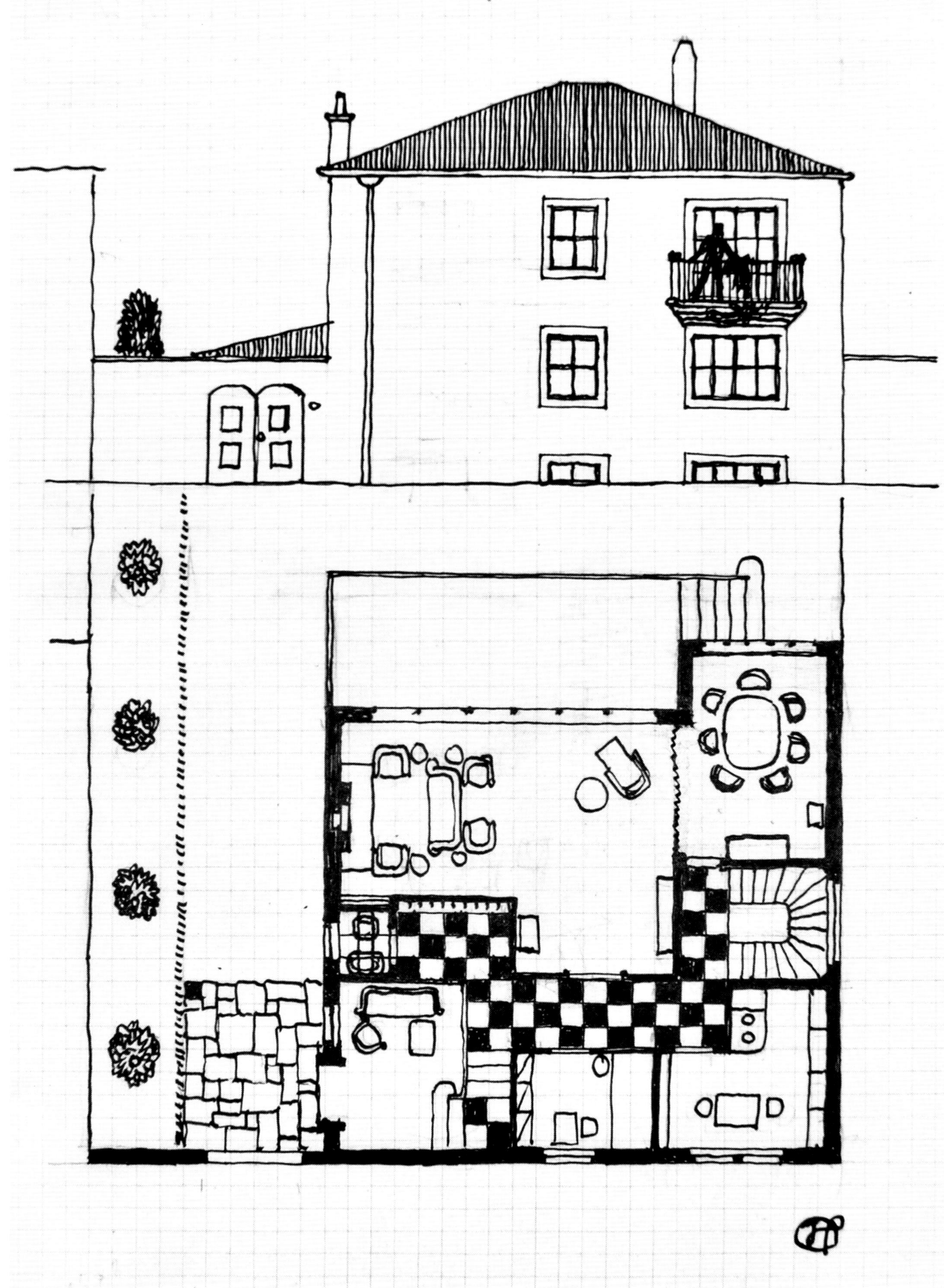

Abb. 24 JH, Kleines Landhaus, Projekt, 1932 (?)
Kupferstichkabinett der Akademie der bildenden Künste Wien, HZ 26310

Abb. 25 JH, Musikfesthaus oder Welttonhalle für den Welt-Musik-und-Sanges-Bund von Gustav Mäurer, Wien, Augarten, 1927, Haupthalle
MBF (26) 1927, 168

Abb. 26, 27 JH, Stahlhaus für die Firma Vogel & Noot, 1928, Prototyp
MBF (28) 1929, 77–78

Abb. 28, 29 JH, Kunst- und Ausstellungshalle für Wien, Karlsplatz, 1928/29
Modellansicht und Vogelperspektive
MAK, KI 8951-74; ÖNB, Bildarchiv, 8410795

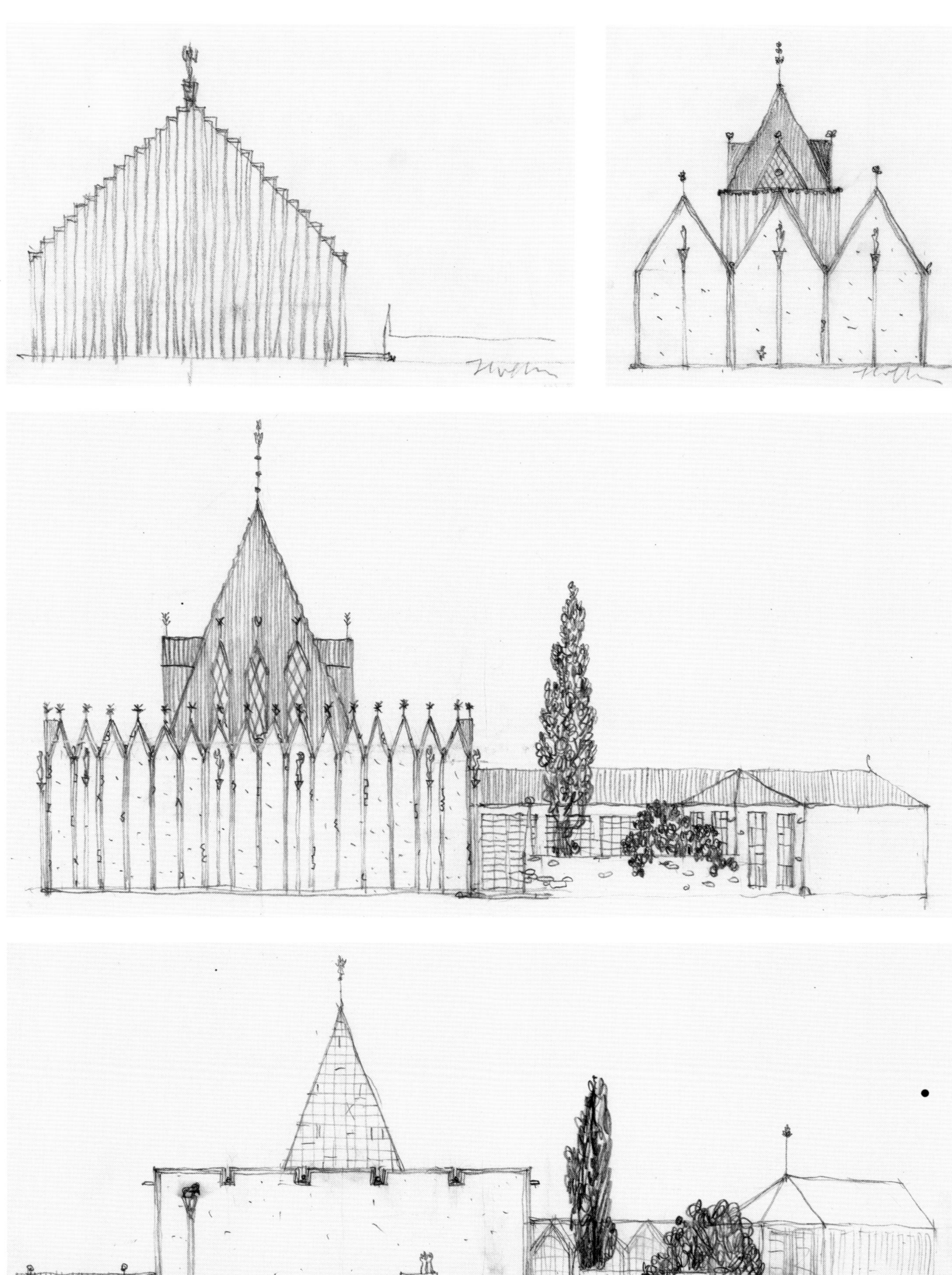

Abb. 30 JH, Wettbewerbsprojekt für die Synagoge in Sillein/Žilina (ČSR), 1928, Entwurfsskizzen
Kupferstichkabinett der Akademie der bildenden Künste Wien, HZ 26314-26317

Josef Hoffmann

1926 1933

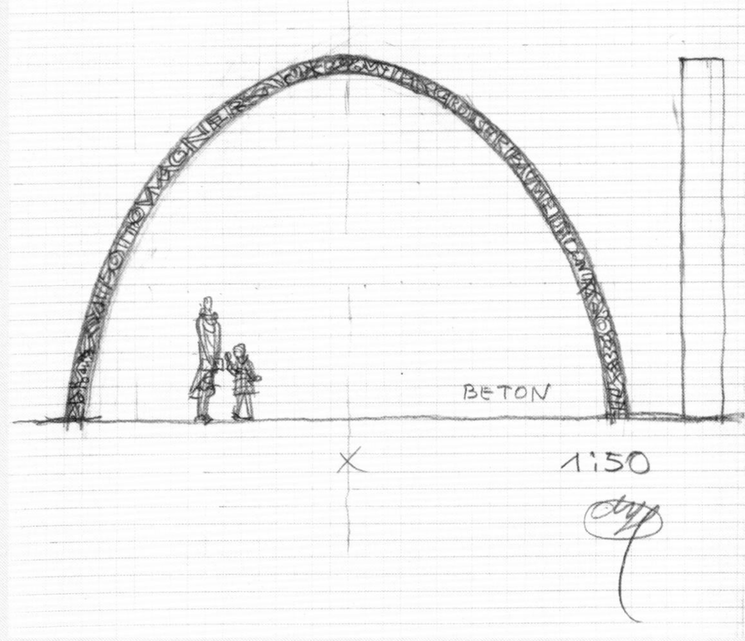

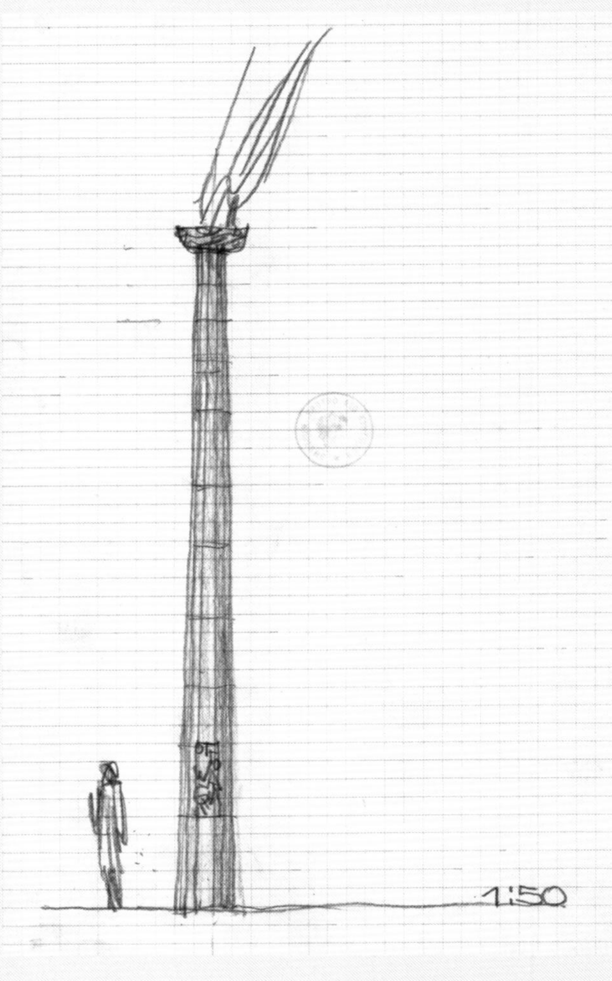

JH, zwei Entwürfe für das Denkmal von Otto Wagner am Heldenplatz, Wien, 1929
MAK, KI 8815-9, KI 8815-6

1927

In der von Oswald Haerdtl arrangierten Kunstschau 1927 im ÖMKI zeigt Hoffmann zwei Raumeinrichtungen. Wohnungseinrichtung für Ernst Bauer in Wien. Die Wiener Werkstätte ist erneut in finanzieller Bedrängnis und muss den Ausgleich anmelden. Die erbitterte Gegnerschaft Adolf Loos', der in Vorträgen und Zeitungsartikeln über die „eklektizistische Trödelkunst" der WW herzieht, und seiner Anhänger stürzen Hoffmann in eine Depression. Die erste Monografie über Hoffmanns Schaffen verfasst sein Assistent Leopold Kleiner. Hoffmann wird korrespondierendes Mitglied des American Institute of Architects.

1928–1930

Wohnhaus Isidor Diamant und Bürogebäude der Industria Sarmej S.A. in Cluj (Klausenburg), Rumänien. Projekt einer „Welttonhalle" für den Wiener Augarten. Wettbewerbsentwurf für die Synagoge in Žilina/Sillein, heute Slowakei, die später von Peter Behrens gebaut wird. 1928 wird Hoffmann die goldene Ehrenmünze des Österreichischen Ingenieur- und Architektenvereins verliehen, dessen Mitglied er 1931 wird. Zur Feier des 25-jährigen Bestehens der *Wiener Werkstätte* wird eine umfangreiche Rückschau in Form des Bandes *Wiener Werkstätte. Modernes Kunstgewerbe und sein Weg* als sogenannter „Kachel-Katalog" präsentiert, gestaltet und herausgegeben von Mathilde Flögl und mit einem von Vally Wieselthier und Gudrun Baudisch entworfenen, an Kachelmuster gemahnenden Papiermaché-Einband versehen. Le Corbusier beschreibt darin Josef Hoffmann als „unentwegten Sucher, wahren Wegbereiter", dem er seine „Dankbarkeit bezeugen" wolle. 1929 besorgt Hoffmann die Inneneinrichtung der von Friedrich Weinwurm für den Anwalt Arpad Lengyel in Bratislava errichteten Villa. In Wien entsteht die Einrichtung für das Grammophongeschäft Doblinger in der Dorotheergasse 10. Umgestaltung von Räumen in der ehemaligen Villa Skywa- Primavesi. Geschäftseinrichtung der neuen Filiale der WW in Berlin. Gestaltung des Musikzimmers auf der Ausstellung *Wiener Raumkünstler* im ÖMKI. 1928–32 plant Hoffmann in der Laxenburger Straße mit 332 Wohnungen seinen größten Gemeindebau für die Stadt Wien. Wird von der österreichischen Bundesregierung als Juror für den Völkerbundpalast-Wettbewerb in Genf nominiert. Hoffmann beschäftigt sich mit Großprojekten und dem Wohnungsbau. Das „Neue Bauen", Le Corbusier und das Bauhaus werden zur Inspiration. Eine Reihe von städtebaulichen Projekten, darunter das Projekt einer Kunst- und Ausstellungshalle auf dem Karlsplatz in Wien, entsteht. Hoffmann liefert Pläne für die Sanierung der Wiener Altstadt sowie ein Denkmal für Otto Wagner für den Heldenplatz in Wien. Geschäftseinrichtung und Portal der Confiserie

Altmann &Kühne gemeinsam mit Oswald Haerdtl, mit dem er auch das Grabencafé umbaut. Gesamtdisposition der Ausstellung des Österreichischen Werkbunds im ÖMKI 1930. Vizepräsident der österreichischen Sektion des Werkbunds. Armand Weisers Buch zu Josef Hoffmann erscheint 1930 in Genf in der Reihe „Meister der Baukunst". Die Triennale in Monza würdigt Hoffmann neben Frank Lloyd Wright, Ludwig Mies van der Rohe und Le Corbusier mit einer Einzelpräsentation. Im selben Jahr widmet ihm das Österreichische Museum eine Jubiläumsausstellung zum 60. Geburtstag. In der Mustersiedlung, die der Werkbund in Wien errichtet, baut Hoffmann vier Reihenhäuser (bis 1932).

1932

Die Duplexhäuser der Werkbundsiedlung übersteigen alle erwarteten Kosten. Hoffmann zieht sich auf Grund der Polemiken vom Werkbund zurück. Die Wiener Werkstätte muss Konkurs anmelden, Hoffmann wird nicht mehr als künstlerischer Direktor weiter beschäftigt. Auflösung der Wiener Werkstätte und Versteigerung des gesamten Warenlagers. Auf der Wiener Frühjahrsmesse präsentiert Josef Hoffmann den mit der Stahlbaufirma Vogel & Noot entwickelten Prototyp eines „wachsenden Hauses" aus Stahlfertigteilen. Oswald Haerdtl wird Partner im Atelier Hoffmann. ■

JH, Wohnhaus der Gemeinde Wien, Laxenburger Straße 94, 1928–32, Innenhof mit Skulptur von Otto Fenzl
Kunsthandel Widder, Wien

Oswald Haerdtl, Gestaltung der Hoffmann-Retrospektive im ÖMKI, Wien, 1930/31
Foto: Oswald Haerdtl, UaK 1978, 30

15

Abb. 1 JH, nicht ausgeführter Entwurf für den Raum der Wiener Secession, Österreichischer Pavillon auf der Louisiana Purchase Exposition, St. Louis, 1904
Ver Sacrum: Die Wiener Secession und die Ausstellung in St. Louis, Wien 1904, 15

Christopher Long

Von Wien nach Hollywood

Josef Hoffmann und Amerika

Ende Mai 1956 erschien in der *New York Times* eine kurze Meldung über Josef Hoffmanns Tod im Alter von 85 Jahren in Wien.[1] Die Information über sein Ableben kam von Leopold Kleiner, der einst Hoffmanns Student an der Wiener Kunstgewerbeschule und später sein Assistent war.[2] Kleiner war nach dem „Anschluss" in die Vereinigten Staaten emigriert, wo er in New York lebte. Die kurze Todesanzeige war seine Art, seinen langjährigen Mentor zu würdigen.[3]

Man weiß nicht, ob die *Times* eine Todesanzeige gebracht hätte, wenn Kleiner sich nicht darum bemüht hätte. Hoffmanns Reputation war 1956 fast zur Gänze verblasst. Er repräsentierte eine Generation der Moderne, deren Zeit seit Langem abgelaufen war, und hatte ein Jahrzehnt lang wenig Bedeutendes geschaffen. Dabei verbanden den Architekten einmal umfassende Beziehungen mit New York – und auch zur amerikanischen Designwelt. Er war der bekannteste und einflussreichste Wiener Designer seiner Zeit in den Vereinigten Staaten. Mehr noch, er hatte einen weitreichenden Beitrag zum Aufstieg und zur Entwicklung der amerikanischen Moderne geleistet.

Kaum etwas davon kam in der Todesanzeige in der *Times* zum Ausdruck. Es war lediglich vermerkt, dass Hoffmann „ein Pionier der modernen Architektur und des Designs" sowie „Gründungsmitglied und dreißig Jahre lang Leiter der Wiener Werkstätte, eines berühmten Kunsthandwerkzentrums", war. Kein Wort über seine Bedeutung für die amerikanische Moderne.[4]

Fast in den gesamten ersten drei Jahrzehnten des 20. Jahrhunderts breitete sich Hoffmanns Einfluss auf Amerika aus. Sein Beitrag war ein Appell nach einer starken neuen Ästhetik, den er zwar nicht in Worte fasste, da er im Schreiben nicht sehr gewandt war, aber in Form seiner außergewöhnlichen Entwürfe abgab. Er hatte eine Vision, die nicht nur einige wenige inspirierend fanden, und es lässt sich ohne Übertreibung sagen, dass die frühe amerikanische Moderne einen nicht zu übersehenden Hoffmann'schen Einschlag hatte.[5]

Im Unterschied zu Adolf Loos hatte Hoffmann die Vereinigten Staaten nie besucht. Obwohl sich mehrere Möglichkeiten ergaben, ergriff er diese nie.[6] Hoffmanns Einfluss in den Vereinigten Staaten war jedoch schon früh zu bemerken. Den aufmerksamsten amerikanischen Beobachtern wurde er bereits in den späten 1890ern durch Publikationen wie *Ver Sacrum* oder *Der Architekt* ein Begriff, ebenso jenen, die um die Jahrhundertwende nach Wien reisten und sein Werk dort kennenlernten. Alle, die die europäische Kunstszene genau verfolgten, waren über die Gründung der Secession und Hoffmanns Rolle dabei von Beginn an informiert. Es sollte jedoch noch mehrere Jahre dauern, bis Amerikaner die Möglichkeit hatten, Hoffmanns Werk zu sehen. Er trat erst 1904 bei der *Louisiana Purchase Exposition* in St. Louis in der amerikanischen Designszene in Erscheinung

Österreich hätte die Einladung zur Errichtung eines Pavillons beinahe abgelehnt, doch als man erfuhr, dass von den Führungsmächten nur das Osmanische Reich keine Exponate schicken wollte, wurden hastig Pläne geschmiedet, um einen Beitrag einzureichen. Dem ursprünglichen Plan zufolge sollte Hoffmann einen Raum für den österreichischen Pavillon in St. Louis entwerfen, der vor allem für die Präsentation von Gustav Klimts Gemälden gedacht war. Hoffmann schwebte für diesen Raum ein wahrer Kunsttempel vor. Er schuf einen reduzierten eleganten Entwurf, der großzügigen Platz für mehrere Werke Klimts (darunter seine umstrittenen Fakultätsbilder *Philosophie*, 1900, und *Jurisprudenz,* 1903) vorsah, sowie Sockel, auf denen Skulpturen von Franz Metzner gezeigt werden sollten.[7] 1

Hoffmanns Entwurf war, wie so viele seiner Interieurs jener Jahre, von einer eindrücklichen und suggestiven Geradlinigkeit bestimmt, die alle rahmenden Flächen – Wände, Böden und Decke – prägte. Der Entwurf verärgerte allerdings viele Mitglieder der Secession, insbesondere die eher traditionell ausgerichteten Staffeleimaler, die vehement gegen ihren Ausschluss protestierten. Regierungsvertreter bemühten sich um einen Kompromiss, aber die Leiter der Secession verbaten sich jede Einmischung. Letztendlich zog sich die Gruppe zurück und der Entwurf wurde nie realisiert.[8]

Hoffmann wurde die Möglichkeit geboten, einen anderen Raum mit kleineren Ausmaßen zu entwerfen, der der Wiener Kunstgewerbeschule gewidmet sein sollte).[9] Mehr noch als 2
sein ursprüngliches Konzept zeugte dieser von Raffinement und moderner Stringenz. Die Farbpalette war überaus kontrolliert und auf Schwarz, Weiß und Grau beschränkt. In Vitrinen, die in Nischen platziert waren, und auf einigen wenigen Tischen an der Seite wurden Arbeiten von Studenten und Lehrern der Schule gezeigt. Der Großteil des Raums je-

doch blieb frei. Der überwältigende Eindruck entstand durch Hoffmanns Zurückhaltung. Es war ein faszinierender Versuch in puncto Reduktion und geometrischer Reinheit, der den Amerikanern völlig neu war.

Die amerikanische Presse betonte hauptsächlich die Farbenpracht der sonstigen Exponate des Pavillons. Doch zumindest ein Besucher, Frank Lloyd Wright, erkannte die dem Projekt innewohnende Absicht. Nach der Betrachtung der österreichischen Darbietungen war er so beeindruckt, dass er einem seiner Zeichner, Barry Byrne, die Zugkarte für die Anreise bezahlte, damit er die Räume sehen konnte.[10]

Wright sollte in den Stilmitteln der Secessionisten Ideen finden, die er in seine eigene Arbeit übernehmen würde. Einige wenige andere, wie die New Yorker Architekten Robert D. Kohn und Emery Roth, die Architekten George W. Maher aus Chicago und Thomas P. Barnett aus St. Louis, eigneten sich Elemente des neuen österreichischen Designs für ihre Gebäude an.[11] Von größerer Bedeutung waren aber vielleicht zwei andere junge Amerikaner, die sich eine Weile in Wien aufhielten und dort Hoffmanns Entwürfe kennenlernten und direkt davon beeinflusst wurden.

Der eine war der in Ohio geborene Grafiker Dard Hunter. Er war so angetan von Hoffmanns Werk, das er aus Publikationen kannte, dass er 1908 beschloss, einen Teil seiner Flitterwochen in Wien zu verbringen. Zwei Jahre später kam er zurück, um Kurse an der Graphischen Lehr- und Versuchsanstalt zu besuchen. Nach seiner Rückkehr in die Vereinigten Staaten entwickelte er, vorwiegend selbständig arbeitend, eine überaus puristische Designsprache, die einige Elemente
aus Hoffmanns Werk aufwies).[12] 3

In ebendiesen Jahren unternahm auch ein anderer junger Amerikaner, Edward Aschermann, eine längere Reise nach Wien.[13] Der Sohn deutscher Emigranten war in Milwaukee, Wisconsin, aufgewachsen. Zur Jahrhundertwende studierte er Kunst an der Académie Julian in Paris. Während seiner Zeit in Wien erwarb er ein mehr als oberflächliches Verständnis von Hoffmanns Ästhetik, das in der Folge in einer Reihe von Zeichnungen zum Ausdruck kam, die er für *Box Furniture*, ein Buch der Sozialreformerin Louise Brigham, anfertigte.[14]
Später, zwischen 1912 und 1916, gestalteten Aschermann 4
und seine Frau Gladys diverse von Hoffmann inspirierte Interieurs in Wohnungen und Häusern in New York.[15]

Die Arbeiten von Hunter und den Aschermanns blieben der Öffentlichkeit meist verborgen, doch 1912, acht Jahre nach der Ausstellung in St. Louis, organisierte John Cotton Dana am Newark Museum of Art eine Wanderausstellung mit deutschen und österreichischen Entwürfen, darunter Arbeiten von Hoffmann für die Wiener Werkstätte.[16] Die Ausstellung gastierte nach Newark in Chicago, Indianapolis, Pittsburgh, Cincinnati und St. Louis und sorgte allerorts für einen Besucheransturm.

In Kunstpublikationen wie *The Studio* und anderen konnten sich die Amerikaner – zumindest jene, die eine profunde Kenntnis der europäischen Designszene besaßen – auch weiterhin über Hoffmann und seine Entwürfe informieren.[17] Die Jahre des Ersten Weltkriegs beendeten jedoch den di-

<
Abb. 2 JH, Raum der Wiener Kunstgewerbeschule im Österreichischen Pavillon auf der Louisiana Purchase Exposition, St. Louis, 1904
Sammlung Joseph Urban, Performing Art Collections, Rare Books and Manuscript Library, Columbia University, New York

rekten Kontakt zwischen den USA und Wien und erst 1922, als Joseph Urban die *Wiener Werkstätte of America* in New York eröffnete, hatte das breite Publikum wieder die Möglichkeit, sich selbst ein Bild von Hoffmanns neueren Entwürfen zu machen.[18]

Die Wiener Werkstätte of America, Inc. scheiterte auf ganzer Linie. Sie überdauerte kaum eineinhalb Jahre, bevor sie ihre Pforten leise wieder schloss, wobei Urban fast in den Bankrott getrieben wurde. Doch viele, die die bemerkenswerten Interieurs gesehen hatten, die Urban in seiner Galerie in der Fifth Avenue 581 (und am Art Institute of Chicago, wo er eine kurze Ausstellung organisierte) ausgestellt hatte, waren begeistert. Die Verkäufe hingegen waren enttäuschend. Das breite Publikum fand die Objekte seltsam exotisch und überdreht.

Urbans Bemühungen zeigten immerhin eine gewisse Zeit lang Wirkung. Einigen in Österreich geborenen Designern, darunter Urban und Paul T. Frankl, gelang es, Hoffmanns Entwurfseigenheiten in eine Sprache zu übertragen, die für die Amerikaner akzeptabel war. Vor allem Frankl war in seinen Frankl Galleries in Manhattan, 4 East 48th Street, äußerst erfolgreich im Verkauf wienerisch inspirierter Stücke.[19] Und auch einige andere, wie etwa Rena Rosenthal, die Schwester des bekannten Architekten Ely Jacques Kahn, verkaufte Hoffmanns Entwürfe in ihrem exklusiven Shop auf der Madison Avenue.[20]

Während der 1920er Jahre unternahmen betuchte Amerikaner wieder Reisen nach Wien. Einige besuchten die Produktionsstätte der Wiener Werkstätte in der Neustiftgasse und kauften dort ein. Und zumindest eine junge Amerikanerin, Lillian Langseth-Christensen, war in jenen Jahren Hoffmanns Studentin.[21] Die größte Beachtung fand er allerdings durch eine weitere Ausstellung, die *International Exposition of Art in Industry*.

Diese Ausstellung fand im Mai 1928 im Kaufhaus Macy's in New York statt. Hoffmann befand sich in exzellenter Gesellschaft: Unter den nicht-amerikanischen Mitwirkenden waren Bruno Paul und Gio Ponti.[22] Hoffmann gestaltete zwei Räume – ein Boudoir und ein Toilettezimmer.[23] Das Boudoir beruhte auf einem älteren Entwurf – dem *Ruheraum für eine Dame*, den er erstmals 1923 im Österreichischen Museum
5 für Kunst und Industrie ausgestellt hatte.[24] Es enthielt eine

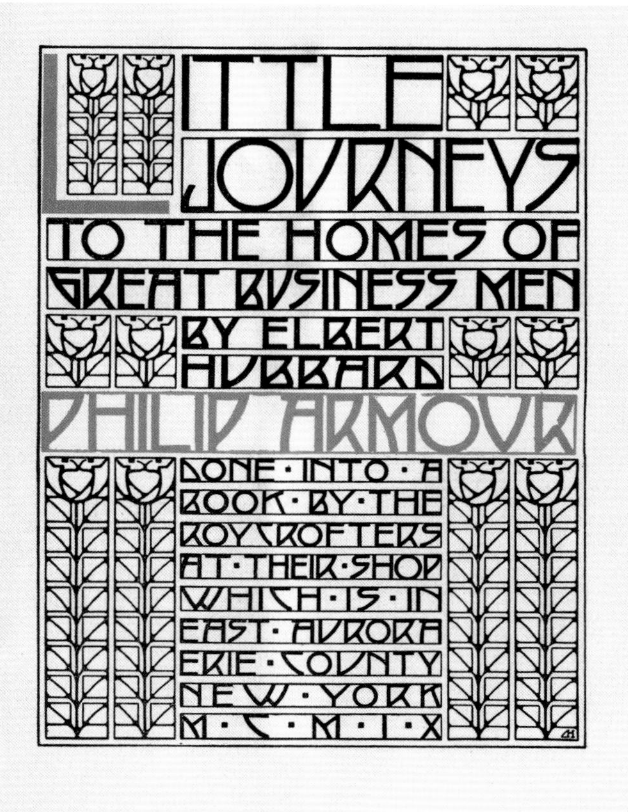

Abb. 3 Dard Hunter, Buchumschlag, 1909
Privatbesitz

Abb. 4 Edward Aschermann, A Corner of the Nursery, Frontispiz in: Louise Brigham: Box Furniture – How to Make a Hundred Useful Articles for the Home, New York 1909
Privatbesitz

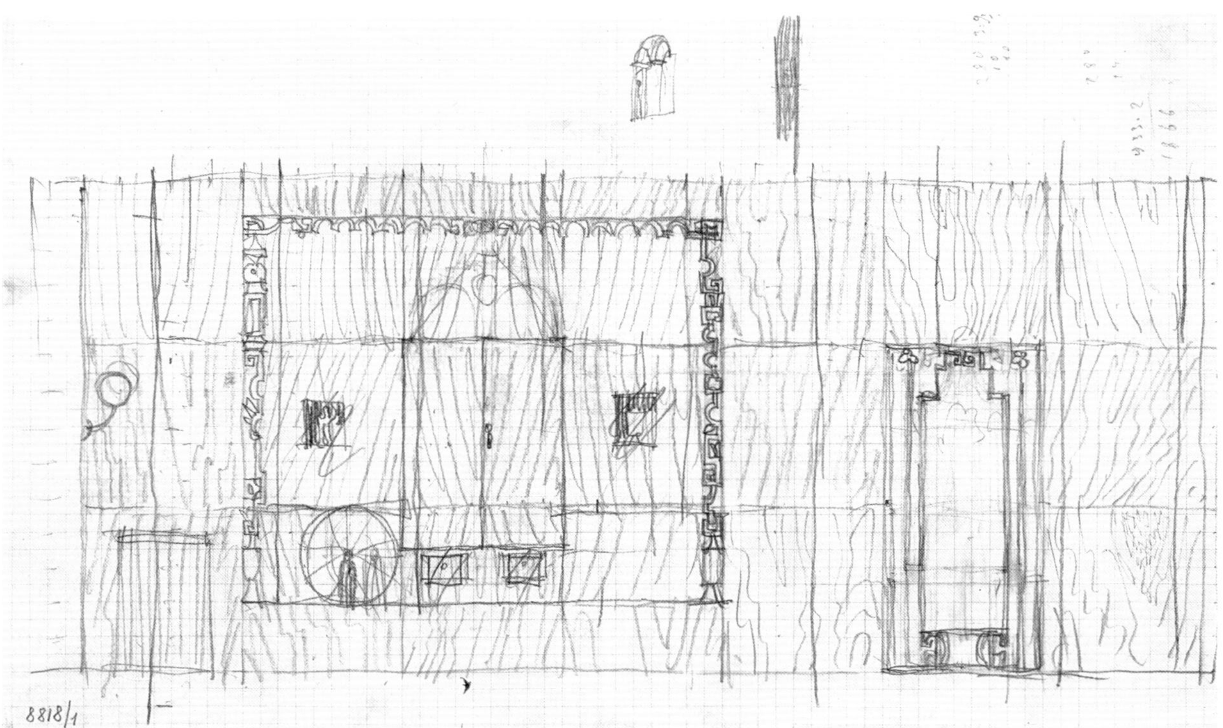

Abb. 5 JH, Originalentwurf für ein Boudoir (Ruheraum einer Dame), 1925
MAK, KI 8818-1

Abb. 6 JH, Powder-Room, ausgestellt auf der International Exposition of Art in Industry, Macy's Department Store, New York, 14.–26. Mai 1928
Courtesy Macy's East, Inc., New York

in einer tiefen Nische positionierte auffallend elegante Liege, die von August Ungethüm in poliertem Nussholz ausgeführt war, umgeben von Regalen, einem Tisch und bemalten Paneelen, die an eine ähnliche Arbeit von Maria Strauss-Likarz erinnerten. (Hoffmann verwendete den Entwurf mit kleinen Veränderungen bei der Ausstellung in Paris 1925 und später eben erneut bei Macy's.)[25]

Der zweite Raum, der *Powder-Room*, erregte jedoch bei weitem größere Aufmerksamkeit. Es war ein neuer Entwurf Hoffmanns, ein kreatives Spiel mit den Möglichkeiten, die sich aus der Kombination von Glas, Spiegel und verchromten Metallen ergaben. Hoffmann versah den Raum an Böden,
6 Wänden und an der Decke derart mit Glas oder Spiegeln, dass, wie ein Betrachter schrieb, „sich der Besucher bzw. die Besucherin in zehn unterschiedlichen Spiegelbildern sehen konnte".[26] Der Raum war so publikumswirksam, dass ein Reporter der *New York Times* schrieb: „Gestern Nachmittag musste die Menschenmenge vor dem Raum zurückgehalten werden."[27] Elisabeth L. Cary, die Kunstkritikerin der *Times*, lieferte eine sachlichere und aufschlussreichere Beschreibung: „Österreich war durch zwei Räume von Josef Hoffmann vertreten [...], dessen Entwürfe für Textilien und Möbel durch die besondere Eleganz der Wiener Kunst in ihrer höchsten Vollendung geprägt sind. Die Teilnahme dieser Länder [sie bezieht sich auf Österreich und Deutschland] bringt nicht nur Faktoren in die Ausstellung ein, die die Entwicklung des modernen Designs prägen, sondern verweist genaue Beobachter auch auf Einflussquellen unseres eigenen, rasch sich bildenden Gefüges industrieller Kunst."[28]

Cary verwies völlig zu Recht auf den breiten Einfluss der mitteleuropäischen Moderne in den Vereinigten Staaten. Nicht erwähnt hat sie den Grund dafür, vielleicht weil dieser damals allgemein bekannt war: Eine beträchtliche Anzahl der bedeutenden Designer der Moderne in New York, Chicago, Los Angeles und anderswo kam aus Europa und die meisten waren inspiriert von Hoffmann oder zumindest

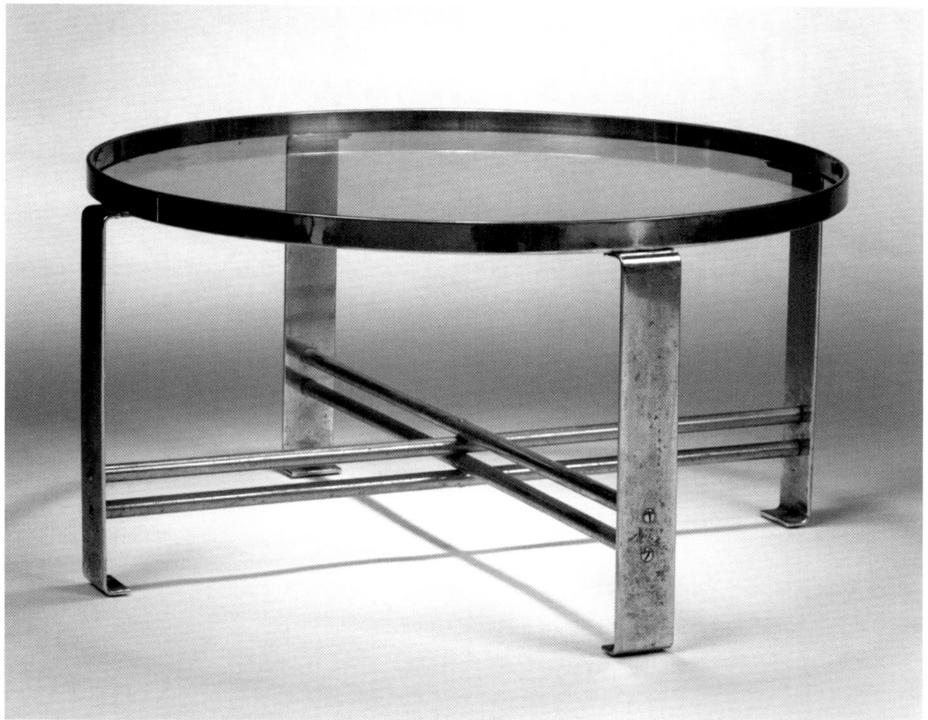

Abb. 7 Wolfgang Hoffmann, Couchtisch, hergestellt von der Howell Company, Geneva, Illinois, um 1930
Verchromter Stahl, Glas
Courtesy Wright, Chicago

teilweise in ihrem persönlichen Stil von ihm beeinflusst. (Unter den Mitgliedern der führenden Organisation der US-amerikanischen Designer jener Zeit, der *American Union of Decorative Artists and Craftsmen* oder AUDAC, waren so viele Deutschsprachige, dass beim Lunch Deutsch genauso oft zu hören war wie Englisch.)[29]

Frankl, der Gründer der AUDAC, wusste sehr wohl um Hoffmanns Bedeutung; er brachte in seinen Publikationen und Vorlesungen häufig Fotografien von Hoffmanns neueren Entwürfen.[30] Doch selbst wenn Frankl nicht eingestand, wieviel er und andere Hoffmann zu verdanken hatten, zeugten unzählige Entwürfe von dessen Präsenz in der amerikanischen Designszene, die am deutlichsten in einer Neigung zu klaren geometrischen Formen und vereinfachten floralen Motiven erkennbar war. Hoffmann hatte auch einen gewissen Anteil an der Popularisierung des modernisierten Klassizismus, der in der amerikanischen Szene vorherrschte.

In den späten 1920er und 1930er Jahren waren Anleihen bei Hoffmann in den Arbeiten zu sehen, die in der American Designers' Gallery, in den diversen Ausstellungen und Publikationen der AUDAC sowie in Interieurs und Galerien in New York, Chicago, Los Angeles und anderen Städten präsentiert wurden.[31] Hoffmanns Ideen gelangten auch durch die Arbeit seines Sohnes Wolfgang, von dessen Frau Pola (geborene Josefine Pola Weinbach, später Pola Stout) sowie von manchen seiner Studenten von der Wiener Kunstgewerbeschule oder früheren Mitarbeitern der Wiener Werkstätte (darunter Vally Wieselthier, Susi Singer und Joseph Binder), die in jenen Jahren von Österreich in die USA emigriert waren, nach Amerika.

Wolfgang Hoffmann arbeitete anfangs in New York, ließ sich dann aber in Chicago nieder, wo er Entwürfe für diverse Möbelhersteller schuf.[32] Seine Stücke waren grazil und ansprechend, nicht wenige ließen die subtilen geometrischen
7 Formen seines Vaters erkennen. Der Einfluss von Hoffmann jun. war jedoch begrenzt, seine Arbeiten wurden selten in größerer Stückzahl produziert. Pola, die nach der Scheidung von ihm den Schriftsteller Rex Stout heiratete, hatte in ihrer späteren Karriere als Textildesignerin eine stärkere Wirkungskraft. Ihren Anfängen als eine von Hoffmanns Studentinnen getreu, kultivierte sie ein Designvokabular, das auf rechteckigen Linien und reinen Geometrien basierte. Viele der führenden Modedesigner der 1940er und 1950er Jahre verwendeten ihre Stoffe, die auch in Hollywood-Filmen jener
Zeit zu bewundern sind.[33] 8

Josef Hoffmann selbst hatte einen beachtlichen Einfluss auf das Hollywood der 1920er und 1930er Jahre, was teilweise darauf zurückzuführen ist, dass viele Österreicher und Deutsche, die seine Arbeiten kannten und schätzten, in der Filmindustrie tätig waren.[34] Des Öfteren war sein Einfluss nicht explizit erkennbar, doch die Vorliebe vieler Bühnenbildner und Regisseure für scharfe Kontraste und präzise Beleuchtung sowie klare stringente Formen ist zweifelsohne zumindest teilweise auf seine Ästhetik zurückzuführen.

Hoffmann realisierte noch ein weiteres Projekt im amerikanischen Raum – ein Haus für Alma Morgenthau-Wertheim, die Schwester des amerikanischen Finanzministers. Er entwarf einen zweigeschossigen Flachbau mit glatten Wänden und großen Glasflächen. Noch während der Bauarbeiten heiratete Alma einen von Wolfgangs Freunden, Paul Lester Wiener, der das Haus umgestaltete und mit einer glatten stromlinienförmigen Hülle versah, die Hoffmanns Entwurf fast zur Gänze unkenntlich machte.[35]

Im Laufe der 1930er Jahre, als Hoffmanns Arbeiten bereits etwas aus der Mode kamen, war er – nicht zuletzt auch aufgrund der politischen Ereignisse – zunehmend weniger präsent in der amerikanischen Designszene. Doch noch auf dem Höhepunkt seiner Popularität, im Sommer 1930, besuchte Walter Rendell Storey, der langjährige Designkritiker der *New York Times*, die Ausstellung des Österreichischen Werkbunds in Wien. In seiner ausführlichen Kritik der Ausstellung zeichnete er ein glanzvolles Porträt Hoffmanns und seiner Ideen, das die amerikanische Sichtweise auf den Punkt brachte:

„Professor Hoffmann, der in Amerika für seine Architektur und sein Kunsthandwerk bekannter ist als für seine Lehrtätigkeit, war schon in den ersten Jahren seiner Laufbahn eine treibende Kraft als Pädagoge. Die Schüler seiner Klassen […] werden von Anfang an ermutigt, sich ihren Interessen gemäß zu entwickeln. Als weltweit bekannter Architekt sieht Professor Hoffmann Einrichtungsgegenstände als integralen Bestandteil der Wohnräume, für die sie letztlich bestimmt sind […]. Professor Hoffmann zu interviewen, ist eine Herausforderung. Er ist so bescheiden, dass er, statt seine Arbeit zu erörtern, andere dazu bewegt, sich gemeinsam mit ihm für die Arbeit seiner Schüler zu begeistern. Doch gerade durch diese Stunde der Besichtigung ihrer Arbeit und der gemeinsamen Betrachtung der Studien, die einige seiner Schüler ihm zur Kritik vorlegten, bekommt man eine Ahnung von der Quelle des Reichtums an Kunstgewerbe, das in der Werkbund-Ausstellung und in den Wiener Geschäften zu sehen ist […]. Ihm ist sehr wichtig, dass der Entwerfer von heute seiner Umgebung feinfühlig gewahr ist […]. Seine individuelle, dabei aber stets angemessene Handschrift ist überall erkennbar."[36]

Passende Schlussworte für die Geschichte steuert Frankl bei, der Hoffmann auf seiner letzten Reise nach Wien im Jahr 1954 einen Höflichkeitsbesuch abstattete. Wie er einem Journalisten danach erzählte, war er überrascht, den großen alten Mann des österreichischen Designs noch aktiv, bei der Produktion neuer Entwürfe, vorzufinden.[37] Hoffmanns Verbundenheit mit Amerika war damals allerdings längst Vergangenheit. ■

Dank an Linda Lackner für ihre freundliche Unterstützung bei der Recherche zu diesem Beitrag.

Aus dem Englischen von Martina Bauer

1 Leopold Kleiner: „Josef Hoffmann Dies: Architect and Designer, 85, Headed Center in Vienna, in: The New York Times 26.5.1956, 17.

2 Ebd.

3 Kleiner sprach und schrieb während seiner Zeit in New York oft über Hoffmann. Siehe seine kurze Biografie in Matthias Boeckl (Hg.): Visionäre & Vertriebene: Österreichische Spuren in der modernen amerikanischen Architektur, Berlin 1995, 336.

4 In der Todesanzeige ist auch vermerkt, dass Hoffmann eine „Witwe und einen Sohn" hinterließ – ohne zu erwähnen, dass der betreffende Sohn, der Designer und Fotograf Wolfgang Hoffmann, damals in Chicago lebte (wie Anm. 1).

5 Zu Hoffmanns Einfluss siehe Eduard F. Sekler: Josef Hoffmann, Adolf Loos und die Vereinigten Staaten, in: Elisabeth Liskar (Hg.): Wien und die Architektur des 20. Jahrhunderts, Wien 1986, 125–135.

6 Sekler weist zutreffend darauf hin, dass die Beziehung, die Loos und Hoffmann zu Amerika hatten, geradezu gegensätzlich war. Loos verbrachte nahezu drei entscheidende Jahre seiner Jugend in den Vereinigten Staaten und war von dieser Erfahrung tief beeindruckt. Vor den 1960er Jahren war sein Einfluss in Amerika allerdings verschwindend gering. Hoffmann hingegen hat nie einen Fuß in das Land gesetzt, sollte jedoch eine bedeutende Rolle in der Frühphase des amerikanischen Designs spielen. Ebd., 125.

7 Vereinigung bildender Künstler Österreichs Secession: Die Wiener Secession und die Ausstellung in St. Louis, Wien 1904. Siehe auch: Eduard F. Sekler: Josef Hoffmann. Das architektonische Werk, Salzburg/Wien 1982, 289.

8 Siehe Sabine Forsthuber: Moderne Raumkunst: Wiener Ausstellungsbauten von 1898 bis 1914, Wien 1991, 101–102.

9 Sekler 1982, 289 (wie Anm. 7).

10 H. Allen Brooks: The Prairie School: Frank Lloyd Wright and His Midwest Contemporaries, New York/London 1996, 91. Wright schätzte insbesondere die Arbeit des damals in Darmstadt lebenden Joseph Maria Olbrich, dessen Beitrag zum deutschen Pavillon aus einer sechs Räume und einen Hof umfassenden Suite bestand. Er war aber auch vom österreichischen Design fasziniert, wie es den Anschein hat, einschließlich des von Hoffmann gestalteten Raumes. Zu Wrights Reaktionen auf die Ausstellung in St. Louis siehe Anthony Alofsin: Frank Lloyd Wright, The Lost Years, 1910–1922, Chicago 1993, 2–16. Zu den Reaktionen auf die österreichischen Exponate in der amerikanischen Presse siehe etwa: Austria's Pavilion Formally Opened, in: Missouri Republic 3.6.1904; sowie Austria Opens Her Colorful Building, in: St. Louis Dispatch, 3.6.1904. Zu weitreichenderen Einflüssen des österreichischen Designs jener Zeit siehe Christopher Long: The Viennese Secessionsstil and Modern American Design, in: Studies in the Decorative Arts (14) 2 2007, 8–17, sowie Leslie Topp: Moments in the Reception of Early Twentieth-century German and Austrian Decorative Art in the United States, in: Renee Price/Pamela Kort/Leslie Topp: New Worlds: Austrian and German Art, 1890–1940, Ausst.-Kat., Neue Galerie, New York 2001, 572–582.

11 Long 2007, 18–19 (wie Anm. 10).

12 Cathleen A. Baker: By His Own Labor: The Biography of Dard Hunter, New Castle, Delaware, 2000, insb. 33–43. Nach seiner Rückkehr in die Vereinigten Staaten arbeitete Hunter eine Zeit lang für die von Elbert Hubbard gegründete Roycroft-Bewegung, eine Vereinigung von Künstlern und Kunsthandwerkern in East Aurora, New York. Später gründete er sein eigenes Design- und Papierproduktionsunternehmen.

13 Edward H. Aschermann behauptete später, bei Hoffmann studiert zu haben, Nachweise gibt es dafür keine. Es besteht allerdings die Möglichkeit, dass er inoffiziell Gasthörer in Hoffmanns Klasse war.

14 Louise Brigham: Box Furniture: How to Make a Hundred Useful Articles for the Home, New York 1909. Zu Brigham und ihre Arbeit mit Aschermann siehe Antoinette LeFarge: Louise Brigham and the Early History of Sustainable Furniture, Cham 2019, insb. 21, 40, 56, 100, 110.

15 Gladys Goodwin wuchs in Halifax, Nova Scotia, auf und ging später nach New York, um Design zu studieren. Nach ihrer Hochzeit mit Aschermann im Jahr 1911 gründeten die beiden gemeinsam das Aschermann Studio, wobei sie ihre Wohnung in der 31st Street als Ausstellungsraum für ihre Arbeiten nutzten. Sie schufen Interieurs und Objekte für Kunden in und um New York, die deutlich im Secessionsstil gehalten waren, bis sie 1919 ein Haus in Olgunquit, Maine, erwarben und zwischen Olgunquit und New York pendelten. Aurora McClain/Christopher Long: The Aschermanns: The Forgotten Beginnings of Modern American Design, in: The Magazine Antiques (178) 1 2011, 222–231; Mr. and Mrs Aschermann's Studio Decorations, in: The New York Time 16.4.1914, 8. Siehe auch Hazel H. Adler: The New Interior: Modern Decorations for the Modern Home, New York 1916; und Interior Decorations, in: MAC [Modern Art Collector]: A Monthly Collection of Modern Designs 1 1915, 9.

16 Anonym, German Applied Arts: Touring Exhibition of the Deutsches Museum für Kunst im Handel und Gewerbe Hagen I. W., with the co-operation of the Oesterreichisches Museum für Kunst und Industrie in Wien: Newark, Chicago, Indianapolis, Pittsburgh, Cincinnati, St. Louis, 1912–1913, Ausst.-

Abb. 8 Werbefoto von Rosalind Russell (mit Cary Grant) in dem Film *His Girl Friday* (1940), in einem von Robert Kalloch entworfenen Anzug nach einem Textilentwurf von Pola Stout
Columbia Pictures, Los Angeles

Kat. Newark Museum of Art, Newark 1912; und Barry Shifman: Design for Industry: The „German Applied Arts" Exhibition in the United States, 1912–13, in: Journal of the Decorative Arts Society (22) 1988, 19–31.

17 Eine Auswahl von Hoffmanns Werken findet sich beispielsweise in Charles Home (Hg.): The Art-Revival in Austria, London 1906. Zuweilen wurde auch in amerikanischen Publikationen berichtet, wie die Amerikaner sich auf die secessionistische Architektur einstellten. Siehe etwa C. Matlack Price: Secessionist Architecture in America: Departures from Academic Traditions of Design, in: Arts and Decoration (3) 12 1912, 51–53.

18 Janis Staggs: The Wiener Werkstätte of America, in: Christian Witt-Dörring/Janis Staggs (Hg.): Wiener Werkstätte 1903–1932: The Luxury of Beauty, Ausst.-Kat. Neue Galerie New York/München 2017, 468–505.

19 Siehe Christopher Long: Paul T. Frankl and Modern American Design, New Haven/London 2007.

20 Robert A. M. Stern/Gregory Gilmartin/Thomas Mellins: New York 1930: Architecture and Urbanism between the Two World Wars, New York 1995, 554. Zu Rosenthal und ihrem Shop siehe Jewel Stern/John A. Stuart: Ely Jacques Kahn, Architect: Beaux-arts to Modernism in New York, New York 2006.

21 Langseth-Christensen beschreibt ihre Erfahrungen detailliert in ihren Memoiren. Lillian Langseth-Christensen: A Design for Living: Vienna in the Twenties, New York 1987.

22 Anonym: An International Exposition of Art in Industry, 14.–26. Mai 1928, in Macy's, 34 Street & Broadway, N. Y., Ausst.-Kat. Macy's, New York 1928.

23 Sekler 1982, 410 (wie Anm. 7).

24 Hans Ankwicz-Kleehoven: Ausstellung von Arbeiten des modernen österreichischen Kunsthandwerks Wien 1923, in: Deutsche Kunst und Dekoration (54) 1924, 19 ff.

25 Sekler 1982, 180–181, 389–390 (wie Anm. 7).

26 William Leach: Land of Desire: Merchants, Power, and the Rise of the New American Culture, New York 1993, 318–319.

27 Design Exposition Visited by 100,000: City Apartment Exhibit and the Austrian Boudoir Centre of Crowds, in: The New York Times 20.5.1928, 25.

28 Siehe auch Elisabeth L. Cary: International Exhibition of Art in Industry Opens: Six Countries Exhibit, in: The New York Times 13.5.1928, 18.

29 Viele andere amerikanische Designer wie Eugene Schoen oder Ely Jacques Kahn waren deutscher Herkunft und nach Österreich gereist, wo sie sich ebenfalls von Hoffmanns Ideen inspirieren ließen. Und dann gab es noch jene Amerikaner, die nicht aus Mitteleuropa stammten, die Region auch nicht bereist hatten und dennoch von Hoffmann beeinflusst waren. Sekler erwähnt beispielsweise den jungen Architekten Bruce Goff, der in den späten 1920er Jahren in Tulsa, Oklahoma, arbeitete. Für die Außenverkleidung seines Page Warehouse (1927) scheint er Anleihen bei Hoffmanns mannigfaltigen Rahmenmotiven genommen zu haben. Sekler 1986, 132 (wie Anm. 5).

30 Siehe etwa Paul T. Frankl: The Arts and Decoration Practical Home Study Course in Interior Decoration, New York 1928, Lesson 1, 9–15, Lesson 4, 68; sowie Form and Re-Form: A Practical Handbook of Modern Interiors, New York 1930, Abb. 20, 40.

31 Siehe Marilyn F. Friedmans Arbeiten: Defining Modernism at the American Designers' Gallery, New York, in: Studies in the Decorative Arts (14) 2 2007, 79–116; Selling Good Design: Promoting the Early Modern Interior, New York 2003, und Making America Modern: Interior Design in the 1930s, New York 2018, sowie Stern/Gilmartin/Mellins 1995, 336–346 (wie Anm. 20). Für zeitgenössische Beispiele siehe R. L. Leonard/C. A. Glassgold: Modern American Design: American Union of Decorative Artists and Craftsmen, Ausst.-Kat. Brooklyn Museum, New York 1930.

32 Boeckl 1995, 333–334 (wie Anm. 3); und <https://modernism.com/designers-and-manufactures/wolfgang-hoffmann> [21. Mai 2020].

33 Boeckl ebd.

34 Siehe Rudolf Ulrich: Österreicher in Hollywood, Wien 2004.

35 Sekler 1982, 426–427 (wie Anm. 7); und Boeckl 1995, 334 (wie Anm. 3).

36 Walter Rendell Storey: Applied Arts Quicken Life in Vienna: New Developments in Decoration Are Shown at the Exhibition of The Austrian Werkbund, in: The New York Times 3.8.1930, 74–75.

37 Nothing for Us in Europe, Grand Rapids [Michigan], in: Herald 26.7.1953, 26.

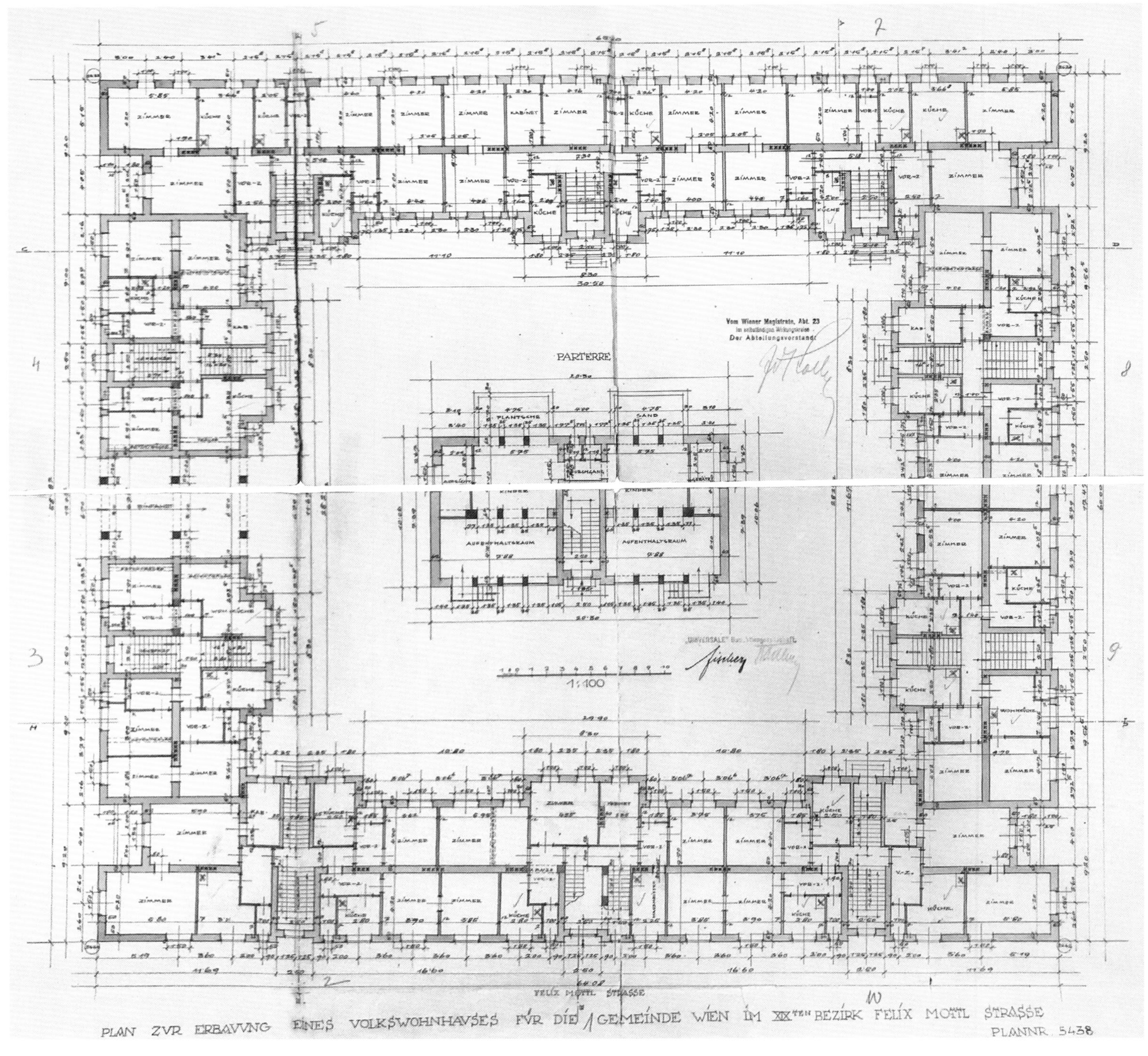

Abb. 1 JH, Wohnhausanlage der Gemeinde Wien *Klosehof* (spätere Bezeichnung), Philippovichgasse 1, 1923–25, Grundriss Erdgeschoss

Stadt Wien, MA 37, E.Z. 1739

Matthias Boeckl

Die soziale Frage

Josef Hoffmanns Wohn- und Siedlungsbauten bis 1933

Die Verwerfungen des Ersten Weltkriegs beförderten ein fortan dominierendes Thema ins Zentrum der internationalen Architekturdebatte: den sozialen Wohnbau in all seinen Varianten von Behausungen für den Minimalbedarf über Siedlungsprojekte bis zu großen Geschosswohnbauten. Während sich die Avantgarde in Deutschland und Frankreich bereits vor 1918 intensiv mit dieser Frage befasst hatte,[1] gab es in Österreich noch keine größeren Realisierungen der führenden modernen Architekten im Bereich sozialer Wohnbauten.[2] Selbstkritisch erkannten die Secessionisten dieses Defizit und beriefen 1913 Heinrich Tessenow aus Dresden an die Wiener Kunstgewerbeschule, um diese Lücke in der modernen Architekturausbildung zu füllen.[3]

Im Umkreis der Secession hatte man die „Behausungsfrage" vor 1918 vorwiegend aus ästhetischer Perspektive und für bürgerliche Zielgruppen betrachtet. Wie Otto Wagner realisierten auch seine Schüler zahlreiche Miets- und Einfamilienhäuser für die Mittelklasse in Wien und anderen Städten. Auch gartenstadtähnliche bürgerliche Siedlungen
2 S. 54 wie Joseph M. Olbrichs 1896 erdachte *Villenstadt Kobenzl-Krapfenwaldl* standen auf ihrem Programm. Konzepte für Arbeitersiedlungen blieben jedoch auf den experimentellen Bereich in den Architekturschulen beschränkt. 1906/07 etwa untersuchte Josef Hoffmann mit seinen Schülerinnen und Schülern im Auftrag der Staatsbahnen die Frage von Arbeiterkolonien, „um eventuelle Verschönerungen und Verbesserungen auf diesem allzu wichtigen Gebiet vorschlagen zu können".[4] Die Ergebnisse scheinen aber im Gegensatz zu jenen der Zwischenkriegszeit, als Hoffmanns Schüler zahlreiche soziale Wohnbauten entwarfen und mehrfach ausstellten,[5] nicht veröffentlicht worden zu sein.

Siedlungsprojekte

Mit dem abrupten Systemwechsel und der sozialen Krise der Jahre 1918/19 entstand eine enorme Nachfrage nach rasch realisierbaren sozialen Wohnbauten. Als mögliche Bautypen standen einerseits lockere, suburbane Flachbausiedlungen in Form von Reihen- oder Doppelhäusern mit bewirtschaftbaren Freiflächen zur Verfügung, die sich in der internationalen Gartenstadtbewegung bereits seit 20 Jahren bewährt hatten, und andererseits große innerstädtische Geschosswohnbauten mit bis zu 1000 Wohnungen, denen vordergründig eine größere wirtschaftliche Effizienz zugeschrieben wurde. Eine politische Dimension ergab sich aus der Eigentumsfrage, da die Wohnungen in genossenschaftlichen Siedlungen langfristig in den Besitz der Bewohner übergehen und diese damit zu unabhängigen kleinbürgerlichen Hausbesitzern machen würden, während die Geschosswohnungen stets im Eigentum des Bauträgers und die Mieter in dessen Abhängigkeit blieben. Das „Rote Wien" stellte aus diesem Grund seinen eigenen Siedlungsbau[6] 1925 ein – was zu intensiven Debatten mit der Architektenschaft führte[7] – und errichtete bis 1933 nur mehr Geschosswohnbauten. Unter den insgesamt 60.000 in den Jahren 1919–33 realisierten Wohnungen wurden viele der prominentesten Anlagen von Otto Wagner-Schülern wie Karl Ehn (im Stadtbauamt), Hubert Gessner, Josef Hoffmann, Rudolf Perco, Emil Hoppe und Otto Schönthal (als freie Architekten) geplant. Sie wurden gezielt mit traditionellen handwerklichen Bautechniken realisiert, da man so auch Beschäftigung schaffen wollte. Die von der internationalen Avantgarde geforderte Industrialisierung des sozialen Wohnbaus stand in Wien damals nicht zur Debatte.

Viele moderne Architekten Wiens beteiligten sich an beiden sozialen Wohnbauprogrammen.[8] Als Bauträger der Siedlungen fungierten meistens gemeinnützige Siedlungsgenossenschaften. Josef Hoffmann entwarf um 1922 für den zwei Jahre zuvor gegründeten *Österreichischen Verband für Siedlungs- und Kleingartenwesen* unter Otto Neurath, einem Mitglied des *Wiener Kreises* der Philosophie, und seinen Baureferenten Franz Schuster, einem ehemaligen Tessenow-Schüler der Kunstgewerbeschule, mehrere Varianten eines Pavillons für eine „Russische Ausstellung", in der möglicherweise kulturelle Errungenschaften der jungen Sowjetunion präsentiert werden sollten.[9] Zwei Jahre später
plante er ein Siedlungskonzept für die Genossenschaft *Aus* 6 7 8
eigener Kraft, dessen skulpturale Dachlandschaften der Reihenhäuser deutlich an Le Corbusier erinnern, während das Gemeinschaftshaus einen eleganten abstrakten Klassizismus der Art Heinrich Tessenows präsentiert. Nachdem der Bauherr den Entwurf ablehnte, wurde die Siedlung „von Franz Schuster und Franz Schacherl in den vertrauteren Formen bodenständiger Architektur durchgeführt".[10]

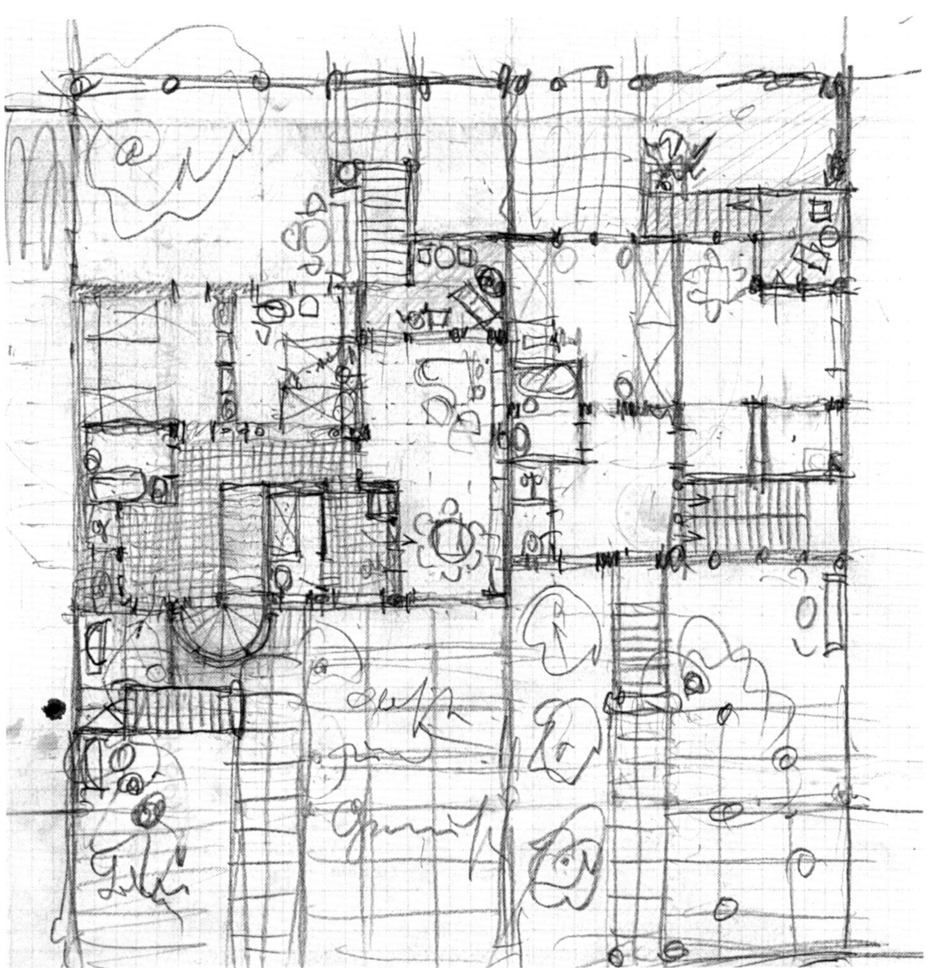

Abb. 2 JH, Reihenhäuser in der Wiener Werkbundsiedlung, 1930–32, Grundriss-Skizze
MAK, KI 8812-4

Mährisch-Schlesien: Die erste realisierte Hoffmann-Siedlung

Zur ersten Realisierung eines Hoffmann'schen Siedlungskonzepts kam es ab 1922 in der jungen tschechoslowakischen Republik. Seit der vom Bildhauer Anton Hanak vermittelten Planung des *Landhauses Primavesi* in Winkelsdorf/Kouty nad Desnou 1913 war der Südmährer Hoffmann von einigen kultivierten Unternehmern in Schlesien – vergleichbar mit dem Bauherrenkreis von Adolf Loos um die Familie Hirsch in Pilsen[11] – immer wieder mit dem Bau von Wohnhäusern beauftragt worden.[12] Der junge Industrielle Kuno Grohmann (1897–1940), der sich intensiv für soziale und künstlerische Themen engagierte, 1927 bis 1929 Mehrheitseigentümer der Wiener Werkstätte war und ab 1937 in einem Wiener Hoffmann-Haus wohnte,[13] begann 1922 in Würbenthal/
3 4 5 Vrbno pod Pradědem (ČSR) eine Arbeitersiedlung nach dem Vorbild der Dresdner *Siedlung Hellerau* zu errichten. Hoffmanns dafür entworfene Ein- und Zweifamilienhäuser, an denen auch Max Fellerer mitwirkte,[14] zeigen mit Bullaugen, Gaupen, Glocken- und Walmdächern eine spielerische Vielfalt und einen Charme, der auch heute noch deutlich spürbar
9 10 11 ist.[15] 1931 bewarb Grohmann in einem weiteren Projekt als Reaktion auf die Arbeitslosigkeit infolge der Weltwirtschaftskrise mittels Aufrufen an die Bürger von Würbenthal sowie eigens gedruckten Broschüren[16] sein soziales Konzept zeitgemäßen Wohnbaus. Die Entwürfe für das nicht realisierte Siedlungsprojekt mit Häusern, die in den Besitz der Bewohner übergehen sollten, zeigen – wie schon das Siedlungsprojekt Neustraßäcker für Wien – mit ihrer Hoffmann-untypischen minimalistischen Formensprache einen deutlichen Einfluss des Neuen Bauens, den man auf das Mitwirken von Hoffmanns Assistent Oswald Haerdtl zurückführen könnte.[17]

Die übrigen Siedlungsprojekte Hoffmanns verraten ein stetes Bemühen, den kleinen Wohnhäusern und schmalen Baubudgets ein Mindestmaß an ästhetischer Würde abzuringen. Das bezog sich keineswegs nur auf dekorative Fassadenelemente, sondern auch auf eine abwechslungsreiche Baukörpermodellierung etwa mit turmartigen Elementen, Vor- und Rücksprüngen, auf Balkone und (Dach-)Terrassen, auf großzügige Wohnräume und praktisch-schöne Einrichtungen. Das Werkverzeichnis kennt zusätzlich zu den vier obgenannten Planungen 13 weitere Entwürfe für Siedlungshäuser,[18] wovon allerdings nur ein einziges Projekt – Hoffmanns vier Reihenhäuser in der Wiener Werkbundsiedlung – realisiert werden konnte.

Vier Häuser in der Wiener Werkbundsiedlung

1929–32 wurde in Wien eine internationale Modell-Ausstellung des modernen Siedlungsbaus realisiert,[19] die der Österreichische Werkbund auf Initiative von Josef Frank mit der gemeindeeigenen *Gemeinwirtschaftlichen Siedlungs- und Bauaktiengesellschaft* (GESIBA) unter Hermann Neubacher[20] als Bauträger organisierte. Frank war zuvor der einzige österreichische Teilnehmer an der von Ludwig Mies van der Rohe geleiteten Wohn-Ausstellung des Deutschen Werkbundes in Stuttgart (1927) sowie das einzige österreichische (und funktionalismuskritische) Gründungsmitglied der *Con-*

Abb. 3, 4 JH, Arbeiterwohnhäuser der Firma Grohmann, Würbenthal/Vrbno pod Pradědem (ČSR), 1922/23
© Jan Šafár und Irena Perničková, Moravská galerie v Brně

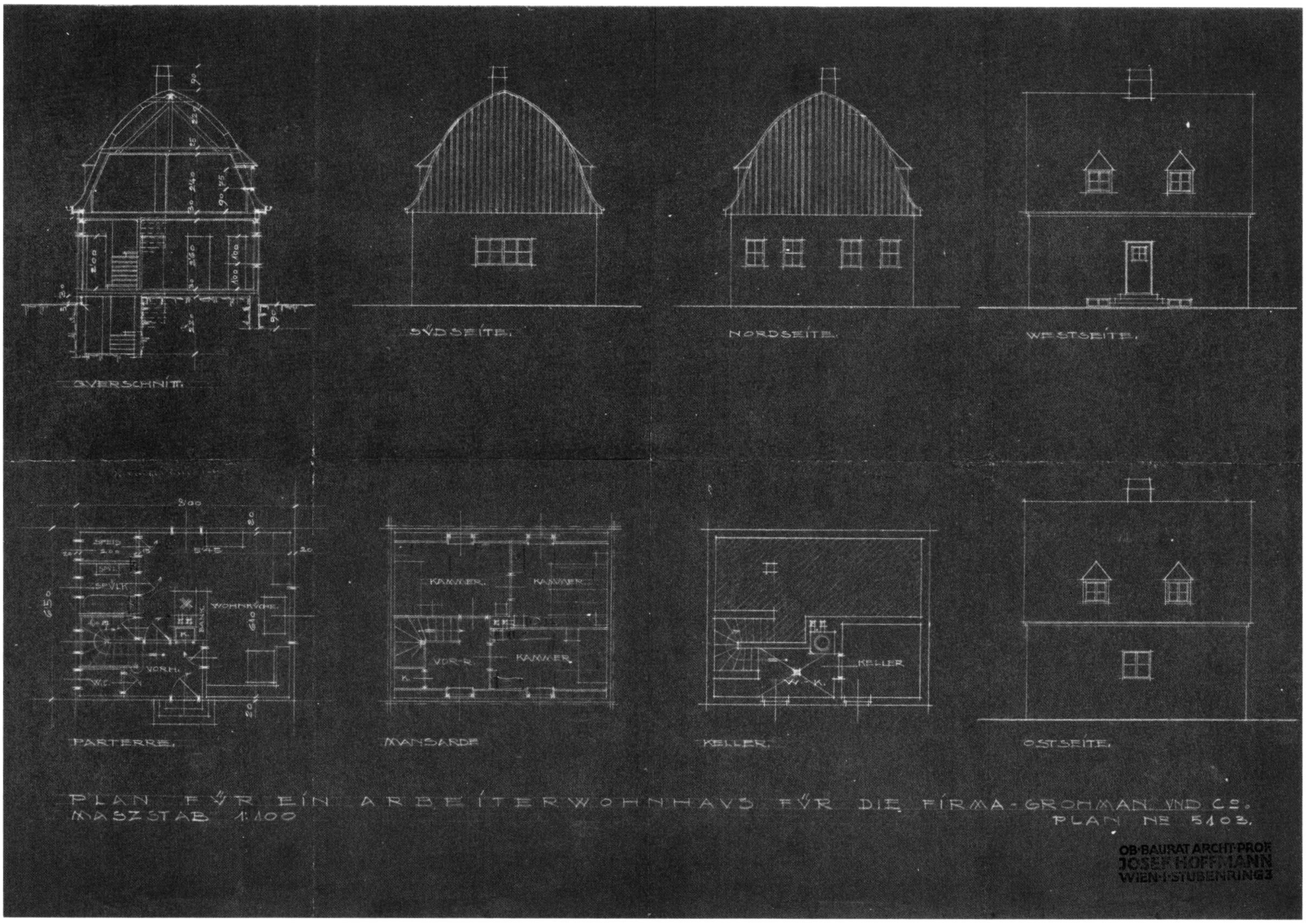

Abb. 5 JH, Arbeiterwohnhaus der Firma Grohmann, Würbenthal, 1922/23
Ansichten und Grundrisse
Sammlung Gregor Grohmann
© MAK/Georg Mayer

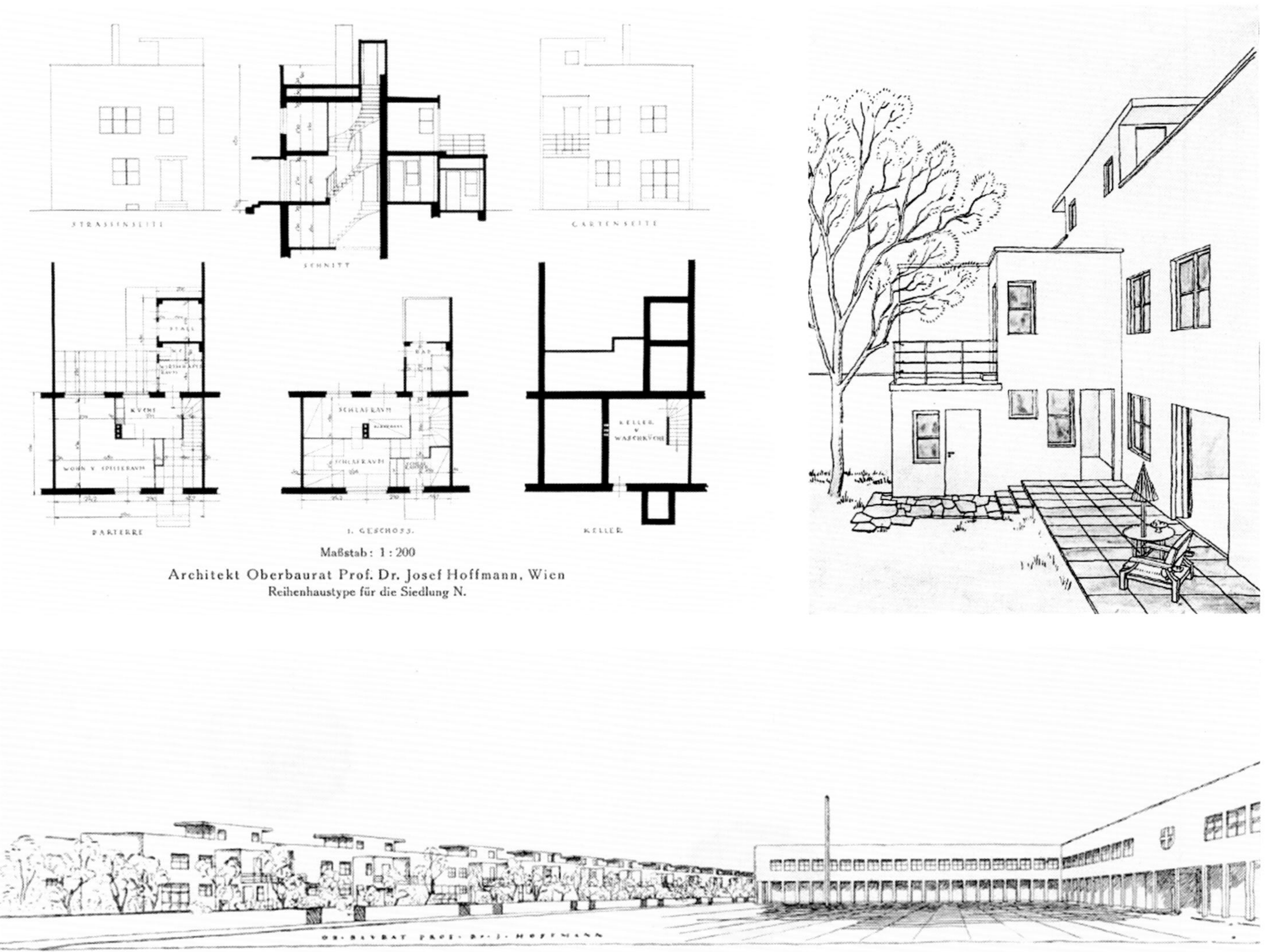

Abb. 6, 7, 8 JH, Entwürfe für die Siedlung Neustraßäcker, Wien-Stadlau, 1924
Reihenhaustypen und Perspektive Hauptplatz
MBF (26) 1927, 373–375

grès Internationaux d'Architecture Moderne (CIAM) gewesen (1928). So war er prädestiniert, der beginnenden funktionalistischen Dogmatik eine Alternative gegenüberzustellen. Diese Wiener Alternative bestand in der Beschränkung auf den flachen Siedlungsbau (in Stuttgart hatte Mies van der Rohe auch einen großen Geschosswohnbau errichtet) und in der Präsentation ausgesucht undogmatischer Konzepte – so lud Frank aus dem internationalen Feld für Frankreich nicht Le Corbusier ein, sondern André Lurçat und Gabriel Guévrékian, für die Niederlande nicht Mart Stam, sondern Gerrit Rietveld, für Deutschland nicht Mies van der Rohe, sondern Hugo Häring sowie erstmals auch Gäste aus den USA in Gestalt der Exilösterreicher Richard Neutra und Arthur Grünberger. Aus Österreich waren fast alle etablierten modernen Architekten vertreten, darunter Adolf Loos, Clemens Holzmeister, Josef Hoffmann und Frank selbst. Diesem war es aber auch wichtig, den Jungen eine Chance zu geben, weshalb später so bekannte Namen wie Ernst A. Plischke, Margarete Schütte-Lihotzky, Karl Augustinus Bieber, Max Fellerer und Otto Niedermoser hier erste Häuser bauen konnten.

Die vier Reihenhäuser, die Hoffmann für die Werkbundsiedlung plante, zeigen ein intensives Bemühen, die kleinen Baukörper durchzumodellieren und mit höherwertigen Elementen wie Terrassen und Freitreppen, großzügig verglasten Treppenhäusern, begehbaren Dachlandschaften und qualitätsvollen Einrichtungen auszustatten. Die frühen Entwurfs- 2
stadien – dokumentiert in zwei Zeichnungen[21] – verraten Hoffmanns große Gestaltungslust mit spielerischen Turmbekrönungen und elegant vertikal kannelierten Fassaden.[22]

Drei Geschosswohnbauten für die Stadt Wien

Bereits sechs Jahre vor dem Projekt Werkbundsiedlung begann Hoffmanns Mitwirkung am Geschosswohnbau-Programm des „Roten Wien". Diese Projekte boten ihm die Chance, die heftig umstrittene Frage des (traditionell) Schönen in der realen Sozialpolitik auszuloten. Dass die Relevanz des Ästhetischen von den sozialdemokratischen Wiener Politikern sehr hoch eingeschätzt wurde, um die Identifikation der Nutzer mit ihren Wohnhäusern und damit eine breite politische Akzeptanz des Bauprogramms zu erreichen, zeigen vor allem die frühen Projekte, die mit romantisierenden Türmen und Loggien, mit Steinskulpturen in den grünen Innenhöfen sowie viel Kunstgewerbe wie Schmiedearbeiten bei den Torgittern und Keramiken an den Fassaden durchaus Hoffmanns Auffassung entsprachen.[23] Die Grundparameter der Dichte, Standards und Bautypen waren allerdings als zentraler Bestandteil sozialdemokratischer Kommunalpolitik strikt vorgegeben.[24] So beschränkten sich die gestalterischen

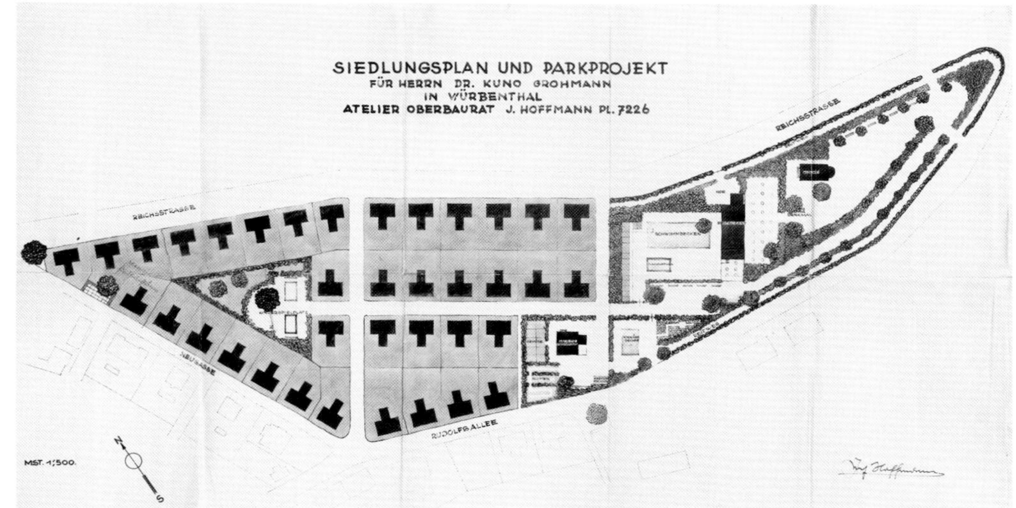

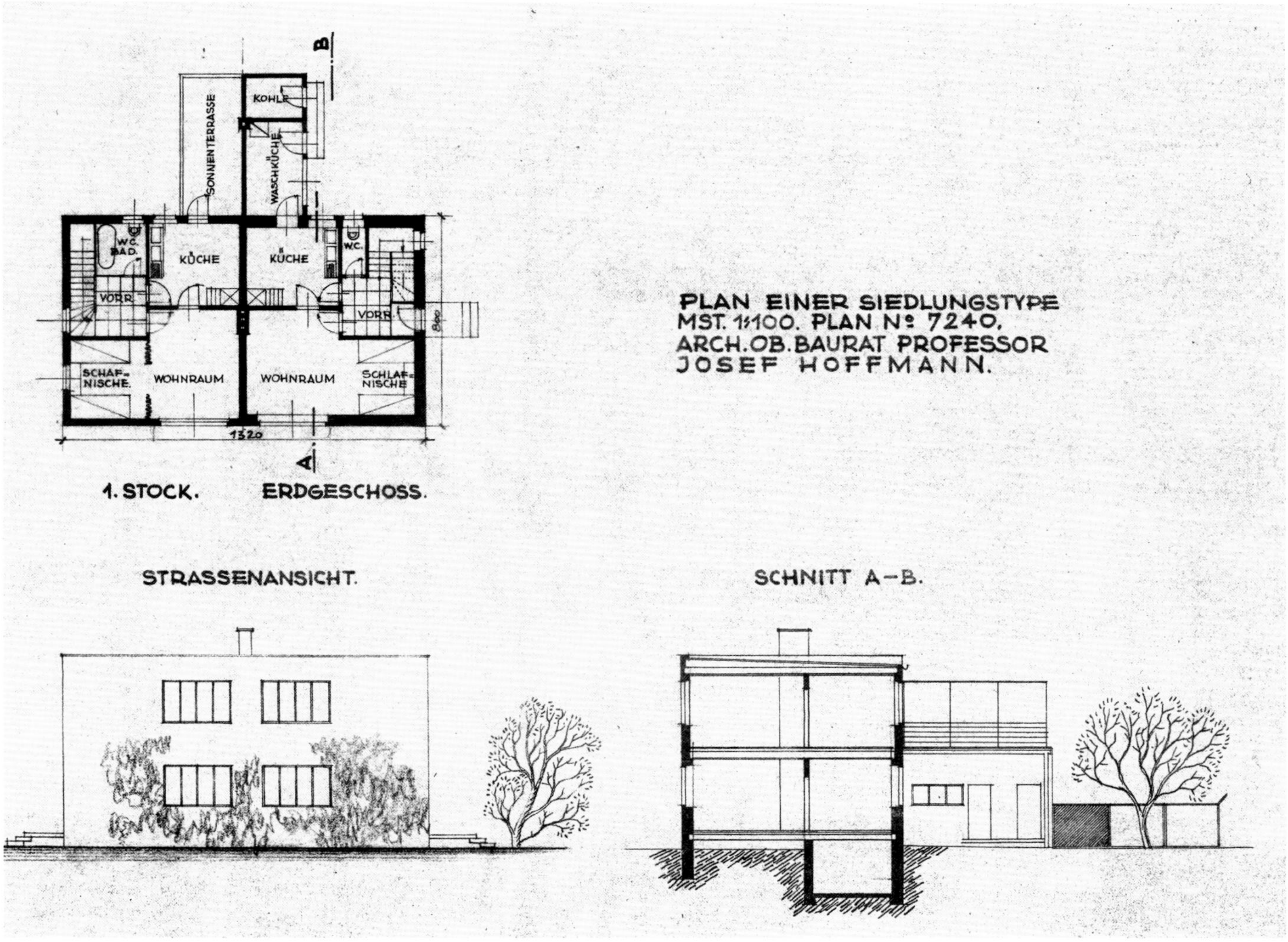

Abb. 9, 10, 11 JH, Siedlung und Wohnhaus für Dr. Kuno Grohmann, Würbenthal/ Vrbno pod Pradědem (ČSR), 1931, Lageplan, Broschüre und Haustypen
Sammlung Gregor Grohmann

Möglichkeiten der Architekten auf die Modellierung der Baumassen, einzelne Layoutfragen und die Ausstattung.
1 12 Der erste „Gemeindebau“ von Hoffmann ist mit seiner
15 16 17 18 intelligenten Baumassenverteilung, seiner hochwertigen
26 S. 237 künstlerischen Ausstattung und seinen eleganten Proportionen auch gleich der avancierteste. Der *Klosehof* in der Philippovichgasse (1923–25)[25] verteilt die beachtliche Kubatur für 140 Wohnungen auf eine fünfgeschossige, vierseitig geschlossene Blockrandbebauung und einen sechsgeschossigen turmartigen Baukörper in der Mitte des Innenhofs. Skulpturale Akzente werden außen mit rückspringenden Loggien und einer großen ostseitigen Toreinfahrt gesetzt, klassizierende Elemente erscheinen an den Portalen, auf deren Gesims sich zwei Fruchtträgerinnen-Skulpturen von Anton Hanak erheben. Details wie subtil proportionierte Tür- und Fensterteilungen sowie Ochsenaugen ergänzen

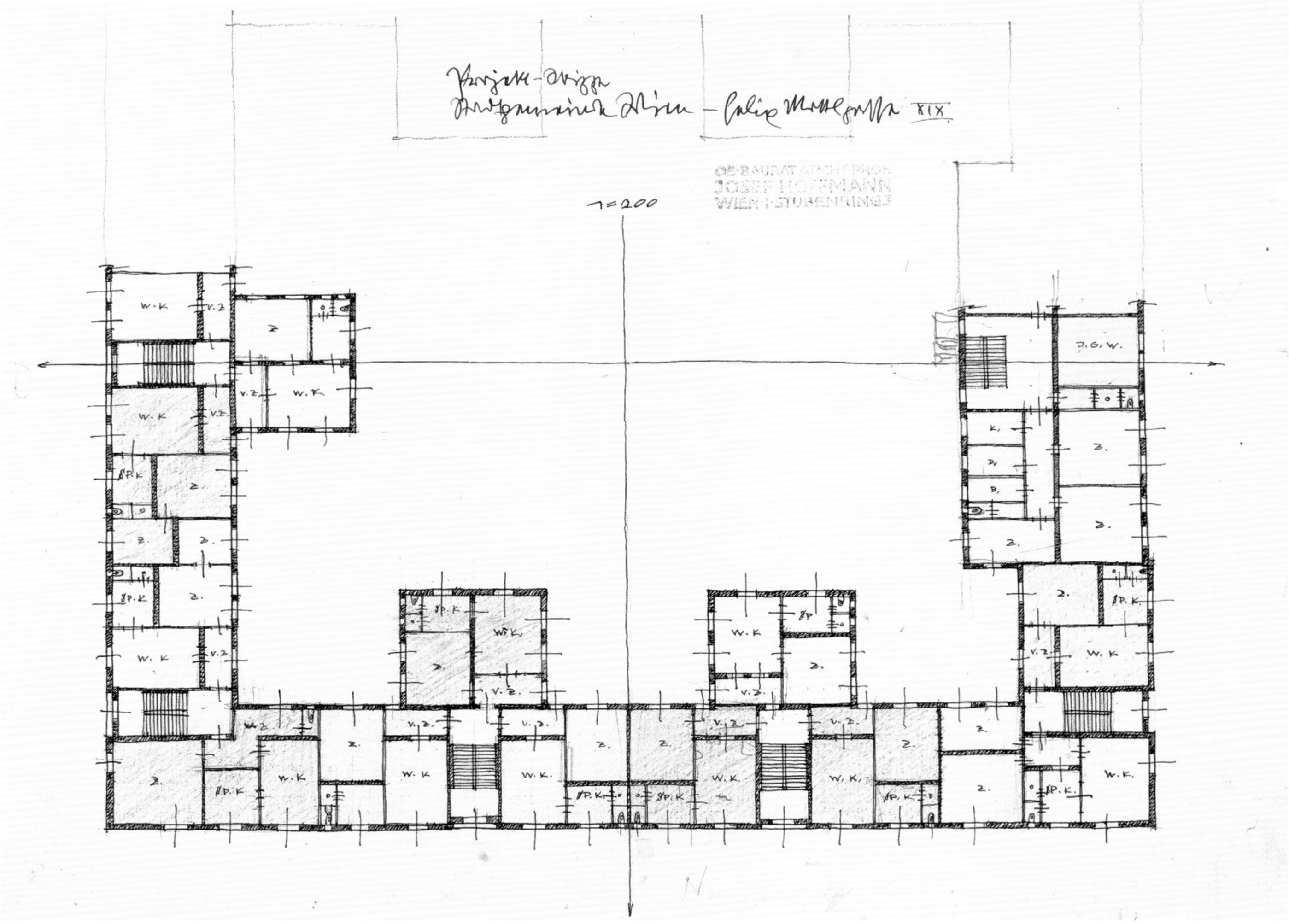

Abb. 12 JH, Wohnhausanlage der Gemeinde Wien *Klosehof*, 1923–25
Vorentwurf ohne Turmtrakt im Innenhof
Kunsthandel Widder, Wien

den noblen Eindruck des Baus. Der ästhetische Höhepunkt ist aber zweifellos der hoch aufragende Kubus im Innenhof, der mit seinen beiden Dreifachöffnungen im Erdgeschoss, seinen mittigen Bullaugenreihen und seinen paarweise symmetrisch gesetzten flächenbündigen Fensterverglasungen wie ein Manifest des italienischen *Razionalismo* wirkt – aus diesem Grund ist dieses Meisterwerk abstrakter Flächenkunst auch das häufigst publizierte Detail von Hoffmanns Gemeindebauten.

Deutlich mehr Kompromisse musste Hoffmann bei den beiden anderen Wohnhäusern der Gemeinde Wien eingehen, die er vor dem Zweiten Weltkrieg plante. Der *Winarskyhof* wurde 1924 als kollektives Schaustück der führenden modernen Architekten Wiens konzipiert, deren

24 S. 242

Abb. 13, 14 JH, Musterzimmer für die Wohnhäuser der Gemeinde Wien, 1927
MBF (26) 1927, 399

Abb. 15–18 JH, Wohnhausanlage der Gemeinde Wien *Klosehof*, 1923–25, Modell eines Vorentwurfs und drei Ansichten kurz nach der Fertigstellung
Kunsthandel Widder, Wien

Abb. 19, 20 JH, Wohnhausanlage der Gemeinde Wien *Klosehof*, 1923–25 Portalskulpturen von Anton Hanak, Ansichten Innenhof

© privat

>
Abb. 22 JH, Wohnhausanlage der Gemeinde Wien *Anton-Hölzl-Hof*, 1928–32 Grundriss Erdgeschoss

Stadt Wien, MA 37, E.Z. 1438 NZ
© Kerstin Bauhofer

unterschiedliche Gestaltungsstrategien im Rahmen der oben beschriebenen Vorgaben der Stadt gemeinsam mit dem benachbarten *Otto-Haas-Hof* in einem großen Komplex modellhaft demonstriert werden sollten. Mit diesem Projekt scheiterte die Beteiligung von Adolf Loos am Geschosswohnbau der Stadt Wien, da sein Vorschlag eines Terrassenhauses, der mit den obgenannten sozialpolitischen Vorgaben unvereinbar war, nicht realisiert wurde. Die übrigen eingeladenen Architekten planten je einen Trakt der Anlage – so gibt es neben dem repräsentativen straßenseitigen Bauteil für 76 Wohnungen von Josef Hoffmann (Stromstraße 36–38)[26] weitere Blockrand- und Innenhofbebauungen von Peter Behrens, Oskar Strnad, Josef Frank, Oskar Wlach, Franz Schuster, Grete Lihotzky und Karl Dirnhuber. Hoffmann hätte hier gerne aufwendigere Fassaden und zinnenartige Traufen realisiert[27]. Die schließlich gebauten beiden Giebel, die Rundbogentore und das Gesims über der rechteckigen Toreinfahrt dazwischen verströmen aber dennoch großstädtische Würde.

– Der *Anton-Hölzl-Hof* (Laxenburgerstraße 94, 1928–32)[28] 21 22
ist mit 332 Wohnungen der größte Gemeindebau Hoffmanns. Die fünfgeschossige Anlage mit teilweise ausgebauten Dachgeschossen ist erneut eine Blockrandbebauung, diesmal allerdings mit einem unverbauten, weitläufigen und begrünten Innenhof. Der Sparzwang kommt auch hier der subtilen Würde des Komplexes entgegen. Hoffmann setzte mit minimalen Mitteln gekonnte Akzente – etwa eine betonte Gebäudeecke mit den auch im *Klosehof* verwendeten hohen Dreifachöffnungen im Erdgeschoss oder mit zahlreichen Teilsymmetrien. An den Süd- und Ostseiten gliedern Balkone straßen- und hofseitig die Fassaden regelmäßig. In der Mitte des Innenhofs ragt Otto Fenzls Skulpturengruppe eines Arbeiterpaares auf hohem Sockel empor. Der Bau wurde sogar noch in der NS-Zeit repräsentativ als „Volkswohnhaus" publiziert[29] und ist bis heute ein gut funktionierendes Beispiel sozialen Wohnbaus.

Abb. 21 JH, Wohnhausanlage der Gemeinde Wien *Anton-Hölzl-Hof* (spätere Bezeichnung), Laxenburger Straße 94, 1928–32 Straßenansicht

© privat

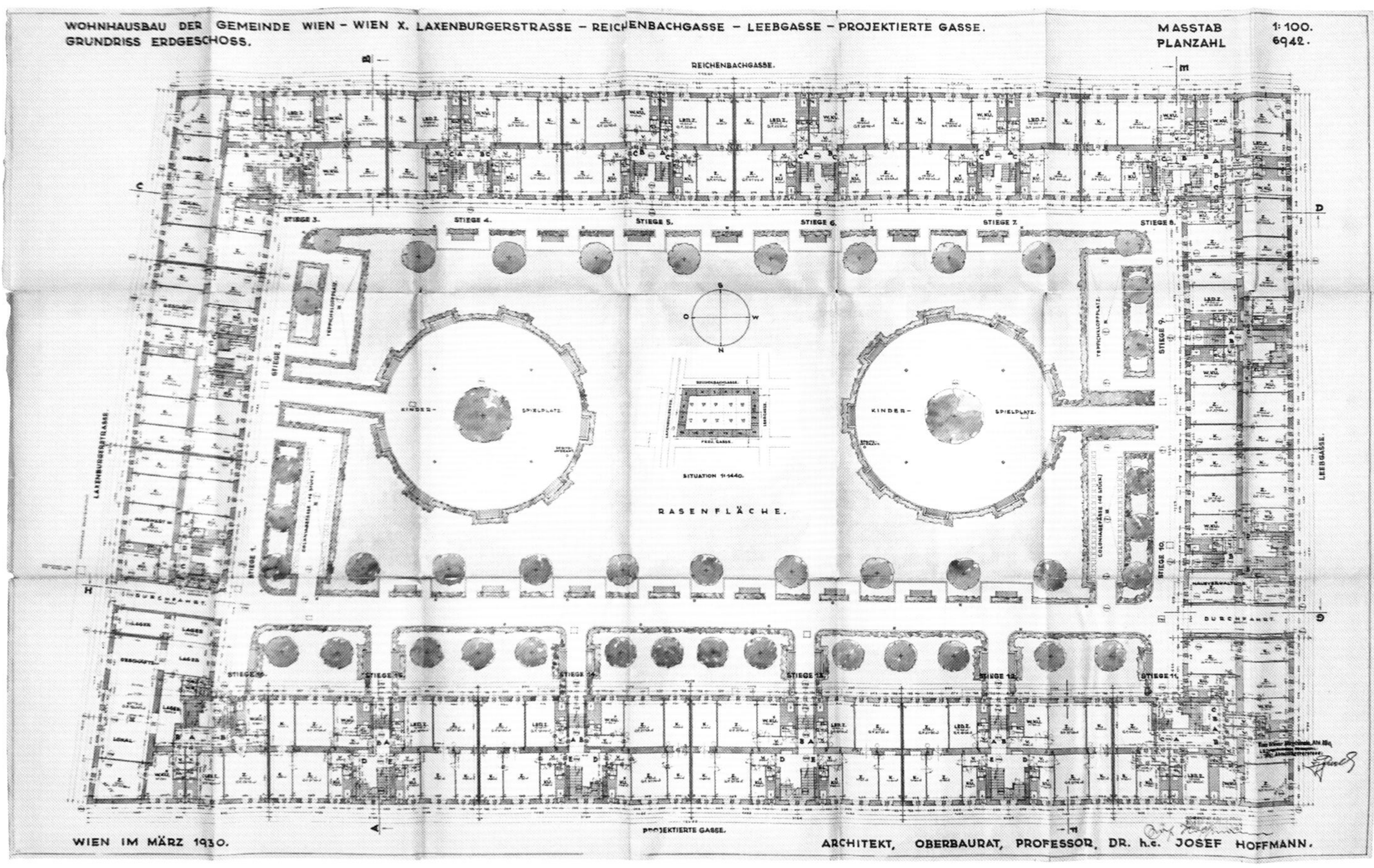

1 Etwa in der *Gartenstadt Berlin-Staaken* von Paul Schmitthenner, in der *Siedlung Dresden-Hellerau* von Richard Riemerschmid, Heinrich Tessenow und anderen sowie in Tony Garniers Konzepten einer *Cité industrielle*, die weitläufige Wohnquartiere für Arbeiter vorsah.

2 In Österreich dominierte die Tradition des Werkswohnungsbaus, den sozial denkende Industrielle meist mit lokalen Baumeistern errichteten oder große Unternehmen von ihren Mitarbeitern planen ließen (etwa die Südbahngesellschaft mit Wilhelm von Flattich).

3 Matthias Boeckl: Von der Kunstrevolution zur Lebensreform. Heinrich Tessenow und die Integrationsstrategien der Wiener Moderne, in: Bernadette Reinhold/Eva Kernbauer: Zwischenräume/Zwischentöne. Wiener Moderne Gegenwartskunst Sammlungspraxis. Festschrift Patrick Werkner, Berlin/Boston 2018, 142–149.

4 Jahresbericht Hoffmann 1906/07; UaK, Kunstsammlung und Archiv.

5 In Paris 1925 und auf weiteren Präsentationen wurden aufwendig durchgearbeitete Modelle präsentiert, etwa von Anton Ulrich zu Siedlungstypen (1925) oder von Alfred Soulek zu einer Reihenhausanlage (1927). – Vgl. Otto Kapfinger/Matthias Boeckl: Vom Interieur zum Städtebau. Architektur am Stubenring 1918–90, in: Kunst: Anspruch und Gegenstand. Von der Kunstgewerbeschule zur Hochschule für angewandte Kunst in Wien 1918–1991, Salzburg/Wien 1991, 102–108.

6 Bei der Stadtverwaltung gab es ab 1921 vorübergehend ein Siedlungsamt, das von Max Ermers gegründet, von Hans Kampffmeyer geleitet sowie von Adolf Loos kurzfristig als Chefarchitekt beraten wurde. Siehe vor allem Otto Kapfinger: Stadtbaukunst von unten, in: Josef Frank. Against Design, hg. v. Christoph Thun-Hohenstein/Hermann Czech/Sebastian Hackenschmidt, Ausst.-Kat. MAK, Basel 2015, 86–117.

7 Andreas Nierhaus: „Ein Werk der Kultur, das weiterbestehen wird in der Geschichte". Der Karl-Seitz-Hof und das Wohnbauprogramm des Roten Wien, in: Werner M. Schwarz/Georg Spitaler/Elke Wikidal (Hg.): Das Rote Wien 1919–1934. Ideen, Debatten, Praxis, Ausst.-Kat. Wien Museum, Basel 2019, 192–197: 194. – Der Siedlungsbau der Genossenschaften wurde jedoch weiter gefördert.

8 Adolf Loos plante einige Siedlungen und wollte beim Geschosswohnbau vergeblich sein Terrassenhauskonzept durchsetzen. – Josef Frank baute sowohl Siedlungen als auch „Volkswohnhäuser". – Vgl. u.a. Eve Blau: Rotes Wien: Architektur 1919–1934. Stadt – Raum – Politik, Wien 2014, 121 ff.

9 Entwürfe in der Nationalgalerie Prag, Inv.Nr. K 17742 und 17743.

10 Eduard F. Sekler: Josef Hoffmann. Das architektonische Werk, Salzburg/Wien 1982, WV 257, 396.

11 Petr Domanický/Petr Jindra (Hg.): Loos – Plzeň – souvislosti / Loos – Pilsen – connections, Západočeská Galerie, Pilsen 2011.

12 Darunter das *Haus Sigmund Berl* in Freudenthal (1919–22) und das *Haus Fritz Grohmann* in Würbenthal (1920/21). – Jindřich Vybíral: Junge Meister. Architekten aus der Schule Otto Wagners in Mähren und Schlesien, Wien/Köln/Weimar 2007; Peter Noever/Marek Pokorný (Hg.): Josef Hoffmann. Architekturführer, Ostfildern 2010, 30–75; Matthias Boeckl: Avantgarde und Identität. Vorgeschichte und Nachwirkungen der Otto Wagner-Schule in Tschechien, in: Umeni a evoluce sazba, Festschrift Jindřich Vybíral, Prag 2020.

13 Kuno Grohmann. Eine kurze Biographie, Broschüre, hg. v. d. Wiener Werkstätte, Wien 1928; Kuno Grohmann: Der Investitionswechsel. Die universelle Finanzierungsmethode für öffentliche und private Investitionen zum Zwecke der Arbeitsbeschaffung grossen Stils, o.D. (ca. 1933–38), unveröffentl. Typoskript, Privatsammlung; Ernst Ploil: Economics, in: Christian Witt-Dörring/Janis Staggs (Hg.): Wiener Werkstätte 1903–1932. The Luxury of Beauty, München/London/New York 2017, 20–31; Claus Pese: Ein Ruin für die Kunst. Kuno Grohmann (1897–1940) und die Wiener Werkstätte, Online-Manuskript o.J.

14 Korrespondenz Fellerer (für das Büro Hoffmann)-Grohmann, 1922, Archiv Grohmann, privat.

15 Sekler 1982, WV 246, 389 (wie Anm. 10); Noever/Pokorný 2010, 72–75 (wie Anm. 12); Planmaterial im Archiv Grohmann, privat.

16 Emil Grohmann-Siedlung. Siedlungsverein Würbenthal, seinen Mitbürgern gewidmet von Dr. Kuno Grohmann, Selbstverlag, 1931.

17 Sekler 1982, WV 336, 424 (wie Anm. 10).

18 Sekler ebd. nennt 12 Projekte: WV Nr. 302, 333, 334, 349, 367, 408, 413-416, 494 und 495. Georg Rizzi wies später als 13. Projekt auf eine undatierte Siedlungsplanung Hoffmanns für die Böhlerwerke in Kapfenberg hin, die bei Sekler noch nicht gelistet ist.

19 Werkbundsiedlung Wien 1932: Ein Manifest des neuen Wohnens, hg. v. Andreas Nierhaus/Eva-Maria Orosz, Ausst.-Kat. Wien Museum, Wien/Salzburg 2012; siehe auch Beitrag von Andreas Nierhaus in diesem Band (S. 325, FN 29); <www.werkbundsiedlung-wien.at>.

20 Der illegale Nationalsozialist Neubacher war später der erste NS-Bürgermeister von Wien (1938–40) und unterstützte in dieser Funktion viele Projekte Hoffmanns.

21 MAK, KI 8812-3 und -4.

22 Drei der Hoffmann-Häuser wurden jüngst – ebenso wie weitere Siedlungshäuser – vom Wiener Architekturbüro Praschl & Goodarzi P.GOOD saniert.

23 Exemplarisch ausgeführt etwa im *Reumannhof* am Margaretengürtel von Hubert Gessner, 1924–26.

24 Gegen den spekulativen privaten Wohnbau grenzte man sich durch wesentlich geringere Dichten und große Grünflächen ab. Der alte „Bassena"-Standard mit nur einem Fließwasserzugang und gemeinsamen Toiletten pro Geschoss wurde durch WC und Fließwasser in jeder Wohnung sowie zentrale Wasch- und Badeanstalten überwunden. Als Bautyp wurde die fünf- bis sechsgeschossige Blockrandbebauung bevorzugt.

25 Sekler 1982, WV 255 (wie Anm. 10).

26 Ebd., WV 264.

27 Hoffmann zeichnete für seine Gemeindebauprojekte zahlreiche Fassadenvarianten mit Dekor.

28 Sekler 1982, WV 307 (wie Anm. 10).

29 Arbeiten von Prof. Josef Hoffmann, Wien, in: Moderne Bauformen (XLI) 8 1942, 277–296.

Abb. 1 JH, Österreichischer Pavillon, Internationale Kunstausstellung, Rom, 1911
Kunsthandel Widder, Wien

Valerio Terraroli

Die neue Klassik

Josef Hoffmann und seine Rezeption in Italien

Klare, strenge geometrische Formen, Nüchternheit, Eleganz, Raffinesse, Extravaganz und Ausgewogenheit: Mit diesen Begriffen beschreiben die italienischen Kritiker Anfang des 20. Jahrhunderts den Stil Josef Hoffmanns. Einen charakteristischen und innovativen Stil, der sich – im Gegensatz zu den Entwicklungen in Italien – ausgehend von einer radikal secessionistischen Interpretation der Moderne verändert, ab den 1910er Jahren mutig klassizistische Elemente und in der Zwischenkriegszeit Zitate des Historismus integriert und so für italienische Architekten und Inneneinrichter der 1920er und 1930er Jahre zu einem Bezugspunkt wird. Hoffmanns Beziehung zur italienischen Kultur ist eine des Gebens und Nehmens, die zum Zeitpunkt seiner Ausbildung begann und sich mit den 1910er Jahren intensivierte, als Hoffmann sich zunehmend mit dem „italienischen Modell" auseinandersetzte. In Erinnerung an seine Italienreise 1895/96 schreibt der Wiener Architekt:

> „Alle Eindrücke waren zuerst übermächtig [...]. Da aber die Schule Otto Wagners uns davor bewahren sollte, einer blinden Stilnachahmung zum Opfer zu fallen [...] musste es wohl von selbst dazu kommen, daß mich die simple, aber besonders eigenartige italienische Bauweise, wie sie vor allem auf dem Lande und jenseits der offiziellen großen Architektur üblich war, tiefer berührte, indem sie unserem Bestreben, dem Zweck und Material gerecht zu formen, viel mehr zu sagen hatte."[1]

1911 nimmt Hoffmann anlässlich des Entwurfs des österreichischen Pavillons bei der Internationalen Kunstausstellung in Rom die Beziehung zu Italien aufs Neue auf, 1933 werden seine Werke in einer Einzelausstellung bei der Triennale in Mailand präsentiert und im Jahr darauf errichtet er den Österreich-Pavillon für die Biennale in Venedig. Dennoch haben die Innovationen seiner architektonischen wie kunstgewerblichen Sprache genauso wie die neuartigen Ideen der Wiener Secession keinen augenblicklichen und unmittelbaren Einfluss auf die italienischen Architekten, Künstler und Inneneinrichter des frühen 20. Jahrhunderts, sie beschäftigen sich erst Ende der 10er, Anfang der 20er Jahre mit dem Vorbild Hoffmann. Dann werden Hoffmann und die Wiener Secession allerdings zur Hauptinspirationsquelle für das italienische Art Déco und die frühe, noch unreife Moderne, beeinflussen sogar noch den klaren und eleganten Rationalismus eines Carlo Scarpa.[2] Zum Zeitpunkt der größten Verbreitung des Jugendstils, der ersten internationalen Kunstgewerbeausstellung (*Esposizione Internazionale di arti decorative e industriali*) 1902 in Turin, hat Josef Hoffmanns Stil noch keinen großen oder zumindest keinen deutlich erkennbaren Einfluss in Italien. Ein gewisses Interesse für Hoffmann und die Wiener Tradition lässt sich allerdings in den Zeitungsartikeln aus jenem Jahr erkennen, in denen kundige und informierte Intellektuelle über den modernen Geschmack und die Werte des neuen Stils diskutieren. Vittorio Pica zum Beispiel schreibt:

> „[...] Die neue österreichische Innenausstattung vor allem für Schulen, Zeitungsredaktionen und Kunstausstellungen legt eine leichtfüßige und raffinierte Eleganz an den Tag, die das Auge des Kunstkenners augenblicklich fesselt. All jene, die die seit 1897 regelmäßig stattfindenden Ausstellungen der Wiener Secessionisten nicht mitverfolgt hatten, bewunderten bei der Pariser Weltausstellung 1900 die raffinierte und spielerische Möblierung der Säle im österreichischen Pavillon [...]. Das Ensemble war von außergewöhnlicher Anmut, ein kundiges Zusammenspiel von Grün und Gold, Weiß und Schwarz, einzelnen Verzierungen und stilisierten figuralen oder Baum-Motiven an den monochromen Wänden in zarten Farben. Es ist zutiefst zu bedauern, dass Josef Hoffmann bei der Ausstellung in Turin nicht vertreten ist, denn niemand anderer als er hat diese wunderschönen Säle entworfen, eingerichtet und die Möbel bauen lassen, er ist unangefochten der klügste, rationalste und originellste Meister der Inneneinrichtung [...]. Das italienische Publikum hätte Gelegenheit gehabt, einen höchst interessanten und charakteristischen Aspekt der augenblicklichen Kunsthandwerks-Renaissance in Österreich kennenzulernen, es hätte verstanden, dass sogar die unterbrochenen Linien und die Maskarone mit langen hängenden Bändern, die übergroß [...] an der Fassade der Gebäude hässlich wirken, im Inneren eines Raums, geschmackvoll angeordnet, überaus anmutig wirken können."[3]

Man ist sich also der innovativen Kraft der österreichischen Entwicklungen und der Vorreiterrolle der Wiener Architekten durchaus bewusst. 1903 erscheint in der Zeitschrift *L'Arte decorativa moderna* ein langer Artikel des Kritikers Enrico Thovez mit dem Titel „L'Arte decorativa austriaca", in dem er lautstark dafür plädiert, dass Italien den Stil der Moderne übernimmt. Mit Bezug auf die Weltausstellung in Paris 1900 stellt er fest: „In Hinblick auf Gestaltung, Neuartigkeit, Harmonie der Formen und exquisiten Geschmack

Abb. 2 Giovanni Greppi, Wohnhaus in der Via Statuto 12, Mailand, 1919
Privatbesitz

Abb. 3 Giovanni Greppi, Irpinia-Pavillon, Fiera Campionaria, Mailand, 1928
Privatbesitz

>
Abb. 4 Musikzimmer im Wohnhaus von Alberto Grubicy in der Via Carlo Ravizza, Mailand, 1908
Nachlass Alberto Previati

waren die von Österreich eingerichteten Räume jenen aller anderen Nationen überlegen"[4], und weiter:

> „Die Ausgaben der Zeitschrift *Der Architekt*, als auch die unter dem Titel *Aus der Wagnerschule* publizierten Bände haben bei uns Namen und Werke bekannt gemacht, vor allem jene von Joseph Maria Olbrich und Josef Hoffmann.[5] […] Die österreichischen Möbel, die auf unseren Bildern gezeigt werden, entsprechen dem kommerziellen Modell, wie es in den Wien gang und gäbe ist. Im Gegensatz zu den von Olbrich, Hoffmann, Bauer und anderen Secessionisten entworfenen Möbeln sind sie nicht das Ergebnis künstlerischer Innovation. Sie entsprechen einfach den englischen Möbeln, allerdings in einer weiterentwickelten, praktischen und robusten Form […]. Ihr Erfolg bei der Ausstellung in Turin 1902 ist übrigens der beste Beweis dafür, dass auch das breite Publikum Geschmack an ihnen findet."[6]

Die Italiener sind sich also durchaus bewusst, dass Hoffmann eine konsistente architektonische/kunsthandwerkliche Syntax geschaffen hat, und bringen unmittelbares Interesse dafür auf, doch der Einfluss auf die italienische Kunst erfolgt erst später, auch wenn innerhalb des vielfältigen Jugendstil-Panoramas bei gewissen italienischen Künstlern eine Vorliebe für abstrakt geometrische Formen zu erkennen ist, und zwar vor allem bei jenen Künstlern, die als Bürger der k & k Monarchie im Dunstkreis der Wiener Kultur aufgewachsen sind: Pietro Marussig, Ugo Zovetti, Adolfo Levier, Carlo Crampa, Vittore Zanetti Zilla, Alfeo Argentieri und Luigi Bonazza. Die formale Strenge wird jedoch oft und gern von floralen Formen, naturalistischen Ornamenten oder eklektisch klassizistischen Zitaten aufgebrochen; in Italien entsteht kein einheitlicher moderner Stil, die Moderne wird vielmehr individuell interpretiert, wobei einzelne Inneneinrichter, Künstler und Architekt ihr den Stempel ihrer Herkunft und der lokalen Tradition aufdrücken. Mit einem Wort, eine sehr eklektische Interpretation der Moderne im Vergleich zur Strenge der Secession. Dennoch gibt es einzelne Höhepunkte: Den Einfluss Hoffmanns erkennt man zum Beispiel bei der Einrichtung des Musikzimmers, das der bekannte Mailänder Kunsthändler Alberto Grubicy für seine Tochter in Auftrag gab (und das bis 1922, dem Todesjahr des Kunsthändlers, erhalten blieb). 1907/08 fertigte der Maler Gaetano Previati im Auftrag Grubicys für die Mailänder Villa in der Via Carlo Ravizza einen Zyklus von sechs, dem Thema der Musik ge-

widmeten Gemälden an; die Villa existiert nicht mehr, auf einem Foto von 1908 sieht man einen mit zeitgenössischen, eindeutig von der Secession beeinflussten Möbeln eingerichteten Raum. Die Holztäfelungen, die Previatis Gemälde umrahmen und den Raum unterteilen, sowie die Paneele, die den Raum vom eigentlichen Klavierzimmer trennen, die rautenförmigen Möbel mit den rechteckigen versenkten Beschlägen, die tiefen, viereckigen Sofas, der Klapptisch, der im Zeichen des Quadrats steht (fünf weiße, quadratische Intarsien auf Ebenholz): Das alles verweist auf Hoffmann und auf Wien, obwohl die Möbel höchstwahrscheinlich in Mailand, entweder von der Firma „Quarti" oder der Firma „Ceruti" angefertigt wurden.[7]

Erst 1910, als bei der Biennale in Venedig, im vom österreichischen Architekten Eduard Josef Wimmer gestalteten, berühmten österreichischen Saal im Zentralpavillon zweiundzwanzig Gemälde von Gustav Klimt gezeigt wurden, verliebten sich die Italiener endgültig in die Wiener Secession, vor allem in die Malerei und das Kunsthandwerk, wie die Werke von Galileo Chini und Vittorio Zecchin beweisen. 1911, bei der Ausstellung der Schönen Künste anlässlich des fünfzigjährigen Bestehens des Königreichs Italien (*Esposizione internazionale di Belle Arti*) kann Klimt an seinen Erfolg anknüpfen, und Josef Hoffmann entwirft den mittlerweile abgetragenen österreichischen Pavillon in Vigna Cartoni, wo eine Einzelausstellung mit zwölf Gemälden von Klimt stattfand. Das Gebäude, U-förmig um einen Hof angeordnet, nimmt auf raffinierte und schlichte Weise klassische Formen auf: Diese sind im hohen Sockel zu erkennen, in den riesigen Fenstern mit geometrischen Laibungen, in den schlichten, kannelierten Pfeilern des Bogengangs, als auch im Innenraum, der als sakraler, von Licht durchfluteter, weißer, offener Raum konzipiert ist, dessen einzige Dekoration in der rhythmischen Wiederholung der geraden Linie, der Raute, des spitzen Winkels besteht. Lauter Elemente, die sich in der Sprache des Art Déco wiederfinden und in den 1920er Jahren in Mailand bei den Projekten von Giovanni Muzio, Gio Ponti, Emilio Lancia, Tomaso Buzzi und Giovanni Greppi zur Anwendung kommen. Die rechteckigen, nach außen sich verjüngenden Fenstergewände im Erdgeschoss, die geometrische Strenge der Fenster und der T-förmige Schnitt des Tores, nicht zuletzt auch der scharfkantige Erker des 1919 von Greppi gebauten Gebäudes in der Via Statuto 12 in Mailand offenbaren Anspielungen an Hoffmanns Werk. Alle diese Elemente nimmt Greppi 1928 beim Irpinia-Pavillon (Avellino) der *Fiera Campionaria* in Mailand wieder auf, allerdings vermischt mit klassischen Anspielungen wie toskanischen Säulenordnungen, Kugeln und kornukopischen Gefäßen. Das Mailänder Art Déco besticht vor allem aufgrund der intelligenten Vermischung der „quadratischen Ordnung" und Hoffmanns linearen Formen mit raffinierten historistischen Anspielungen, vom Manierismus bis zum Neo-Klassizismus. Etwa bei der sogenannten „Ca' Brütta" von Giovanni Muzio (1919–23), beim von Gio Ponti errichteten Haus in der Via Randaccio (1924–26), beim ebenfalls von Ponti 1928 entworfenen Palazzo Borletti in der Via San Vittore, und dem Sitz der Banca Popolare di Milano, die 1928–30 von Giovanni Greppi in Mailand gebaut wurde, bei

Abb. 5 Amedeo Bocchi, Tagungssaal, Hauptsitz der Sparkassa von Parma, 1917
Privatbesitz

der neo-klassische Elemente eine Verbindung mit riesigen, mit Architrav versehenen Säulen aus karystischem Marmor eingehen, wie man sie vom Haus am Michaelerplatz in Wien kennt, das von Adolf Loos zwischen 1909 und 1911 gebaut wurde.

Nachdem auch in Italien eine Version der Moderne entsteht, die auf alle Anklänge an Naturalismus, Historizismus und Eklektizismus verzichtet, wird Hoffmann deren anerkanntes Vorbild. Bezugspunkte sind vor allem das Palais Stoclet und die Ideen für die Wiener Werkstätte, bei denen er Elemente aus Barock und Rokoko in sein Repertoire aufnimmt, allerdings nicht, ohne sie davor zu vereinfachen und zu glätten. Etwa beim Österreich-Pavillon in Paris 1925: „Eine Inneneinrichtung, die sich an barocken Formen orientiert; eine außergewöhnliche Architektur, Ergebnis eines raffinierten Geschmacks und Höhepunkt an Eleganz."[8]

Von Roberto Papini stammt eine eindrucksvolle Definition, die darüber Aufschluss gibt, wie Hoffmanns Ideen und die der Wiener Werkstätte in Italien aufgenommen wurden:

> „Österreich ist seit dreißig Jahren Avantgarde [...] die österreichischen Künstler bearbeiten außergewöhnlich kunstfertig Metall und Juwelen, Holz und Glas, Draht und Keramik; da sie sich stets innerhalb einer strengen, wenn auch nicht deutlich erkennbaren Logik bewegen, erlaubt man ihnen jegliche Extravaganz. Die von Hoffmann, Strnad und Gorge im österreichischen Pavillon eingerichteten Räume stellen einen faszinierenden Kompromiss zwischen extravaganten Einfällen und Ausgewogenheit dar. Wehe, jemand, der nicht den Kunstgeschmack der österreichischen Architekten und Designer hat, würde es wagen, sie zu imitieren: das Ergebnis wäre plump und grotesk."[9]

Außerdem weist Papini auf Hoffmanns Genialität im Bereich der angewandten Kunst hin:

> „Dieser Stil wird von wenigen Künstlern und fast nur von Architekten, mit Josef Hoffmann an der Spitze, geprägt [...]. Die Klarheit und geometrische Strenge der Formen sind gewiss charakteristisch für die Produktion der Österreicher; extreme Sparsamkeit bei den Verzierungen geht mit der Vereinfachung der Form einher. Selbst wenn es sich nicht um Gold und Silber handelt, sind die Materialien kostbar. Sie werden kostbar durch die Art der Verarbeitung: durch den Hammerschlag, durch die Sorgfalt, mit der Reliefs, glatte und raue Oberflächen, perfekte Umrisse, harmonische Kurven erzeugt und Metalle getrieben werden. Handwerker, die ihre Werkzeuge so gut beherrschen, diese Experten in jeder Technik, werden von einem angeborenen Sinn für Eleganz und Raffinesse beseelt. Gewisse Dinge widersprechen unserem italienischen Geschmack, der selbst im Überschwang ein Feind des Exzesses ist; doch bei den Produkten der Österreicher gibt es nichts Vulgäres oder Banales, nichts, was nicht dem zeitgenössischen Geschmack entspräche."[10]

In *Le arti d'oggi. Architettura e arti decorative in Europa*, einer 1930 in Mailand erschienenen umfassenden Werkschau des italienischen und internationalen Art Déco, zitiert Papini häufig Hoffmann. Im reichlich bestückten Bildteil vergleicht er ihn mit Ponti und Lancia, wobei er zu beweisen versucht, dass die italienische Architektur und das italienische Design bei aller Eigenständigkeit das Niveau der österreichischen Vorbilder erreicht haben. Papini beendet sein visionäres Traumprotokoll, das dem Bildteil vorangestellt und dem Leben in Universa – einer Metropole, die auf den Ruinen einer vom Krieg zerstörten Stadt entstanden ist – gewidmet ist, mit einem Lob auf die „neue Klassik" im Gegensatz zur Moderne:

> „[...] die Jugendlichen in Universa schämen sich nicht zuzugeben, dass sie in einer archaischen Epoche leben. Einer Epoche, in der man von vorne beginnt. [...] Eine neue Klassik zu begründen, bedeutet, zu Ordnung, Maß, Form, Stil zurückzukehren."[11]

Das sind die Passwörter des italienischen Art Déco, das von Muzio, Greppi, Ponti, Buzzi, Lancia, Portaluppi, Andloviz, Zecchin, Martinuzzi, Chini, dem frühen Scarpa geprägt wurde und dessen absolutes Vorbild sowohl im Bereich der Architektur als auch in jenem der dekorativen Künste Josef Hoffmann, der Inbegriff der Secession, war. ■

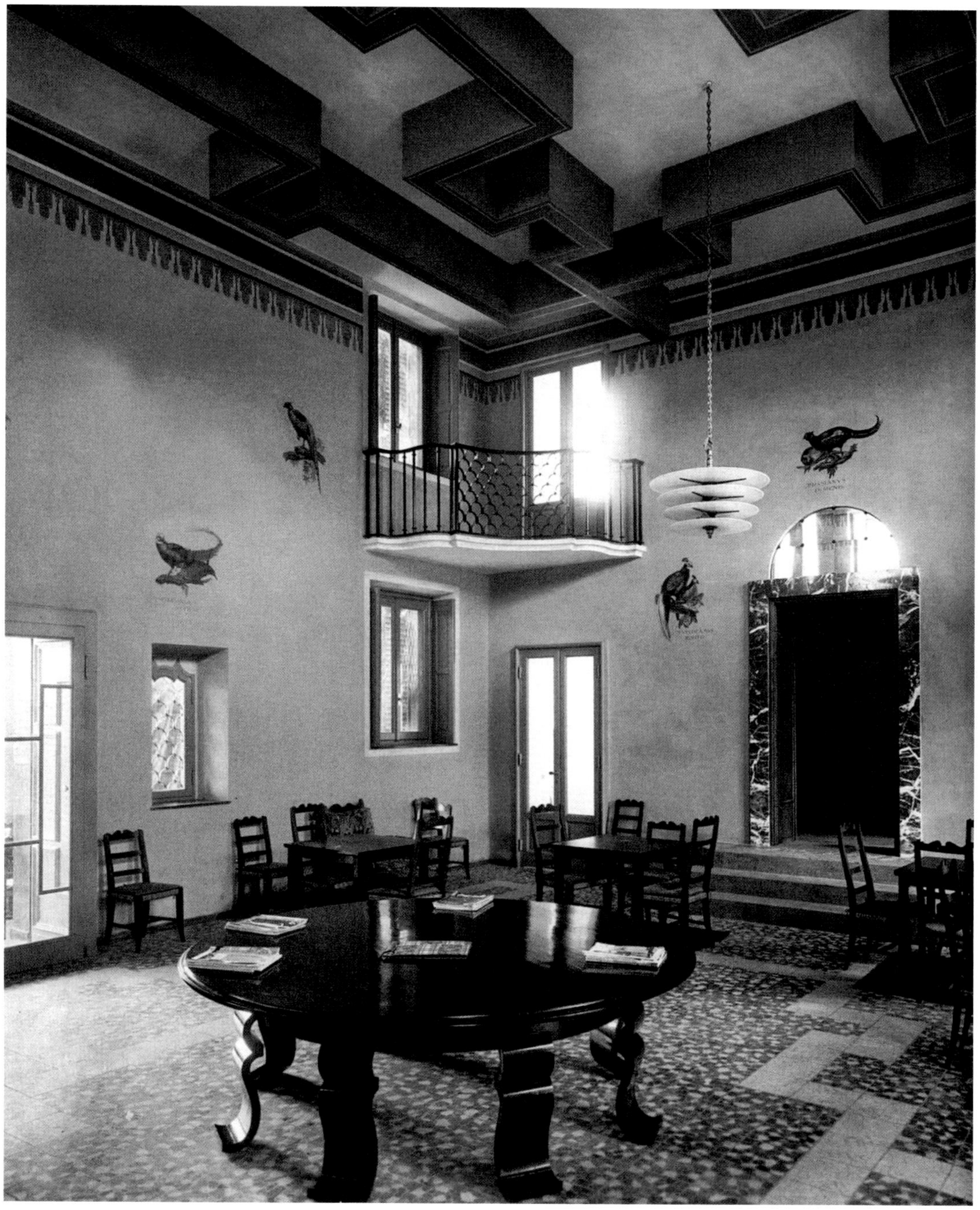

Abb. 6 Piero Portaluppi, Park der Villa Reale, Sitz des Golf Clubs, Innenansicht von Fagianaia, Monza,1928–30
Mailand, Stiftung Piero Portaluppi

Aus dem Italienischen von Karin Fleischanderl

1 Peter Noever/Marek Pokorny (Hg.): Josef Hoffmann, Selbstbiographie, Ostfildern 2009, 21.
2 Rainald Franz: „La viennesità evidente". Immagini da un'architettura mitteleuropea: Hoffmann e Vienna nell'opera di Scarpa. in: Wolf Tegethoff / Vitale Zanchettin (Hg.): Carlo Scarpa. Struttura e forme, Venedig 2007 (Studi su Carlo Scarpa 6).
3 Vittorio Pica: L'Arte Decorativa all'Esposizione di Torino del 1902, Istituto Italiano d'arti grafiche, Bergamo 1903, 159–160.
4 Enrico Thovez: L'Arte decorativa austriaca, in: L'Arte decorativa moderna (II) 5 1903, 129.
5 Ebd., 136.
6 Ebd., 139.
7 Das Foto des Musikzimmers der Villa Grubicy stammt aus dem Jahr 1908 (Archiv Eredi Alberto Previati). Siehe Elisabetta Staudacher: Le suggestioni di Previati per il salone musicale di casa Grubicy, in: Tra simbolismo e futurismo. Gaetano Previati, Ausst.-Kat., Castello Estense, hg. v. S. Rebora/C. Vorrasi/M. Vinardi, Ferrara 2020, 69. Ich bedanke mich bei Dr. E. Staudacher und M. Vinari, die mir das Foto zur Verfügung gestellt haben.
8 Roberto Papini: Le arti d'oggi. Architettura e arti decorative in Europa, Mailand/Rom 1930, Abb. XLIII. Werke von Hoffmann sind auch auf folgenden Abbildungen zu sehen: Architektur und Möbel: XXXVII–XL (gemeinsam mit dem Padiglione Arti Grafiche von Ponti und Lancia bei der Ausstellung in Mailand 1927), XLII, XLIV, XLVI (Paris 1925), LXXXIV (gemeinsam mit Muzios Villa Minetti), XCVII (mit dem Vestibül der 1927 von Ponti und Lancia entworfenen Domus Nova-Linie des Kaufhauses Rinascente), CXIII–CXIV, CXXIII (Innenräume), CXXXV (Sammlerschrank gemeinsam mit einem Schreibtisch von Buzzi), CLV (Tisch, gemeinsam mit einem Tisch von Buzzi), CLXIX–CLXX (Innenräume); Metallarbeiten: CLXXX–CLXXXII (Lampen der Wiener Werkstätte), CXCI–CXCII, CXCIV–CXCVII (Kaffee- und Teeservices und Tassen der Wiener Werkstätte), CXCIX–CC (Vasen der Wiener Werkstätte)
9 Roberto Papini: Le arti a Parigi nel 1925. II: gli interni e I loro mobili, in: Architettura e arti decorative (V) V 1925, 357, 360.
10 Papini: Le arti a Parigi nel 1925. III: I metalli, in: ebd. (VI) I 1926, 22, 24.
11 Papini 1930, 22 (wie Anm. 8).

Abb. 1 Die ursprünglich sechsköpfige Wettbewerbsjury für das Palais des Nations (Völkerbundpalast) in Genf, 1925/26
v.l.n.r.: Victor Horta (Belgien), Attilio Mùggia (Italien), Karl Moser (Schweiz), Charles Lemaresquier (Frankreich), Bernardo Attolico (Vizegeneralsekretär des Völkerbundes), Josef Hoffmann (Österreich) und James Burnet (Vereinigtes Königreich)
gta Archiv / ETH Zürich, Karl Moser

Matthias Boeckl

Im Zenit des internationalen Einflusses

Josef Hoffmann und der Wettbewerb für den Völkerbundpalast in Genf

Eine der positiven Folgen des verheerenden Ersten Weltkriegs war die Gründung des Völkerbundes durch 32 Staaten am 28. April 1919 im Rahmen der Pariser Friedenskonferenz. Als Amtssitz wurde die Stadt Genf im frankophonen Teil der neutralen Schweiz ausgewählt. Fünf Jahre später entschied sich der Völkerbund für die Abhaltung eines internationalen Architekturwettbewerbs zur Errichtung eines neuen Versammlungsgebäudes. Das 1930–36 gebaute Resultat – eine monumentale Anlage nach Planung des internationalen Architektenteams Henri-Paul Nénot, Julien Flegenheimer, Carlo Broggi, Giuseppe Vago und Camille Lefèvre – ist eine Mischung aus Neoklassizismus, Beaux-Arts-Architektur und Art Déco. Der konservative Stil illustriert die (noch) schwache Stellung der Moderne in der europäischen Kultur und Politik der 1920er Jahre. Die Bewegung stand erst in ihrem dritten Jahrzehnt, konnte sich aber im allgemeinen Baubetrieb Europas bei weitem noch nicht als bestimmende Kraft durchsetzen. Zu ihren Wortführern hatte sich oftmals die Avantgarde gemacht, die jedoch noch weit weniger „mehrheitsfähig" war als die vergleichsweise saturierten Positionen von Pionieren wie Auguste Perret in Frankreich, Victor Horta in Belgien oder Josef Hoffmann in Österreich.

Ein Abbild der Verhältnisse

Insofern war die zweite der drei großen internationalen „Niederlagen der Moderne" – die erste war der Wettbewerb der *Chicago Tribune* 1922 und eine weitere sollte 1930 mit dem *Palast der Sowjets* folgen – in Genf eigentlich eine Niederlage der Avantgarde und als solche durchaus erwartbar. Sie war sogar von Anfang an programmiert, da das Procedere eines komplexen Projekts mit einer Bauherrschaft, die aus Repräsentanten dutzender Staatsregierungen in mehreren Gremien mit der Erfordernis einstimmiger Beschlüsse bestand, per Definition nichts anderes zuließ als einen breit getragenen Kompromiss und – bezüglich der Modernität – eine Art kleinsten gemeinsamen Nenner. Insofern verkannte die Avantgarde die politische Realität gründlich – oder ignorierte sie bewusst, um größere Terraingewinne zu erzielen. Den Lohn für diese Bemühungen erhielt sie erst nach dem Zweiten Weltkrieg, als in New York der neue Hauptsitz der UNO, der Nachfolgeorganisation des gescheiterten Völkerbundes, von einem Architektenteam um Le Corbusier, Oscar Niemeyer und Wallace Harrison errichtet sowie in Paris von Bernard Zehrfuss, Marcel Breuer und Pier Luigi Nervi das Haus der UNESCO gebaut wurde.

Der Völkerbund bezog unter seinem 1920 bis 1933 amtierenden britischen Generalsekretär Sir James Eric Drummond zunächst mit nur 60 Mitarbeitern das 1873–75 errichtete Genfer Hôtel national. In der Weltorganisation dominierten deutlich die europäischen Länder, insbesondere die Siegermächte des Ersten Weltkriegs – allerdings ohne die USA, die der ersten Weltorganisation nie beitraten. Deutschland wurde erst 1926 Mitglied und trat 1933 bereits wieder aus. Damit waren wesentliche Parameter jedes Bauvorhabens im Grunde schon vorab entschieden: Gegen Frankreich, Italien und das Vereinigte Königreich konnte kein Beschluss gefasst werden, womit sich beim prestigeträchtigen Neubauprojekt 1927 nur eine Architekturauffassung durchsetzen konnte, mit der sich die Regierungen dieser Länder und deren Juroren identifizierten.

Die Macht der Juroren

Auf seiner fünften Generalversammlung 1924 fasste der Völkerbund den Neubaubeschluss samt Auslobung des Architekturwettbewerbs. Darauf etablierte der Exekutivrat der Weltorganisation[1] zwei Gremien, die das Vorhaben, das zunächst noch auf eine *salle des assemblées* beschränkt war, realisieren sollten. Ein Baukomitee aus einem Bürger der Stadt Genf, drei Delegierten benachbarter Länder, zwei Mitgliedern des Völkerbundsekretariats und einem Mitglied der ebenfalls in Genf ansässigen *International Labor Organization (ILO)* sollte das Projekt beaufsichtigen. Zudem gab es eine fünfköpfige Fachjury, die ausschließlich aus Architekten bestehen sollte. Alles begann mit der Auswahl der Mitglieder dieses mächtigen Gremiums. Mit dem eher vordergründigen Argument, dass die Anreisewege der Juroren wegen der zahlreichen zu erwartenden Sitzungen möglichst kurz gehalten werden sollten, entschied sich der Rat dafür, die Schweiz, Italien und Frankreich, aber auch das weiter entfernte Großbritannien um Nominierungen für Jurymitglieder zu bitten. Nach vehementer Intervention des belgischen Vorsitzenden des – an Einstimmigkeit gebundenen – Exekutivrats wurde

Abb. 2–5 Wettbewerb für das Palais des Nations in Genf, Erste Preise: Projekte von Emil Fahrenkamp und Albert Deneke aus Düsseldorf (l.o), Giuseppe Vago aus Rom (r.o.), Broggi/Vaccaro/Franzi aus Rom (l.u.) sowie Nénot/Flegenheimer aus Paris/Genf (r.u.), 1926
Société des nations, Concours d'architecture, Genf 1926

auch Belgien ein Nominierungsrecht für ein Jurymitglied zuerkannt. Danach entschied der Rat noch, „ein zusätzliches Mitglied aus einem Land Zentral- bzw. Osteuropas in die Jury aufzunehmen, wobei die Wahl auf Österreich fiel".[2]

Auf Bitte des Generalsekretärs Drummond vom 11. No-
1 vember 1924 nominierten die genannten sechs Regierungen schließlich je einen Architekten, der ihrer Meinung nach über ausreichend Prestige und internationale Erfahrung für dieses hohe Amt verfügte: Großbritannien entsandte den 68-jährigen Sir James Burnet, Belgien den 64-jährigen Art-Nouveau-Pionier Victor Horta, Frankreich den konservativen 55-jährigen Beaux-Arts-Architekten Charles Lemaresquier, die Schweiz den 65-jährigen ETH-Professor Karl Moser und Italien den 64-jährigen Ingenieur Attilio Mùggia. Die österreichische Bundesregierung mit den christlich-sozialen Politikern Rudolf Ramek (Bundeskanzler) und Heinrich Mataja (mit der Führung der ausländischen Angelegenheiten betraut) nominierte mit dem 55-jährigen Josef Hoffmann das zweitjüngste Mitglied unter den ursprünglichen sechs, im Schnitt rund 62 Jahre alten Juroren. Alternativen zur Nominierung von Josef Hoffmann, der nach dem Ableben Otto Wagners 1918 und vor dem Aufstieg der jüngeren Architekturprominenz um den 39-jährigen Clemens Holzmeister und den 40-jährigen Josef Frank der einzige international hoch angesehene, erfahrene und aktive (moderne) Architekt des Landes war, und der außerdem von der Regierung gerade mit der Planung des Österreich-Pavillons für die Pariser internationale Kunstgewerbeausstellung beauftragt worden war, gab es im Grunde kaum. – Kurz danach wurden auf massiven diplomatischen Druck auch noch Jurymitglieder aus den Niederlanden, Spanien und Schweden nachnominiert, nämlich der 69-jährige Hendrik Petrus Berlage, der 48-jährige Antonio Flórez Urdapilleta, der später von Carlos Gato Soldevila ersetzt wurde, und der 47-jährige Ivar Tengbom. Sieben von neun Juroren gehörten also „einer älteren Architektengeneration an, deren Wirken mit den architektonischen Errungenschaften und Entwicklungen des ausgehenden 19. Jahrhunderts verbunden war".[3]

Im Laufe des politisch und künstlerisch hochbrisanten Prozesses, mit dem der Völkerbund absolutes Neuland betrat, wurden der Fachjury unter ihrem resoluten Vorsitzenden Victor Horta eher unfreiwillig nach und nach umfassende Kompetenzen eingeräumt: Sie reichten von der Formulierung des Wettbewerbsprogramms über die Festlegung des Bauplatzes bis zur Beratung des Exekutivrates, der den Vorschlägen der Fachleute manchmal nur unter Protest folgte.[4]

Steinhof und Berlage: Der Zentralbau als Symbol

Zwischen dem ersten Treffen des Preisgerichts im Jänner 1925 und dem letzten im Mai 1927 lag ein Marathon von 63 Jurysitzungen. Inhaltlich ging es zu Beginn um den Bauplatz,[5] danach um die Formulierung des Wettbewerbsprogramms und um den Kostenrahmen sowie – nach der Deadline im Jänner 1927 – um die eingereichten Projekte, deren Diskussion und die finale Entscheidung sowie die Juryempfehlung an das Exekutivkomitee. Einen gewissen Einfluss auf das Wettbewerbsprogramm übte der Wiener Architekt und Bildhauer Eugen Steinhof aus, der nach einem Philosophiestudium an der Sorbonne fließend Französisch sprach, 1923 bis 1932 an der Wiener Kunstgewerbeschule u.a. in einer Fachklasse für Bildhauerei unterrichtete und seinen Kollegen Josef Hoffmann als offiziell ernannter Stellvertreter öfters bei den Genfer Jurysitzungen vertrat – zweifellos in enger Abstimmung und gleichsam als Sprachrohr Hoffmanns. „Neben den hinlänglich besprochenen technischen und administrativen Problemen mangele es dem bisherigen Wettbewerbsprogramm an einem ideellen Konzept", fasst Katrin Schwarz die Ausführungen Steinhofs auf der 9. Sitzung der Jury vom 15. Jänner 1926 zusammen. Dabei ging es um die

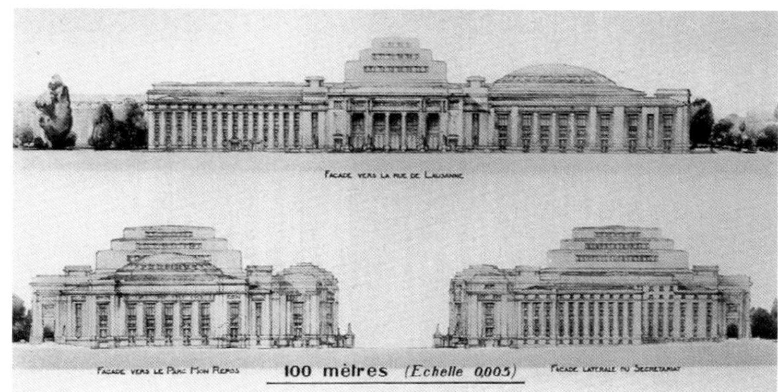

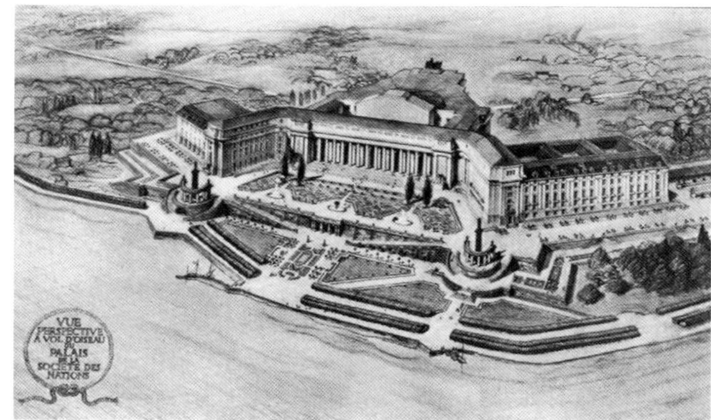

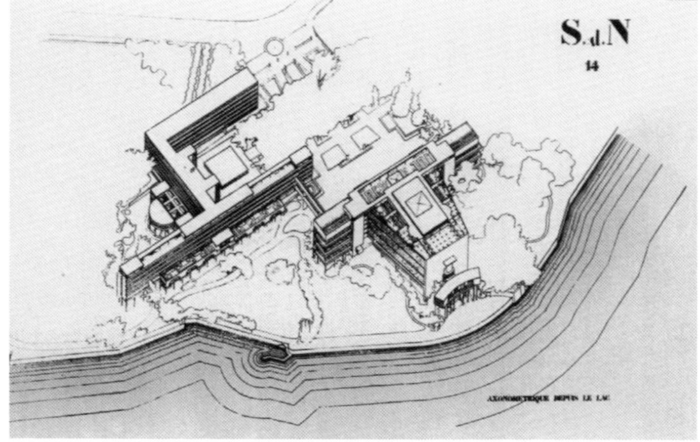

Abb. 6–9 Wettbewerb für das Palais des Nations in Genf, Erste Preise: Projekte von Camille Lefèvre aus Paris (l.o.), Georges Labro aus Paris (r.o.), Nils-Einar Erikson aus Stockholm (l.u.) sowie Le Corbusier und Pierre Jeanneret aus Paris (r.u.), 1926
Société des nations, Concours d'architecture, Genf 1926

Symbolik und Typologie des Projekts, das Brüderlichkeit und friedliche Kooperation der Staaten ausdrücken solle, was am besten durch einen Zentralbau – dem Gegenteil der frei entfalteten, asymmetrischen Volumetrie des Neuen Bauens – möglich sei. „Steinhof erklärte sich bereit, seine Gedanken in einer Art Manifest zu bündeln. Auch Hendrikus Peter Berlage schloss sich prinzipiell dieser Aussage an." Nach Debatten darüber, ob der Begriff und Typ eines „Palasts" für das Projekt angemessen sei, einigte man sich schließlich auf eine Programm-Passage über der angestrebten Bau,

> „[...] dass seine Komposition die hohen Ziele in ein Monument übersetzt, das schon durch die Freiheit seines Stils und die Harmonie seiner Formen dazu berufen scheint, die friedlichen Ideale des 20. Jahrhunderts zu symbolisieren".[6]

377 Projekte, 63 Sitzungen, 27 Preise

Die Ausschreibung wurde am 25. Juli 1926 veröffentlicht und enthielt ungewöhnlich starre formale Bedingungen, die keineswegs dem Charakter eines Ideenwettbewerbs entsprachen.[7] Die Beiträge waren binnen eines halben Jahres einzureichen. So steuerte die Jury von Anfang klar auf die zügige Erlangung eines detaillierten und vermeintlich rasch realisierbaren Projekts hin. Aus Pragmatismus oder politischem Ehrgeiz verzichtete man explizit auf die Möglichkeit, in einem mehrstufigen Verfahren neue Ideen einfließen zu lassen, die das ausgeschriebene Funktionsprogramm, den Bauplatz und den Kostenrahmen womöglich geändert hätten.

Trotz der Unauffindbarkeit der entscheidenden letzten Juryprotokolle ist die Jurierung der 377 nach der Vorprüfung zugelassenen Projekte – aus Österreich beteiligten sich u.a. Clemens Holzmeister mit Ernst Egli, Oskar Strnad mit Felix Augenfeld, Josef Frank mit Oskar Wlach und Lois Welzenbacher sowie die Austro-Amerikaner Richard Neutra und Rudolph M. Schindler[8] – gut dokumentiert.[9] Aufgrund des erbitterten Widerstands der konservativen Jurymitglieder aus den romanischen Ländern gegen den Vorschlag von Moser, Tengbom, Berlage und Hoffmann vom 18. April 1927, einen alleinigen Ersten Rang zu vergeben,[10] insbesondere gegen das von Karl Moser dafür nominierte Projekt von Le Corbusier,[11] konnte man sich auf kein einzelnes Projekt einigen, sondern nur auf den unverbindlichen Kompromiss eines komplexen Prämierungs-Panels mit 27 Auszeichnungen (je neun Erste Preise, Erste Erwähnungen und Zweite Erwäh- 2–10
nungen). In der finalen Abstimmungsrunde vom 2. Mai 1927 konnte jeder Juror je ein Projekt für jede dieser drei Preiskategorien nominieren. Durch einen erhaltenen Notizzettel von Karl Moser ist das Stimmverhalten der Mitglieder dokumentiert.[12]

Die befreundeten Juroren Moser und Hoffmann könnten sich dahingehend abgesprochen haben, dass ersterer seine Stimme Le Corbusier gab, während letzterer für das Projekt 10
von Putlitz/Klophaus/Schoch aus Hamburg mit einem vierseitig geschlossenen Block, einer monumentalen Pfeilerkolonnade rundum sowie dem Versammlungssaal im Innenhof stimmte.[13] Das wirkt auch vor dem Hintergrund des oben zitierten Steinhof-Statements stimmig, dass nämlich die angestrebte Symbolik nur in einem Zentralbau zur Geltung kommen könne – und passt exakt zu Hoffmanns eigenen Monumentalprojekten jener Zeit, etwa jenem eines *Musik-* 11 12
festhauses bzw. einer *Welttonhalle* aus dem gleichen Jahr.[14] Die Jury empfahl schließlich, die Bauplanung noch auszuwählenden Architekten aus dem Ersten Preisrang (Broggi/

Abb. 10 Wettbewerb für das Palais des Nations in Genf, Erste Preise: Projekt von Putlitz/Klophaus/Schoch aus Hamburg, 1926
Société des nations, Concours d'architecture, Genf 1926

Vaccaro/Franzi aus Rom, Putlitz/Klophaus/Schoch aus Ham-
2–10 burg, Nils-Einar Erikson aus Stockholm, Camille Lefèvre aus Paris, Emil Fahrenkamp und Albert Deneke aus Düsseldorf, Le Corbusier und Pierre Jeanneret aus Paris, Giuseppe Vago aus Rom, Georges Labro aus Paris sowie Nénot/Flegenheimer aus Paris/Genf) zu übertragen. Vier davon, nämlich Nénot/Flegenheimer, Broggi, Vago und Lefèvre, wurden schließlich nach zahlreichen politischen sowie künstlerischen Interventionen von einem „Comité des cinq" der Finanzkommission des Völkerbundes, dem die Diplomaten Osuský (ČSR), Adatci (J), Politis (GR), Urrutia (CO) und Young (GB) angehörten, mit der Ausführungsplanung beauftragt. Le Corbusier, der daraufhin seinen „Kreuzzug" startete,[15] ging ebenso leer aus wie die mit-prämierten Architekten Erikson, Putlitz/Klophaus/Schoch, Labro und Fahrenkamp.

Hoffmanns Resumée

Wie erlebte Josef Hoffmann diesen Höhepunkt seines internationalen Einflusses? Welche Schlussfolgerungen zog er aus dem aufwendigen Ausschreibungs- und Jurierungsprozess? Teilte er die Einschätzung der Avantgarde, dass das Verfahren eine „chronique scandaleuse" sei?[16] Frische Eindrücke nach der Rückkehr aus Genf fing der bekannte Kunstpublizist Leopold Wolfgang Rochowanski in einem Bericht ein, der bereits am 13. Mai 1927 erschien:

> „Auch viele Kämpfe um das Künstlerische wurden geführt und nicht immer ist es gelungen, den Streit zwischen Nationalgefühl und Qualität, zwischen Konservativismus und modernem Geist zugunsten des letzteren zu entscheiden. Beinahe wäre es, wie Professor Hoffmann erzählte, zu einem resultatlosen Schluß und zur Ausschreibung einer neuen Konkurrenz gekommen. Eine große Last für alle, sowohl für die Künstler wie für die Mitglieder der Jury, waren die unerhört komplizierten Ausschreibungsbedingungen, in denen nicht bloß Zeichnungen des Gebäudes, sondern an die fünfzig Details von Grundrissen und Fassaden gefordert wurden. Dies bedeutete für die sich bewerbenden Architekten eine maßlose Vergeudung von Arbeit, die bei jedem Millionen verschlang. Hoffmann selbst hatte eine offene Konkurrenz vorgeschlagen, bei der jeder Bewerber nur sein Bild, eine seiner besten bisherigen Leistungen und eine Skizze des Projekts einreichen sollte, ein Weg, der viel besser, einfacher und weniger kostspielig gewesen wäre. [...] Bei den umfangreichen Prüfungsarbeiten bildeten sich sehr bald zwei Gruppen. Jener, die gegen alles veraltet Akademische, Unpersönliche, falsch Übernommene auftrat und das Neue, Gute und Klare durchzusetzen bestrebt war, gehörten Professor Josef Hoffmann, Dr. H. B. Berlage, Professor Tengbom aus Stockholm und Professor Moser aus Zürich an. Ihnen ist es auch gelungen, einem großen Teil ihrer Absichten zum Siege zu verhelfen."[17]

In einem eigenen Manuskript[18] resümiert Hoffmann fast abgeklärt:

> „Eigentlich war bei der letzten großen Ausstellung [Paris 1925] der Überblick über den Stand der heutigen Architektur ziemlich klar ersichtlich und tatsächlich ist schon dort die Entscheidung gefallen. Die Staaten, deren Gebäude auf der Ausstellung an erster Stelle standen, hatten auch in Genf am besten abgeschnitten. Deutschland war nach Krieg das erste Mal international aufgetreten und war mit sehr guten Arbeiten am Platz. [...] Erfrischend und neu, bei liebenswürdiger Einfachheit, wirkte wenigstens auf uns – ich meine Berlage, Tengbom, Professor Moser und mich – die Arbeit des Schweizer Franzosen Corbusier. [...] Die Architekten der École des Beaux-Arts sind wohl absichtlich an allen Bewegungen der letzten Jahrzehnte vorbeigegangen. Aber auch vom Standpunkt der üblichen Namen ist nichts Bedeutendes eingereicht worden. Ebenso haben die Italiener diesmal nichts Beachtenswertes gebracht. [...] Es wird sich zeigen, ob eine so interessante moderne Institution wie es der Völkerbund ist, großzügig genug sein wird, sich von Qualität und gutem Geschmack bei der Auswahl leiten zu lassen. Es wäre natürlich herrlich, wenn ein bedeutender Mann der Erbauer sein könnte. Es wäre dies auch für den Völkerbund selbst die sicherste und vornehmste Propaganda." ■

Abb. 11, 12 JH, Musikfesthaus oder Welttonhalle für den Welt-Musik-und-Sanges-Bund von Gustav Mäurer, Wien, Augarten, 1927, Modellansichten
MAK, KI 8951-23 und KI 8951-13

1 1924 saßen im Exekutivrat vier ständige Mitglieder (Vereinigtes Königreich, Frankreich, Italien und Japan) sowie vier nicht ständige Mitglieder (Belgien, Brasilien, Tschechoslowakei und Spanien).
2 Katrin Schwarz: Bauen für die Weltgemeinschaft. Die CIAM und das UNESCO-Gebäude in Paris, Berlin 2016, 203. Dank an die Autorin für die Unterstützung mit Bildmaterial.
3 Ebd.
4 Ebd., 198–247.
5 Hier konnte sich die Jury mit Empfehlungen zu einem alternativen Grundstücksankauf gegenüber früheren Bauplatz-Entscheidungen des Exekutivkomitees durchsetzen.
6 Schwarz 2016, 208–211 (wie Anm. 2).
7 Man legte „Art und Anzahl aller Zeichnungen, Aufrisse und Gebäudeschnitte fest, ebenso das Format der Pläne und die Größenverhältnisse der Zeichnungen auf Millimeterpapier. Sogar die zu verwendende Tinte und das Maß an Lavierungen vereinheitlichte die Jury, um Vergleichbarkeit und Gleichwertigkeit aller Projekte garantieren zu können". Ebd., 204.
8 Otto Kapfinger/Adoph Stiller: Neutra und Schindler. Zwei Europäer in Kalifornien, in: Matthias Boeckl (Hg.): Visionäre und Vertriebene. Österreichische Spuren in der modernen amerikanischen Architektur, Berlin 1995, 124–128.
9 Martin Steinmann: Der Völkerbundspalast: eine ‚chronique scandaleuse', in: werk archithese (65) 23–24 1978, 28–31; Werner Oechslin (Hg.): Le Corbusier & Pierre Jeanneret. Das Wettbewerbsprojekt für den Völkerbundpalast in Genf 1927, Zürich 1988; Schwarz 2016, 213, FN 54 (wie Anm. 2).
10 Oechslin, ebd., 99.
11 „So fiel der Entwurf Nummer 273 den Machenschaften zum Opfer, die von der ‚Akademie' und Frankreich ausgingen (der Vertreter Frankreichs, Briand, setzte sein Gewicht im Völkerbund für sie ein). Auf der anderen Seite bewirkten diese Machenschaften, dass sich die Vertreter der als ‚Barbarei' bezeichneten neuen Architektur verbanden, ‚um sich gegenseitig zu unterstützen', wie es in der Erklärung heißt, die sie am Internationalen Kongress für Neues Bauen, 26.–29. Juni 1928 in La Sarraz, angaben." Steinmann 1978, 29 (wie Anm. 9).
12 Oechslin 1988, 101 (wie Anm. 9).
13 Beim ersten Preis stimmten weiters Berlage für Fahrenkamp/Deneke, Burnet für Vago, Gato Soldevila für Nénot/Flegenheimer, Lemaresquier für Labro, Horta für Lefèvre, Muggia für Broggi/Vaccaro/Franzi und Tengbom für Erikson.
14 Eduard F. Sekler: Josef Hoffmann. Das architektonische Werk, Salzburg/Wien 1982, WV 279.
15 Le Corbusier: Une maison – un palais, Paris 1928; Alfred Roth: Der Wettbewerb, die Projektbearbeitung und Le Corbusiers Kampf um sein preisgekröntes Projekt, in: Oechslin 1988, 20–29 (wie Anm. 9).
16 Steinmann 1978 (wie Anm. 9).
17 L. W. Rochowanski: Der Wettbewerb um das neue Völkerbundgebäude. Gespräch mit Architekten Josef Hoffmann, Mitglied der internationalen Jury, in: Neues Wiener Journal, Wien, 13. Mai 1927, 7–8: 7. Dank für diesen Hinweis an Markus Kristan.
18 MAK, KI 23506-12. – Dank für den Hinweis an Christian Witt-Dörring. Vgl. Sekler 1982, 194 (wie Anm. 14).

Abb. 1 JH, Häuser in der Wiener Werkbundsiedlung 1932
ÖNB, Bildarchiv, 423015-D, Foto: Julius Scherb, Wien

Andreas Nierhaus

Zerstörung des Kunstgewerbes?

Josef Hoffmann und der Österreichische Werkbund

„Wir wollen unter allen Umständen, solange es für uns noch eine Heimat gibt, unsere schöpferischen Kräfte auch in noch so schlechter Zeit nicht verderben lassen. [...] Mögen die Anderen philosophieren, ihr vehementes Wissen zur Schau tragen, mögen sie irregeleitet oder absichtlich Gift und Galle über solche Entwicklungen speien, wir müssen uns absondern und es ertragen lernen. Wir wollen uns den Respekt vor jeder schöpferischen Arbeit bewahren und nur diese suchen. Wir müssen den Glauben an das durch echte Eigenart Erhabene und Wertgebende und dessen natürlichen Drang nach eigenen Ausdrucksmitteln immer wieder zu stärken suchen. Es ist gesundes, nicht degeneriertes Menschentum im besten Sinn."[1]

Mit diesen Worten wandte sich Josef Hoffmann in einem an Max Welz adressierten und von diesem später als Faksimile an die Mitglieder des Österreichischen Werkbunds verschickten Brief im März 1933 gegen die Vertreter einer „rein spekulativen Intelligenz", die die schöpferischen Kräfte des Landes an ihrer Entfaltung hindere. Ziel von Hoffmanns Attacke war Josef Frank, der sich zunehmend kritisch-distanziert gegenüber dem Kunstgewerbe geäußert hatte; der Konkurs der Wiener Werkstätte im Sommer 1932 schien Frank Recht zu geben. Das Schreiben markiert einen Höhepunkt in dem seit langem schwelenden Konflikt um die Ausrichtung des Werkbundes zwischen Kunsthandwerk und Industrie, der bald zu einer Polarisierung von „bodenständigem" Traditionalismus und „internationaler" Moderne führte und in der Presse mit offenem Antisemitismus gegenüber jüdischen Werkbundmitgliedern begleitet wurde.[2] Die Gründung des konservativen „Neuen Werkbund Österreichs" 1934 fügte sich in die neuen politischen Verhältnisse im autoritären Ständestaat, war aber auch die letzte Konsequenz unüberwindbarer Gegensätze, die die Werkbundarbeit von Beginn an geprägt hatten. Dass Josef Hoffmann sowohl an der Gründung als auch an der fatalen Spaltung des Österreichischen Werkbundes gleichermaßen aktiv beteiligt war, weist auf ein zutiefst ambivalentes Verhältnis zu den Zielen der Vereinigung hin.[3] Als Vertreter einer noch im 19. Jahrhundert wurzelnden elitären, aber auch stark ethisch geprägten Auffassung vom Kunsthandwerk hatte er an den damals aktuellen Fragen der industriellen Produktion nur bedingt Interesse. War sein Engagement im Werkbund am Ende ein großes Missverständnis?

Zwischen Edelware und Massenprodukt

„‚Veredelung der gewerblichen Arbeit im Zusammenwirken von Kunst, Industrie und Handwerk' – brauchen wir das?" Ja! lautete die Antwort auf die rhetorische Frage, mit der Adolf Vetter, der Direktor des k. k. Gewerbeförderungsamtes, seinen Eröffnungsvortrag zur fünften Jahrestagung des Deutschen Werkbundes im Juni 1912 in Wien einleitete.[4] Vetter erhoffte sich von der Werkbundarbeit in Österreich neben ökonomischen Vorteilen auch die Möglichkeit einer stärkeren Zusammenarbeit der Völker der Monarchie und damit die innere Regeneration einer zunehmend fragilen, durch ethnische Konflikte innerlich gespaltenen Großmacht, die aus dem gemeinsamen Wettbewerb um Qualitätsarbeit zu neuer Einheit finden sollte. Die politischen Ansprüche, die an den Österreichischen Werkbund schon vor seiner Gründung gestellt wurden, sollten sich jedoch als allzu hoch erweisen; Vetters Ziel eines übernationalen Österreichischen Werkbundes ließ sich trotz langwieriger Verhandlungen nicht realisieren.[5] So dauerte es noch bis zum 30. April 1913, ehe der Österreichische Werkbund zu seiner ersten Generalversammlung zusammenfinden konnte.[6] Veredelung der gewerblichen und Zurückdrängung der rein mechanischen Arbeit, Produktion schlichter, einfacher und billiger „Edelware" in Zusammenarbeit von Künstlern, Handwerkern, Industrie und Konsumenten, Förderung der Wohnkultur, soziale Reformarbeit, schließlich das Ideal: „gute und schöne Dinge zu machen" – das waren die Eckpunkte der programmatischen Rede des Präsidenten Adolf Freiherr Bachofen von Echt jun.[7] Josef Hoffmann, bereits 1907 an der Gründung des Deutschen Werkbundes beteiligt, wurde in den Vorstand gewählt. Mit der Wiener Werkstätte konnte er sich zu den ersten zählen, die hochwertige künstlerische Entwurfsarbeit und kunsthandwerkliche Produktion nach der industriellen Entfremdung des 19. Jahrhunderts mit dem Anspruch umfassender ästhetischer Erneuerung wieder zusammengeführt hatten – wenn auch unter völliger Vernachlässigung der Probleme der Serien- und Massenfertigung.[8] Damit konnte Hoffmann der Vorwurf gemacht werden, nicht nur ökonomisch naiv zu agieren (wie die ständigen wirtschaftlichen Schwierigkeiten der Wiener Werkstätte beweisen sollten), sondern auch die Anforderungen und Bedürfnisse der sich formierenden modernen Konsumgesellschaft zu ignorieren. Hoffmann dagegen sah

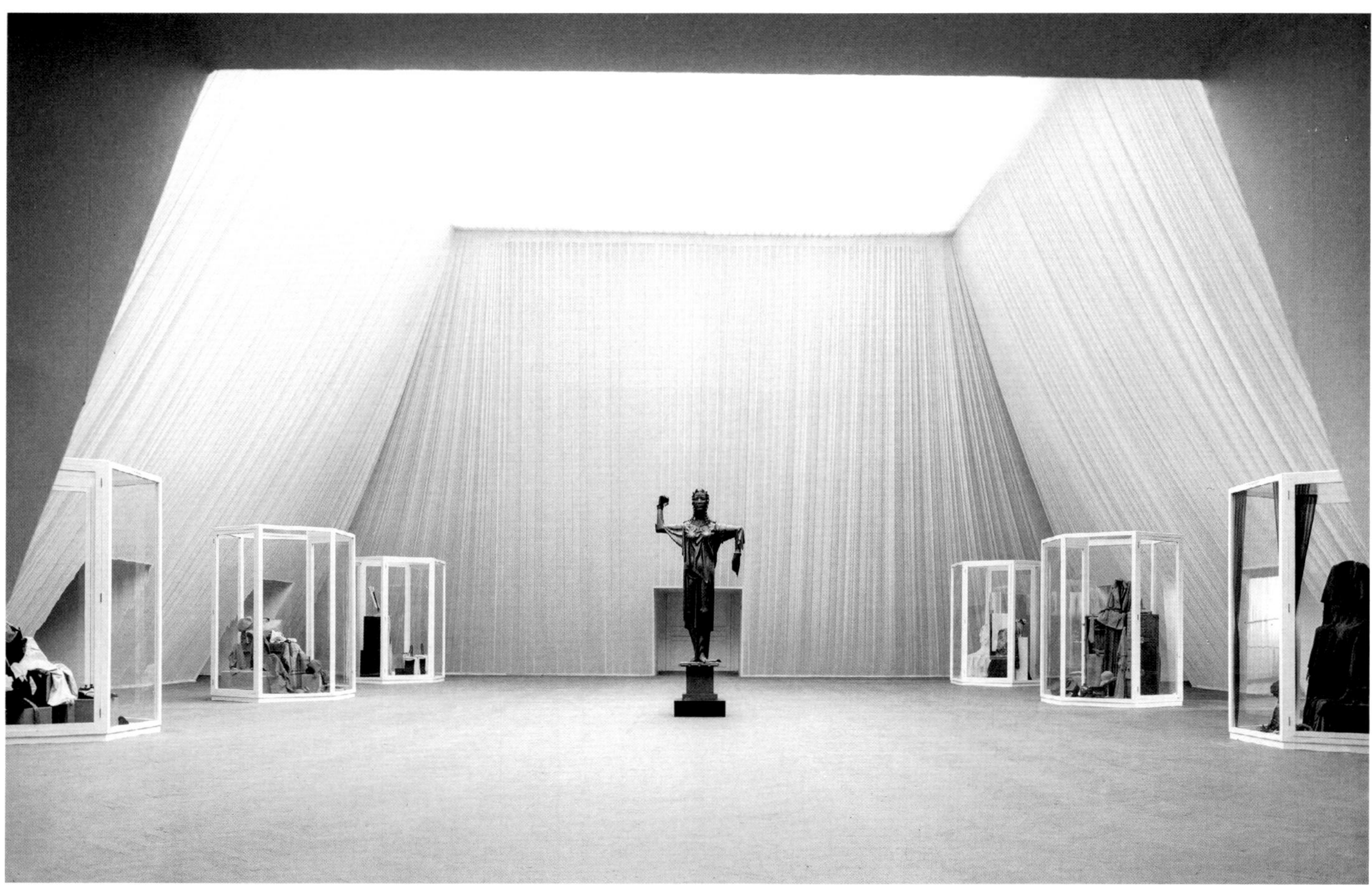

Abb. 2 JH, Mittelsaal der Werkbundausstellung im ÖMKI, 1930
ÖNB, Bildarchiv, 95.539-C

Abb. 3 Otto Prutscher, Vitrine der Wiener Werkstätte auf der Kunstschau im ÖMKI, 1920, mit Objekten von Dagobert Peche, Josef Frank, Josef Hoffmann u.a.
MAK, WWF 137-68-1

in der gegenseitigen Befruchtung von Künstler und Handwerker das Gegenbild zur seelenlosen, unmenschlichen Maschinenarbeit.[9]

Dieses romantische Idealbild musste früher oder später mit der Wirklichkeit des 20. Jahrhundert kollidieren. Zunächst aber konnte Hoffmann im Rahmen des Werkbundes noch uneingeschränkte Erfolge feiern. Auf der Werkbundausstellung in Köln 1914 wurde das von ihm gemeinsam mit Oskar Strnad gestaltete Österreichische Haus[10] von den deutschen Kollegen begeistert aufgenommen: nirgendwo sonst, schrieb Peter Jessen, hätten sich die Hoffnungen und Wünsche des Deutschen Werkbundes mehr der Erfüllung genähert.[11] Für Max Eisler hatte das österreichische Kunstgewerbe in Köln bewiesen,

> „daß sein besonderer Nerv das Handwerk ist, die Industrie sein Nebengebiet, also etwa das gerade umgekehrte Verhältnis wie im Bezirke des reichsdeutschen Schaffens. Wirtschaftlich mag das ein Schaden sein, künstlerisch ist es gewiß ein Vorteil."[12]

Der Zusammenbruch der Monarchie, verbunden mit dem Verlust wichtiger Produktionsbereiche und -stätten, sollte die Werkbundarbeit jedoch bald vor gänzlich neue Herausforderungen stellen.

Widersprüche und Konflikte

Hoffmanns ständisch geprägter Glaube an die ethische Bedeutung des Handwerks und die damit verbundene Verantwortung des entwerfenden Künstlers überdauerte das Kriegsende und die politische Neuordnung Österreichs unbeschadet. In einem Text über „Wiens Zukunft" vom Dezember

Abb. 4 Denkmal für Otto Wagner auf dem Wiener Heldenplatz, 1930
Österreichische Lichtbildstelle, Wien Museum, 79.000/6314

1919 hob er einmal mehr den Effekt hervor, den die Herstellung ästhetisch hochwertiger Gebrauchsgegenstände auf die ausführenden Handwerker hatte: „Ein Abglanz dieser schönen und guten Arbeit fällt auf diese Menschen und gibt ihnen jene Heiterkeit des Gemüts, die jedermann mit Recht entzückt."[13] Zwar hätten Maschine und Industrialisierung zu einer Verrohung geführt, doch „im Innern dieser Menschen wirken noch die alten Kräfte weiter und sind jederzeit zu wecken". Diese romantische, bisweilen naive Sicht forderte in der materiellen, sozialen und geistigen Not der Nachkriegszeit zum Widerspruch auf. Ebenfalls im Dezember 1919 unterzog der Kunsthistoriker Hans Tietze, ein Werkbundmitglied der ersten Stunde, das heimische Kunstgewerbe jedoch einer fundamentalen Kritik. Anlass war die *Ausstellung österreichischer Kunstgewerbe* im Österreichischen Museum für Kunst und Industrie, die sich „von dem furchtbaren Ernst dieser letzten Jahre" mit ihren „tausend liebenswürdigen Nichtigkeiten zeitfremd und gespenstisch" abhebe.[14] Das Kunstgewerbe diene lediglich „einer Handvoll von Genießern" und bringe „eine wurzellose und fiktive Kriegsgewinnerkultur" hervor; der Werkbund sei „tief in diesen lieblichen Spuk verstrickt" und müsse „zur nüchternen Arbeit" zurückgerufen werden. Wenige Tage später legte Tietze nach und forderte die „Neuorientierung und Neuorganisierung der gewerblichen Arbeit überhaupt".[15] Josef Hoffmann fühlte sich zu Recht düpiert, konnte aber kaum mehr dagegenhalten als den eskapistischen und entlarvenden Hinweis, dass die Eigenart des Wiener Kunstgewerbes, die „in seiner Liebenswürdigkeit, seinem grazilen Empfinden, in der Leichtigkeit und Anmut seines Schaffens" liege, durch die Rücksichtnahme auf die Bedürfnisse der Gegenwart „zerstört" werde.[16]

Als unter Hoffmanns Leitung dann im Sommer 1920 mit der von Carl Witzmann gestalteten *Kunstschau* ein Gesamtüberblick der aktuellen Strömungen der bildenden Kunst und des Kunsthandwerks in Österreich geboten wurde,[17] bot sich für Tietze die nächste Gelegenheit, um grundsätzliche Kritik zu üben. Trotz prominenter Einzelleistungen bildender Künstler wie Anton Hanak, Gustav Klimt, Oskar
3 Kokoschka und Egon Schiele, denen eigene Säle gewidmet waren, bestimmte für Tietze das Kunstgewerbe den Gesamteindruck:

> „in diesen zierlichen Seifenblasen ist der Geist der Kunstschau am restlosesten eingefangen. [...] Die Ausstellung ist [...] wie ein Traum, bunt, phantastisch und folgerichtig: die kunstgewerblichen Erzeugnisse [...] sind die traumhaftesten Blüten in dieser Märchenwelt: orchideenhaft seltsame Gebilde, hochgezüchtet, zweckentbunden, bezaubernd für rein genießende Einstellung, in ihrer ungesunden Treibhauskultur das charakteristische Produkt ungesunder Verhältnisse [...]."[18]

Hierin sah Tietze eine Ursache für die in Gang befindliche „Zerstörung des österreichischen Werkbundes", der soeben im Begriff war, sich in zwei Gruppen zu spalten. Stein des Anstoßes war die von Josef Hoffmann begehrte Auflösung der Verkaufsstelle des Werkbundes, die seiner Meinung nach zu viel qualitätsloses Kunstgewerbe verkaufe;[19] in Wahrheit dürfte jedoch, wie Arthur Roessler mutmaßte, die Konkurrenz der wirtschaftlich erfolgreichen Einrichtung zur Wiener Werkstätte mit den Ausschlag gegeben haben.[20] Nachdem Adolf von Bachofen-Echt jun. sein Amt als Präsident zurückgelegt hatte, trat Josef Hoffmann an seine Stelle, nur um wenige Wochen später mit dem Großteil des Vorstands aus dem Werkbund auszutreten.[21] Auf der einen Seite – rund um Josef Hoffmann – sah Tietze die „Tempeldiener", die dem Kunsthandwerk eine hohe ideelle Kraft zuschrieben, auf der anderen Seite – im Kreis um Robert Oerley – jene, die sich den aktuellen Bedürfnissen verschrieben hatten.[22] Auch wenn Tietze die beiden Parteien emphatisch zur Zusammenarbeit aufrief, konnte die Spaltung nicht mehr verhindert werden: Im Mai 1921 gründete Hoffmann den Werkbund Wien, den er als Verband dem Deutschen Werkbund eingliederte; erste Präsidentin wurde Ludwig Wittgensteins Schwester Margaret Stonborough-Wittgenstein.[23] Für Hans Tietze stellte sich die Situation im Jahr 1921 so dar: auf der einen Seite der „alte" Österreichische Werkbund, der sich der Not der Zeit füge und die materielle Förderung seiner Mitglieder in den Vordergrund stelle, auf der anderen Seite der „neue" Werkbund Wien rund um Josef Hoffmann, Anton Hanak und Adolf Vetter, der „aus der ungeheuren Aufgabe, die sich der Werkbundgedanke einst gestellt hat, nur die geistigen Elemente herausgreift".[24] In der Spaltung erkannte Tietze ein Symptom der Zeit: auch im Deutschen Werkbund werde über kurz oder lang die Frage, ob die materiellen oder ideellen Momente

Abb. 5 Gegenüberstellung Sanatorium Westend (1904) und Projekt für ein Miethaus (1930)
Österreichischer Werkbund (Hg.): Festschrift für Josef Hoffmann, 1930, (33)

seine Weiterentwicklung bestimmen sollen, die „Schicksalsfrage" sein.

In den 1920er Jahren nahm die „Zersplitterung der Kräfte der österreichischen Werkbundbewegung"[25] ihren Lauf – just zu einer Zeit, als im Zusammenhang mit dem politischen, wirtschaftlichen und kulturellen Neubeginn eine geeinte Werkbundarbeit notwendig gewesen wäre. Über diesen Mangel konnte auch die erfolgreiche Teilnahme Österreichs an der *Exposition Internationale des Arts Décoratifs et Industriels Modernes* in Paris 1925 unter der Leitung Josef Hoffmanns nicht hinwegtäuschen.[26] Im Mai 1926 waren die Differenzen dennoch überwunden und der Wiedereintritt der im Werkbund Wien versammelten Gruppe in den Österreichischen Werkbund konnte verkündet werden.[27] Die Verhandlungen zur Vereinigung der beiden Bünde zogen sich aufgrund wirtschaftlicher Differenzen noch mehr als zwei Jahre hin und erst am 29. November 1928 konstituierte sich der neue Vorstand des Österreichischen Werkbundes: Präsident wurde Hermann Neubacher, der Leiter der einflussreichen „Gemeinwirtschaftlichen Siedlungs- und Baustoffanstalt – GESIBA" (und spätere erste NS-Bürgermeister von Wien), als Vizepräsidenten fungierten Josef Hoffmann und Josef Frank, womit das Präsidium in wirtschaftlichen, gestalterischen und theoretischen Fragen ideal besetzt war.[28] Die folgenden vier Jahre markieren die bedeutendste Phase in der Geschichte des Österreichischen Werkbunds – Josef Hoffmann stand als Doyen der modernen Architektur immer wieder im Mittelpunkt der Aktivitäten.

Werkbundausstellung 1930, Werkbundsiedlung 1932

„Ein jedes Ding soll so gut gemacht werden, wie es gemacht werden kann" – unter diesem nur scheinbar simplen Motto gelang es Josef Frank, die zum Teil stark divergierenden Ansichten innerhalb des Werkbundes während jener entscheidenden Phase zu vereinen, als man gemeinsam am ambitioniertesten Projekt in der Geschichte der Vereinigung arbeitete: Für das Jahr 1930 hatte man den Deutschen Werkbund eingeladen, seine Jahrestagung in Wien abzuhalten. Bei den in diesem Rahmen geplanten Aktivitäten spielte Josef Hoffmann, der in diesem Jahr seinen 60. Geburtstag feierte, eine zentrale Rolle: nicht nur, dass unter seiner Leitung eine große Ausstellung im ÖMKI zusammengestellt wurde, er besorgte auch den Entwurf eines Denkmals für Otto Wagner und sollte nicht zuletzt mit einem großen Wohnhaus in der von Josef Frank konzipierten Ausstellung von Siedlungshäusern vertreten sein, deren Realisierung jedoch aus organisatorischen Gründen zunächst verschoben werden musste.[29] Der Werkbund bot Josef Hoffmann im Jahr 1930 dennoch eine große Bühne: Konnte er bei der zeltartigen Gestaltung und Einrichtung des großen Mittelraumes im Österreichischen Museum seine Meisterschaft in der effektvollen Inszenierung 2
von Ausstellungen zur Schau stellen, so schien der radikal
abstrahierte Monolith, den er für das Denkmal Otto Wagners 4
entwarf, auf die puristische Frühzeit seines Schaffens zurückzuweisen.[30] Wenn der Werkbund mit diesem Monument für den Wegbereiter der Moderne den deutschen Freunden die historische Führungsrolle Österreichs bei der grundlegenden Erneuerung der Architektur unmissverständlich vor Augen führte, so konnte sich auch Hoffmann mit seinem Entwurf als ein Begründer moderner Gestaltung präsentieren. Auch die vom Werkbund zum 60. Geburtstag Hoffmanns im Dezember 1930 herausgegebene Festschrift, mit Würdigungen von Erik Gunnar Asplund, Hendrik Petrus Berlage, Le Corbusier, Walter Gropius und vielen anderen, folgte dieser Intention: Unter eine Aufnahme des Sanatorium Purkersdorf 5
ist dort das Modellfoto eines elegant proportionierten Miethauses[31] gesetzt, das sich mit großen Fensteröffnungen und der durchgehenden Dachterrasse perfekt in das Bild des zeitgenössischen Neuen Bauens fügt und von Otto Kapfinger überzeugend als Variante für die Werkbundsiedlung identifiziert wurde.[3] Durch die visuelle Korrespondenz wird eine über Jahrzehnte reichende formale Kontinuität hergestellt und Hoffmann – über alle gestalterischen Volten hinweg – als Pionier der Moderne inszeniert.[33]

Zu dieser Zeit war bereits klar, dass das von Hoffmann geplante Wohnhaus in der Werkbundsiedlung in dieser Form nicht realisiert werden würde. Die Geschosswohnbauten von Josef Hoffmann, Josef Frank, André Lurçat und Walter Sobotka im ersten Gesamtplan der Siedlung waren als Antwort auf die Wohnhausarchitektur des Roten Wien gedacht und damit „sicher der polemischste Part der Aktion".[34] Nachdem sich die Gemeinde Wien – wohl aus Angst vor allzu lauter Kritik am „besinnungslosen"[35] städtischen Wohnbau – aus der unmittelbaren Förderung des Projekts zurückgezogen hatte, wurde die Siedlung im Rahmen der auf Eigenheime beschränkten „Heimbauhilfe" von der GESIBA realisiert und der Bauplatz vom Wienerberg nach Lainz verlegt. Das führte zum Ersatz der Geschosswohnbauten durch Siedlungshäuser und zwang Hoffmann zu einer kompletten Neuplanung. Für die Mehrfamilienhäuser hatte er neben der in der Festschrift publizierten streng „sachlichen" Lösung auch Varianten mit vollständig verglasten Stiegenhäusern 6
und reicher bauplastischer Rahmung vorgesehen, die Monumentalität mit verspielter Eleganz verbinden sollten. Die
Siedlungshäuser legte er zunächst als romantische Landsitze 7
mit reich gegliederten Baukörpern, Türmchen, Terrassen und 1 8
Treppen an. Die ausgeführten Häuser besitzen an der Straßenseite markante verglaste Stiegenhäuser, zum Garten vermitteln Terrassen und Freitreppen, die Dächer waren als Sonnen-

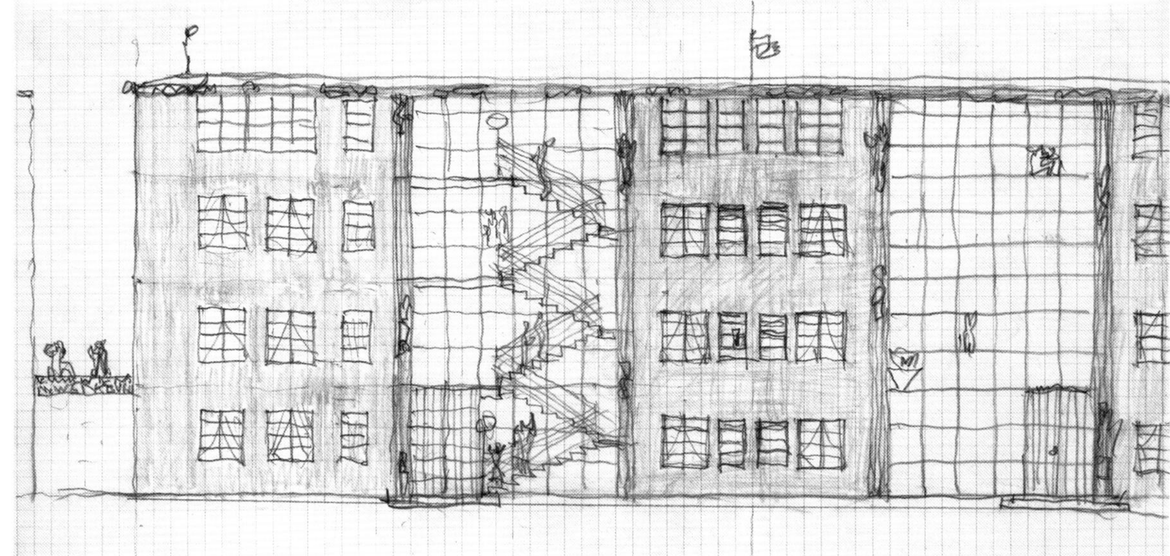

Abb. 6 JH, Skizze für ein Mehrfamilien-Wohnhaus in der Wiener Werkbund-siedlung, 1929/30
MAK, KI 8812-1

Abb. 7 JH, Skizze für Siedlungshäuser in der Wiener Werk-bundsiedlung, 1930
MAK, KI 8812-3

9 terrassen gestaltet.[36] Zwei der vier Häuser wurden von Hoffmann selbst für die Dauer der Ausstellung eingerichtet.

Finale

Die Werkbundsiedlung war die letzte große Leistungsschau des Österreichischen Werkbunds. Bereits im Sommer 1932 zog sich Josef Frank aus dem Vorstand zurück; im Jänner 1933 kehrte Hoffmann dem Werkbund beleidigt den Rücken, da er sich durch die Entscheidung, nicht ihn, sondern Oskar Strnad mit der Gestaltung der österreichischen Abteilung auf der Triennale in Mailand zu betrauen, übergangen fühlte.[37] Die treibende Kraft hinter der in Gang befindlichen Spaltung war jedoch nicht Hoffmann, sondern Clemens Holzmeister, der eine tiefe Abneigung gegenüber Josef Frank hegte und dessen künstlerische Befähigung in einer Sitzung des Werkbunds im Februar 1933 offen in Abrede gestellt hatte.[38] Im Juni 1933 trat dann auch Hermann Neubacher vom Amt des Präsidenten zurück, die Spaltung des Werkbunds war nicht mehr aufzuhalten. Am 24. Februar 1934 kam es zur Gründung des „Neuen Werkbund Österreichs", mit Clemens Holzmeister an der Spitze, Josef Hoffmann und Peter Behrens als Vizepräsidenten. Man wollte mit der „Wiederbelebung des alten Werkbundprogrammes österreichische Arbeit und österreichische Begabung" zur Geltung bringen und „zum Kulturgewissen Österreichs werden".[39] Die stärkere Ausrichtung auf traditionelles Handwerk und eine vermeintlich „bodenständige" Kultur entsprach den neuen politischen Verhältnissen; antisemitisch ausgerichtet war die Vereinigung entgegen anderslautender Behauptungen[40] jedoch keineswegs – im Vorstand etwa saß der jüdische Druckereibesitzer Sigmund Rosenbaum.[41] Für Hoffmann war die Spaltung des Werkbunds jedoch ein Pyrrhussieg – sollte doch unter den neuen Machthabern nicht er, sondern der politisch bestens vernetzte Holzmeister die absolute Führungsrolle im Kulturbereich übernehmen. Der durch die Spaltung in seinen Möglichkeiten extrem geschwächte „alte" Österreichische Werkbund versuchte unter seinem neuen Präsidenten Hans Tietze weiterhin geistige und kulturelle Offenheit zu demonstrieren. Bereits 1933 waren Oskar Kokoschka und Ernst Křenek in den Werkbund aufgenommen worden. Zu den letzten öffentlichen Aktivitäten des Werkbunds zählte im März 1937 ein Vortrag Robert Musils mit dem Titel „Über die Dummheit".[42]

Nach dem „Anschluss" 1938 wurden beide Werkbünde von den neuen Machthabern im Zuge der „Gleichschaltung" aufgelöst, ihre jüdischen Mitglieder vertrieben oder ermordet. Hermann Neubacher wurde 1938 erster NS-Bürgermeister von Wien und verschaffte Josef Hoffmann einige Aufträge: Die Einrichtung für das „Haus der Mode" im Palais Lobkowitz[43] (1938), das Projekt für ein Gästehaus der Stadt Wien[44] (1938 oder 1939) und der Entwurf für ein Mausoleum des albanischen Nationalhelden Georg Kastriota, gen. Skanderbeg, samt einer Vitrine für dessen Insignien[45] (1944) wären sonst wohl kaum zustande gekommen. Noch kurz vor seinem Tod sollte Hoffmann 1954/55 für Addis Abeba, wo der ehemalige hohe NS-Funktionär mittlerweile als Berater von Kaiser Haile Selassie tätig war, ein Rathaus entwerfen.[46]

Abb. 8 JH, Wohnzimmer im Haus Nr. 8 der Wiener Werkbundsiedlung, 1932
ÖNB, Bildarchiv, 423011-D
Foto: Julius Scherb, Wien

Eduard F. Sekler hat treffend festgestellt, dass Hoffmanns Insistieren auf einem traditionellen Kunsthandwerksbegriff „kaum eine echte geistige Auseinandersetzung mit den großen technologischen, wirtschaftlichen und gesellschaftlichen Veränderungen erkennen [lässt], die das Europa der dreißiger Jahre umprägten".[47] Den über die Förderung des Kunsthandwerks hinausreichenden Potenzialen der Werkbundarbeit stand Hoffmann interesse- oder gar verständnislos gegenüber – anders ist sein wiederholtes aktives Mitwirken bei der Spaltung der Vereinigung nicht zu erklären. Dazu kommt, dass Hoffmanns unentwegtes, vom gesellschaftspolitischen und ökonomischen Wandel unbeeindrucktes Hervorbringen neuer künstlerischer Formen zwangsläufig in einen Widerspruch zu Josef Franks Rede von der „Zerstörung der Form"[48] als wesentlicher Aufgabe der Gegenwart geraten musste. Von den drängenden Fragen der Zeit unbeeindruckt, trug die scheinbar spielerisch bewältigte hohe Qualität von Hoffmanns Arbeiten damit wenn schon nicht zu einer problembewussten und zielgerichteten Werkbundarbeit, so immerhin zum anhaltend hohen Ansehen des österreichischen Kunstgewerbes in der letzten Phase seiner Geschichte maßgeblich bei. ■

1 Josef Hoffmann an Max Welz, März 1933, zit. nach Eduard F. Sekler: Josef Hoffmann. Das architektonische Werk, Salzburg/Wien 1982, 497. Danach auch die folgenden Zitate.
2 Ausschaltung der Juden im Werkbund, in: 12-Uhr-Blatt, 23.12.1933, vgl. Maria Welzig: Josef Frank 1885–1967. Das architektonische Werk, Wien/Köln/Weimar 1998, 163; Wilfried Posch: Clemens Holzmeister. Architekt zwischen Kunst und Politik, Salzburg 2010, 243–244.
3 Zur Geschichte des Österreichischen Werkbunds vgl.: Friedrich Achleitner: Der Österreichische Werkbund und seine Beziehungen zum Deutschen Werkbund, in: Lucius Burckhardt (Hg.): Der Werkbund in Deutschland, Österreich und der Schweiz. Form ohne Ornament, Stuttgart 1978, 102–113; Astrid Gmeiner/Gottfried Pirhofer: Der Österreichische Werkbund. Alternative zur klassischen Moderne in Architektur, Raum- und Produktgestaltung, Salzburg/Wien 1985; Wilfried Posch: Die österreichische Werkbundbewegung 1907–1928, in: Isabella Ackerl/Rudolf Neck (Hg.): Geistiges Leben im Österreich der Ersten Republik, Wien 1986, 279–312. Ders.: Köln – Paris – Wien. Der Österreichische Werkbund und seine Ausstellungen, in: Andreas Nierhaus/Eva-Maria Orosz (Hg.): Werkbundsiedlung Wien 1932. Ein Manifest des Neuen Wohnens, Ausst.-Kat. Wien Museum, Salzburg 2012, 18–27.
4 Adolf Vetter: Die Bedeutung des Werkbundgedankens für Österreich, in: Zur fünften Tagung des Deutschen Werkbundes Wien 6.–9. Juni 1912, Wien o.J. (1912), o. S. Danach auch die folgenden Zitate. Zum prominent besetzten Publikum der Tagung vgl. Deutscher Werkbund: Liste der Teilnehmer an der Wiener Jahresversammlung d. Deutschen Werkbundes 6.–9. Juni 1912, o. O., o. J.
5 Vgl. Posch 1986, 291(wie Anm. 3).
6 Ebd.
7 Die Schaffung des österreichischen Werkbundes, in: Neues Wiener Tagblatt, 1.5.1913, 12.
8 Zur Geschichte der Wiener Werkstätte vgl. zuletzt Christian Witt-Dörring/Janis Staggs (Hg.): Wiener Werkstätte 1903–1932. The Luxury of Beauty, München u. a. 2017.
9 Vgl. u.a. Josef Hoffmann: Manuskript eines Vortrags im niederösterreichischen Gewerbeverein vom 22.2.1911, zit. nach Sekler 1982, 487–491: 491 (wie Anm. 1).
10 Siehe dazu den Beitrag Seite 204–209 in dieser Publikation.
11 Peter Jessen: Die deutsche Werkbundausstellung Köln 1914, in: Jahrbuch des Deutschen Werkbundes 1915, München 1915, 1–42: 8.
12 Max Eisler: Österreichische Werkkultur, hg. v. Österreichischen Werkbund, Wien 1916, 54.
13 Josef Hoffmann: Wiens Zukunft, in: Der Merker, Dezember 1919, zit. nach Sekler 1982, 491–493: 491 (wie Anm. 1).
14 Hans Tietze: Ausstellung österreichischer Kunstgewerbe, in: Der neue Tag, 11.12.1919, 4. Danach auch die folgenden Zitate. Vgl. auch Posch 1986, 301 (wie Anm. 3).
15 Hans Tietze: Österreichisches Kunstgewerbe, in: Der neue Tag, 25.12.1919, 8–9: 8.
16 Zitat der Replik von Josef Hoffmann, in: Hans Tietze: Die Frage des österreichischen Kunstgewerbes, in: Der neue Tag, 1.2.1920, 5–6: 5.
17 Katalog Kunstschau 1920, Wien Juni bis September [Wien 1920], 5 und 7.
18 Hans Tietze: Die Wiener Kunstschau, die Wiener Werkstätte und der Österreichische Werkbund, in: Kunstchronik und Kunstmarkt (55) 46, 13. August 1920, 892–895: 892.
19 Posch 1986, 299 (wie Anm. 3).
20 Ebd., 301–302.
21 Ebd., 300.
22 Tietze 1920, 894 (wie Anm. 18).
23 Posch 1986, 300 (wie Anm. 3).
24 Hans Tietze: Werkbund Wien, in: Kunstchronik und Kunstmarkt (55) 41/42, Juli 1921, 765–766, 766. Danach auch die folgenden Zitate.
25 Posch 1986, 305 (wie Anm. 3).
26 Siehe dazu den Beitrag Seite 268–277 in dieser Publikation.
27 Posch 1986, 311 (wie Anm. 3).
28 Ebd., 311; Posch 2010, 237 (wie Anm. 2).
29 Zur Werkbundsiedlung vgl. Adolf Krischanitz/Otto Kapfinger: Die Wiener Werkbundsiedlung. Dokumentation einer Erneuerung, Wien 1985; Nierhaus/Orosz 2012 (wie Anm. 3); Otto Kapfinger: Anspruch und Ausgang. Zur Projekt- und Baugeschichte der Internationalen Werkbundsiedlung Wien 1932, in: ebd., 36–57.
30 Zum Denkmal für Otto Wagner vgl. Andreas Nierhaus: Josef Hoffmanns Denkmal für Otto Wagner. Zu einer Neuerwerbung des Wien Museums, in: Wiener Geschichtsblätter (64) 2 2009, 1–11.
31 Sekler 1982, WV 326 (wie Anm. 1).
32 Kapfinger 2012, 45 (wie Anm. 29). Gegen eine solche Identifikation scheint neben der Lokalisation „Wien XIX" in der Bildunterschrift zu spre-

Abb. 9 JH, Häuser in der Wiener Werkbundsiedlung, 1932
ÖNB, Bildarchiv, 423013-D, Foto: Julius Scherb, Wien

chen, dass ein Foto des Modells im Nachlass von Oswald Haerdtl, der an dem Projekt offenbar beteiligt war, als „Wohnhaus Franz Humhal" geführt wird (Adolph Stiller: Oswald Haerdtl: Architekt und Designer 1899–1959, Salzburg 2000, WV 65). Angesichts der Übereinstimmung mit den anderen Entwürfen für die Werkbundsiedlung, die bis hin zur leicht abschüssigen Topographie des ursprünglichen Bauplatzes reicht, ist jedoch möglich, dass Hoffmann das für die Werkbundsiedlung bereits weitgehend ausgearbeitete Projekt für den neuen potenziellen Bauherrn nur unwesentlich adaptiert hat. In einem Beitrag über Hoffmann in Deutsche Kunst und Dekoration (67) 1930/31, 278, dem das Modellfoto ähnlich programmatisch vorangestellt ist, fehlt bei der Abbildung die Ortsangabe.

33 Österreichischer Werkbund (Hg.): Josef Hoffmann zum sechzigsten Geburtstag 15. Dezember 1930 (Sonderveröffentlichung der Zeitschrift „Almanach der Dame", Wien), [Wien 1930].
34 Kapfinger 2012, 44 (wie Anm. 29).
35 So heißt es zu Beginn der Planungen, eine Mustersiedlung sei für Wien „besonders wichtig. Denn hier beeinträchtigte eine stürmische und im Ausmaß grandiose Bautätigkeit oft die Besinnung auf die Probleme moderner Bauweise." Mitteilungen des Österreichischen Werkbundes, in: Die Form 4 (1929), Heft 22.
36 Sekler 1982, WV 333 (wie Anm. 1); Otto Kapfinger: Haus 8/9/10/11. Josef Hoffmann, Wien, in: Nierhaus/Orosz 2012, 120 (wie Anm. 3).
37 Die Zeitungen berichteten ausführlich, u.a.: Konflikt im Werkbund, in: Der Tag, 19.1.1933, 3; Professor Hoffmann und der Werkbund, in: Die Stunde, 21.1.1933, 5; Max Eisler: Konflikt im Werkbund, in: Der Morgen, 24.7.1933, 9–10; Prof. Strnad über die Werkbundspaltung, in: Der Abend, 13.12.1933, 3. Vgl. auch Sekler 1982, 209 (wie Anm. 1); Gmeiner/Pirhofer 1985, 182 (wie Anm. 3).
38 Posch 2010, 241–242 (wie Anm. 2).
39 Neuer Werkbund Österreichs (Aussendung), in: Profil (2) 3 1934, VII.
40 Achleitner 1978, 111 (wie Anm. 3).
41 Posch 2010, 246 (wie Anm. 2). Dem vorbereitenden Komitee des Neuen Werkbund Österreichs gehörte neben der Druckerei Brüder Rosenbaum auch die Designerin Emmy Zweybrück-Prochaska an (Gedruckter Aufruf, UaK, Kunstsammlung und Archiv, 2734/Q/1).
42 Robert Musil: Über die Dummheit, Wien 1937.
43 Sekler 1982, 221 und WV 382 (wie Anm. 1).
44 Ebd., 220 und WV 384.
45 Ebd., 223 und WV 393.
46 Ebd., 225–226 und WV 403.
47 Ebd., 209–210.
48 Josef Frank: Architektur als Symbol. Elemente deutschen Neuen Bauens [1931], Reprint hg. v. Hermann Czech, Wien 1981, 179.

Abb. 10 Josef Hoffmann bei der Eröffnung der Wiener Werkbundsiedlung
Die Bühne 331, Juli 1932, 16, Foto: Franz Mayer

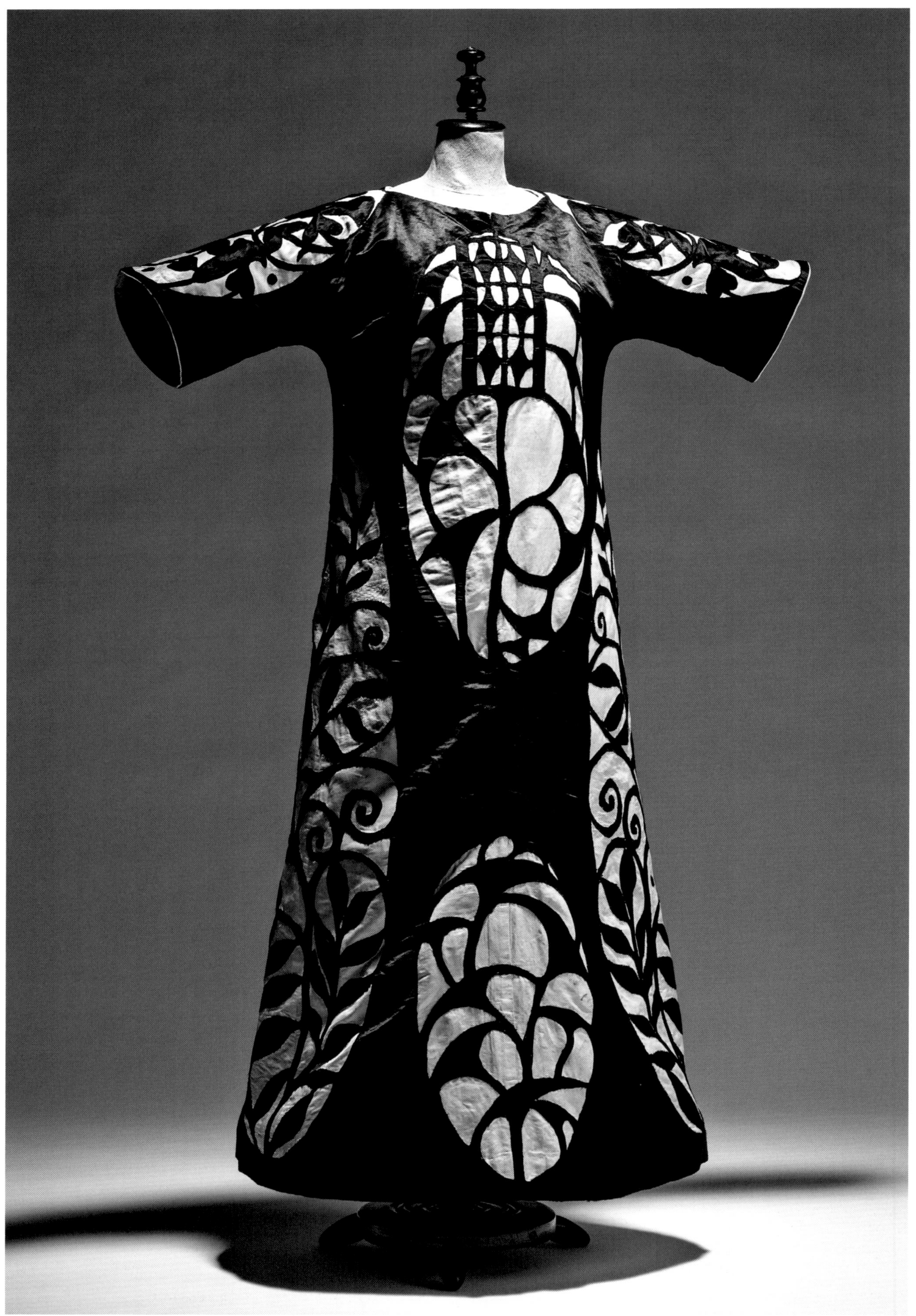

Abb. 1 JH, Entwurf für Redoutenkleid, ausgeführt von der Wiener Werkstätte, um 1910
MAK, T 11827
© MAK/Georg Mayer

Lara Steinhäußer

Die Kleidung der Frau als Projektionsfläche

Josef Hoffmann und die Mode

Bereits in seiner 1982 erschienenen Monografie konstatierte Sekler Hoffmanns fortwährendes Interesse am Phänomen Mode und verband diesen Umstand mit einem schon zur Jahrhundertwende bei Hoffmann ausgeprägten und für die Avantgarde der Zeit charakteristischen Anspruch auf Allgestaltung sämtlicher Lebensbereiche, der sich bis ins Spätwerk nachzeichnen lässt.[1] De facto lassen sich in Hoffmanns Vita einige Stationen aufzeigen, die seine Affinität zur Mode verdeutlichen. Anhand der hier vorgestellten Eckpunkte[2] werden seine Rolle als Netzwerker in der Mode-Förderung und seine persönliche Entwurfstätigkeit auf diesem Feld, vorrangig im Bereich Bekleidung, ersichtlich.

Für die Wiener Werkstätte (WW) entwarf Josef Hoffmann von Anfang an modische Accessoires aus Silber oder Leder wie Hutnadeln, Gürtelschnallen, Brief- und Handtaschen.[3] Zahlreiche seiner Stoffentwürfe für die WW, die auch en detail erworben werden konnten, wurden nicht nur im Interieurbereich, sondern auch für die Gestaltung von Kleidung eingesetzt. Einer seiner Klassiker, das Muster „Apollo", wurde z.B. 1912 gemeinsam mit anderen WW-Stoffen von Remigius Geyling, der wie Hoffmann der Klimt-Gruppe angehörte, für Iphigenie Buchmanns Kostüme in *Cäsar und Cleopatra* verwendet.[4] Auffällig an diesen Kostümen ist, dass sich ihr gerader Schnitt an jenen der bekannten, um 1910 realisierten Hoffmann-Kleider anzulehnen scheint.

Mit einer Handvoll Entwürfen lässt sich Hoffmann selbst als Entwerfer von Damenkleidern nachweisen. Diese können stets auf einen simplen, die Fläche betonenden Grundschnitt zurückgeführt werden, der gemäß den Reformtendenzen des frühen 20. Jahrhunderts die Taille weit umspielt und der Trägerin Bewegungsfreiheit einräumt. Einzig die Länge der Ärmel variiert bei den bekannten Modellen. Hoffmanns Gestaltungsprinzip, das Dekor durch reduzierte Grundformen in den Vordergrund zu rücken, findet sich nicht nur bei den vorrangig durch (grafische) Muster oder Schwarzweißkontraste gegliederten Kleidern, sondern auch bei Accessoires wie den bekannten Täschchen mit goldener Lederprägung.[5]

Die Ausführung des frühesten erhaltenen Entwurfs für ein Damenkleid, mit 1904 datiert,[6] kann anhand von zwei Fotografien im WW-Archiv belegt werden.[7] Über handschriftliche Notizen des spätestens ab 1911 als Leiter der WW-Modeabteilung tätigen Eduard Josef Wimmer-Wisgrill, der für die meisten Entwürfe verantwortlich zeichnete, lassen
2 7 sich zwei weitere Kleider als Hoffmann-Entwürfe identifizieren.[8] Das eine hebt sich durch seine Gliederung anhand dreidimensionaler Stoffrosen, die einzelne Partien raffen, gegenüber den anderen bekannten Modellen ab, da deren Oberflächen primär zweidimensional gestaltet sind. In der Prager Nationalgalerie haben sich zwei weitere Skizzen erhalten.[9] Die Ausführung einer der beiden scheint gesichert durch eine Illustration in der *Wiener Mode*, die im Rahmen 3
eines Berichts zur Mode der WW 1911 abgedruckt wurde und in der auch noch ein weiterer Entwurf Hoffmanns abgebildet ist.[10] Die zweite Prager Skizze ähnelt Hoffmanns 4
Redoutenkleid für zwei Cousinen der Familie Wittgenstein, wovon eines erhalten ist.[11] Obwohl deutlich gelängt und an 1
der Brust teils gerafft, erinnert der stets leicht variierte Schnitt an einen Typus nordindischer Tuniken, der nicht nur von Alfred Rollers Gattin Mileva zur selben Zeit gesammelt und getragen wurde, sondern auch im Zuge der großen Kostümausstellung bereits 1891 im Österreichischen Museum für Kunst und Industrie gezeigt und für die Museumssammlung erworben worden war.[12] Dieser Konnex lässt sich auch mit einem theoretischen Rahmen in Zusammenhang bringen, lobte Hoffmann doch bereits 1898 in seinem Artikel zur künstlerisch gestalteten Bekleidung „Das individuelle Kleid" indische Kleidung ob ihrer individuellen Oberflächengestaltung.[13] Ein anderer Konnex, der Hoffmanns Begeisterung für indische Textilien erahnen lässt, ergibt sich über seine Textilsammlung, in der sich nicht nur Stücke aus dem damaligen k.k. Österreich, sondern auch Beispiele indischer Kleidung finden.[14]

Eine weitere Zeichnung in der MAK-Sammlung, wohl ein 6
Kostümentwurf, zeigt eine Art Mantelkleid mit geometrischen Ornamenten. Einzig ein Zeitungsartikel verweist als schriftliche Quelle auf Hoffmanns Entwurfstätigkeit in diesem Bereich. Das *Montagsblatt* erwähnt 1918, dass die Kostüme der Leopoldine Konstantin in *Das Weib und der Hampelmann* von Hoffmann für die WW entworfen wurden.[15] Neben den Damenkleidern und -kostümen soll er für das Landhaus Primavesi in Winkelsdorf um 1914 auch die Herren-Freizeitkleider in denselben Mustern wie die Wandtapeten der Gästezimmer für die Bewohner entworfen haben.[16] Insgesamt lässt sich Hoffmanns Entwurfstätigkeit im Bereich Kleidung vorrangig in den frühen 1910er Jahren ausmachen.[17] Janis Staggs vermutet jedoch, dass Hoffmann wie sein Kollege Moser schon davor für seine erste Frau, Anna Hladik, Reformkleider kreiert haben könnte.[18] Der Beweis dafür ist

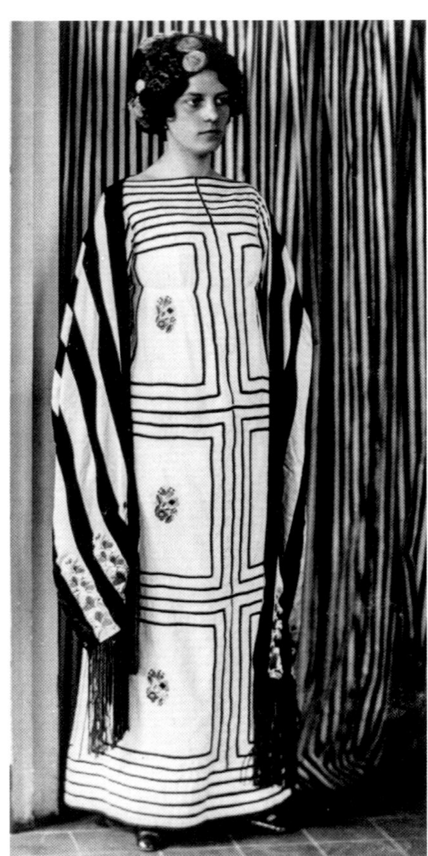

Abb. 2 JH, Kleiderentwurf
Fotoband „Mode", um 1910
MAK, WWF 169-15

Abb. 3 Anonym, Illustration mit Kleiderentwürfen von Josef Hoffmann für die Wiener Werkstätte
Wiener Mode (24) 16 1911, 930

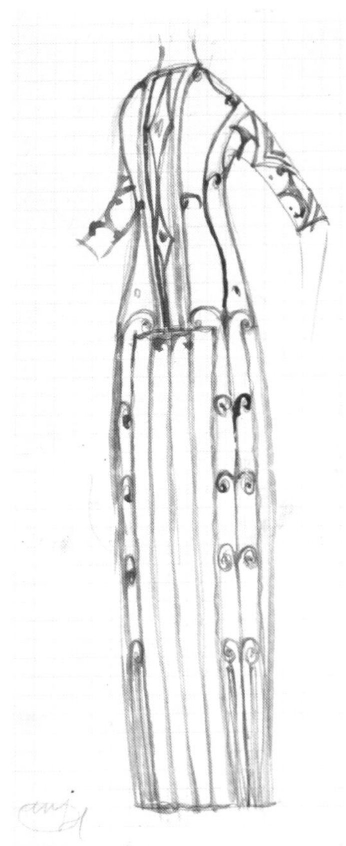

Abb. 4 JH, Skizze
National Gallery Prague, K 17712

Abb. 5 Poiret-Modeschau in Wien, inszeniert mit Kissen aus WW-Textilien und Powolny-Putto
Světozor. Světová kronika současná slovem i obrazem. časopis pro zábavu i ponaučení (12) 7.12.1911, 356

Abb. 6 JH, Skizze (eventuell für ein Kostüm), um 1910
MAK, KI 11916

Abb. 7 Heinrich Böhler (Foto), Tänzerin Stacia Napierkowska in einem Kleid nach Entwurf von Josef Hoffmann, Wien 1910
Museo d'arte Mendrisio, Donazione Fondazione Gino e Gianna Macconi

ausständig, man könnte aber eine Bemerkung von Adolf Loos aus der Frühzeit der WW, Hoffmann solle eine Damenmodeabteilung gründen, als Anspielung auf eine derartige Entwurfstätigkeit deuten.[19]

Die Verknüpfung von (Innen-)Architektur und Mode zu Beginn des 20. Jahrhunderts[20] stellt ein bekanntes Phänomen dar, das zahllose Beispiele in Theorie und Praxis – wie Hermann Muthesius, Henry van de Velde oder Frank Lloyd Wright, in Wien vor allem auch Adolf Loos oder eben Hoffmann – unter Beweis stellen. Das Gestalten der Architekturoberfläche wurde um 1900 häufig ähnlich der Gestaltung eines Kleides begriffen. Ein Grundstein der Verknüpfung von Textil bzw. Kleid und Architektur war bereits Mitte des 19. Jahrhunderts mit Sempers *Bekleidungsprinzip* gelegt worden, um 1900 war es quasi eine Art Mode für Architekten geworden, sich nicht nur mit der modernen Gestaltung der nackten Wand, sondern auch mit jener des Reformkleids zu beschäftigen. In diesem Zusammenhang ist auch die von Hoffmann geförderte Verbindung der WW zu dem Pariser Modeschöpfer Paul Poiret zu erwähnen, der den umgekehrten Weg nahm und sich von der Mode ausgehend mit Innenarchitektur beschäftigte, als er den in Wien kennengelernten Beispielen der Čižek-Klasse und der WW nacheiferte; er gründete in der Folge das Innenarchitekturunternehmen „Martine", wo nach Entwürfen frei unterrichteter, junger Mädchen gearbeitet wurde. Poiret und die WW planten weitreichende Kollaborationen, u.a. erwarb Poiret ein Kleid von Hoffmann als Modell.[21] Hoffmann übernahm die künstlerische Gestaltung der in Wien abgehaltenen Poiret-Modeschauen[22],
wie die Verwendung von WW-Textilien unter Beweis stellt, 5
und plante ein – nie realisiertes – Geschäftshaus mit integrierten Wohnräumen und „Theater",[23] dessen verschollene
Pläne erst im Rahmen der Recherchen zu diesem Artikel wie- 9 10
dergefunden werden konnten. Das „Motto: PAME" bezieht 18 S. 190
sich wohl als Kürzel auf die Anfangsbuchstaben der einzelnen Bereiche von Poirets Palais: Atelier, Maison und École.[24]

Dieses Netzwerk trug stark zum internationalen Renommee der WW und neben Hoffmanns eigenem Schaffen wohl auch dazu bei, dass dieser sich einen Ruf als Modeexperte aufbauen konnte, der ihn als geeignet erscheinen ließ, 1913 der Jury des Jung Wiener Modepreises anzugehören[25] beziehungsweise künstlerischer Leiter der *Modeausstellung* 1915/16 im ÖMKI zu werden. Die beiden genannten Initiativen dienten dazu, die österreichische Mode auf dem internationalen Parkett, den Ruf Wiens als Modehauptstadt sowie „Künstlermode" als Vorlage für Modeunternehmen zu etablieren.[26] Wie sich den Sitzungsprotokollen des k.k. Gewerbeförderungsamtes entnehmen lässt, gehörte „Regierungsrat Hoffmann" als „Vertreter der beteiligten Künstlerschaft" dem „Ausschuss zur Vorbereitung einer Wiener Modellschau" an. Auf seine Anregung hin wurde eine eigene *Spitzen- und Zubehör-Ausstellung* als Teil der Modeausstellung veranstaltet. Federführend war hier der Direktor des
8 Gewerbeförderungsamtes, Adolf Vetter, der mit Hoffmann auch an der Gründung des Österreichischen Werkbunds 1913 beteiligt gewesen war. 1925 sollten sich ihre Wege erneut kreuzen, als Hoffmann als künstlerischer Leiter und Vetter als Generalkommissär an der Organisation des österreichischen Beitrags für die Pariser Kunstgewerbeausstellung tätig waren.[27] Es mag daher auch nicht verwundern, dass Vetter in der Spätzeit der WW sogar Mitglied des Aufsichtsrats wurde.[28]

Wie ersichtlich, konnte Hoffmann sich wohl durch seine eigenständige Entwurfstätigkeit im Bereich Mode und mithilfe seines persönlichen Netzwerks als Mode-Förderer etablieren. Im Sinne des Gesamtkunstwerks ermöglichte er auch zahlreichen SchülerInnen,[29] sich mit Kleidung zu beschäftigen. Die Früchte dieser Tätigkeit wurden in einigen Ausstellungen wie jener mit Modezeichnungen von SchülerInnen im ÖMKI 1924[30] oder bei der Ausstellung *Raum und Mode* ebendort 1932 präsentiert.[31] Auch einige architektonische Arbeiten, wie der Salon der Schwestern Flöge, das Geschäft der Modeblätter- und Schnittmusterabteilung Otto Beyer[32] oder das *Haus der Mode*[33] verdeutlichen, wie sehr Hoffmanns Expertise auf diesem Feld und seine Symbolkraft als Vertreter eines Wiener Stils beziehungsweise einer Wiener Mode geschätzt wurde. ■

1 Eduard F. Sekler: Josef Hoffmann. Das architektonische Werk, Salzburg/Wien 1982, 220 f.
2 Unter den zahlreichen Verflechtungen mit der Textil- und Modeproduktion finden sich folgende Details in Hoffmanns Biografie: seine Familie hatte an der Collalto'schen Kattunmanufaktur in Brtnice Anteile und seine zweite Frau, Karla Schmatz, war Mannequin der WW. Siehe: Rainald Franz: Die Restaurierung des Geburtshauses von Josef Hoffmann in Brtnice/Pirnitz, Tschechien, in: Österreichische Zeitschrift für Kunst und Denkmalpflege, Bd. 58, 2004, 116–132: 117; Sekler 1982, 236.
3 Sogar ein Damenhut nach seinem Entwurf findet sich in: Deutsche Kunst und Dekoration 27, 1910, 180.
4 Linzer Tages-Post, 3.9.1911, 10; vgl. z.B. Theatermuseum, Wien [FS_PU264084].
5 Vgl.: Gerda Buxbaum: Mode aus Wien, Salzburg/Wien 1986, 265.
6 Der Entwurf wird heute in der Stiftung Sammlung Kamm unter K.Z. 2136 verwahrt. Abb. siehe: Sekler 1982, 221 (wie Anm. 1).
7 Für diesen Vergleich siehe auch: Angela Völker: Moda. Wiener Werkstätte, Florenz 1990, 7. Vgl. auch: MAK [WWF 124-20-5].
8 Eine Skizze für ein Kleid Wimmer-Wisgrills; MAK [KI 13267-4], welches dem auf Abb. 2 ähnelt, hat Völker zu Zweifeln an den später ergänzten Notizen Wimmers bewogen. Vgl.: Angela Völker: Wiener Mode und Modefotografie. Die Modeabteilung der Wiener Werkstätte 1911–1932, München 1984, 10-20.
9 Abb. K 17713 siehe: Christoph Thun-Hohenstein/Angela Völker (Hg.): Die unbekannte Wiener Werkstätte. Stickereien und Spitzen 1906 bis 1930, Wien 2017, 29.
10 Hier wird auch von einem Mantel Hoffmanns berichtet. – in: Wiener Mode (24) 16 1911, 930.
11 Vgl. Thun-Hohenstein/Völker 2017, 26 (wie Anm. 9).
12 Vgl. k.k. Österreichisches Museum für Kunst und Industrie (Hg.): Führer durch die Costüm-Ausstellung, Wien 1891, 28.
13 Josef Hoffmann: Das individuelle Kleid, in: Die Wage (1) 15, 9.4.1898. Vgl. auch Janis Staggs: The Inside: A Female Realm. Abandoning the Corset to Express Individual Character, in: Ders./Christian Witt-Dörring (Hg.): Josef Hoffmann: Interiors 1902–1913, Ausst.-Kat. Neue Galerie, New York/London/München 2006, 99–127: 99 f. Es scheint sich dabei um eine Antwort auf einen kurz zuvor erschienenen Beitrag Loos zu handeln, der die nicht-künstlerische Kleidung auf Grafiken Myrbachs lobt. Elana Shapira: Die kulturellen Netzwerke der Wiener Moderne. Loos, Hoffmann und ihre Klienten, in: Eva B. Ottillinger (Hg.): Wagner, Hoffmann, Loos und das Möbeldesign der Wiener Moderne: Künstler, Auftraggeber, Produzenten, Ausst.Kat. Hofmobiliendepot, Wien 2018, 123–133: 125. Auch im Arbeitsprogramm der WW finden sich bereits 1905 allgemeine theoretische Äußerungen zur Produktion von Kleidung.
14 Dazu zählen eine Bluse und ein Fragment einer Kopfbedeckung. Parallelen zu diesen Stücken finden sich in einem ähnlichen Blusenfragment, das, zu einem Kissen verarbeitet, Teil der Textilsammlung Gustav Klimts bzw. Emilie Flöges ist. Vgl.: Rainald Franz: Gustav Klimt und Josef Hoffmann. Als Reformer der grafischen Künste und der Raumkunst in der Gründungsphase von Secession und Wiener Werkstätte, in: Agnes Husslein-Arco/Alfred Weidinger (Hg.): Gustav Klimt – Josef Hoffmann. Pioniere der Moderne, Ausst.-Kat. Belvedere, München/London/New York 2011, 38–49: 43–46.
15 Vgl.: Montagblatt, 8.1.1918, o.S.; MAK [WWAN 83-190]. Eine Abbildung in: Sport und Salon, 18.12.1918, 11, könnte eines der besagten Kostüme Hoffmanns zeigen.
16 Einer dieser „Talare" für Hanak hat sich erhalten. Siehe: Buxbaum 1986, 266 (wie Anm. 5). Bereits in seinem Text „Das individuelle Kleid" hatte sich Hoffmann zu Herrenbekleidung geäußert.
17 Unter der Inventarnummer 1002304/KOS-1998-0037 hat sich im Gemeentemuseum Den Haag ein schwarzes Abendkleid aus den späten 1920er Jahren erhalten, dessen Entwurf von Josef Hoffmann sein soll.
18 Staggs 2006, 102 f. (wie Anm. 13).
19 Vgl.: Staggs ebd., 120; Werner Schweiger: Wiener Werkstätte. Kunst und Handwerk, Wien 1982, 223.
20 Vgl. v.a.: Mark Wigley: White Walls. Designer Dresses. The Fashioning of Modern Architecture, Cambridge 1995.
21 Neue Freie Presse, 2.12.1911, 10; Wiener Sonn- und Montagszeitung, 4.11.1911, 6.
22 Neues Wiener Tagblatt, 12.11.1911, 12; Neues Wiener Journal, 19.11.1911, 11.
23 Berta Zuckerkandl, *Paul Poiret und die Klimt-Gruppe*, in: *Neues Wiener Journal*, 25.11.1923, S. 5.
24 Jared Goss: Paul Poiret and the decorative arts, in: Harold Koda/Andrew Bolton (Hg.): Poiret, Ausst.-Kat. Metropolitan Museum of Art, New York), New Haven/London 2007, 43–44: 43.
25 Neue Freie Presse, 11.7.1913, 11.
26 In diesem Kontext ist auch Hoffmanns Initiative zum bei Eduard Kosmack herausgegebenen Werk *Mode Wien* 1914/15 zu verstehen, für das zahlreiche KünstlerInnen Grafiken schufen.
27 Die Stunde, 17.6.1925, 6.
28 Neue Freie Presse, 30.4.1931, 9.
29 So berichtete Leopold Kleiner 1975 in seinen an Wilhelm Mrazek gerichteten Erinnerungen an Josef Hoffmann über dessen Fachklasse für Architektur an der KGS: „[…] einträchtig arbeitete da die Modezeichnerin neben ihrem Kollegen, der auf seinem Reisbrett den Entwurf für ein Wohnhaus plante […]." Eine fast idente Beschreibung findet sich bei A. K.: Professor Dr. Ing. E.h. Josef Hoffmann Wien. 60 Jahre, in: Deutsche Kunst und Dekoration (67) 1930/31, 280. Laut Kleiner hat die damalige „Hoffmann Schule" die Bezeichnung „Angewandte Kunst" erst erarbeitet. Vgl. auch: Kunstgewerbeschüler beim Schneidern, in: Neues Wiener Journal, 7.1.1916, 6–7.
30 Der Morgen, 14.2.1924, 7.
31 Im Rahmen der Ausstellung *Raum und Mode* im ÖMKI wurden vom Gewerbeförderungsinstitut der Wiener Handelskammer und der Ausstellungsleitung Modevorführungen unter der künstlerischen Leitung Wimmers und Hoffmanns initiiert. Der Tag, 20.12.1932, 5.
32 Buxbaum 1986, 266 (wie Anm. 5).
33 Bereits 1936 hatte Hoffmann in einem Artikel für ein Modeamt plädiert. Vgl. Sekler 1982, 221 (wie Anm. 1); siehe auch den Beitrag Seite 390–397 in dieser Publikation.

Abb. 8 Karikatur der Woche, Hofrat Dr. Adolf Vetter
Der Morgen, 6.3.1916, 5

Abb. 9 JH, Entwurf für den Grundriss von Paul Poirets Atelier Martine, Paris, 1912, Motto: PAME
MAK, WWGP 1999

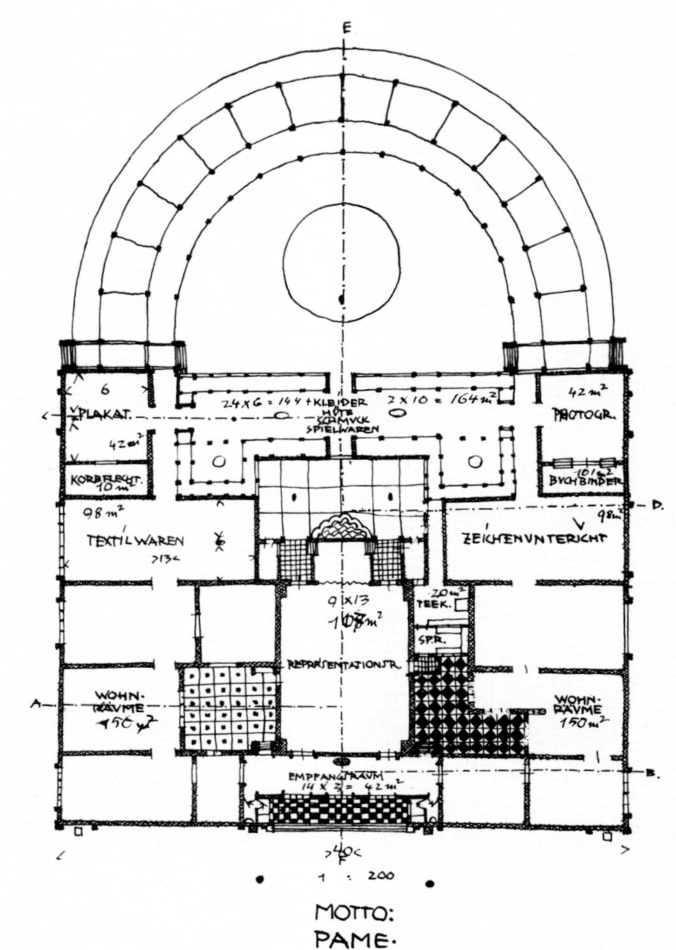

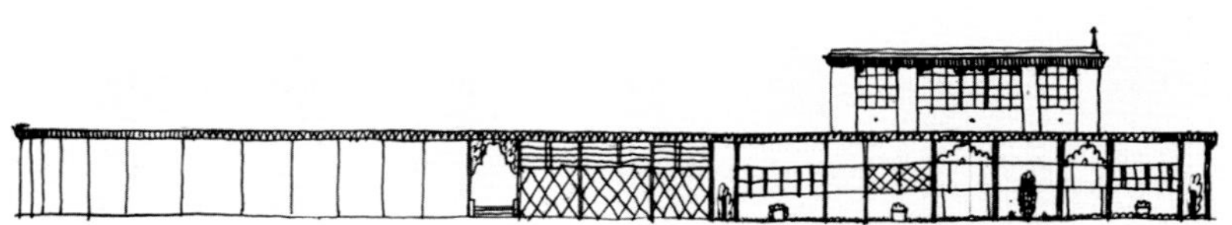

Abb. 10 JH, Entwürfe für Fassaden und Schnitte von Paul Poirets Atelier Martine, Paris, 1912, Motto: PAME
MAK, WWGP 2000

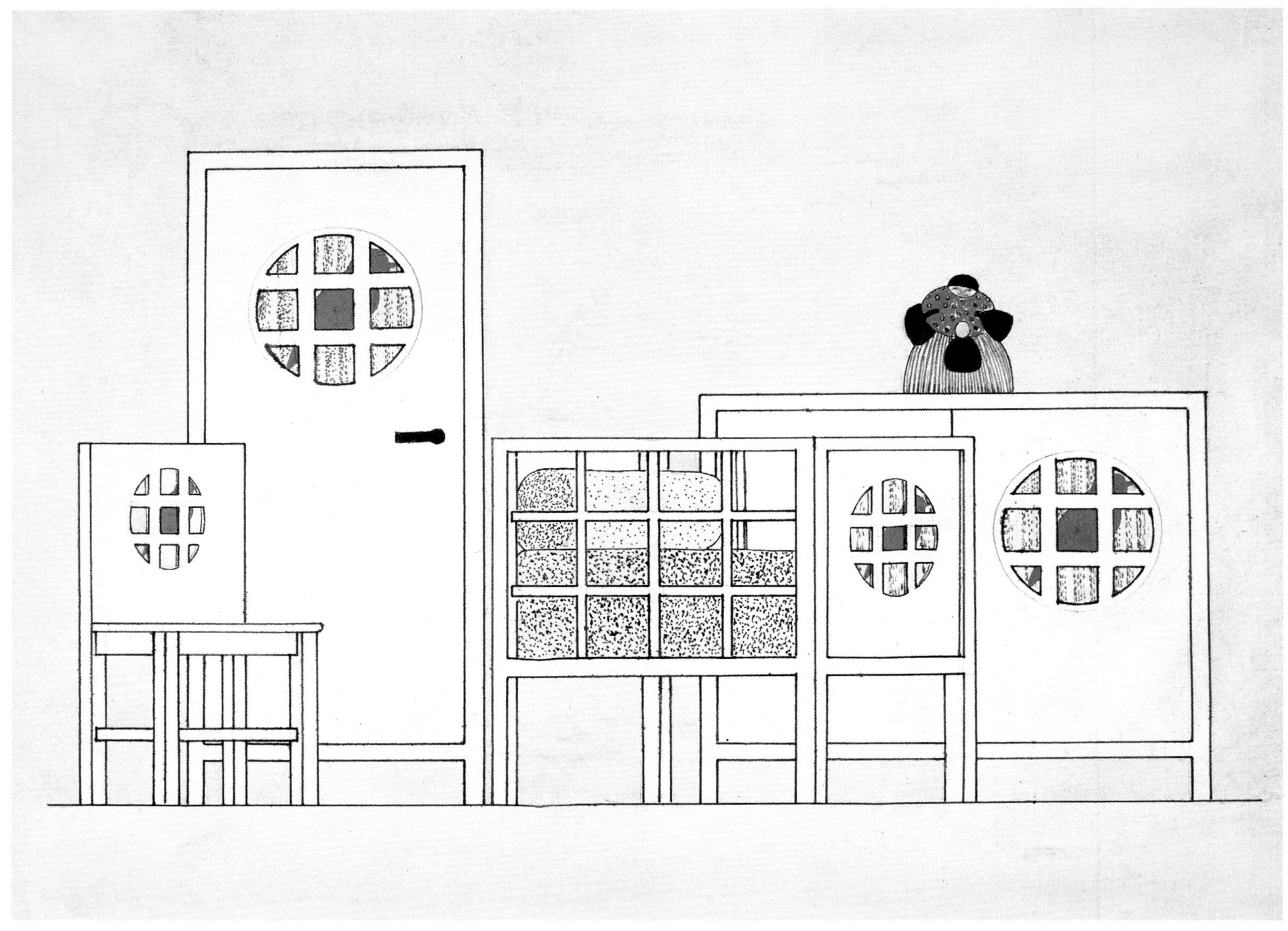

Abb. 1 Francis Jourdain, Entwurf für ein Kinderzimmer für Mme. Rothschild, 1920
Zeichnung auf Papier mit Collagen, Farbtinten, Tuschegouache
Musée d'art et d'histoire, Saint-Denis

Adrián Prieto

Das Schöne im Nützlichen

Die Rezeption Josef Hoffmanns in Belgien und Frankreich 1900–1939

Die Entwicklung und Rezeption Josef Hoffmanns spielten in der transnationalen Dynamik zwischen Paris und Wien der Jahre 1900 bis 1939 eine bislang unterschätzte Rolle. In seinem 1982 erschienenen Standardwerk über den Architekten betonte Eduard Sekler, dass „bisher viel zu wenig beachtet [wurde], welch immensen Einfluß Hoffmann, seine Schule und die Wiener Werkstätte auf die französische Kunstgewerbebewegung ausübten".[1] Diese in ihrer historiographischen Gültigkeit heute unumstrittene Hypothese verweist auf die vielfältigen Resonanzen, die die Ideale und Projekte des Architekten bei den unterschiedlichsten Persönlichkeiten und Ereignissen im frankophonen Kontext, insbesondere aber in Paris ausgelöst haben. Dessen ungeachtet stellt sich über punktuelle Begegnungen und einige augenfälligere stilistische Elemente hinaus die Frage, inwieweit sich seine Relevanz tatsächlich materialisiert hat. Spielte Hoffmann in der Gestaltung des modernen französischen Kunstgewerbes wirklich eine bedeutende Rolle? Und umgekehrt, haben diese Ereignisse sein eigenes Werk beeinflusst? Um Antworten auf diese Fragen zu skizzieren, bedarf es einer erneuten Bewertung der Grundsätze der Moderne in Frankreich sowie einer Analyse einer kanonischen Erzählung, die uns heute nicht mehr ganz richtig erscheint. Bislang wurden die Konvergenzen zwischen den beiden Hauptstädten aufgrund geopolitischer Spannungen und einer Radikalisierung nationalistischer Befindlichkeiten vernachlässigt oder auf das rein Anekdotische reduziert.[2] Unter diesen mit der Entstehungsgeschichte der europäischen Avantgarde untrennbar verbundenen Bedingungen steht das Werk Hoffmanns offenbar zwischen den Ereignissen und Ideologien. Die Forschungen zwischen Wien und Brüssel liefern hierzu eine überregionale Lesart seines Werkes, die ganz ohne auf territoriale Loyalität gründende Rhetorik auskommt.

Seit dem 1976 erschienenen Artikel „Léon Sneyers ou la sécession importée"[3] erzielte die Wissenschaft wichtige
4 Fortschritte, insbesondere hinsichtlich des Einflusses der Bildsprache der Wiener Secessionisten und des Palais Stoclet (1905–1911) auf die Entwicklung der belgischen Moderne. Der französische Kontext wird hingegen von sehr unterschiedlichen strukturellen Bedingungen bestimmt: Die ideologische Hegemonie der École des Beaux Arts im Kunstgewerbe und die gegenüber der Tradition herrschenden Missverständnisse ließen Rezeption und Sichtbarkeit der Wiener Ideen nur begrenzt zu. Das verhinderte freilich nicht, dass die Ideen Hoffmanns in unterschiedlicher Art und Intensität diskutiert wurden. Einerseits prägten die Suggestivkraft seiner Praxis und die kreative Kompromisslosigkeit der Wiener Werkstätte die Gestaltung eines dekorativen Geschmacks *à la mode*, der sich vor allem in den heterogenen Kreisen der als *les coloristes* bekannten Ausstatter manifestierte. Zu den Repräsentanten dieser Adepten gehört beispielsweise der *couturier* Paul Poiret (1879–1944), der nach einem Wienbesuch im Jahr 1911[4] das *Atelier Martine* gründete (1911–1929) und sich dabei am Programm der Wiener Werkstätte orientierte. Andererseits bedienten sich auch jene Modernisten, deren persönliche Visionen und Prinzipien sich von Le Corbusiers Rationalismus unterschieden, verschiedener Referenzen auf Wien und insbesondere auf Hoffmann. Zwei Persönlichkeiten stechen in ihrer empfindlichen Reaktion auf Hoffmanns Werk besonders hervor: der Architekt Robert Mallet-Stevens (1886–1945) und der Maler und Ausstatter Francis Jourdain (1876–1958). Mit ihren Projekten, die dem Pariser Kontext fremd waren, avancierten die beiden zu Vermittlern verschiedener Ansätze der Moderne. Die Intensität, mit der sie – vor allem im Bereich der formalen Abstraktion und der räumlichen Repräsentation und Gestaltung – einige Prinzipien Hoffmanns übernahmen, war bezeichnend für ihren spezifischen Zugang zur Gestaltung. Diese Kontinuität ermöglicht es uns, die Moderne von ihren Wurzeln in der Arts & Crafts-Bewegung, wie sie sich in Wien manifestiert hat, zu verfolgen; eine Tatsache, die die Quellengeschichte der französischen Moderne bislang übersehen hat. Entsprechende ästhetische Spuren finden sich in vielen Projekten Mallet-Stevens' und seines Kreises – Projekte, die ihrerseits in das Narrativ des französischen Kunstgewerbes und der modernen Architektur Frankreichs eingeflossen sind.

Die Teilnahme an der *Weltausstellung 1900* in Paris bot Hoffmann zum ersten Mal die Gelegenheit, ein internationales und kosmopolitisches Publikum mit der formalen Schlichtheit und sorgfältigen Umsetzung seiner Arbeiten zu konfrontieren. Dank der internationalen Verbreitung der Zeitschrift *Ver Sacrum* (1898–1903) war sein Name in französischen Intellektuellenkreisen und bei einer Handvoll Kennern bekannt und stand in Verbindung mit dem Erneue-

Abb. 2 Robert Mallet-Stevens, Entwurf für ein Landhaus für M. Ecorcheville, 1914
Musée des Arts Décoratifs, Paris, 38608 A3

rungsgeist des Secessionsstils (1897).[5] Ein Beitrag Hoffmanns in Paris, der im Saal der Wiener Kunstgewerbeschule zu sehen war, dem „charmanten österreichischen Trakt, der uns die moderne Kunstgewerbebewegung des Landes vor Augen führt",[6] stieß beim Publikum und bei der internationalen Kritik auf besonders großes Echo.[7] Der vom Symbolismus geprägte Raum war wie „ein Musenhain"[8] konzipiert und versammelte zahlreiche Arbeiten seiner Schüler. Es verwundert nicht, dass sich eine der ersten Reaktionen in Frankreich auf die vom Künstler und Ausstatter M. P. Verneuil als „L'enseignement des Arts Décoratifs à Vienne" [Kunstgewerbeunterricht in Wien] bezeichnete Hoffmann'sche pädagogische Reform bezog.[9] Der Bericht erwähnt die Klasse von Prof. Hoffmann, die dieser seit 1899 unterrichtete, und enthält zahlreiche Abbildungen von Schülerarbeiten, darunter mehrere Zeichnungen von Max Benirschke (1880–1961), der aufgrund seines grafischen Talents herausragte. Dieses Merkmal teilte er freilich mit vielen seiner bis heute in ihrer Bedeutung unterschätzten Kollegen, die zwischen 1900 und 1919 einige der radikalsten und avantgardistischen Arbeiten ihrer Zeit hervorbrachten.[10] Es handelte sich um ein Unterrichtsmodell, das dem modernen Menschen gerecht sein wollte,[11] im Wesentlichen praxisbezogen war und Intuition über Doktrin stellte. Trotz dieser Tendenzen blieben Hoffmanns Unterrichtstätigkeit und sein Wunsch, der Wiener Werkstätte mit ihren kommerziellen Ambitionen den Weg zu einem internationalen Stil zu ebnen, eng mit den Eigenarten einer lokalen Bourgeoisie verbunden. Dieses Spannungsfeld zeigt sich in der Stringenz seiner kreativen Prozesse und auch in seiner Unfähigkeit, auf sein Umfeld zu reagieren. In einem während eines Parisaufenthalts im Jahr 1906 verfassten Brief schreibt Fritz Waerndorfer, der Leiter der Wiener Werkstätte: „Hoffmann hat in Paris kein einziges Gebäude gesehen, das ihn auch nur im Geringsten interessiert hätte, wir wohnten daher im Musée Cluny und haben uns sehr gründlich mit den Tapisserien beschäftigt."[12] Diese Widersprüche sind besonders wichtig für die Analyse des internationalen Renommees Hoffmanns – vor allem zwischen 1900 und 1925 – insbesondere in Hinblick auf die idealisierte Repräsentation seines Werks aus der unbeugsamen „französischen Sicht".

Zu dieser Auffassung gelangt man durch die Lektüre verschiedener kritischer Stimmen, deren einseitige Meinung lediglich die dekorativen Aspekte seiner Kunst betont. Als Beispiel sei der 1904 erschienene Artikel „Quelques intérieurs à Vienne, par Josef Hoffmann" genannt, der reichhaltig mit Illustrationen des Interieurs der vier Villen auf der Hohen Warte in Wien versehen ist.[13] Es fällt daher nicht schwer sich vorzustellen, wie die eleganten Entwürfe Hoffmanns den „bon goût français" konterkarierten.[14] Anders verhielt es sich mit den Entwürfen von Dagobert Peche, eines Mitarbeiters in der Wiener Werkstätte, dessen formale Sinnlichkeit den Pariser Vorlieben eher entsprach und dem Hoffmann laut Sekler künstlerisch nicht vollkommen gleichgültig gegenüberstand.[15] Diese Annäherungen aus französischer Sicht lassen allerdings die Reichhaltigkeit und den konstanten Wandel von Hoffmanns Architektur außer Acht, indem sie seine Vision ab 1911 mit der durch das Palais Stoclet vertretenen archetypischen Moderne gleichsetzen. Auch fehlten in Frankreich mehrheitlich ein kritisch-theoretischer Apparat und die Erfahrungen aus erster Hand, da die Resonanz auf Hoffmanns Werk mit dem unregelmäßigen Austausch von Bildern auszukommen hatte. Wieder erweist sich hier die Bedeutung einschlägiger Publikationen und Fotografien als wichtiges Erfolgsmerkmal der Wiener Moderne – besonders hinsichtlich der Entwicklung der kreativen Prozesse in Belgien und Frankreich.

1911 erschien in der österreichischen Zeitschrift *Der Architekt*[16] eine Zeichnung mit dem Titel „Projekt einer Brücke über die Seine". Was wie die utopische Vision eines 3 Schülers der Kunstgewerbeschule anmutet, ist in Wirklichkeit ein Entwurf des Architekten Mallet-Stevens. Vom metaphorischen Potenzial abgesehen, markiert dieses Projekt den Beginn einer Periode, die bis 1921 anhält (dem Beginn der Arbeiten Mallet-Stevens' an seinem Haus für Paul Poiret[17]) und in welcher der Architekt – gemäß dem Hoffmann'schen Ideal – Antwort auf eine Reihe intuitiver Erkenntnisse findet, die ihn im Zuge seiner Ausbildung an der École Special d'Architecture[18] beschäftigten. Mallet-Stevens' Skizzen auf Papier sind bestimmt durch eine Freiheit im Umgang mit dynamischen Formen, Farben und Proportionen. Deren meisterhafte Ausführung offenbart sich uns in der Veröffentlichung von *Une Cité Moderne* (1917–1923)[19], einem Entwurf für eine moderne utopische Gemeinschaft, die auf einem formalen Schönheitsideal basiert und die sich, wie bei Hoffmann, als

Medium für Fortschritt und soziale Bildung versteht. Diese Wiener Periode wird generell unter dem strittigen Stichwort der „Einflussnahme" gelesen und durch die Verwandtschaft Mallet-Stevens' mit der Stoclet-Familie kontextualisiert,[20] die ihn zu einem privilegierten Zeugen des Hoffmann'schen Ideals in Brüssel machte. Während dies weder seine präzise Kenntnis des Wiener Kontextes noch das volle Ausmaß seiner Suche nach architektonischen, dem Pariser Milieu frem-
2 den, Konzepten erklärt, zeigt es doch, warum Wien seine volle Aufmerksamkeit genoss. Mallet-Stevens machte in seinen Entwürfen kein Geheimnis aus seiner Referenz auf Projekte wie die Villa Ast (1909–1911), das Eingangsgebäude der *Kunstschau* (1908), den Pavillon der *Internationalen Kunstausstellung* in Rom (1911) oder auf die Arbeiten von Hoffmann-Schülern wie Emanuel Margold (1888–1962).[21] Darüber hinaus setzt er sich in zahlreichen Artikeln in französischen und belgischen Zeitschriften für von Hoffmann formulierte Werte und Lösungsansätze ein, so etwa in *Le Noir et le Blanc* (1911)[22] oder in *Une Cuisine Moderne* (1913).[23] So wird Mallet-Stevens zum einzigen Repräsentanten dieser Schule in Frankreich. Eine außerordentliche Entwicklung, wenn man bedenkt, dass er entgegen weitgehender Spekulationen[24] aller Wahrscheinlichkeit nach kein Schü-
1 ler Hoffmanns in Wien gewesen war. Ganz ähnlich pflegte sein Kollege und Freund Francis Jourdain mit seinen Farbpaletten und seiner Komposition des Innenraums einen graphischen Stil, der eine große Nähe zu Hoffmann aufweist. Die Umsetzung seiner Ideen zeigt hingegen bereits sehr früh die Bedeutung, die Jourdain in seinen Entwürfen den Debatten über das Ornament beimaß. Bei Mallet-Stevens und Jourdain handelt es sich also um zwei Pioniere der Moderne der französischen Zwischenkriegszeit, deren Beziehung zu Wien die jeweils eigene Perspektive und Karriere geprägt sowie natürlich auch deren spätere Rezeption geformt haben. Ihre besondere Sensibilität gibt uns außerdem die Chance zu untersuchen, inwieweit sie formale Konzepte anderer Künstler beeinflussten – etwa von Djo-Bourgeois oder René Gabriel, die einer späteren Generation angehören und offenbar keinerlei direkte Verbindung zum Wiener Umfeld hatten.

Auf der *Exposition Internationale des Arts Décoratifs et Industriels Modernes* 1925 in Paris wurde deutlich, wie vielfältig die Positionen seit 1900 geworden waren und wie sehr sie die Ängste und Probleme der Zeit reflektierten. Der österreichische Pavillon von Hoffmann, der inzwischen großes internationales Ansehen genoss, wurde von Kritik und Publikum begeistert aufgenommen und als einer der qualitätsvollsten Beiträge im Bereich des modernen dekorativen Künste angesehen. Die kurzzeitigen Erwartungen wichen jedoch dem Unbehagen und der Enttäuschung jener, die eine andere Art von Moderne vor Augen hatten. Ein anonym erschienener Artikel Mallet-Stevens' über das Palais Stoclet brachte – bei aller Bewunderung für Hoffmanns Architektur – eine allgemeine Stimmung zum Ausdruck:

> „Seit 1907 wurden große technische Fortschritte erzielt: Der Stahlbeton lässt eine bisher ungeahnte Kühnheit zu, eine neue Ästhetik ist geboren. Die Architektur von morgen wird sich unweigerlich von den Konzepten Hoffmanns unterscheiden – selbst die ornamentlose Wiener Architektur von Loos entfernt sich allmählich von Hoffmann […]."[25]

So wurden die Wellenprofile an der Fassade des österreichischen Pavillons – ein vielfach eingesetztes Leitmotiv Hoffmanns – abschätzig als dekorative Geste bezeichnet und sein Kompromiss mit dem Schönen als etwas dargestellt, das ihn in sozialer und ideologischer Hinsicht radikal von anderen Formen der Moderne unterschied. Außerstande, auf die neuen Erwartungen und dekorativen Strömungen der zeitgenössischen Architektur zu reagieren, bekräftigte Hoffmann erneut seine Präferenz von Form gegenüber Doktrin, womit er, wie Sekler ausführt,[26] unangebrachte, vorindustrielle Werte heraufbeschwor. Auch der französische Kritiker, der 1902 die Kunstgewerbeschule besucht hatte, verfasste erneut einen Artikel, in dem er auf die Entfremdung Hoffmanns von zeitgemäßen Erwartungen hinwies: „Im Unterricht und im Wesen der Arbeiten der Schüler lässt sich im Vergleich zu vor zwanzig Jahren keinerlei Veränderung erkennen."[27] Dennoch hebt er die außergewöhnliche Qualität der Schülerarbeiten hervor, die im von Oswald Haerdtl gestalteten Trakt im Grand Palais ausgestellt waren. Haerdtl, ein Vertrauter Hoffmanns, hatte damals bereits die Leitung des Ateliers übernommen. Seine Formen und geometrischen Ausmaße verweisen auf den 1925 von Mallet-Stevens gestalteten Eingangsbereich des Tourismuspavillons. Dabei wird eine interessante Entwicklung hin zu einer vektoriellen, an die *De Stijl*-Bewegung angelehnten Architektur deutlich. Der Architekturhistoriker Bruno Reichlin[28] bezeichnet dies als „Wiener Kubismus", wobei er sich auf die formale Abstraktion bei Hoffmann wie jene im zukunftsweisenden Flachrelief der Supraporte im linken Seitensaal der XIV. Ausstellung der Secession bezog.

Infolge kontrastierender Tendenzen innerhalb der europäischen Avantgarde, sichtbar in der Dominanz des Rationalismus nach 1925 (gewöhnlich mit der Bewegung *Neues Bauen* in Verbindung gebracht), gab Hoffmanns Formentreue Anlass, seine Hingabe zur Moderne zu hinterfragen. Diese Situation akzentuierte den fortschreitenden Relevanzverlust Hoffmanns, der sich zugunsten von internationalen Debatten und Ereignissen entfernte, zugunsten einer Betrachtung seines Werkes als Anstoß für frühen Modernismus. Die Verbindungen nach Paris beschränkten sich auf punktuelle Begegnungen, etwa mit André Lurçat und Gabriel Guévrékian bei deren Teilnahme an der Wiener Werkbundsiedlung 1932. Guévrékian hatte sich zum authentischen

Abb. 3 Robert Mallet-Stevens, Projekt einer Brücke über die Seine, 1911
Der Architekt (XVII) 1911, 76

Abb. 4 Léon Sneyers, Illustration „L'intérieur moderne"
The Home, Juni 1914. Coll. CIVA, Brüssel

Förderer der Beziehungen zwischen Paris und Wien entwickelt und war innerhalb der Gruppe österreichischer Emigranten, der er selbst zusammen mit Hans Vetter, Jean (Hans) Welz und Adolf Loos angehörte, zu einer wichtigen Bezugsperson geworden. Nach der begeisterten Reaktion auf viele der 1925 in Paris gezeigten Objekte beauftragte die österreichische Handelskammer Guévrékian mit dem Entwurf für *Le Studio Viennois*, eine Verkaufsfiliale (und eine Art kulturelles Schaufenster), in dem die Objekte der Wiener Werkstätte, Hagenauers oder aus *Haus und Garten* präsentiert und ein Glossar des Wiener Geschmacks geliefert werden sollte. Das Geschäft wich 1933, möglicherweise aufgrund der nur schwer zu überzeugenden Pariser Klientel, der Wirtschaftskrise oder der Auflösung der Wiener Werkstätte (Ende 1932), einem kleinen Café, in dem traditionelle Spezialitäten serviert wurden. Die Wände des Cafés waren mit idyllischen Gebirgslandschaften bemalt, was als Vorschau auf das Motto „Österreich als Reiseziel", das Programm des nationalen Pavillons bei der *Weltausstellung Brüssel* 1935 wie auch bei der *Weltausstellung Paris* 1937, gelesen werden kann. Beide Beiträge entwarf Haerdtl, dem es leichter fiel, mit der Entwicklung Schritt zu halten, und der bei der Repräsentation des Landes in kunstgewerblicher wie architektonischer Hinsicht nun offiziell die Nachfolge Hoffmanns angetreten hatte.

In seinem Buch *Wegbereiter moderner Formgebung. Von Morris bis Gropius* (1936) lässt Nikolaus Pevsner keinen Zweifel daran, dass Hoffmann in der Geschichte der Moderne des frühen 20. Jahrhunderts eine grenzüberschreitende Rolle gespielt hat; Pevsners Vision von Design, das in historischer Kontinuität und Interdisziplinarität verankert ist, vernachlässigt jedoch die spezifischen Bedingungen der Zeit und vereinfacht die Nuancen der transnationalen Annäherungen an die Moderne. Die Wiedergabe solcher tradierter Haltungen hat jedoch einen selbstgefälligen Irrtum gefördert, der unter anderem dazu geführt hat, dass offensichtliche Belege für die Bedeutung Hoffmanns im frankophonen Kontext weiterhin ignoriert wurden. Um also zu den eingangs gestellten Fragen zurückzukehren, scheint ähnlich wie in Belgien evident zu werden, dass das Œuvre Hoffmanns verschiedene Haltungen innerhalb der französischen Moderne geprägt hat, die nicht immer als Merkmale des dekorativen Geschmacks verstanden wurden. Dennoch bleibt zu bestimmen, inwieweit sich das Zusammenwirken von Paris und Wien tatsächlich manifestiert hat. Die Ergebnisse dieser Untersuchung hängen davon ab, inwiefern es möglich ist, unterschiedliche Persönlichkeiten und spezifische historische Bedingungen in Einklang zu bringen. Schließlich müssen sich die Erkenntnisse unserer Nachforschungen der launenhaften Variabilität des Hoffmann'schen Werks anpassen. Bild und Wahrnehmung der Forschung werden von unserer Betrachtungsweise abhängen. In der Zwischenzeit lässt sich aber mit Sicherheit festhalten, dass das Schaffen und die Ideale Josef Hoffmanns zu einem wichtigen Leitfaden für all jene wurden, die in unruhigen Zeiten auf der Suche nach dem eigenen Weg waren und danach strebten, modern zu sein. ■

Abb. 5 Oswald Haerdtl, Raum der Architekturklasse der Kunstgewerbeschule auf der Internationalen Kunstgewerbeausstellung in Paris 1925
MAK, KI 10147-124

Aus dem Spanischen von Jacqueline Csuss

1 Eduard F. Sekler: Josef Hoffmann. Das architektonische Werk, Salzburg/Wien 1982, 186.
2 Die anhaltende Spannung und politische Feindseligkeit zwischen den beiden Ländern drückt sich im nicht enden wollenden patriotischen Gestus zugunsten der kulturellen Unabhängigkeit Österreichs von der Tyrannei des französischen Geschmacks aus. Nach Ausbruch der Kämpfe 1914 insistierte u.a. die österreichische Kritikerin Berta Zuckerkandl über einen Zeitraum von mehreren Wochen in der *Wiener Allgemeinen Zeitung* auf einer „Befreiung von Paris". Dabei ging es um die Forderung nach einem nationalen Geschmack, bei dem der Wiener Werkstätte eine entscheidende Rolle zukommen sollte. Siehe Heather Hess: Producing Fashion. Commerce, Culture and Consumers, in: „The Wiener Werkstätte and the Reform Impulse", VI, University of Pennsylvania, 2008.
3 Maurice Culot: Léon Sneyers ou la sécession importée, in: Bulletin des A.A.M. 8/1976.
4 Paul Poiret machte auf einer Tour durch Mitteleuropa im November 1911 in Wien Station, um drei mit Spannung erwartete Vorträge zu halten.
5 Die Wiener Künstler waren in mehreren Räumen im Grand Palais vertreten; Hoffmann entwarf den Eingang und zwei Ausstellungsräume, die die im Verhältnis zu den ausgestellten Objekten und Werken komplizierte und harmonische Polychromie des Ensembles unterstrichen.
6 Quelques Intérieurs à Vienne, par Josef Hoffmann, in: Art et Décoration (XVI) Juli–Dezember 1904, 61.
7 1902 widmete ihm die in Darmstadt von Alexander Koch herausgegebene Zeitschrift *Innendekoration* eine große, vom Kritiker Joseph Adolf Lux verfasste Reportage, der die Qualität der Arbeit von Hoffmann hervorhob und auf die Bedeutung der von ihm ausgelösten Neuorientierung im deutschen Kunstgewerbe verwies. Ein Faktum, das von Charles-Édouard Jeanneret (Le Corbusier) in seiner Publikation von 1912 *Étude sur le mouvement d'art decoratif en Allemagne* ebenfalls bestätigt wurde und der über Hoffmann sagt: „Wien bot einen fruchtbaren Boden [...] Joseph Hoffmann imponierte mit seiner unleugbaren Persönlichkeit und wurde zur Seele eines nie dagewesenen spekulativen Unternehmens – der Wiener Werkstätte –, das Wien zu einer bis zum heutigen Tage beispiellosen Aufmerksamkeit verhalf."
8 Sekler 1982, 36 (wie Anm. 1).
9 L'Enseignement des Arts Décoratifs à Vienne, in: Art et Décoration (XI) Jänner–Juni 1902, 143–164.
10 Schüler wie Hans Scharfen, Johann Stubner, Georg Winkler, Carl Witzmann etc., die wegen nicht vorhandener Aufzeichnungen oder weil sie nach ihrer Ausbildung nicht mehr produktiv waren, kaum bekannt sind. Ihre Entwürfe sind von einer Radikalität, die in einigen Fällen die formalen Kompositionen und farblich gestalteten räumlichen Repräsentationsmethoden vorwegnahm, wie sie sich in der zweiten Hälfte der 20er Jahre in den Strömungen der *Avantgarde* in Europa entwickelten. Siehe: Raummalerei-Künstler um Josef Hoffmann 1900–1910, Galerie Metropol, New York 1987.
11 Vgl. Sekler 1982, Kap. I., 9–24 (wie Anm. 1).
12 Brief von Fritz Waerndorfer an Adolphe Stoclet, 22.11.1906 zit. nach Christian Witt-Dörring: Palais Stoclet, in: Ders./Janis Staggs (Hg.): Wiener Werkstätte 1903–1932. The Luxury of Beauty, München u.a. 2017, 385.
13 Quelques Intérieurs à Vienne 1904, 61–70 (wie Anm. 6).
14 Wie aus einem Brief von 1920 des Architekten René Allard an Hoffmann hervorgeht, der sich nach Erhalt mehrerer Objekte der Wiener Werkstätte für einen möglichen Verkauf in Frankreich konsterniert zeigt und sie als grotesk und misslungen bezeichnet. Er wiederholt jedoch seinen Gefallen an den Keramiken von Michael Powolny, die dem expressionistischen französischen Geschmack näher stehen. In: René Allard an Josef Hoffmann, Nov. 1920; Archiv Prof. Häusler, Wien.
15 Siehe Sekler 1982, 166 (wie Anm. 1).
16 Der Architekt (XVII) 76, 9/1911. 1914 werden abermals zwei Projekte veröffentlicht. Für einen jungen französischen Architekten ist das außergewöhnlich und lässt sich möglicherweise mit einer Vermittlung Hoffmanns erklären, der Verbindungen zu der Zeitschrift hatte.
17 1912 gab Poiret bei Hoffmann ein Wohnhaus in Auftrag. Das Projekt kam jedoch nicht zustande, siehe Sekler 1982, 349 (wie Anm. 1). Die Bauarbeiten von Robert Mallet-Stevens in Mézy begannen 1921 und dauerten bis 1923; die Arbeiten mussten infolge des Bankrotts des Designers abgebrochen werden. Bei den Fotografien der Sichtbetonstruktur spricht man heute von den „ersten Ruinen der Moderne".
18 Gegründet 1865 und von Émile Trélat geleitet, über die Grundlagen des rationalistischen Denkens von Viollet-le-Duc.
19 Rob. Mallet-Stevens: Une cité moderne, Paris 1922.
20 Der Architekt ist der Neffe von Suzanne Stevens, die 1896 Adolphe Stoclet heiratet. Ab 1904 fügt Robert Mallet den Namen Stevens seiner Unterschrift hinzu. Zur Zugehörigkeit des Architekten und seinen belgischen Verbindungen, siehe Maurice Culot: Rob. Mallet-Stevens, Reporter, Critique d'art et Décorateur. 1907–1914 in: Ders. (Hg.): Rob Mallet-Stevens. Itinéraires: Paris–Bruxelles–Hyères, Paris 2016.
21 Die Arbeit beider Architekten weist in vielen Aspekten und Merkmalen ihrer graphischen Produktion starke Parallelen auf. 1930 verfasste Margold für die erste Publikation über den französischen Architekten eine der Einleitungen: R. Mallet-Stevens: Dix années de réalisations en architecture et décoration, Paris 1930.
22 Rob. Mallet-Stevens: Le noir et le blanc (Lettre de Paris), in: Tekhné 34, 1911.
23 Rob. Mallet-Stevens: Une cuisine moderne, Architecture et Décoration, in: La Petite Illustration 9, 1913.
24 Ein Brief von Adolphe Stoclet an Fritz Waerndorfer aus dem Jahr 1911, in dem er die bevorstehende Reise seines Neffen nach Wien ankündigt, widerlegt die zahlreichen Behauptungen über einen möglichen Aufenthalt Mallet-Stevens' in Wien und eine Zusammenarbeit im Studio von Hoffmann. Siehe Witt-Dörring 2017, 405 (wie Anm. 12).
25 Rob. Mallet-Stevens: L'Architecte, Jänner 1924.
26 Sekler 1982, 189 f. (wie Anm. 1).
27 L'enseignement de L'art Décoratif en Autriche, in: Art et Décoration (XLIX) Jänner–Juni 1926, 85–96.
28 Siehe Bruno Reichlin: De Stijl aus Wien. Die Architekturausstellungen in Wien 1924 und Paris 1925, in: Adolph Stiller: Oswald Haerdtl. Architekt und Designer, 1899–1959, Salzburg 2000, 60–67. Zu Mallet-Stevens siehe Bruno Reichlin: Mallet-Stevens versus De Stijl, in: Y.-A Bois/N. Troy: De Stijl et l'architecture en France, Brüssel 1985.

1934
1938

Benedikt Fred Dolbin, Karikatur Josef Hoffmann, 1932
Johannes Spalt, Josef Hoffmann. Porträts – Signets – Stempel, Wien 2002, 63

Abb. 1 JH, Vitrine, ausgeführt von Franz Konecny für die Ausstellung *Das befreite Handwerk* im ÖMKI, 1934
Nussbaumholz, Glas
MAK, H 2156
© MAK/G. Nimatallah

Abb. 2 JH, Kasten, um 1935
Holz, bemalt
GALERIE BEI DER ALBERTINA · ZETTER

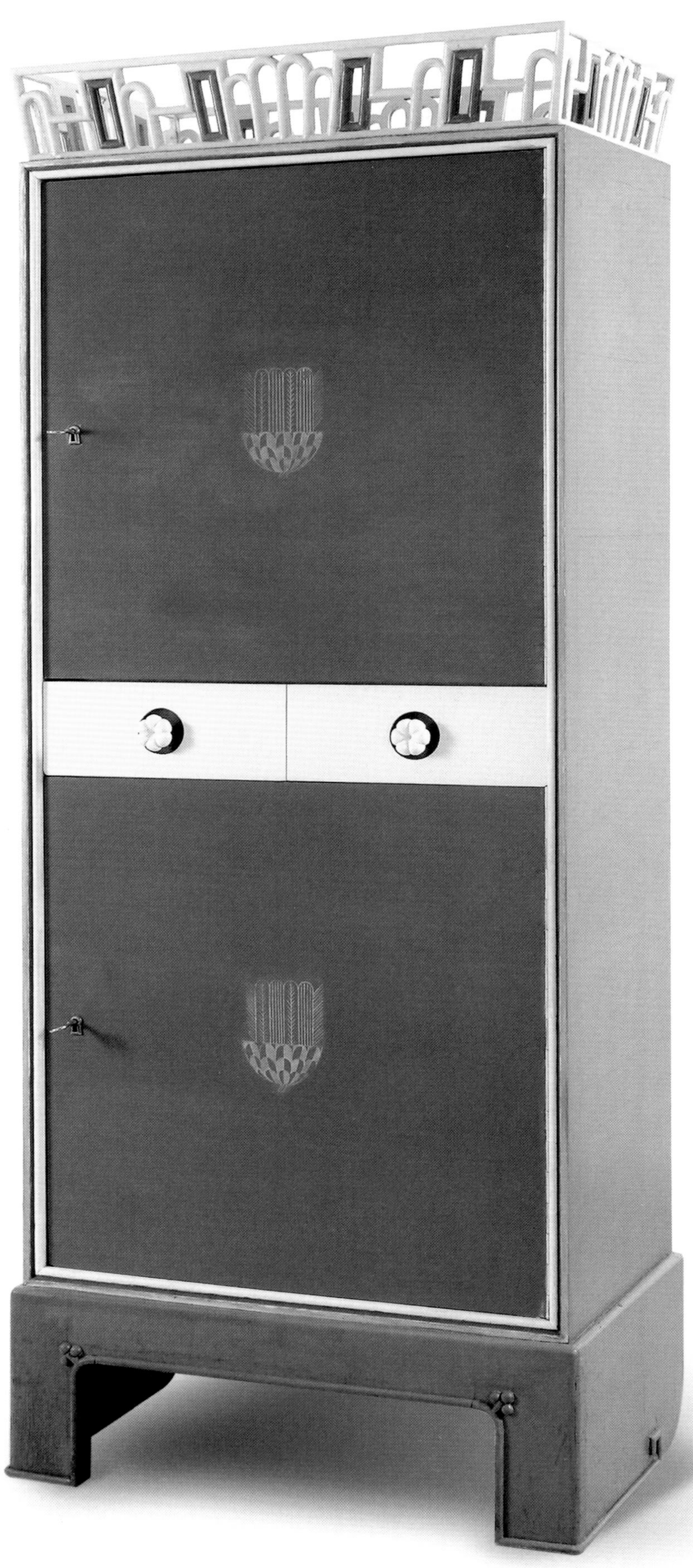

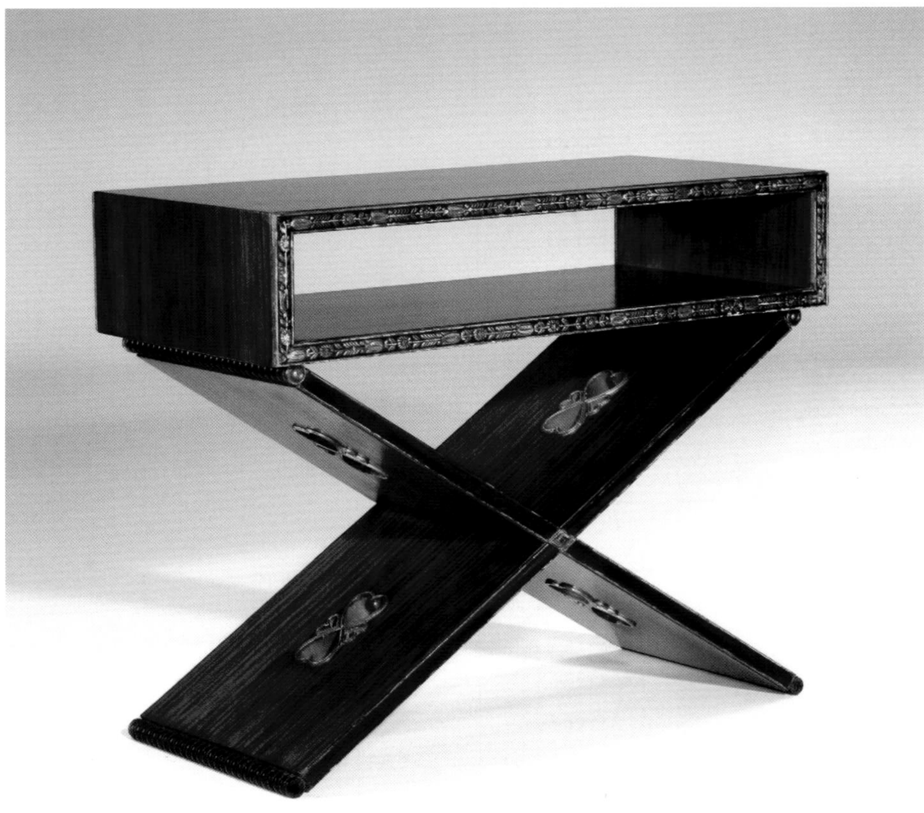

Abb. 3 JH, Tischchen, um 1930
Palisander, z.T. geschnitzt und vergoldet
bel etage Kunsthandel GmbH

>
Abb. 5 Rekonstruktion des *Boudoir d'une grande vedette*, gezeigt auf der Weltausstellung Paris 1937, ausgeführt in den Restaurierwerkstätten des MAK 2014
Holz, gefräst und mit Schlagmetall versilbert; Metall, gegossen; Kunststoff; Spiegelglas
MAK, H 3815 und H 2058-61
© MAK/Georg Mayer

>
Abb. 6 JH, Ruhebett, *Boudoir d'une grande vedette*, ausgeführt von Max Welz (Holz- u. Fassarbeit) und Hedwig Pöchlmüller (Stickerei), Weltausstellung Paris 1937
Holz, geschnitzt und versilbert; Wollstickerei
MAK, H 2059
© MAK/Nathan Murrell

Abb. 4 JH, Sessel, ausgeführt von Jakob Soulek für die Ausstellung *Das befreite Handwerk* im ÖMKI, 1934
Nussbaumholz, z.T. geschnitzt; originale Lederpolsterung
MAK, H 1701
© MAK/Nathan Murrell

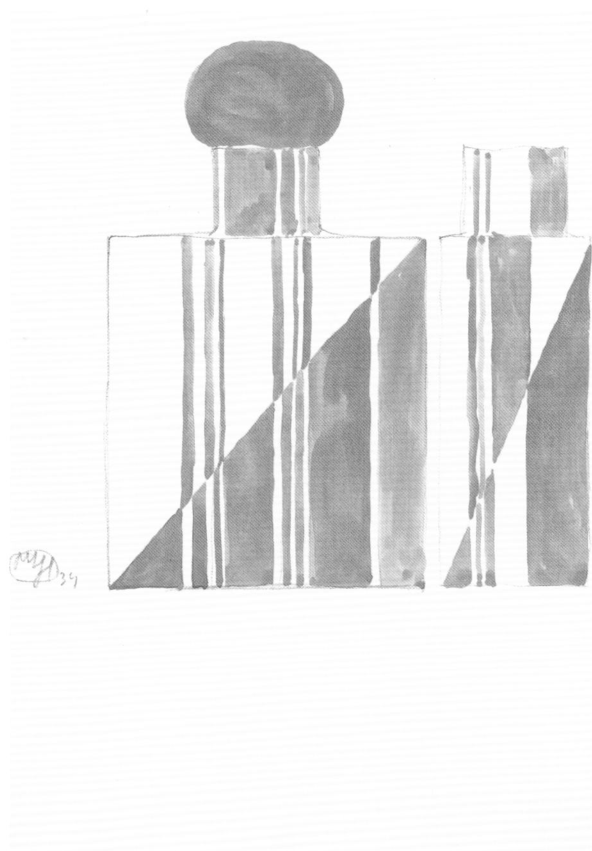

Abb. 7 JH, Entwurf für ein Flakon, um 1935
Kunsthandel Widder, Wien

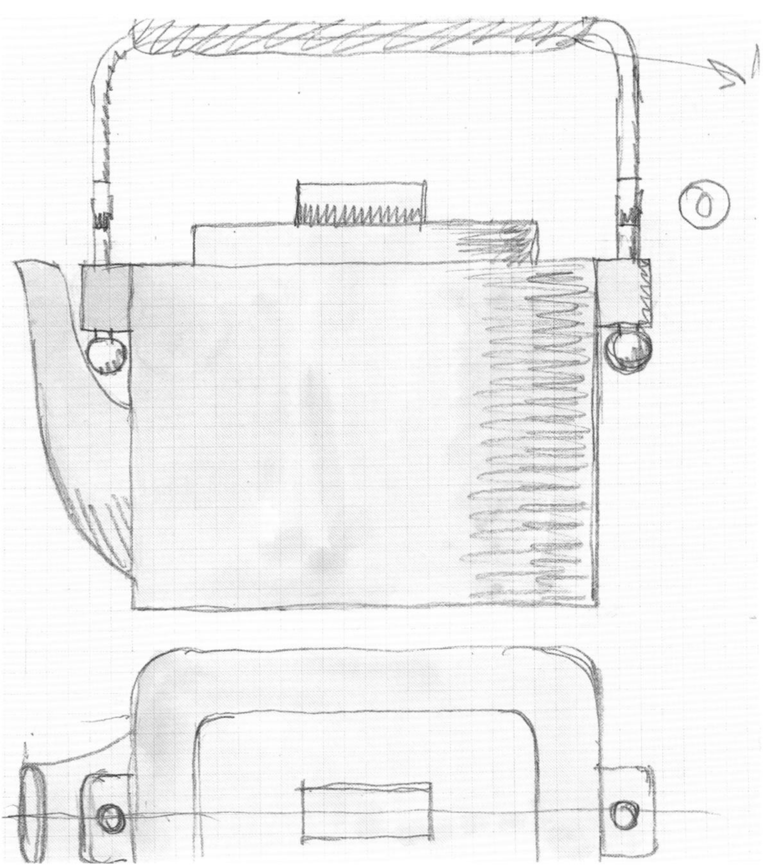

Abb. 8 JH, Entwurf für eine Teekanne aus Porzellan, um 1935
Kunsthandel Widder, Wien

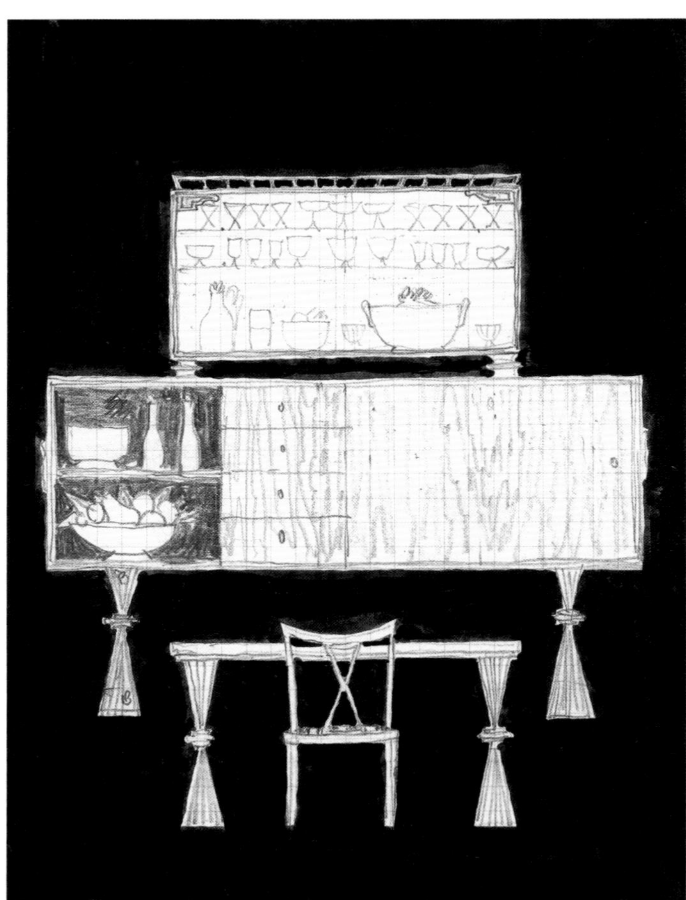

Abb. 9 JH, Entwurf für ein Buffet mit Vitrinenaufsatz, Tisch und Sessel, um 1935
Kunsthandel Widder, Wien

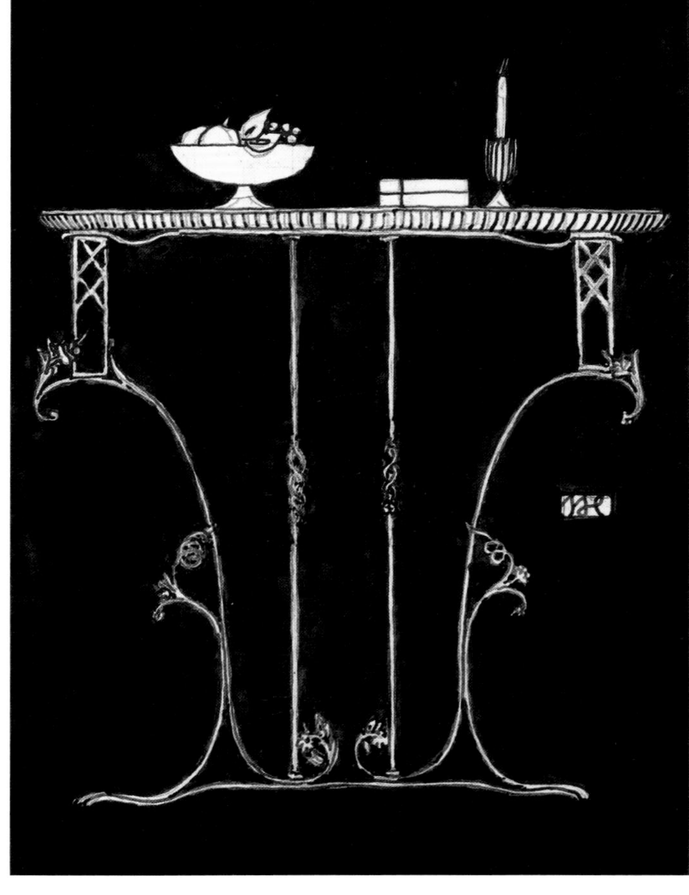

Abb. 10 JH, Entwurf für einen Konsoltisch aus Schmiedeeisen, um 1935
Kunsthandel Widder, Wien

Abb. 11 JH, Ausstellungsgestaltung *50 Jahre Wiener Kunstgewerbeverein* im ÖMKI, 1934
Profil (2) 6 1934, 183

Abb. 12 JH, Kunstgewerberaum auf der Ausstellung *Austria in London*, 1934
Profil (2) 5 1934, 51

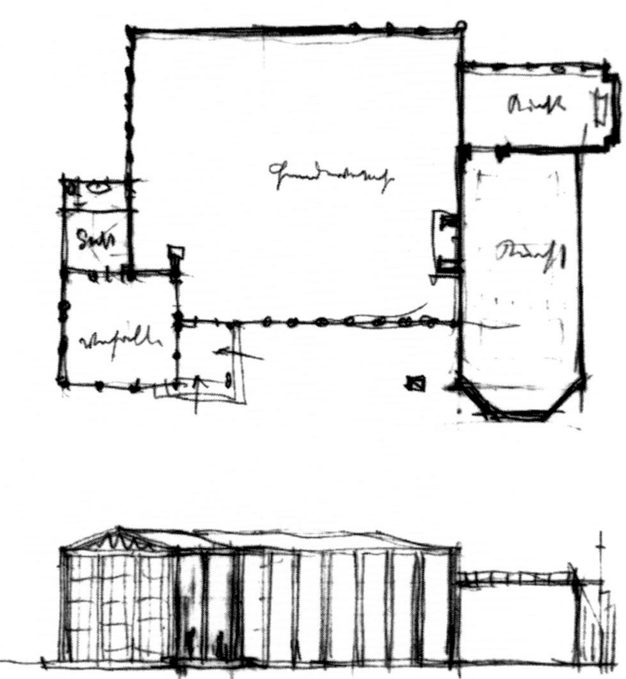

Abb. 13 JH, Entwurfsstudie zum österreichischen Pavillon für Brüssel, 1934
E. Sekler, Josef Hoffmann, 429

Abb. 14 JH, Wettbewerbsprojekt für den Palast der Großen Nationalversammlung der Türkei, Ankara, 1936, Skizze eines Fahnenmasts
Schenkung Wittmann Möbelwerkstaetten GmbH
MAK, KI 23086-56

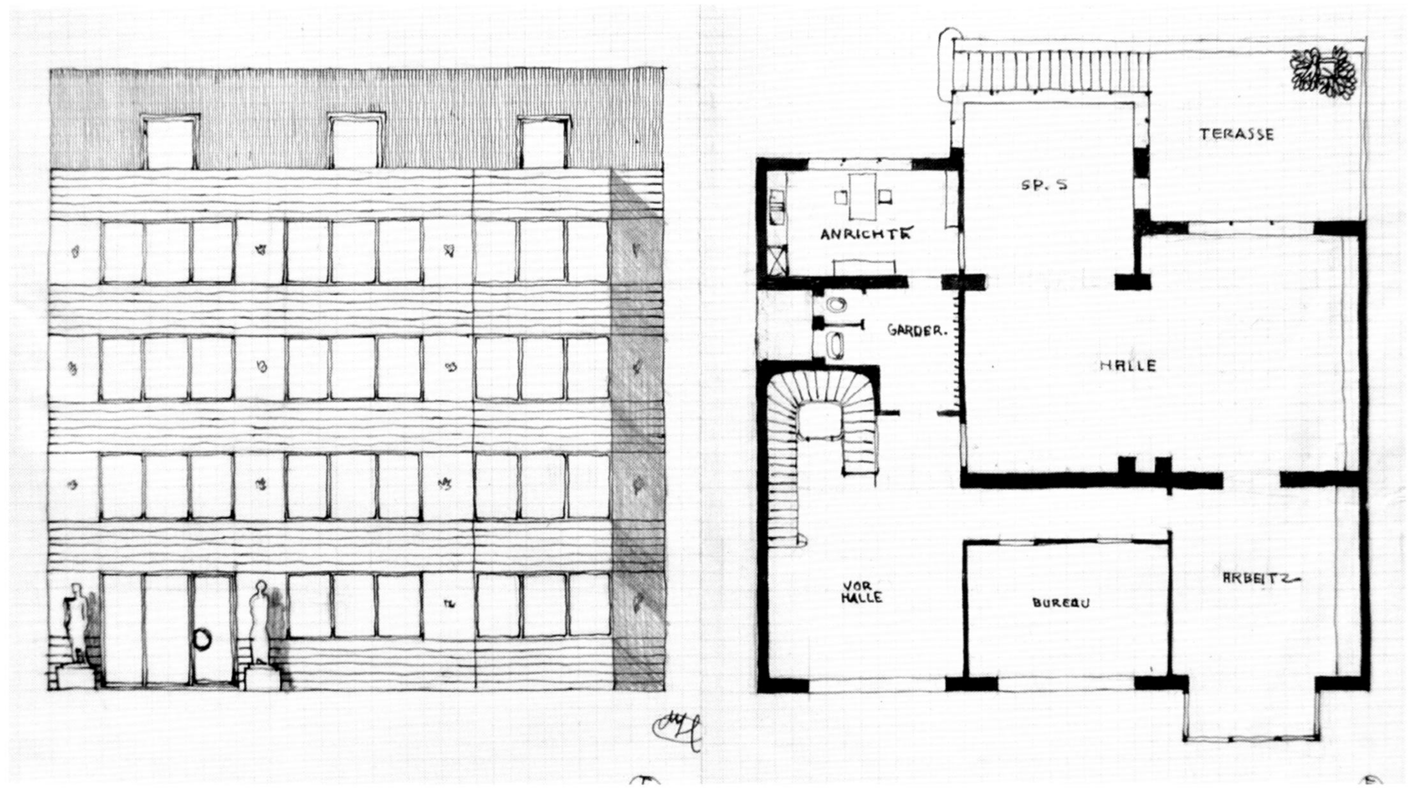

Abb. 15 JH, Kleines städtisches Wohnhaus in Wien-Landstraße, Projekt, 1935 (?)
Fassade und Grundriss
Kupferstichkabinett der Akademie der bildenden Künste Wien, HZ 26309

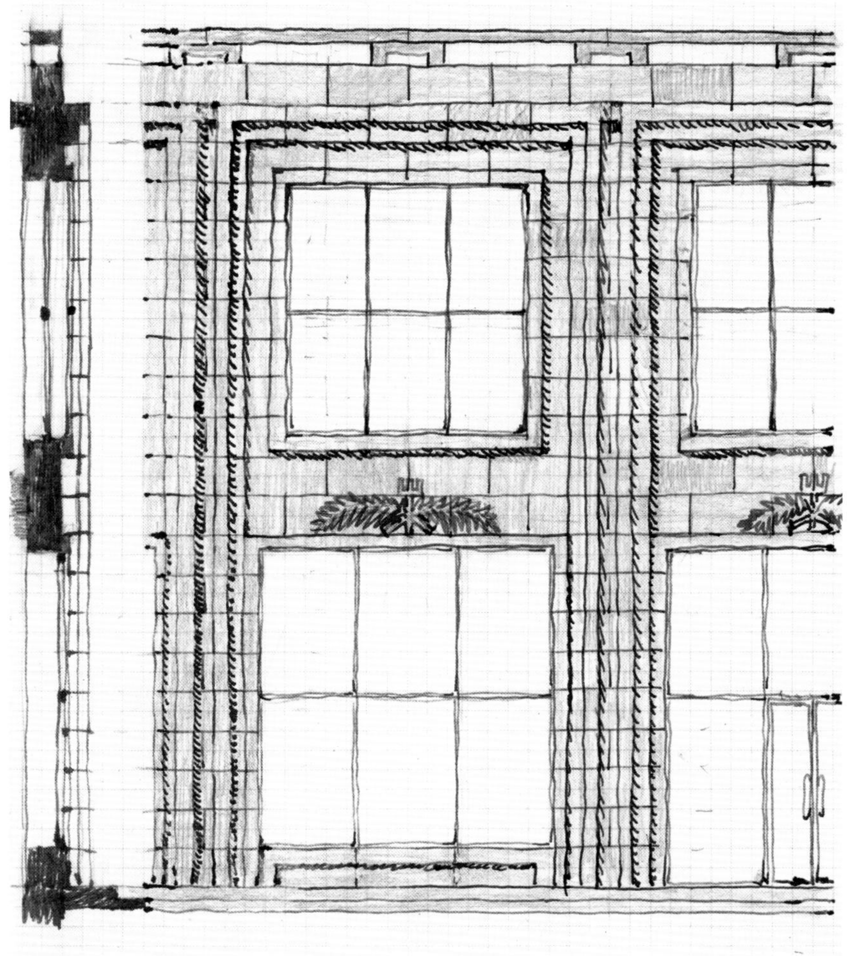

Abb. 16 JH, Wettbewerbsprojekt für den Palast der Großen Nationalversammlung der Türkei, Ankara, 1936, Fassadenstudie
Kupferstichkabinett der Akademie der bildenden Künste Wien, HZ 26311

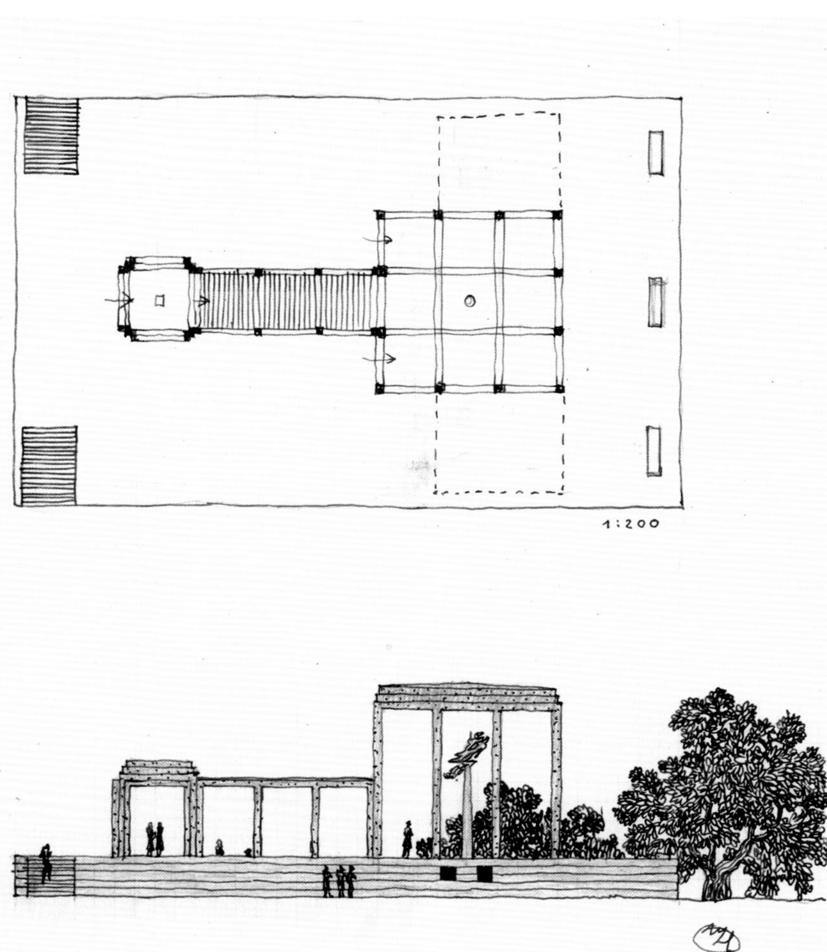

Abb. 17 JH, Projektvariante für eine Ruhmeshalle und Gruft österreichischer Musiker im Wiener Volksgarten, 1935, Grundriss und Ansicht
Kupferstichkabinett der Akademie der bildenden Künste Wien, HZ 26300

Josef Hoffmann

1934
1938

1934–1937

1934 Errichtung des österreichischen Pavillons für die Biennale in Venedig. Für die Österreich-Ausstellung in London richtet Hoffmann den Saal des Kunstgewerbes ein. Raumgestaltung der Ausstellung *50 Jahre Wiener Kunstgewerbeverein* im ÖMKI. Ebenfalls 1934 kommt es zur Spaltung des Österreichischen Werkbundes, die in die Gründung des Neuen Werkbundes Österreich unter der Leitung von Clemens Holzmeister (Präsident), Peter Behrens und Josef Hoffmann (Vizepräsidenten) mündet. Die Weihnachtsausstellung 1934/35 des ÖMKI wird ganz im Zeichen der Erneuerung veranstaltet: *Das befreite Handwerk. Geschmack und Wohnkultur* präsentiert eine neue Förderungspolitik des autoritären Ständestaat-Regimes. Neben Oswald Haerdtl, dem Obmann der Kunstgewerbesektion des Genossenschaftsverbunds, der die Ausstellung ausrichtet, ist Josef Hoffmann federführend an der Konzeption der Ausstellung beteiligt. Deren explizite Zielsetzung ist die Neuerfindung eines „österreichischen Stils". Man will Entwürfe liefern, die Handwerkern wie Vergoldern, Kunstschnitzern, Tapezierern, Posamentierern Gelegenheit bieten sollen, ihre Fähigkeiten zur Geltung zu bringen – eine im Gegensatz zu den bei der Werkbundausstellung 1930 gezeigten Arbeiten gewerblich orientierte Ästhetik und Einstellung. Von Anfang an ist der Leitgedanke, „wieder reicheres und künstlerisch gehaltvolleres Schaffen zur Ausstellung zu bringen, welches den Dekorationsgewerben und anderen kunstgewerblichen Branchen eine bessere Beschäftigung […] gewährleistet". 1936 emeritiert Hoffmann von der Kunstgewerbeschule und wird für das Wintersemester 1936/37 noch als „Hilfslehrer" mit der Leitung der Kunstgewerbeabteilung seiner ehemaligen Fachklasse für Architektur beauftragt. Hoffmann muss nun auch sein Bauatelier an der Kunstgewerbeschule schließen – die Spitzen des Neuen Österreichischen Werkbunds, Holzmeister, Haerdtl und Max Fellerer dominieren Architektur und Kunstgewerbe im ständestaatlichen Österreich. Von nun an entstehen größtenteils Projekte und Studien, so entwirft Hoffmann u.a. ein Wettbewerbsprojekt für den *Palast der Großen Nationalversammlung der Türkei* in Ankara, weiters das Projekt einer *Ruhmeshalle und Gruft für österreichische Musiker* für einen Wiener Park sowie Studien für den später von Oswald Haerdtl geplanten österreichischen Pavillon für die Weltausstellung Paris 1937, wo erneut Hoffmanns *Boudoir d'une grande vedette* (Ruheraum einer Dame) ausgestellt wird. Ebenso mit Oswald Haerdtl Umgestaltung diverser Räume des Casinos in Baden. Einrichtung des Verlags- und Druckereigebäudes des Schroll-Verlags, Wien-Margareten. Ein letzter Versuch Josef Hoffmanns mit Friedrich Nerold und Franz Hollmann, im „Ständestaat" die 1932 aufgelöste Wiener Werkstätte neu zu gründen, schlägt fehl.

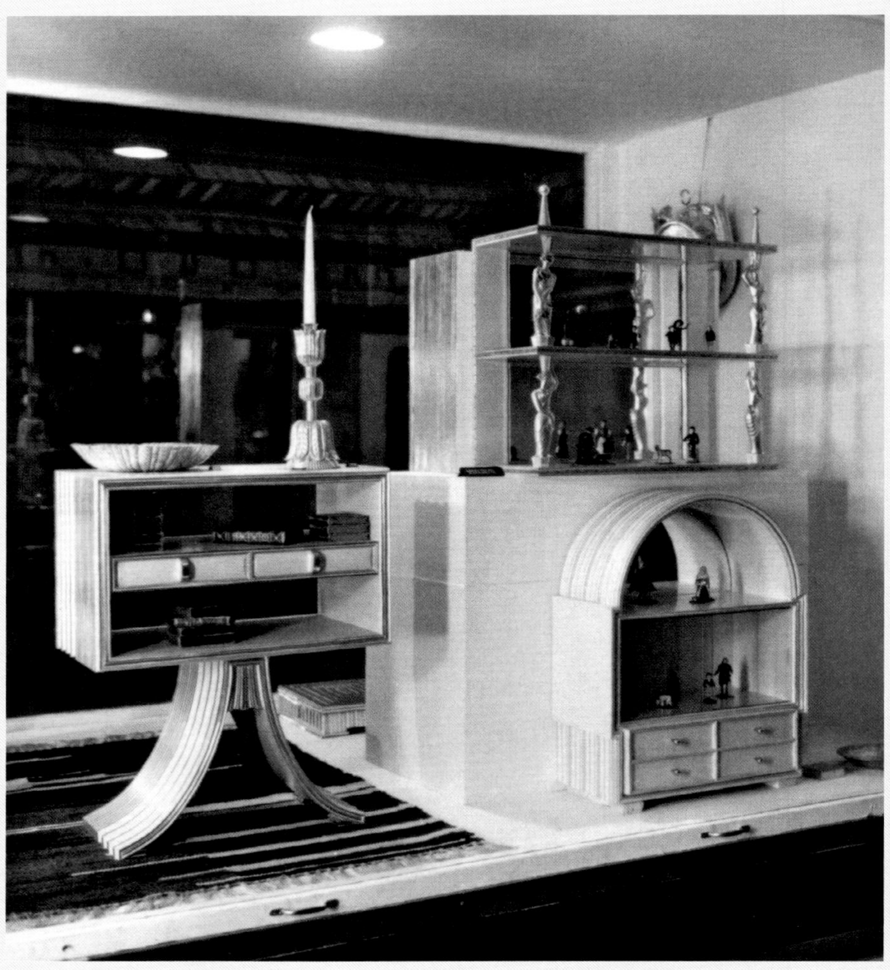

JH, Kleinmöbel, Ausstellung *Das befreite Handwerk* im ÖMKI, 1934
MAK, KI 9197-4-2

Josef Hoffmann (l.) mit Karla Hoffmann (Mitte), Ernst Huber, Fritz Wotruba, Max Fellerer, bei einem Schulfest der Kunstgewerbeschule 1937
Kunsthandel Widder, Wien

1938

Den Einmarsch deutscher Truppen und den „Anschluss" Österreichs an das nationalsozialistische Deutsche Reich im März 1938 betrachtet Hoffmann als Chance für einen Neubeginn des Wiener Kunstgewerbes. Er stellt einen Mitgliedsantrag bei der NSDAP, der jedoch nicht positiv beschieden wird. Der ehemalige illegale Nationalsozialist und Chef des städtischen Wiener Bauunternehmens GESIBA sowie langjährige Werkbundpräsident Hermann Neubacher, seit langem guter Bekannter Hoffmanns, wird erster NS-Bürgermeister von Wien. Hoffmann verfasst noch im März 1938 ein Papier zur „Neuausrichtung unserer Kunstschulen" und sein ehemaliger Assistent Philipp Häusler wird für kurze Zeit kommissarischer Leiter der Kunstgewerbeschule. Mit seinem späteren Partner im gemeinsamen Architekturbüro Josef Kalbac, einem Mitarbeiter Oswald Haerdtls, richtet Hoffmann das Geschäftslokal des Leipziger Modeverlags Otto Beyer in der Singerstraße ein. ■

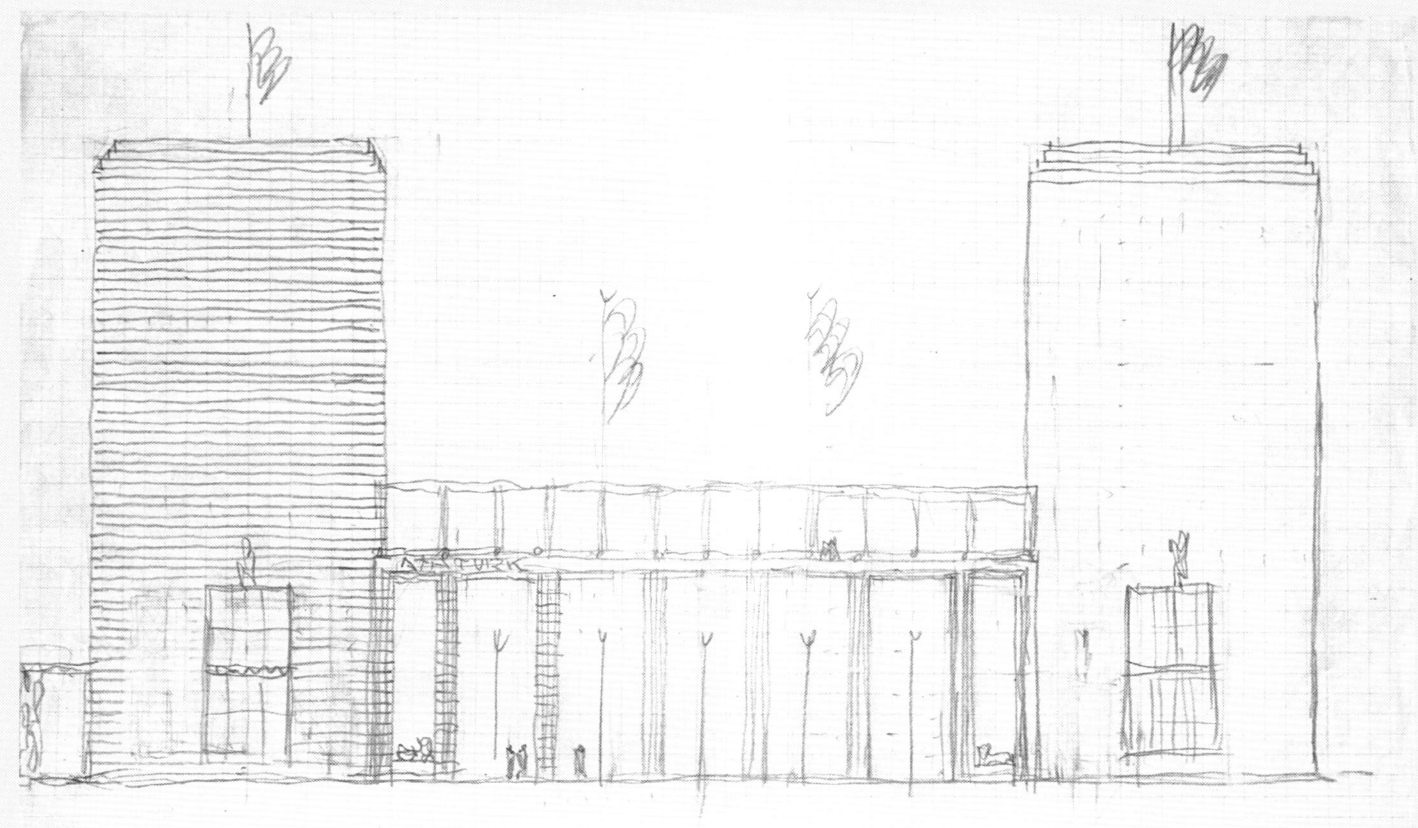

JH, Vorentwurf für die Fassade der Propyläen des Parlaments in Ankara, 1936
Schenkung Wittmann Mobelwerkstaetten GmbH
MAK, KI 23086-47

Abb. 1 JH, Wollvelours für die Sitzbespannung der Waggons 1. Klasse der Österreichischen Bundesbahnen, ausgeführt von J. & J. Backhausen (Dessin Nr. 10416), 1934
Backhausen Archiv, BA 03759

Elisabeth Boeckl-Klamper

Temporärer Karriereknick

Josef Hoffmann und der „Ständestaat"

Der Zusammenbruch der Monarchie 1918 stellte im Leben Josef Hoffmanns eine bedeutende Zäsur dar. Mehr als 15 Jahre später bezeichnete er die unmittelbare Nachkriegszeit in einem Artikel in der *Pause*[1] u. a. als „unselig", obgleich er aufgrund seiner Lehrtätigkeit und der auch während des Krieges erhaltenen Entwurfs- und Bauaufgaben weder von Armut noch von Hunger bedroht war. Wenn er, wie er später schrieb, die Neuordnung Europas als „Zerstückelung der alten Welt" und als „Absperrung einzelner Gebiete eines alten zusammengehörigen Kulturgebietes"[2] empfand, so auch deswegen, weil sein Geburtsort Pirnitz/Brtnice, dem er sich tief verbunden fühlte, nun in der neuen Tschechoslowakischen Republik lag, wo die deutschsprachige Bevölkerung mitunter Schikanen ausgesetzt war.

Da Hoffmann seine politischen Ansichten ebenso bedeckt hielt wie sein Privatleben,[3] ist jedoch nicht eindeutig belegbar, ob er dem Systemwechsel positiv oder negativ gegenüberstand. Zweifellos war es für ihn, der mit der Wiener Werkstätte eine Marke geschaffen hatte, die wie kaum eine andere als Synonym für die Kulturbedürfnisse des gehobenen Wiener Bürgertums bzw. für den „Wiener Geschmack" stand, nicht einfach, unter völlig veränderten gesellschaftlichen und politischen Verhältnissen zu leben und zu arbeiten. Selbst Stefan Zweig, der die Errichtung der Republik prinzipiell begrüßte, charakterisierte die Zeit vor dem Ersten Weltkrieg mit Wehmut „als das goldene Zeitalter der Sicherheit", als „jeder wußte, wieviel er besaß oder wieviel ihm zukam, was erlaubt und was verboten war".[4] – Die Verluste großer, für die landwirtschaftliche und industrielle Produktion bedeutender Gebiete, Hunger, Massenarbeitslosigkeit sowie die tiefe Kluft zwischen den beiden großen politischen Lagern (Christlichsoziale Partei und Sozialdemokratische Partei) ließen die politische und wirtschaftliche Lebensfähigkeit der jungen Republik mehr als fragwürdig erscheinen. Das kunstsinnige und repräsentationsbedürftige Großbürgertum war durch die Kriegsereignisse auf eine schmale Schicht zusammengeschrumpft.

Ein unpolitischer Mensch?

Im Gegensatz zu vielen anderen Architekten wurde Hoffmann jedoch auch in den wirtschaftlich schwierigen 1920er Jahren mit repräsentativen Bau- und Ausstellungsprojekten betraut. Wenn er sie später dennoch als „Zeiten des wirtschaftlichen Verfalles", geprägt von „fortwährenden Krisen und Erschütterungen" charakterisierte und den „Mangel jeglicher Mittel"[5] beklagte, so ist das einerseits auf die schwierige finanzielle Lage der Wiener Werkstätte zurückzuführen und andererseits auf die anhaltenden Diskussionen bezüglich der Sinnhaftigkeit des Kunstgewerbes, die teilweise mit leidenschaftlicher Intensität geführt wurden.

Hoffmann wird sowohl von seinem langjährigen Assistenten Leopold Kleiner als auch von seinem Biografen, dem Architekturhistoriker Eduard F. Sekler, als „unpolitischer" Mensch beschrieben. Fragen zu politischen Themen pflegte er mit den Worten „davon verstehe ich nichts" zu beantworten.[6] Doch obwohl er sich zeit seines Lebens nie im Sinne einer Parteipolitik geäußert oder betätigt hatte, war er gegenüber den politischen und gesellschaftlichen Verhältnissen keineswegs blind oder gar naiv. Vielmehr trachtete er, politische Konstellationen zu nützen, wenn ihm diese für die Umsetzung seiner künstlerischen Vorstellungen dienlich erschienen bzw. Aufträge versprachen. Von daher hatte er auch keinerlei Berührungsängste mit der sozialdemokratisch dominierten Wiener Stadtverwaltung, die ihrerseits Nutzen aus der Kooperation mit ihm zog, da sie den Namen eines auch im Ausland renommierten Architekten auf die Fahnen ihrer Kulturarbeit schreiben konnte.[7] So wurde Hoffmann auch 1933 in den von der Stadt Wien gegründeten „Kunstbeirat zur Förderung der Gegenwartskunst" berufen, der über den Ankauf von Werken der bildenden Kunst entschied. Neben Hoffmann gehörten dem Beirat Alfred Coßmann, Carl Moll, Ferdinand Kitt, Edmund Hellmer, Fritz Zerritsch, Hans Tietze, Ludwig Graf (verstorben) und – als Vorsitzender – Alfred Roller an.[8]

Um den Konkurs der Wiener Werkstätte zu verhindern, war Hoffmann 1926 auch bereit gewesen, mit der Stadt Wien über die Eingliederung der Wiener Werkstätte in die wirtschaftlich erfolgreiche gemeindeeigene Gemeinwirtschaftliche Siedlungs- und Baustoffanstalt (GESIBA) zu verhandeln – ein Vorhaben, das allerdings scheiterte.[9] Für Hoffmann erwiesen sich diese Kontakte dennoch als nützlich, da er so in näheren Kontakt mit Hermann Neubacher, den damaligen Direktor der GESIBA, kam. Neubacher wurde zwei Jahre später zum Präsidenten des Werkbundes ernannt und nach dem „Anschluss" 1938 zum Bürgermeister von Wien; als solcher war er der wichtigste Ansprechpartner Hoffmanns in der nationalsozialistischen Stadtverwaltung.

Abb. 2 JH, Ausstellungsgestaltung *Das befreite Handwerk*, ÖMKI, 1934
MAK, KI 9197-1-2

Hoffmann und der autoritäre „christliche Ständestaat"

Die Proklamation des autoritären „christlichen Ständestaates" am 1. Mai 1934 brachte einen weiteren Wechsel der politischen Machtverhältnisse. Zu den ideologischen Grundpfeilern des neuen Systems zählte neben der Ablehnung der parlamentarischen Parteien-Demokratie auch der Antiliberalismus, der Antimarxismus, die „Wiederverchristlichung" des privaten und öffentlichen Lebens sowie ein nach Berufsständen gegliederter Aufbau der Gesellschaft.[10] Die moderne Industrie- und Klassengesellschaft negierend, beschwor der „christliche Ständestaat" das Ideal einer nach Zünften aufgebauten, mittelalterlich anmutenden Agrargesellschaft, die Bundeskanzler Engelbert Dollfuß etwa mit dem Bild eines Bauernhauses illustrierte, in dem „der Bauer mit seinen Knechten nach gemeinsamer Arbeit abends am gleichen Tisch, aus der gleichen Schüssel seine Suppe ißt".[11] Ähnlich verklärend stellte das neue Regime die Monarchie als „gute, alte Zeit" dar, als deren „rechtmäßiger" Erbe es sich zu legitimieren suchte. Letzteres zeigte sich beispielsweise in der Errichtung des Heldendenkmals im Burgtor (ursprünglich Denkmal des Sieges der europäischen Monarchien über Napoleon) oder im neuen Staatswappen, das wieder den alten kaiserlichen Doppeladler zeigte,[12] aber auch in der – zumindest propagierten – Wiederbelebung alter Handwerke und Handwerkstechniken. Diese galten nun als „typisch österreichisch". Von der „ständestaatlichen" Ideologie wurde ihnen daher eine identitätsstiftende Funktion zugeschrieben.

Da von Hoffmann keine konkreten Stellungnahmen zum „Ständestaat" überliefert sind, wäre es spekulativ zu behaupten, er hätte ihn dezidiert gutgeheißen. Zweifellos beinhalteten aber dessen Ideologie und Propaganda Elemente, mit denen er – nicht zuletzt auf Grund ihrer Reminiszenzen an die Vergangenheit – positive Assoziationen verknüpfte. Abgesehen davon, dass Hoffmanns Ideale kunstgewerblicher Organisationen gewisse Ähnlichkeiten mit dem zünftisch organisierten Gesellschaftsideal des „Ständestaats" besaßen, stieß die identitätsstiftende Wirkung, die vom Regime den Handwerkstraditionen zugeschrieben wurde, bei ihm durchaus auf Zustimmung.

Hoffmann, der in den 1920er Jahren von manchen Kollegen, wie der kurzfristige Werkbund-Vorstand Otto Lagus 1933 in einem Brief festhielt, mit „perfide[m] Respekt […] als Repräsentant einer eigentlich gestorbenen Dekorationsepoche"[13] behandelt worden war, durfte nun annehmen, wieder eine gewichtigere Rolle in der Kunst- und Kulturpolitik zu spielen. In diesem Sinne betont er in einem Artikel, die „besonders entwicklungsfähige Handarbeit", die in Österreich „großartiges leisten [könnte], da die vorhandenen Kräfte noch, im Gegensatz zum ferneren Ausland, überall vorhanden sind und eine große Geschicklichkeit und Anpassungsfähigkeit besitzen".[14]

In Anlehnung an die ideologischen Vorgaben des „Ständestaats", der die ehemalige politische Vormachtstellung Österreichs nun in dessen Kulturleben[15] verortete und damit den Mythos von der „kulturellen Großmacht Österreich" schuf, schrieb Hoffmann dem Kunsthandwerk nicht nur „außerordentliche Pflichten" zu, das dieses „in unserem kleinen, aber trotz allen ungerechten Friedensverträgen für Europa wichtigen Staatswesen"[16] zu erfüllen hätte, sondern auch „dem Österreicher" an sich eine „besonders gelegene Begabung für eine Bereicherung und Veredlung unserer Umwelt".[17] In seinem Bemühen, dem Kunsthandwerk wieder zu mehr Aufmerksamkeit zu verhelfen, griff er auch ideologisch häufig strapazierte Begriffe wie „Bodenständigkeit" oder „Blut" auf. So zum Beispiel wenn er behauptete, dass die Maschine „meistens im Dienste des nicht immer bodenständigen und seinen Beruf je nach der Konjunktur umstellenden Unternehmers"[18] stehe. Oder meinte: „Alle Versuche [...] werden sich sicher weiterentwickeln und wieder schließlich zu Werken führen, die ihren Eigencharakter haben müssen, weil sie unserem Blut, unserer Zeit und unseren angestammten Fähigkeiten entsprechen."[19]

Die Ausstellung „Das befreite Handwerk. Geschmack und Wohnkultur"

Tatsächlich sah es so aus, als könne Hoffmann im „Ständestaat" sowohl auf größeren kunstpolitischen Einfluss als auch auf florierende kunstgewerbliche sowie architektonische Tätigkeit hoffen. 1934 war er sowohl an der *Jubiläumsausstellung des Kunstgewerbevereins* als auch an der Ausstellung
2 3 *Das befreite Handwerk. Geschmack und Wohnkultur*, die im Österreichischen Museum für Kunst und Industrie gezeigt wurden, federführend beteiligt. Letztere verstand sich, wie Direktor Dr. Richard Ernst ausführte, als „Kampfansage an die immer mehr reduzierte nackte Form des bloß Sachlichen oder jenes Scheins von Sachlichkeit, hinter dem sich manchmal nicht weniger Uneignung oder Verschmocktheit zu verstecken vermag, wie im überladensten Ding".[20] Gezeigt wurden aufwendig ornamentierte Objekte wie etwa ein Buffet in Kerbschnitzerei, Silbertreibarbeiten, handgewirkte Teppiche etc. Hoffmann hatte für die Ausstellung u. a. eine
3 handwerklich fein gearbeitete Hausbar aus Nussholz entworfen.[21] In Anlehnung an die „ständestaatliche" Propaganda, die gerne den angeblich verspielten, barockverliebten Geschmack der Österreicher hervorhob, meinte Hoffmann im Ausstellungskatalog, dass „die Kunstgewerbler [...] nicht gezwungen werden [wollen], wertvolle Kenntnisse wegzuwerfen", sondern versuchen müssten, die oben zitierte „Bereicherung und Veredlung unserer Umwelt wieder zu erwecken, um die übliche, allzu gleichförmige, fast schon eintönig wirkende Auffassung zu überwinden und neue Wege zu gehen".[22]

Im Vorfeld der Ausstellung hatte Direktor Ernst allerdings am 26. September 1934 in einem Brief an das Bundesministerium für Handel und Verkehr den Titel der Ausstellung als „töricht" und „irreführend" bezeichnet und dezidiert erklärt, das Museum könne diesem nicht zustimmen.[23] Da dazu nur wenige Quellen überliefert sind – die Stellungnahmen Hoffmanns dazu fehlen zur Gänze –, ist nicht mehr nachvollziehbar, mit welchen Argumenten Ernst umgestimmt werden konnte. Erhalten geblieben ist von ihm ein Brief an Hoffmann vom 2. November 1935, in dem er versichert, Hoffmanns Arbeit, „nicht bloß für Kunst und Kunstgewerbe, sondern auch weltanschaulich [Hervorhebung im Original] für ein notweniges Erfordernis" zu halten. Ernst schloss den Brief mit den Worten: „Mögen Sie aus meinen Zeilen das Gefühl der aufrichtigen Verehrung empfinden und das Bedauern über die Heftigkeit meiner Abwehr."[24]

4 Das Plakat zur Ausstellung zeigte imaginäre Zunftwappen diverser Kunsthandwerksberufe und wurde vom Oskar Strnad- und Franz Schuster-Schüler Hans Bichler entworfen. Bichler,

Abb. 3 Raumecke mit JHs mit rotem Leder überzogenen Likörschrank, ausgeführt von Johann Beran, in der Ausstellung *Das befreite Handwerk*, ÖMKI, 1934
MAK, KI 9197-3-1

Abb. 4 Hans Bichler, Plakat zu *Das befreite Handwerk*, ÖMKI, 1934
MAK, PI 2313

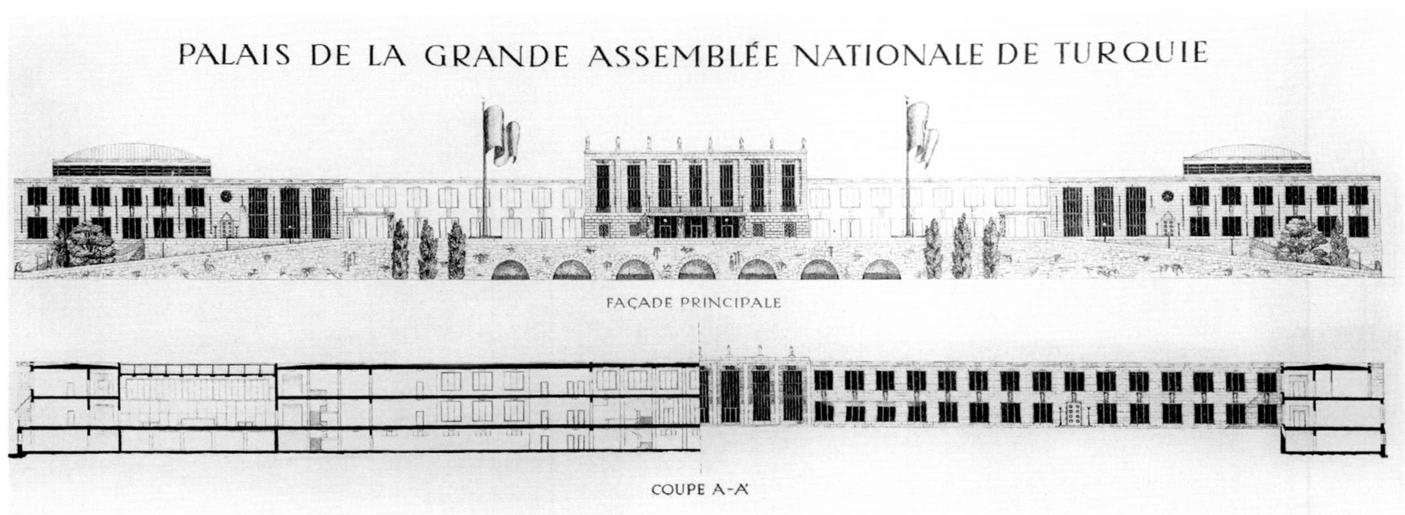

Abb. 5 JH, Wettbewerbsprojekt für den Palast der Großen Nationalversammlung der Türkei, Ankara, 1936, Hauptansicht und Schnitt
Kupferstichkabinett der Akademie der bildenden Künste Wien

der u. a. 1930 an der internationalen Werkbundausstellung im Österreichischen Museum mitgearbeitet hatte und zwischen 1935 und 1938 im Atelier Hoffmann/Haerdtl arbeitete, war zu diesem Zeitpunkt allerdings schon Mitglied der (damals illegalen) NSDAP.[25] Nach dem „Anschluss" spielte er im beruflichen Beziehungsnetz Hoffmanns eine wichtige Rolle.

Der Pavillon in Venedig – Erfolg für Hoffmann?

Im Februar 1934 erhielt Josef Hoffmann den Auftrag zur „Entwurfs- und Planherstellung nach dem genehmigten Vorentwurfe"[26] für den österreichischen Biennale-Pavillon in Venedig. Dieser Entscheidung war ein geladener Wettbewerb vorangegangen, an dem neben Josef Hoffmann die Architekten Erich Boltenstern, Josef F. Dex, Eugen Kastner und Hermann Kutschera teilgenommen hatten. Den Vorsitz der Jury, deren Mitglieder bis dato unbekannt sind,[27] hatte Clemens Holzmeister inne. Hoffmann wurde der Auftrag allerdings nur „mit der Massgabe erteilt, dass zur Mitwirkung bei der Ausführung der Architekt Robert Kramreiter heranzuziehen ist".[28] Der Pavillon wurde in der Folge zwar nach Hoffmanns Entwurf errichtet, mit der Bauausführung hatte er allerdings nichts mehr zu tun. Dieses Vorgehen muss ihn tief gekränkt haben, denn am 22. Juni 1936 stellte er im Zusammenhang mit am Pavillon aufgetretenen Bauschäden in einem Schreiben an das Unterrichtsministerium fest:

> „Daraus ist zu ersehen, dass bei einem so wichtigen Gebäude, das ständig dem Wettbewerb mit anderen Nationen ausgesetzt ist, außer der Planverfassung auch die Bauleitung und Bauvergebung durch den Architekten unbedingt notwendig ist. Da mir bei der Durchführung meiner Pläne keine Bauleitung, auch nicht einmal die Kontrolle bei der Übernahme des fertigen Baues anvertraut wurde, muss ich jede Verantwortung ablehnen."[29]

Im entsprechenden Akt des Unterrichtsministeriums wurde explizit darauf verwiesen, dass die „Eingabe [...] zum Großteil Verwahrungen des etwas verbitterten Professor Hoffmann" enthält.[30] Offenbar nützte der „Ständestaat" also den Entwurf Hoffmanns und – da er in Italien hohes Ansehen genoss –, seinen Namen, schloss ihn aber von allen weiteren Arbeiten aus.

Hoffmann musste auch erkennen, dass der von ihm mitbegründete „Neue Werkbund Österreichs" zwischen 1934 und 1938 zwar als Repräsentant der propagierten „österreichischen Note" in Kunstgewerbe und Architektur reüssierte, er selbst dabei aber nur eine periphere Rolle spielte. So schrieb beispielsweise am 28. Jänner 1936 die *Neue Freie Presse*, dass die Ausstellungsgestaltung „für London 1934, Brüssel 1935, Triennale 1936 in die Hände der Mitglieder des Neuen Werkbundes, Staatsrat Professor Dr. Clemens Holzmeister, Professor Oswald Haerdtl und Direktor Professor Max Fellerer" gelegt wurde. Bei all diesen Entscheidungen spielte Holzmeister eine gewichtige Rolle, der seit seinen Studententagen mit führenden Protagonisten des „Ständestaats" persönlich bekannt und zum Teil auch befreundet war. Vom „Ständestaat" wurde er zum Staatsrat[31] ernannt. Als solcher besaß er eine ebenso herausragende wie einflussreiche Position, die ihn allerdings nicht daran hinderte, Hoffmann ein Honorar von 300 Schilling vorzuenthalten, das für die Teilnahme am Biennale-Wettbewerb versprochen worden war – und zwar mit der Begründung, dass dieser „als Ausführender durch das Architektenhonorar entschädigt wird".[32]

Zu wenig, zu spät

Clemens Holzmeister spielte nicht nur als Staatsrat, sondern auch in der katholischen Kirche eine prominente Rolle. 1933 gestaltete er etwa den „Katholikentag" in Wien, auf dem Engelbert Dollfuß seine programmatische Rede über den künftigen „Ständestaat" hielt. Die katholische Kirche wurde zwischen 1933 und 1938 zum wichtigsten Auftraggeber für Künstler und Architekten. Hoffmann allerdings erhielt keinen Auftrag, wobei die Tatsache, dass er evangelisch getauft war, vermutlich eine Rolle spielte.

Hoffmanns Erfolge während des „Ständestaats" beschränkten sich im Wesentlichen auf das Kunsthandwerk. Allerdings musste er bald erkennen, dass dieses trotz der propagandistischen Aufwertung durch das Regime keineswegs so konsequent gefördert wurde, wie er es offenbar erwartet hatte. Denn im Herbst 1935 schrieb Hoffmann in der *Pause*:

> „Leider scheint es fast, als wäre die Zeit zu träge, einem neu aufstrebenden österreichischen Kunsthandwerk Gefolgschaft zu leisten. [...] Das in der ganzen Welt gerühmte künstlerische und kunsthandwerkliche Österreich könnte dadurch verurteilt werden, von der Bildfläche zu verschwinden [...].[33]

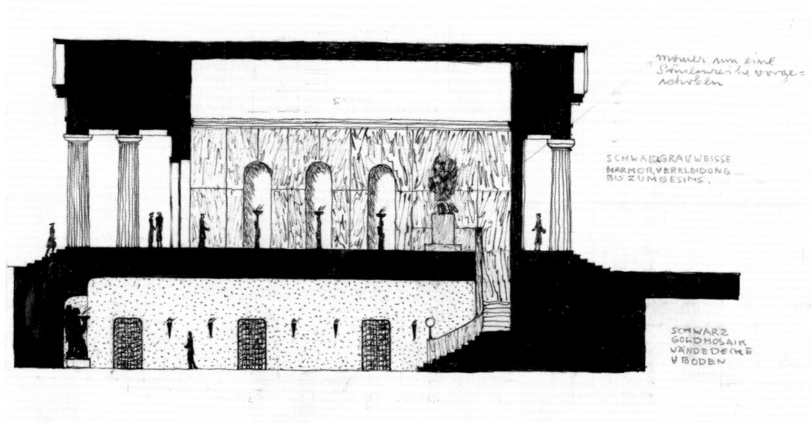

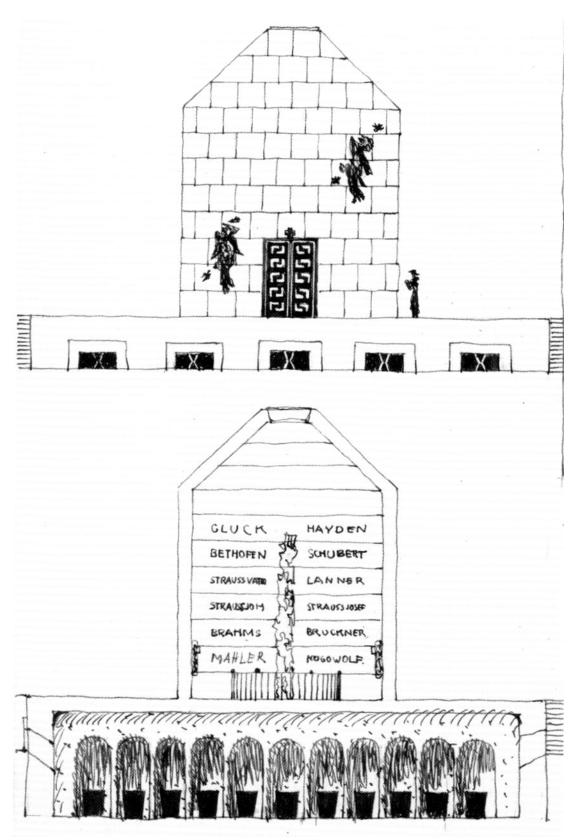

Abb. 6, 7 JH, Projektvarianten für eine Ruhmeshalle und Gruft österreichischer Musiker im Wiener Volksgarten, 1935, Schnitt Theseustempel, freie Variante
Kupferstichkabinett der Akademie der bildenden Künste Wien, HZ 26301 und 26303

Es gelang Hoffmann auch nicht, die 1932 aufgelöste Wiener Werkstätte neu zu gründen. Ein letzter Versuch fand im Februar 1938 statt, als ein ehemaliger Mitarbeiter der Wiener Werkstätte, der Bildhauer Friedrich Nerold, unter Berufung auf Hoffmann ein Schreiben an Staatsrat Guido Zernatto richtete, in dem er – in völliger Verkennung der politischen Lage – um finanzielle Unterstützung bei der Wiedereröffnung bat: „Die nun eingetretene absolute Ordnung und Sicherheit im Lande ist nun die Gewähr, dass die Wiedereröffnung der Wiener Werkstätte mit vollem Erfolg durchgeführt werden könnte."[34] Gezeichnet ist das Schreiben mit dem Gruß „Österreich." Noch am 28. Februar 1938 bat Guido Zernatto die Landesführung der Vaterländischen Front/Wien „das staatsbürgerliche Verhalten, die politische Einstellung sowie Zugehörigkeit nachstehender Personen bezüglich Wiedereröffnung der Wiener Werkstätte [zu überprüfen], u. a. Hoffmann, Friedrich Nerold (Bildhauer), Franz Hollmann (Fortbildungslehrer)".[35]

Elf Tage später marschierten die deutschen Truppen in Österreich ein. ■

1 Josef Hoffmann: Die Kräfte drängen. Weg und Schicksal des neuen österreichischen Kunsthandwerkes, in: Die Pause (1) 9 1935, 30 f.
2 Ebd.
3 Leopold Kleiner, Erinnerungen an Josef Hoffmann, New York, o.J. (verm. 1975)
4 Stefan Zweig: Die Welt von Gestern. Erinnerungen eines Europäers, Berlin 2014², 18.
5 Hoffmann 1935, 30 f. (wie Anm. 1).
6 Eduard F. Sekler: Josef Hoffmann. Das architektonische Werk, Salzburg/Wien 1982, 219.
7 Hoffmann plante zwischen 1924 und 1933 insgesamt drei große Volkswohnhäuser der Stadt Wien.
8 Wien Museum, Aktenbestand Städtische Sammlungen, St. S. 1001/30. Ebenso in: Moderne Welt (14) 4 1933, 30.
9 Wilfried Posch: Josef Frank, in: Friedrich Stadler (Hg.): Vertriebene Vernunft II. Emigration und Exil österreichischer Wissenschaft, Internationales Symposion 19.–23.10.1987 in Wien, Wien/München 1988, 649.
10 Siehe dazu: Elisabeth Klamper: Die böse Geistlosigkeit. Die Kulturpolitik des Ständestaates, in: Jan Tabor (Hg.): Kunst und Diktatur, Architektur, Bildhauerei und Malerei in Österreich, Deutschland, Italien und der Sowjetunion 1922–1956, 2 Bde., Baden 1994, 124–133.
11 Zit. n. Emmerich Talos/Walter Manoschek: Politische Struktur des Austrofaschismus (1934–1938), in: Austrofaschismus. Beiträge über Politik, Ökonomie und Kultur 1934–1938, Wien 1984⁴, 78.
12 Barbara Feller: Sichtbarmachung der Vergangenheit. Kunst-am-Bau und neue Monumente in Österreich 1930–1938, in: Tabor (Hg.) 1994, 282–287: 284 (wie Anm. 10).
13 Schreiben Otto Lagus an die Mitglieder des Werkbundes, 19.6.1933; Wienbibliothek, Handschriftensammlung, NL Philipp Häusler, ZPH 833.
14 Josef Hoffmann: Österreichisches Kunsthandwerk, in: Moderne Welt (15) 9 1934, 38 ff.
15 Vgl. dazu: Klamper 1994, 126 (wie Anm.10).
16 Hoffmann: Österreichisches Kunsthandwerk, in: Moderne Welt (15) 8 1934, 36.
17 Das befreite Handwerk. Geschmack und Wohnkultur, Kunstgewerbeausstellung, veranstaltet von der Kunstgewerbesektion des Wiener Gewerbegenossenschaftsverbandes unter Mitwirkung des Gewerbeförderungsinstitutes der Kammer für Handel, Gewerbe und Industrie in Wien, Ausst.-Kat. Wien 1933, 14.
18 Hoffmann (15) 9 1934, 38 ff. (wie Anm. 14).
19 Hoffmann (15) 8 1934, 36 (Wie Anm. 16).
20 Das befreite Handwerk 1933, 14 (wie Anm. 17).
21 Vgl. dazu: profil. Österreichische Monatsschrift für bildende Kunst, hg. v. d. Zentralvereinigung der Architekten Österreichs (2) 11 1934, 395.
22 Das befreite Handwerk 1933, 14 (wie Anm. 17).
23 MAK, Archiv, Bestand 884-1934.
24 MAK, Archiv, Bestand 929-1935.
25 Bichler war 1932 oder 1934 der NSDAP beigetreten. Seine von ihm persönlich gemachten diesbezüglichen Angaben nach dem „Anschluss" 1938 variieren. Vgl. dazu: ÖStA, AdR, Gauakt Hans Bichler Nr. 1309.
26 ÖStA, Unterricht, AVA, Unterricht allgemein (1848-194), Ausstellungen: Ausland Venedig – Zürich, 3330, Sign. 15, Fz. 2963, GZ. 10858-I-6a/1934.
27 Barbara Feller: Venedig, 29. Jänner 1934. Österreich und die Biennale in Venedig, in: Tabor (Hg.) 1994, 302–307: 305 (wie Anm. 10).
28 ÖStA, Unterricht (wie Anm. 26).
29 ÖStA, Unterricht, GZ. 21862-I-6a/1936 (wie Anm. 26).
30 Ebd.
31 Der Staatsrat übte im autoritären „Ständestaat" gegenüber der Regierung eine beratende Tätigkeit aus, wobei er nicht von sich aus gesetzgeberisch tätig werden konnte, sondern Gesetze nur unter Ausschluss der Öffentlichkeit begutachten konnte. Es lag im Ermessen der Regierung, inwiefern sie die Stellungnahme des Bundesrates berücksichtige. Die Mitglieder des Staatsrates wurden vom Bundeskanzler ernannt. Vgl. dazu Helmut Wohnout: Im Zeichen des Ständeideals. Bedingungen staatlicher Kulturpolitik im autoritären Österreich 1933–1938, in: Tabor (Hg.) 1994, 134–141: 139 (wie Anm. 10).
32 Schreiben von Clemens Holzmeister an das Bundesministerium für Unterricht, z.H. Sektionschef Dr. Pernter, 14.2.1934; ÖStA, Unterricht, GZ. 4679-I-6a/1934 (wie Anm. 26). Hoffmann erhielt schließlich die 300 Schilling.
33 Hoffmann 1935, 30 f. (wie Anm. 1).
34 Schreiben von Friedrich Nerold an Staatsrat Guido Zernatto, Februar 1938, betreffend Wiedereröffnung der Wiener Werkstätte; ÖstA, AdR, BKA, 14.034/38.
35 ÖStA, AdR, Gauakt Josef Hoffmann, Nr. 4892.

Abb. 1 JH, Österreichischer Pavillon der Biennale von Venedig bei seiner Eröffnung, 1934
MAK, KI 23506

Rainald Franz

Österreichs ästhetische Selbstdarstellung

Der Pavillon in Venedig 1933–1934

> „Ist Josef Hoffmanns Biennale-Pavillon von 1934 moderne Architektur? Vom Avantgarde-Standpunkt des Internationalen Stils aus wohl nicht; auch nicht von Le Corbusiers vier Kompositionsregeln her. Aber sind diese Kriterien ausreichend? Gerade von Österreich aus sind ins 20. Jahrhundert einige zusätzliche Ebenen eingezogen worden. In Wien hat Le Corbusier auf seinen Reisen vor allem Josef Hoffmann wahrgenommen." [1]

So hinterfragt der Wiener Architekt Hermann Czech den Bau, mit dem Josef Hoffmann in der internationalen Wahrnehmung – neben dem Sanatorium in Purkersdorf bei Wien und dem Palais Stoclet in Brüssel – allgemein assoziiert wird.

Der endgültigen Lösung für die Präsentation Österreichs im Rahmen der *Biennale d'Arte* war eine sich über vier Jahrzehnte ziehende Annäherung Josef Hoffmanns an den Bauplatz in den Giardini von Venedig vorangegangen, geprägt von den unterschiedlichen politischen Zielen der jeweiligen österreichischen Regierung. Die Teilnahme an den ab 1895 durchgeführten *Esposizioni internazionali d'Arte della Città di Venezia* erfolgte für die von der Jury ausgewählten österreichischen Künstler anfangs in einem Gesamtpavillon aller Nationen in den Giardini pubblici.[2]

Die 1907 einsetzende Errichtung von eigenen Pavillons der ausstellenden Staaten brachte die Österreichisch-Ungarische Monarchie in Zugzwang. Ab September 1912 projektiert die österreichische Reichshälfte einen Kunstpavillon für Österreich auf dem Biennale-Gelände. Als Bauplatz wurde jener in Aussicht genommen, auf dem heute der US-amerikanische Pavillon steht.[3] Josef Hoffmann, Oberbaurat und
2 Professor für Architektur an der Kunstgewerbeschule, wurde gebeten, ein Projekt zu entwerfen. Eduard Sekler datierte den erhaltenen Entwurf mit 1912.[4] Der erste Entwurf für den österreichischen Biennale-Pavillon ist durch Zeichnungen in der Albertina, der Akademie der bildenden Künste in Wien
3 und der Prager Nationalgalerie dokumentiert sowie durch eine von der Meisterklasse für Architektur Hans Holleins in der Hochschule für angewandte Kunst 1984 durchgeführte und vom Architekturzentrum Wien verwahrte Modellrekonstruktion nachvollziehbar.[5] In Anlehnung an Bauten in Ravenna, etwa San Vitale und das Grab des Theoderich, sowie an das Mausoleum des Diokletian in Split schuf Hoffmann einen oktogonalen Zentralbau, der in der Kuppel von halbkreisförmigen Fenstern belichtet wird. Eine Vorhalle setzt an der Hauptfassade an, während um 45 Grad versetzt an der
Rückseite des Oktogons ein weiterer Galerietrakt mit zwei 4
flankierenden Ausstellungssälen, Freitreppe und Pfeilerstellungen die Durchlässigkeit der Konstruktion gewährleistet. Die Gegebenheiten des Grundstücks machten die Brechung der Symmetrieachse notwendig. Bis in die Detailmaße durchgeplant erscheint der Bau im Grundriss. Für die Außenfassaden des Bauwerks gibt es zwei Varianten: einmal die Vorhalle als klassizierende Portikus mit acht kannelierten Pfeilern, Dreiecksgiebel und einer Freitreppe – Hoffmanns Entwurf entsprach seinem Weg in den Neoklassizismus und bildete gewissermaßen das Scharnier zwischen dem Pavillon in Rom 1911 und dem Österreichischen Haus auf der Werkbundausstellung in Köln 1914. Eine andere, wohl spätere Variante zeigt den erhöhten, diaphan wirkenden Mittelteil, die Vorhalle wird von einem Flachdach abgeschlossen, die Fassade hat zu beiden Seiten einer weiteren Mittelöffnung ungegliederte Mauerflächen, in denen je ein kreisförmiges Fenster eingeschnitten ist; vier schlanke Stützen gliedern die Mittelöffnung. Beide Varianten zeigen die Loggia des Galerietrakts mit Rundbogenpfeilerarkade. Wie am Pavillon in Rom spielte auch die Bauskulptur für Hoffmann eine bedeutende Rolle: An acht Seiten des Mittelbaus ist in der Mitte unter dem Gesims je eine figurale Skulptur vorgesehen. In der zweiten Variante flankieren Monumentalfiguren den Zugang. Am 6. Mai 1914 bat Josef Hoffmann um Überweisung von 1300 Kronen für eine Reise nach Venedig und die Erstellung des Projekts Österreichischer Pavillon Venedig.[6] Der Ausbruch des Ersten Weltkriegs vereitelte das Vorhaben, die Pläne wurden ad acta gelegt.

Die Erste Republik in Österreich erbte das Problem der Entscheidung für oder gegen die Errichtung eines Pavillons für die *Esposizione internazionale di Venezia*. Erst 1921 erging wieder eine Einladung zur Beschickung der XIII. Biennale an Österreich. Die Errichtung eines ständigen österreichischen Pavillons wurde in der Folge erneut diskutiert. 1929 forderte das Ministerium für Handel und Verkehr die vorgesehene Subvention unter dem Eindruck der Weltwirtschaftskrise zurück, die Gelder wurden Anfang 1932 auf Ansuchen der Delegation zur Unterstützung notleidender Künstler umgewidmet, da „das Projekt der Errichtung eines Pavillons in

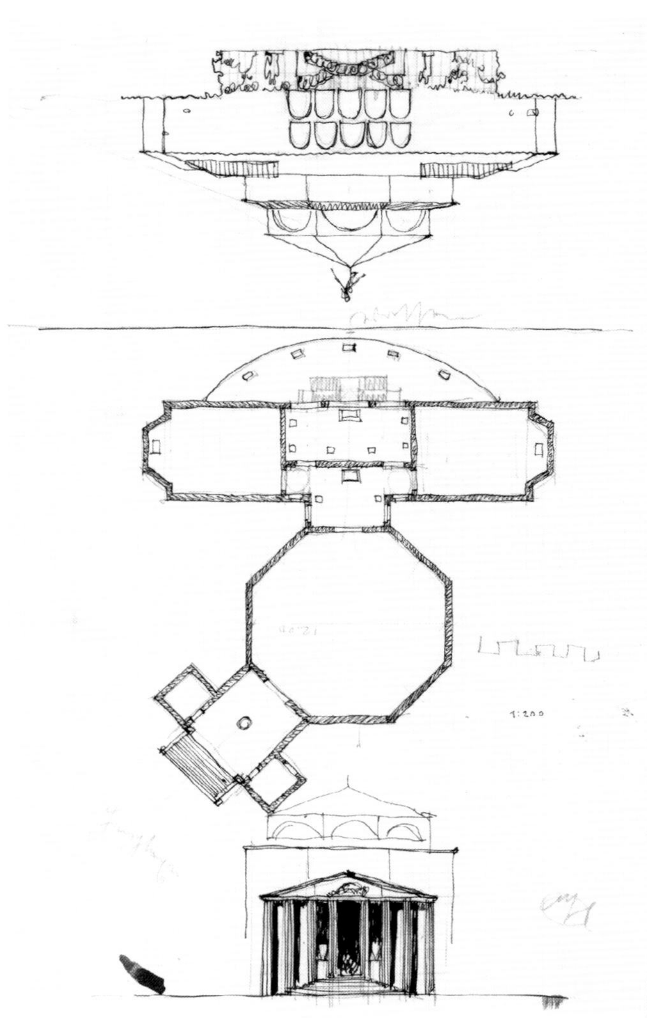

Abb. 2 JH, Entwurf für den Österreichischen Pavillon der Biennale von Venedig, 1912
Der Architekt (XXII) 1920, 67
National Gallery Prague, K 17741

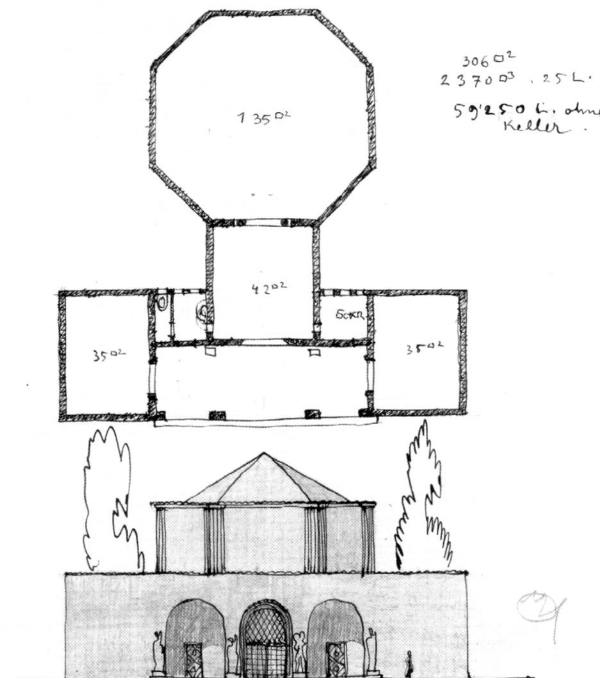

Abb. 3 JH, Entwurf für den Österreichischen Pavillon der Biennale von Venedig, 1912
National Gallery Prague, K 17762

Venedig derzeit überhaupt nicht in Frage kommt".[7] Österreichische Künstler sollten erstmals 1932 in einem ganz ihnen gewidmeten Pavillon in der Biennale von Venedig ausstellen, denn in diesem Jahr hatte Deutschland die Teilnahme an der XVIII. Biennale abgesagt und der freigewordene Pavillon wurde Österreich zur Verfügung gestellt. Der Generalsekretär der Biennale, Antonio Maraini, forderte daraufhin Österreich auf, für die kommende Biennale 1934 einen eigenen Pavillon zu errichten.[8] Für die österreichische Regierung unter Engelbert Dollfuß, die seit Ausschaltung des Parlaments 1933 mit dem „kriegswirtschaftlichen Ermächtigungsgesetz" aus dem Ersten Weltkrieg regierte und die Errichtung eines autoritären Ständestaates anstrebte, war die Möglichkeit, in einem österreichischen Pavillon der *Esposizione internazionale* nationale Größe zu zeigen, von unverzichtbarer Außenwirkung. Der Bau wurde zum Renommierprojekt, dessen sich Unterrichtsminister Kurt Schuschnigg annahm. Die engen Beziehungen zwischen dem Dollfuß-Regime und den italienischen Faschisten unter Benito Mussolini wurden auch in kultureller Hinsicht gepflegt: Schon 1933 war im Wiener Künstlerhaus die Ausstellung *Moderne italienische Kunst* gezeigt worden und Anfang 1934 war Österreich prominent auf der *Mostra internazionale d'Arte Sacra* in Rom vertreten. Als Ausstellungsarchitekt war hier Robert Kramreiter, 1925–1928 Schüler von Peter Behrens an der Meisterschule für Architektur der Wiener Akademie der bildenden Künste, tätig.[9] Schon zu einem sehr frühen Zeitpunkt scheint Kramreiter als regimetreuer Architekt auch in den Planungsprozess für Venedig einbezogen worden zu sein. Er wurde nach Venedig entsandt und legte den zu bauenden österreichischen Pavillon im Grundriss auf dem Gelände des heutigen venezolanischen Pavillons an.[10] Der Pavillon sollte bis zur Eröffnung der XIX. Biennale am 15. Mai 1934 fertiggestellt sein. Kramreiter firmierte anfangs offiziell als planender Architekt,[11] während von Josef Hoffmann als Planer noch keine Rede war. Für die Vollendung des Baus war der 20. April 1934 in Aussicht genommen worden.[12] Zu diesem Zeitpunkt hatte Robert Kramreiter offenbar schon einen vollständigen Entwurf für den Pavillon eingereicht, denn der besonders in Architekturfragen im Ständestaat allseits präsente und einflussreiche Clemens Holzmeister muss ihn gesehen haben. „Prof. Holzmeister hat das Projekt mit dem Bemerken zurückgewiesen, dass der Eingang schlecht sei, und zwar statisch nicht zu machen ist. Außerdem findet er die Stufen an den Seiten schlecht", berichtete der Büropartner Robert Kramreiters Leo Schmoll am 5. Februar 1934 diesem nach Rom.[13] Holzmeister, Professor und Rektor der Wiener Akademie der bildenden Künste, einflussreicher Kulturfunktionär und Ar- 5
chitekt im „Ständestaat", konnte, mitten im seit 12. Februar 1934 in Österreich tobenden Bürgerkrieg, einen neuen Wettbewerb durchsetzen und auch die Teilnehmer bestimmen. Am 14. Februar 1934 sandte er an das Bundesministerium für Unterricht die Liste der am Wettbewerb für den Österreichischen Pavillon Beteiligten: Erich Boltenstern, ab 1934 Assistent Holzmeisters an der Akademie, Josef Dex, Architekt eines Doppelwohnhauses in der Werkbundsiedlung, Josef Hoffmann, der prominenteste Teilnehmer von der Wiener Kunstgewerbeschule, die Architekten Eugen Kastner und Fritz Waage, Studenten an der Technischen Hochschule Wien und in der Vaterländischen Front organisiert, und Hermann Kutschera, 1926–1932 Student bzw. im Atelier bei Holzmeister. Dieser vergisst Robert Kramreiter, was mit Rotstift korrigiert werden muss: „Arch. Kramreiter fehlt!"[14] Erst ein Dokument vom 14. Mai 1934, gezeichnet von Sektionschef Pernter im Ministerium, hielt fest: „Bei der Jury wurde der

Abb. 4 JH, Projekt für den Österreichischen Pavillon der Biennale von Venedig, 1912
Kupferstichkabinett der Akademie der bildenden Künste Wien, HZ 26307

Entwurf des Oberbaurat Prof. J. Hoffmann ausgewählt." Zusatz an Hoffmann: „Bei diesem Anlaß wird mitgeteilt, daß der von Ihnen eingesendete Entwurf für die Durchführung des Pavillons ausgewählt worden ist." Die Bauplanung Hoffmanns ignorierte den politischen Ausnahmezustand: Schon am 1. März 1934 hatte das Atelier Hoffmann/Haerdtl an Sektionschef Hohenauer im Unterrichtsministerium „den Plan der Ansichten des Venediger Pavillons übermittelt".[15] Am 19. März bat dann das Atelier schließlich um schriftliche Auftragserteilung „für die Entwurfs- und Planherstellung des Venediger Pavillons".[16] Am 11. April wurde die Auftragserteilung für die Entwurfs- und Planherstellung durch einen Akt des Bundesministeriums insofern geregelt, als es hieß:

> „[...] der Entwurf Josef Hoffmanns sei ausgewählt und ihm mündlich der Auftrag für die Entwurfs- und Planherstellung nach dem genehmigten Vorentwurfe mit der Maßgabe erteilt, dass zur Mitwirkung bei der Ausführung der Architekt Robert KRAMREITER heranzuziehen ist. Als Architektenhonorar soll Hoffmann 11.000 Schilling erhalten, wobei dieses im Verhältnis 6000 zu 5000 Schilling an die Architekten HOFFMANN und KRAMREITER zur Auszahlung kommen soll."[17]

Kramreiters Mitwirkung bei der Ausführung wurde somit in der Arbeitsgemeinschaft mit Hoffmann im Anteil des Ho-
1 norars fast ebenbürtig bewertet. Die Tatsache, dass Hoff-
mann nach Einreichung der Pläne nicht nach Venedig fährt und auch der Eröffnung des Pavillons im Mai fernbleibt, gibt Anlass zu Überlegungen, wie sich Kramreiters Rolle nach Hoffmanns Nominierung gestaltet haben mag: Kramreiter war ursprünglich der für den Bau des Pavillons bestimmte, dem Regime genehme Architekt gewesen. Der ästhetisch-politische Druck im Vorfeld zur Errichtung dieses Außensymbols der Kulturpolitik des jungen Dollfuß-Regimes führte zur Intervention Holzmeisters, zum Wettbewerb und zum Auftrag an Josef Hoffmann, der evangelisch und nicht regimekonform, aber international bekannt war. Trotzdem ist in den Endentwurf einiges von Kramreiters Plänen eingeflossen, zumal dieser ja auch der ausführende Architekt vor Ort war. Der Entwurf, mit dem Josef Hoffmann siegreich aus dem Wettbewerb für den Pavillon Österreichs hervorgegangenen war, stellte eine neoklassisch überformte Version des offenbar von Kramreiter in seinem ersten Entwurf schon angelegten Raumkonzepts dar: Streng axialsymmetrische Anlage mit Flachdächern, Mittelportal mit Durchgang in einen Hof, seitliche Räume in Form von Flügelbauten, triumphportalartige
Überhöhung des Hauptportals sind Charakteristika, die auch 6
Kramreiters Planung aufgewiesen hatten. Hoffmann gab dem diaphanen „Gerüstbau" Kramreiters nun die opake Hülle in Form einer Travertinrahmung des Mittelportals, das hoch in den querrechteckigen Hauptbau einschneidet, das Ganze auf einem abgetreppten Sockel stehend. Auf der dem Eingang gegenüberliegenden Seite wurden zwei niedrigere, kleine Saalbauten vorgelagert; diese flankierten die Skulp-
turenterrasse mit zentralem Brunnenbecken. Die Seitenbau- 7
ten waren gegen die Terrasse hin vollkommen verglast, sonst aber ohne Öffnung und traten seitlich etwas vor die Flucht des Hauptbaus vor. Auch der Hauptbau hatte, außer dem Portal, keine Öffnungen, wurde aber durch die umlaufenden, vollkommen verglasten Oberlichtgaden beleuchtet, wobei das Licht innen durch ein Velum bzw. einen transparenten Plafond gefiltert werden sollte. Die mit Edelputz „Terranova" überzogenen Außenwände sind gerillt, die horizontalen Kanneluren scheinen den gesamten Bau zu überziehen. Der Durchgang von der Fassade zum Skulpturenhof ist im Inneren des Pavillons von einer dreiteiligen, rundbogigen Pfeilerstellung umfasst. Durch diese kann man in die hohen Säle zu beiden Seiten der Mittelachse blicken, deren Boden vertieft ist. Jeweils eine Tür in der Mittelachse der Annexe verbindet diese mit den hohen Sälen. An Bauschmuck wurde nur ein Sgraffito an der Hoffassade des Portals realisiert, für alles andere fehlte die Zeit.

Am 12. Mai 1934 wird der Biennale-Pavillon Österreichs feierlich eröffnet.[18] Josef Hoffmann nimmt zum Bau erst wieder 1936 mit Kritik an der Bauführung durch Robert Kramreiter Stellung:

> „Wie mir von verschiedenen Seiten berichtet wurde, haben sich beim österreichischen Pavillon auf der Biennale in Venedig mancherlei Bauschäden gezeigt. Daraus ist zu ersehen, daß bei einem so wichtigen Gebäude, das ständig dem Wettbewerb mit anderen Nationen ausgesetzt ist, außer der Planverfassung auch die Bauleitung und Bauvergebung durch den Architekten unbedingt notwendig ist. Da mir bei der Durchführung meiner Pläne keine Bauleitung, auch nicht einmal eine Kontrolle bei der Übernahme des

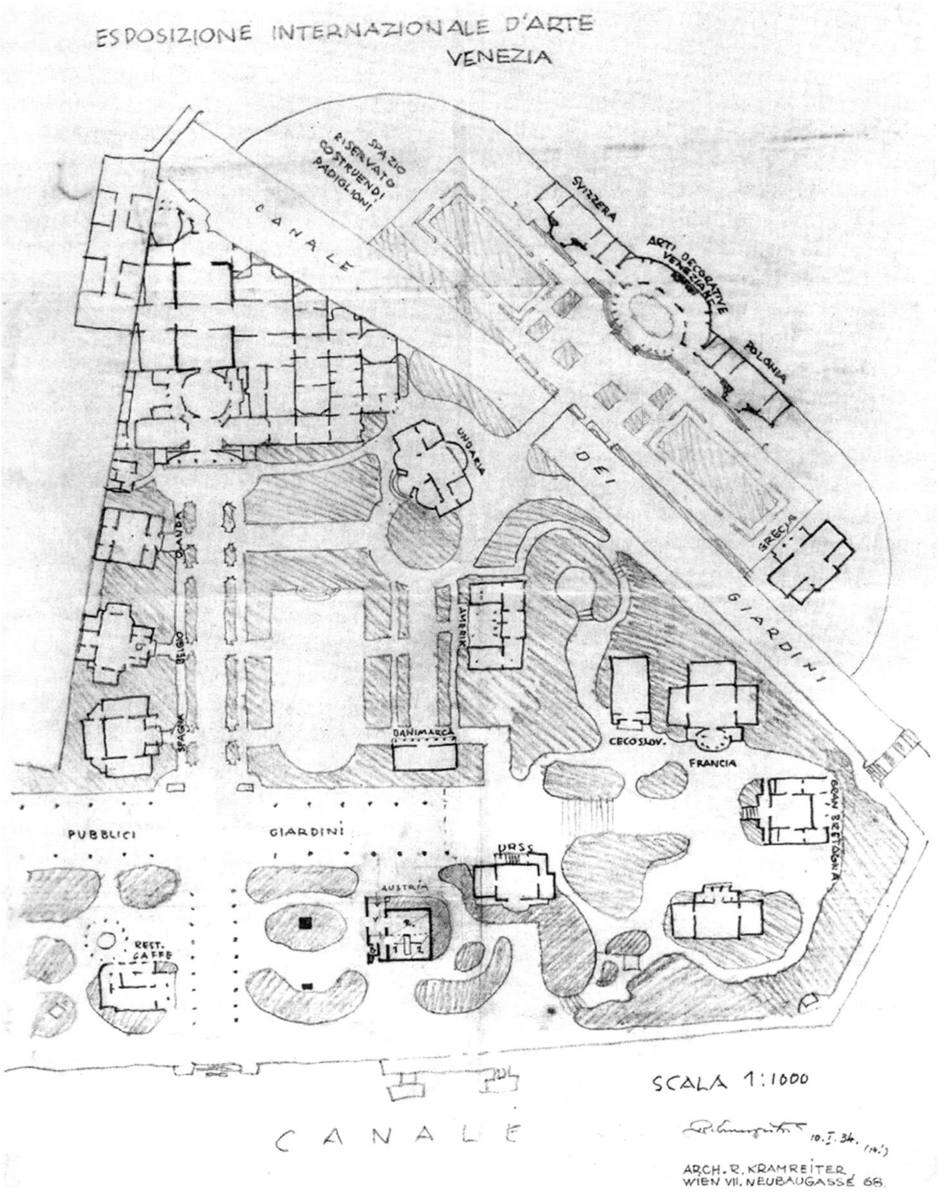

Abb. 5 Robert Kramreiter, Wien: Projekt für den Österreichischen Pavillon auf der Biennale in Venedig, Lageplan 1:1000
Bleistift auf Transparentpapier, 10.1.1934
Archivio Storico Arti Contemporanee, Venedig, Scatole nere padiglioni, Exp. 2/3.
© La Biennale Venezia, ASAC

fertigen Baus anvertraut wurde, muß ich jede Verantwortung ablehnen. Ich konnte mein Werk bis heute nicht einmal zu sehen bekommen. Selbstverständlich kann die breite Öffentlichkeit den Sachverhalt nicht ahnen und wird daher Schuld mir geben müssen. Wie ich überdies aus Publikationen sehe, hat man ohne mein Wissen in dem rückwärtigen Hof irgendeinen Abschluß angeordnet, der in keiner Weise mich befriedigen kann, sicher den Gesamteindruck stört und in seiner stakettenartigen Durchführung unmöglich einen würdigen Abschluß bildet. Ich hätte als Planverfasser erwarten müssen, daß man Ergänzungen nicht von fremder Hand vornehmen läßt, da ich dadurch unverdient künstlerisch kompromittiert werde. Der ganze Bau ist auf eine plastische Betonung der Mittelachse hin komponiert und der heutige unvollendete Zustand muß auf Dauer unerklärlich erscheinen […]."[19]

Erst nach dem Machtwechsel 1938 konnte Josef Hoffmann selbst einige der von ihm geforderten Arbeiten ausführen lassen: Plattenbelag und Abschlussmauer wurden saniert. Die weitere Ausgestaltung wurde aufgeschoben, da der Pavillon nach dem „Anschluss" 1938 keine Verwendung
20 S. 414 mehr fand. Österreichische Künstler mussten nun im deutschen Pavillon ausstellen. Erst 1948 wird wieder am Pavillon gebaut und dieser als Raum der österreichischen Kunst der Zweiten Republik genutzt. 1954 wird der Skulpturenhof vergrößert, Hoffmann plant die asymmetrische Ansetzung eines Flugdaches, im Hof kommen eine gekrümmte Abschlussmauer und ein Brunnenbecken dazu. 1956 wird nach Plänen von Ferdinand Kitt außen eine Küche angebaut. Nach Josef Hoffmanns Tod 1956 wird der zentrale Eingangsbereich simplifiziert, die Rolltore werden ausgebaut, Glastüren eingesetzt.

1984 – nach 50 Jahren des Bestands – erfolgte, unter Leitung des damaligen österreichischen Biennale-Kommissärs Hans Hollein, eine erste, umfassende Renovierung und behutsame Rückführung in den Originalzustand, etwa durch neuerlichen Einbau der Rolltore. Hollein sieht den Pavillon als den „Traum (des Österreichers) vom Süden" und vergleicht ihn mit den offenen „Lust-Gebäuden" des älteren Fischer von Erlach und Lucas von Hildebrandts, die nördlich der Alpen keinen Bestand hatten.[20]

Von allen ephemeren Ausstellungsbauten Josef Hoffmanns sollte sich dieser bis heute bestehende als am langlebigsten erweisen. In der Geschichte seiner Errichtung mitten im österreichischen Bürgerkrieg und der öffentlichen Verwendung bis heute ist er ein hoch politisches Gebäude der ästhetischen Selbstdarstellung der jeweils Österreich bestimmenden Regierung. ■

Abb. 6 JH, Der Österreichische Pavillon in Venedig bei seiner Eröffnung am 12.5.1934, Hofseite
MAK, KI 23506-2-2

Abb. 7 JH, Der Österreichische Pavillon in Venedig bei seiner Eröffnung am 12.5.1934, Inneres
MAK, KI 23506-2-3

1 Hermann Czech: Der Hoffmann-Pavillon in: commonpavilions.com/pavilion-austria.html; auch in: Rainald Franz: Der Österreichische Pavillon der Biennale Venedig: 1893–2013, in: Jasper Sharp (Hg.): Österreich und die Biennale di Venezia. 1895–2013, Nürnberg 2013, 72–100.

2 Zur Nutzung des Biennalegeländes vor der Errichtung der Nationalpavillons vgl. Hansjörg Plattner, in: BMUK / Hans Hollein (Hg.): Josef Hoffmann, 50 Jahre Österreichischer Pavillon, Salzburg/Wien 1984, 62, mit weiterführender Literatur. Grundlegend auch: Barbara Feller: Venedig, 29. Jänner 1934. Österreich und die Biennale in Venedig, in: Jan Tabor (Hg.): Kunst und Diktatur. Architektur, Bildhauerei und Malerei in Österreich, Deutschland, Italien und der Sowjetunion 1922–1956, Ausst.-Kat. Künstlerhaus Wien, Baden 1994, 302–307.

3 Bericht von Friedrich Dörnhöffer, Direktor der k.k. Staatsgalerie an das Ministerium für Kultus und Unterricht, Wien, 29.10.1913; k.k. Ministerium für Kultus und Unterricht: „Erbauung eines österreichischen Kunstpavillons in Venedig, Verwaltungsarchiv 1913 VA PAV Bau; Erbauung eines österreichischen Kunstpavillons in Venedig, k.k. Finanzministerium, Z 74787 Blg 25, 7.10.1913.

4 Eduard F. Sekler: Josef Hoffmann. Das architektonische Werk, Salzburg/Wien 1982, WV 157, 347–348.

5 Albertina Wien, Projekte für ein Ausstellungsgebäude in Venedig, Bleistift auf Papier, 1913; Inv. Nr. 8380, 8381; Akademie der bildenden Künste Wien; Nationalgalerie Prag; Modell Sammlungen der Universität für angewandte Kunst; publiziert in: *Der Architekt*, XXIII, 1920, 67; Abb. BMUK/Hollein 1984 (wie Anm. 2).

6 Honorarrechnung des Ateliers Regierungsrat Professor Josef Hoffmann an das k.k. Unterrichtsministerium, z.Hdn. Herrn Ministerialrat v. Foerster, 6.5.1914; abgedruckt in BMUK/Hollein 1984, ebd., Abb. 7, 25; Verwaltungsarchiv und Akt des k.k. Ministeriums für Kultus und Unterricht Nr. 21158, 6.5.1914, „betreffend Flüssigmachung eines Betrages von 1300 Kronen für die Ausarbeitung eines Projektes für den österreichischen Ausstellungspavillon in Venedig und damit verbundene Reisekosten".

7 Zustimmung zu diesem Vorschlag AVA-Finanzen, Akt Nr. 30075/32.

8 ASAC, fondo storico scatole nere padiglioni b 1 mostra austria 1934, lettera gironcoli 07-12-1933. Herbert Thurner berichtet zudem, dass die Klasse des öfteren Besuch von internationaler Architekturprominenz erhielt, darunter André Lurçat, Le Corbusier und F. L. Wright. Vgl. H. Thurner: Zum 100. Geburtstag Josef Hoffmann, in: Der Bau 1970, 21.

9 Karl Vocelka: Geschichte Österreichs. Kultur–Gesellschaft–Politik, Graz/Wien 2000, 289ff. Zur Ästhetik des Ständestaates siehe auch: Tabor 1994 (wie Anm. 2).

10 ASAC 1934, preliminari lettera di impresa 19-1-1934 (wie Anm. 8).

11 Gazzetta di Venezia, 29.1.1934.

12 BMU 1934, Geschäftszahl 3665-I 6a, VZ 32559/29, A.E. Teilnahme Österreichs an der „Biennale" Ausstellung in Venedig ab 1934; Errichtung eines österr. Ausstellungspavillons., 6.II. 1934, AT-OeStA/AVA Unterricht UM, 1848–1940.

13 Brief von Leo Schmoll an Robert Kramreiter vom 5.2.1934, im Besitz Pedro Kramreiters. Zur Rolle Holzmeisters vgl. Wilfried Posch: Clemens Holzmeister. Architekt zwischen Kunst und Politik. Mit einem Werkverzeichnis von Monika Knofler, Wien/Salzburg 2010. Mein besonderer Dank gilt Pedro Kramreiter für die großzügige Überlassung von Dokumenten aus seinem Besitz zur Baugeschichte des Österreichischen Biennale-Pavillons und der Rolle seines Vaters Robert Kramreiter.

14 Clemens Holzmeister an das BMU, 14.2.1934; AT-OeStA, N.Z. 4679/34.

15 Brief vom Atelier Hoffmann Haerdtl, 1.3.1934, AT-OeStA/AVA.

16 Brief vom Atelier Hoffmann Haerdtl, 19.3.1934, AT-OeStA/AVA.

17 BMU 1934 GZ 190858-I 6a, 9.4.1934, AT-OeStA/AVA.

18 Bericht des Gesandten in Rom Rintelen an Bundeskanzler Dollfuß, 14.5.1934; AT-OeStA/AdR BKA, BKA-I Bundeskanzleramt-Inneres, 1918–1938 (Bestand).

19 Brief Josef Hoffmanns vom 22.6.1936; AT-OeVA, Unterricht 15, Nr. 21862/36.

20 BMUK/Hollein 1984 (wie Anm. 2).

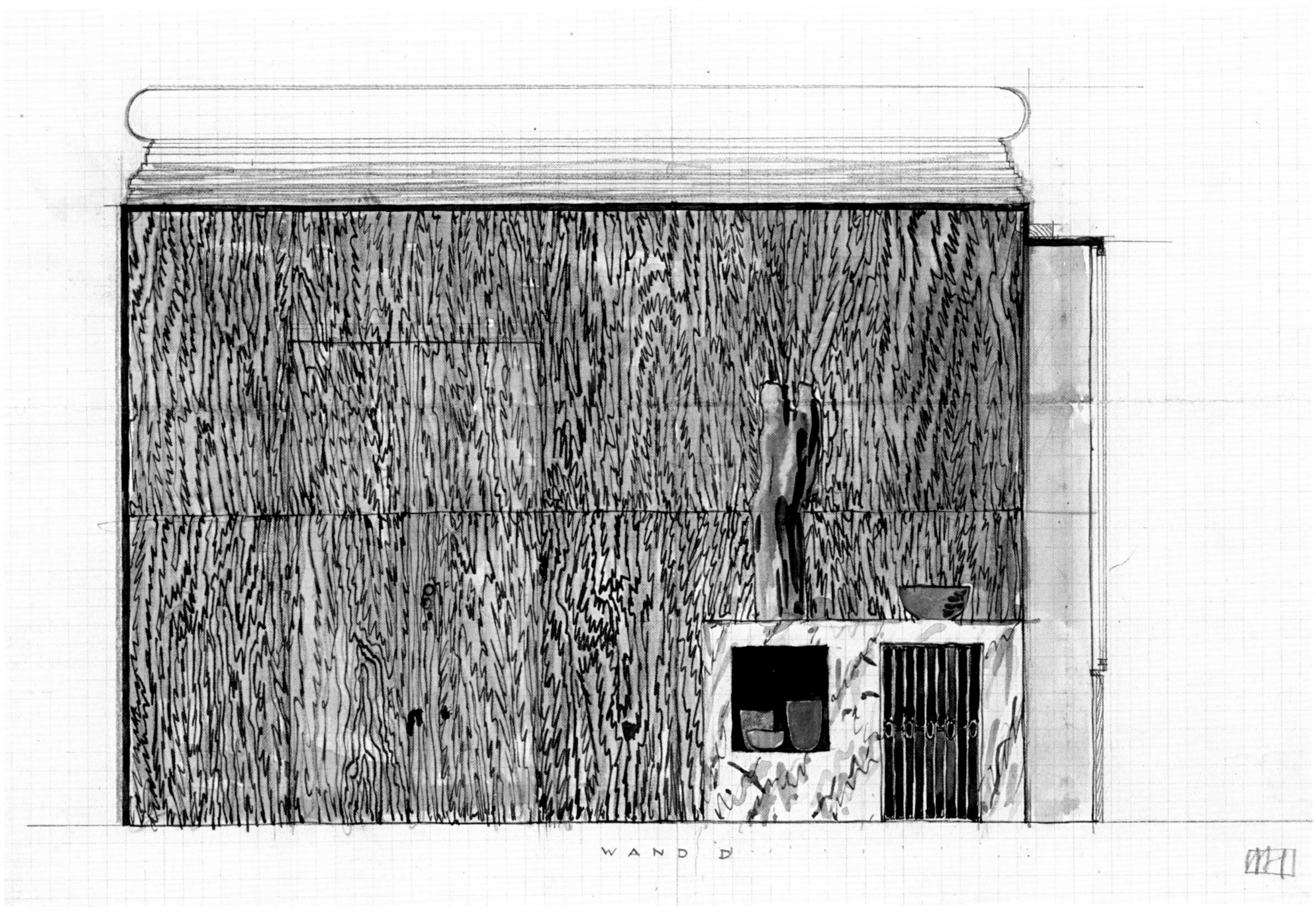

Abb. 1 JH, Wandabwicklung für das Wohnzimmer der Wohnung Dr. Meyer-Helmbeck, 1935
Kupferstichkabinett der Akademie der bildenden Künste Wien, HZ 27319

Christian Witt-Dörring

Ein Arbeiten ohne die Wiener Werkstätte

Das Kunstgewerbe 1933–1938

Die 1932 erfolgte Liquidation der WW kann als das dominierende, für Hoffmanns weitere Karriere bestimmende Ereignis angesehen werden. Sie entzieht Hoffmann eine Infrastruktur, die es ihm in den vergangenen 30 Jahren nicht nur erlaubt hatte, frei von wirtschaftlichen Überlegungen formalästhetischen Experimenten nachzugehen, sondern die auch deren hochwertige handwerkliche Umsetzung ermöglichte. Sie war bis dahin gleichzeitig auch das Marketing-Vehikel für die Marke Josef Hoffmann.

Die Gültigkeit ihres Wertekatalogs ist der Überprüfung durch die ab Ende 1929 dramatisch veränderten wirtschaftlichen und die damit in Zusammenhang stehenden gesellschaftlichen Parameter verstärkt ausgesetzt. Dazu kommt ab den 1910er Jahren eine neue Generation von Architekten und Entwerfern, die die von der Gründergeneration der Secession erkämpften Reformen und Fortschritte als selbstverständliche Voraussetzungen ihrer Arbeit empfinden und sie entsprechend den Notwendigkeiten ihrer Zeit weiterentwickeln. Im Zuge der Werkbundausstellung 1930 zeichnet sich bereits ab, dass das Kunstgewerbe der alten Richtung nur dem überkommenen Ideal der Qualität als Edelarbeit verpflichtet sein will, wohingegen die vom Österreichischen Werkbund 1931 ebenfalls im Österreichischen Museum für Kunst und Industrie organisierte Ausstellung *Der gute billige Gegenstand* sowie die Werkbundsiedlung von 1932 der wirtschaftlichen Lage Rechnung tragende Lösungen anbietet. Notgedrungen findet dieser Generationenkonflikt im Rahmen des Werkbunds sein Ventil. Im Zuge der Vergabe der österreichischen Kunstgewerbeausstellung auf der Mailänder Triennale 1933 an Oskar Strnad und nicht an Josef Hoffmann sowie aus einigen, obendrein entstellten Worten Josef Franks in einem Vortrag wird der Vorwurf der „Kunstgewerbefeindlichkeit" als Pauschalanschuldigung gegenüber dem Werkbund erhoben und Josef Hoffmann erklärt seinen Austritt aus dem Werkbund und gründet den Neuen Werkbund.[1]

Mit der Stellung des Kunstgewerbes steht auch Hoffmanns Konzept des Gesamtkunstwerks auf dem Prüfstand der Gesellschaft. In seinem Roman *Die Kapuzinergruft* entwirft Joseph Roth ein wunderbares Stimmungsbild der 30er Jahre, als er der Baronin Trotta seine Einschätzung über das Kunstgewerbe im Gespräch mit ihrem Sohn in den Mund legt.

> „Wenn man anfängt, aus wertlosem Zeug etwas zu machen, was wie wertvoll aussieht! Wo soll das hinführen? Die Afrikaner tragen Muscheln, das ist immer noch was anderes. Wenn man schwindelt – gut. Aber diese Leute [Kunstgewerbler] machen noch aus dem Schwindel einen Verdienst, Bub!
> Verstehst Du das? Man wird mir nicht einreden, daß Baumwolle Leinen ist und daß man Lorbeerkränze aus Tannenzapfen macht."[2]

In den sechs Jahren, die zwischen dem Ende der WW und der Annexion Österreichs durch Hitler-Deutschland liegen, sucht Hoffmann nach neuen Vertriebskanälen beziehungsweise öffentlichen Auftritten sowie ausführenden Handwerkern für sein als spezifisch österreichische Kulturleistung ausgelegtes Kunstgewerbe.[3] Das Jahr 1934 bietet ihm dazu mehrfach die Gelegenheit im Rahmen dreier von ihm gestalteter Ausstellungen. Es handelt sich dabei um die im Österreichischen Museum gezeigten Ausstellungen zum
50-jährigen Jubiläum des Wiener Kunstgewerbevereins 2 3
und *Das befreite Handwerk* sowie um die Gestaltung des Kunstgewerberaums in der von der österreichischen Bundesregierung veranstalteten Ausstellung *Austria in London*. In 12 S. 353
letzterem stellt er unter anderem eigens für den Rahmenproduzenten Max Welz entwickelte Kleinmöbel und Rahmen aus. Neben Max Welz[4], der bereits 1922 eine Anzahl von Rahmen nach Entwürfen Dagobert Peches für die WW ausgeführt hat, ist es der Inhaber des Glasverlegers J. & L. Lobmeyr, Stefan Rath sen., der Hoffmanns unerschöpfliches Entwurfstalent in dieser wirtschaftlich kargen Zeit herausfordert und unterstützt. Es entsteht dabei eine Fülle neuer Entwürfe, die jedoch nie zur Ausführung gelangten. Durch den Wegfall der WW-eigenen Produktionsstätten ist Hoffmann gezwungen, den direkten Kontakt zu ausführenden Handwerksfirmen zu suchen. Die von der Kunstgewerbesektion des Wiener Gewerbegenossenschaftsverbands 1934 initiierte
Ausstellung *Das befreite Handwerk* bietet dafür die passende 4
Gelegenheit. Sie ist als Gegenreaktion auf die vier Jahre frü- 2 S. 360
her ebenfalls im Österreichischen Museum gezeigte Werkbundausstellung konzipiert. Durch die dort propagierte moderne Sachlichkeit in Kombination mit einer neuen Bescheidenheit fühlt sich das reine Dekorationsgewerbe wie Posamentierer, Maler, Drechsler, Bildhauer, Tischler und Vergolder in seiner Existenz bedroht. Das den Titel der Ausstellung bestimmende Eigenschaftswort „befreit" bezieht sich daher auf den Wunsch, die Ketten einer vom Nützlichkeitsdenken bestimmten und auf eine reine Nutzen-Kostenrechnung beschränkten Produktion abzulegen. Der Obmann der Kunst-

Abb. 2 JH, Entwurf für die Gestaltung der Ausstellung *50 Jahre Wiener Kunstgewerbeverein* im ÖMKI, 1934
UaK, Kunstsammlung und Archiv, 146/2

Abb. 3 JH, Entwurf für die Gestaltung der Ausstellung *50 Jahre Wiener Kunstgewerbeverein* im ÖMKI, 1934
UaK, Kunstsammlung und Archiv, 145/1

Abb. 4 Vitrine mit Möbeln nach Entwürfen von Josef Hoffmann, Ausstellung *Das befreite Handwerk* im ÖMKI, 1934
MAK, KI 9197-2-1

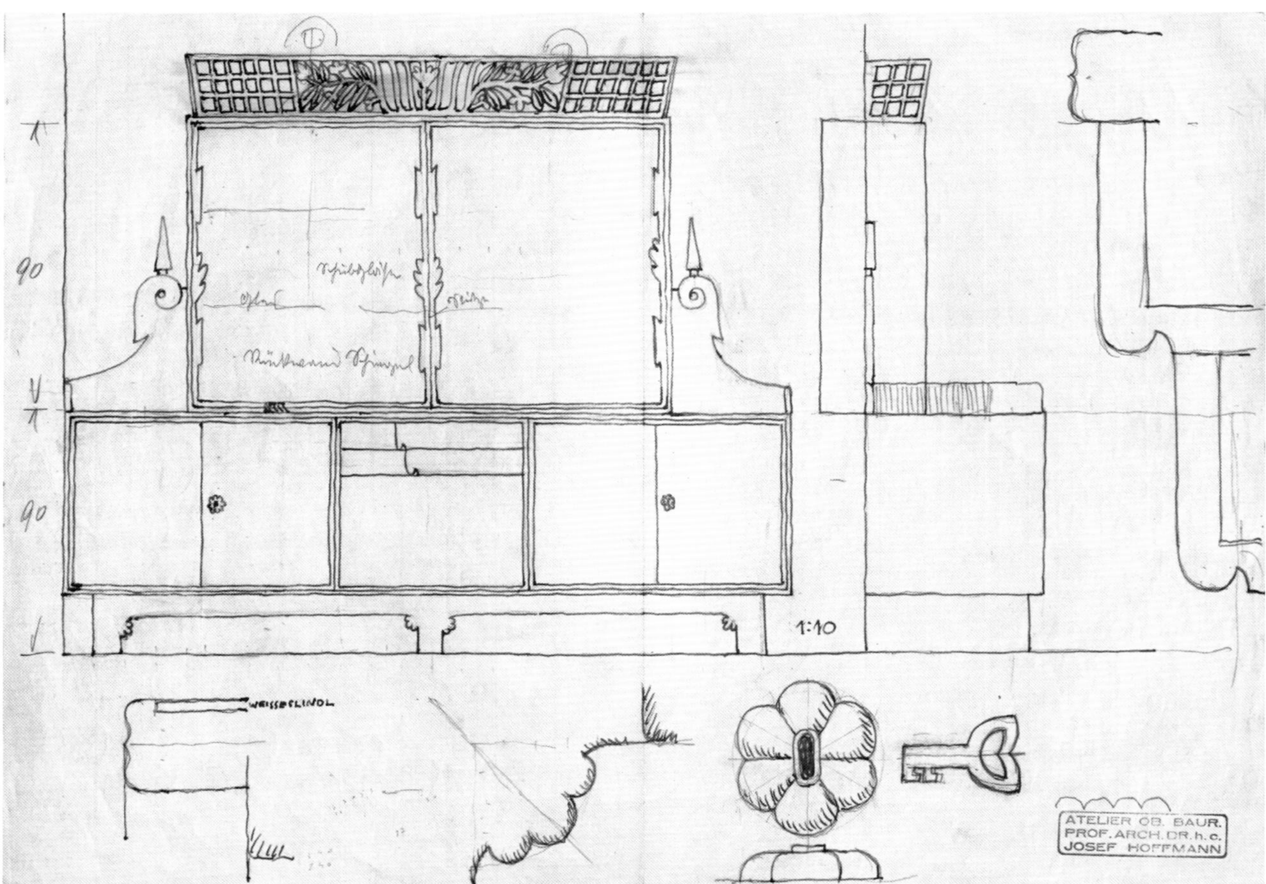

Abb. 5 JH, Entwurf für eine Anrichte mit Vitrinenaufsatz, um 1935
MAK, KI 23086-11

Abb. 6 JH, Entwurf für ein Objekt zum Gedenken an Dagobert Peche, 1938
UaK, Kunstsammlung und Archiv, 4287

Abb. 7 Dagobert Peche, Ehrengabe der Wiener Werkstätte zu Josef Hoffmanns 50. Geburtstag, 1920
Silber und Ebenholz
MAK, GO 1788
© MAK/Georg Mayer

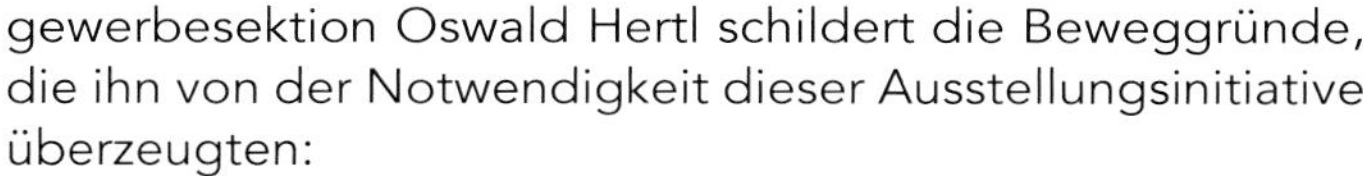
gewerbesektion Oswald Hertl schildert die Beweggründe, die ihn von der Notwendigkeit dieser Ausstellungsinitiative überzeugten:

> „Bedenken Sie auch, daß Arbeit zu geben und zu schaffen die vornehmste und wichtigste Aufgabe unserer Tage ist, daß auch der Kunsthandwerker nur leben und Wertvolles schaffen kann, wenn der Stil unserer Zeit ihm Raum und Gelegenheit gibt, meisterliche Befähigung und überragendes Können unter Beweis zu stellen. Ein Stil der Nüchternheit, der Glätte und Schmucklosigkeit wird dieser Fundamentalforderung unserer Zeit nie gerecht werden können."[5]

In Josef Hoffmann als künstlerischem Leiter und Gestalter der Ausstellung findet Hertl den idealen Partner zur Umsetzung seiner Idee. Er ist der Garant für das Primat des individuellen künstlerischen Ausdrucks im Zusammenhang mit einer qualitativ hochstehenden handwerklichen Ausführung. Dementsprechend liefert Hoffmann eine Reihe von besonders aufwendigen Möbelentwürfen, deren Umsetzung dazu dient, das Können der unterschiedlichen Wiener Dekorati-
1 S. 348 onsgewerbe ins Scheinwerferlicht zu stellen.

4 S. 350 Mit 30. September 1936 wird Hoffmann in den dauerhaften Ruhestand versetzt, er verliert nun auch seine Atelierräume in der Kunstgewerbeschule und somit ein weiteres wichtiges Standbein seiner Infrastruktur. Mäda Primavesi versucht 1937 mit deutscher Finanzhilfe, eine Neugründung der WW und reist dafür nach München. Sie berichtet darüber:

> „1937 wollte der kulturelle Leiter in München grosse Mittel geben, die W. W. auch mit angeschlossenen Fabriken wieder erstehen zu lassen, ich wollte ihm alle Unterlagen dazu liefern. Als ich mit den Unterlagen kam, hatte man ihm – er war in Wien gewesen – erzählt, dass Prof. Hoffmann nicht jüdisch versippt ist und nicht viele Künstler Juden. Er schlug mir vor, die W. W. von den Münchner Werkstätten finanzieren zu lassen. Das wollten wir nicht."[6]

Für den österreichischen Pavillon auf der Pariser Weltausstellung 1937 wählt die Bundesregierung den ehemaligen Schüler, Assistenten, Atelierchef und seit 1932 Kompagnon im Atelier Hoffmann Oswald Haerdtl als künstlerischen Leiter und Chefarchitekten. Josef Hoffmann ist mit einem von der
Firma Max Welz ausgeführten *Boudoir für einen großen Star* 5 6 S. 351
vertreten. Im Gedenken an Dagobert Peche und in Anlehnung an dessen Entwurf des Ehrengeschenks der WW zu 6 7
Josef Hoffmanns 50. Geburtstag entwirft Hoffmann 1938 ein Objekt *in memoriam Dagobert Peche*. 1939 verlässt Oswald Haerdtl schließlich die Ateliergemeinschaft und gründet sein eigenes Atelier. ■

1 Gedruckte Erklärung des Vorstands des Österreichischen Werkbunds „Zur außerordentlichen Vollversammlung am 20. Juni 1933", Archiv Christian Witt-Dörring.
2 Joseph Roth: Die Kapuzinergruft, Köln 1982, 120 f.
3 Siehe dazu den Beitrag „Die Wiener Werkstätte und Hoffmanns Innenraumgestaltungen 1919–1932" in diesem Buch.
4 Siehe z.B. Abbildungen sowie M.E.–Wien: Aus den Werkstätten von Welz und Soulek, in: Innendekoration 46 1935, 132 ff., 139 f.
5 Oswald Hertl: Vorwort, in: Das befreite Handwerk, Ausst.-Kat. Wien 1933, 6.
6 Peter Noever (Hg.): Yearning for Beauty. The Wiener Werkstätte and the Stoclet House, Ostfildern-Ruit 2006, 399.

1939
1945

Josef Hoffmann, 1938

ÖStA, AdR, Gauakt Josef Hoffmann, Nr. 4892

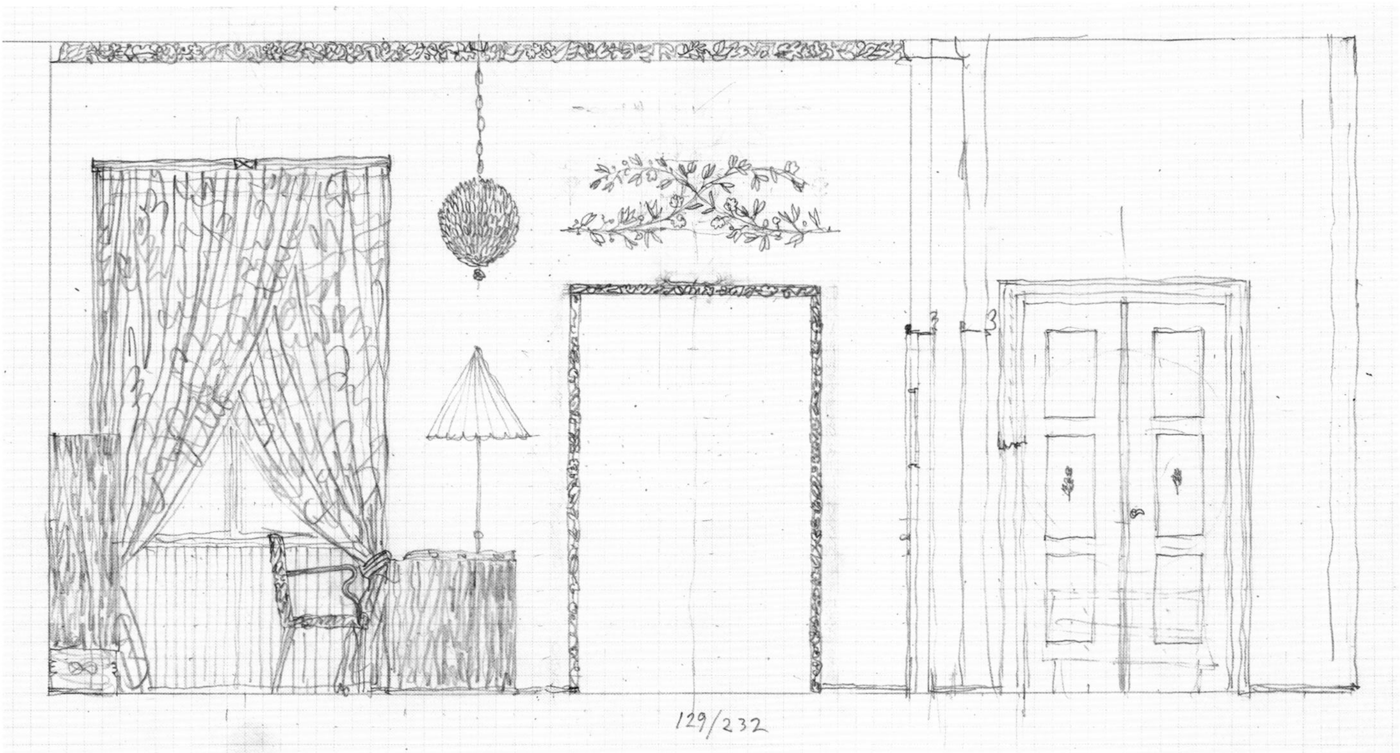

Abb. 1 JH, Entwurf für die Wandabwicklung eines Musterraumes für die Deutschen Werkstätten München, 1940
Kupferstichkabinett der Akademie der bildenden Künste Wien, HZ 26320

Abb. 2 JH, Wandleuchte für das Haus der Wehrmacht, 1940
Lindenholz, vergoldet
Privatbesitz
© MAK/Georg Mayer

Abb. 3 JH, Spiegelrahmen, ausgeführt von Max Welz (Friedrich Nerold), 1942
Makassar-Ebenholz und Korallenholz, Spiegel
MAK, H 1949
© MAK/Georg Mayer

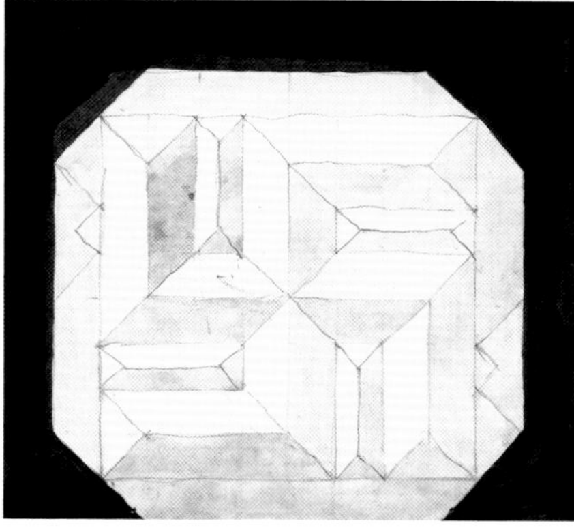

Abb. 4 JH, Entwurf für eine Deckeldose aus geschliffenem Kristallglas, um 1940
Kunsthandel Widder, Wien

Abb. 5 JH, Spiegelrahmen, ausgeführt von Max Welz, um 1940
Lindenholz, schwarz gebeizt; Spiegel
GALERIE BEI DER ALBERTINA · ZETTER

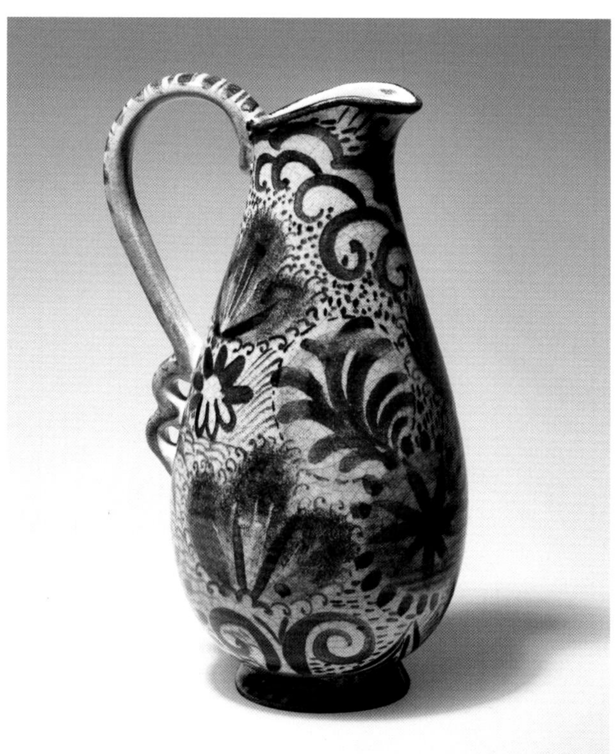

Abb. 6 JH, Krug, ausgeführt von Schleiss Keramik, Gmunden, 1939/40
Steingut, bemalt und glasiert
Privatbesitz
© MAK/Georg Mayer

Abb. 7 Krug, ausgeführt von Alexander Sturm, 1942
Silber
MAK, GO 1864
© MAK/Katrin Wißkirchen

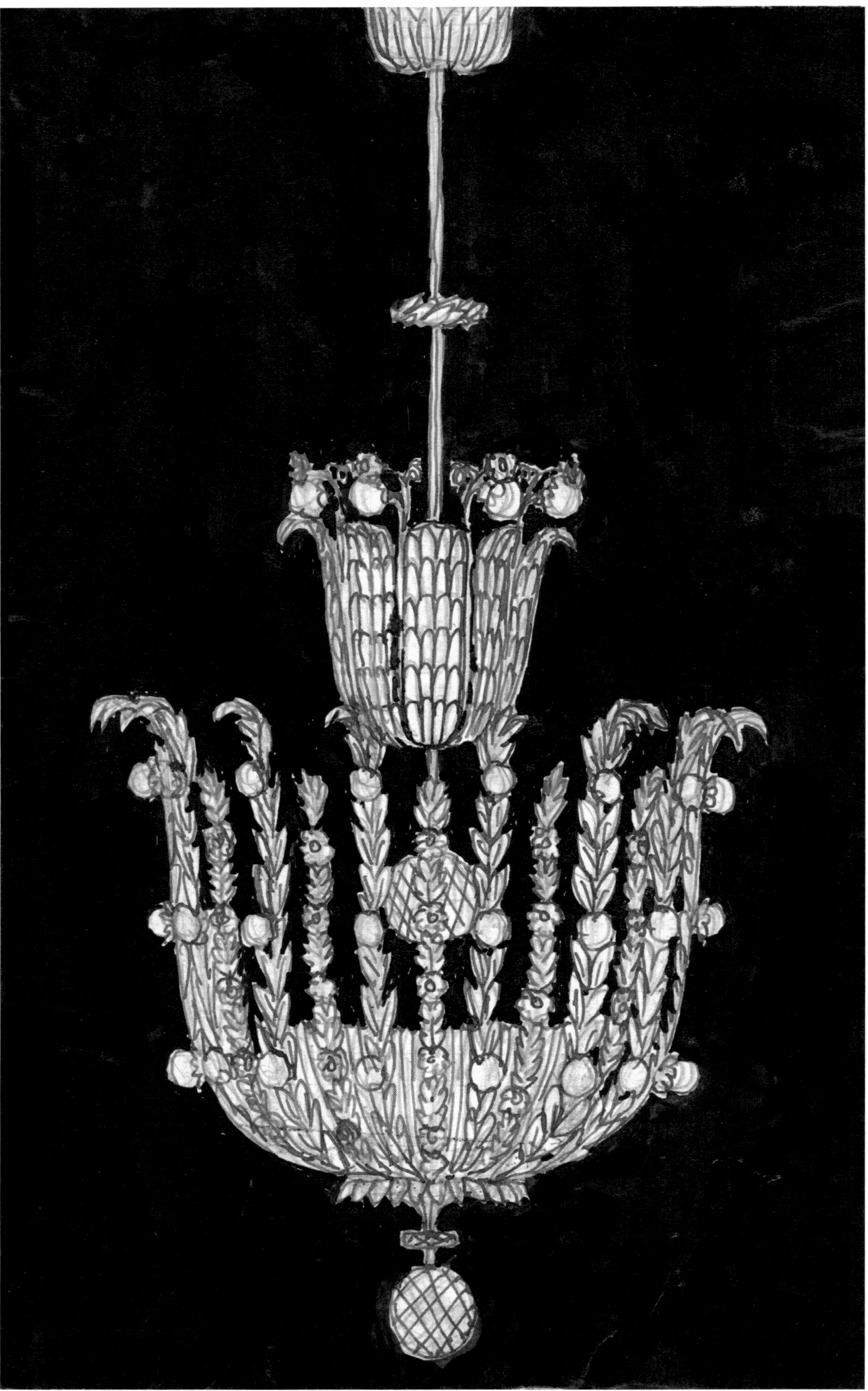

Abb. 8 JH, Entwurf für den Luster des Vorführsaals im Haus der Mode, Wien,1938
UaK, Kunstsammlung und Archiv, 4000/2

Abb. 9 JH, Entwurf für das Grabmal der Familie Flöge, 1943
Kupferstichkabinett der Akademie der bildenden Künste Wien, HZ 26313

Abb. 10 JH, Projekt eines Skanderbeg-Mausoleums, Vitrine für Helm und Schwert, Kruja, Albanien, 1944
E. Sekler, Josef Hoffmann, 223

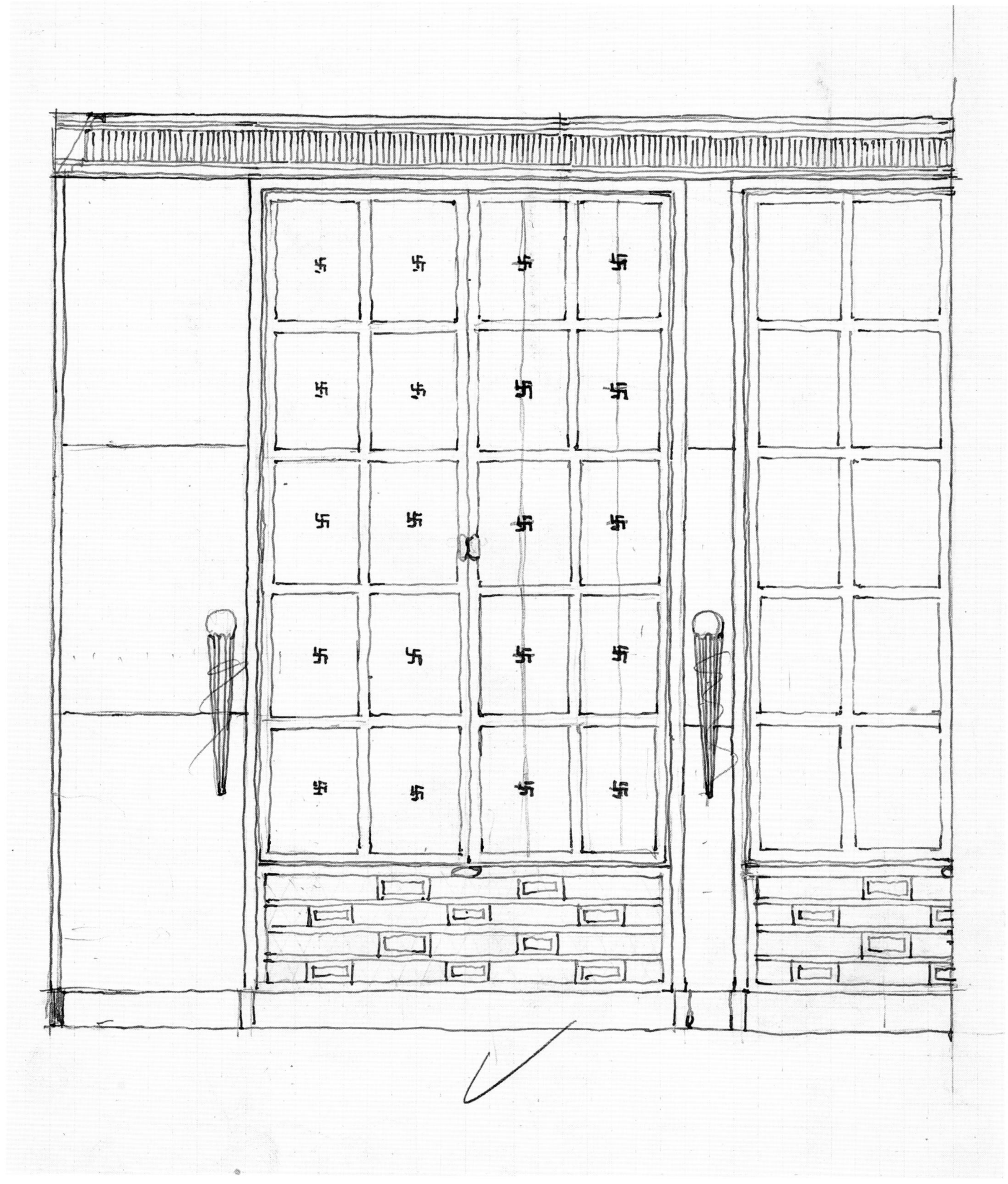

Abb. 15 JH, Haus der Wehrmacht, Wien, 1940, Wandgestaltung im Festsaal
Kunsthandel Widder, Wien

<
Abb. 11–14 JH, Adaptierung und Einrichtung Haus der Mode im Palais Lobkowitz, Wien, 1938/39, Raum des künstlerischen Leiters, Empfangsraum einer künstlerischen Leiterin, Vorführsaal und Gefolgschaftsspeisesaal
MBF (41) 1942, 285–288

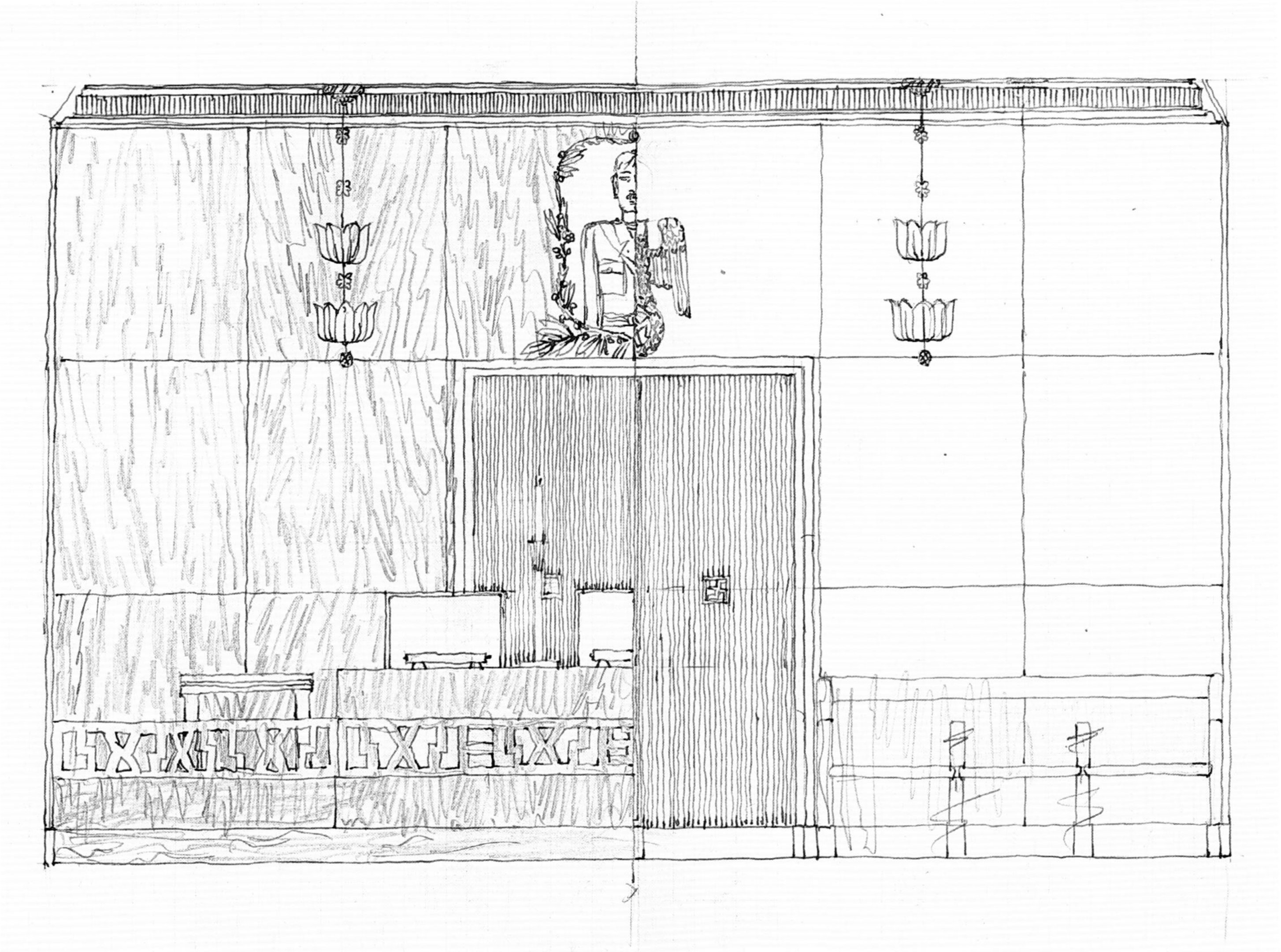

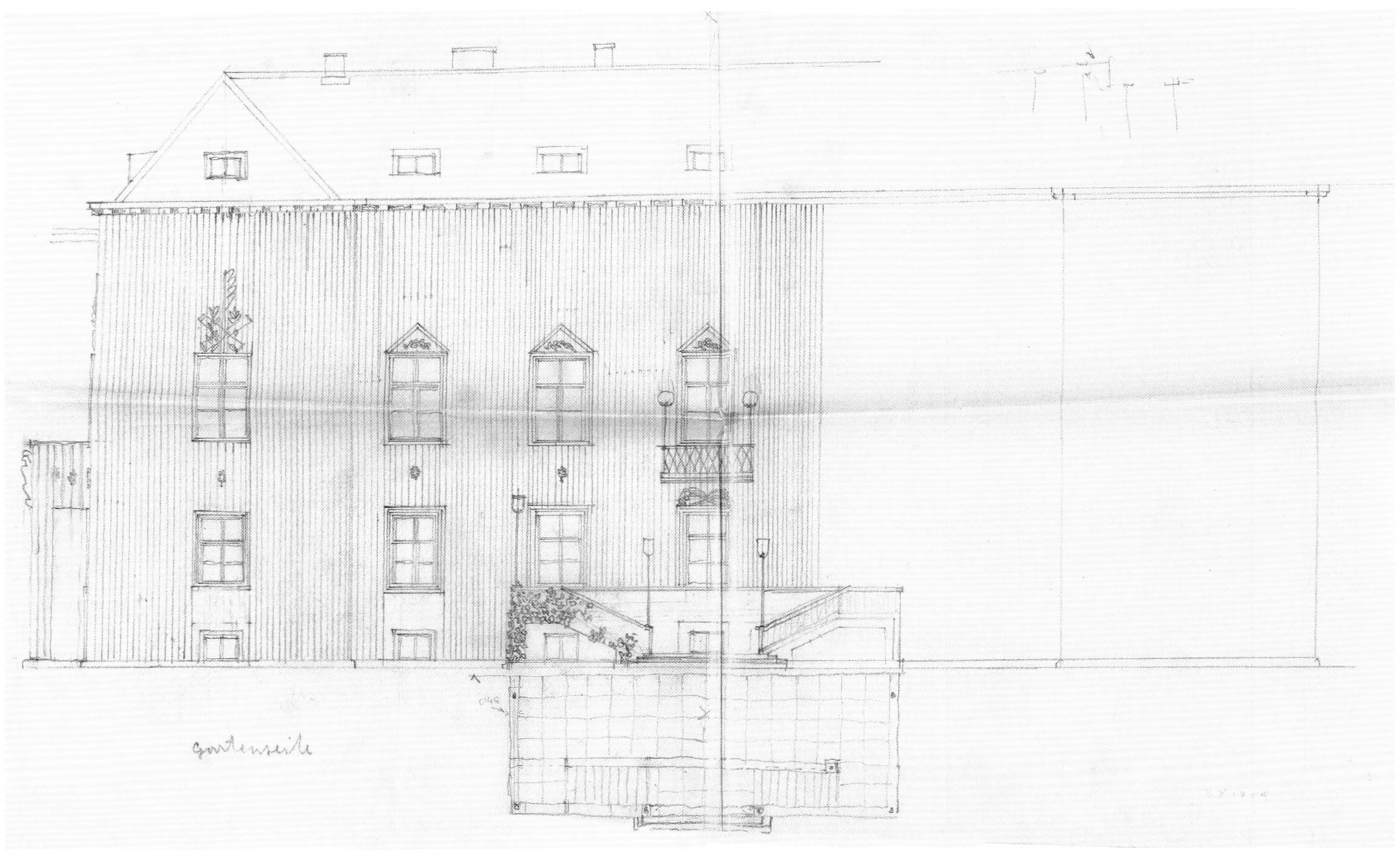
Gartenseite

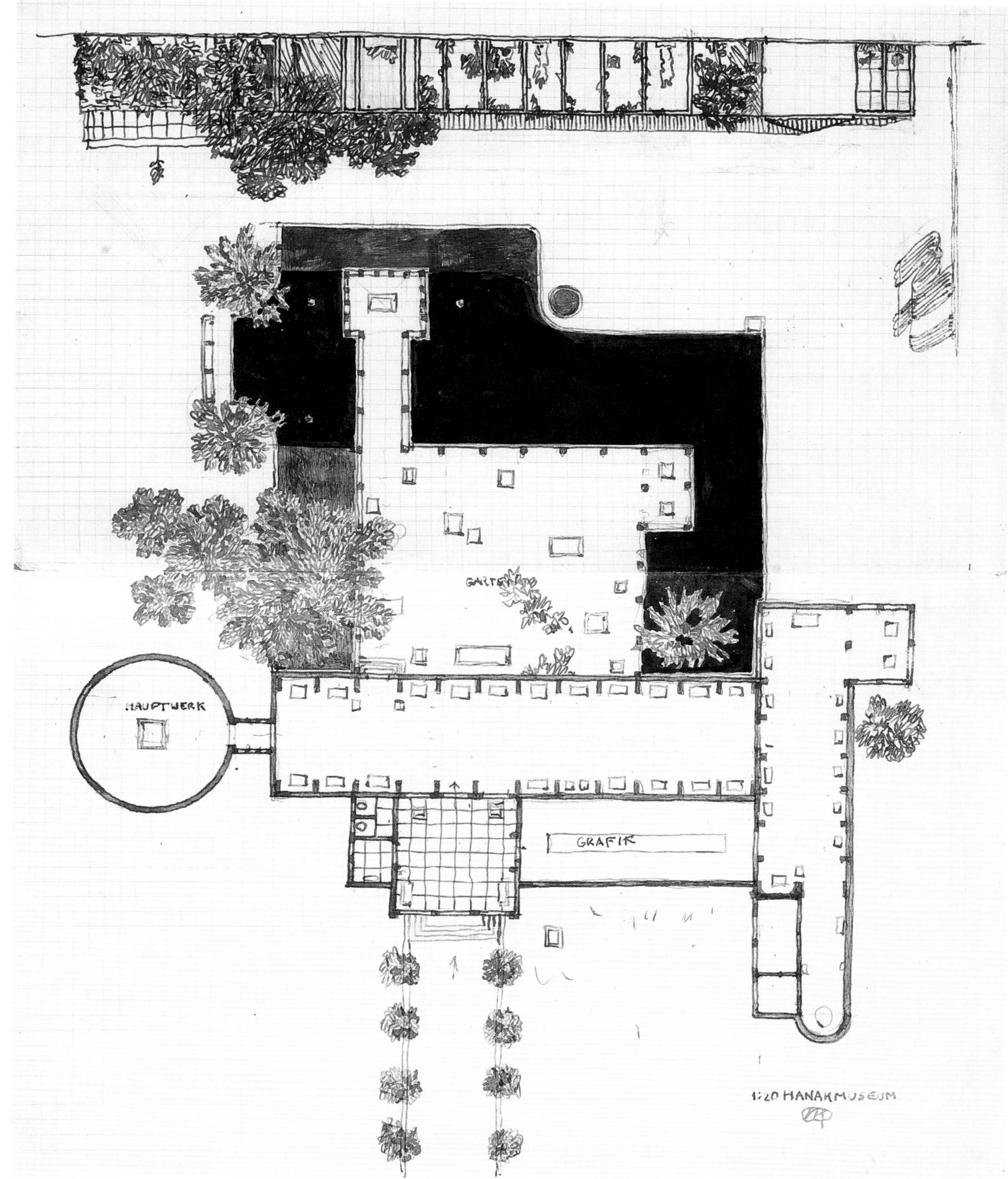

Abb. 18 JH, Entwurf für ein Anton-Hanak-Museum im Wiener Augarten, wohl 1938–40, Grundriss und Ansicht
Kunsthandel Widder, Wien

<
Abb. 16 JH, Wandabwicklung für einen getäfelten Versammlungsraum mit Podest und Bestuhlung, Haus der Wehrmacht, Wien, 1940
Kunsthandel Widder, Wien

Abb. 17 JH, Entwurf für die Gartenfassade, Haus der Wehrmacht, Wien, 1940
Kunsthandel Widder, Wien

Josef Hoffmann 1939 1945

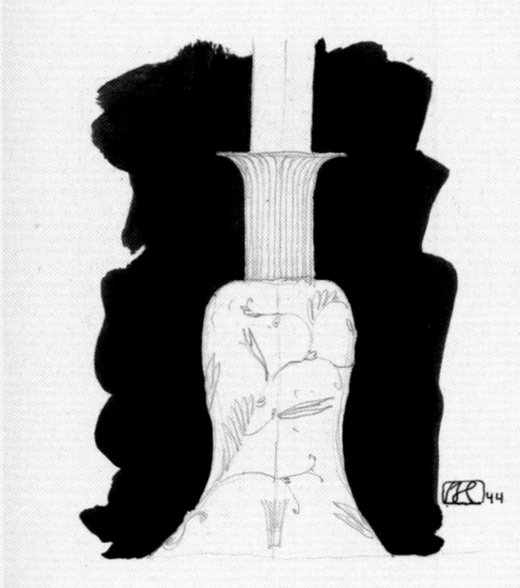

JH, Entwurf für einen Kerzenleuchter für die Versuchswerkstätte des Wiener Kunsthandwerkvereins, 1944
Kunsthandel Widder, Wien

1939
Josef Hoffmann wird Ehrenvorsitzender des von der Stadt Wien neugegründeten und von seinem ehemaligen Assistenten Hans Bichler – einem illegalen Nationalsozialisten – geleiteten „Wiener Kunsthandwerkvereins". Der Verein bezieht mit den Verkaufs-, Werkstatt- und Büroräumen das ehemalige arisierte Kaufhaus Zwieback in der Kärntner Straße/Weihburggasse, wo auch Hoffmann gemeinsam mit Josef Kalbac bis in die 1950er Jahre sein neues Architekturbüro betreibt. Im Februar 1939 wird das von Hoffmann gestaltete „Haus der Mode" in den Räumen des Palais Lobkowitz in Wien eröffnet. Er baut die ehemalige deutsche Botschaft in der Metternichgasse, Wien-Landstraße, mit Josef Kalbac um in das „Haus der Wehrmacht". Die Festdekoration des Wiener Opernballs 1939 gestaltet Hoffmann noch mit Oswald Haerdtl, der in der Folge die Ateliergemeinschaft beendet und sein eigenes Büro gründet.

1940
Hoffmann erarbeitet Wettbewerbsprojekte für die Wiener Messe im Prater (mit Haerdtl), für ein Gästehaus der Stadt Wien und für ein Anton Hanak-Museum im Wiener Augarten. Mit Kalbac richtet er das Geschäft der Porzellanmanufaktur Meißen am Kärntner Ring ein. Eine Ausstellung im Wiener Kunstgewerbemuseum, ÖMKI, anlässlich seines 70. Geburtstags wird aufgrund kulturpolitischer Unstimmigkeiten innerhalb der NS-Administration auf 1941 verschoben und fällt bescheiden aus. Eine geplante Auszeichnung mit der Goethe-Medaille wird u.a. durch ein negatives Gutachten von Albert Speer verhindert.

1941–1945
Mit den neuen Aufgaben für Bürgermeister Hermann Neubacher, Arthur Seyss-Inquart, dem „Reichsstatthalter in Österreich", sowie weiteren mit Hoffmann befreundeten Persönlichkeiten des lokalen NS-Regimes in anderen Regionen des NS-Machtbereichs versiegen die Planungsaufträge an Hoffmann. 1941 wird er Ehrenmitglied der Wiener Akademie der bildenden Künste und erhält 1942 den Würdigungspreis der Stadt Wien für Kunsthandwerk. Weiterhin Entwurfstätigkeit für den „Wiener Kunsthandwerksverein" sowie für J. & L. Lobmeyr, Augarten Porzellan, Deutsche Werkstätten in Dresden, Lausitzer Glaswerke Weißwasser. Hoffmann publiziert über das Kunsthandwerk in der Zeitschrift *Die Pause*. 1943 Wohnhausentwurf für Baron Wieser, Wien-Grinzing. Der auf Anregung des nunmehrigen Balkanbeauftragten Hermann Neubacher entstandene Entwurf für ein Mausoleum des albanischen Herrschers Skanderbeg in Kruja in Albanien 1944 bleibt Projekt. ■

JH, Entwurf für den Luster im Gerichtsraum, Haus der Wehrmacht, Wien, 1940
Kunsthandel Widder, Wien

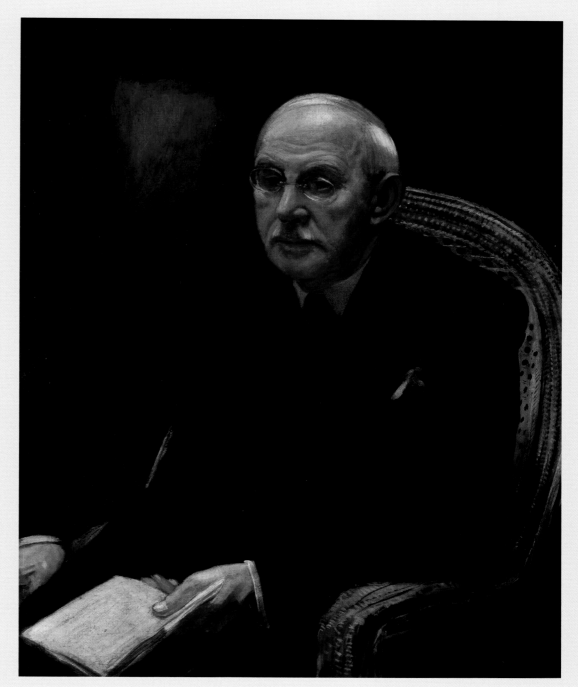

Sergius Pauser, Porträt Josef Hoffmann, anlässlich seines 70. Geburtstags von der Gemeinde Wien in Auftrag gegeben, 1942
Öl auf Leinwand
Wien Museum, 73.043

JH, Wandabwicklung für einen getäfelten Versammlungsraum mit Podest und Bestuhlung, Haus der Wehrmacht, Wien, 1940
Kunsthandel Widder, Wien

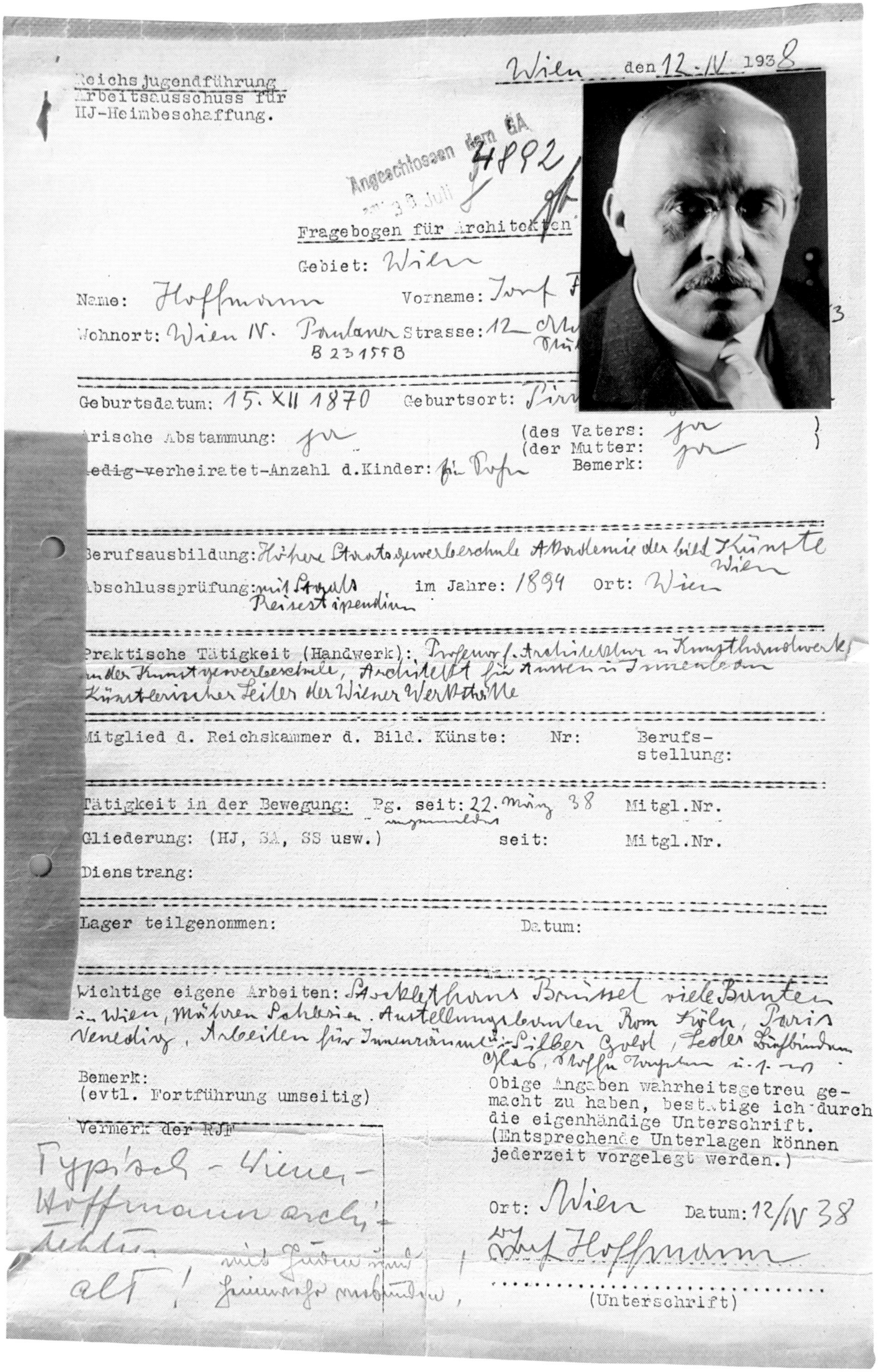

Reichsjugendführung
Arbeitsausschuss für
HJ-Heimbeschaffung.

Wien den 12. IV 1938

Angeschlossen dem GA
4892
30. Juli

Fragebogen für Architekten

Gebiet: Wien

Name: Hoffmann Vorname: Josef F

Wohnort: Wien IV. Paulaner Strasse: 12
B 23155 B

Geburtsdatum: 15. XII 1870 Geburtsort: Pirn

Arische Abstammung: ja (des Vaters: ja) (der Mutter: ja)

ledig-verheiratet-Anzahl d. Kinder: 1 Sohn Bemerk:

Berufsausbildung: Höhere Staatsgewerbeschule Akademie der bild. Künste Wien

Abschlussprüfung: mit Staats Reisestipendium im Jahre: 1894 Ort: Wien

Praktische Tätigkeit (Handwerk): Professor f. Architektur u. Kunsthandwerk an der Kunstgewerbeschule, Architekt für Außen u. Innenbau, Künstlerischer Leiter der Wiener Werkstätte

Mitglied d. Reichskammer d. Bild. Künste: Nr: Berufsstellung:

Tätigkeit in der Bewegung: Pg. seit: 22. März 38 Mitgl.Nr.

Gliederung: (HJ, SA, SS usw.) seit: Mitgl.Nr.

Dienstrang:

Lager teilgenommen: Datum:

Wichtige eigene Arbeiten: Stocklethaus Brüssel viele Bauten in Wien, Mähren Schlesien. Ausstellungsbauten Rom Köln, Paris Venedig, Arbeiten für Innenräume, Silber Gold, Leder Buchbinden, Glas, Stoffe Tapeten u. s. w.

Bemerk:
(evtl. Fortführung umseitig)

Obige Angaben wahrheitsgetreu gemacht zu haben, bestätige ich durch die eigenhändige Unterschrift.
(Entsprechende Unterlagen können jederzeit vorgelegt werden.)

Vermerk der RJF
Typisch – Wiener – Hoffmann architektur alt!

Ort: Wien Datum: 12/IV 38

Josef Hoffmann
(Unterschrift)

Abb. 1 Reichsjugendführung, Arbeitsausschuss für HJ-Heimbeschaffung, Fragebogen für Architekten, Josef Hoffmann, 1938
ÖStA, AdR, Gauakt Josef Hoffmann, Nr. 4892 2.S

Elisabeth Boeckl-Klamper

Josef Hoffmann und der Nationalsozialismus

Eine Bestandsaufnahme

Nach dem „Anschluss" Österreichs an das nationalsozialistische Deutsche Reich im März 1938 passte sich Josef Hoffmann – inzwischen 67 Jahre alt – den neuen politischen Gegebenheiten rasch an. So beantwortete er bereits am
1 12. April ein Formblatt „für Architekten" der „Reichsjugendführung/Arbeitsausschuss für HJ-Heimbeschaffung". In die Spalte, in der nach der „Tätigkeit in der Bewegung" gefragt wurde, vermerkte er „PG [= Parteigenosse] seit 22. März 1938", relativierte aber diese ebenso voreilige wie unkorrekte Angabe, indem er unter das Datum „angemeldet" schrieb. Hoffmann, der zeit seines Lebens betonte, von Politik nichts zu verstehen,[1] hatte augenscheinlich keine Vorbehalte, sich zügig in den Dienst der neuen nationalsozialistischen Machthaber zu stellen. Wie viele Österreicher glaubte auch er ihrer Propaganda, die wirtschaftlichen Aufschwung und allgemeinen Wohlstand versprach. So begrüßte er den „seit jeher erhofften Zusammenschluss mit dem Reich", wie er im Juni 1938 an Carl Otto Czeschka schrieb.[2] Im selben Brief brachte Hoffmann, der „durch seine Herkunft aus der deutschsprachigen Minderheit Mährens […] dazu prädestiniert [war], Sympathien für das deutschnationale Lager aufzubringen",[3] nicht nur seine Freude zum Ausdruck, sich nun „als Sudetendeutscher […] ohne Sorge als Deutscher" fühlen zu dürfen, sondern betont auch, wie glücklich er wäre, sich „für die große Sache auch noch einmal im Leben in künstlerischer Art […] betätigen"[4] zu können.

Nützliche Netzwerke

Diese Betätigung wurde Hoffmann rasch ermöglicht, denn seine Beziehungen zu den lokalen Proponenten des NS-Regimes, insbesondere zur nationalsozialistischen Stadtverwaltung Wiens, waren ausgesprochen gut. Bereits am 12. März 1938 – also noch einen Tag, bevor der „Anschluss" offiziell vollzogen worden war – war Hermann Neubacher zum Bürgermeister von Wien ernannt worden. Neubacher, der ehemalige Direktor der Gemeinwirtschaftlichen Siedlungs- und Bauaktiengesellschaft (GESIBA), war 1928 zum Präsidenten des Werkbundes gewählt und 1931 in den Aufsichtsrat der Wiener Werkstätte berufen worden. Man darf annehmen, dass er keineswegs nur, wie Sekler schreibt, ein „alter Bekannter" Hoffmanns, sondern diesem vielmehr auch freundschaftlich verbunden war. Neubacher vermittelte Hoffmann nicht nur während seiner Zeit als Wiener Bürgermeister bis Dezember 1940 mehrere Aufträge, sondern auch später noch (z. B. das Skanderbeg Mausoleum in Kruja/Albanien, 1944), als er in den Balkanländern verschiedene politische Funktionen ausübte.

Neben dem kunstaffinen Hermann Neubacher stellte Johannes Cech, ein Neffe Hoffmanns, einen wichtigen Ansprechpartner innerhalb der nationalsozialistischen Wiener Stadtverwaltung dar. Cech, geboren 1903, war der Sohn von Franziska Cech, einer Schwester Hoffmanns, die nach dem Ersten Weltkrieg fallweise im Kundenverkehr der Wiener Werkstätte tätig gewesen war.[5] Johannes Cech hatte Architektur und Schriftgraphik studiert. Er war Mitglied des „Deutschen Turnerbundes", der „Nordischen Gesellschaft"[6] und ab 1932 auch der NSDAP. Seine Verankerung innerhalb der von Juni 1933 bis Februar 1938 wegen zahlreicher Terroranschläge in Österreich verbotenen Partei war offensichtlich sehr gut. Am 1. Oktober 1938 wurde Cech, der bis dahin freiberuflich tätig gewesen war, quasi als Belohnung für seine illegale NS-Tätigkeit als Sachberater des Wiener Kulturamts für Schrift und Graphik und zwei Jahre später als Leiter der „Wiener Frauenakademie" beschäftigt.[7] Wie sich die beruflichen Beziehungen zwischen Cech und Hoffmann bzw. Neubacher und Hoffmann gestalteten, lässt sich nicht in allen Einzelheiten nachvollziehen, da der Aktenbestand des Wiener Kulturamts aus der NS-Zeit – abgesehen von der Indexkartei der allgemeinen Geschäftsprotokolle – nicht erhalten geblieben ist. In dieser Kartei wurden jedoch wesentliche Vorgänge stichwortartig festgehalten, beispielsweise auch, dass sämtliche Belange, die den „Kunsthandwerkverein" betrafen – dessen Ehrenvorsitzender Hoffmann war und auf dessen Rolle später noch eingegangen wird – Johannes Cech vorgelegt werden mussten.[8]

„Kunstegoismus"

Aufgrund seiner ausgezeichneten Beziehungen zur Wiener Stadtverwaltung erhielt Hoffmann bald nach dem „Anschluss" zwei ebenso repräsentative wie lukrative Gestaltungsprojekte: Er wurde mit dem Umbau der nun obsolet gewordenen Deutschen Botschaft zum „Haus der Wehr-

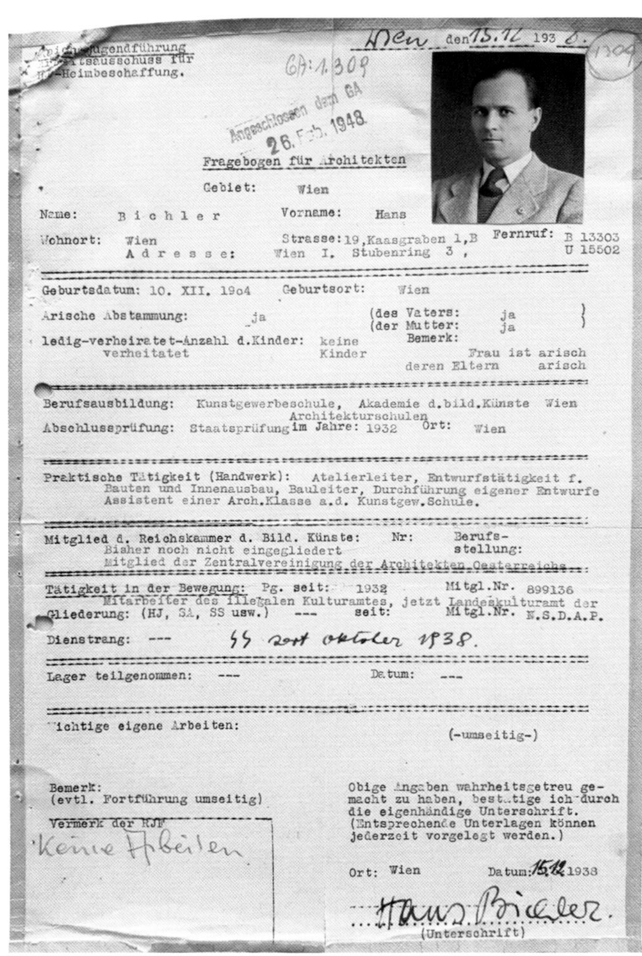
gendführung
tsausschuss für
-Heimbeschaffung.

Wien den 15.12 1938.

GA: 1.309

Angeschlossen dem GA
26. Feb. 1948

Fragebogen für Architekten

Gebiet: Wien

Name: B i c h l e r Vorname: Hans

Wohnort: Wien Strasse: 19, Kaasgraben 1, B Fernruf: B 13303
A d r e s s e: Wien I. Stubenring 3, U 15502

Geburtsdatum: 10. XII. 1904 Geburtsort: Wien

Arische Abstammung: ja (des Vaters: ja) (der Mutter: ja)

ledig-verheiratet-Anzahl d.Kinder: verheitatet keine Kinder Bemerk: Frau ist arisch deren Eltern arisch

Berufsausbildung: Kunstgewerbeschule, Akademie d.bild.Künste Wien Architekturschulen

Abschlussprüfung: Staatsprüfung im Jahre: 1932 Ort: Wien

Praktische Tätigkeit (Handwerk): Atelierleiter, Entwurfstätigkeit f. Bauten und Innenausbau, Bauleiter, Durchführung eigener Entwurfe Assistent einer Arch.Klasse a.d. Kunstgew.Schule.

Mitglied d. Reichskammer d. Bild. Künste: Nr: Berufsstellung:
Bisher noch nicht eingegliedert
Mitglied der Zentralvereinigung der Architekten Oesterreichs

Tätigkeit in der Bewegung: Pg. seit: 1932 Mitgl.Nr. 899136
Mitarbeiter des illegalen Kulturamtes, jetzt Landeskulturamt der N.S.D.A.P.

Gliederung: (HJ, SA, SS usw.) --- seit: Mitgl.Nr.

Dienstrang: --- SS seit Oktober 1938.

Lager teilgenommen: --- Datum: ---

Wichtige eigene Arbeiten: (-umseitig-)

Bemerk:
(evtl. Fortführung umseitig)

Vermerk der RJF
Keine Arbeiten

Obige Angaben wahrheitsgetreu gemacht zu haben, bestätige ich durch die eigenhändige Unterschrift.
(Entsprechende Unterlagen können jederzeit vorgelegt werden.)

Ort: Wien Datum: 15.12. 1938

Hans Bichler
(Unterschrift)

Abb. 2 Reichsjugendführung, Arbeitsausschuss für HJ-Heimbeschaffung, Fragebogen für Architekten, Hans Bichler, 1938
ÖStA, AdR, Gauakt Hans Bichler

macht" betraut sowie mit der Umgestaltung der Innenräume des Palais Lobkowitz. In diesem war bis zum „Anschluss" die Botschaft der Tschechoslowakischen Republik untergebracht.[9] Während das „Haus der Wehrmacht" ab Herbst 1940 als Offizierscasino Verwendung fand, wurde im Palais
3 4 5 Lobkowitz im Februar 1939 das „Haus der Mode" eröffnet.[10]
6 7 8 Dass Hoffmann mit der Ausführung dieser beiden Repräsentationsbauten beauftragt wurde, war nicht nur für ihn von Vorteil – neben Prestige brachte ihm die Umbauplanung des Palais Lobkowitz 20.000 RM[11] Honorar ein –, sondern auch für die Stadtverwaltung. Diese konnte für sich verbuchen, einen international anerkannten Architekten zu beschäftigen – ein Umstand, der dem Ansehen der neuen nationalsozialistischen Machthaber sowohl im Ausland als auch im Inland nützen sollte. Denn Massenverhaftungen und pogromartige Ausschreitungen („Reibpartien") gegen die jüdische Bevölkerung hatten 1938 nicht nur den Anspruch Deutschlands, eine Kulturnation zu sein, im Ausland in Frage gestellt, sondern auch bei Teilen der Wiener Bevölkerung Unbehagen ausgelöst.

Auch Hoffmann registrierte die zunehmende soziale Ausgrenzung der jüdischen Bevölkerung bzw. die Entfernung von Kunst, die aus ideologischen Gründen als „unerwünscht" galt. So stellte er in dem bereits erwähnten Brief an Czeschka fest:

> „Die kleine Sammlung der W. W. in der städtischen Galerie wurde natürlich als entartet geschirmt [sic!] und ebenso unsere sehr guten modernen Galerien. Das Alles wird ja wieder einmal in Ordnung kommen, bis man Zeit haben wird, sich zu besinnen."[12]

Offenbar spielte Hoffmann mit dieser ungewöhnlichen Wortwahl darauf an, dass Objekte der Wiener Werkstätte von manchen Nationalsozialisten als dekadent diffamiert und daher aus Sammlungen entfernt worden waren bzw. dass Galerien, in jüdischem Besitz – viele davon hatten bis 1938 moderne Kunst gezeigt wie z.B. die „Neue Galerie" von Otto Kallir – geschlossen werden mussten. Wie viele Menschen unterschätzte aber auch Hoffmann die Skrupellosigkeit und Dynamik des NS-Regimes, denn er glaubte offenbar, derartige Vorkommnisse würden nach der ersten „Anschlussbegeisterung" („bis man Zeit haben wird, sich zu besinnen") abflauen. So ist auch eine von seinem ehemaligen Assistenten Leopold Kleiner überlieferte Aussage zu interpretieren, Hoffmann hätte ihm von der vollbesetzten Terrasse des Café Imperial am Opernring aus zugerufen „Bleiben S' doch da, das dauert eh net lang".[13]

Allem Anschein nach war Hoffmann, der „zu viel von der Welt und dem breiten Spektrum ihrer ganzen Kultur [kannte], um nicht eine gewisse Toleranz und eine weitere Perspektive zu besitzen, als sie bei […] nationalsozialistischen Zeitgenossen zu finden war",[14] von den Exzessen des neuen Regimes irritiert. Es wäre spekulativ, beurteilen zu wollen, ob er selbst antisemitische Ressentiments hegte. Tatsache ist, dass es keine Belege gibt, dass Hoffmann sich beispielsweise über Kollegen, die nach den *Nürnberger Gesetzen* als Juden galten, diffamierend geäußert hätte. Wenn er in einem Brief an Czeschka im November 1938 schreibt: „Auch spüren wir nach und nach den Rückgang der nichtarischen Konkurrenz",[15] so kann das eher als Hinweis darauf gelesen werden, dass jüdische Kunstschaffende zur Emigration gezwungen wurden, denn als Zustimmung zu den antijüdischen Maßnahmen des NS-Regimes.

Man kann davon ausgehen, dass Hoffmann weder ein Anhänger der NS-Ideologie war noch die politischen Ziele der NSDAP teilte und schon gar nicht mit seinen Kunstvorstellungen der Kunstpolitik des NS-Regimes Vorschub leistete. Im „Gauakt"[16], den die Wiener Gauleitung zu seiner Person erstellte, wurde im April 1940 festgehalten, dass Hoffmann „nicht Parteimitglied, aber Mitglied der Reichskammer der bildenden Künste" sei.[17] Hoffmann war allerdings bestrebt, die Neuordnung der Wiener Kulturpolitik zur Umsetzung seiner eigenen Vorstellungen von Kunst und insbesondere von der Pflege des Kunstgewerbes zu nützen, und zwar auch mithilfe seines persönlichen Netzwerks, das sowohl in die städtische Verwaltung als auch in die NSDAP reichte. Seine Haltung gegenüber dem NS-Regime und dessen Proponenten wurde nicht von ideologischen Prämissen, sondern von jenem „Kunstegoismus" bestimmt, den Stefan Zweig auch bei Richard Strauss konstatierte: „Bei seinem Kunstegoismus […] war ihm jedes Regime innerlich gleichgültig."[18]

Um seine Ziele zu erreichen, akzeptierte Hoffmann nicht nur die kulturkonservative Kunstpolitik des Regimes und die Zwangsmitgliedschaft in der „Reichskammer der bildenden Künste", sondern ignorierte auch, dass Menschen verhaftet und ihrer Ämter enthoben wurden sowie ein nicht unbeträchtlicher Teil seiner eigenen früheren Auftraggeber fliehen musste. Man muss ihm aber zugute halten, dass er in seinen Arbeiten keine Konzessionen an die Kunstvorstellungen des NS-Regimes machte, abgesehen von der Verwendung von Floskeln wie „größte Epoche unseres Vaterlandes"[19] oder „eine Zeit weltgeschichtlicher Wandlung ungeahnter Größe"[20] in diversen Zeitschriftenartikeln.

Abb. 3 JH, Entwurf für den Verkaufsraum im Haus der Mode, Palais Lobkowitz, Wien, 1938/39
UaK, Kunstsammlung und Archiv, 104

Abb. 4 JH, Adaptierung und Einrichtung Haus der Mode, 1938/39 Raum des künstlerischen Leiters, Wandansicht
Kupferstichkabinett der Akademie der bildenden Künste Wien, HZ 26321

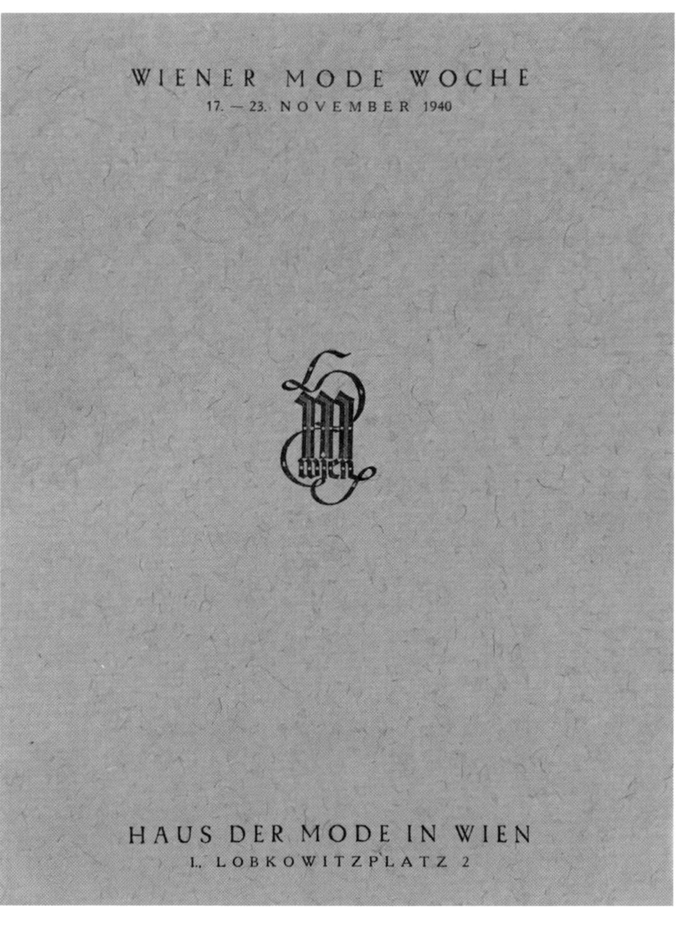

WIENER MODE WOCHE

17. — 23. NOVEMBER 1940

HAUS DER MODE IN WIEN

I. LOBKOWITZPLATZ 2

Zum Wesen der Mode gehört, daß sie sich unaufhörlich verjüngt und stets neue Schöpfungen hervorbringt. Es lag darum nahe, bei der Planung der ersten Wiener Modewoche auch den jugendlichen Nachwuchs im Bereich modischer Arbeit zu Wort kommen zu lassen.

Dadurch sollte den aufstrebenden, in den deutschen Modeschulen tätigen, jungen Kräften Gelegenheit geboten werden, vor den anläßlich der Wiener Modewoche in Wien versammelten Fachleuten ihre Leistungen zu zeigen.

Durch die Einbeziehung der Modeschulen in das Vorführungsprogramm erhält die Wiener Modewoche eine überaus reizvolle und interessante Note, da sich in ihren Schöpfungen die Kräfte zeigen, die einmal in wenigen Jahren als selbständiger Modellgestalter wertvolle Mitarbeiter im deutschen Modeschaffen sein werden.

Unserer Aufforderung haben die Deutschen Modeschulen

Textil- und Modeschule der Stadt Berlin
Deutsche Meisterschule für Mode, München
Staatliche Kunst- und Fachschule für Textilindustrie, Modeschule, Plauen i. V.
D. A. F. - Schule für Herrenschneider, Damenschneider und Putzmacher, Wien

Folge geleistet. Zu unserem großen Bedauern ist die Modeschule der Stadt Frankfurt verhindert, sich zu beteiligen

D. A. F. - SCHULE FÜR HERREN-SCHNEIDER, DAMENSCHNEIDER UND PUTZMACHER
in
WIEN IX., MICHELBEUERNGASSE 6-8

Das Studio der zukünftigen Modeakademie in Wien zeigt erstmalig modische Schöpfungen, die von Absolventinnen der Meisterklasse unter der Leitung von Alfred Kunz angefertigt wurden. Die künstlerische Beratung lag in den Händen der Frau Hilde Reihs-Gromes. Die Modelle sollen ein Bild geben von der schöpferischen Begabung und dem vielseitigen Können unseres Nachwuchses und richtunggebend sein für die modische Entwicklung.

Svrcek.

SPORT IN DEN GAUEN DER OSTMARK

1 SEGELN
„ATTERSEE" — weiße Leinenhose mit blauem Pullover und rotem gestrickten Schal

2 RADFAHREN
„WACHAU" — kurzer Radfahranzug mit Landkartentasche, Bortengürtel und geflochtenen Bortentaschen

3 GOLF
„DELLACH" — Golfkostüm aus Handwebe mit weinrotem Wollstoff kombiniert

4 KLETTERN
„GROSSGLOCKNER" — heller Schnürlsamtanzug mit gestrickten Passen und karierter ärmelloser Bluse

5 SKILAUFEN
„ARLBERG" — schwarze Keilhose, grün-schwarz gestreifter Pullover

6 JAGEN
„MÜRZSTEG" — grünes Duvetine-Complet mit Lederbesatz. Abgesteppter Mantel mit abnehmbaren Aermeln

14

Abb. 5, 6, 7 Programmheft *Wiener Mode Woche*, 17.–23.11.1940, Haus der Mode

ÖStA

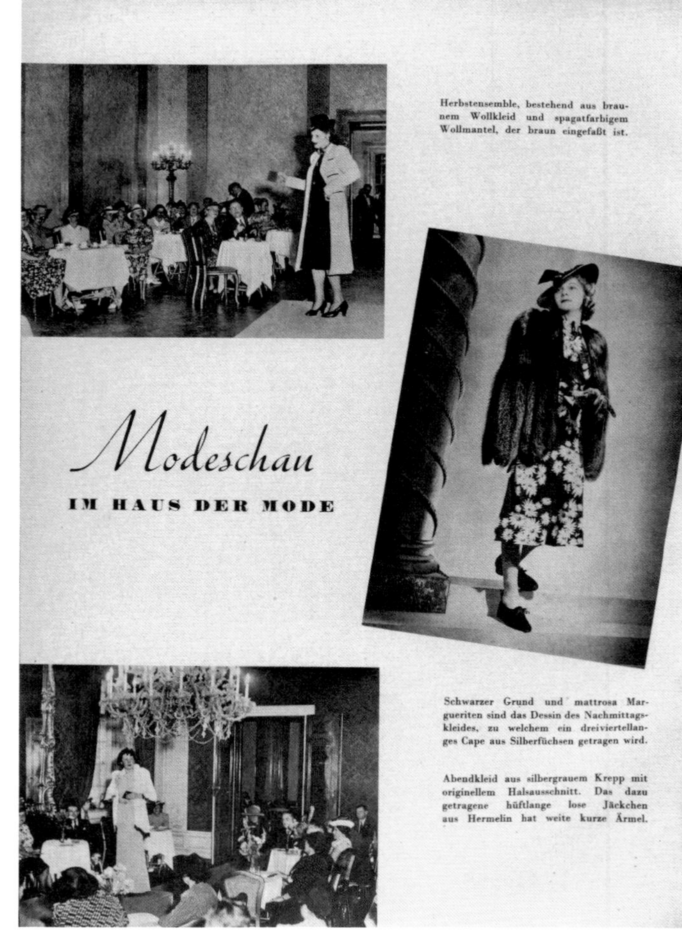

Herbstensemble, bestehend aus braunem Wollkleid und spagatfarbigem Wollmantel, der braun eingefaßt ist.

Modeschau

IM HAUS DER MODE

Schwarzer Grund und mattrosa Margueriten sind das Dessin des Nachmittagskleides, zu welchem ein dreiviertellanges Cape aus Silberfüchsen getragen wird.

Abendkleid aus silbergrauem Krepp mit originellem Halsausschnitt. Das dazu getragene hüftlange lose Jäckchen aus Hermelin hat weite kurze Ärmel.

Abb. 8 Magazinbericht über eine Modeschau im Haus der Mode, 1939

Moderne Welt (20) 12 1939, 20

Kunstpädagogische Reformpläne und der Wiener Kunsthandwerkverein

Bereits unmittelbar nach dem „Anschluss" glaubte Hoffmann die neuen politischen Verhältnisse auch zur Umsetzung seiner langgehegten kunstpädagogischen Reformpläne nützen zu können, die eng mit seinen Vorstellungen von der Rolle des Kunstgewerbes verbunden waren. So verfasste er ein mit März 1938 datiertes Papier, das den Titel „Neuausrichtung unserer Kunstschulen" trug, sowie ein weiteres, das mit 10. April 1938 datiert und mit „Vorschläge zur Reorganisation des Kunstunterrichts" betitelt war. Hoffmanns Erwartungen, seine darin enthaltenen Vorschläge tatsächlich umsetzen zu können, wurden durch den Umstand genährt, dass zwei seiner ehemaligen Assistenten, Hans Bichler und Philipp Häusler, sofort nach dem „Anschluss" unabhängig voneinander versuchten, die kommissarische Leitung der Kunstgewerbeschule an sich zu reißen.[21] Nachdem Bichlers diesbezügliche Bestrebungen gescheitert waren, wurde Häusler am 19. März 1938 vom Bundesministerium für Handel und Verkehr offiziell mit der Leitung betraut. Während seiner Wiedereröffnungsrede brandmarkte Häusler nicht nur den „verjudeten und von Kulturbolschewiken versauten Geist" der Schule, sondern forderte auch deren Umwandlung in eine „Meisterschule des deutschen Handwerks". Doch auch Häusler wurde – obwohl Hoffmann für dessen Weiterbestellung bei „Reichsstatthalter" Arthur Seyß-Inquart intervenierte – als kommissarischer Leiter der Kunstgewerbeschule abgesetzt.[22]

Trotz dieses Rückschlags war Hoffmann nach wie vor bestrebt, seine Vorstellungen von der Rolle des Kunstgewerbes zu verwirklichen. Nur wenige Monate später, am 11. August 1938, richtete der „Stillhaltekommissar für Vereine, Organisationen und Verbände" eine „eilige Personalanfrage" an die Gestapo-Leitstelle Wien sowie verschiedene Instanzen der NSDAP mit der Aufforderung mitzuteilen, ob gegen Hans Bichler „Bedenken politischer, persönlicher oder anderer Art vorliegen", da dieser als Leiter eines neuen Wiener Kunsthandwerkvereins „in Aussicht genommen ist".[23] Bichler hatte u. a. 1930 an der Wiener Werkbundsiedlung mitgearbeitet[24] und war zwischen 1935 und 1938 im Atelier Hoffmann/Haerdtl tätig gewesen. Er war seit 1932 oder 1934 – seine von ihm persönlich gemachten diesbezüglichen Angaben variieren – Mitglied der NSDAP und seit März 1938 auch der SS. Aus einem Aktenvermerk der Gestapo-Leitstelle Wien vom 5. April 1944 geht hervor, dass er als einer ihrer „ehrenamtlichen Mitarbeiter" in „Fragen der Reichshochschule für angewandte Kunst und des Wiener Kunsthandwerks" fallweise mit ihr zusammenarbeitete.[25] Letzteres bedeutet nichts anderes, als dass Bichler Berichte über das politische Verhalten der dort tätigen Personen an die Gestapo lieferte.

Im Mai 1939 schließlich wurde der „Wiener Kunsthandwerkverein", als dessen Ehrenvorsitzender Josef Hoffmann
9 10 11 fungierte, unter der Leitung Bichlers ins Leben gerufen.[26]
12 13 Der Verein verstand sich als Fortsetzung der beiden am 29. September 1938 gelöschten österreichischen Werkbünde. Sein Ziel war „die Veredelung der kunsthandwerklichen Arbeit im Zusammenwirken von Kunst, Gewerbe und Industrie" sowie „die allgemeine Pflege des Geschmacks".[27] Zu diesem Zweck sollte der Verein dem „handwerklich hervorragende[n] Meister, soweit er nicht selber ausreichend gestalterische Fähigkeiten" besaß, die Möglichkeit geben, „mit dem Entwerfer zusammen[zu]wirken". Außerdem sollte er bei der Beschaffung von Material und Werkstätten Unterstützung leisten sowie den Absatz der kunstgewerblichen

Abb. 9 Inserat des Wiener Kunsthandwerkvereins, 1940
Die Pause 5/1940

Produkte fördern.[28] Mitglied konnte jeder werden, „der sich zu den Zielen des Vereines bekannte und als Entwerfer oder ausführender Kunsthandwerker" tätig war. Juden und „jüdische Mischlinge" waren allerdings von der Mitgliedschaft ausgeschlossen.[29] 1939/40 erhielt der Kunsthandwerkverein, der ursprünglich seinen Sitz in der Zehrgadenstiege[30] in der Hofburg hatte, „über Wunsch des Kulturreferates der Stadt Wien" einige Räume im Gebäude des ehemaligen Kaufhauses Ludwig Zwieback & Bruder, Kärntner Straße 15.[31] Dessen frühere Besitzerin, Ella Zirner-Zwieback, galt nach den Nürnberger Gesetzen als Jüdin und war im Juni 1938 zum Verkauf des Gebäudes gezwungen worden. Neuer Eigentümer war nun die Zentralsparkasse der Gemeinde Wien, in deren Aufsichtsgremium der Bürgermeister – also Hermann Neubacher – den Vorsitz führte. Das Gebäude sollte abgerissen und durch einen Neubau ersetzt werden, um darin die Hauptanstalt der Bank unterzubringen. Da sich dieses Vorhaben mit Kriegsbeginn zerschlagen hatte, erhielt der Kunsthandwerkverein – offensichtlich auf Geheiß Neubachers –„prekaristisch gegen jederzeitigen Widerruf kostenlos" mehrere Räume zur Verfügung gestellt, wobei die Zentralsparkasse dafür „keinen Mietzins, sondern lediglich einen Spesenersatz" bekam.[32] Auf zwei Stockwerken wurden Geschäftsräume, Büroräume und schließlich – in der zweiten Hälfte des Jahres 1941 – mehrere Entwurfs- und Versuchswerkstätten eingerichtet, in denen der „begabte Nachwuchs" herangebildet werden sollte.[33] Geleitet wurden die Werkstätten, die „alle Gebiete der Handwerkskunst umfassten", von Josef Hoffmann, nachdem dieser im Mai 1941 gegen eine monatliche Entschädigung von 190 RM zum „Sonderbeauftragten des Kulturamtes für den Wiener Kunsthandwerkverein" ernannt worden war.[34]

Zweifellos war Hoffmann der *Spiritus Rector* bei der Gründung des Kunsthandwerkvereins, der für ihn auch einer

DAS KOMMENDE WIENER KUNSTHANDWERK

In der Zeit einer weltgeschichtlichen Wandlung von ungeahnter Größe über Dinge zu sprechen, welche kommen sollen und kommen müssen, ist nicht leicht. Wir können nur ahnen, daß alles, was bisher war, ganz anders kommen wird. Demnach werden Eigenheiten und Fähigkeiten einer bestimmten Landschaft immer wieder zum Durchbruch kommen und ihre erdgebundene Art erweisen. Wir wissen, daß im großen Deutschen Reich, unserer wirklichen Heimat in der Mitte Europas, viele Stämme leben, die mit ihrer besonderen Art sich

14

gegenseitig ergänzen und in ihrer Vielheit und Mannigfaltigkeit erst recht ein wundersames Zusammenwirken ergeben. Wir dürfen daher auf unsere Eigenart nicht zu verzichten trachten, denn mitschaffend wollen wir unserer Sendung folgen und mit unserer angeborenen Musikalität dort beginnen, wo ein klarer fester Wille das Unerläßliche erdacht und wegweisend unser Handeln vorzubereiten wußte.

Die kommende Zeit ist voll von neuen Zielen und ungeahnten Möglichkeiten. Sie wird, befreit von einzelnen Zufälligkeiten, den großen Aufgaben kühnster künstlerischer Kraft tatkräftig zustreben.

Eine ausgezeichnete Organisation wird weitblickend Ordnung schaffen und das Gewaltige vorbereiten. Das Kunsthandwerk wird diesen Weg mitgehen und eine Monumentalität suchen, die dieser großen Zeit Ausdruck und Wert verleihen soll. Weit über die Wünsche des Tages hinaus werden wir in gemeinsamer Arbeit und Zusammenfassung aller Kräfte das Große suchen, aber auch die Erfordernisse des täglichen Lebens nicht übersehen. Wir werden allen Dingen die denkbar beste Form

zu geben haben. Wenn es uns nicht gelingen sollte, nach und nach jeden Gegenstand bis zur Vollendung zu entwickeln, hätten wir nicht einmal das erreicht, was vor hundert Jahren eine Selbstverständlichkeit war. Damals war das Handwerk in guten Händen. Wir werden alles versuchen müssen, um eine ebensolche Blüte zu erreichen, ohne in den Fehler zu verfallen, jene Zeit und ihre Ausdrucksform nachzuahmen. In eine neue Welt gestellt, müssen wir, unbeeinflußt auf uns selbst bedacht, in hartem Ringen das große Ziel zu erreichen trachten. Der neuen Zeit und allen ihren Erfordernissen das richtige Gewand zu geben, ist unsere heilige Pflicht und Aufgabe.

Das Wiener Kunsthandwerk wird endlich das vollbringen, was ihm an eigenartiger Kraft gegeben ist und das in den vollendeten Werken Ewigkeitswerte besitzen wird.

Jede Arbeit, die schöpferisch aus sich selbst heraus, trotzdem fest verwurzelt im ureigensten Boden, entsteht, ist unersetzlich. Einen Rangunterschied zwischen hoher und angewandter Kunst darf es nie mehr geben. Es wäre ein Verkommen des Wesens jeder schöpferischen Gestaltung.

17

Abb. 10, 11, 12 JH, Wiener Kunsthandwerk, mit Abbildung kunstgewerblicher Gegenstände von Hertha Bucher, Josef Hoffmann, Alfred Soulek und Julius Zimpel, 1942
Die Pause (7) 1 1942, 12–21

Wiederbelebung der Wiener Werkstätte gleichkam. Diese unter ihrem alten Namen wiedererstehen zu lassen, war nicht möglich, galt sie doch als „vollkommen verjudet".[35] Dass der in der NSDAP gut verankerte Hans Bichler den Kunsthandwerkverein leitete, war ebenfalls eine wohlüberlegte Entscheidung, denn Hoffmann war innerhalb der Partei nicht unumstritten. Bereits am Rande des eingangs erwähnten Formulars der „Reichsjugendführung/Arbeitsausschuss für HJ-Heimbeschaffung" finden sich – in unterschiedlichen Handschriften geschrieben – die Bemerkungen „mit Juden und Heimwehr verbunden" sowie „typisch Wiener Hoffmannarchitektur – alt". Und im bereits zitierten „Gauakt" fiel die politische Beurteilung Hoffmanns zwar letztlich positiv, aber doch mit ambivalenten Untertönen aus:

„Hoffmann war Professor an der Wiener Kunstgewerbeschule und erteilte Unterricht in moderner Kunst und Modezeichnen [sic]. In fachlicher Hinsicht ist er Vertreter der modernen Kunst und mit der Kunst nationalsozialistischer Richtung nicht einverstanden. Seine künstlerische Anschauung ist international. Er hat daher vor dem Umbruch viel mit Juden verkehrt, da er auch Mitglied der Wiener Werkstätte, die vollkommen verjudet war, gewesen ist. […] Er ist Sudetendeutscher, hat sich in politischer Hinsicht indifferent verhalten und erst nach dem Umbruch sein deutsches Herz entdeckt. Irgendwelche gegnerischen Einstellungen in politischer Hinsicht gegenüber dem Nationalsozialismus sind nicht bekannt. Man kann ihn mit Rücksicht auf sein hohes Alter als politisch einwandfrei gelten lassen."[36]

Abb. 13 Oswald Haerdtl, Ehrengabe der Entwurfs- und Versuchswerkstätte für das Kunsthandwerk zu Josef Hoffmanns 70. Geburtstag, 1940
OESTERREICHISCHE WERKSTAETTEN/
Art Works Handels Gmbh

Abb. 14 Messestand des Wiener Kunsthandwerkvereins in Leipzig
OESTERREICHISCHE WERKSTAETTEN/Art Works Handels Gmbh

Die „Wiener Note"

Abgesehen vom Umstand, dass Hoffmann mit Hermann Neubacher über einen einflussreichen Protektor verfügte, war er für die Wiener Kulturpolitik ein viel zu wichtiges Aushängeschild, als dass eine nicht ausschließlich positive politische Beurteilung für ihn Konsequenzen gehabt hätte. Der Grund für diesen Pragmatismus der lokalen NS-Machthaber ist im politischen Dilemma zu suchen, mit dem sie sich bald nach dem „Anschluss" konfrontiert sahen. Viele österreichische und vor allem Wiener Nationalsozialisten hatten sich vor 1938 der Illusion hingegeben, Wien würde innerhalb des Großdeutschen Reiches den Sonderstatus einer östlichen Hauptstadt erhalten. Sie mussten aber bald erkennen, dass die Entscheidungen über Österreichs Zukunft nicht in Wien fielen und ihre eigene politische Autorität gering war. Um ihr Ansehen und politisches Gewicht zu stärken und Wien vor der Degradierung zur Provinzstadt zu bewahren, beschworen sie die Größe des kulturellen Erbes und die – quasi naturgegebene – kunstaffine Atmosphäre der Stadt. So erklärte Hermann Neubacher beispielsweise anlässlich der Eröffnung des „Hauses der Mode" am 22. Februar 1939, dass es „die eigenartige künstlerische und schöpferische Atmosphäre der Stadt [ist], die nicht nur die auf diesem Boden gewachsenen Menschen zu Höchstleistungen befähige".[37] Adolf Hitler, dessen Haltung zu Wien zwiespältig war, sträubte sich jedoch dagegen, Wien als bedeutende deutsche Kulturstadt anzuerkennen, da er befürchtete, es könnte sich daraus ein österreichischer Separatismus entwickeln. Um die Wiener Bevölkerung sowie auch die Parteigenossen nicht allzu sehr vor den Kopf zu stoßen, duldete er die Pflege des Mythos von der „kulturellen Sendung Wiens", der von den nationalsozialistischen Lokalpolitikern in ihrer Propaganda beschworen wurde.[38] Unter diesen Vorzeichen wurde Hoffmann nicht nur von den lokalen Kulturpolitikern als Vertreter der „Wiener Geschmackskultur" gefeiert, sondern sogar die als „verjudet" diffamierte Wiener Werkstätte zum spezifischen Kulturerbe der Stadt erklärt.[39] Letzteres war u.a. auch deshalb möglich, weil das NS-Regime nie ein eigenes Kunstprogramm formulierte, sondern sich eklektizistisch aus dem Fundus vorhandener Praktiken bediente.[40]

Auf „Reichsebene" – insbesondere von Seiten Hitlers und Goebbels – hielt man von einer spezifisch „Wienerischen" Note in der Kultur nur wenig. Denn abgesehen von Hitlers Animositäten gegenüber Wien widersprach eine solche nicht nur der vom NS-Regime angestrebten Ausmerzung alles Österreichischen, sondern galt aufgrund ihrer angeblichen Verspieltheit auch als suspekt.[41] Letzteres musste Hoffmann anlässlich seines 70. Geburtstags erfahren. Obwohl die Anregung, ihm zu seinem runden Geburtstag die Goethe-Medaille[42] zu verleihen, immerhin von Adolf Ziegler stammte, seines Zeichens Präsident der Reichskammer der bildenden Künste, und von Baldur von Schirach, der im August 1940 zum Reichsstatthalter und Gauleiter von Wien ernannt worden war, befürwortet wurde, erhielt Hoffmann diese Auszeichnung nicht. Grund dafür war zum einen, dass Albert Speer in einem Schreiben an das mit der Ehrung befasste Reichsministerium für Volksaufklärung und Propaganda (RMfVuP) feststellte, dass er persönlich Hoffmann „nicht nur für überschätzt" halte, sondern Hitler auch eine „maßgeb-

liche Monografie über Professor Hoffmann […] vorgelegen" wäre, in der dieser (Hitler) „nichts entdeckt habe, was besonderer Hervorhebung wert sei". Speers Auffassung nach wäre es daher „zu viel, den Führer heute um eine Ehrung Hoffmanns zu bemühen".[43] Zum anderen traf fast zeitgleich mit dem Schreiben Speers ein Fernschreiben des Reichspropagandaamtes Wien im RMfVuP ein. In diesem wurde berichtet, Hoffmann hätte „nach dem Umbruch vor dem damaligen kommissarischen Leiter der Wiener Sezession und Fachschaftsleiter der Landesleitung der Reichskunstkammer in Wien, Maler Revy, geäußert, dass man auf die Prinzipien der nationalsozialistischen Kunstpolitik keine Rücksicht zu nehmen brauche, weil der ganze Zauber ohnedies nicht mehr lange dauern könne".[44] Diese Denunziation Heinrich Revys, ehemals Mitglied des 1937 gegründeten „Bundes deutscher Maler Österreich" und auch nach dem „Anschluss" in Fachkreisen weitgehend unbekannt geblieben, sagt zwar viel über Neid und Missgunst innerhalb der Wiener NSDAP aus, aber wenig über die politische Haltung Hoffmanns. Man darf annehmen, dass Hoffmann in der Gegenwart eines prononcierten Nationalsozialisten wie Revy keine derartige Äußerung gemacht hatte. – Anlässlich des 70. Geburtstags Hoff-
13 manns fand daher lediglich eine kurze Feier am 14. Dezember im Kleinen Festsaal des Wiener Rathauses statt, bei der Vizebürgermeister Hanns Blaschke eine Rede hielt und ein „Handschreiben des Reichsleiters Baldur von Schirach sowie des Beigeordneten für Bauwesen Dr. Tavs zur Verlesung" brachte.[45]

Die Vorgänge rund um die Verleihung der Goethe-Medaille hatten auch Auswirkungen auf die Ausstellung, die anlässlich des Geburtstags von Josef Hoffmann vom Staatlichen Kunstgewerbemuseum in Wien geplant wurde. Offenbar hatte Schirach von der angeblichen Äußerung Hoffmanns sowie der ablehnenden Haltung Speers bzw. Hitlers erfahren. Denn Direktor Richard Ernst wurde Anfang Dezember 1940 vom „Generalreferat für Kunstförderung, Staatstheater, Museen und Volksbildung", das dem Reichsstatthalter unterstellt war, aufgefordert, über die Inhalte der Ausstellung Rechenschaft abzulegen. In seinem Schreiben an das „Generalreferat" betonte Ernst, dass Josef Kalbac, der Assistent Hoffmanns, „angewiesen" worden wäre, „sich auf das Gesunde und Bleibende in dem Werk Josef Hoffmanns zu beschränken und gewisse ältere l'art pour l'art-Sachen [sic] zu vermeiden, die der Kulturpolitik des Reiches nicht entsprechen könnten".[46] Offenbar konnte Ernst nicht alle Bedenken ausräumen, denn Anfang Februar 1941 war die Ausstellung noch immer nicht eröffnet, und er wurde erneut aufgefordert, eine „präzise Antwort" darauf zu geben, ob „die Hoffmann-Ausstellung nationalen und nationalsozialistischen Grundsätzen in allem entspreche".[47] Die Ausstellung wurde ein paar Tage später – ein genaues Datum konnte bis dato nicht eruiert werden – ohne jegliche Zeremonie eröffnet.

Sowohl der Eklat rund um die Verleihung der Goethe-Medaille als auch jener rund um die Ausstellung 1940 müssen Hoffmann sehr getroffen haben, denn er musste zur Kenntnis nehmen, dass er seinen Stellenwert in der Kunstpolitik des NS-Regimes erheblich überschätzt hatte. Desillusioniert schrieb er daher am 28. Mai 1942 an Czeschka:

> „Die Tendenz in der Schule geht dahin, alle Erinnerungen an unsere Tüchtigkeit auszumerzen und unschädlich zu machen. Meine Ausstellung zu meinem 70. Geburtstag wurde geächtet und fast verboten. […] Trotzdem lebe ich noch, allerdings ohne jeden Auftrag und jede große Arbeit. […] Zuviel darf man vom Leben nicht erwarten, und abwechslungsreich war es schon genug."[48] ■

1 Eduard F. Sekler: Josef Hoffmann. Das architektonische Werk, Salzburg/Wien 1982, 219.
2 Heinz Spielmann: Carl Otto Czeschka. Ein Wiener Künstler in Hamburg, Göttingen 2019, 233.
3 Sekler 1982, 219 (wie Anm. 1).
4 Spielmann 2019, 234 (wie Anm. 2).
5 Peter Noever/Marek Pokorný (Hg.): Josef Hoffmann. Selbstbiographie, Wien/Ostfildern 2009, 31.
6 Die Nordische Gesellschaft war eine 1921 in Lübeck gegründete und dort ansässige Gesellschaft, die sich zunächst der Förderung der wirtschaftlichen und kulturellen Beziehungen zwischen Lübeck und den Ländern des europäischen Nordens widmete. Nach der nationalsozialistischen Machtübernahme 1933 wurde sie „gleichgeschaltet" und zu einem nationalsozialistischen Propagandainstrument umgebildet.
7 WStLA, Abt. 202, A5-Personalakten 1. Reihe: Johannes Cech.
8 WStLA, M. Abt. 350 MA7 Indexkartei zum Geschäftsprotokoll (B1) 1941, GZ 914.
9 ÖStA, AdR, BKA/RST III/201 747-38.
10 Vgl. dazu: Hannoverscher Anzeiger, 23.2.1939, 5; Wien Museum, Zeitungsausschnittesammlung „Haus der Mode".
11 ÖStA, AdR, ZNsZ RK Materie 2100 2238/1.
12 Spielmann 2019, 234 (wie Anm. 2).
13 Leopold Kleiner: Erinnerungen an Josef Hoffmann, New York, o. D., (verm. 1975). Leopold Kleiner emigrierte im Dezember 1938 nach USA. Vgl.: https://kg.ikb.kit.edu/arch-exil/356.php [12.4.2020].
14 Sekler 1982, 219 (wie Anm. 1).
15 Spielmann 2019, 237 (wie Anm. 2).
16 Ein „Gauakt" wurde vom Gaupersonalamt der jeweiligen Gauleitung angelegt, vornehmlich wenn eine Mitgliedschaft in der NSDAP oder in einer Berufsvereinigung beantragt wurde.
17 ÖStA, AdR, Gauakt Josef Hoffmann: Nr. 4892.
18 Stefan Zweig: Die Welt von Gestern, Berlin 2014, 424.
19 Das Haus der Wehrmacht. Bemerkungen zum Umbau von Oberbaurat Prof. Dr. H.C. Josef Hoffmann, in: Die Pause (5) 12 [1939/40], 50–51.
20 Sekler 1982, 220 (wie Anm. 1).
21 Gabriele Koller: Die verlorene Moderne. Von der Kunstgewerbeschule zur (Reichs-)Hochschule für angewandte Kunst, Wien, in: Hans Seiger/Michael Lunardi/Peter Josef Populorum (Hg.): Im Reich der Kunst. Die Wiener Akademie der bildenden Künste und die faschistische Kunstpolitik, Wien 1990, 183–216: 199 f.
22 Ebd., 213 f.
23 ÖStA, AdR, Gauakt Hans Bichler: Nr. 1309.
24 In der Werkbundsiedlung entwarf Bichler die Einrichtung des Hauses Nr. 36 von Ernst A. Plischke.
25 DÖW Akt 20333/8.
26 WStLA, Abt. 119, A32-Gelöschte Vereine: 6357/1939.
27 Ebd.
28 WStLA, M. Abt. 350/A 55 Sonderablage: Feier zum fünfjährigen Bestehen des Wiener Kulturamtes am 22.10.1943, o. S.
29 WStLA, Abt. 119, A32-Gelöschte Vereine: 6357/1939.
30 Die Zehrgadenstiege befindet sich im Schweizertrakt der Wiener Hofburg.
31 BA-CA, Z, Allgemeine Registratur, Mai 1940 – Dezember 1940, Bericht über den Neubau der Hauptanstalt der Zentralsparkasse der Gemeinde Wien auf dem Objekt 1, Kärntner Straße 11, 13, und 15 und Weihburggasse 4, 25.9.1940.
32 WStLA, M. Abt. 350/A 55 Sonderablage (wie Anm. 28).

DAS HAUS DER WEHRMACHT

WIEN III · METTERNICHGASSE 3

BEMERKUNGEN ZUM UMBAU VON OBERBAURAT PROFESSOR DR. H. C. JOSEF HOFFMANN

Das Haus der kaiserlichen Botschaft in Wien wurde in den siebziger Jahren errichtet und sollte aus repräsentativen Gründen als palastartiges Gebäude entstehen. Durch die Anbringung der kaiserlichen Insignien sowohl bei den Einfriedungen als am Bau selbst sollte der Zweck des Hauses betont werden. Die Fassaden wurden im Laufe der Zeit wahrscheinlich oft hergerichtet und wegen der immer wieder auftretenden Schäden schließlich mit Ölfarbe gestrichen. Hiedurch ging die Putzschicht nach und nach zugrunde. An vielen Stellen erfolgte ein Ablösen der meist falschen Architekturteile. Auch die mit den kaiserlichen Insignien auffällig geschmückten Tore hatten im Laufe der Zeit sehr gelitten, da vielfach Gußteile die handgeschmiedete Art nur vortäuschten. Da sich aus allem und vielen anderen durch den neuen Zweck bedingten Gründen eine vollständig neue Fassadierung als notwendig erwies, erhielt ich den Auftrag, eine der bestimmten Widmung entsprechende Lösung zu suchen und bei der neuen Gestaltung einerseits die bestehende Baumasse und Fensterbestände beizubehalten, andererseits durch die Formgebung die heutige Verwendung des Hauses auf einfache, klare, soldatische Art zum Ausdruck zu bringen. Die ehemalige Fassadierung war eine in jener Zeit übliche schwächliche Imitation italienischer Renaissance, die vielfach die nicht glücklichen Verhältnisse durch ein Übermaß an Profilierungen, Gesimsbildungen und oberflächlichen Dekors zu verdecken suchte.

Nach Abräumung dieser unsinnigen, künstlerisch wertlosen Gliederungen ergab sich von selbst die eigentliche Gestalt des Gebäudes. Die hohen Wandflächen über den Fenstern des ersten Geschosses erschienen als notwendige Betonung der Höhe der Innenräume und ergaben sofort ein eigenartiges Motiv, welches durch ein auf den Konsolen ruhendes Hauptgesims den Abschluß nach oben fand. Die Betonung und Ausgestaltung des Hauptportals und die sich als notwendig herausgestellte Vergrößerung der Gartenterrasse gaben der Gesamterscheinung die erstandene Betonung. Das Erdgeschoß wurde mit einfacher, dem Putz entsprechender Rustika versehen, welche ein durchgehendes Band mit dem Motiv der Achselklappe unserer Uniformierung, statt mit dem üblichen Mäandermuster, abschließt.

Alles sollte zu den schon vorhandenen Risaliten und durch einfache Fensterumrahmungen in ein besseres Verhältnis gebracht werden. Im ganzen mußte überall eine stramme, einfache Linienführung vorherrschen, und die wichtigen Punkte sollten durch Anbringung der Insignien der deutschen Wehrmacht betont werden. Eine klare Gartengestaltung, die schlichte Einfriedung und starke Gitterwirkung bei den Ergänzungen, die feststehenden Ruhebänke, die gediegene Pflasterung des Eingangshofes und des Platzes vor der Gartenterrasse als Hauptstelle gesellschaftlicher Veranstaltungen in den Sommermonaten mußten wichtige Bestandteile der Gesamtlösung bilden.

Der hohe Fahnenmast mit der Reichskriegsflagge bei der Einfahrt stellt ein wichtiges Motiv dar. Die bestehenden Baumgruppen bilden einen gegebenen Abschluß nach außen.

Alle diese Teile mußten den militärischen Charakter des Objekts tragen, durften aber nicht kasernenmäßig wirken, da ja der Bau dem Aufenthalt und der Repräsentanz der Wehrmacht gewidmet ist, wie es die monumentale Aufschrift über dem Haupteingang feststellt.

Die zu überwindenden Schwierigkeiten waren nicht klein, da bei der üblichen Fassadengliederung des früheren Zustandes ohne jede Rücksicht, allein formalistisch, vorgegangen war und in den Fensterachsen Fehler bis zu 20 Zentimeter vorkamen. Die Horizontalgliederungen gingen nirgends zusammen und konnten nur schwer ins Gleichgewicht gebracht werden. Alles, was bei einem Neubau von Anfang an durchdacht wird und planmäßig vor sich geht, ist bei einem Umbau aus der Zeit gedankenloser Stilimitation sehr erschwert.

Es mußten viele Versuche gemacht werden, ehe eine halbwegs mögliche Lösung gefunden wurde, die unserer heutigen Auffassung von Baukunst zu entsprechen scheint. Die straffe Zusammenfassung der sich ergebenden notwendigen Einzelheiten war das Hauptergebnis unserer Arbeit. Die Anwendung des wenigen plastischen Schmuckes mußte durch Verwendung erprobter Künstler bleibenden Wert erhalten. Da übrigens in der nächsten Umgebung des Hauses weder ein durchgehender Bauwille bestanden hat, noch sonst künstlerisch wertvolle Objekte vorhanden waren, durfte eine mehr selbständige, trotzdem die Gesamtheit nicht störende Lösung gewählt werden, die nach vollständiger Herstellung aller Teile die Gesamtanlage erst zum Ausdruck bringt.

Wenn es in allen vergangenen Zeiten berechtigt erschien, ohne Rücksicht auf vorhandene wunderbare Gestaltungen immer wieder unmittelbar daneben Bauten neuer eigenartiger Architekturfassung zu errichten, als selbstverständlicher Ausdruck jener immer wieder neuen Zeit, so muß es uns in unseren Tagen der größten Epoche unseres Vaterlandes zumindest gegönnt sein, zu versuchen, so wie es der Wille der Führung ist, neue Wege zu gehen, den neuen Bedürfnissen und Aufgaben die richtige Form zu geben.

AUFNAHMEN JULIUS SCHERB

51

Abb. 15 JH, „Das Haus der Wehrmacht. Bemerkungen zum Umbau", 1939/40

Die Pause (5) 12 [1939/40], 50–51

33 Neues Wiener Tagblatt (Tages-Ausgabe) 18. Oktober 1941, 4.

34 Ebd., sowie: WStLA, M. Abt. 350 MA7 Indexkartei zum Geschäftsprotokoll (B1) 1941, GZ 696.

35 Aus der politischen Beurteilung Josef Hoffmanns durch Gauhauptstellenleiter Franz Kamba, 13.4.1940, in: ÖStA, Gauakt Nr. 4892: Josef Hoffmann.

36 Ebd.

37 Freiburger Zeitung, 23.2.1939, 5; Wien Museum (wie Anm. 10).

38 Elisabeth Klamper: Zur politischen Geschichte der Akademie der bildenden Künste 1918 bis 1948. Eine Bestandsaufnahme, in: Seiger et al. 1990, 5–64: 39 (wie Anm. 21).

39 Kleine Volks-Zeitung, 31.7.1942, 6; Wien Museum (wie Anm. 10).

40 Vgl. dazu: Otto Karl Werckmeister: Politische Führung und politische Überwachung der deutschen Kunst im Zweiten Weltkrieg, in: Wolfgang Ruppert (Hg.): Künstler im Nationalsozialismus: Die „deutsche" Kunst, die Kunstpolitik und die Berliner Kunsthochschule, Köln 2015, 111.

41 Jan Tabor: Die Gaben der Ostmark. Österreichische Kunst und Künstlerin der NS-Zeit, in: Seiger et al. 1990, 277–296: 283 f. (wie Anm. 21).

42 Die Goethe-Medaille für Kunst und Wissenschaft wurde von Reichspräsident Paul von Hindenburg zum Gedenken an Goethes 100. Todestag am 22. März 1932 gestiftet, und zwar ursprünglich als Anerkennung für Personen, die sich um die Goethe-Feier 1932 in Weimar verdient gemacht hatten. Allerdings wurde sie von Hindenburg an eine Vielzahl Künstler, Wissenschaftler, Beamte und Politiker verliehen. Ab 1934 wurde die Verleihung der Medaille im Allgemeinen auf hohe Geburtstage oder sonstige wichtige Gedenktage beschränkt.

43 Ebd.; BA Berlin, RMfVuP-IB-1365-03-1. Leider war der Aktenbestand betreffend die Verleihung der Goethe-Medaille an Josef Hoffmann im Österreichischen Staatsarchiv/Bestand Schirach nicht greifbar.

44 BA Berlin, RMfVuP-IB-1365-03-1. Revy verfälschte vermutlich eine ähnliche Äußerung Hoffmanns, um gegen diesen intrigieren zu können. Intrigen waren innerhalb der NS-Staats- und Parteiinstanzen vor allem in Wien ein weitverbreitetes Phänomen.

45 Vgl. dazu: Handbuch des Reichsgaues Wien von 1941, Chronik des Handbuches, II. Teil, nichtamtlich, 12; Ehrung Professor Josef Hoffmanns, in: Neues Wiener Tagblatt, 17.12.1940, 6. Zusätzlich zur Feier im Rathaus wurde ein Porträt des Geehrten bei Sergius Pauser in Auftrag gegeben. Bereits im Mai 1940 hatte Hoffmann den städtischen Sammlungen rund 100 „Alt-Wiener Portraits" aus seinem Besitz überlassen, die aus dem Zeitraum 1740 bis 1880 stammten und „besonders in kostümlicher Hinsicht interessant und aufschlußreich" waren, s. Völkischer Beobachter, Wien, 10.5.1940, 4. Sowohl das Pauser-Porträt als auch die Gemäldesammlung befinden sich heute im Wien Museum.

46 MAK, 931-1940.

47 MAK, 137-1941.

48 Spielmann 2019, 242 (wie Anm. 2). Dennoch erhielt Hoffmann mit der Verleihung des von Reichsleiter Baldur von Schirach neugeschaffenen Alfred-Roller-Preises für Kunsthandwerk am 2.10.1942 eine weitere Ehrung, s. z. B. Neues Wiener Tagblatt, 3.10.1942, 3.

Abb. 1 JH, Haus der Wehrmacht, Wien, 1940
Haupteingang und Straßenfassade
Kunsthandel Widder, Wien

Matthias Boeckl

Der Wille der Führung

Josef Hoffmanns Projekte der NS-Zeit

Der „Anschluss“ Österreichs an NS-Deutschland im März 1938, das Münchner Abkommen über das Sudetenland vom September 1938[1] und die deutsche Okkupation von ganz Böhmen und Mähren im März 1939 weckten beim Südmährer Josef Hoffmann große Erwartungen.[2] Nach seiner tendenziellen Marginalisierung im österreichischen „Ständestaat“[3] und seiner negativ erlebten endgültigen Pensionierung an der Wiener Kunstgewerbeschule 1937 schien sich das Blatt nun plötzlich gewendet zu haben. Die neue politische Lage in Mitteleuropa sowie Hoffmanns dichtgeknüpftes persönliches Netzwerk in der Wiener NS-Elite waren günstige Voraussetzungen für eine potenzielle Restitution seiner Stellung im österreichischen Kunstgewerbe, in der Kunstausbildung und im Baubetrieb: Vor allem durch seinen Freund Hermann Neubacher, den ehemaligen GESIBA-Chef und ersten NS-Bürgermeister von Wien, weiters durch seinen Neffen Johannes Cech, einen zentralen Funktionär im neugegründeten Kulturamt der Stadt Wien, vermutlich aber auch über den Sohn eines seiner Lehrer am Gymnasium in Iglau/Jihlava, Arthur Seyß-Inquart, der unmittelbar vor dem „Anschluss“ Bundeskanzler und danach bis 1939 Reichsstatthalter war, sowie durch dessen Kulturstaatssekretär Kajetan Mühlmann,[4] eröffneten sich für Hoffmann kurzfristig unerwartete Einflussmöglichkeiten auf die Kultur- und Baupolitik der lokalen NS-Behörden.

Die Hoffnungen auf neue ästhetische Strategien des Regimes sollten sich aber wegen der Weigerung Hitlers, Wien bzw. Österreich irgendeine Sonderrolle im Reich zuzugestehen, und spätestens wegen des mit 1. September 1939 beginnenden Krieges, der nur mehr die Errichtung kriegswichtiger Bauten zuließ, rasch als trügerisch erweisen. Zudem endete die Wiener Funktionszeit der einflussreichen Freunde Hoffmanns schon bald: Seyß-Inquart ging bereits im Oktober 1939 als Generalgouverneur-Stellvertreter nach Polen und 1940 als Reichskommissar in die Niederlande, Mühlmann ebenfalls noch 1939 als „Sonderbeauftragter für den Schutz und die Sicherung von Kunstwerken in den besetzten Ostgebieten“ nach Polen und Neubacher im Dezember 1940 als Botschafter nach Bukarest und Athen sowie 1943 als „Sonderbevollmächtigter des Auswärtigen Amtes für den Südosten“ nach Belgrad. So war Hoffmanns Wirken mithilfe Johannes Cechs auf den Einflussbereich der Stadt Wien und auf das Kunstgewerbe beschränkt. Die Bautätigkeit endete für ihn schon 1940 mit dem Umbau der Deutschen Botschaft zu einem *Haus der Wehrmacht*. Im gleichen Jahr ernannte Baldur von Schirach, Seyß-Inquarts Nachfolger als Statthalter, den Berliner Architekten Hanns Dustmann, einen Mitarbeiter von Albert Speer, zum „Baureferenten für die Neugestaltung Wiens“ und Chefplaner der Stadt, dem alle neuen Projekte vorgelegt werden mussten.[5] Hoffmanns Einflussmöglichkeiten auf das Stadtbild sanken damit auf den Nullpunkt, da Speer und dessen Umfeld ihm gegenüber höchst kritisch eingestellt waren.[6] Für seinen ehemaligen Partner Oswald Haerdtl hingegen, der seit 1939 sein eigenes Büro betrieb, erwies sich die neue Lage bezüglich Bauaufträgen als günstiger – allerdings nicht in Wien, sondern im besetzten Polen, wo er in Krakau ein eigenes Atelier eröffnete, für die Wehrmacht das Park- oder „Osthotel“ nebst einigen kleineren Bauten errichtete sowie ein weiteres Hotelprojekt für die Casino G.m.b.H. entwarf.[7] Generell konnte die jüngere Generation der nicht verfolgten österreichischen Architekten wesentlich mehr vom NS-Regime profitieren als Hoffmann – in erster Linie waren dies Alexander Popp, Hermann Kutschera & Anton Ubl, Roland Rainer, Johann Gundacker, Kurt Klaudy & Georg Lippert, Siegfried und Werner Theiß & Hans Jaksch, Josef Becvar & Victor Ruczka, Walter & Ewald Guth oder Franz Kaym & Franz Schläger. Die größten Projekte – sowohl in der „Ostmark“ als auch in den besetzten Gebieten – blieben jedoch deutschen Architekten vorbehalten.

In diesem kurzen Zeitfenster zwischen 1938 und 1940 konnte Hoffmann in Wien einen größeren Umbau und vier Inneneinrichtungen realisieren. Darüber hinaus erarbeitete er vier Projekte für umfassendere Bauvorhaben, von denen jedoch keines ausgeführt wurde. 1940–45 sollten dann neben einem Einfamilienhausprojekt nur mehr kunstgewerbliche Arbeiten entstehen.

Das größte realisierte Bauprojekt war das schon erwähnte
Haus der Wehrmacht, eine Adaptierung des nach dem „An- 1 2 3 4
schluss“ funktionslos gewordenen Deutschen Botschaftsgebäudes zu einem Offizierskasino.[8] Das Haus in der Metternichgasse war 1877 in einem italofranzösisch inspirierten Neobarock von Viktor Rumpelmayer, der zuvor im Atelier

Abb. 2 JH, Umbau der ehemaligen Deutschen Gesandtschaft in ein Haus der Wehrmacht, 1940
Kunsthandel Widder, Wien

von van der Nüll & Sicardsburg tätig war, geplant worden. Hoffmann beschrieb den Auftrag, „einerseits die bestehende Baumasse und Fensterbestände beizubehalten, andererseits durch die Formgebung die heutige Verwendung des Hauses auf einfache, klare, soldatische Art zum Ausdruck zu bringen". Wie ein Katechismus der Moderne liest sich in diesem Entwurfsbericht das nötige Freilegen der „Eigenart" des Gebäudes unter dem „Übermaß an Profilierungen, Gesimsbildungen und oberflächlichen Dekors [...]. Alles, was bei einem Neubau von Anfang an durchdacht wird und planmäßig vor sich geht, ist bei einem Umbau aus der Zeit gedankenloser Stilimitation sehr erschwert." Und einmal mehr fordert Hoffmann das Recht der eigenen Gegenwart auf Ausdruck ein:

> „Wenn es in allen vergangenen Zeiten berechtigt erschien, ohne Rücksicht auf vorhandene wunderbare Gestaltungen immer wieder unmittelbar daneben Bauten neuer eigenartiger Architekturfassung zu errichten, als selbstverständlicher Ausdruck jener immer wieder neuen Zeit, so muß es uns in unseren Tagen der größten Epoche unseres Vaterlandes zumindest gegönnt sein, zu versuchen, so wie es der Wille der Führung ist, neue Wege zu gehen, den neuen Bedürfnissen und Aufgaben die richtige Form zu geben."[9]

Das Ergebnis bestand vor allem in einer eleganten Neufassadierung mit weiten glatten Mauerflächen über den von 2
feinen Dreiecksgiebeln bekrönten Fensteröffnungen, mit subtil gegliedertem Traufgesims, Bandrustika im Erdgeschoss, „welche ein durchgehendes Band mit dem Motiv der Achselklappe unserer Uniformierung statt mit dem üblichen Mäandermuster abschließt", sowie mit einer Portikus samt kannelierten Pfeilern und skulpturalem Reichsadler darüber.[10]

Die nicht ausgeführten größeren Bauprojekte bis 1940 bezogen sich großteils auf Vorhaben der Stadt Wien und können damit klar der Protektion durch Bürgermeister Neubacher zugeordnet werden. Zu dreien dieser Projekte sind Entwurfszeichnungen überliefert, zum vierten nur eine textliche Beschreibung. Die formal fassbaren drei Entwürfe betreffen einen Wettbewerbsbeitrag für das neue Messe-

Abb. 3, 4 Michael Powolny, Supraportenreliefs und Freiplastiken für das Haus der Wehrmacht, 1940
MAK, KI 10321-10 und KI 10321-11

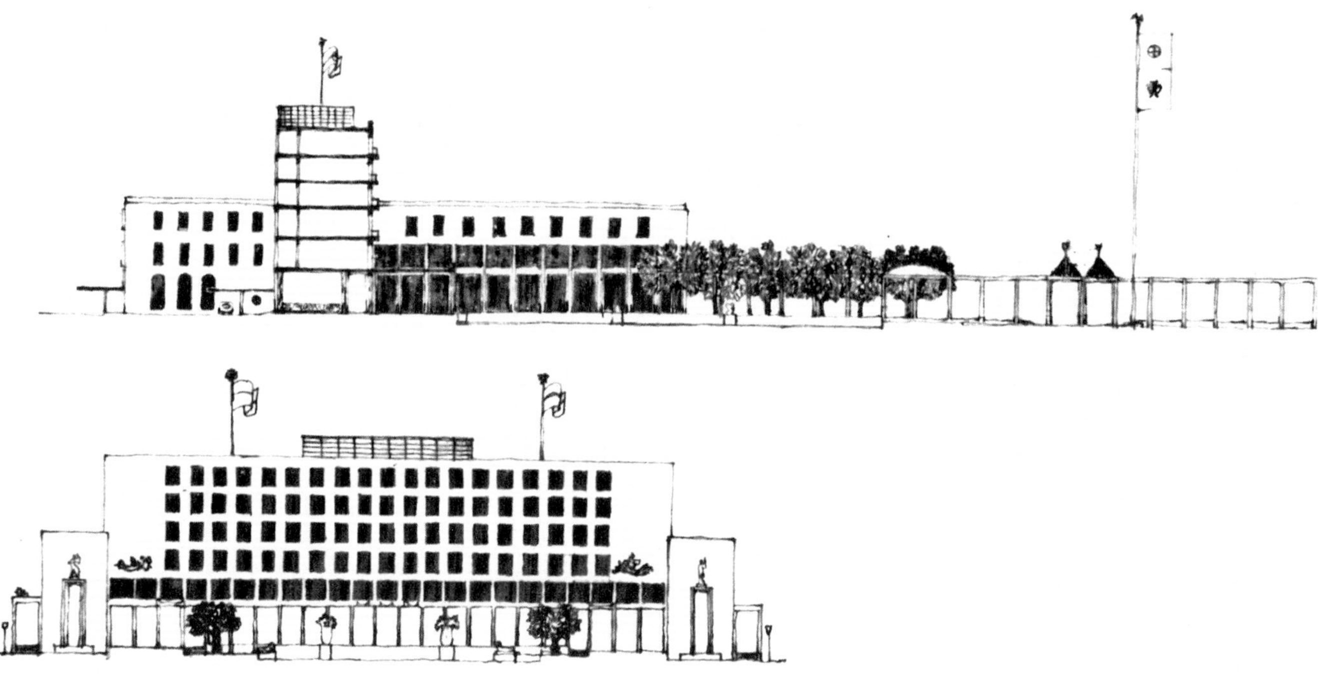

Abb. 5 JH, Projekt Gästehaus der Stadt Wien im Stadtpark, wohl 1938/39
E. Sekler, Josef Hoffmann, 1982

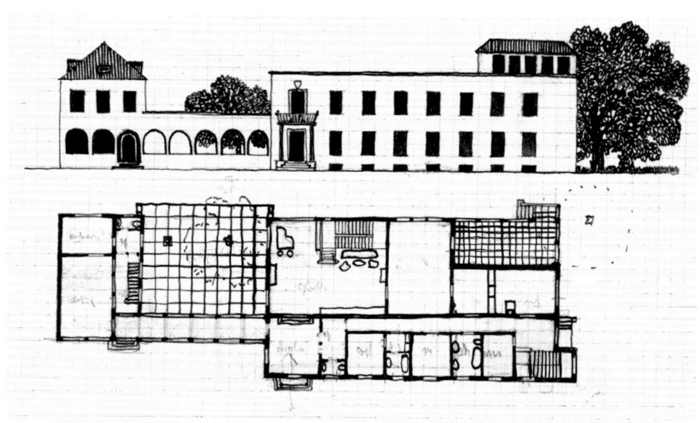

Abb. 6 JH, Projekt eines Wohnhauses für Baron Wieser in Wien-Grinzing, 1943, Straßenansicht und Grundriss
Kupferstichkabinett der Akademie der bildenden Künste Wien, HZ 26306

Abb. 7 JH, Projekt eines Anton-Hanak-Museums im Wiener Augarten, wohl 1938–40, zwei Ansichten
E. Sekler, Josef Hoffmann, 1982

gelände im Prater, für ein *Gästehaus der Stadt Wien* im
Stadtpark sowie ein Museum für den 1934 verstorbenen
Bildhauer Anton Hanak, mit dem Hoffmann eng befreundet
gewesen war. Das Masterplan-Projekt für das Messegelände[11]
entwickelte Hoffmann 1938 noch gemeinsam mit seinem
Partner Oswald Haerdtl, dem Eduard Sekler auch einen
5 Großteil der Entwurfsmotive zuschreibt.[12] Das Gästehaus-
projekt der Stadt Wien hingegen, das auch in der kleinen
Ausstellung zum 70. Geburtstag 1941 im Staatlichen Kunstgewerbemuseum präsentiert wurde, sah in Hoffmanns typi-
scher Handschrift eine symmetrische Anlage mit glatten
Lochfassaden im mehrgeschossigen Kopfteil sowie rückseitigen niedrigen Flügelbauten um einen Garten vor, und zwar
anstelle des Kursalons im Wiener Stadtpark. Auch der Ent-
7 wurf eines Hanak-Museums im Wiener Augarten zeigt in
18 S. 385 einer lockeren Pavillon-Anlage zwischen Bäumen jene feine
poetische Note, die Hoffmann so deutlich von den offiziellen
Ausdrucksweisen des Regimes unterscheidet: Sie beweisen
eindeutig, so Sekler, dass Hoffmann

„in künstlerischen Belangen wesentlich mehr Charakter besaß als viele seiner Kollegen. Im Gegensatz zu Architekten (wie etwa Fritz Breuhaus), die ihren Stil nicht schnell genug ändern konnten, um den neuen Machthabern zu Gesicht zu stehen, lassen sich in diesen zwei Projekten aus der nationalsozialistischen Ära [Gästehaus und Hanak-Museum, Anm.d.Verf.] keine ins Auge stechenden Änderungen gegenüber den Projekten aus den früheren dreißiger Jahren feststellen."[13]

An realisierten Einrichtungen der NS-Zeit sind zwei Pro-
jekte dokumentiert, die Hoffmann noch gemeinsam mit
Haerdtl entworfen, sowie zwei weitere, die er mit Josef
Kalbac, seinem Mitarbeiter und Büropartner der späten
Jahre, geplant hat. Alle vier betrafen Themen des bürger-
lichen und gehobenen Lebensstils. Die Einrichtung des 1938 14 15
entstandenen Geschäftslokals des Leipziger Modeverlags
Otto Beyer in der Wiener Singerstraße[14] bestand im
Wesentlichen aus Präsentationstischen und Ladenschränken
für Mode-Schnittmuster: „Decken und Wände sind weiß,

Abb. 8 JH, Adaptierung und Einrichtung einer Verkaufsstelle der Porzellanmanufaktur Meißen, Kärntner Ring 14, Wien, 1940
ID (53), 1942, 207

>
Abb. 10–13 JH, Adaptierung und Einrichtung Haus der Mode im Palais Lobkowitz, Wien, 1938, Arbeitsraum des geschäftlichen Leiters, Bibliothek, Raum des künstlerischen Leiters (Sitzgruppe und Wand mit Kommode)
MAK, KI 10243-1 bis -5

Holzwerk helles Nußbaum, Stoffe auf braunem Grund hellgrau und rot gemustert. Der Bodenbelag besteht aus warmem grauem Linoleum."[15] Das letzte gemeinsame Projekt mit Haerdtl war die *Festdekoration des Wiener Opernballs
9 1939*, bei dem eine Festpforte in Form einer großen Pfeilerhalle die Besucher begrüßte.[16] Aufwendiger als das Geschäftslokal des Beyer Verlags war jenes der *Porzellanmanufaktur Meißen* am Kärntner Ring, das Hoffmann 1940 mit
8 Josef Kalbac gestaltete.[17] Der große Verkaufsraum war von einer Vitrinenwand in Mahagonivertäfelung über die gesamte Breite dominiert, in der Raummitte standen Verkaufstische.

Abb. 9 JH und Oswald Haerdtl, Festdekoration für den Wiener Opernball, 1939
Foto: Julius Scherb, aus: „Wien. Die Perle des Reiches", Planen für Hitler, Architekturzentrum Wien, 2015, 91

Die wichtigsten Projekte Hoffmanns der NS-Zeit betrafen jedoch erneut das heimische Kunstgewerbe. Im Rahmen der gescheiterten Strategie der Wiener NS-Größen, die Donaumetropole zur Hauptstadt der deutschen Geschmacksindustrie zu machen, spielte die Mode eine bedeutende Rolle.[18] Die Stadt Wien entwickelte dazu einen umfassenden Aktionsplan, der sowohl die Einrichtung einer Modeschule
als auch die Gründung eines *Hauses der Mode* vorsah, das 10 11 12 13
für das Marketing der Wiener Couture zuständig war. Josef Hoffmann, der 1904 den *Modesalon der Schwestern Flöge* und 1916 das *Modegeschäft der Wiener Werkstätte* auf der Kärntner Straße 41 gestaltet hatte, war aus Sicht des Kulturamts der Stadt und des dort tätigen Neffen Hoffmanns zweifellos der geeignetste und angesehenste lokale Architekt für derartige Aufgaben. So wurde er mit der Umgestaltung des neu angemieteten Palais Lobkowitz in der Wiener Innenstadt zum *Haus der Mode* beauftragt. Das Bauprogramm dieses „Modeamts" sah einen Vorführsaal, eine Bibliothek, einen Speisesaal, Büros für den künstlerischen und den kaufmännischen Leiter sowie Räume für die Mannequins vor. In
den aufwendigen Farbperspektiven, die dazu entstanden, 11 12 13 14 S. 382
zeigt sich einmal mehr jene Leichtigkeit und Eleganz, die der Aufgabe der Modepräsentation eine würdige und angemessene Bühne gab – unter anderem im rundum raumhoch verspiegelten Vorführsaal, im grauen Plüsch der Fauteuils des Büros des künstlerischen Leiters und in den ovalen Spiegeln des Speisesaals.

Zusätzlich zu dem am 22. Februar 1939 eröffneten *Haus der Mode*[19] erarbeitete Hoffmann noch ein umfassenderes, aber nicht realisiertes Projekt für die Pflege der Wiener Couture. Für die beabsichtigte Gründung einer „Modeakademie und einer Schule des guten Geschmacks" beauftragte man ihn 1940 mit einem Gutachten, im Zuge dessen er vom angedachten Umbau des ehemaligen Hauses der Gastgewerblichen Krankenkasse in der Treitlstraße für die aus seiner Sicht nötigen Unterrichtsräume, Schülerwohnungen, Veranstaltungsräume und Gärten dringend abriet. Stattdessen schlug er eine Alternative vor: Zwei direkt an das Palais Lobkowitz angrenzende Wohnhäuser in der Augustinerstraße

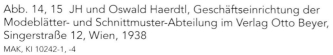

Abb. 14, 15 JH und Oswald Haerdtl, Geschäftseinrichtung der Modeblätter- und Schnittmuster-Abteilung im Verlag Otto Beyer, Singerstraße 12, Wien, 1938
MAK, KI 10242-1, -4

Abb. 16 JH, Adaptierung und Einrichtung Haus der Mode im Palais Lobkowitz, Wien, 1938, Schreibtisch und Wandvitrine
MAK, KI 10243-2

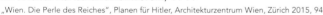

Abb. 17 Oswald Haerdtl, Ausstellungsgestaltung im Wiener Kunsthandwerkverein, 1944
„Wien. Die Perle des Reiches", Planen für Hitler, Architekturzentrum Wien, Zürich 2015, 94

Abb. 18 Wiener Kunsthandwerkverein, Kärntner Straße 15, Straßenfassade, Aufnahme des United States Information Service, 5. September 1945
ÖNB, Bildarchiv, 687678 US 339

und in der Dorotheergasse, die ebenfalls im Besitz der Lobkowitz standen, sollten abgerissen werden und ein Neubau an ihrer Stelle alle Modeaktivitäten der Stadt (Modeamt, Modeschule) an einem Standort bündeln. Darüberhinaus schlug Hoffmann in seinem Gutachten auch eine Neugestaltung der Augustinerstraße zwischen Michaelerplatz und Albertina vor. Ein neuer „Kolonnadengang" für Fußgänger in Fortsetzung der Arkaden der Stallburg durch das Palais Pálffy, den vorgeschlagenen Neubau und das Palais Lobkowitz sollte die gefährlich verengte Verkehrssituation beim Augustinerkloster entschärfen und das Stadtbild in diesem Kernbereich der historischen Stadt verbessern.[20]

Die zahlreichen Aktivitäten Hoffmanns für das Kunstgewerbe – sowohl beim Entwurf als auch in Herstellung und Vertrieb – konnte er als Ehrenpräsident und als Mitarbeiter des 1938 ebenfalls von der Stadt Wien neu gegründeten „Wiener
17 18 Kunsthandwerkvereins" in dessen Räumlichkeiten in der
Kärntner Straße 15 konzentrieren.[21] Die architektonische Gestaltung des Geschäftslokals sowie der Büros und Werkstätten des vom ehemaligen Oskar Strnad-Schüler Hans Bichler geleiteten Vereins stammt vermutlich von diesem.[22] Hoffmann konnte hier nicht nur gemeinsam mit Josef Kalbac seinen neuen Bürositz einrichten, sondern auch einen experimentellen Werkstättenbetrieb für Kunsthandwerker, der noch in der Nachkriegszeit als „Künstlerwerkstättenverein" firmierte. 1948 übernahm das Nachfolgeunternehmen „Österreichische Werkstätten" das Lokal und die Büros. Hoffmann behielt hier seinen offiziellen Ateliersitz bis zu seinem Tod.

Nach dem Abgang der einflussreichen politischen Freunde Hoffmanns ab 1940 in diverse von Deutschland besetzte europäische Länder und mit der zunehmenden Eskalation des Krieges waren die Auftragsquellen für den 70-Jährigen rasch versiegt. Er zog sich auf die weiterhin intensive Betreuung des Wiener Kunstgewerbes zurück, sowohl im Kunsthandwerkverein als auch mit zahlreichen eigenen Entwürfen, die weiterhin von mehreren Herstellern – darunter den Deutschen Werkstätten in Dresden, mit denen er 1944 noch einen Vertrag darüber abschloss[23] – ausgeführt wurden. Um 1943 entstand noch ein Wohnhausentwurf für Baron Wieser in Wien-Grinzing.[24] Und 1944 gab es einen skurrilen Gruß des nunmehr am Balkan wirkenden Hermann Neubacher in Form
eines Entwurfsauftrags für ein *Mausoleum für Kruja* und eine 10 S. 381
Vitrine mit Helm und Schwert Skanderbegs als Repräsentationsgeschenk an Albanien.[25]

Wie Hoffmann die ab 17. März 1944 folgende Bombardierung Wiens – etwa jene vom 15. Jänner 1945 – erlebte,
dokumentiert ein kleines Stück mittlerweile rar gewordenen 19
Papiers, auf dem Hoffmann zwischen 5. Jänner und 5. Februar 1945 unermüdlich Entwurfsskizzen für kleine Kassetten und Gefäße zeichnete und sich so einer unwirtlich gewordenen Welt entzog.[26] ■

Abb. 19 JH, Skizzen für Dosen und Kassetten aus Holz, 5.1.–5.2.1945
Stiftung Sammlung Kamm, Zug
© Wolfgang Bauer

1 Mit dem Münchner Abkommen von September 1938 waren in Südmähren bereits Grenzgebiete um Znaim, Nikolsburg und Lundenburg an Deutschland gelangt, nicht jedoch das knapp nördlich davon gelegene Gebiet zwischen Iglau und Brünn, in dem Hoffmanns Heimatdorf Pirnitz/Brtnice lag.

2 Hoffmann schrieb im November 1938 an Carl Otto Czeschka: „Uns geht es halbwegs gut; fast sieht es so aus, als ob es etwas zu tun gäbe oder geben wird. Jetzt, wo wir Vieles wieder verbannt haben, können wir beruhigt in die Zukunft blicken. Auch spüren wir nach und nach den Rückgang der nichtarischen Konkurrenz. Meine engere Heimat ist zwar noch im tschechischen Reich, aber die wenigen Deutschen, die dort noch vegetieren, werden nach sehr argen Gefahren jetzt etwas besser behandelt werden." In: Heinz Spielmann: Carl Otto Czeschka. Ein Wiener Künstler in Hamburg, Göttingen 2019, 237 f.

3 Bis auf den Österreichischen Pavillon der Biennale in Venedig gingen die repräsentativsten Aufträge des Dollfuß-Schuschnigg-Regimes 1934–38 an Hoffmanns Büropartner Oswald Haerdtl (Österreich-Pavillons der Weltausstellungen in Brüssel 1935 und in Paris 1937) oder an Clemens Holzmeister (RAVAG in Wien, Salzburger Festspielhäuser). Auch sonst konnte Hoffmann zwischen 1934 und 1938 kein einziges Bauprojekt realisieren und musste seine Aktivität auf Inneneinrichtungen, Ausstellungsgestaltungen und Entwürfe, teilweise für Wettbewerbe, beschränken.

4 Der Kunsthistoriker und NS-Politiker Mühlmann war mit der Grafikerin Poldi Wojtek verheiratet, die 1924–26 in Hoffmanns Fachklasse studiert hatte.

5 Architekturzentrum Wien/Ingrid Holzschuh/Monika Platzer (Hg.): „Wien. Die Perle des Reichs". Planen für Hitler, Zürich 2015, 218.

6 Speer hatte sich in einem Gutachten zur geplanten Verleihung der Goethe-Medaille an Hoffmann negativ geäußert, vgl. den Beitrag Seite 388–397: 397, Anm. 43, in dieser Publikation. Angesichts der großen kulturellen Bedeutung, die Hoffmann dem Wiener Stadtbild zumaß und die er gleich nach 1945 erneut öffentlich bekräftigte, musste er diese Zurücksetzung doppelt verletzend empfinden, siehe Josef Hoffmann: Zum glücklichen Geleit, in: Rudolf Oertel: Die schönste Stadt der Welt, Wien 1947, 5–7.

7 Az W et al. (Hg.) 2015, 116–119 (wie Anm. 5).

8 Eduard F. Sekler: Josef Hoffmann. Das architektonische Werk, Salzburg/Wien 1982, WV 388, 442 f.

9 Zitate aus: Josef Hoffmann: Das Haus der Wehrmacht. Bemerkungen zum Umbau, in: Die Pause (5) 12 [1939/40] 50–51: 51.

10 Ob Hoffmann auch Innenausbauten vornahm, ist unklar, da er diese nicht erwähnt und sie in keiner bisher bekannten zeitgenössischen Fotodokumentation erscheinen. Bestandspläne, die 1941 und 1943 vom Heeresbauamt angefertigt wurden, geben darüber keine eindeutige Auskunft; Berlin, Bundesarchiv, Auswärtiges Amt, B 112-280 (1955).

11 Sekler 1982, WV 383, 440 (wie Anm. 8).

12 1942 folgte ein neues, bis zum Detailmodell ausgearbeitetes Projekt für die Messe von Kutschera-Popp-Ubl, das bereits im Rahmen der neuen Wien-Entwicklungspläne von Hanns Dustmann entstand und ebenfalls unausgeführt blieb. Vgl. Az W et al. (Hg.) 2015, 124 (wie Anm. 5).

13 Sekler 1982, 220 (wie Anm. 8). Statt eines Hanak-Museums, das erst lange nach Hoffmanns Tod in reduzierter Form in Langenzersdorf gebaut wurde, errichtete Georg Lippert, einer der aktivsten Wiener Architekten der NS-Zeit und Parteimitglied, 1953–57 im Wiener Augarten das Atelier und spätere Museum des Bildhauers Gustinus Ambrosi, der 1938–43 im Auftrag Albert Speers zwei Bronzefiguren für den Garten der Neuen Reichskanzlei in Berlin geliefert hatte.

14 Sekler 1982, WV 381, 439 (wie Anm. 8). Der Verlag gab 1929–43 u.a. die Zeitschrift *die neue linie* heraus, an der vor 1938 die Bauhaus-Künstler Moholy-Nagy, Bayer und Gropius mitgewirkt hatten.

15 Arbeiten von Prof. Josef Hoffmann in Wien, in: Moderne Bauformen 1942, 281.

16 Sekler 1982, WV 386, 441 (wie Anm. 8).

17 Ebd., WV 387.

18 Gloria Sultano: Wie geistiges Kokain… Mode unterm Hakenkreuz, Wien 1995. Siegfried Mattl/Gottfried Pirhofer: Wien in der nationalsozialistischen Ordnung des Raums: Lücken in der Wien-Erzählung, Wien 2018.

19 Freiburger Zeitung, 23.2.1939.

20 ÖStA, AdR, ZNsZ RK, Materie 2100 2238/1. Der Kolonnadengang hätte wohl auch durch das von Hoffmann nicht erwähnte Palais Fries-Pallaviccini am Josefsplatz geführt.

21 Vgl. dazu den Beitrag Seite 388–397 in dieser Publikation.

22 Im Bauakt des Objekts – das arisierte Kaufhaus Zwieback – sind keine Pläne aus der NS-Zeit zu finden, allerdings Hoffmanns Neuplanung des Hauseingangs aus dem Jahr 1956; Stadt Wien, MA 37, EZ 590.

23 Vgl. den Beitrag Seite 214–217 in dieser Publikation.

24 Sekler 1982, WV 392, 443 f. mit unsicherer Datierung (wie Anm. 8).

25 Ebd., WV 393, 444 f. – Die Objekte befinden sich im Kunsthistorischen Museum Wien, Hofjagd- und Rüstkammer, A 550 und A 127.

26 Stiftung Sammlung Kamm, Zug.

1946
1956

Yoichi R. Okamoto, Josef Hoffmann, 1951

Uak, Kunstsammlung und Archiv, 5341/2/FP

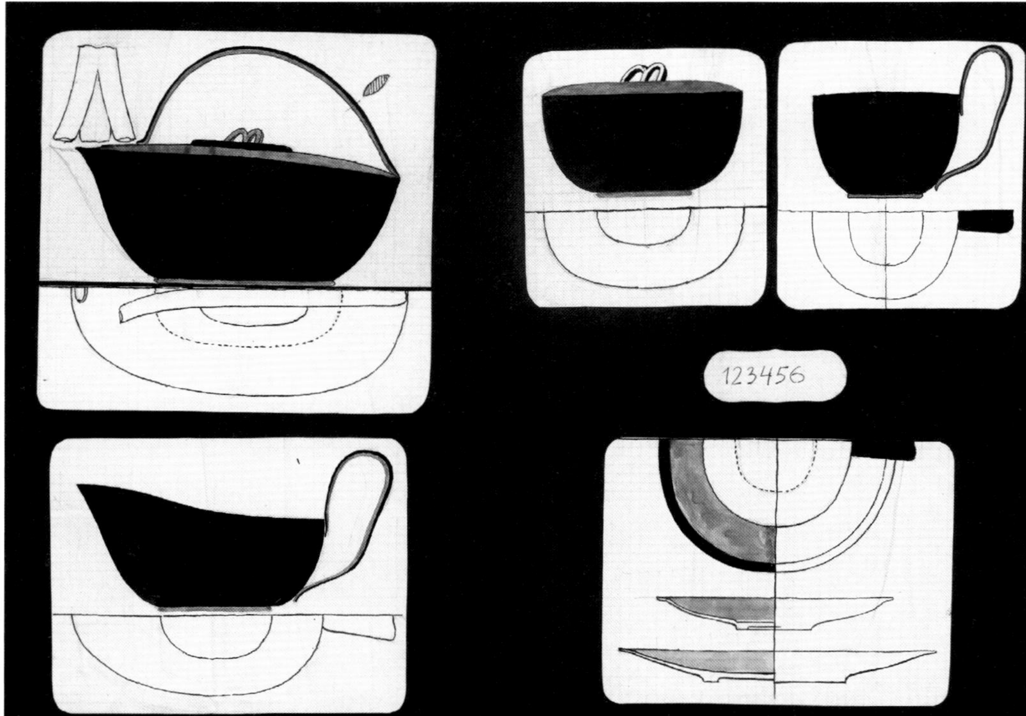

Abb. 1 JH, Entwürfe für zwei unterschiedliche Teeservice, um 1950

Wiener Porzellanmanufaktur Augarten
© MAK/Georg Mayer

Abb. 2 JH, Katalog zur österreichischen Ausstellung auf der XXVII. Biennale di Venezia 1954

mumok — museum moderner kunst stiftung ludwig wien, MD 230/0

Abb. 3 JH, Truhe, Bemalung
von Franz von Zülow, 1947
Holz, bemalt
bel etage Kunsthandel GmbH

Abb. 4 JH, Tischchen, Bemalung
von Gertrude Balaban, 1947
Holz, bemalt
Sammlung Dr. E. Ploil

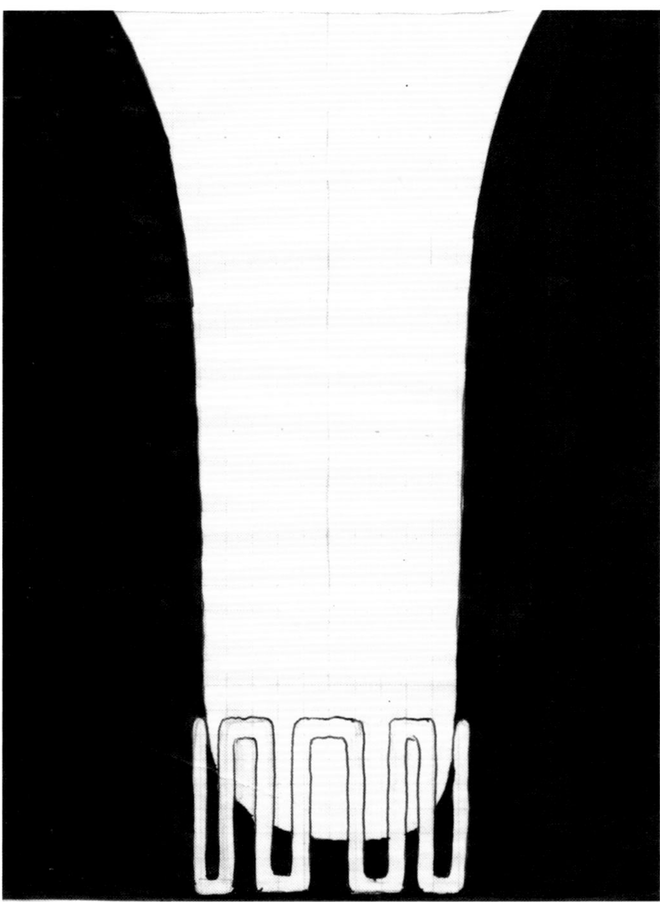

Abb. 5 JH, Entwurf für eine Vase aus Glas, um 1950
UaK, Kunstsammlung und Archiv, 80/2

Abb. 6 JH, Entwurf für einen Becher aus Gussglas, um 1950
J. & L. LOBMEYR

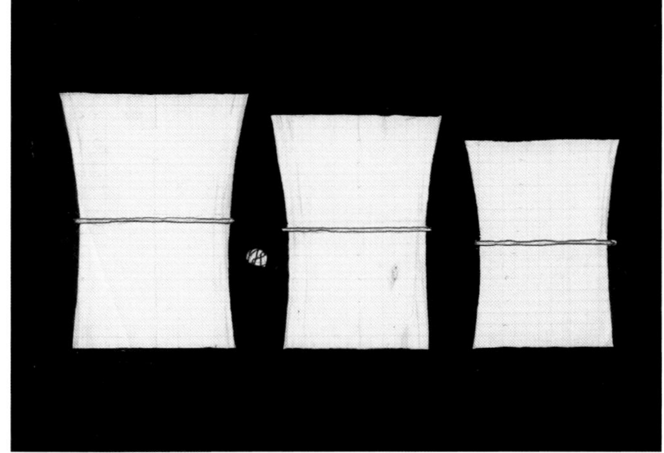

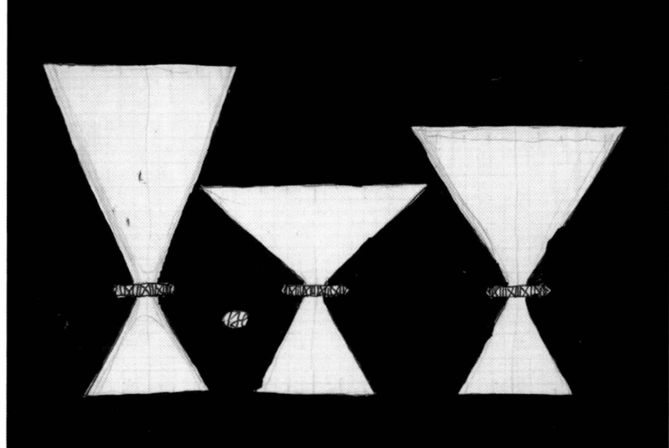

Abb. 7–10 JH, Entwürfe für Trinkglasservice, um 1950
J. & L. LOBMEYR

Abb. 11 JH, Glasservice für die Triennale Mailand, ausgeführt über J. & L. Lobmeyr, 1954
Farbloses Glas, geschliffen
MAK, GL 3287
© Peter Kainz/MAK

Abb. 12 JH, Essbesteck (Modell Nr. 86), ausgeführt von C. Hugo Pott, Solingen, 1955
Sterlingsilber
mumok — museum moderner kunst stiftung ludwig wien, M 16/1

Abb. 13 JH, Teeservice, ausgeführt von Ludwig Kyral für das Amt für Kultur und Volksbildung – Künstlerwerkstätte, 1947
Kupfer, versilbert; Palisander
Sammlung Dr. E. Ploil

Abb. 14 JH, Deckeldose, ausgeführt von der Österreichischen Künstlerwerkstätte, 1952
Nussbaumholz
MAK, H 2012
© MAK/Nathan Murrell

Abb. 15 JH, Zigarettenetui, ausgeführt von Rudolf Bojanovski für die Österreichische Künstlerwerkstätte, 1946
Palisander
Privatbesitz
© Michael Huey

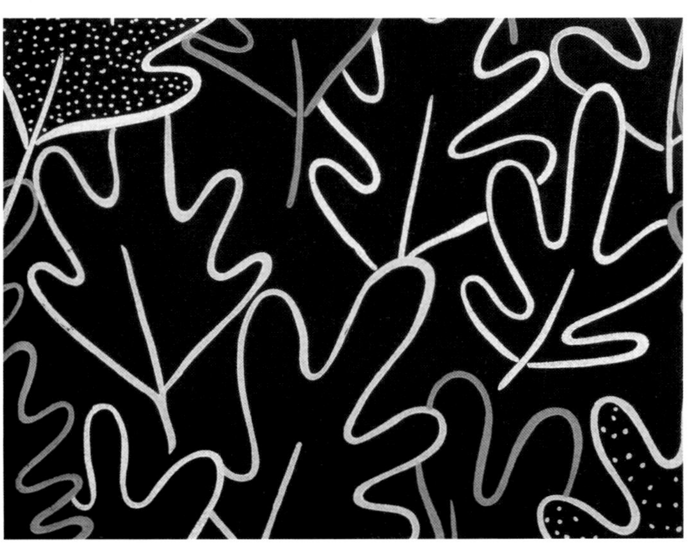

Abb. 16 JH, Tapetenmuster aus der Künstlertapetenkollektion der Tapetenfabrik Gebr. Rasch in Bramsche (D), 1950
MAK, BI 26064
© MAK/Branislav Djordjevic

Abb. 17 JH, Entwurf für einen Deckelpokal, für die Entwurfs- und Versuchswerkstätte für schöpferische Formgebung, 1946
Kunsthandel Widder, Wien

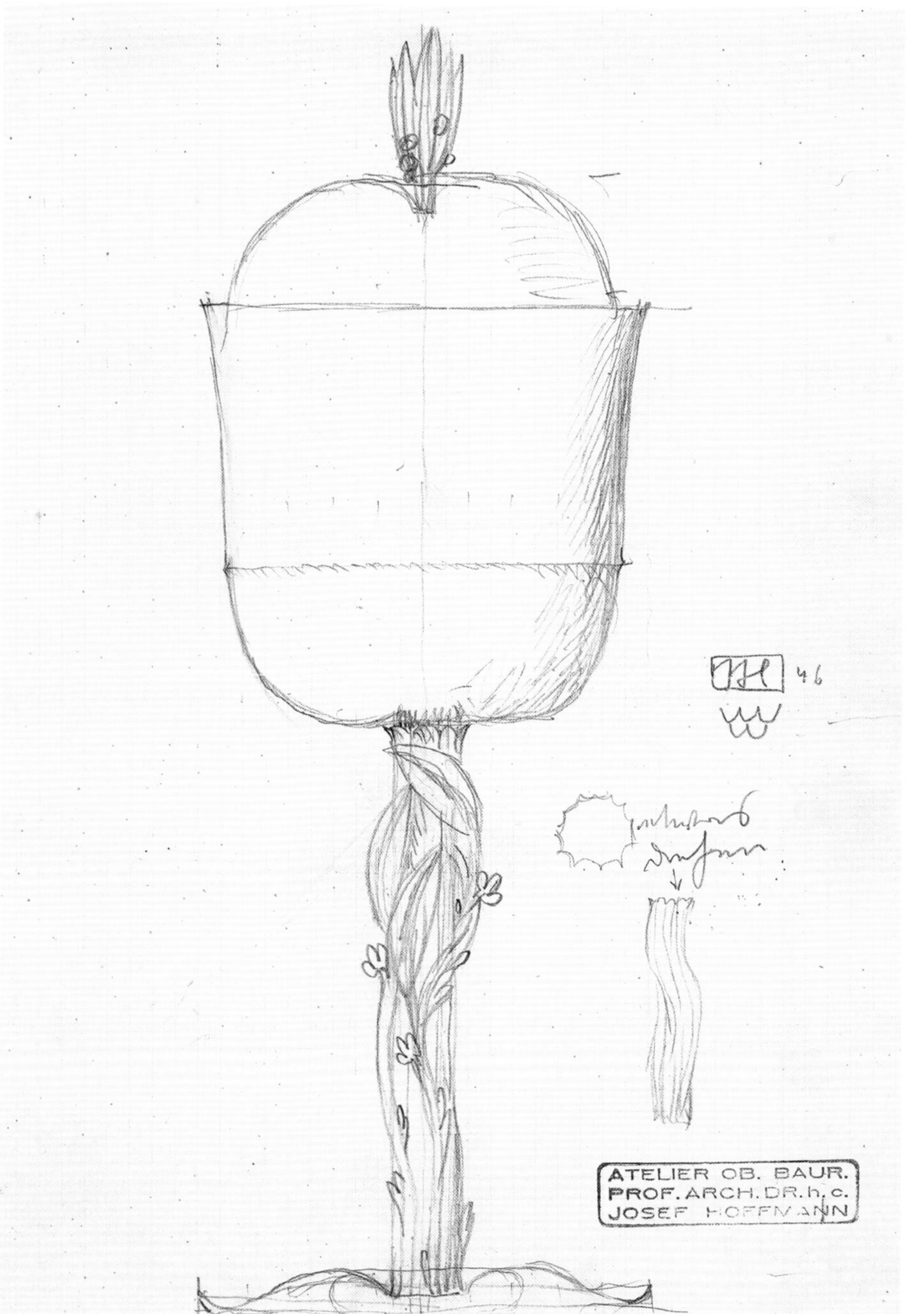

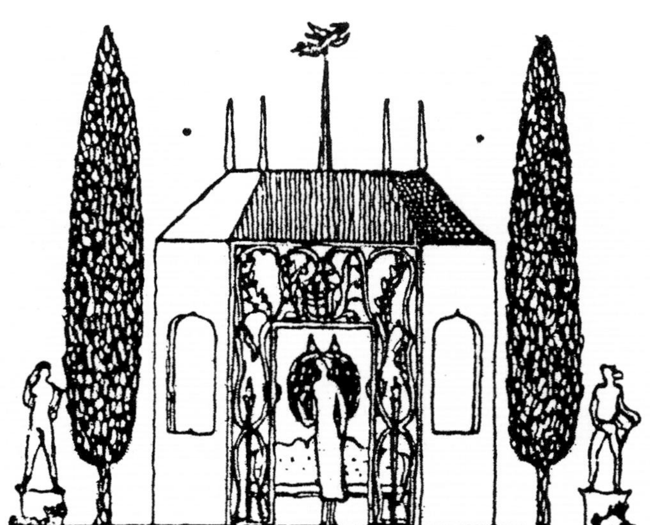

Abb. 18, 19 JH, Phantasieskizzen für Gartenhäuschen, vor 1947
E. Sekler, Josef Hoffmann, 1982

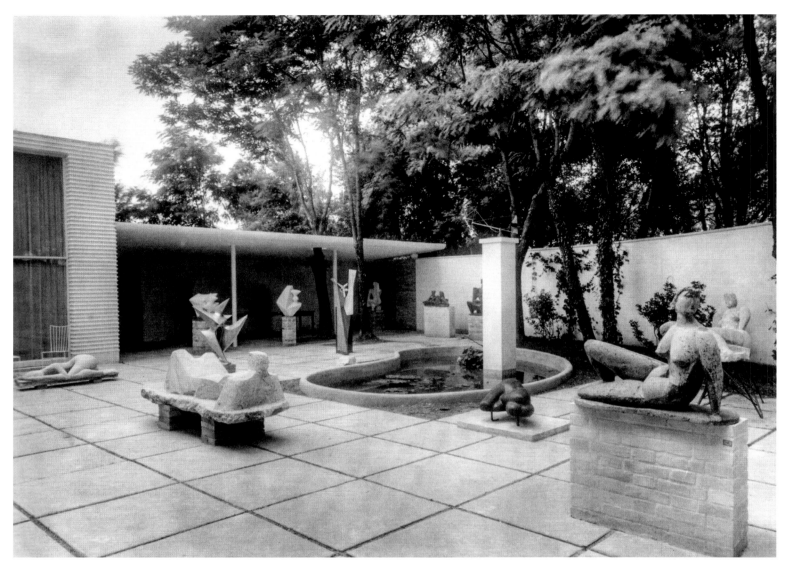

Abb. 20 JH, Zubau im Innenhof des Österreichischen Pavillons der Biennale, Giardini, Venedig, 1954
La Biennale Venezia, ASAC, Fototeca/Sharp

Abb. 21 JH und Josef Kalbac, Wohnhausanlage der Gemeinde Wien, Blechturmgasse 23–27, 1949/50
Detail Eisengittertor
© privat

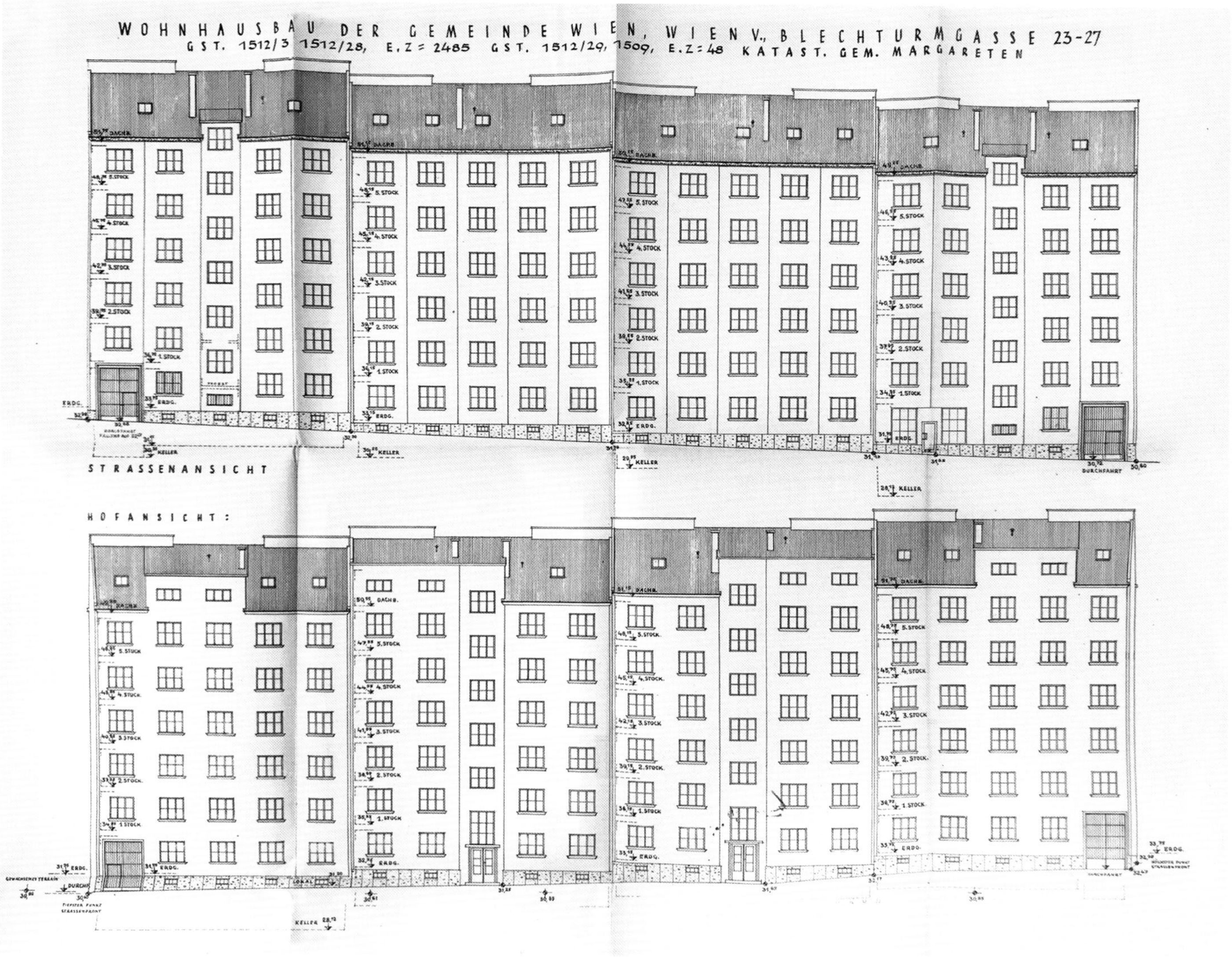

WOHNHAUSBAU DER GEMEINDE WIEN, WIEN V., BLECHTURMGASSE 23-27
GST. 1512/3 1512/28, E.Z = 2485 GST. 1512/29, 1509, E.Z = 48 KATAST. GEM. MARGARETEN

STRASSENANSICHT

HOFANSICHT:

Abb. 22 JH und Josef Kalbac, Wohnhausanlage der Gemeinde Wien, Blechturmgasse 23–27, 1949–50 Einreichplan Straßen- und Hoffassade
Stadt Wien, MA 37, EZ 48 V
© Kerstin Bauhofer

Abb. 23 JH und Josef Kalbac, Wohnhausanlage der Gemeinde Wien, Silbergasse 2–4, 1951/52, Innenhof
Kunsthandel Widder, Wien

Josef Hoffmann

1946 1956

Josef Hoffmann und Oskar Kokoschka bei einer Eröffnung der Secession, um 1955
© Franz Hubmann

1946–1956

Der vom NS-Regime gegründete „Kunsthandwerkverein" wird 1948 vom ehemaligen Kompagnon Josef Hoffmanns Oswald Haerdtl in den Österreichischen Werkbund und die Genossenschaft „Österreichische Werkstätten" überführt. Hoffmann agiert als Vorstands- und Aufsichtsratsmitglied der Genossenschaft. Das architektonische Spätwerk Hoffmanns beinhaltet vor allem Wohnhausanlagen der Gemeinde Wien – in der Blechturmgasse, Silbergasse und Heiligenstädterstraße –, aber auch zahlreiche nicht realisierte Entwürfe privater Wohnhäuser. Verändert realisiert wird eine Schule in Langenzersdorf bei Wien. Weiterhin entwirft Hoffmann zudem kunstgewerbliche Gegenstände. 1950 erhält er den Großen Österreichischen Staatspreis, wird 1951 Doktor h.c. der Technischen Hochschule Wien sowie der Technischen Hochschule Dresden. Hoffmann ist Mitglied des Kunstsenats der jungen Zweiten Republik und Generalkommissär der österreichischen Abteilung der Biennale in Venedig – für den Österreichischen Pavillon entwirft er einen rückseitigen Zubau. Zwischen 1945 und 1956 ist er zeitweilig Präsident und Ausschussmit-

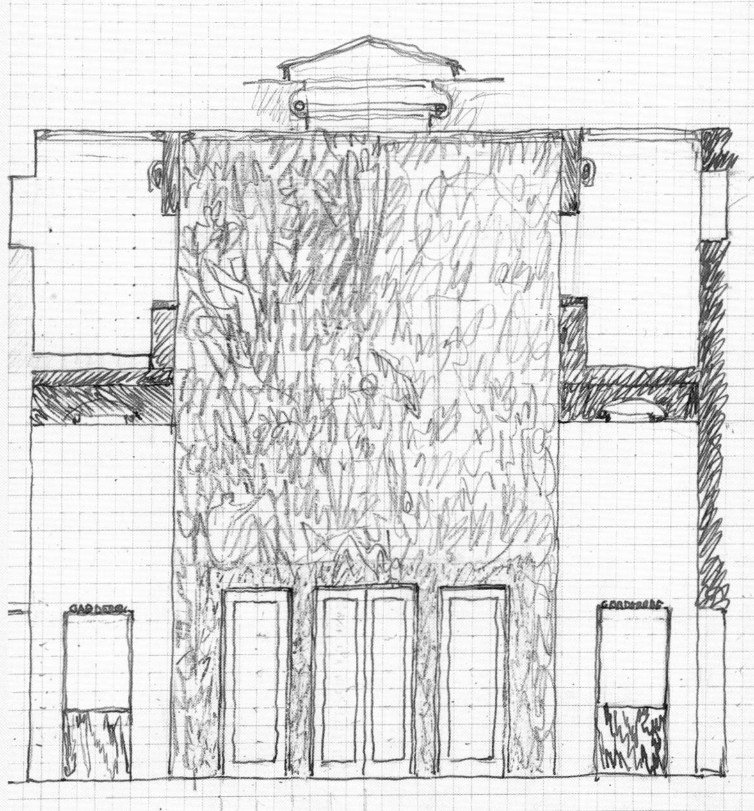

JH, Entwurf für die Innenraumgestaltung der Eingangshalle des kriegszerstörten Secessionsgebäudes, Wien, 1948
Kunsthandel Widder, Wien

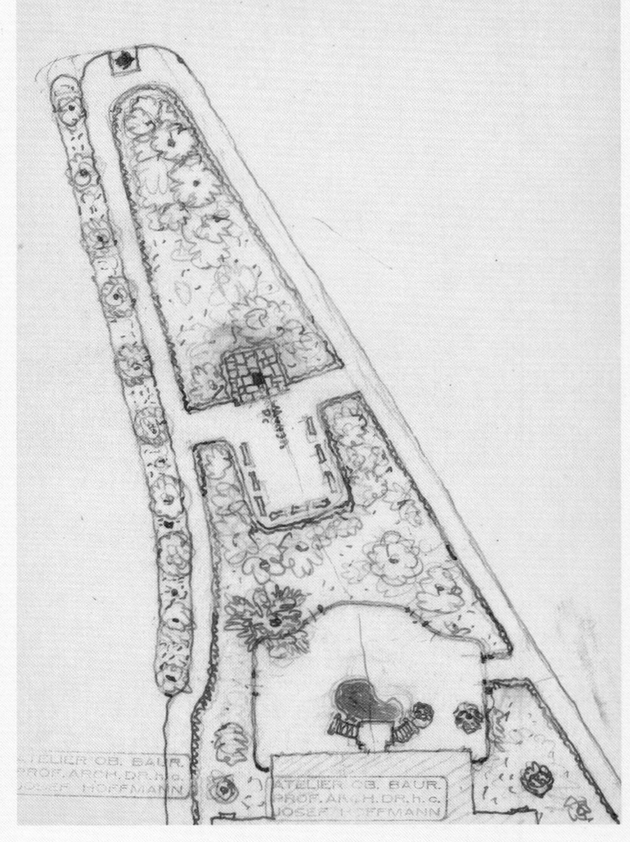

JH, Grundrißentwurf für die Gestaltung der Grünfläche um das kriegszerstörte Secessionsgebäude, Wien, 1948
Kunsthandel Widder, Wien

Josef Hoffmann und die Enkelin von Adolphe Stoclet im Palais Stoclet, Brüssel, 1955

glied der Wiener Secession. 1954 entsteht – erneut auf Bestellung von Hermann Neubacher, des damaligen Beraters von Kaiser Haile Selassie – ein Rathausprojekt für Addis Abeba. Im selben Jahr erhält Josef Hoffmann das Komturkreuz der Republik Italien. Seinen 85. Geburtstag feiert er im Palais Stoclet in Brüssel und stirbt bald danach, am 7. Mai 1956, an einem Schlaganfall in Wien. Josef Hoffmann wird in einem von Fritz Wotruba gestalteten Ehrengrab auf dem Wiener Zentralfriedhof beigesetzt. ■

Sergius Pauser, Porträt Josef Hoffmann, 1951

Wien Museum, 104.760

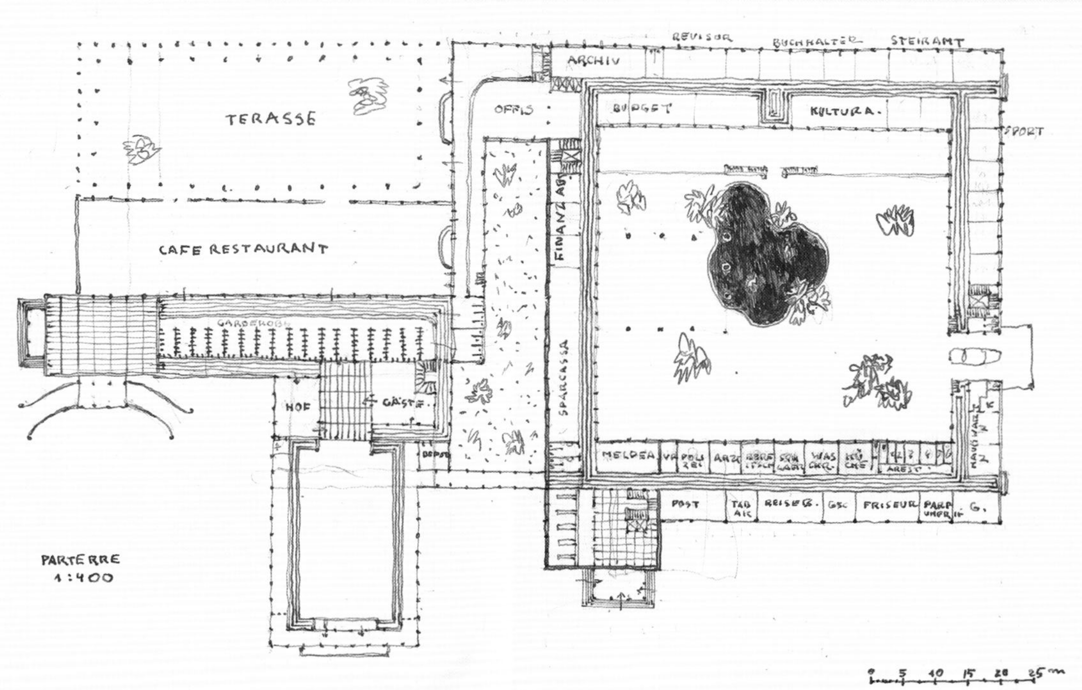

JH, Projekt für ein Rathaus in Addis Abeba, Grundriss, 1954/55

Kunsthandel Widder, Wien

Abb. 1–3 JH, Entwürfe für Deckelbecher für J. & L. Lobmeyr, 1941
J. & L. LOBMEYR

Christian Witt-Dörring

Individualität versus Gleichschaltung

Das Kunstgewerbe 1938–1956

Wie ein roter Faden zieht sich der Stellenwert, den Hoffmann
dem Kunstgewerbe als identitätsstiftenden Kulturträger eines
Staates beziehungsweise einer Gesellschaft beimisst, durch
sein gesamtes Œuvre. Stellvertretend für die große Geste
der Architektur vertritt es selbstbewusst und gleichberechtigt
den Alltag. Der damit eingegangene Qualitätsanspruch
überlebt nicht nur die ideologische Gleichschaltung sämtlicher kultureller Angelegenheiten des Deutschen Reichs
durch Berlin, sondern auch die kriegsbedingte Material-
knappheit sowie den Arbeitskräftemangel.[1] Obwohl er mit
seiner Berufung zum Bevollmächtigten des Kulturamtes der
Stadt Wien für das Kunsthandwerk ab 1939 mit dem als
Nachfolger aller Vereine und Bünde (z.B. Österreichischer
Werkbund) gegründeten Wiener Kunsthandwerkverein wieder über eine Organisationsstruktur verfügt, die ihn zum
Zentrum lokalen kunsthandwerklichen Geschehens bestimmt,
sind seine Möglichkeiten der breiten Einflussnahme in Fragen
der Geschmackskultur beschränkt. Er leitet die dem Kunsthandwerkverein angegliederte Versuchswerkstätte für schöpferische Formgebung und soll damit auf die Formgebung
Einfluss nehmen.[2] Rückblickend beschreibt er 1946 die damalige seinen Wirkungskreis betreffende Situation: „[…]
der Plan, alle künstlerische Tätigkeit auf eine bestimmte von
offizieller Stelle propagierte Note zu bringen, hatte bei uns
keinen Erfolg, wir gingen, wenn auch in aller Stille, unseren
eigenen Weg weiter und sind heute von allen Hemmnissen
dieser Art befreit […]."[3]

Was zeichnet nun diesen Hoffmann'schen eigenen Weg
in ausgeführten Arbeiten während des Dritten Reiches im
Unterschied zu seinen kunstgewerblichen Arbeiten der unmittelbaren Nachkriegszeit aus? Unterschwellig ist der Hang
3 S. 378 zum individuellen künstlerischen Ausdruck nicht zu über-
6 S. 420 sehen. Ein gutes Beispiel dafür sind die Wandleuchten des
großen Saals im Haus der Wehrmacht. Hoffmann belegt
2 S. 378 deren Leuchterarme mit einem dekorativen Band, einer Para-
10 phrase von Hakenkreuz und Mäander. Dazwischen platziert
er Streublumen und sabotiert damit endgültig die ursprüngliche politische Aussage des Nazi-Symbols. Hoffmanns indi-
vidualistische Formensprache manifestiert sich nicht so sehr
in einer neuen Dekor- oder Ornamenterfindung, sondern in
seinen unerwarteten und gekonnten Proportionserfindungen,
die der geschlossenen Form ihren unverwechselbaren Hoffmann'-schen Charakter verleihen. Die Formerfindung wird 8 S. 380
aber gleichzeitig durch eine vom System vorgegebene mo-
numentalisierende Strenge überstrahlt, die die Individualität
in ihre Grenzen verweist. Davon zeugen unter anderem seine 11 12 13
Einrichtung des Hauses der Mode und die Entwürfe von 14 S. 382
Musterzimmern für die Deutschen Werkstätten München 1 S. 378
und sogar die für die Lausitzer Glaswerke[4] entstandenen 5
Entwürfe.[5] Diese Grenze lässt Hoffmann bereits in seinen
Entwürfen der ersten Nachkriegsjahre hinter sich. Formen,
Material und Dekor sprechen eine neue Sprache der Leichtigkeit, die die Skepsis gegenüber der noch bis kurz davor
durch Frontalität und Symmetrie zelebrierten Monumentalität
zum Ausdruck bringt.

Ein 1945 entstandener Entwurf für eine Tüllstickerei mit 4
dem Motiv einer märchenhaften Fantasiearchitektur, gekrönt
von den wiedergewonnenen alten österreichischen Staats-
symbolen, kann als Dokument dieses Erneuerungswillens
entlang alter erprobter Glaubensgrundsätze gelesen werden.
Fritz Waerndorfer hatte diese so treffend 1910 in einem Brief
an Carl Otto Czeschka auf den Punkt gebracht und in der
folgenden Bemerkung subsumiert: „Der Hoff ist der einzige,
der ebenso eine neue Bluse wie ein neues Staatsgebäude
zusammenbringt."[6]

Kontinuität ist jedoch der Institution des Kunsthandwerkvereins beschieden. Dieser überlebt den Regimewechsel
nach 1945 an Ort und Stelle in der Kärntner Straße 15 und
beherbergt im 1. Stock den auf Initiative Hoffmanns neu gegründeten Künstlerwerkstättenverein. Seine Aufgabe ist die
Entwicklung mustergültiger Entwürfe für das Handwerk.[7] Sie
werden in Zusammenarbeit mit Wiener Handwerksbetrieben 13 S. 412
wie zum Beispiel mit der Metallwerkstätte Ludwig Kyral, dem 5 6 7 8
Rahmenmacher Max Welz, dem Glasverleger J. & L. Lobmeyr 9 10 S. 410
oder dem Bildhauer Karl Kirch, dem Tischler R. Bojanovski 15 S. 412
und der Keramikerin Lotte Michel realisiert. Darunter fallen 8
unter anderem von Hoffmann entworfene Kleinmöbel, die 7
von verschiedenen Künstlern (Ena Rottenberg, Max Snischek, 3 4 S. 409
Gertrude Balaban, Franz v. Zülow) bemalt werden.[8] Bewun-
dernswert ist die Energie, mit welcher der physische und in-
stitutionelle Wiederaufbau sofort nach dem Ende des Kriegs
im Mai 1945 in Angriff genommen wird. So kann Ende
August bereits wieder der Ausstellungsraum des Kunsthandwerkvereins bespielt werden, nachdem er bei der deutschen

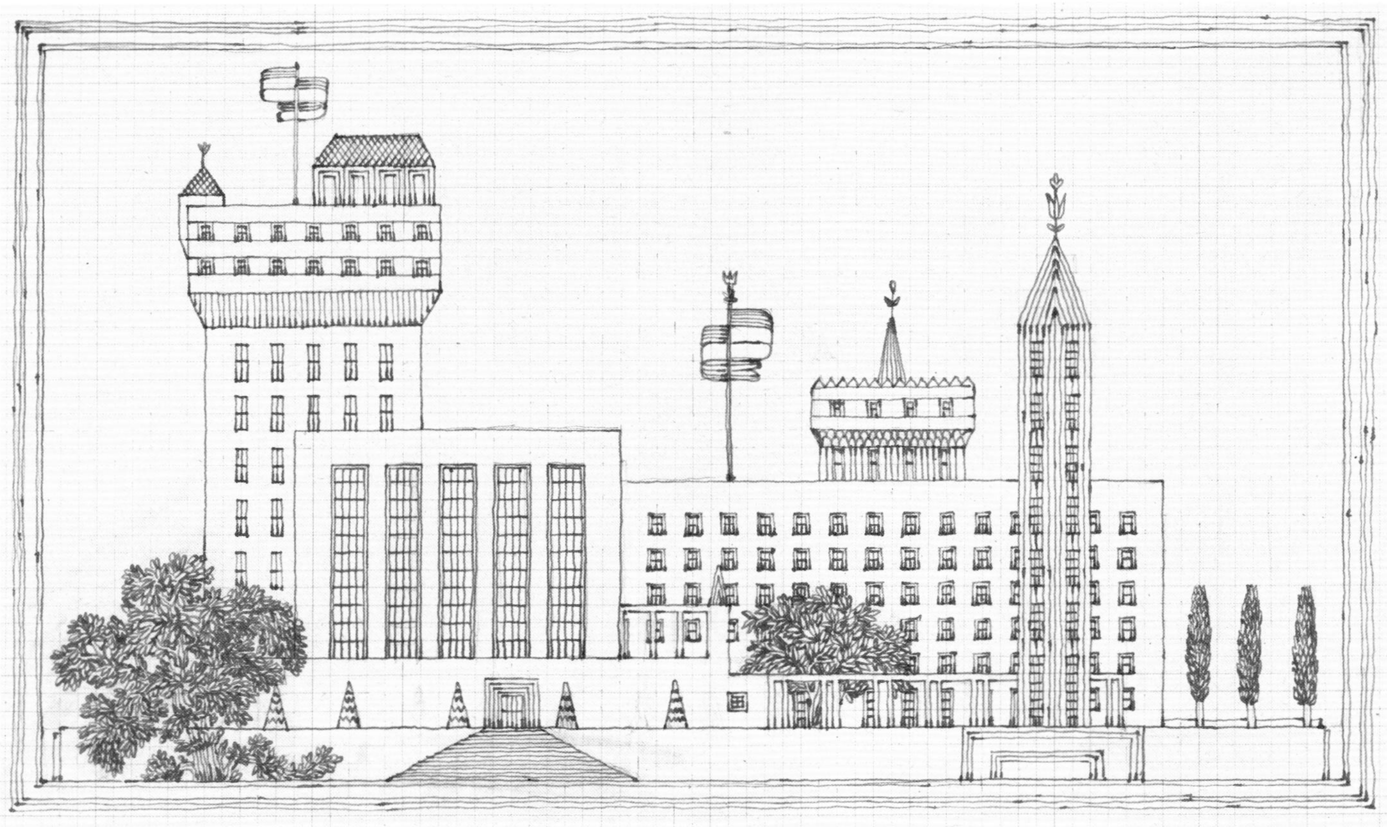

Abb. 4 JH, Entwurf für eine Tüllstickerei, 1945
Kupferstichkabinett der Akademie der bildenden Künste Wien, HZ 26340

Abb. 5 JH, 2 Vasen, ausgeführt von den Lausitzer Glaswerken, Weisswasser, 1939
Produktkatalog der Lausitzer Glaswerke, 1939, Modellnummern A 45029-30
MAK, BI 22335

Abb. 6 JH, Entwurf für eine Kaffeekanne für die Wiener Porzellanmanufaktur Augarten, 1941
Kupferstichkabinett der Akademie der bildenden Künste Wien, HZ 26325

Abb. 7 JH (Form), Ena Rottenberg (Bemalung), Truhe, ausgeführt für den Kunsthandwerkverein, 1946
Wien Museum, 211.708

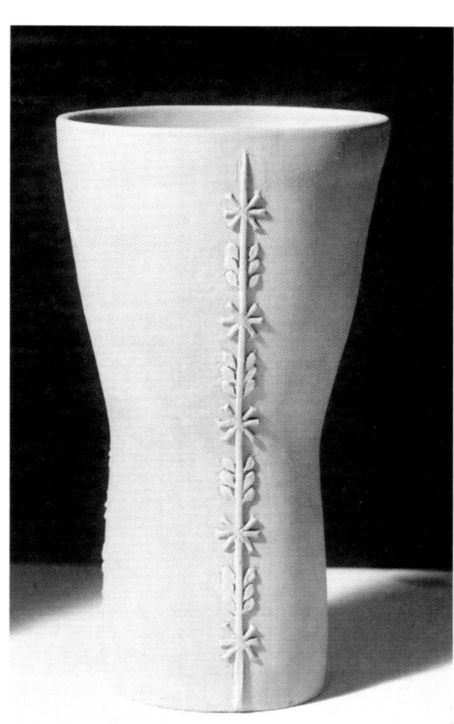

Abb. 8 JH, Vasen, ausgeführt von Lotte Michel für den Kunsthandwerkverein, 1946
Wien Museum, 211.711

Wehrmacht und den russischen Truppen als Pferdestall in Verwendung gestanden war.[9] In dem seit den 1910er Jahren umtriebigen Mitstreiter in Sachen Kunstgewerbe, dem von den Nazis jedoch mit Publikationsverbot belegten Journalisten, Herausgeber und Verleger Leopold Wolfgang Rochowanski, findet Hoffmann wieder seinen alten Befürworter und nun auch Auftraggeber. Für den 1946 gegründeten, jedoch bereits 1948 als Opfer der Währungsreform 1947 wieder geschlossenen Agathon Verlag, in dem neben dem *Agathon Almanach* auch die Zeitschrift *Die Schönen Künste* erscheinen, entwirft Hoffmann Einbände und Illustrationen. Anlässlich von Hoffmanns 80. Geburtstag widmet ihm Rochowanski eine Festschrift.[10] Der im Februar
1945 zerstörte Bau der Secession kann bereits im Jänner
9 11 1949 wieder bezogen werden.[11] Hoffmann entwirft 1948 für
deren Sekretariat eine sehr bescheidene Ausstattung.[12]
Neben der aus den 1930er Jahren bekannten Hoffmann'schen Ästhetik lässt sich bereits die ab den 1950er
1 S. 408 Jahren sich entwickelnde, typische organische Formenwelt
erahnen. Sie findet sich neben abstrakt-geometrischen
16 S. 412 Formen ob als Tapetenmuster für die Tapetenfabrik der Ge-
12 S. 405 brüder Rasch in Bramsche, in Stoffmustern, Teeservice für
die Porzellanmanufaktur Augarten, einem Silberbesteck für
11 12 S. 411 die Manufaktur Hugo Pott in Solingen oder einem Glasservice der Firma J. & L. Lobmeyr für die Triennale Mailand.
S. 453 Und sie dominiert auch seine 1950 entstandenen „graphi-
schen Phantasien", die für den Betrachter zwischen Ornamenterfindung und Erzählung oszillieren können. Hoffmann selbst hat sie als Gedichte bezeichnet.[13] Es ist seine ureigene Sprache der Formen ohne Worte. ■

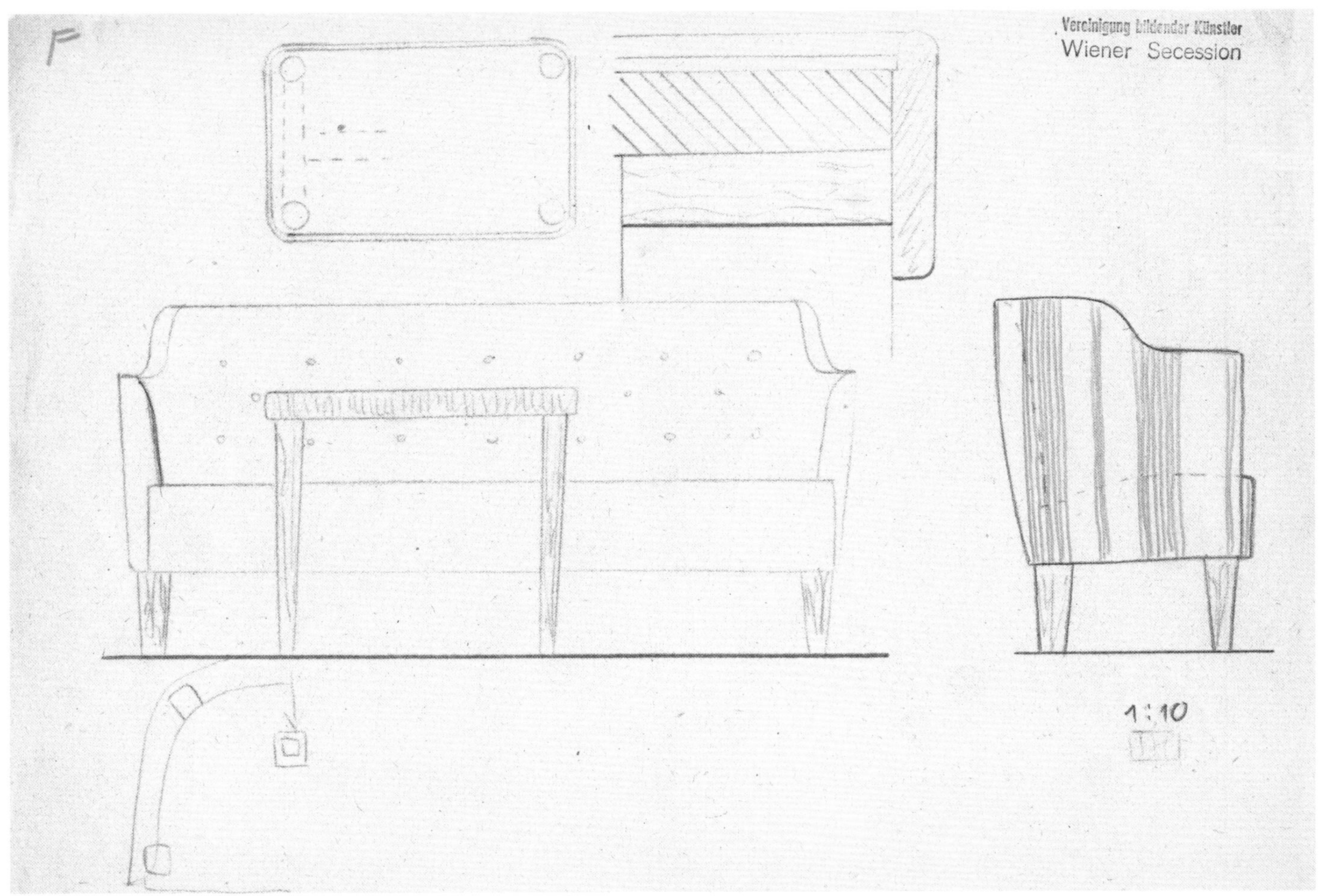

Abb. 9 JH, Entwurf für eine Sitzgruppe für das Sekretariat der Secession, 1948
Schenkung Wittmann Möbelwerkstätten GmbH
MAK, KI 23506-1-1-11

1 Josef Hoffmann: Tätigkeitsbericht des Bevollmächtigten des Kulturamts der Stadt Wien für das Kunsthandwerk. Undatiertes Typoskript NL Ankwicz-Kleehoven im Research Center des Belvedere; Mappe 6, Nr. 32.
2 Neues Wiener Tagblatt, 20.8.1942, 3 und Hans Ankwicz-Kleehoven: Die Künstlerwerkstätte Prof. Josef Hoffmann. Undatiertes Typoskript NL Ankwicz-Kleehoven, ebd., Mappe 8.
3 Josef Hoffmann: Kunstgewerbe – Aufgabe und Verpflichtung, in: Der Fortschritt. Sondernummer „Kunsthandwerk in Österreich", Dez. 1946, 4.
4 Typoskript eines Nachrufs auf Josef Hoffmann 1956, 6; NL Ankwicz-Kleehoven (wie Anm. 2) und Produktkatalog der Lausitzer Glaswerke, 1939, 320-23 (Designnummern A 45027-34 und A 45039).
5 Entwurfszeichnungen für beide Arbeiten befinden sich im Kupferstichkabinett der Akademie der bildenden Künste Wien, HZ 26320 und HZ 26321.
6 Brief Fritz Waerndorfers an Carl Otto Czeschka vom 27.10.1910, in: Heinz Spielmann: Carl Otto Czeschka. Ein Wiener Künstler in Hamburg, Göttingen 2019, 180.
7 Wiener Kurier, 27.12.1945, 4; Peter Noever/ Marek Pokorný (Hg.): Josef Hoffmann. Selbstbiographie, Ostfildern 2009, 36.
8 Hoffmann 1946, 4–5 (wie Anm. 3).
9 Salzburger Nachrichten, 7.9.1945, 4.
10 Leopold W. Rochowanski: Josef Hoffmann. Eine Studie geschrieben zu seinem 80. Geburtstag, Wien 1950.
11 Rainer Metzger: Der Secessionsstil, in: Secession (Hg.): Secession, Wien 2018, 109.
12 Entwurfszeichnungen in der Kunstblättersammlung des MAK, KI 23506-1-1-1 bis 16.
13 Wie Anm. 4, 7.

Abb. 10 JH, Detail der Wandleuchte für das Haus der Wehrmacht, 1940
Lindenholz, vergoldet
Privatbesitz
© MAK/Georg Mayer

Abb. 11 JH, Entwurf für den Wiederaufbau und die Neugestaltung der Eingangshalle der Secession, 1948
Kunsthandel Widder, Wien

Abb. 1 JH, Entwurf für eine Wohnhausanlage der Gemeinde Wien, Heiligenstädterstraße, 1952, Straßenfassade

Cooper Hewitt Smithsonian Design Museum, New York, Gift of Marilyn Walter Grounds, 2008-20-29

Matthias Boeckl

Rekonstruktion der Moderne

Josef Hoffmanns Spätwerk als Architekt und Kurator

Das Ende des Zweiten Weltkriegs und die Befreiung Wiens durch die Rote Armee im April 1945 brachte für Josef Hoffmann bereits die vierte aktiv erlebte politische Wende. Erneut gingen damit tiefgreifende Änderungen der Arbeitsbedingungen für moderne Architekten und Designer einher. Einmal mehr blieb jedoch Hoffmann über alle politischen und ökonomischen Zäsuren hinweg der Überzeugung treu, dass die Schönheit unserer Umwelt als ein zeitloses und krisensicheres Mittel kontinuierlicher Produktivität eine Notwendigkeit sei. Anders als viele ehrgeizige jüngere Architekten, die sich so weit dem Nationalsozialismus angenähert hatten, dass manches humane Grundideal der Moderne geopfert wurde und dass sie im Zuge der Entnazifizierung der jungen Zweiten Republik vorübergehend keine öffentlichen Aufträge mehr übernehmen konnten, war der nunmehr 75-Jährige nicht in den Verdacht geraten, dem NS-Regime über Gebühr dienstbar gewesen zu sein.[1] So konnte er einerseits seine Arbeit im 1939 gegründeten Wiener Kunsthandwerkverein fast unverändert fortsetzen (dessen Sitz in der Kärntner Straße 15 bis zuletzt Hoffmanns offizielle Büroadresse blieb) und andererseits zahlreiche offizielle Aktivitäten aufnehmen, die vom „Ständestaat" und der NS-Diktatur unterbrochen worden waren. Dazu gehörte die einflussreiche Tätigkeit als neuer Kommissär der österreichischen Beiträge zu den Kunstbiennalen von Venedig[2] und die Planung von Wohnhausanlagen der Stadt Wien, die er nun mit seinem Mitarbeiter und Partner Josef Kalbac wieder aufnahm. 1948/49 fungierte Hoffmann zudem als Präsident der von ihm 1897 mitbegründeten Vereinigung bildender Künstler Wiener Secession, die 1939 von den Nationalsozialisten mit dem Künstlerhaus zwangsfusioniert[3] und 1945 neu gegründet worden war.

Kontinuität und Schönheit

Der Wiederaufbau des Kunstbetriebs in der von Bombardements und tagelangen Kampfhandlungen stark in Mitleidenschaft gezogenen Stadt orientierte sich einerseits an den offensiv vermittelten Kulturbildern der vier Besatzungsmächte und andererseits am Wunsch der älteren Künstler, eine „österreichische" Moderne fortsetzen zu können, die dem Land Identifikation und Zusammenhalt trotz massiver Fremdbestimmung durch die Alliierten ermöglichen würde. So schrieb 1952 Hoffmanns ehemaliger Assistent Max Fellerer, der 1934–38 und erneut 1945–54 als Direktor der nunmehrigen Akademie für angewandte Kunst (ehemals Kunstgewerbeschule) wirkte: „Die Schule hat heute weniger revoltierende Aufgaben, als festigende und klärende, fußend auf den Ideen der vorherigen Generation."[4]

Das Streben nach Fortsetzung der österreichischen Moderne der Zeit vor 1938 zeigte sich auch in Hoffmanns Nominierung jener Künstler, die nun das Land bei der Biennale in Venedig[5] vertreten sollten: Als erster regierungsoffizieller Kommissär der Zweiten Republik zeigte er 1948 die Doppelpersonale von Egon Schiele und Fritz Wotruba, 1950 eine Personale von Herbert Boeckl sowie eine Gruppenausstellung mit rund 50 Künstlern aller Altersgruppen, 1952 erneut eine Doppelpersonale, diesmal von Alfred Kubin und Fritz Wotruba, sowie 1954 eine Präsentation des 2
avantgardistischen österreichischen Art Clubs.[6]

Die Stadt als Bühne

In Wien luden die erheblichen Zerstörungen dazu ein, kreative Neupositionierungen und umfassende Modernisierungen der Stadt zu planen. In einigen deutschen Städten waren die nach 1945 realisierten Wiederaufbaupläne bereits während der Bombardierungen im Krieg von NS-Architekten entworfen worden. In Wien konnten wegen der Teilung der Stadt in vier Besatzungssektoren vorerst noch keine umfassenden Stadtentwicklungsprojekte realisiert werden – weder die 1940–42 entstandenen Planungen des Albert Speer-Mitarbeiters Hanns Dustmann für die Neugestaltung Wiens (*Führervorlage* von 1941) noch Roland Rainers *Grünflächenplan für Wien*, den er 1940 im Zuge seiner Forschungstätigkeit für die *Deutsche Akademie für Städtebau, Reichs- und Landesplanung* in Berlin entwickelt hatte.[7] So konnten bis zur Implementierung des teilweise von der dogmatischen Moderne und der CIAM-Charta von Athen 1933 inspirierten *Acht-Punkte-Programms für den sozialen Städtebau* durch den Gemeinderat 1952[8] noch zahlreiche künstlerische Visionen diskutiert werden. Sie befassten sich nicht etwa mit der nötigen Planung suburbaner Siedlungen zur Linderung der drückenden Wohnungsnot, sondern mit dem Wiederaufbau und der Inszenierung von Symbolen der „Kulturnation" im Stadtzentrum. Dies sollte der Identifikation der

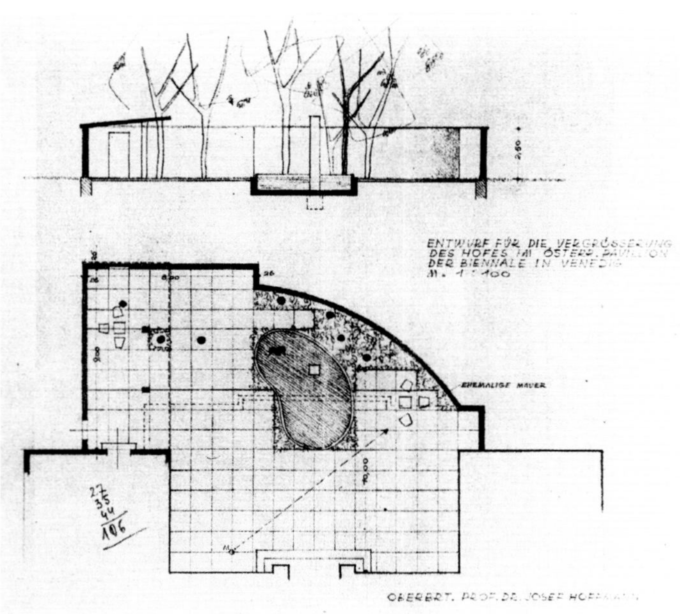

Abb. 2 JH, Zubau im Innenhof des österreichischen Pavillons der Biennale, Giardini, Venedig, 1954
Schnitt und Grundriss
© BMUK 50 Jahre Pavillon, Salzburg 1984, 60/Sharp

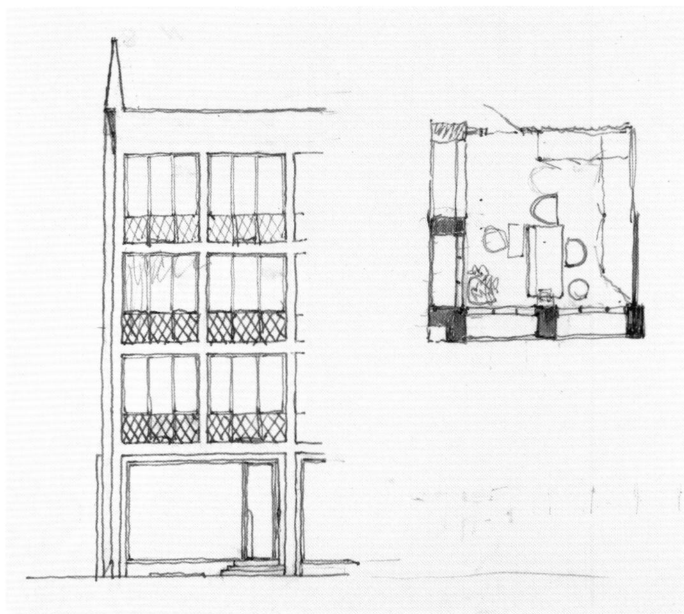

Abb. 3 JH, Projekt für ein Rathaus in Adis Abeba, 1954/55
Detail einer Ecke mit Bürogrundriss
Schenkung Wittmann Möbelwerkstaetten GmbH
MAK, KI 23086-51

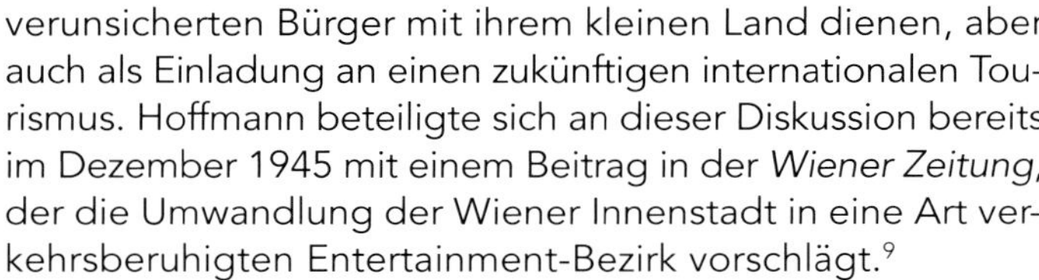

verunsicherten Bürger mit ihrem kleinen Land dienen, aber auch als Einladung an einen zukünftigen internationalen Tourismus. Hoffmann beteiligte sich an dieser Diskussion bereits im Dezember 1945 mit einem Beitrag in der *Wiener Zeitung*, der die Umwandlung der Wiener Innenstadt in eine Art verkehrsberuhigten Entertainment-Bezirk vorschlägt.[9]

> „[Hier] sollten nur Künstler, Gelehrte, Kunstfreunde und besonders originelle Menschen wohnen. In den Parterreräumen müßten in für das alte Wien eigenartiger Weise nur kleine Qualitätsläden untergebracht werden. Dazwischen Vergnügungsstätten [...] in einwandfreier, besonderer Form, kleine originelle Restaurants und Weinstuben, Obstrestaurants, Konditoreien, Teestuben und Cafés, Fischküchen für Donaufische, Binnenseefische, Krebse und dergleichen mit allen Finessen in Wiener Art sollten hier untergebracht werden. [...] Alles, was in den Rahmen unseres alten Wien hineinpaßt, muß hier zu finden sein. So zum Beispiel Antiquariate, Kunsthandlungen, Ausstellungen alter und neuer Kunst, kleine Sammlungen, die man hier geschlossen erhalten könnte, und vieles andere, das sich bald ergeben würde. Das Befahren dieser Stadtteile sollte in gewissen Stunden verboten sein, die Beförderung könnte eventuell sogar in Sänften vor sich gehen."[10]

Konsequenterweise schlägt Hoffmann in der Folge vor, dass diese Projekte „unter der Gesamtleitung eines erfahrenen Mannes, am besten eines außerordentlichen Filmregisseurs stehen müßten, der für die vielen verschiedenartigen Aufgaben unsere fähigsten Künstler heranziehen würde". Davon fühlte sich vielleicht auch der Dramaturg Rudolf Oertel angesprochen, der zwei Jahre später in seinem Buch *Die schönste Stadt der Welt* ebenfalls einen Wiederaufbau Wiens unter intensiver Inszenierung der Kulturfunktionen vorschlägt. Hoffmann schrieb in seinem Vorwort dazu:

> „Die in bitteren Erlebnissen gemachte Erfahrung muß uns beweisen, daß ein kulturell eingestelltes Leben wichtiger erscheint als die zivilisatorischen und technischen Fortschritte, die uns schließlich dem Untergang so nahe gebracht haben. Nichts kann unsere Lebensbejahung und die kulturelle Geltung einer Nation mehr fördern als die ständig lebende künstlerische Gestaltung aller Dinge, die sie umgeben. [...] Die Geringschätzung des Kulturellen und die Vorherrschaft des geistig Minderwertigen muß kategorisch überwunden werden. Es gilt in allen Bevölkerungskreisen den Ehrgeiz großzuziehen, dieser allen zugute kommenden Aufgabe, die nicht nur eine materielle, sondern auch eine seelische Erneuerung verlangt, ihre begeisterte Mitarbeit zu widmen und selbst in den ärmlichsten Verhältnissen nicht zu vergessen, daß Kultur den Kern des menschenwürdigen Lebens bedeutet."[11]

Langenzersdorf und Addis Abeba

Außer einer Wohnungseinrichtung für die Familie Stern in Langenzersdorf bei Wien (um 1952)[12] und der 1955 geplanten Umgestaltung des Hauseingangs zum *Künstlerwerkstätten-Verein*[13] konnte Hoffmann nach dem Zweiten Weltkrieg keine privaten Bauaufträge mehr realisieren. Weiterhin entstanden jedoch zahlreiche nicht realisierte Projekte, unter 3
denen das Projekt für ein Rathaus in Addis Abeba das größte Volumen zeigt.[14] Es war durch Reaktivierung alter Netzwerke entstanden: Hoffmann entwarf es gemeinsam mit Anton Ubl und Franz Hubert Matuschek, die zu den bevorzugten Architekten von Hermann Neubacher, des ersten NS-Bürgermeisters von Wien, gehört hatten.[15] Neubacher war seit seinen Tagen als Chef der gemeindeeigenen GESIBA, die 1929–32 die Wiener Werkbundsiedlung errichtet hatte, ein guter Bekannter Hoffmanns und die Schlüsselfigur zu dessen kurzzeitigen Erfolg 1938–40. Nach seinem Abgang Richtung Balkan und kurzer Haft 1951 in Jugoslawien wirkte Neubacher 1954–56 als Berater des äthiopischen Kaisers Haile Selassie beim Ausbau der Hauptstadt, für den er den Rathaus-Entwurf bei Hoffmann bestellte. Das Projekt erinnert in vielen Details (etwa im Turm und in den langen, von vertikalen Rechteckfeldern gegliederten Fassaden) an Hoffmanns ebenfalls nicht realisierten Plan einer Ausstellungshalle der Stadt Wien am Karlsplatz von 1928/29.[16]

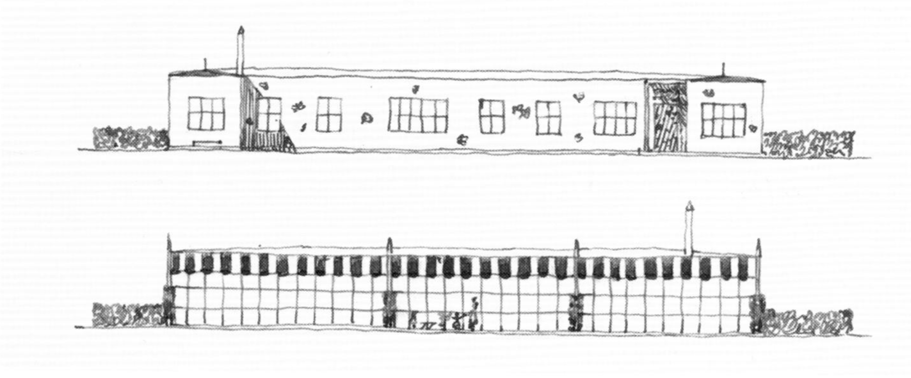

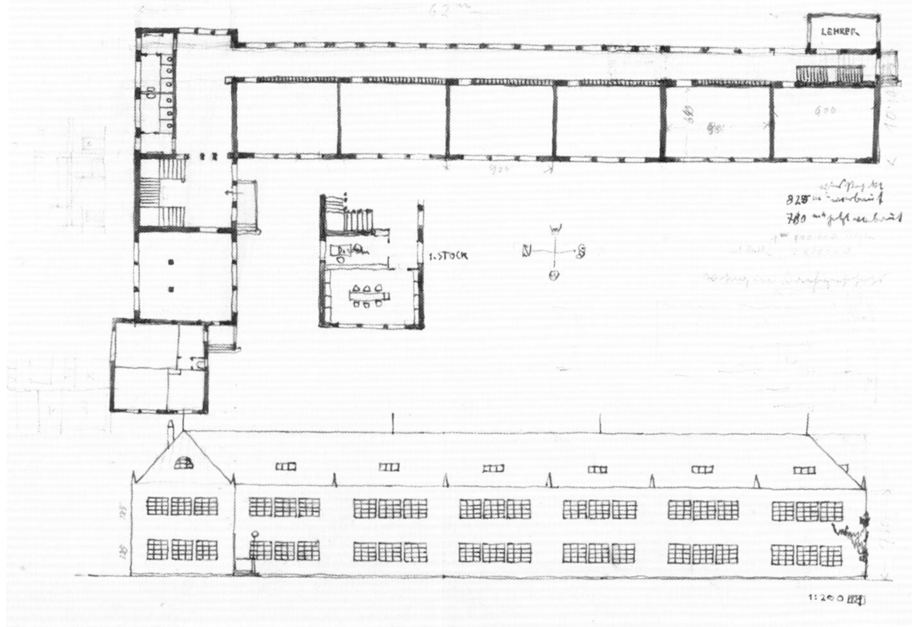

Abb. 6 JH, Wohnhausanlage der Gemeinde Wien, Blechturmgasse 23–27, 1949/50, Grundriss-Studie für einhüftige Wohnungserschließungen
Cooper Hewitt Smithsonian Design Museum, New York, Gift of Marilyn Walter Grounds, 2008-20-49

Abb. 4, 5 JH, Entwürfe für eine Volksschule in Stockerau, 1951
Ansichten und Grundriss zweiter Varianten
Cooper Hewitt Smithsonian Design Museum, New York, Gift of Marilyn Walter Grounds, 2008-20-23, -25

Stockerau und Wien

Die öffentlichen Aufträge der Nachkriegszeit an Hoffmann
4 5 und seinen nunmehrigen Partner Josef Kalbac betreffen eine
Volksschule in Niederösterreich sowie drei Wohnhausanlagen der Gemeinde Wien. Die Volksschule für Mädchen
wurde 1951 für die Gemeinde Stockerau geplant: „Der Bau
wurde nach Hoffmanns Grundkonzept, aber mit Änderungen
im Detail durchgeführt."[17] – Bei den drei Gemeindebauten
für die Stadt Wien, deren Wohnungstypologie und Ausstat-
tungsstandards in noch höherem Ausmaß als im „Roten
Wien" der 1920er Jahre vom Bauherrn vorgegeben waren,
ist Hoffmanns Handschrift vor allem in der subtilen Modellierung der Baukörper als Reaktion auf ihren Ort sowie in
1 9 der künstlerischen Ausstattung erkennbar. So zeigt das Projekt in der Heiligenstädter Straße[18] mit 46 Wohnungen eine
topografisch bestimmte Höhenstaffelung der drei parallelen
Baukörper und bietet ein figurales Steinrelief von Heinz Lein-
fellner über dem Eingang eines der Häuser. Der Wohnbau
7 in der Silbergasse[19] zeichnet sich ebenfalls durch eine kunst-
volle Aufteilung der 70 Wohnungen auf drei Baukörper aus:
zwei flankierende niedrigere und einen zentralen höheren.
Dieses System der turmartigen Verdichtung in einem freistehenden Bauteil hatte Hoffmann erstmals 1923–25 im
Klosehof[20] realisiert und wiederholte es 1949/50 im sechs- 6 8
geschossigen Innenhoftrakt des Wohnbaus in der Blechturmgasse.[21] Das nüchterne Haus mit 81 Wohnungen zeigt
subtile künstlerische Akzente in den Fassadengliederungen
durch einen weitmaschigen Raster aus feinen Putzrillen und
durch Sternmotive in den Schlosserarbeiten der großen
Eisengittertore. Alternative Grundrisskonzepte, die sich mit
einhüftigen Erschließungen auffällig von den Standard-
Wohnungstypen des Wiener Gemeindebaus jener Zeit unterschieden hätten, kamen nicht zur Ausführung. Auch für
kommunale Wohnbauten in der Wiener Malfattigasse 31
(realisiert von Josef Kalbac) sowie in der Stadt Hainburg an
der Donau hatte Hoffmann mit derartigen Varianten ex-
perimentiert.[22] Es waren letzte Versuche, diese soziale
Bauaufgabe mit individueller Kreativität anzureichern. ■

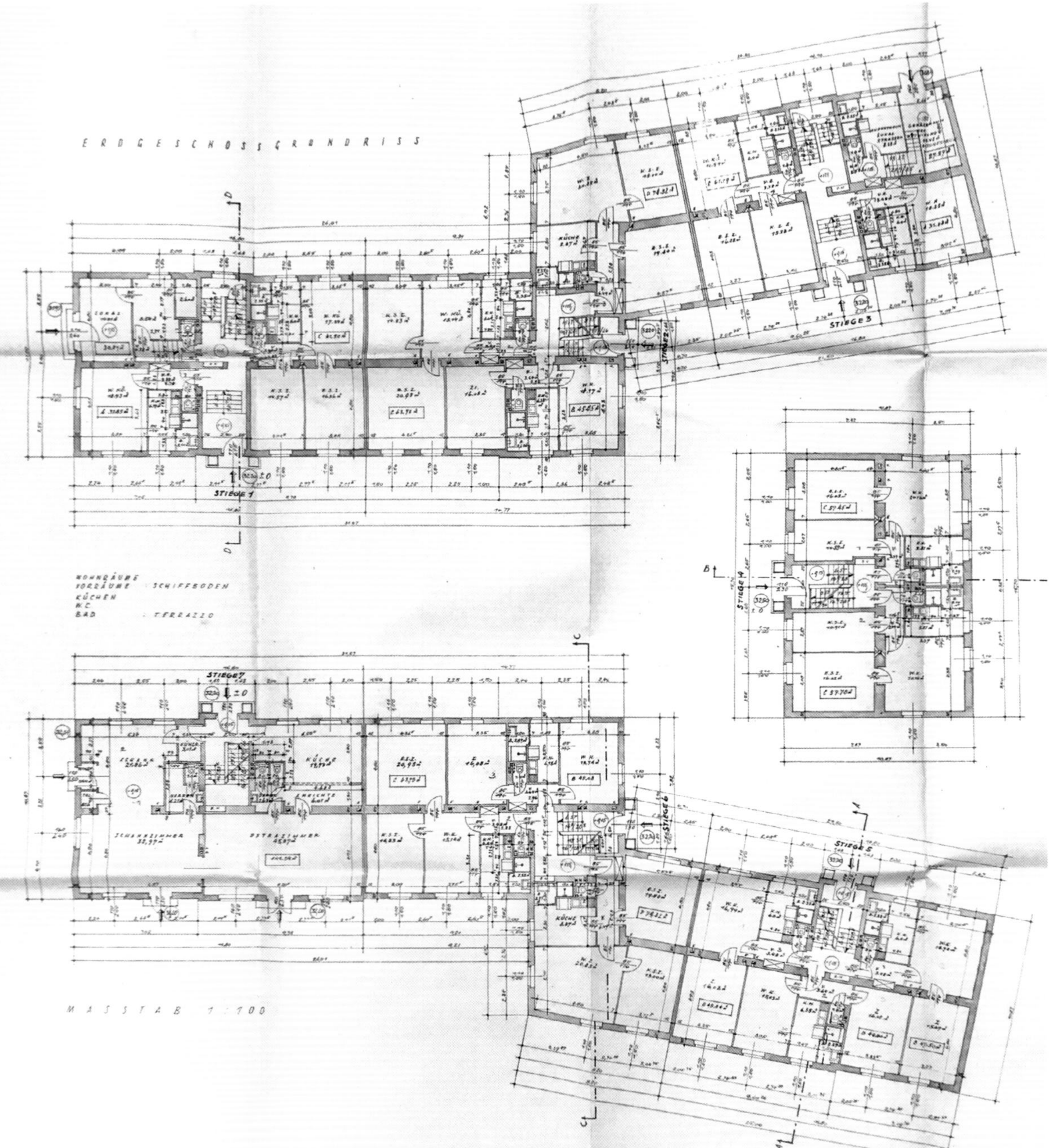

Abb. 7 JH und Josef Kalbac, Wohnhausanlage der Gemeinde Wien, Silbergasse 2–4, 1951/52 Einreichplan, Grundriss Erdgeschoss
Stadt Wien, MA 37, EZ 1880
© Kerstin Bauhofer

1 Hoffmanns Mitgliedsantrag an die NSDAP war 1938 von einem Parteifunktionär negativ kommentiert worden; vgl. den Beitrag von Elisabeth Boeckl-Klamper in diesem Buch.

2 1934 und 1936 hatte der ehemalige Diplomat Nikolaus Post als Österreich-Kommissär gewirkt.

3 Hoffmann diente dabei mit Christian Ludwig Martin und Oswald Roux als Liquidator des Secessionsbesitzes.

4 Otto Kapfinger/Matthias Boeckl: Vom Interieur zum Städtebau. Architektur am Stubenring 1918–90, in: Kunst: Anspruch und Gegenstand. Von der Kunstgewerbeschule zur Hochschule für angewandte Kunst in Wien 1918–1991, Wien/Salzburg 1991, 131.

5 1934 hatte Hoffmann den österreichischen Pavillon dort gemeinsam mit Robert Kramreiter geplant. Siehe den Beitrag zum Bau des Biennale-Pavillon, Seite 364–369 in dieser Publikation.

6 Jasper Sharp: Österreich und die Biennale di Venezia 1895–2013, Nürnberg 2013, 268–311.

7 Wien. Die Perle des Reichs. Planen für Hitler, hg. v. Architekturzentrum Wien, Zürich 2015, 150 und 60.

8 Marcus Denk: Zerstörung als Chance? Städtebauliche Konzepte, Leitlinien und Projekte in Wien 1945–1958, phil. Diss., Universität Wien, 2007, 147.

9 Diese Vision wurde in ähnlicher Form ab den 1970er Jahren Realität.

10 Josef Hoffmann: Gedanken zum Wiederaufbau Wiens, in: Wiener Zeitung, 23.12.1945, 4.

11 Josef Hoffmann: Zum glücklichen Geleit, in: Rudolf Oertel: Die schönste Stadt der Welt, Wien 1947, 5–6.

12 Eduard F. Sekler: Josef Hoffmann. Das architektonische Werk, Salzburg/Wien 1982, WV 465, 468.

13 Der 1939 gegründete *Kunsthandwerkverein* wurde 1948 in die *Österreichischen Werkstätten* überführt (vgl. den folgenen Beitrag). Die *Versuchswerkstätten* des Vereins scheinen daneben eigenständig als Spin-Off weitergeführt worden zu sein. Sie firmierten 1955 unter dem Namen *Künstlerwerkstätten-Verein*, der in der Einreichplanung als Bauwerber fungierte. Bauakt der Stadt Wien, MA 37, Kärntner Straße 15, EZ 590.

14 Sekler 1982, WV 403, 448 (wie Anm. 12).

15 Vgl. das Projekt von Kutschera, Popp und Ubl für ein neues Messe- und Sportgelände im Prater, 1938–43, sowie Matuscheks Luftschutz-Hochbunker in Aspern 1941. S. Perle des Reichs 2015, 124 und 201 (wie Anm. 7).

16 Sekler 1982, WV 287, 409–410 (wie Anm. 12).

17 Ebd., WV 501, 476 – Sechs Entwürfe von Hoffmann für Schule und Kindergarten im Cooper Hewitt Museum, New York, Gift of Marilyn Walter Grounds, Inv.-Nr. 2008-20-22 bis -27.

18 Sekler 1982, WV 401, 448.

19 Ebd., WV 400, 447–448.

20 Ebd., WV 255, 394–395.

21 Ebd., WV 395, 445–446.

22 Zeichnungen im Cooper Hewitt Museum, Inv.-Nr. 2008-20-3, -4, -5, -7, -8, -9, -11 (Malfattig.), -49, -50 (Blechturmg.), -58, -59 (Hainburg) (wie Anm. 17).

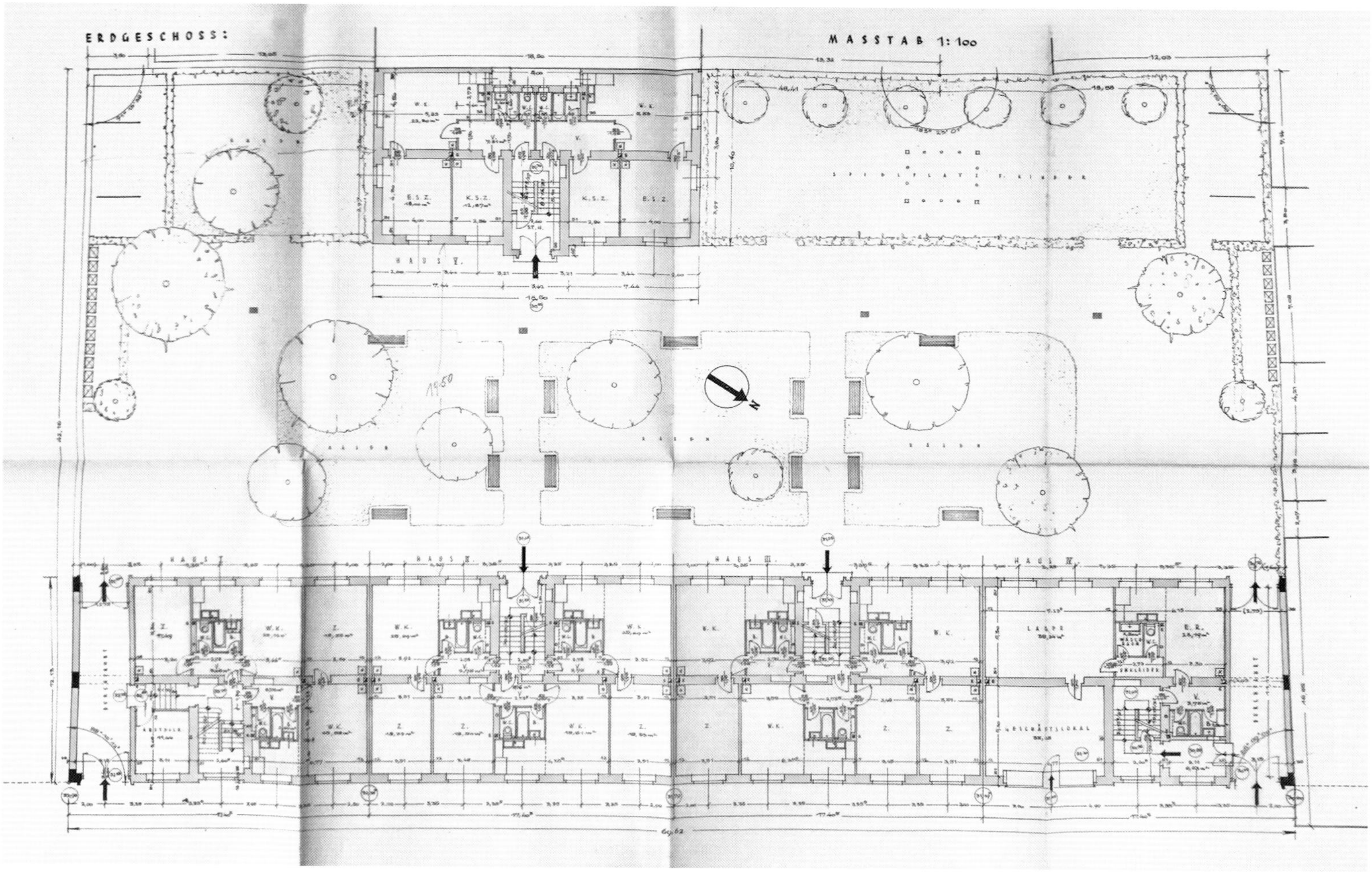

Abb. 8 JH und Josef Kalbac, Wohnhausanlage der Gemeinde Wien, Blechturmgasse 23–27, 1949/50
Einreichplan, Grundriss Erdgeschoss
Stadt Wien, MA 37, EZ 48 V
© Kerstin Bauhofer

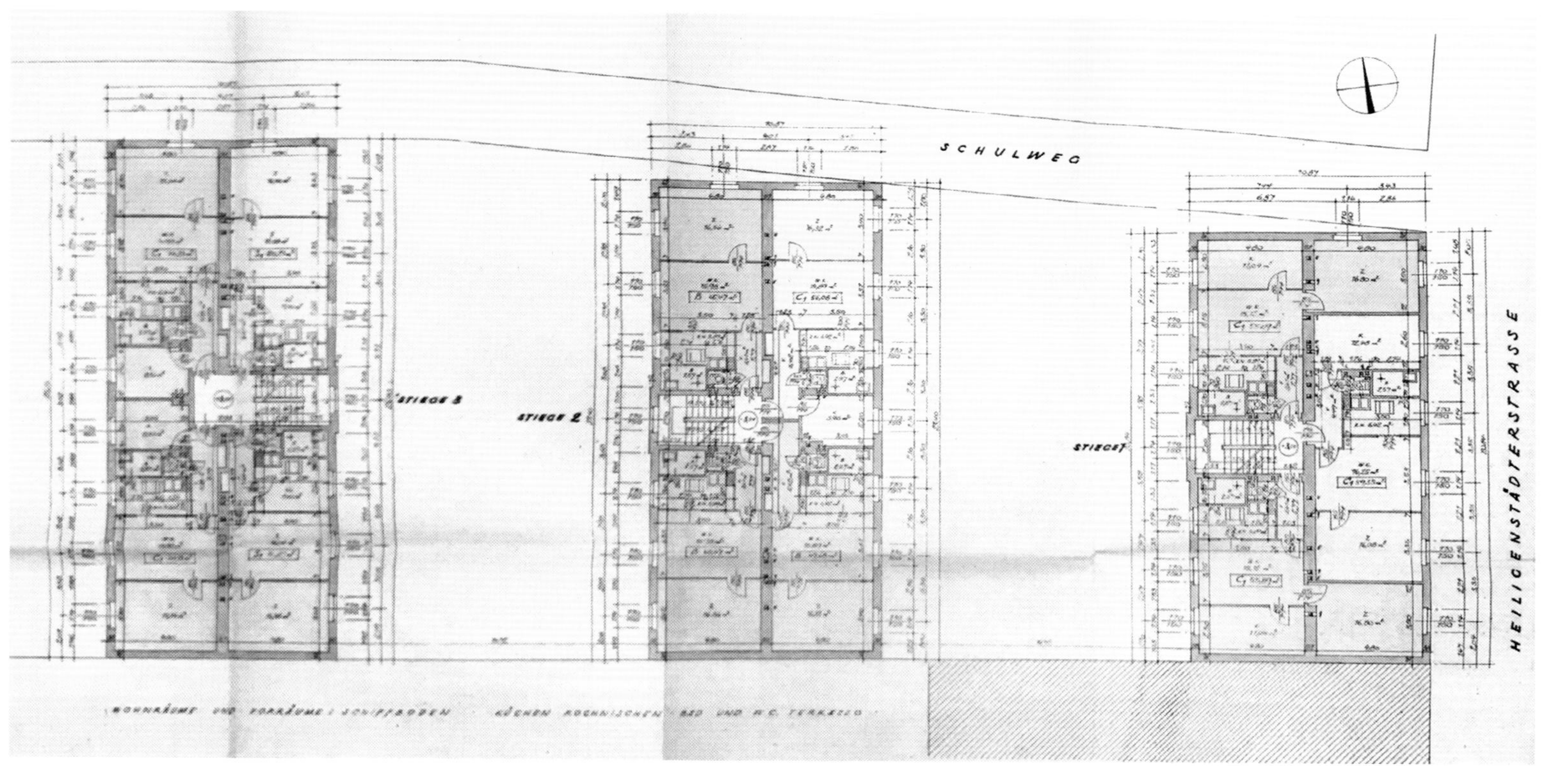

Abb. 9 JH und Josef Kalbac, Wohnhausanlage der Gemeinde Wien, Heiligenstädterstraße 129, 1952
Einreichplan, Grundriss 1. Obergeschoss
Stadt Wien, MA 37, EZ 557
© Kerstin Bauhofer

Abb. 1 JH, Kassette, ausgeführt von Rudolf Bojanovski für die Österreichische Künstlerwerkstätte, 1950
Nussbaumholz
MAK, H 2010
© MAK/Nathan Murrell

Eva-Maria Orosz

Zum Wiederaufbau des Kunsthandwerks

Österreichische Werkstätten 1948

Nach Kriegsende setzte das neue Österreich seine kulturelle Identitätsbildung im Bereich der angewandten Kunst auf Fundamente der Wiener Moderne. Man wollte an den früheren internationalen Ruf des Wiener Kunstgewerbes – der Wiener Werkstätte – anknüpfen und seine Sonderstellung auf dem Weltmarkt erneut behaupten. Die handwerkliche Tradition sollte fortgeführt sowie eine typisch Wiener Formgebung als „österreichisch" ausgebaut werden. Diese Entscheidung war vor dem Hintergrund der wirtschaftlichen Lage Österreichs verständlich, die im europäischen Ländervergleich weniger eine industrielle denn eine breite handwerkliche Produktionsstruktur aufwies.

Josef Hoffmann selbst bekleidete nach dem Krieg keine offiziellen Ämter mehr. Seine Vorstellung von der Zukunft des Kunsthandwerks bekundete er dennoch 1946 in einem Artikel, in welchem er wohl Verständnis für die industrielle Fertigung der neuen Zeit zeigt, jedoch an den Ideen der Arts & Crafts-Bewegung festhält: Der Künstlerentwurf wird durch den Kunsthandwerker umgesetzt, der in seiner Arbeit eine sinnerfüllte und befriedigende Tätigkeit erlebt. Im Herstellen formvollendeter Gebrauchsware wird der Arbeiter zum Kulturträger und leistet einen wichtigen gesellschaftlichen Beitrag.[1] Diesen, im 19. Jahrhundert wurzelnden reformatorischen Aspekt hatte die Nachfolge-Generation von Gestaltern in einflussreichen Positionen nicht mehr im Auge. Jene, die ab 1945 Kunsthandwerk und Produktdesign von der Ideologie des Naziregimes lösen und eine österreichische Identität und Warenkultur, die zeitgemäß und exportfähig sein sollte, auf den Weg bringen wollten, sahen sich vor eine schwierige Aufgabe gestellt. Denn dass bei international zunehmender Umstellung auf Massenproduktion weder das Kunsthandwerk noch das Hochhalten des „Österreichischen" tatsächlich langfristig gesichert werden konnte, war auch ohne Weitblick abzusehen. Wofür nach 1945 die Stimmen lauter wurden, war der neue Berufsstand des Produktdesigners nach internationalem Vorbild, der Architekten von einem Teil der Entwurfsarbeit befreite.

Oswald Haerdtl, Professor für die Klasse „Raumkunst, gewerbliche und industrielle Entwürfe" an der nun Hochschule bzw. (ab 1947) Akademie für angewandte Kunst bezeichneten einstigen Kunstgewerbeschule, war nach dem Krieg Garant für den gewünschten Brückenschlag zwischen Tradition und Aufbruch. Als Büropartner Hoffmanns hatte er sich 1934 ebenfalls dem „Neuen Werkbund" unter Hoffmann und Holzmeister angeschlossen. Haerdtl war im Handwerk verwurzelt, aber im Wesentlichen zukunftsorientiert. Mit Unterstützung des Wiener Kulturamts nahm er unmittelbar nach dem Krieg die Wiederbelebung des 1938 aufgelösten Werkbunds in Angriff, sodass die Ausstellung im Kunsthandwerkverein im Sommer 1945 erstmals wieder ein Forum für Werkbundmitglieder war.[2] Die Proponenten des Werkbunds waren neben Haerdtl die Professorenkollegen Ceno Kosak und Otto Niedermoser von der Hochschule.[3] Die offizielle Neugründung zog sich allerdings bis 1948 und war ein Schritt der „Entnazifizierung". Der im Nationalsozialismus alle Bünde des Kunstgewerbes vereinende Kunsthandwerkverein wurde aufgelöst und an seine Stelle traten Werkbund und „Österreichische Werkstätten" – ÖW.[4]

Die Genossenschaft „Österreichische Werkstätten" verstand sich als das ausführende Wirtschaftsinstrument des Werkbunds und beschäftigte sich mit dem An- und Verkauf der einwandfrei gestalteten und vorbildlich hergestellten handwerklichen Erzeugnisse ihrer Mitglieder.[5] In Anlehnung an die Wiener Werkstätte und mit der Hoffnung, deren internationalen Ruf fortzusetzen, hatte man diesen Namen gewählt. Das Geschäftsmodell ähnelte der früheren, unabhängigen Verkaufsstelle des Werkbunds ab 1926 im Grand Hotel am Kärntner Ring bzw. in den Wohnberatungsstellen des Roten Wien. Die Erzeugnisse der Mitglieder wurden von einer Jury auf Qualität, Ausführung und künstlerischen Wert begutachtet, bevor sie in den Verkauf gelangten. Wie in einem Einrichtungshaus wurde die Ware im Wohnambiente – im Zusammenspiel aller Gegenstände des täglichen Gebrauchs – präsentiert.[6] Neben einer Textil- und Einrichtungsabteilung gab es eine „billige Abteilung" wie auch die Absicht, in Serienerzeugung zu gehen, um gute Form auch „für die minderbemittelten Schichten erschwinglich"[7] zu machen. Die ersten Vorstandsmitglieder waren Hans Harald Rath, Carl Auböck, Leopold Wieninger, Ceno Kosak, Karl Peschta, Karl Hagenauer.[8] Da jedoch statutenmäßig jährlich ein Drittel der Vorstands- und Aufsichtsratsmitglieder ersetzt werden musste, waren bald alle namhaften Persönlichkeiten bis hin zu Josef Hoffmann, Oswald Haerdtl und Max Fellerer in die weiteren Geschicke der ÖW eingebunden.[9] Die rund 100 Mit-

Abb. 2 Geschäftslokal des Wiener Kunsthandwerkvereins (erster Standort der Österreichischen Werkstätten), September 1945
ÖNB, Bildarchiv, 687682 US 341

glieder gehörten zudem auch dem Österreichischen Werkbund – ÖWB – an[10] und kamen u. a. aus Branchen wie Tischler, Schuster, Weber, Drechsler, Goldschmiede, Juweliere, Sticker, Buchbinder.[11]

Nach 1945 trat die Werkbundbewegung in Wien mit keinen Aktivitäten hervor, die mit ihren großen Verdiensten von früher vergleichbar gewesen wären. Zur Geschäftseröffnung in der Kärntner Straße 15 sah man sich daher mit dem Vorwurf des Unzeitgemäßen und einer elitären Haltung konfrontiert, da „das Ausgefallene, die geniale Idee", unerschwinglicher Luxus bester Qualität anstatt guter Gebrauchsware präsentiert wurde.[12] In den ersten Jahren nach dem Krieg mangelte es im Allgemeinen an neuen und interessanten Erzeugnissen,[13] außer von Auböck und Hagenauer standen 1950 praktisch keine neuen Produkte auf internationalem Niveau zur Verfügung, sodass auf Vorkriegserzeugnisse zurückgegriffen wurde.[14] So war auch das von Erich Boltenstern 1934 herausgegebene Buch *Wiener Möbel in Lichtbildern und maßstäblichen Rissen* 1949 in unveränderter dritter Auflage erschienen.[15]

Die Streitfrage der Werkbundbewegung – individueller kunsthandwerklicher Gebrauchsgegenstand versus Formgebung für das Industrieerzeugnis – wurde nach 1945 kaum diskutiert. Vielfältiger als vor dem Krieg waren jedoch die Standpunkte und Zukunftsvisionen. Wiener Architekten entwarfen indes weiterhin jedes Detail ihrer Gestaltungsaufträge und führten die Wiener Formensprache weiter. Die ÖW konzentrierten sich auf die Sparte des traditionellen Kunsthandwerks. Die grundsätzliche Frage, „Wozu Werkbund" in Österreich, beantwortete der in Bayern erfolgreiche Architekt und Designer Wolfgang von Wersin (1882–1976). Dass das Ziel, die Bildung einer künstlerischen Formkultur aus einer künstlerisch gleichgerichteten Gemeinschaft heraus, bei so unterschiedlichen Positionen scheitern musste, war nicht überraschend. Wersin, der die Neue Sammlung in München geleitet und 1930 die vielbeachteten Ausstellungen *Der billige Gegenstand. Die Wohnung für das Existenzminimum* und *Ewige Formen* veranstaltet hatte, würdigte die Verdienste Hoffmanns und der Wiener Werkstätte, verwies aber auf einen neuen Weg. Seine Empfehlung lautete, den „Ausdruck des Überflusses" – eine Spezialität Österreichs – zu überwinden und alle schöpferische Begabung des Landes in die „Gestaltung des Wesentlichen" zu lenken.[16] Während der Oberösterreichische Werkbund unter Wersin in der Folge recht aktiv war,[17] wurde der Österreichische Werkbund im Frühjahr 1973 still und leise aus dem Vereinsregister gelöscht. Er war untätig geworden und verfügte über keinen gewählten Vereinsvorstand mehr, Ceno Kosak war der letzte gewesen.[18] ■

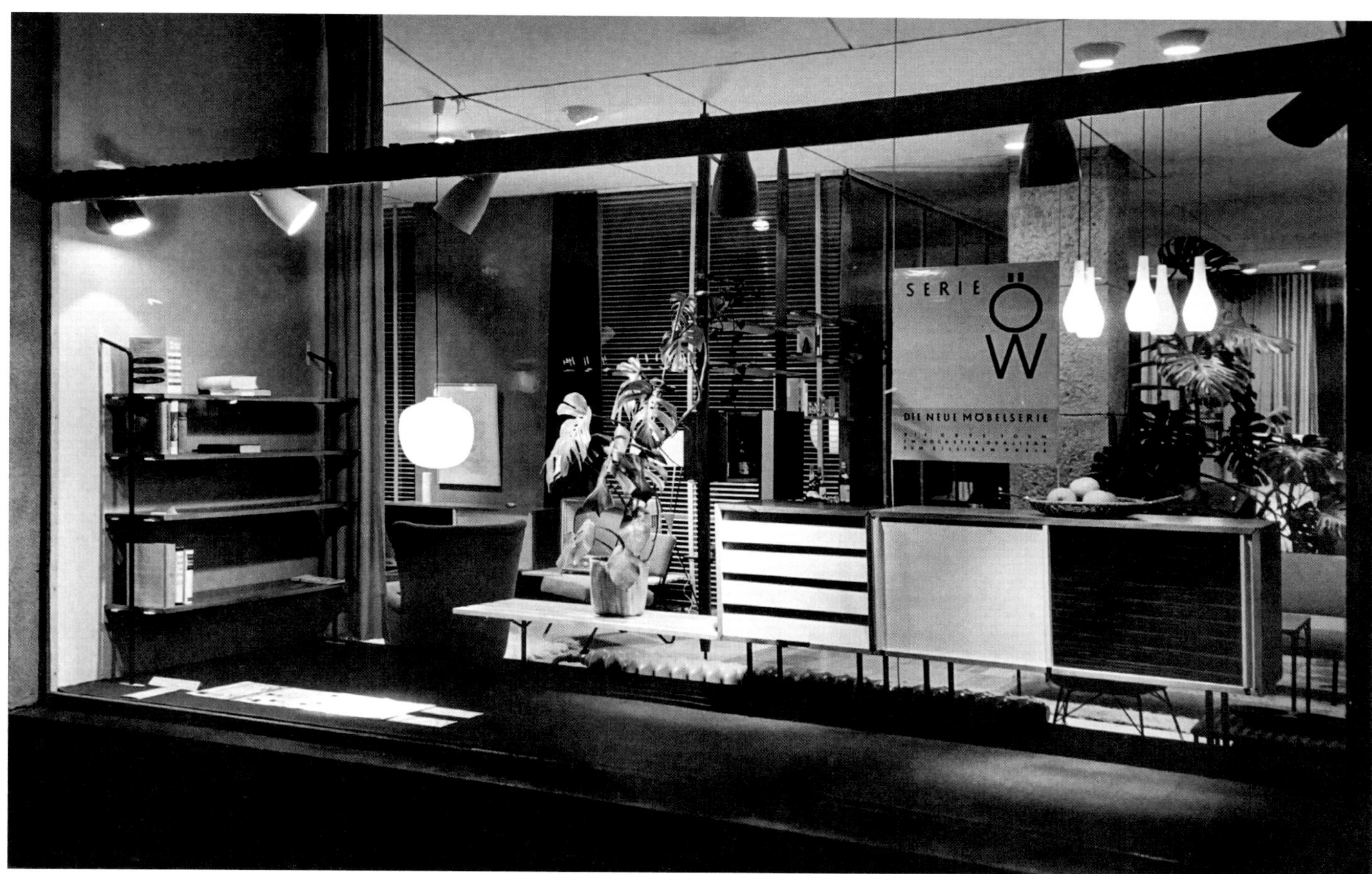

Abb. 3, 4 Schaufenster und Ausstellung der Österreichischen Werkstätten, Kärntner Straße, nach 1954
OESTERREICHISCHE WERKSTAETTEN/Art Works Handels Gmbh

1 Josef Hoffmann: Kunstgewerbe. Aufgabe und Verpflichtung, in: Kunsthandwerk in Österreich. Sondernummer der österreichischen Monatsschrift Der Fortschritt, Dezember 1946, 4–7: 7.
2 G. Horwitz: Der Österreichische Werkbund – neu erstanden, in: Österreichische Zeitung, 3.7.1945, 3.
3 Brief ÖWB an Sicherheitsdirektion, Sektion Wien vom 10.5.1948; WStLA, A32 gelöschte Vereine, Akt 1.3.2.119.A32.9888/1948 – 9888.
4 Durch Auflösung des Kunsthandwerkvereins und Gründung der Genossenschaft Österreichische Werkstätten als Rechtsnachfolger konnte das Vereinsvermögen der Mitglieder erhalten werden. Protokoll der ersten ordentlichen Generalversammlung der Österreichischen Werkstätten am 8.9.1949; Wien, Handelsregister, FN 93466a, pag. 38.
5 Statut Österreichische Werkstätten; ebd., pag. 29.
6 Handwerk zwischen Luxus, Kunst und Kitsch. Der neue Österreichische Werkbund stellt sich vor, in: Neues Österreich, 25.9.1948, 5.
7 Nachfolgeschaft der „Wiener Werkstätten", in: Die Weltpresse, 24.9.1948, 6.
8 Wien, Handelsregister, FN 93466a, Statut.
9 Auszug aus dem Protokoll der ordentlichen Generalsversammlung am 7.1.1952; ebd., pag. 51f.
10 Statut Österreichische Werkstätten; ebd., pag. 13.
11 Brief Kammer der gewerblichen Wirtschaft für Wien an die „Österreichische Werkstätten" vom 29.11.1948; ebd.
12 Handwerk… 1948 (wie Anm. 6).
13 Protokoll über die 4. ordentliche Generalversammlung am 6. Mai 1954; Wien, Handelsregister, FN 93466a, pag. 76.
14 Oswald Haerdtl: Die Architektur von Heute und die Tendenzen der angewandten Kunst, Vortrag, Wien 16.5.1950, in: Adolph Stiller: Oswald Haerdtl. Architekt und Designer 1899–1959, Salzburg 2000, 174–183: 181.
15 Christian Witt-Dörring: Kreative Ambivalenz. Eine österreichische Designmentalität, in: Tulga Beyerle/Karin Hirschberger (Hg.): Designlandschaft Österreich 1900–2005, Basel/Boston/Berlin 2006, 10–19: 16, FN 2.
16 Wolfgang von Wersin: Wozu ein Werkbund, hg. v. Österreichischer Werkbund, Wien 1949, 7. Der Text wurde erstmals im April 1948 in Goisern herausgegeben; Linz, Oberösterreichisches Landesarchiv, Flgs 37.
17 Für Hinweise zum ÖWB nach 1945 sei Wilfried Posch herzlich gedankt. Franz Grieshofer: „Vom Adel der Form zum reinen Raum". Franz C. Lipp und der Oberösterreichische Werkbund, in: Oberösterreichisches Landesmuseum Linz (Hg.): Der Volkskundler Franz C. Lipp (1913–2002), Linz 2018, 177–194.
18 Wilfried Posch: Die Österreichische Werkbundbewegung 1907–1928, in: Isabella Ackerl/Rudolf Neck (Hg.): Geistiges Leben in Österreich der Ersten Republik. Auswahl der bei den Symposien in Wien vom 11. bis 13. November 1980 und am 27. und 28. Oktober 1982 gehaltenen Referate, Wissenschaftliche Kommission zur Erforschung der Geschichte der Republik Österreich, Bd. 10, Wien 1986, 279–312: 279. Brief Bundesministerium für Inneres an Verein „Österreichischer Werkbund" vom 12. April 1973; WStLA, A33 gelöschte Vereine, 2. Reihe, 23830/1948 –23830/48.

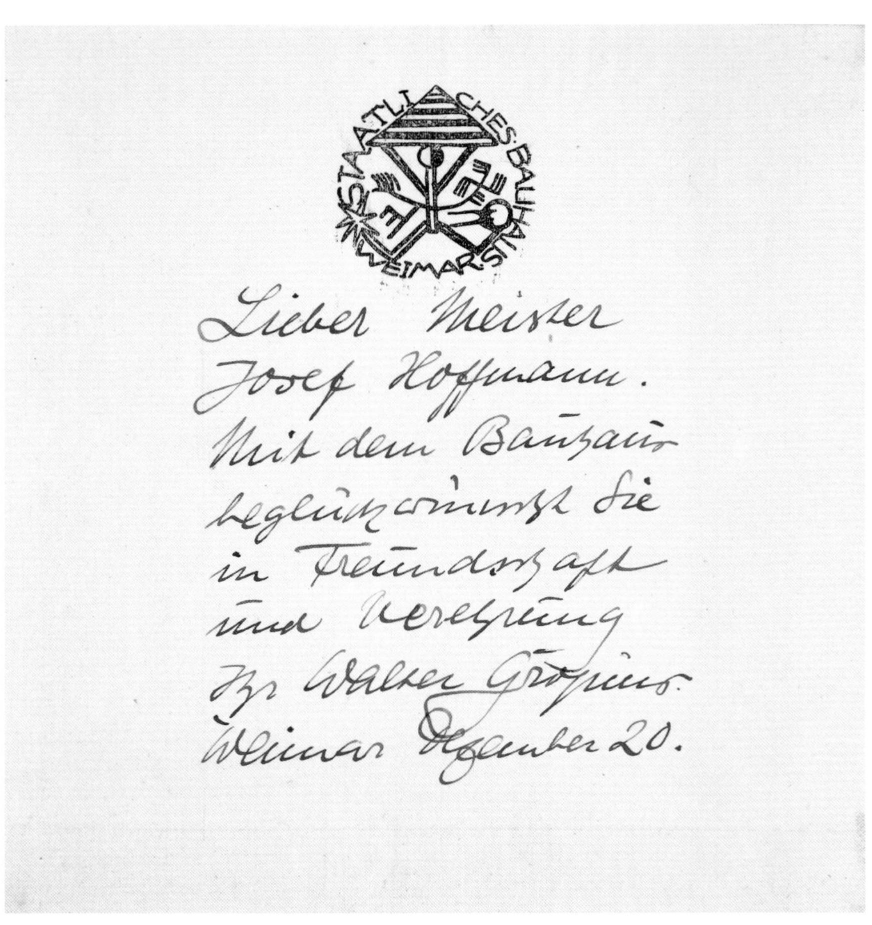

STAATLICHES BAUHAUS WEIMAR

Lieber Meister
Josef Hoffmann.
Mit dem Bauhaus
beglückwünscht Sie
in Freundschaft
und Verehrung
Ihr Walter Gropius.
Weimar Dezember 20.

Abb. 1 Walter Gropius, Glückwunschadresse zu Josef Hoffmanns 50. Geburtstag, 1920
MAK, BI 121381-14

ARCHITEKT LE CORBUSIER, PARIS

Messieurs, J'ai bien reçu v. lettre du 22 c/ en parlant du jubilée de Joseph Hoffmann. Je m'associe à vous dans vos démonstrations à son égard, du fond du cœur et avec le sentiment très net de la reconnaissance que ma generation lui doit. J'ai connu le prcfesseur Hoffmann pendant 2 jours quand j'avais 20 ans (en 1907 à Vienne). Et dans ce court instant j'ai mesuré les qualités fundamentals de l'homme — son jugement d'une part, sa large sympathie d'autre part. Lui ne s'en souvient pas, bien entendu, moi je n'oublie pas.
D'ailleurs, il y a 2 ans, j'ai eu l'occasion d'écrire dans le livre d'or de Wienerwerkstätte publié à l'occasion du Jubilé ce que je pensais de l'apport de Prof. Hoffmann dans une période où tout n'était que nuit pour nous (une nuit apparente bien entendu).
Veuillez parceque l'occasion s'offre présenter à Joseph Hoffmann mes respects et mes sentiments de très vive sympathie. Veuillez agréer, Messieurs, mes salutations distinguées.

Le Corbusier

Abb. 2 Le Corbusier, Glückwunschadresse zu Josef Hoffmanns 60. Geburtstag, 1930
Österreichischer Werkbund (Hg.): Sonderveröffentlichung der Zeitschrift „Almanach der Dame", Wien, 1930, 12

Markus Kristan

Ein Pionier der Moderne

Josef Hoffmann und die internationale Kunstpublizistik

Der Printmedienboom um 1900 ist einer der wesentlichen Faktoren für den Erfolg der modernen Kunst und Architektur. Von Anfang an wurden ihre lebhaften Debatten intensiv in Fachzeitschriften und sogar Tageszeitungen ausgetragen. Josef Hoffmann konnte dabei auf eine Reihe einflussreicher Wiener Publizisten zählen, die seine Werke ausführlich dokumentierten und kommentierten – darunter Ferdinand Fellner von Feldegg in *Der Architekt* sowie Joseph A. Lux, Leopold Kleiner, Hans Tietze, Dagobert Frey, Max Eisler und Berta Zuckerkandl in zahlreichen weiteren Publikums- und Fachmedien. Unter den prominenten Wiener Autoren findet sich auch Adolf Loos, mit dem Hoffmann eine lebenslange kontroversielle Debatte verband: „Mir fällt es schwer, über Josef Hoffmann zu schreiben", schreibt er 1898 am Beginn eines Beitrags in der Münchner Fachzeitschrift *Dekorative Kunst.*[1] Es ist einer der ersten – wenn nicht sogar der allererste – Artikel, der sich mit dem Schaffen Josef Hoffmanns befasst. Es ist auch der einzige Artikel von Adolf Loos, in dem sich der einstige Schulkollege aus Brünn – wenn auch skeptisch – tendenziell noch positiv mit dem Werk seines Generationsgenossen auseinandersetzt, sich mit dessen Möbeln jedoch „in keiner Weise für einverstanden erklären kann". Loos' erster Sammelband seiner bis 1900 erschienenen Aufsätze, *Ins Leere gesprochen*, wurde 1921 im Verlag Georges Crès et Cie in Paris auf Deutsch publiziert, da sich dafür in Österreich kein Verlag fand, wie Loos im Vorwort beklagt. Den erwähnten kurzen Aufsatz über Josef Hoffmann, „Ein Wiener Architekt", hatte er darin bewusst nicht aufgenommen. Ein Rundblick über die internationalen Medien beweist allerdings, dass Hoffmann zu dieser Zeit längst über die Grenzen hinaus präsent war.

The Studio: Fernand Khnopff und Amelia Sarah Levetus

Eines der wichtigsten Medien der Moderne, aber auch hinsichtlich Hoffmanns internationalem Ruf war die ab 1893 von Charles Holme in London herausgegebene Zeitschrift *The Studio.* Einer ihrer ersten Berichte über Josef Hoffmann und die Wiener Werkstätte wurde bereits 1901 vom berühmten symbolistischen Maler Fernand Khnopff verfasst.[2] Khnopff schildert darin die von Hoffmann gestaltete Ausstellung der Wiener Secession auf der Weltausstellung in Paris 1900. Unter anderem beeindruckten ihn an Hoffmanns Arbeiten deren „Rationalität" und die gelungenen Proportionen. Auf Khnopff folgte Amelia Sarah Levetus, eine britisch-österreichische Kunsthistorikerin, Autorin und engagierte Volksbildnerin. Sie zog 1891 von England nach Wien, wo sie Englisch unterrichtete und publizistisch aktiv wurde. In österreichischen und deutschen Medien, aber vor allem in der Londoner Kunstzeitschrift *The Studio* veröffentlichte sie ab 1902 regelmäßig große Reportagen über Hoffmann-Projekte. So erschien 1906 eine *Special summer number*, die dem *Art Revival in Austria* gewidmet ist. Darin dokumentiert Levetus mehrere Arbeiten Hoffmanns mit zahlreichen Abbildungen.[3] Sie berichtet, dass es das große Ziel Hoffmanns sei, in die Fußstapfen von Ruskin und Morris zu treten und eine Heimat für moderne Kunst in Wien zu schaffen, in der sich nicht nur Künstler, sondern auch Handwerker zuhause fühlen können. Im April 1911 erschien in *The Studio* ein von Levetus verfasster Artikel über die Wiener Werkstätte,[4] und drei Jahre später veröffentlichte sie einen größeren Bericht über das Palais Stoclet in Brüssel.[5]

Frühe Präsenz in Frankreich und Holland: Maurice Verneuil und Hendricus Theodorus Wijdeveld

Die wachsende Bedeutung Hoffmanns spiegelt sich in der Zunahme von Essays, die nicht in deutscher Sprache und nicht in österreichischen oder deutschen Medien erschienen. Aufsätze über seine Arbeit waren für Hoffmanns internationale Reputation besonders wertvoll, wenn sie von fremdsprachigen Autoren verfasst wurden. Eines der Beispiele dafür ist der Artikel des französischen Künstlers und Schriftstellers Maurice Pillard Verneuil, der 1904 in der Kunstzeitschrift *Art et Décoration* veröffentlicht wurde.[6] Verneuil bespricht und charakterisiert darin Hoffmanns Stil ausgesprochen einfühlsam. Die Abbildungen zeigen Interieurs der Villen für Dr. Henneberg, Dr. Spitzer, Fritz Waerndorfer und Max Biach. Dieser Aufsatz spielt darüber hinaus eine wichtige Rolle in der Geschichte der Moderne, da durch ihn Le Corbusier auf Hoffmann aufmerksam wurde.

Eine der ersten monografischen Publikationen über Hoffmann nach 1918 mit höchsten grafischen Gestaltungsansprüchen ist das August/September-Heft 1920 der niederländischen Zeitschrift *Wendingen. Maandblad voor Bouwen een Sieren van Architectura et Amicitia.*[7] Herausgeber war der niederländische Architekt und Graphikdesigner Hendricus Theodorus Wijdeveld. Jedes Heft ist einem bestimmten Thema oder einer Persönlichkeit gewidmet. Im Hoffmann-Heft sind Beiträge von Max Eisler (in niederländischer Sprache), von Josef Hoffmann (in deutscher Sprache) und von einigen seiner Kollegen (Eduard Leisching, Adolf Vetter,

Alfred Roller, Oskar Strnad, Anton Hanak, Rudolf von Larisch, alle in deutscher Sprache) abgedruckt. Hoffmanns eigener Beitrag stammte aus dem Jahr 1919 und war bereits in der österreichischen Zeitschrift *Der Merker* unter dem Titel „Wiens Zukunft" publiziert worden.[8] Eine weitere Veröffentlichung dieses Aufsatzes in französischer Sprache folgte 1923 im Pariser Kunstmagazin *L'Amour de l'art* unter dem Titel „La Culture Viennoise".[9]

Peter Behrens und die Helden der Moderne

Die Freundschaft Josef Hoffmanns mit Peter Behrens, dem großen deutschen „Maler-Architekten"[10] und Designer, begann bereits 1903.[11] Behrens besuchte damals Wien, wo er Lehrer für die Kunstgewerbeschule Düsseldorf suchte. An der Wiener Kunstgewerbeschule war Hoffmann seine Kontaktperson. 1921–1936 leitete Behrens an der Akademie der bildenden Künste in Wien dann selbst eine der beiden Meisterschulen für Architektur. – Im Juli 1923 wurde im englischen Journal *Architecture. A magazine of architecture and the applied arts and crafts* ein Brief von Behrens veröffentlicht, in dem er verschiedene Aspekte moderner österreichischer Architektur bespricht und kurz auch auf die Arbeit Josef Hoffmanns eingeht.[12] Diesem Brief lässt Behrens im Oktober 1923 einen nur Hoffmann gewidmeten Artikel folgen,[13] da dieser eine der stärksten Persönlichkeiten, nicht nur unter den österreichischen Architekten, sondern unter allen Architekten seiner Generation sei. Exakt ein Jahr später erschien derselbe Text von Behrens im *Journal of the American Institute of Architects*.[14]

Aus Anlass von Hoffmanns 60. Geburtstag wurde im Wiener Kunstgewerbemuseum eine Personale gezeigt, begleitet von einer Festschrift, herausgegeben vom Österreichischen Werkbund.[15] Sie versammelt Widmungen und Beiträge von – neben vielen anderen – Persönlichkeiten der internationalen modernen Bewegung, so Erik Gunnar Asplund (Stockholm), Peter Behrens (Berlin-Wien), H. P. Berlage (Den Haag), Le Corbusier (Paris), Josef Frank (Wien), Walter Gropius (Berlin), Roberto Papini (Rom), Bruno Paul und Hans Poelzig (Berlin), C. R. Richards (New York), Axel L. Romdahl (Göteborg), Philip Morton Shand (London), Ivar Tengbom (Stockholm) – ein beeindruckendes Panorama der internationalen Wertschätzung.

Paris 1923–25: Waldemar George

Der einflussreiche Kunstkritiker und Essayist Waldemar George, eigentlich Jerzy Waldemar Jarociński, setzte sich in Paris wiederholt für die österreichische Kunst ein. Möglicherweise in Vorbereitung auf den österreichischen Beitrag zur 1925 ausgetragenen *Exposition Internationale des Arts Décoratifs et Industriels Modernes* lancierte er im August 1923 im Kunstmagazin *L'Amour de l'art* unter dem Titel „Le Mouvement moderne en Autriche" eine Artikelserie über österreichische Kunst mit Beiträgen von Josef Hoffmann, Max Eisler, Josef Frank und Alfred Roller. Schon außerhalb dieser Artikelserie, aber direkt anschließend, findet sich ein kurzer Essay von George über Anton Faistauer.[16] Die Beiträge sind reich Illustriert mit Arbeiten von Hoffmann, Oskar Strnad, Josef Frank, Hugo Gorge, Adolf Loos, Otto Prutscher, Oskar Wlach, Dagobert Peche, Michael Powolny, Julius Zimpel, Susi Singer, Paul Thomas, Hertha Bucher und Anton Hanak. Josef Hoffmanns Beitrag war bereits – wie oben erwähnt – 1919 in Wien und 1920 in *Wendingen* unter dem Titel „Over de Toekomst van Weenen" erschienen.[17]

Le Corbusier und sein Kreis

Auch Le Corbusier schrieb wiederholt in französischer Sprache über Josef Hoffmann und die Wiener Werkstätte – allerdings enthalten diese Äußerungen kaum inhaltliche Aussagen, sondern spiegeln eher die Verehrung des Jüngeren gegenüber dem Älteren. 1907 unternahm er mit dem Bildhauer Léon Perrin eine Studienreise nach Italien, Budapest und Wien. Bereits 1904 hatte der damals noch unter seinem Namen Charles-Édouard Jeanneret-Gris bekannte Architekt in der französischen Kunstzeitschrift *Art et Décoration* den oben zitierten Artikel von Maurice Pillard Verneuil über Josef Hoffmann gelesen und war so auf diesen aufmerksam geworden.[18] Bei seinem sechsmonatigen Aufenthalt in Wien besuchte er Hoffmann, der dem begabten Jungarchitekten eine Anstellung in seinem Atelier anbot. Le Corbusier lehnte jedoch ab und ging nach Paris. Im 25-Jahr-Jubiläumsbuch der Wiener Werkstätte, das Ende 1928 erschien,[19] findet sich von ihm ein kurzer Text in deutscher und französischer Sprache über die WW und deren künstlerischen Leiter. Ein längerer Text erschien 1930 in der oben zitierten Festschrift des Werkbundes. Nach dem Tod Hoffmanns im Mai 1956 wurden in der Zeitschrift *Forum* einige Erinnerungen Le Corbusiers an den Wiener Meister veröffentlicht.[20]

Auch bei den Schülern Le Corbusiers spielte Josef Hoffmann eine wichtige Rolle: 1973 widmete ihm der Schweizer Architekt Alfred Roth, der jahrelang Büroleiter Le Corbusiers gewesen war, in seinem berühmten Buch *Begegnungen mit Pionieren* ein längeres Kapitel.[21] Er beschreibt darin ein Treffen im Mai 1947 in Hoffmanns Wohnung in der Wiener Salesianergasse. Bei dieser Gelegenheit hatte Hoffmann erklärt, warum er glaube, dass Le Corbusier 1907 abgelehnt habe, bei ihm zu arbeiten: „Ich war ihm offenbar zu wenig radikal."

Ruhm in Amerika: Joseph Urban und Shepard Vogelgesang

Der Architekt und Designer Shepard Vogelgesang[22], ein Mitarbeiter des austro-amerikanischen Architekten Joseph Urban in New York, verfasste in den 1920er und 1930er Jahren in den amerikanischen Architekturmagazinen *Architectural Record* und *Architectural Forum* eine Reihe von Aufsätzen über moderne Architektur. Die meisten dieser Abhandlungen stehen im Zusammenhang mit Werken Joseph Urbans oder von dessen österreichischen und deutschen Freunden.[23] So erschien im November 1928 im *Architectural Forum* auch ein repräsentativer Artikel unter dem Titel „The Work of Josef Hoffman [sic]", der amerikanischen Kollegen viel Inspiration an avancierten modernen Formensprachen bot.[24]

Italien: Edoardo Persico und Gio Ponti

Unter den internationalen Autoren ist die Liste der Italiener, die sich mit Josef Hoffmann vor und nach dessen Tod befassten, wohl die längste.[25] Es können hier nur einige der wichtigsten angesprochen werden.[26] Von besonderer Bedeutung ist ohne Zweifel der einflussreiche Architektur- und Kunstkritiker Edoardo Persico. Er veröffentlichte zwischen 1931 und 1935 in italienischen Architekturzeitschriften die ersten substanziellen Überlegungen zu Josef Hoffmann[27] sowie einige einflussreiche historisch-kritische Essays.[28] Luka Skansi analysierte 2014, wie sich Persicos Urteil innerhalb dieses kurzen Zeitraums unter der politischen Entwicklung Italiens änderte: Nach den ersten euphorischen Bewertungen der Arbeiten Hoffmanns wurde Persicos Urteil im Laufe der Jahre immer kritischer.

Ein großer Bewunderer Hoffmanns war der große Architekt, Designer und Publizist Gio Ponti. 1928 gründete er gemeinsam mit Gianni Mazzocchi die berühmte internationale Kunst-, Architektur- und Designzeitschrift *Domus*, die er mit einer Unterbrechung zwischen 1941 und 1947 bis zu seinem Tod leitete. *Domus* wurde bereits in den ersten Jahren seines Bestehens das zentrale Forum des *Razionalismo* – jener italienischen Moderne, die klassische Elemente zu geometrischen Grundformen abstrahierte, wie dies Josef Hoffmann bereits in den 1910er Jahren praktiziert hatte. Mehrmals bot Ponti in seiner Zeitschrift den Arbeiten Hoffmanns publizistischen Raum. Im September-Heft 1935 schrieb er selbst einen Aufsatz über ihn.[29] 1936 schließlich reiste Ponti persönlich an Hoffmanns Wirkstätte, als er vom Italienischen Kulturinstitut in Wien mit der Neugestaltung der Innenausstattung des Palais Lützow in der Bösendorfer Straße 13 beauftragt wurde.[30]

Eduard Sekler vs. International Style

Der große austro-amerikanische Architekt, Kunsthistoriker und Harvard-Professor Eduard Franz Sekler widmete einen beträchtlichen Teil seines wissenschaftlichen Œuvres Josef Hoffmann. Einen frühen internationalen Beitrag über ihn veröffentlichte er 1967 im Buch *Essays in the History of Architecture presented to Rudolf Wittkower* unter dem Titel „The Stoclet House by Josef Hoffmann".[31] Der bisherige Höhepunkt der Hoffmann-Forschung folgte mit Seklers 1982 erschienener großer Monografie. Das Buch resümiert 25 Jahre an Recherchen, deren Daten in einem 502 Einträge umfassenden Katalog der architektonischen Werke zusammengefasst wurden. 1985 erschien es auch in englischer, 1986 in französischer und 1991 in italienischer Sprache.[32]

Auffällig ist jedoch, dass drei der bekanntesten westlichen Architekturhistoriker des 20. Jahrhunderts, Sigfried Giedion, Nikolaus Pevsner und Henry-Russell Hitchcock, das Werk Hoffmanns nur marginal thematisierten. Die Apologeten des International Style verfassten Überblickswerke zur Geschichte der Moderne, die lange als Standardwerke galten. Gemeinsam ist ihnen, dass sie wesentlich von Bauhaus, Mies van der Rohe und Le Corbusier beeinflusst waren. Eine relativ ausführliche Positionierung von Hoffmanns Werk im internationalen Kontext gibt Hitchcock jedoch in seinem Buch *Modern Architecture*, in dem der *International Style* die moderne Architektur fast alleine repräsentiert.[33] Für die Strömung, die Josef Hoffmann mit seinem Werk vertritt, prägt er darin den Begriff *New Tradition*.[34]

Der Rundblick über Hoffmanns Präsenz in internationalen Fachmedien zeigt, dass seine Rolle als einer der großen Pioniere der Moderne gleich von Anbeginn weithin anerkannt und sein Werk in allen europäischen Ländern sowie den USA breit diskutiert wurden. Erst die dogmatische Phase der Moderne in den 1930er bis 1950er Jahren ließ sein Œuvre vorübergehend in den Hintergrund treten, bevor dessen Wiederentdeckung in der Postmoderne erneut seine Lebendigkeit und Fruchtbarkeit bis zum heutigen Tag zu beweisen vermag. ■

1 Adolf Loos: Ein Wiener Architekt, in: Dekorative Kunst. Eine illustrierte Zeitschrift für angewandte Kunst (II) 11/1898 (München), 227.
2 Fernand Khnopff: Josef Hoffmann – Architect and Decorator, in: The Studio (XXII) 98, 5/1901 (London), 261–267.
3 Hugo Haberfeld: The Architectural Revival in Austria; Amelia Sarah Levetus: Modern Decorative Art in Austria, beide in: The Art Revival in Austria. The Studio. Special summer number, Hg. v. Charles Holme, London/Paris/New York 1906.
4 Amelia Sarah Levetus: The „Wiener Werkstätte", Vienna, in: The Studio (LII) 217, 4/1911, 187–196.
5 Amelia Sarah Levetus: A Brussels Mansion. Designed by Prof. Josef Hoffmann of Vienna, in: The Studio (61) 1914, 189 (zahlreiche Abbildungen des Palais Stoclet bis 197).
6 Maurice Pillard Verneuil: Quelques Intérieurs à Vienne par Josef Hoffmann, in: Art et Décoration. Revue Mensuelle d'art Moderne (XVI) 7–12/1904 (Paris), 61–70.
7 Sonderheft Josef Hoffmann hg. v. H. Th. Wijdeveld: Wendingen. Maandblad voor Bouwen een Sieren van Architectura et Amicitia [Wendungen. Monatszeitschrift für Bauen und Dekorieren (der Genossenschaft) Architektur und Freundschaft], Serie 3, 8–9, November 1920 (Amsterdam).
8 Josef Hoffmann: Wiens Zukunft, in: Der Merker. Österreichische Zeitschrift für Musik und Theater (10) Teil IV, 24, 10–12/1919 (Wien), 784–788.
9 Josef Hoffmann: La culture viennoise, in: L'Amour de l'art. L'Architecture, les Arts appliqués et l'Enseignement professionnel modernes en Autriche (IV) 8/1923 (Paris), 631–632.
10 Peter Behrens hatte in Karlsruhe und Düsseldorf Malerei und nicht Architektur studiert.
11 Brief Peter Behrens' an Josef Hoffmann vom 27.4.1903, Archiv Eduard Sekler, privat. Siehe Arne Ehmann: Wohnarchitektur des mitteleuropäischen Traditionalismus um 1910 in ausgewählten Beispielen, Diss., Univ. Hamburg, 2006, FN 162.
12 Peter Behrens: A Letter from Austria, in: Architecture. A magazine of architecture and the applied arts and crafts (2) 7/1923 (London), 454–459.
13 Peter Behrens: The Work of Josef Hoffmann, in: Architecture (2) 24, 10/1923, 589–599.
14 Behrens: The Work of Josef Hoffmann, in: Journal of the American Institute of Architects (12) 10/1924 (Washington), 421–426.
15 Josef Hoffmann zum Sechzigsten Geburtstag. 15. Dezember 1930. Eine Übersicht anlässlich der Ausstellung im Österreichischen Museum in Wien. Herausgegeben vom Österreichischen Werkbund. Sonderveröffentlichung der Zeitschrift „Almanach der Dame", Wien 1930.
16 L'Amour de l'art (wie Anm. 9): 631–632 (Josef Hoffmann: La culture viennoise); 633–645 (Max Eisler: L'architecture, la décoration intérieure et l'ameublement); 646–652 (Josef Frank: Le Métier d'art); 653–657 (Alfred Roller: L'Ecole des Arts Appliqués); 658 (Waldemar George: Un jeune maître de la peinture autrichienne: Antoine Faistauer).
17 Josef Hoffmann, in: Wendingen, 21–26 (wie Anm. 7).
18 Maurice Pillard Verneuil: Quelques Intérieurs à Vienne par Josef Hoffmann, in: Art et Décoration. Revue mensuelle d'art moderne (XVI) 7–12/1904 (Paris), 61–70.
19 Die Wiener Werkstätte. 1903–1928. Modernes Kunstgewerbe und sein Weg, Wien 1929.
20 Le Corbusier: In Memoriam Josef Hoffmann, in: Forum (Neues Forum). Internationale Zeitschrift für Dialog (3–4) 30, 1956 (Wien), 237.
21 Alfred Roth: Begegnungen mit Pionieren: Le Corbusier, Piet Mondrian, Adolf Loos, Josef Hoffmann, Auguste Perret, Henry van de Velde, Basel–Stuttgart 1973, 211–216.
22 Shepard Vogelgesangs Vater Carl Theodore Vogelgesang (1869–1927) war ein bekannter Admiral der United States Navy. Der ungewöhnliche Vorname „Shepard" war der Familienname seiner Mutter Zenaide Shepard.
23 Z. B.: Shepard Vogelgesang: The Reinhard Theatre, New York, in: Architectural Record (63) 6/1928 (New York), 461–465; Shepard Vogelgesang: The New School for Social Research, in: Architectural Record (65) 4/1930, 305–309; Shepard Vogelgesang: Peter Behrens. Architect and Teacher, in: Architectural Forum (LII) 5/1930 (New York), 715–721.
24 Shepard Vogelgesang: The Work of Josef Hoffman, in: Architectural Forum (XLIX) 11/1928, Part One, 697–712.
25 Ich danke Herrn Professor Luka Skansi, Venedig und Rijeka, sehr herzlich für seine Informationen. Siehe auch: Luka Skansi: Hoffmann und Loos in Italien zwischen 1930 und 1970, in: Christoph Thun-Hohenstein/Matthias Boeckl/Christian Witt-Dörring (Hg.): Wege der Moderne. Josef Hoffmann, Adolf Loos und die Folgen, Ausst.-Kat. MAK Wien, Basel 2014, 268–273.
26 Nicht näher wird hier eingegangen auf Aufsätze und Bücher unter anderen von: Vittoria Girardi, Giulia Veronesi, Maurizio Fagiolo, Daniele Baroni, Antonio D'Auria, Franco Borsi, Alessandra Perizzi, Giuliano Gresleri.
27 Edoardo Persico: Il gusto dell'Austria, in: La Casa Bella 2/1931 (Milano); Edoardo Persico: La nuova Architettura, in: La Casa Bella 5/1931; Edoardo Persico: Architetti a Mosca, in: La Casa Bella 9/1932; Edoardo Persico: Fine di un'azienda celebre, in: La Casa Bella, 10/1932; Edoardo Persico: Errori Stranieri, in: L'Italia Letteraria, 28.5.1933 (Milano); Edoardo Persico: Decadenza di Hoffmann, in: L'Eco del mondo, 23.3.1935 (Roma); Edoardo Persico: Trenta anni doppo il Palazzo Stoclet, in: Casa Bella 7/1935.
28 Edoardo Persico: Punto ed a capo per l'architettura, in: Domus 83, 11/1934 (Milano); Edoardo Persico: Profezia dell'architettura, in: Casa Bella 2/1936.
29 Gio Ponti: Il gusto di Hoffmann, in: Domus 93, 9/1935.
30 Das Italienische Kulturinstitut in Wien, in: Österreichische Kunst (VII) 3, 1936 (Wien), 18–19 (zahlreiche Abb.); Das Italienische Kultur-Institut in Wien, in: Profil 3, 1936 (Wien), 104–107 (zahlreiche Abb.).
31 Eduard F. Sekler: The Stoclet House by Josef Hoffmann, in: Douglas Fraser/Howard Hibbard/Milton J. Lewine (Hg.): Essays in the History of Architecture presented to Rudolf Wittkower, London 1967, 228 ff.
32 Eduard F. Sekler: Josef Hoffmann. Das architektonische Werk, Salzburg/Wien 1982.
33 Henry-Russell Hitchcock/Philip Johnson: The International Style. Architecture since 1922, New York 1932; Henry-Russell Hitchcock: Modern Architecture: Romanticism and Reintegration, New York 1929.
34 Ich danke Rainald Franz für diese wertvollen Hinweise.

Abb. 1 Hans Hollein, Installation „Werk und Verhalten, Leben und Tod, alltägliche Situationen", 36. Biennale von Venedig, 1972, Floß mit Stuhl

Neue Galerie Graz am Universalmuseum Joanneum, Leihgabe der Artothek des Bundes

Foto: Franz Hubmann, © Privatarchiv Hollein

Matthias Boeckl

Die Relevanz des Schönen

Resonanzen von Josef Hoffmanns Werk bis heute

Hoffmanns Lebenswerk ist eine über sechs Jahrzehnte währende Behauptung. Sein kategorisches Urteil: Schönheit ist eine menschliche Notwendigkeit, sie gedeiht am besten durch individuelle Kreativität und diese manifestiert sich idealtypisch in handwerklichen Produktionsweisen. Diese fundamentale Überzeugung änderte Hoffmann zeit seines Lebens nie. Sie durchdringt sämtliche seiner vielfältigen Gestaltungen in Raum und Fläche, Objekt und Fest, Bild und Wort. Hoffmanns ästhetischer Fundamentalismus entstand aus Opposition gegen die frühe, totalitäre Phase der Industrialisierung und ihr Pendant in den Künsten, den Historismus. Die Reaktion der Kunst darauf war die Moderne, die von Hoffmanns Generation im späten 19. Jahrhundert erfunden wurde. Sie interpretierte die grundlegende evolutionäre Herausforderung unserer Lebensweisen durch die Industrie auf vielfältige Weise. Zwei Pole lassen sich feststellen: Einerseits die affirmative künstlerische Indienstnahme der profunden Mechanisierung und andererseits die zivilisationskritische Lebensreformbewegung, die einen Ausgleich mit Tradition und Natur suchte. Letztere ist auch Ausdruck der zweiten großen Konsequenz der Aufklärung: der Individualisierung. Kein Künstler des 20. Jahrhunderts konnte *jedwede* industrielle Errungenschaft ablehnen oder *ausschließlich* technologische Lösungen verfolgen. Hoffmann war aber zweifellos einer der konsequentesten Anwälte einer individuell-kreativen Weiterentwicklung von Tradition und Technologie (zur Technik-Deutung Hoffmanns vermittelt Otto Kapfinger in diesem Buch erhellende Einsichten). Diesem „Ästhetizismus" wurde von Vertretern anderer Linien im weiten Spektrum zwischen radikaler „ästhetischer Rebellion" und ebenso radikaler Mechanisierung der Formgebung oft die Innovationskraft abgesprochen, etwa von Adolf Loos.

Welchen Einfluss, welche Chancen hatte Hoffmanns Position in der Entwicklung der modernen Kunst? Zu unterscheiden ist dabei zwischen der formalen und der systemischen Ebene. Die Verbreitung einer persönlichen Handschrift ist im Grunde ein Paradoxon: Denn sobald eine individuelle Ausdrucksweise von jemand anderem als ihrem Erfinder verwendet wird, verliert sie ihren individuellen Charakter. Sie wird zum „Stil", der seines ursprünglichen kulturellen Kontexts beraubt ist und als bloße Form nicht mehr umfassend Kultur definieren kann. Individualisierung vollzieht sich jedoch nicht nur auf der formalen Ebene, sondern vor allem als System. Betrachtet man das systematische Individualisierungsstreben der Moderne, kann man zahlreiche Fernwirkungen von Hoffmanns Gestaltungsstrategien erkennen, die große aktuelle Relevanz beanspruchen dürfen. Formen sind in dieser Lesart stets Resultate der typischen individualästhetischen Grundhaltung. Diese kann unter anderem auf zehn Schauplätzen verfolgt werden, die im Folgenden beschrieben werden – geordnet entlang der Werkchronologie Hoffmanns.

Die befreite Form

Hoffmanns Generation genoss das Privileg, einen sich längst abzeichnenden kulturellen Wandel als Pioniere breit exekutieren zu dürfen: Nämlich nach 60 Jahren industrialisierungsbedingter Verunsicherung der Künste und deren

Abb. 2 JH, Studie zur decorativen Ausgestaltung eines Hauseingangs, 1898
VS (1) 7 1898, 14

Abb. 3 Zaha Hadid Architects, Heydar Alijew Center, Baku, 2007–2012
© Hufton + Crow Photographers, London

kompensatorisch-normativen Revitalisierungsversuchen vergangener Kulturen erstmals die Notwendigkeit und die Möglichkeit einer authentischen Ausdrucksweise der eigenen Zeit zu beweisen. Der maximale Gegensatz zu den streng normierten Formen der im späten 19. Jahrhundert immer noch dominierenden *Revival Styles* war die komplette Befreiung von allen formalen Systemen und Regeln: Die freie Form als Ausdruck eines freien Individuums war geboren. Die ersten euphorischen Eruptionen waren exaltiert: Hoffmanns organoid geschwungene Phantasie-Bauentwürfe von 1898 setzten einen Standard für plakative Anti-Mainstream-
2 3 Architektur, der bis heute wirkt. Das beweist etwa Zaha Hadids kurvilinearer Biomorphismus, wie er sich exemplarisch an ihrem Heydar-Alijev-Centre in Baku von 2007–12 zeigt.

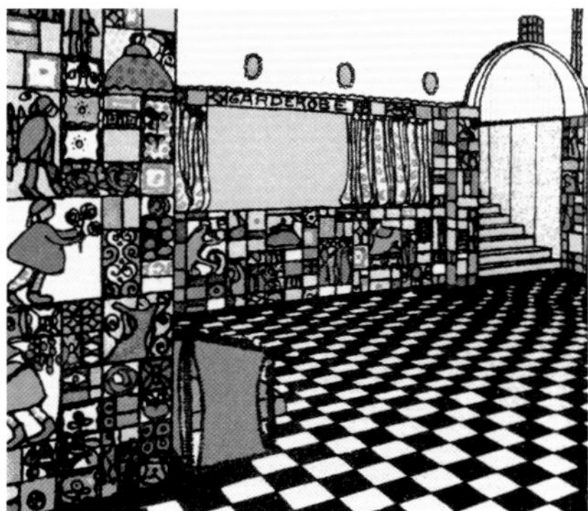

Abb. 4 JH, Cabaret Fledermaus, Wien, 1907, Postkarte der Wiener Werkstätte
MAK, KI 13748-4

Abb. 5 Sauerbruch Hutton, Oxymoron, Installation auf der 16. Architekturbiennale, Venedig 2018
© Jan Bitter

Elementare Muster

Der zweite Schritt nach den kurvilinearen Exaltationen in der modernen Form-Revolution Hoffmanns und seiner Mitstreiter war die Entdeckung der Elementargeometrie – und zwar nicht nur als markant „andere" Gestaltungsstrategie im Sinne einer Distinktion vom damaligen Kunst-Mainstream, sondern auch als perfekt effizienter Formengenerator, der in seiner einfachen Mechanik jedem kompliziert-historisierenden Individualisierungsversuch weit überlegen war. Ein Vorläufer von Digitalisierung und Gen-Engineering: Unendliche Konstruktion von Identitäten aus dem übersichtlichen Bausatz von Quadrat und Rechteck, Kreis und Dreieck, Punkt und Linie, Fläche und Kubus. Der einzige Unterschied zur industriellen Formgenerierung ist, dass diese Muster in der Künstlerphantasie entstehen und von Hand hergestellt werden. Anwendungen wie statische (Cabaret Fledermaus, 1907) und kinetische Polychromien aus Elementarformen
(Sauerbruch Hutton, Installation „Oxymoron", 2018) sind 4 5
die bis heute reichenden Folgen dieser Entdeckung.

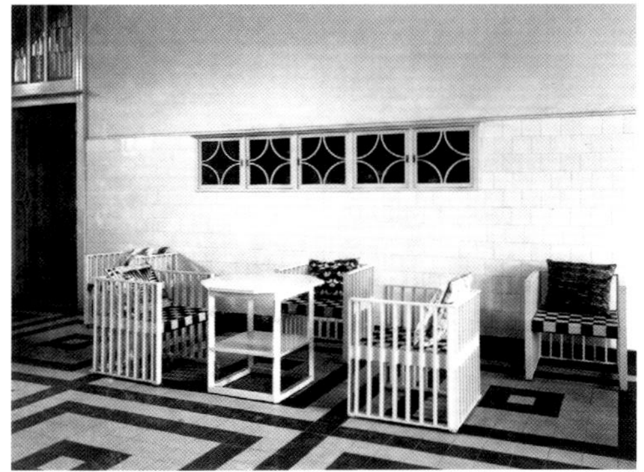

Abb. 6 JH, Sanatorium Westend, Purkersdorf, 1904, Eingangshalle mit Möbeln von Kolo Moser
MAK, WWF 102-86-1

Abb. 7 Hans Hollein, Installation *Werk und Verhalten, Leben und Tod, alltägliche Situationen*, 36. Biennale von Venedig, 1972, Raum mit gewöhnlichen Objekten
Foto: Franz Hubmann, © Privatarchiv Hollein

Einheit der Künste

Neben der historisierenden Form empfanden die jungen Kunstrebellen von 1900 auch die eifersüchtige Spezialisierung der Künste als Zwangsjacke jeder individuellen Kreativität. Formen und Technologien waren auf ihre Sparte beschränkt, ein Architekt durfte keine skulpturalen Formen bauen, ein Bildhauer keine tektonisch reduzierten Figuren, ein Maler keine dreidimensionalen Formen etc. – Ein zentraler Teil der modernen Kunstrevolution war daher die Restitution der in vorindustriellen Zeiten selbstverständlichen Einheit der Künste. Die Neuinterpretation jeder Gestaltungsaufgabe durch Formen und Strukturen anderer Sparten war etwa noch für Michelangelo selbstverständlich. In der Moderne war die Elementargeometrie das perfekte Vehikel für die Durchsetzung dieser verlorenen Einheit der Künste, da es sich am leichtesten in allen Medien anwenden ließ – beispielhaft realisiert im Sanatorium Purkersdorf. Die Postmoderne besann sich dieser Idee – Hans Hollein etwa dekli-
nierte 1972 das Quadratmotiv in Flächen-, Möbel- und 1 6 7
Raumgestaltungen bei einer Installation in Venedig durch.

Ästhetizismus

Hoffmanns schönheitliches Ideal führte mitunter zur totalen
Immersion in radikal ästhetisierte Umwelten. Alle Räume 8
des Hauses der kunstsinnigen Bauherrin Sonja Knips sind kostbare Kunst-Schatullen, die Bewohner und Besucher vollkommen absorbieren können. Diese Vorstellung wurde seit-

Abb. 8 JH, Wohnhaus Sonja Knips, Wien 19, Nußwaldgasse 22, 1924–25, Salon der Dame mit Gustav Klimts *Adam und Eva*, 1917 (Belvedere, Wien)
MBF (25) 1926, 353

Abb. 9 Sagmeister & Walsh, Ausstellung „Beauty", MAK, Wien, 2018, Color Room
© MAK/Aslan Kurdnofsky

her in unzähligen weiteren Künstlerräumen realisiert. Den Auswirkungen einer potenziell umfassenden Ästhetisierung unserer Lebenswelt spürten etwa auch die austroamerika-
9 nischen Designer Sagmeister & Walsh in ihrer Ausstellung
Beauty nach, die das MAK 2018 in Wien präsentierte.

„Eigenart": Crafted Identities

Der umfassende Individualisierungsprozess seit der Aufklärung führte zur Notwendigkeit der Abgrenzung jedes Individuums und jeder gesellschaftlichen Gruppe von allen anderen. Josef Hoffmanns Künstlergeneration konnte dieses neue individuelle Distinktionsgebot erstmals in großem Stil mit völlig neuen Formen erfüllen, die den Kunden eine ästhetisch anspruchsvolle „Ready-Made-Identität" zur Verfügung stellten. Hier wirkte sich auch das Gesamtkunstwerk-Ideal aus, das die gesamte Umweltgestaltung von Haus und Garten bis zur Haut des menschlichen Körpers einem einheitlichen, frei erfundenen ästhetischen Ideal unterwarf: Es entstanden „künstliche", vom Designer handgefertigte Identitäten. Das zeigt etwa ein Kostümfest in Hoffmanns Landhaus Primavesi, bei dem die Bauherrnfamilie und einige Künstler innerhalb der identitätsstiftenden Ornamentsprache
10 des Innenraums Phantasiekostüme der gleichen Provenienz
trugen. Die seither verfügbare Konstruktion einer maßgefertigten Künstler-Identität, die aber auch austauschbar ist, demonstriert unter anderem auch der „Conchita-Wurst-
11 Style" unserer Tage.

Multiplikation und Variation

In der Erfindung der elementargeometrischern Gestaltungsstrategien zeigte sich auch eine Analogie zu maschinellen Prozessen, die Hoffmann und seinen Zeitgenossen vielleicht nicht bewusst war. Sie variierten ihre Quadrate und Dreiecke, Linien und Flächen nach eigener Eingebung in handgezeichneten Entwürfen. Diese Kombination einer individuellen

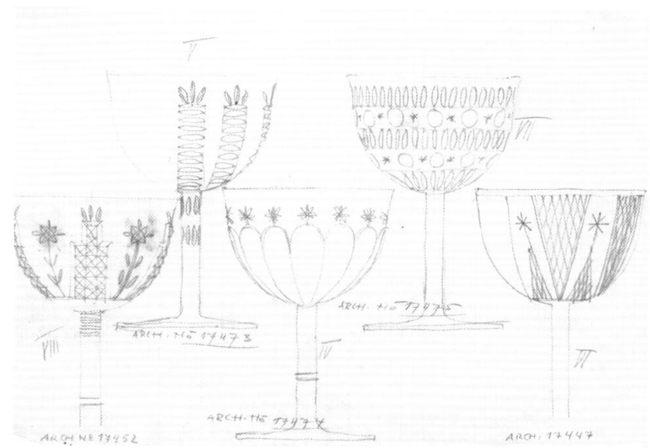

Abb. 12 JH, Glasservice: zwei Kelchgläser-Ziergläser: *Service 200-Dekor 4*: „Porterkelch"; *Service 200-Dekor 3*: „Porterkelch"; *Service 200-Dekor 1*: „Porterkelch", Entwürfe für die Wiener Werkstätte, vor 1923
MAK, KI 11923-9

Abb. 10 „Schweindlfest" in der Kellerstube im Landhaus Primavesi in Winkelsdorf, 1916
MAK, WWF 137-1-6

Abb. 11 Conchita Wurst, *Black is Back*, 2013
Foto links: © Thomas Ramstorfer / picturedesk.com
Foto rechts: © Milenko Badzic / picturedesk.com

Kreativität mit handwerklichen Prozessen ergab trotz der
12 neutralen geometrischen Grundformen eine klar wiedererkennbare „Handschrift". Können diese individuellen Einflüsse auf die Formgebung heute in Algorithmen erfasst werden? Kann künstliche Intelligenz lernen, wie Hoffmann entwarf und als digitaler Assistent dem lebendigen Designer unserer Tage entsprechende Vorschläge machen? Kann das Lernen von Geschichte ganz allgemein an maschinelle Intelligenz delegiert und bei Bedarf abgerufen werden? Dieser Frage geht etwa der junge Architekt Ben James in seiner digitalen Untersuchung der Arbeitsweisen Hoffmanns nach.

Abb. 13 JH, Österreichischer Pavillon, Internationale Kunstausstellung, Rom 1911
MAK, WWF 105-258-1

Abb. 14 David Chipperfield Architects, James-Simon-Galerie, Museumsinsel, Berlin 1999–2018
© Ute Zscharnt for David Chipperfield Architects

Klassik

Nach der „Erledigung" der historisierenden Formen durch seine kurvilinearen und elementargeometrischen Gestal-
13 tungsstrategien wagte sich Hoffmann ab 1910 an die höchste historische Instanz: die Klassik. Sie war bereits in der Renaissance des 16. Jahrhunderts und im Klassizismus um 1800 re-interpretiert sowie als neuer Standard zur ästhetischen Organisation einer plötzlich chaotisch wirkenden Gegenwart breit implementiert worden. Wollte auch Hoffmann eine „chaotische Kunst-Gegenwart" ordnen, die er mit seinen eigenen Erfindungen zehn Jahre zuvor mitausgelöst hatte? Oder blieb er seinem radikalkreativen Individualismus treu und betrachtete nun selbst die bislang sakrosankte Klassik wie jede andere traditionelle Architektur als bloßes „Motivelager" mit Formen, die nach elementargeometrischer „Bereinigung" für bestimmte Zwecke durchaus „brauchbar" waren? Es ist typisch für Hoffmanns Ambiguität, dass diese
Frage nicht entschieden werden kann. Und auch heute noch 14
können klassische Formen vollständig modern wirken, wie es etwa der britische Architekt David Chipperfield in prominenten Kulturbauten beweist.

Anti-Tektonik: Entgrenzung der Strukturen

Ein weiterer zentraler Bestandteil der modernen Kunstrevolution war die (symbolische) Auflösung aller räumlichen Beschränkungen. Dahinter stand die Idee der Lösung von der Erdenschwere und die Vision gravitationsbefreiten Schwebens durch einen unendlichen Raum freier Formen. In der Malerei realisierte Wassily Kandinsky diese Vision der Moderne, in der Architektur arbeitete unter anderen Friedrich Kiesler in seiner „Raumstadt" von 1925 daran. Hoffmann entdeckte durch die Verwendung elementargeometrischer und organischer Muster in Anwendung des Einheitsideals der Künste die Notwendigkeit der Auflösung von Raumgrenzen in Form der üblichen Tektonik von Säule und
Gebälk, Boden, Wand und Decke. Die neuen Formen über- 15
fluteten alle diese Grenzen und bildeten einen neuen, antitektonischen Raum. Dieser Erkenntnis bedient sich auch
der Künstler Peter Kogler in Installationen mit seriellen For- 16
men, die autonome Kunst-Räume schaffen.

Abb. 15 JH, Wohnung Bauer, Wien, 1927
DKuD 1927–28, 445

Abb. 16 Peter Kogler, Ausstellungsinstallation im ING Art Center, Brüssel, 2016
© Vincent Everarts photography Brussels

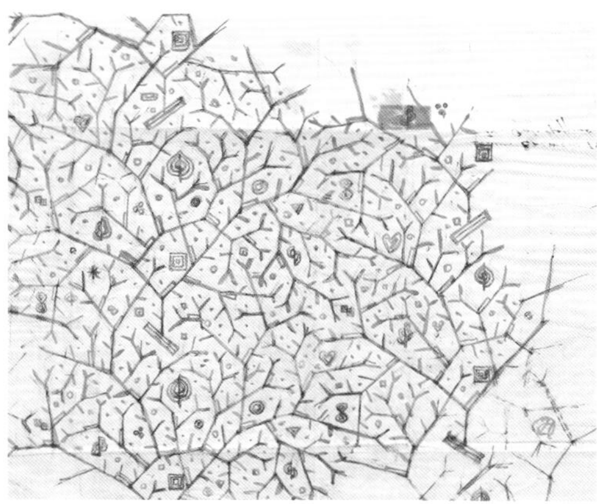

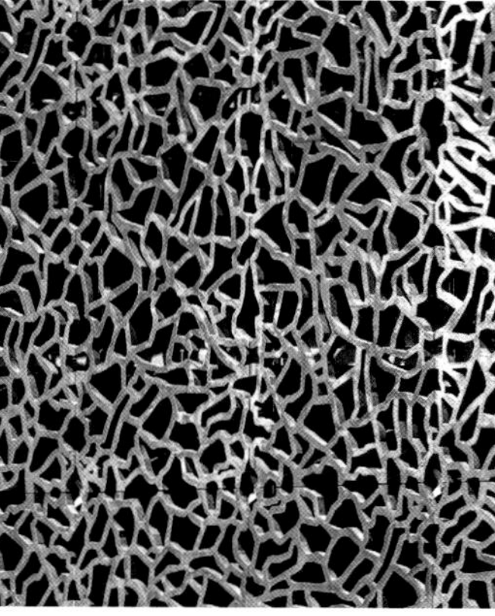

Abb. 17 JH, Stoffentwurf *Bremen* für die Wiener Werkstätte, vor 1928
MAK, KI 11869-1

Abb. 18 Rudy Ricciotti, Musée des Civilisations de l'Europe et de la Méditerranée (MuCEM), Marseille, 2013, Fassadendetail
© Edmund Sumner, London

Organisches Gewebe

In den 1920er Jahren begann Hoffmann sich für natürlich
17 entstandene Muster zu interessieren. Die Verästelungen eines Baumes etwa sind klassische Beispiele eines selbstorganisierten, stetig differenzierenden biologischen Wachstumsprozesses. Trifft man explizit elementargeometrische Strukturen (etwa hexagonale Basaltsäulen) in der Natur eher selten an, so sind organische „Muster" allgegenwärtig. Sie bilden Gewebe, Texturen und Gespinste, die sich für Flächenmuster eignen, aber auch als transparente Hüllen für
18 Gebäude, wie es etwa Rudy Ricciotti mit der faszinierend filigranen Haut des 2013 eröffneten *Musée des Civilisations de l'Europe et de la Méditerranée* in Marseille demonstriert.

Abb. 19 JH, Österreichischer Pavillon auf der *Exposition Internationale des Arts Décoratifs et Industriels Modernes*, Paris, 1925
MAK, KI 10147-146-1

Kulturnation

Josef Hoffmann war einer der zentralen Träger der bis heute wirksamen „Kulturnation"-Idee Österreichs. Sie entstand als Reaktion auf den Verlust von rund 80 Prozent der Territorien, Population und industriellen Ressourcen durch den Zerfall der Monarchie am Ende des Ersten Weltkriegs und die Pariser Friedensverträge von 1919. Die kleine mitteleuropäische Republik war damit gezwungen, andere als wirtschaftliche oder militärische Potenziale zur zentralen nationalen Kompetenz im überlebenswichtigen internationalen Dialog zu erheben. So wurden die traditionellen Kunstformen des Habsburgerhofes, des Adels, des Klerus und der Bourgeoisie zur österreichischen Trademark erhoben und auf zahlreichen internationalen Veranstaltungen mit beträchtlichem Aufwand regierungsoffiziell präsentiert. Fast alle, wie
19 etwa auch die erste internationale Kulturschau nach dem Ersten Weltkrieg in Paris 1925, wurden von Josef Hoffmann gestaltet, der damit auch der Moderne einen Platz im österreichischen „Kulturnation"-Konzept sichern konnte. Diese Tradition künstlerisch anspruchsvoller Repräsentationsbauten Österreichs wird bis heute fortgesetzt, etwa mit Raimund Abrahams aufsehenerregendem *Austrian Cultural Forum* in
20 New York (1998–2000), das markant aus seinem Umfeld an Standard-Hochhäusern hervorsticht und seither zur Kunst-Landmark avancierte. ■

Abb. 20 Raimund Abraham, Austrian Cultural Forum, New York, 1998–2000
© david plakke media nyc 2009

Yoichi R. Okamoto, Josef Hoffmann, 1954
MAK, KI 13740-5

Bibliografie

(Auswahl)

Bücher und Kataloge

Kleiner, Leopold: *Josef Hoffmann*, Berlin 1927

Weiser, Armand: *Josef Hoffmann*, Genf 1930

Rochowanski, Leopold Wolfgang, *Josef Hoffmann. Eine Studie, geschrieben zu seinem 80. Geburtstag*, Wien 1951

Josef Hoffmann. Drawings and Objects from Conception to Design, Ausst.-Kat. Goldie Paley Gallery, Philadelphia 1980

Baroni, Daniele / D'Auria Antonio: *Josef Hoffmann e la Wiener Werkstätte*, Mailand 1981

Sekler, Eduard F.: *Josef Hoffmann. Das architektonische Werk*, Salzburg, Wien 1982

Perizzi, Alessandra: *Josef Hoffmann tempo e geometria*, Rom 1982

Josef Hoffmann – Wien. Jugendstil und Zwanziger Jahre, Ausst.-Kat. Museum Bellerive, Zürich 1983

Lane, Terence: *Vienna 1913. Josef Hoffmann's Gallia Apartment,* Ausst.-Kat. National Gallery of Victoria, Melbourne, 1984

Hollein, Hans (Hg.): *The 50th Anniversary of Josef Hoffmann's Austrian Pavilion at the Biennale of Venice*, Ausst.-Kat. Biennale di Venezia, Salzburg, Wien 1984

Amanshauser, Hildegund: *Josef Hoffmann Variationen*. Bestandskatalog des Museums moderner Kunst / Museum des 20. Jahrhunderts, Wien 1987

Noever, Peter / Oberhuber, Oswald (Hg.): *Josef Hoffmann. Ornament zwischen Hoffnung und Verbrechen*, Wien 1987

Vandenbreeden, Jos: *The Stoclet House*, Brüssel 1988

Muntoni, Alessandra. *Il Palazzo Stoclet di Josef Hoffmann, 1905–1911*, Rom 1989

Kurrent, Friedrich / Strobl, Alice: *Das Palais Stoclet in Brüssel von Josef Hoffmann*, Salzburg 1991

Noever, Peter (Hg.): *The Baroque Hoffmann. Josef Hoffmann in his birthplace in Moravia*, Ausst.-Kat. Hoffmann House, Brtnice 1992

Noever, Peter (Hg.): *Josef Hoffmann Designs*, Wien, München 1992

Takyo, Shito (Hg.): *Josef Hoffmann und die Wiener Werkstätte*, Ausst.-Kat. Toyota Municipal Museum of Art, Toyota 1996

Denk, Wolfgang (Hg.): *Josef Hoffmann und neues internationales Möbeldesign aus Österreich*, Prag 1998

Josef Hoffmann and his native house in Brtnice, Ausst.-Kat. Spole nost Josefa Hoffmanna, Brtnice 1998

Riess, Felicia: *Ambivalenzen einer Eigenart: Josef Hoffmanns Ausstellungsbauten als Entwurf einer modernen Formensprache für Österreich*, Weimar 2000

Kristan, Markus: *Josef Hoffmann. Bauten und Interieurs*, Wien 2002

Spalt, Johannes: *Josef Hoffmann. Porträts – Signets – Stempel*, Wien 2002

Kristan, Markus: *Josef Hoffmann. Villenkolonie Hohe Warte*, Wien 2004

Topp, Leslie: *Architecture and Truth in Fin-de-Siècle Vienna*, Cambridge 2004

Freytag, Anette: *Jardin Stoclet. Etude pour la Direction des Monuments et Sites*, Brüssel 2004

Witt-Dörring, Christian (Hg.): *Josef Hoffmann. Interiors 1902–1913*, München u.a. 2006

Zednicek, Walter: *Josef Hoffmann und die Wiener Werkstätte*, Wien 2006

Sarnitz, August: *Josef Hoffmann. Im Universum der Schönheit*, Köln 2007

Noever, Peter / Pokorný, Marek (Hg.): *Josef Hoffmann. Selbstbiographie*, Ostfildern 2009

Witt-Dörring, Christian: *Josef Hoffmann. Interiors 1902–1913. The Making of an Exhibition*, New York 2008

Thun-Hohenstein, Christoph / Boeckl, Matthias / Witt-Dörring, Christian (Hg.): *Wege der Moderne. Josef Hoffmann – Adolf Loos und die Folgen*, Basel 2015

Witt-Dörring, Christian / Staggs, Janis (Hg.): *Wiener Werkstätte 1903–1932. The Luxury of Beauty*, München, London, New York 2017

Thun-Hohenstein, Christoph / Witt-Dörring, Christian / Schmuttermeier, Elisabeth (Hg.): *Koloman Moser. Univeresalkünstler zwischen Gustav Klimt und Josef Hoffmann*, Basel 2019

Artikel und Beiträge

Loos, Adolf: Unsere jungen Architekten, in: *Ver Sacrum* (I) 7 1898, [21–23]

Loos, Adolf: Ein Wiener Architekt, in: *Dekorative Kunst* (II) 1898, 227

Zuckerkandl, Berta: Josef Hoffmann, in: *Dekorative Kunst* (VII) 1903, 1–15

Hevesi, Ludwig: Neubauten von Josef Hoffmann, in: *Altkunst – Neukunst Wien 1894–1908*, Wien 1909, 214–221

Hevesi, Ludwig: Haus Wärndorfer, in: *Altkunst – Neukunst Wien 1894–1908*, Wien 1909, 221–227

Hevesi, Ludwig: Kabarett Fledermaus, in: *Altkunst – Neukunst Wien 1894–1908*, Wien 1909, 240–245

Ascherman, Edward H.: Some Foreign Styles in Decoration and Furniture, in: *House and Garden* (24) 1913, 32–34, 56

Mallet-Stevens, Robert: Le Palais Stoclet à Bruxelles, in: *L'Architecte* 1 1924, 21ff.

Hoffmann, Josef: Austrian Contribution to Modern Art, in: *An International Exposition of Art in Industry,* Ausst.-Kat. Macy's, New York 1928, 8–9

Ankwicz-Kleehoven, Hans: Josef Hoffmann, in: *Große Österreicher. Neue Österreichische Biographie ab 1815*, Bd. 10, Wien, Zürich, Leipzig 1957, 171–179

Marlier, Georges: La première maison totalement nouvelle du XXe siècle, in: *Connaissance des Arts* (140) 10 1963, 50 ff.

Windisch-Graetz, Franz: Das Jagdhaus Hochreith, in: *Alte und moderne Kunst* (92) 1967, 30 ff.

Hollein, Hans: Haus Wiener (Wertheim), USA, ca. 1928. Josef Hoffmann, in: *Bau* (XXV) 1 1970, 22–27

Schachel, Roland L.: Zum 100. Geburtstag von Adolf Loos und Josef Hoffmann, in: *Steine sprechen* 31/32 1970, 2–10

Becherer, R.: Monumentality and the Rue Mallet-Stevens, in: *Journal of the Society of Architectural Historians* (XL) 1 3-1981, 47–55

Bogner, Dieter: Die geometrischen Reliefs von Josef Hoffmann, in: *Alte und moderne Kunst* 184/185 1982, 24 ff.

Sármány, Ilona: A Bécsi Szecesszió Budapesti Emléke, a Pikler-Villa, in: *Ars Hungarica* 1982/2, 289–296

Marchetti, Maria: Josef Hoffmann, Ein Künstler zwischen Vergangenheit und Zukunft, in: *Wien um 1900. Kunst und Kultur*, Wien, München 1984, 323–328

Gorsen, Peter: Josef Hoffmann. Zur Modernität eines konservativen Baumeisters, in: Alfred Pfabigan (Hg.), *Ornament und Askese. Im Zeitgeist des Wien der Jahrhundertwende*, Wien 1985, 69–92

Prossinger, Cynthia: Josef Hoffmanns Ateliereinrichtung für Ernst Stöhr, in: *Alte und moderne Kunst* 201/202 1985, 24–29

Breckner, Gunter: Rettet das Sanatorium Purkersdorf, in: *Steine sprechen* (XXIV/1) 79 1985, 20–38

Kamm-Kyburz, Christine: Tendenzen im Ornament Josef Hoffmanns, in: *Grenzbereiche der Architektur, Festschrift Adolf Reinle*, Basel 1985, 115–123

Moeller, G.: Peter Behrens und das Junge Wien, in: *Wien und die Architektur des 20. Jahrhunderts*, Akten des XXV. Internationalen Kunsthistoriker Kongresses Wien 1983, Wien 1986, 77 ff.

Sármány, Ilona: Zum Einfluss der Wiener Architektur in Ungarn um die Jahrhundertwende, in: *Wien und die Architektur des 20. Jahrhunderts*, Akten des XXV. Internationalen Kunsthistoriker Kongresses Wien 1983, Wien 1986, 26 ff.

Hébert-Stevens, François: La théorie architecturale de Mallet-Stevens, in: *Rob Mallet-Stevens*, Paris 1986

Braumann, A.: Vienne – Bruxelles, fragments de la modernité, in: *Vienne – Bruxelles, la fortune du Palais Stoclet*, Brüssel 1987, 9–27

Witt-Dörring, Christian: Bent-wood production and the Viennese avant-garde: The Thonet and Khon firms 1899–1914, in: Ostergard, Derek E. (Hg.): *Bent Wood and Metal Furniture: 1850–1946*, New York 1987

Sekler, Eduard F.: Josef Hoffmann: Architekt als Entwerfer des Gesamtkunstwerks, in: *Wien um 1900. Klimt, Schiele und ihre Zeit*, Ausst.-Kat. Sezon Museum of Art, Tokio 1989, 224–242

Schwarz, Mario: Außenrestaurierung des Sanatoriums Purkersdorf vollendet, in: *Steine sprechen* 104, 1996, 3–5

Topp, Leslie: An Architecture for Modern Nerves: Josef Hoffmann's Purkersdorf Sanatorium, in: *Journal of the Society of Architectural Historians* (56) 4 12/1997, 414–437

Topp, Leslie: Josef Hoffmann, in: *New Worlds. German and Austrian Art 1890–1940*, Kat. Neue Galerie, New York 2001, 480–486

Witt-Dörring, Christian: Wenn Inhalte zu Informationen werden. Ein Brief Fritz Wärndorfers an Eduard Wimmer-Wisgrill", in: Förster, Wolfgang / Natter, Tobias G. / Rieder, Ines (Hg.): *Der Andere Blick*, Wien 2001, 63–70

Franz, Rainald: Eine kulturgrädige Wohnstätte patrizierhafter Leute. Josef Hoffmanns Beziehungen zu seinem Geburtshaus und die Wirkung der Herkunft auf sein Werk, in: *CD Sammelband der Beiträge des Symposions zum 10. Gründungsjubiläum der Josef-Hoffmann-Gesellschaft*, Brtnice 2002, 24–30

Asenbaum, Paul / Ploil, Ernst: Die Ausstellungsräume der Wiener Werkstätte, in: *100 Jahre Wiener Werkstätte*, Im Kinsky Wiener Kunstauktionen, Wien 2003, 26–31

Franz, Rainald: Die Restaurierung des Geburtshauses Josef Hoffmanns in Brtnice/Pirnitz, Tschechien, in: *Österreichische Zeitschrift für Kunst und Denkmalpflege* (LVIII) 2004, 116–132

Volpi, Christiana: Formation, Influences et Premiers Travaux, in: *Robert Mallet-Stevens. L'œuvre complète*, Ausst.-Kat. Centre Pompidou, Paris 2005, 18–21

Witt-Dörring, Christian: On the Path to Modernism. The Ambiguity of Space and Plane, in: Witt-Dörring, Christian (Hg.): *Josef Hoffmann. Interiors 1902–1913*, München u.a. 2006, 24–69

Huey, Michael: Art Itself. The Private Lives of Josef Hoffmann, in: Witt-Dörring, Christian (Hg.): *Josef Hoffmann. Interiors 1902–1913*, Munchen u.a. 2006, 74–97

Huey, Michael: Hoffmann at Home, in: *The World of Interiors* Nov. 2006, 156–163

Franz, Rainald: Modern Tradition. Otto Wagner, Josef Hoffmann and the legacy of Classical Architecture, in: *Centropa. A journal of central European architecture and related arts*, New York, Jan. 2006, 8–14

Clegg, Elisabeth: War and peace at the Stockholm „Austrian Art Exhibition" of 1917, in: *The Burlington Magazine*, Okt. 2012, 676–688

Witt-Dörring, Christian: The Aesthetics of Biedermeier Furniture, in: Winters, Laurie (Hg.): *Biedermeier: The Invention of Simplicity*, Ausst.-Kat. Milwaukee Art Museum, Ostfildern 2006

Freytag, Anette: Der Garten des Palais Stoclet in Brüssel. Josef Hoffmanns „chef d'œuvre inconnu", in: *Die Gartenkunst* 20 1/2008, 1–46

Franz, Rainald: La Viennesità evidente: immagini da un'architettura mitteleuropea. Hoffmann e Vienna nell'opera di Scarpa, in: Tegethoff, Wolf (Hg.): *Carlo Scarpa: struttura e forme* (= Studi su Carlo Scarpa 6), Venezia 2008, 99–113

Franz, Rainald: Die „disziplinierte Folklore". Josef Hoffmann und die Villa für Otto Primavesi in Winkelsdorf, in: Aigner, Anita (Hg.): *Vernakulare Moderne. Grenzüberschreitungen in der Architektur um 1900. Das Bauernhaus und seine Aneignung*, Bielefeld 2010, 161–177

Franz, Rainald: The Austrian Pavilion at the Venice Biennale: 1893–2013, in: Sharp, Jasper (Hg.): *Austria and the Venice Biennale 1895–2013*, Nürnberg 2013, 87–100

Überblickswerke

Lux, Joseph August: *Die moderne Wohnung und ihre Ausstattung*, Wien, Leipzig 1905

Zuckerkandl, Berta: *Zeitkunst. Wien 1901–1907*, Wien 1908

Rochowanski, Leopold Wolfgang: *Ein Führer durch das Österreichische Kunstgewerbe*, Wien 1930

Uhl, Ottokar: *Moderne Architektur in Wien von Otto Wagner bis heute*, Wien 1966

Mrazek, Wilhelm: *Die Wiener Werkstätte: modernes Kunsthandwerk von 1903–1932*, Wien 1967

Hoffmann, Werner: *Gustav Klimt und die Wiener Jahrhundertwende*, Salzburg 1970

Holzbauer, Wilhelm / Kurrent, Friedrich / Spalt, Johannes: *L'Architettura a Vienna intorno al 1900*, Ausst.-Kat. Galleria Nazionale d'Arte Moderna, Rom 1971

Johnston, William M.: *The Austrian Mind. An Intellectual and Social History 1848–1938*, Berkeley 1972 (dt.: *Österreichische Kultur- und Geistesgeschichte. Gesellschaft und Ideen im Donauraum 1848–1938*, Wien u.a. 2006[4])

Vergo, Peter: *Art in Vienna 1898–1918*, London 1975

Schorske, Carl: *Fin-de-Siècle Vienna: Politics and Culture*, New York 1979 (dt.: *Wien. Geist und Gesellschaft im Fin de Siecle*, München 1994)

Adlman, Jan Ernst: *Vienna Moderne: 1898–1918*, Ausst.-Kat. Cooper-Hewitt Museum, New York 1979

Asenbaum, Paul und Stefan / Witt-Dörring, Christian: *Moderne Vergangenheit 1800–1900*, Ausst.-Kat. Gesellschaft bildender Künstler Österreichs, Künstlerhaus, Wien 1981

Behal, Vera J.: *Sammlung des Österreichischen Museums für angewandte Kunst in Wien*, München 1981

Rukschcio, Burkhardt / Schachel, Roland: *Adolf Loos. Leben und Werk*, Salzburg, Wien 1982

Schweiger, Werner J.: *Wiener Werkstätte: Kunst und Handwerk 1903–1932*, Wien 1982

Vergo, Peter: *Vienna 1900. Vienna, Scotland and the European Avant-Garde*, Ausst.-Kat. National Museum of Antiquities of Scotland, Edinburgh 1983

Nebehay, Christian: *Die Sessel meines Vaters*, Wien 1983

Moravánszky, Ákos: *Die Architektur der Jahrhundertwende in Ungarn und ihre Beziehungen zu der Wiener Architektur der Zeit*, Wien 1983

Völker, Angela: *Wiener Mode + Modefotografie. Die Modeabteilung der Wiener Werkstätte 1911–1932*, München, Paris 1984

Traum und Wirklichkeit – Wien 1870–1930, Ausst.-Kat. Historisches Museum der Stadt Wien, Wien 1985

Krischanitz, Adolf / Kapfinger, Otto: *Die Wiener Werkbundsiedlung. Dokumentation einer Erneuerung*, Wien 1985

Fliedl, Gottfried: *Kunst und Lehre am Beginn der Moderne. Die Wiener Kunstgewerbeschule 1867–1918*, Salzburg, Wien 1986

Varnedoe, Kirk: *Vienna 1900. Art-Architecture & Design*, Ausst.-Kat. The Museum of Modern Art, New York 1986

Kallir, Jane: *Viennese Design and the Wiener Werkstätte*, Ausst.Kat. Galerie St. Etienne, New York 1986

Clair, Jean: *Vienne 1880–1938. L'Apocalypse Joyeuse*, Ausst.Kat. Centre Pompidou, Paris 1986

Day, Susan: *Louis Süe. Architectures*, Brüssel 1986

Fischer, Wolfgang Georg: *Gustav Klimt und Emilie Flöge. Genie und Talent, Freundschaft und Besessenheit*, Wien 1987

Oberhuber, Oswald (Hg.): *Dagobert Peche 1887–1923*, Wien 1987

Langseth-Christensen, Lillian: *A Design for Living. Vienna in the Twenties*, New York 1987

Wagner, Otto: *Modern Architecture: A Guidebook for His Students to This Field of Art*, übers. v. H.F. Mulgrave, Santa Monica 1988

Moravánszky, Ákos: *Die Erneuerung der Baukunst. Wege zur Moderne in Mitteleuropa 1900–1940*, Salzburg, Wien 1988

Wien um 1900. Klimt, Schiele und ihre Zeit, Ausst.Kat. Sezon Museum of Art, Tokio 1989

Völker, Angela: *Die Stoffe der Wiener Werkstätte 1910–1932*, Wien 1990

Brix, Emil / Werkner, Patrick: *Die Wiener Moderne: Ergebnisse eines Forschungsgespräches der Arbeitsgemeinschaft Wien um 1900 zum Thema „Aktualität und Moderne"*, Wien 1990

Achleitner, Friedrich: *Österreichische Architektur im 20. Jahrhundert. Wien 1.–12. Bezirk*, Bd. III/1, Salzburg, Wien 1990

Frottier, Elisabeth: *Michael Powolny. Keramik und Glas aus Wien 1900 bis 1950*, Wien, Köln 1990

Forsthuber, Sabine: *Moderne Raumkunst. Wiener Ausstellungsbauten von 1898 bis 1914*, Wien 1991

Erika Patka (Hg.): *Kunst: Anspruch und Gegenstand. Von der Kunstgewerbeschule zur Hochschule für angewandte Kunst in Wien 1918–1991*, Salzburg, Wien 1991

Viena 1900, Ausst.Kat. Museo Nacional Centro de Arte Reina Sofia, Madrid 1993

Natter, Tobias G. (Hg.): *Broncia Koller-Pinell. Eine Malerin im Glanz der Wiener Jahrhundertwende*, Ausst.Kat. Jüdisches Museum der Stadt Wien, Wien 1993

Arnold, Klaus-Peter: *Vom Sofakissen zum Städtebau. Die Geschichte der Deutschen Werkstätten und der Gartenstadt Hellerau*, Dresden, Basel 1993

Festi, Roberto: *Josef Zotti 1882–1953. Architekt und Designer*, Rom 1993

Alofsin, Anthony, Frank Lloyd Wright: The Lost Years, 1910-1922: A Study of Influence, Chicago, 1993

Achleitner, Friedrich: *Österreichische Architektur im 20. Jahrhundert. Wien 13.–18. Bezirk*, Bd. III/2, Salzburg, Wien 1995

Boeckl, Matthias (Hg.): *Visionäre & Vertriebene. Österreichische Spuren in der modernen amerikanischen Architektur*, Berlin 1995

Wagner, Manfred: *Alfred Roller in seiner Zeit*, Salzburg, Wien 1996

Becker, Edwin / Grabner, Sabine: *Wien 1900. Der Blick nach Innen*, Ausst.Kat. Van Gogh Museum, Amsterdam 1997

Das Schöne und der Alltag – Deutsches Museum für Kunst in Handel und Gewerbe 1909–1919, Ausst.Kat. Kaiser Wilhelm Museum Krefeld and Karl Ernst Osthaus-Museum der Stadt Hagen, Gent 1997

Kapfinger, Otto / Louis, Eleonora (Red.): *Secession. Permanenz einer Idee*, Ostfildern-Ruit 1997

Patka, Erika (Hg.): *Otto Prutscher 1880–1949*, Ausst.Kat. Katalog Hochschule für angewandte Kunst, Wien 1997

Fleck, Robert (Red.): *Secession: das Jahrhundert der künstlerischen Freiheit*, München 1998

Bisanz-Prakken, Marian: *Heiliger Frühling. Gustav Klimt und die Anfänge der Wiener Secession 1895–1905*, Wien, München 1999

Blau, Eve / Platzer, Monika: *Mythos Großstadt. Architektur und Stadtbaukunst in Zentraleuropa 1890–1937*, München, London, New York 1999

Das ungebaute Wien. Projekte für die Metropole 1800–2000, Ausst.Kat. Historisches Museum der Stadt Wien, Wien 1999

Blau, Eve: *Totes Wien. Architektur 1919–1934. Stadt –Raum – Politik*, übers. v. Michael Walch, Wien 2014

Natter, Tobias G. / Frodl, Gerbert (Hg.): *Klimt und die Frauen*, Köln 2000

Stiller, Adolph: *Oswald Haerdtl. Architekt und Designer 1899–1959*, Wien 2000

Noever, Peter (Hg.): *Ein moderner Nachmittag. Margaret Macdonald Mackintosh und der Salon Waerndorfer in Wien*, Wien, Köln, Weimar 2000

Patka, Erika (Hg.): *Bertold Löffler. Vagant zwischen Secessionismus und Neobiedermeier*, Wien 2000

Kristan, Markus: *Joseph Urban. Die Wiener Jahre des Jugendstilarchitekten und Illustrators 1872–1911*, Wien, Köln, Weimar 2000

Wien. Leben und Kunst 1873–1938, Ausst.Kat. Fuchu Art Museum, Tokio 2001

Brüderlin, Markus (Hg.): *Ornament und Abstraktion. Kunst der Kulturen, Moderne und Gegenwart im Dialog*, Ausst.Kat. Fondation Beyeler Basel, Ostfildern 2001

Price, Renée (Hg.): *New Worlds. German and Austrian Art 1890–1940*, Ausst.Kat. Neue Galerie New York, New York 2001

Noever, Peter (Hg.): *Dagobert Peche and the Wiener Werkstätte*, New Haven, London 2002

Noever, Peter (Hg.): *Der Preis der Schönheit. 100 Jahre Wiener Werkstätte*, Ostfildern-Ruit 2003

Huey, Michael (Hg.): *Viennese Silver. Modern Design 1780–1918*; Ostfildern-Ruit 2003

Ambros, Miroslav (Hg.): *Wiener Secession – die angewandte Kunst in Mähren, Schlesien und Böhmen in den Jahren 1900–1925*, Brünn 2003

Neiß, Herta: *100 Jahre Wiener Werkstätte. Mythos und ökonomische Realität*, Wien, Köln, Weimar 2004

Klein-Primavesi, Claudia: *Die Familie Primavesi und die Künstler Hanak, Hoffmann, Klimt. 100 Jahre Wiener Werkstätte*, Wien 2004

Klein-Primavesi, Claudia: *Die Familie Primavesi und die Künstler der Wiener Werkstätte, das Ende einer Ära*, Wien 2005

Klein-Primavesi, Claudia: *Die Familie Primavesi. Kunst und Mode der Wiener Werkstätte*, Wien 2006

Noever, Peter et al. (Hg.): *Yearning for Beauty. The Wiener Werkstätte and the Stoclet House*, Ostfildern-Ruit 2006

Leopold, Rudolf / Pichler, Gerd (Hg.): *Koloman Moser 1868–1918*, München u.a. 2007

Vybíral, Jindřich: *Junge Meister. Architekten aus der Schule Otto Wagners in Mähren und Schlesien*, Wien, Köln, Weimar 2007

Buhrs, Michael / Lesák, Barbara / Trabitsch, Thomas (Hg.), *Fledermaus Kabarett. 1907 bis 1913. Ein Gesamtkunstwerk der Wiener Werkstätte. Literatur. Musik. Tanz*, Wien 2007

Husslein-Arco, Agnes / Weidinger, Alfred (Hg.): *Gustav Klimt und die Kunstschau 1908*, Ausst.Kat. Belvedere Wien, München 2008

Asenbaum, Paul / Kos, Wolfgang / Orosz, Eva-Maria (Hg.): *Glanzstücke. Emilie Flöge und der Schmuck der Wiener Werkstätte*, Stuttgart 2008

Achleitner, Friedrich: *Österreichische Architektur im 20. Jahrhundert. Wien 19.–23. Bezirk*, Bd. III/3, Salzburg, Wien 2010

Witt-Dörring, Christian (Hg.): *Vienna, art & design: Klimt, Schiele, Hoffmann, Loos*, Melbourne 2011

Agnes Husslein-Arco/Alfred Weidinger (Hg.): *Gustav Klimt. Josef Hoffmann. Pioniere der Moderne*, München/London/New York 2011

Nierhaus, Andreas / Orosz, Eva-Maria (Hg.): *Werkbundsiedlung Wien 1932. Ein Manifest des Wohnens*, Wien 2012

Thun-Hohenstein, Karin: *Josef Hoffmann – Sanatorium Purkersdorf (1904–1905)*, Dipl.Arb., Universität Wien 2012

Thun-Hohenstein, Christoph / Murr, Beate (Hg.): *Gustav Klimt. Erwartung und Erfüllung. Entwürfe zum Mosaikfries im Palais Stoclet*, Ostfildern-Ruit 2012

Ploil, Ernst: *Wiener Gläser: Österreichischer Werkbund, Köln 1914*, Wien 2014

Franz, Rainald (Hg.): *The Glass of the Architects. Vienna 1900–1937*, Mailand 2016

Kristan, Markus: *Kunstschau Wien 1908*, Weitra 2016

Husslein-Arco, Agnes / Klee, Alexander (Hg.): *Kubismus – Konstruktivismus – Formkunst*, München 2016

Helle-Thomas, Lil: *Stimmung in der Architektur der Wiener Moderne: Josef Hoffmann und Adolf Loos*, Wien 2017

Kristan, Markus: *L'Autriche à Paris 1925 – Österreich auf der Kunstgewerbeausstellung 1925*, Weitra 2018

Krautgartner, Lena: *Die Inszenierung der neuen Frau. Der Modesalon „Schwestern Flöge" als architektonische und modische Darstellung von Weiblichkeit zur Jahrhundertwende in Wien*, Dipl.Arb., TU Wien 2019

Steinhäußer, Lara: *Die Wiener Werkstätte und Paul Poiret: Kooperationen, Einflüsse und Differenzen der Wiener und Pariser Mode in ihrer medialen Präsentation zwischen 1903 und 1932*, Master-Arb., Universität Wien 2019

Thun-Hohenstein, Christoph / Rossberg, Anne-Katrin / Schmuttermeier, Elisabeth (Hg.): *Die Frauen der Wiener Werkstätte*, Basel 2020

JH, Entwurf für einen Kamin mit Fauteuil und Stehlampe, um 1934

UaK, Kunstsammlung und Archiv, 108

Namensregister

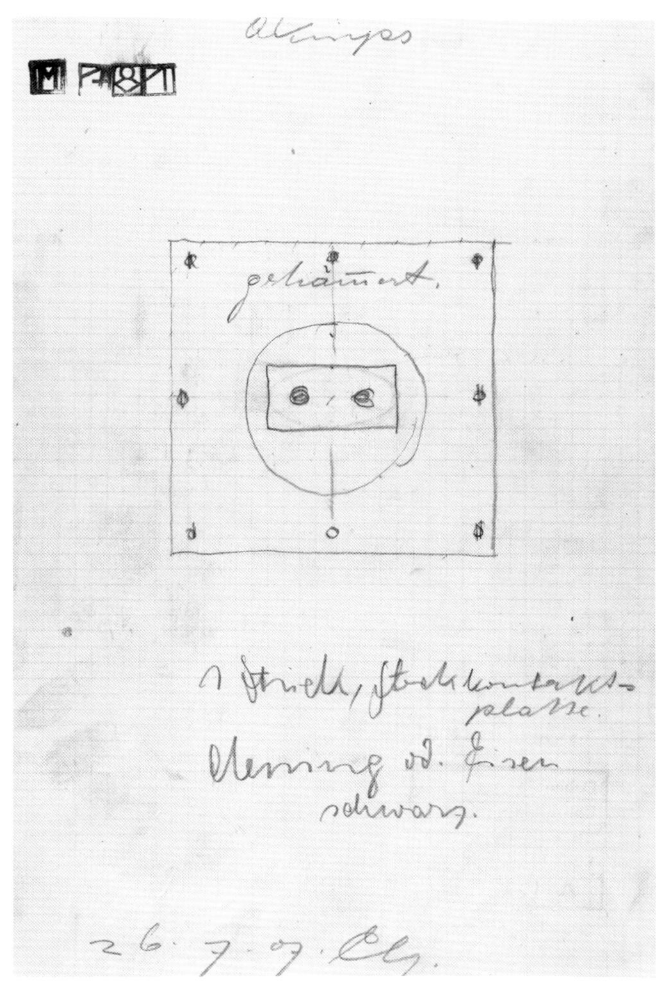

JH, Entwurf für eine Steckkontaktplatte für die Wohnung Anton und Sonja Knips, ausgeführt von der Wiener Werkstätte, 1907
MAK, KI 12170-5

AutorInnen

Matthias Boeckl studierte Kunstgeschichte an der Universität Wien (Promotion 1988), im Jahr 1999 habilitierte er sich an der Universität Innsbruck. Er ist Professor für Architekturgeschichte an der Universität für angewandte Kunst Wien und Chefredakteur der in Wien zweisprachig erscheinenden internationalen Fachzeitschrift *architektur.aktuell*. Als Autor und Herausgeber hat er zahlreiche Aufsätze und Bücher publiziert und eine Reihe von Ausstellungen über Themen der modernen und zeitgenössischen Kunst und Architektur kuratiert.

Elisabeth Boeckl-Klamper studierte an der Universität Wien Geschichte und Deutsche Philologie. Seit 1981 ist sie Archivarin und wissenschaftliche Mitarbeiterin im Dokumentationsarchiv des österreichischen Widerstandes. Kuratorin bzw. wissenschaftliche Mitarbeiterin bei zahlreichen Ausstellungen der Stadt Wien, 1991–1995 auch am Jüdischen Museum der Stadt Wien, und war u.a. auch als Beraterin des Museums of Jewish Heritage in New York tätig. Sie ist Autorin zahlreicher Publikationen zu zeitgeschichtlichen Themen, insbesondere zu den Bereichen „Widerstand und Verfolgung in Österreich 1938–1945", „Österreicher im Exil" sowie „Kunst und Kultur im NS-Regime". Zuletzt *Gestapo-Leitstelle Wien 1938–1945* (mit Thomas Mang und Wolfgang Neugebauer).

Rainald Franz ist Kustos der Sammlung Glas und Keramik im MAK – Museum für angewandte Kunst, Wien sowie Kurator des Josef-Hoffmann-Museum, Brtnice (ČZ). Er hat zahlreiche Ausstellungen kuratiert und Symposien veranstaltet, z.B. *Adolf Loos. Our Contemporary – Leben mit Loos*; *Das Glas der Architekten. Wien 1900–1937*; *300 Jahre Wiener Porzellanmanufaktur*, zuletzt *Otto Prutscher. Allgestalter der Wiener Moderne*. Er ist der Verfasser einer großen Anzahl von Publikationen und Aufsätzen z.B. über Gottfried Semper oder Wien um 1900. Neben der Museumstätigkeit ist er Lehrbeauftragter am Institut für Konservierung und Restaurierwissenschaften der Universität für angewandte Kunst, Wien.

Anette Freytag ist Ordentliche Professorin für die Geschichte und Theorie der Landschaftsarchitektur an der Rutgers University in New Jersey, USA. Sie forscht auch über zeitgenössische Entwurfs- und Darstellungsmethoden. Ihre historische Studie und das Gutachten für die Unterschutzstellung des Gartens von Palais Stoclet in Brüssel (2005) trugen zur Eintragung des Ensembles in die UNESCO Welterbe-Liste bei. Ihre Forschungsarbeiten und Bücher wurden mehrfach ausgezeichnet, u.a. mit der Medaille der ETH Zürich für Exzellenz in der wissenschaftlichen Forschung, dem Deutschen und dem Europäischen Gartenbuchpreis sowie dem DAM Architectural Book Award.

Sebastian Hackenschmidt ist Kustos für Möbel und Holzarbeiten am MAK, wo er seit 2005 zahlreiche Ausstellungen zu den Themen Architektur, Möbel, Kunst und Design kuratiert hat. Er ist Mitherausgeber des *Lexikon des künstlerischen Materials* (2002/2010) sowie des Bandes *Möbel als Medien* (2011). 2014 erschien sein Buch *Knochen. Ein Material der zeitgenössischen Kunst*.

Otto Kapfinger lebt in Wien als freiberuflich tätiger Architekturwissenschafter, Autor und Kurator. Während seines Studiums an der TU Wien (1967–1972) begründete er 1970 mit Angela Hareiter und Adolf Krischanitz die Gruppe „Missing Link". 1979 war er Mitbegründer der Theoriereihe *Um Bau*, 1981–1990 schrieb er als Architekturkritiker für die Tageszeitung *Die Presse*. Er hat zahlreiche Ausstellungen zur Architektur des 20. Jahrhunderts und der Gegenwart kuratiert und gestaltet sowie Bücher zum Thema veröffentlicht – zuletzt *Architektur im Sprachraum. Essays, Reden, Kritiken zum Planen und Bauen in Österreich* (Zürich 2014), *Fundamente der Demokratie. Architektur in Österreich – neu gesehen* (mit Adolph Stiller; Salzburg/Wien 2018). 2019 erhielt er das Ehrendoktorat der Technischen Universität Wien.

Markus Kristan startete nach einem Studienabschluss der Kunstgeschichte, Geschichte und Archäologie an der Universität Wien seine berufliche Laufbahn zunächst im Bundesdenkmalamt. Seit 1993 ist er in der Albertina als Kurator der Architektursammlung tätig und für das Adolf-Loos-Archiv verantwortlich. Er hat zahlreiche Aufsätze und Bücher zur österreichischen Architektur des 19. und des 20. Jahrhunderts verfasst, z.B. über Hubert Gessner, Carl König, Oskar Laske, Adolf Loos, Joseph Urban, die Künstlerkolonie Hohe Warte, die Kunstschau Wien 1908 und über die Internationale Kunstgewerbeausstellung Paris 1925.

Christopher Long ist Martin S. Kermacy Centennial Professor für Architektur und Designgeschichte an der Universität Texas in Austin. Zu seinen neueren Publikationen zählen *Der Fall Loos* (Wien 2015), *The New Space: Movement and Experience in Viennese Modern Architecture* (New Haven und London 2016), *The Rise of Everyday Design: The Arts and Crafts Movement in Britain and America* (hg. mit Monica Penick; New Haven und London 2019), *Essays on Adolf Loos* (Prag 2019) sowie zuletzt *Adolf Loos: The Late Houses* (Prag 2020).

Klára Němečková studierte Kunstgeschichte und Neuere deutsche Literatur an der Freien Universität und an der Humboldt-Universität zu Berlin. 2008–2011 war sie als wissenschaftliche Mitarbeiterin an der Königlichen Porzellan-Manufaktur Berlin tätig. Danach war sie Promotionsstipendiatin am DFG-Graduiertenkolleg „Kunst und Technik" an der Universität Hamburg-Harburg. Ihre Forschungsschwerpunkte sind Design des späten 19. und 20. Jahrhunderts, Porzellan der Moderne, die Deutschen Werkstätten Hellerau sowie Sammlungsgeschichte der Kunstgewerbemuseen. Seit 2015 ist sie wissenschaftliche Mitarbeiterin am Kunstgewerbemuseum der Staatlichen Kunstsammlungen Dresden, wo sie u.a. die Ausstellung *Gegen die Unsichtbarkeit. Designerinnen der Deutschen Werkstätten Hellerau 1898 bis 1938* (2018) kuratierte und mit Tulga Beyerle den gleichnamigen Ausstellungskatalog herausgab.

Andreas Nierhaus war nach Beendigung seines Studiums der Kunstgeschichte und Geschichte an der Universität Wien zunächst als wissenschaftlicher Mitarbeiter der Österreichischen Akademie der Wissenschaften tätig. Seit 2008 ist er Kurator für Architektur am Wien Museum. 2019 hatte er eine Vertretungsprofessur für Kunstgeschichte an der Universität Frankfurt/Main inne. Seine Forschungsschwerpunkte liegen auf der Architektur und bildenden Kunst im 19. und 20. Jahrhundert, dem Historismus und der Moderne, den Medien der Architektur, Architekturzeichnungen sowie Otto Wagner und seiner Schule. In zahlreichen Ausstellungen und Publikationen beschäftigte er sich beispielsweise mit der Wiener Werkbundsiedlung, der Wiener Ringstraße sowie Otto Wagner und Richard Neutra.

Jan Norrman ist ein in Wien ansässiger schwedischer Designhistoriker, dessen Interessensschwerpunkt das 20. Jahrhundert ist. Er war als Kurator am Röhsska-Museum in Göteborg und zuletzt am Nationalmuseum in Stockholm tätig. Im Rahmen dieser Tätigkeiten publizierte er über Kunststoffdesign, Möbel und Keramik, u.a. für den Ausstellungskatalog *Josef Frank: Against Design* am MAK (Basel 2015).

Eva-Maria Orosz studierte Kunstgeschichte, Geschichte und Archäologie in Wien. 2000–2002 erstellte sie im Rahmen eines Projekts des FWF (Der Wissenschaftsfonds) das Werkverzeichnis von Architekt Ernst A. Plischke (1903–1992). Seit 2004 ist sie Kuratorin für angewandte Kunst und Möbel im Wien Museum. Sie kuratierte zahlreiche Ausstellungen wie z. B. *Ernst A. Plischke* (2003), *Glanzstücke. Emilie Flöge und der Schmuck der Wiener Werkstätte* (2008), *Werkbundsiedlung Wien 1932* (2012) und *Otto Wagner* (2018). In ihrer Forschung und in ihren Publikationen beschäftigt sich Eva-Maria Orosz vor allem mit „Period Rooms", Wohnkultur und Möbelgeschichte aus dem 19./20. Jahrhundert, der Kunst- und Kulturgeschichte Wiens sowie der Museums- und Sammlungsgeschichte.

Adrián Prieto lebt und arbeitet als Architekturhistoriker und Autor in Wien. Derzeit promoviert er in Architekturgeschichte an der Universidad Complutense Madrid mit Fokus auf der Arbeit von Robert Mallet-Stevens und dem Wiener Kontext. Zudem war er Gastforscher an der Universität für angewandte Kunst Wien und am Centre d'histoire de Sciences Po in Paris. Er setzt sich in seiner Forschungstätigkeit mit interkulturellen Beziehungen in den Bereichen moderne Architektur und Design, insbesondere im frankophonen und österreichischen Kontext, auseinander.

Ursula Prokop ist seit ihrem Studium der Kunstgeschichte und Geschichte an der Universität Wien als freiberufliche Kunsthistorikerin und Publizistin tätig. Ihr Forschungsschwerpunkt liegt auf der österreichischen Architektur- und Kulturgeschichte des späten 19. und frühen 20. Jahrhunderts. Sie veröffentlichte zahlreiche Fachartikel und Buchpublikationen, wie z.B. *Margaret Wittgenstein-Stonborough* (2003) und *Zum jüdischen Erbe in der Wiener Architektur* (2016). Sie bringt ihre Expertise zudem immer wieder in diversen Ausstellungen und Forschungsprojekten ein, ist langjährige Projektmitarbeiterin für die Architektendatenbank des Architekturzentrum Wien sowie freie Mitarbeiterin für das *Österreichische Biographische Lexikon/ÖBL* der Akademie der Wissenschaften und der jüdischen Kulturzeitschrift *David*.

Lara Steinhäußer ist seit 2019 als Kustodin für die Sammlung Textilien und Teppiche am MAK zuständig, wo sie bereits seit 2011 tätig ist. Ihr Kunstgeschichte-Studium an der Universität Wien schloss sie mit einer Masterarbeit zum Thema *Die Wiener Werkstätte und Paul Poiret* ab. Neben ihrem Forschungsschwerpunkt auf österreichischer Textilkunst und Mode des frühen 20. Jahrhunderts und deren internationale Netzwerke beschäftigt sie sich aktuell mit zeitgenössischen Positionen an der Schnittstelle von Mode und Kunst sowie der historischen Entwicklung des Textilkonsums bis zur *slow fashion*.

Valerio Terraroli war von 2001 bis 2012 Professor für zeitgenössische Kunstgeschichte und Geschichte der angewandten Kunst an der Universität Turin. Er unterrichtete Museumskunde und Geschichte der Kunstkritik sowie der angewandten Kunst an der Universität Verona. Darüber hinaus leitet er seit 2015 das Forschungszentrum Rossana Bossaglia für Grafik, angewandte und bildende Kunst vom 18. bis zum 20. Jahrhundert. Er beschäftigt sich mit der Entwicklung von Stil und Geschmack von der Epoche des Symbolismus bis ins 20. Jahrhundert, insbesondere mit dem in Italien als „Liberty e Déco" bekannten künstlerischen Phänomen. Sein Interessensschwerpunkt ist die angewandte Kunst und deren Verbindung zur Architektur im selben historischen Zeitraum.

Wolfgang Thillmann ist Sammler, Autor, Ausstellungskurator sowie Berater verschiedener Museen. Den Schwerpunkt seiner Beschäftigung bilden Möbel aus gebogenem Holz und Schichtholz; seine zahlreichen Bücher und Aufsätze zu diesen Themen sind das Ergebnis intensiver und langjähriger Forschungen. Zuletzt erschien sein Katalog zur Ausstellung *Bugholz, vielschichtig. Thonet und das moderne Möbeldesign* im MAK (hg. m. Sebastian Hackenschmidt; Basel 2019). Derzeit arbeitet er an einer Biografie über Thonet.

Christian Witt-Dörring hat in Wien Kunstgeschichte und Archäologie studiert. Er war 1979 bis 2004 Leiter der Möbelsammlung am MAK – Österreichisches Museum für angewandte Kunst in Wien und 1999 bis 2018 Kurator an der Neuen Galerie New York. Umfangreiche Ausstellungs-, Kuratoren- und Lehrtätigkeit zu kunst- und kulturhistorischen Themen auf dem Gebiet des Kunstgewerbes und im Speziellen der Geschichte des Möbels und des Innenraums.

Abkürzungsverzeichnis

AdR	Archiv der Republik
ALA	Adolf Loos Archiv, Albertina Wien
BuWK	*Bau- und Werkkunst*
DI	*Das Interieur*
DK	*Dekorative Kunst*, München
DKuD	*Deutsche Kunst und Dekoration*, Darmstadt
HStADD	Hauptstaatsarchiv Dresden
HW	*Hohe Warte*, Wien
ID	*Innendekoration*, Darmstadt
JH	Josef Hoffmann
MAK	Museum für angewandte Kunst
MBF	*Moderne Bauformen*
ÖMKI	Österreichisches Museum für Kunst und Industrie
ÖNB	Österreichische Nationalbibliothek, Wien
ÖStA	Österreichisches Staatsarchiv
ÖWB	Österreichisches Werkbund
UaK	Universität für angewandte Kunst Wien
VS	*Ver Sacrum*, Wien
WStLA	Wiener Stadt- und Landesarchiv
WW	Wiener Werkstätte

JH, *Gedicht*, 1950
Bleistift und Feder auf Papier
MAK, KI 23525-069

Dieser Katalog erschien anlässlich der Ausstellung
JOSEF HOFFMANN. Fortschritt durch Schönheit
MAK, Wien
15.12.2021 – 19.6.2022

Ausstellung

Gastkuratoren
Christian Witt-Dörring, Matthias Boeckl
MAK-Kurator
Rainald Franz, Kustode MAK-Sammlung Glas und Keramik
Assistenz
Michael Macek, MAK-Sammlung Glas und Keramik
Ausstellungsgestaltung
Eichinger Offices
Grafische Gestaltung
Maria Anna Friedl
Ausstellungsorganisation
Alena Volk

Katalog

Herausgeber
Christoph Thun-Hohenstein, Matthias Boeckl, Rainald Franz, Christian Witt-Dörring
Katalogredaktion
Matthias Boeckl, Rainald Franz, Christian Witt-Dörring
Publikationsmanagement
Astrid Böhacker
Lektorat
Claudia Mazanek, Cornelia Malli
Übersetzungen
EN > DE Martina Bauer IT > DE Karin Fleischanderl
ES > DE Jacqueline Csuss
Grafische Gestaltung
Maria Anna Friedl
Reproduktionen
Pixelstorm, Wien
Schrift
Avenir
Papier
Luxoart Samt 150 g
Druck und Bindung
Holzhausen, die Buchmarke der Gerin Druck GmbH, Wolkersdorf

Gedruckt nach der Richtlinie UZ24 des Österreichischen Umweltzeichens von Gerin Druck GmbH – Lizenznummer: UW 756.

Erschienen bei
Birkhäuser Verlag GmbH
P.O. Box 44, 4009 Basel, Schweiz
Ein Unternehmen der Walter de Gruyter GmbH, Berlin/Boston
Acquisitions Editor
David Marold, Birkhäuser Verlag, Wien
Content & Production Editor
Bettina R. Algieri, Birkhäuser Verlag, Wien

9 8 7 6 5 4 3 2 1 www.birkhauser.com

ISBN 978-3-0356-2295-9

Das MAK bemüht sich in seinen Publikationen um eine gendergerechte Schreibweise.

Library of Congress Control Number: 2020946673

Bibliografische Information der Deutschen Nationalbibliothek: Die Deutsche Nationalbibliothek verzeichnet diese Publikation in der Deutschen Nationalbibliografie; detaillierte bibliografische Daten sind im Internet über http://dnb.dnb.de abrufbar.

Bildnachweis
Der Bildnachweis ist direkt bei der jeweiligen Abbildung zu finden. Sofern nicht anders angeführt, weist die Angabe des Objektstandorts bzw. des/der LeihgeberIn auch das Copyright aus.

Die Herausgeber und das MAK haben sich bemüht, alle RechtsinhaberInnen ausfindig zu machen und anzuführen. Sollten dennoch berechtigte Ansprüche nicht berücksichtigt worden sein, bittet das MAK um Nachricht und Nachweis, um diese im Rahmen der üblichen Honorarvereinbarungen abzugelten.

Cover
JH, Tisch für das Wohnzimmer der Wohnung Dr. Hermann und Lyda Wittgenstein, ausgeführt von der Wiener Werkstätte, 1905
MAK, H 2082
© Wolfgang Woessner/MAK

Backcover
Yoichi R. Okamoto, Josef Hoffmann am Schreibtisch in seiner Wohnung, um 1955
MAK, KI 13740-13

Abb. S. 2
Landhaus Primavesi, perspektivische, kolorierte Entwurfszeichnung für ein Schlafzimmer, gezeichnet von Karl Bräuer nach Entwurf von Josef Hoffmann
DI (XV) 1914/15, T. 65

Vorsatz
JH, Entwurf für einen Dekorstoff für Backhausen & Söhne (Dessin Nr. 6030), 1906
Backhausen Archiv, BA03920

JH, Teppich für das Speisezimmer der Villa Dr. Edmund Bernatzik, ausgeführt von der Teppichfabrik Lois Resch, Wien, 1930
Baumwolle, Leinen, Wolle
MAK, T 11644
© MAK/Katrin Wißkirchen

Nachsatz
Einladung der Neuen Sammlung zu einem Lichtbildervortrag über Josef Hoffmann von Hans Ankwicz-Kleehoven im Bayerischen Nationalmuseum, München 1930
MAK, KI WWGG 479

JH, Entwurf für ein Teeservice, um 1950
Wiener Porzellanmanufaktur Augarten
© MAK/Georg Mayer

MAK
Stubenring 5, 1010 Wien
T +43 1 711 36-0, F +43 1 713 10 26
office@MAK.at, MAK.at

MAK Center for Art and Architecture Los Angeles at the Schindler House
835 North Kings Road, West Hollywood, CA 90069, USA

Mackey Apartments
MAK Artists and Architects-in-Residence Program, 1137 South Cochran Avenue, Los Angeles, CA 90019, USA

Fitzpatrick-Leland House
Laurel Canyon Boulevard/Mulholland Drive, Los Angeles, CA 90046, USA

T +1 323 651 1510, F +1 323 651 2340
office@MAKcenter.org, MAKcenter.org

Josef Hoffmann Museum, Brtnice
Eine Expositur der Mährischen Galerie in Brno und des MAK, Wien
náměstí Svobody 263, 588 32 Brtnice, Tschechische Republik
T +43 1 711 36-220
josefhoffmannmuseum@MAK.at, MAK.at

Kooperationspartner

dɪ:'ʌngewʌndtə

Universität für angewandte Kunst Wien
University of Applied Arts Vienna

Für die großzügige Unterstützung danken wir

Richard Grubman † and Caroline Mortimer

Mit herzlichem Dank an

Heinz Adamek
Paul Asenbaum
Stefan Asenbaum
Wolfgang Bauer
Kerstin Bauhofer
Elisabeth Boeckl-Klamper
René Edenhofer
Markus Fellinger
Irene Fuchs
Ursula Graf
Almut Grunewald
Matthias Haldemann
Silvia Herkt
Roger Howie
Michael Huey
Elke Königseder
Robert Kotasek
Patrick Kovacs
Markus Kristan
Beatrix Kroll
Ludwig Kyral
Michaela Laichmann
Araya Laimanee
Markus Langer
Claudia Lehner Jobst
Bernd Nicolai
Josef Offner
Eva Maria Orosz
Ernst Ploil
Andreas Rath
Peter Rath
Franz Rendl
Brigitte Riegele
Elisabeth Schmuttermeier
René Schober
Philip Schönthal
Katrin Schwarz
Johannes Semotan
Janis Staggs
Manfred Trummer
Angelika Tunhardt
Herbert Vopava
Roland Widder
Georg Wieser
Christopher Wilk
Blanda Winter
Gertrude Wojtczak
Anja Wolf
Katharina Zetter-Karner
Ulrike Zimmerl

und alle beteiligten Kolleginnen und Kollegen im MAK

sowie an die folgenden Firmen und Sammlungen

ALB Antiquités Gallery, Paris
Albertina, Wien
Backhausen GmbH
Bildarchiv der Österr. Nationalbibliothek
Canadian Centre for Architecture
Galerie bei der Albertina · Zetter
Galerie bel etage, Wien
Galerie Yves Macaux, Brussels
Georg Kargl Fine Arts
Hessisches Landesmuseum, Kassel
Hofmobiliendepot Möbelmuseum Wien
J. & L. Lobmeyr GmbH
Kunsthandel Widder, Wien
Kunsthaus Zug
Kupferstichkabinett der Akademie der bildenden Künste Wien
MA 37 der Stadt Wien
Moravská galerie v Brně
mumok – museum moderner kunst stiftung ludwig wien
National Gallery Prague
Österreichische Werkstätten
Technisches Museum Wien
Universität für angewandte Kunst Wien, Kunstsammlung und Archiv
Wien Museum
Wiener Porzellanmanufaktur Augarten
Zentralvereinigung der ArchitektInnen Österreichs

und alle anderen LeihgeberInnen

DIE NEUE SAMMLUNG läd

über PROFESSOR JOSE

Herrn Dr. v. Ankwicz-Kleeh

Woche am Montag 10. NO

Berechtigt zum freien E

BAYER. NATIONALMUSEU

ein zum Lichtbild-Vortrag

HOFFMANN-WIEN von

ven im Rahmen der österr.

EMBER ABENDS 8 UHR

ntritt für zwei Personen

PRINZREGENTENSTR. 3

123456